U0789954

普通高等教育"十一五"国家级规划教材

数理经济学

刘树林　编著

科学出版社
北　京

内 容 简 介

本书内容包括两大部分：数学知识及其在经济学中的应用. 数学知识包括微分学或数学分析、线性代数、一部分空间解析几何和最优化理论. 经济学应用主要涉及微观经济学，并涉及少量的宏观经济学、计量经济学和金融学. 无论是数学知识，还是数学知识的经济学应用，均有一定的深度.

本书配备多媒体课件，适合高等院校经济与管理专业的大学高年级本科生和研究生、数学或经济学基地班的本科生作为教材使用；适合使用数学从事经济学研究的经济学类专业师生、从事数学在经济学中的应用研究的数学专业师生参考使用.

图书在版编目(CIP)数据

数理经济学/刘树林编著. —北京：科学出版社，2008
普通高等教育“十一五”国家级规划教材
ISBN 978-7-03-022405-7

Ⅰ. 数…　Ⅱ. 刘…　Ⅲ. 数理经济学-高等学校-教材　Ⅳ. F224.0

中国版本图书馆 CIP 数据核字(2008)第 095193 号

责任编辑：方小丽 / 责任校对：郑金红
责任印制：赵　博 / 封面设计：耕者设计工作室

科学出版社出版
北京东黄城根北街 16 号
邮政编码：100717
http://www.sciencep.com
天津市新科印刷有限公司印刷
科学出版社发行　各地新华书店经销
*
2008 年 8 月第　一　版　开本：B5(720×1000)
2025 年 7 月第十五次印刷　印张：23 1/2
字数：440 000

定价：58.00 元

(如有印装质量问题，我社负责调换)

前　言

作者于1999年开始给对外经济贸易大学国际经济贸易学院的研究生讲授《数理经济学Ⅰ》，迄今为止，已讲授这门课程八遍. 作者逐年增加了讲授内容. 本教材是作者基于历时八年讲授数理经济学知识和讲授数理经济学课程经验的积累编写而成的. 本教材的编写过程中，作者参考和使用了讲授《数理经济学Ⅰ》时曾经拜读过的有关中外著作和教材中的部分内容，这些著作和教材中的内容(包括提供的习题)深深地吸引着我，在此作者特别感谢这些中外著作和教材的作者们. 本教材的编写过程中，也得到了作者的研究生们的大力协助，他们是李雪峰、王明喜、姜琳杰、王莉、黄凌、戎文晋、侯红卫、安欣、杨卫星等，在此作者向他们表示衷心的谢意. 此外，本教材也是我校研究生部的重点建设课程项目中的一部分，作者对我校研究生部给予的资金支持表示特别的感谢. 最后本书的出版得到科学出版社的关心和支持，在此表示感谢.

1. 本教材适用的对象

(1) 适合经济与管理专业的大学高年级本科生和研究生作为教材使用；
(2) 适合数学或经济学基地班的本科生作为教材使用；
(3) 适合使用数学从事经济学研究的广大经济学专业师生参考使用；
(4) 适合从事数学在经济学中的应用研究的广大数学专业师生参考使用.

2. 本教材的目的

本教材是链接经济学与数学的一座桥梁，可为阅读中高级微观经济理论、用数理经济方法研究经济问题、阅读现代经济理论文献的广大经济学爱好者奠定基础. 财经类各专业的学生可从中了解和掌握如何使用相关数学工具和数学分析的方法处理和解决一些经济问题；数学类各专业的学生可从中了解和掌握数学工具和数学分析的方法在处理和解决一些经济问题中的应用. 两类专业的学生均可不同程度地提高数学知识水平及其经济应用水平.

3. 本教材的特点

(1) 除第1章导论之外，随后10章是这样安排的. 所有偶数章是数学内容，紧随各个偶数章之后的各个奇数章的内容是其前一章内容在经济学中的具体应用.

(2) 各偶数章是从数学内容展开的，也涉及用数学概念表示一些经济学基本概念.

(3) 各奇数章是从经济学内容展开的:一边介绍经济学中的基本概念、基本假设、经济学原理或经济结论;一边介绍如何用前一章(或前几章)的相关数学内容(如数学概念、性质、定理或结论等)来表示它们,以及如何用前一章(或前几章)的相关数学内容来建立、求解和分析一些数理经济模型(如推导已知的经济学原理或经济结论等).

(4) 偶数章的数学内容涉及微分学或数学分析(第 2 章和第 6 章)、线性代数、一部分空间解析几何(第 4 章)和最优化理论(6.2.6 小节、第 8 章和第 10 章).

(5) 奇数章的经济学内容主要涉及微观经济学,并涉及少量的宏观经济学、计量经济学(如 9.1.4 小节)和金融学(如 5.4 节).

(6) 除第 1 章外,其余各章均配有一定数量的习题,并在书后给出了参考答案.

(7) 配备了在数学著作或教材中很难找到或学到,而在中高级经济理论和计量经济学中起着重要作用的部分数学内容,如 4.9.2 小节、4.9.4 小节、6.5 节和 6.6.1 小节等.

(8) 书后提供了两大索引(数学索引和经济学索引).

(9) 对修过大学本科数学(微积分和线性代数)和经济学原理的学生来说,本教材基本上是自给自足的.

(10) 全书的叙述重视逻辑性、推理性和严密性.

4. 给选用本教材的教师的建议

(1) 首先要全面了解学生已掌握的数学知识和技能的水平、经济学原理(主要指微观经济学原理)的水平.

(2) 对第 1 章,教师重点讲授 1.6 节,其余几节可由学生自己阅读.

(3) 对第 1 章之后的偶数章中的数学内容,教师可根据学生已掌握的数学知识和技能的情况,而有所选择地、灵活地向学生讲授.特别地,对其中的定理可以只解释定理的条件和结论以及如何使用它们(如对函数的单调性判定定理 2.6.1,可以只解释这个定理的条件、结论,以及如何用来进行比较静态分析),也可同时讲授其证明过程(或要求学生自己阅读),以培养和提高学生的数理分析技能.

(4) 同样对第 1 章之后的奇数章中的经济学内容,教师可根据学生已掌握的经济学知识的情况,而有所选择地、灵活地向学生讲授.重在向学生讲授如何用相关数学内容(如数学概念、性质、定理或结论等)来表示经济学中的基本概念、基本假设、经济学原理或经济结论,并用它们来建立、求解和分析一些数理经济模型(如推导已知的经济学原理或经济结论等).重点讲清楚连接数学和经济学的数理经济学这座桥梁是如何搭建而成的,讲清楚具体的搭建过程.

(5) 对第 11 章的前三节可以按照两种方式讲授:一种是按照节的顺序讲授;另一种是分成五个部分讲授,讲授顺序依次为 11.1.1 小节⇒11.2.1 小节⇒11.3.1 小节、11.1.2 小节⇒11.2.2 小节⇒11.3.2 小节、11.1.3 小节⇒11.3.3 小节、11.1.4 小节⇒11.2.3 小节⇒11.3.4 小节、11.1.5 小节⇒11.2.4 小节⇒11.3.5 小节和 11.2.5 小节.

5. 给选读本教材的自学者的建议

(1) 根据自己已掌握的数学知识和技能的情况,而有所选择地、灵活地阅读或复习其中的数学内容.如果重视分析技能的提高,还应阅读其中数学定理的证明.

(2) 根据自己已掌握的经济学原理的情况,而有所选择地、灵活地阅读、浏览或复习其中的经济学内容,阅读奇数章中经济学方面的定理及其证明、性质及其证明和例题,以提高数理经济分析技能.

(3) 见 4(5).

6. 辅助材料及获取

(1) 给教师提供的辅助材料有各章的幻灯片讲义和各章习题的详细解答;

(2) 给学生提供的辅助材料有各章习题的解答提示;

(3) 请在作者的主页(http://site.uibe.edu.cn/szdw/lsl.htm)查看如何获得这些辅助材料.

由于作者水平(特别是经济学方面的知识水平)有限,疏漏与错误是难免的,恳请读者指正.

作　者
2008 年 2 月
于对外经济贸易大学

目　　录

第1章 导 论

本章引用一些与数理经济学学科相关的国内外教材,简要介绍经济学与数学之间的关系、数理经济学的定义、数理经济学与其他经济学之间的关系、数理经济学的研究方法、数理经济学的内容与地位,以及数理经济模型的概念.重点放在最后一部分的介绍.

1.1 经济学与数学

经济学家不仅仅要谈论生活中的许多实际利益问题,而且更要对那些与利益问题有关的重要现象(如价格、产量、收入、失业等)进行度量.他们要和数量打交道,要研究数量之间的变化与关系,以此来把握经济的运行规律,故数学就必须进入经济学的王国.然而,经济学经历了漫长的发展过程才真正开始青睐数学.用数学来研究经济问题的先驱者当推法国学者 Cournot(古诺).他于 1838 年发表了《从数学原理研究财富的理论》,提出了需求函数理论,把人们熟视无睹的商品的需求量与价格之间的关系写成了函数形式.而真正对经济学产生重大影响的人物是 Walras(瓦尔拉斯),他针对 Smith(亚当 · 斯密)用“一只看不见的手”来形象地描述市场机制的粗略做法,于 1874 年首先明确指出:那只“看不见的手”既不是上帝的主意,也不是自然界固有的规律,而是一套数学原理.当时,他用一组代数方程式来描述了这一原理,这就是影响经济学界近一个世纪之久的一般均衡理论.从此,经济学开始注重运用数学来精确地描述和表达经济现象和经济规律.与此同时,经济学中发生了“边际革命”,即将导数概念引入经济学,它使经济学使用的数学工具从初等数学进入到高等数学.这一切表明,经济学已离不开数学了(肖柳青和周石鹏,1998,前言第 2 页).

用数学语言描述经济学中出现的情形.这样做的动机是:数学的论证不仅是逻辑的和精确的,还能使我们精确而详细地弄清经济假设的结果.因此,数学建模已成为研究经济学、金融、经营与管理中的问题不可缺少的工具.运用数学并不总是简单的,但数学语言和数学技术能使我们对那些不能用其他方式有效解决的问题建立框架并进行求解.此外,数学不仅能导出数值(或量化)的结果,而且还能导出定性结果(Anthony and Biggs,1996,p. 1).

经济学中应用的数学分支有很多,如数学分析、线性代数、概率论与数理统计、线性规划,还有非线性规划、动态规划、博弈论、泛函分析、集值函数理论、拓扑学、测度论、遍历论、最优控制论、随机过程论、微分流形、小波分析、微分方程及其稳定性理论、实变函数论、非线性动力学等数学理论. 特别是由 von Neumann(冯·纽曼)和 Morgenstern(摩根斯坦)合作为研究经济行为而创立的博弈论,在经济学中获得了重要的应用. 因此,数学的发展促进了经济学的发展(肖柳青和周石鹏,1998,前言第 4 页).

另外,经济学的发展促进了数学理论的发展,如角谷定理、对应积分理论、近似定点计算的算法、方程组近似解的算法等(蔡常丰,1992)都离不开经济学背景.

1.2 数理经济学的定义

至今,"数理经济学"一词尚无统一定义. 这里列出几个.

Arrow and Intriligator(1985)认为,数理经济学就是包括数学概念和方法在经济学中,特别是在经济理论中的各种应用.

张金水(1998,p. 1)认为数理经济学就是采用更多的数学方法来描述的经济学.

一门在数学公理化基础上研究经济理论的边缘学科. 它利用数学中一系列的公式和定理,特别是多元微积分、矩阵代数、微分或差分方程、抽象空间等概念,以精确而客观的思考方法来描述和研究经济现象之间的关系,给经济理论以定量的概念,使人们对经济问题的认识不再模棱两可(蔡常丰,1992).

确切地说,数理经济学是一种经济分析方法,是经济学家利用数学符号描述经济问题,运用已知的数学定理进行推理的一种方法. 就分析的具体对象而言,它可以是微观或宏观经济理论,也可以是公共财政、城市经济学,或者其他经济学科. 习惯上,数理经济学是指不仅使用简单的几何学方法,而且还运用像矩阵代数、微积分、微分方程、差分方程等数学工具来描述经济问题的一种方法(Chiang,1984,p. 3).

广义上说,它与一般的经济理论并无明显的界限可分. 事实上,用数学方式表达经济理论,并进行演绎推理,以分析和建立经济理论体系的就属于数理经济学. 可以说,数理经济学是经济理论的深化. 因此数理经济学是经济理论的一个重要组成部分. 但是,在当今国际经济学术界中,大部分研究文献已数学化. 从这个意义上说,广义上的数理经济学与"高级经济分析"成了同义词. 可是现代的数理经济学主要是指狭义上的,是一门理论经济学,它以数学为语言,寻找一组与经济理论内容相吻合的特殊公理结构,来探索经济理论体系在逻辑上的一致性,从而揭示出经济原理中经济变量或其相互之间的函数关系,然后进行推导以得出规范性的原则或定理,并且对此给出准确的解释(肖柳青和周石鹏,1998,前言第 2 页).

谢胜智(2004)认为"数理经济学是指数学思想和方法对经济学,特别是经济理论的各种运用”；而谢胜智(2004，p.1)认为数理经济学就是数学方式的理论经济学.

Debreu(德布罗)在 1983 年接受诺贝尔经济学颁奖时的演说中，称数理经济学是“数学方式的经济理论”.

1.3　数理经济学与其他经济学之间的关系

1.3.1　经济学分类

由于划分的标准不同，西方经济学可有不同的分类(黎诣远，1987，p.5).

(1) 以研究目的为标准：实证和规范经济学.

(2) 以研究方法为标准：数理经济学、非数理经济学和制度经济学. 数理经济学又分为微观和宏观经济学.

(3) 以研究深度为标准：初级、中级和高级经济学.

(4) 以研究范围为标准：综合、部门和专题经济学.

1.3.2　经济学、数学和统计学结合产生的学科

经济学、数学和统计学三者之间的关系见图 1.3.1. 经济学与数学相结合产生数理经济学；经济学与统计学相结合产生统计经济学；数学与统计学相结合产生数理统计学. 数学、经济学和统计学三者的相结合产生计量经济学. 广义上说，一切包括经济、数学和统计三者的模型，都叫计量经济模型；狭义上说，仅指用参数估计和假设检验的数理统计方法研究经验数据的模型. 实际上，理论研究需要经验数据的检验，而经验研究也需要理论分析的指导，不能只搞没有计量的理论，更不能只搞“没有理论的计量”——统计“炼金术”(黎诣远，1987).

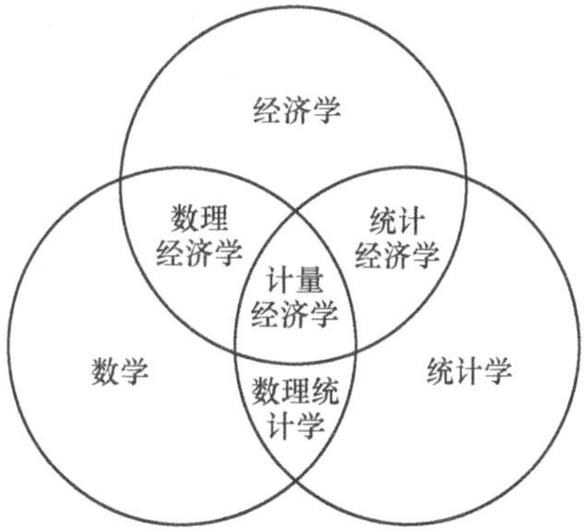

图 1.3.1　经济学、数学和统计学三者之间的关系

1.3.3　联系与区别

数理经济学并不是经济学新的分支，它是采用更多数学工具来描述的微观经济学、宏观经济学、国际贸易和福利经济学(Chiang，1984，p.3；张金水，1998，p.2).

首先，数理经济学不同于一般的经济理论. 因为一般经济理论所涉及的领域很广，如国家制度、社会发展、法律规范等，这些方面的研究到目前为止仍很少能被数

学化. 所以，一般经济理论在研究与表达的方式上并不拘泥于用数学的形式，它们可采用文字语言、简明的数据图表来阐述. 其次，数理经济学与计量经济学也不同. 虽然计量经济学也是用数学模型来表达经济关系的，但是它的研究对象是实际中的经济关系，它主要采用回归分析方法来估计出模型中的具体参数，从而得到该经济关系的定量化写照，据此做出实际的经济分析、预测等. 计量经济学主要与经济数据的度量有关，它运用估计和假设检验与主成分法进行经验观测的研究. 而数理经济学是在一般的形式上研究经济关系，它为计量经济学提供模型框架和理论基础. 它们的关系类似于物理学中的理论物理学和实验物理学的关系. 理论物理学提出假说、模型与猜想，而实验物理学依照那些线索去寻找证据并加以证实. 当然有时上述顺序也会倒过来，实验物理学中先发现某些与现有理论相违背的现象，然后引发新的物理理论的诞生. 再者，数理经济学绝不是经济数学的代名词. 因为目前经济数学一般是指为经济类专业所设置的一门应用数学课程. 最后，不能说数理经济学是数学在经济学中的应用. 数理经济学是一门经济学，它的确应用了数学，但应用数学并不是目的，而是手段，它解决的是经济问题. 数理经济学有着自己提出的任务和要处理的问题，它所采用的数学表达式有着明确的经济意义和解释(肖柳青和周石鹏，1998，前言第 3 页).

Chiang(1984，p. 5～6)比较了数理经济学和计量经济学之间的联系和区别. 计量经济学主要与经济数据的度量有关，它运用估计和假设检验的统计学方法进行经验观测的研究. 因此进行的是经验研究. 而数理经济学则是把数学应用于经济分析的纯理论方面，基本不涉及或不关心诸如所研究的变量的度量误差这类统计问题. 数理经济学主要集中于将数学应用于演绎推理而非归纳研究，因此进行的是理论分析. 经验研究和理论分析是相辅相成、相互促进的. 一方面，理论在有把握地应用之前，必须运用经验数据对其有效性进行检验. 另一方面，要确定关系最为密切和最富有成效的研究方向，统计工作必须有理论作为指南. 所以理论分析和经验研究是互补关系. 然而，从某种意义上说，数理经济学在这两者之中更具基础性，这是因为要进行有价值的统计和计量经济研究，有一个好的理论框架——最好是数学公式——是必不可少的.

数理经济学与所谓"文字经济学"(literary economics)有两条主要区别. 首先，前者使用数学符号而不是文字、使用方程而不是语句来描述假设和结论. 其次，前者运用大量的可供引用的数学定理而不是文字逻辑进行推理. 因为符号和文字表述实际上是相同的(符号通常用文字加以定义便可证明这一点)，所以，选择哪一种表述方式并无实质差别. 不过人们公认的是，数学符号更便于演绎推理，且能使表述更为言简意赅. 选择文字逻辑和数学逻辑虽然并无实质差别，但运用数学推理有这样一个优势：它可以促使分析者在推理的每一阶段都能做出明确的假设，这是因为数学定理通常是按" 如果—那么"形式加以陈述的，所以，为了导出所运用定理的“那么”结论部分，分析者必须确保“如果”（条件）部分与其所采纳的具体假设相一致（Chiang，1984，p. 3～4）.

应用数理经济学的研究方法有这样的优点：①所运用的“语言”更为简练精确；②可采用大量的数学定理进行推理；③数学迫使我们明确陈述所有假设，作为运用数学定理的前提条件，这能避免无意地采用了不明确的假设的缺点；④能够处理更多个变量的一般情况.

1.4　数理经济学的研究方法

1.4.1　方程

经济模型仅仅是一种理论框架，并没有必须采用数学形式的内在理由. 然而，如果模型是数学模型，那么它通常包括一组用以描述模型结构的方程. 这些方程以某种方式把一定数量的变量联系在一起，并给出所采用的一组分析假设的数学描述形式. 然后通过对这些方程进行相应的数学计算，便可以推导出一系列在逻辑上服从这些假设的结论（Chiang，1984，p. 8～9）.

经济变量（内生变量、外生变量或参变量）只有通过方程或不等式联系起来才有实际价值. 在数理经济学范围内，需要区别三种类型的方程，即定义方程、行为方程和均衡条件.

定义方程常用恒等符号“≡”或等号“＝”表示，所用符号的左右两侧表示完全相同的含义. 如总利润被定义为总收益与总成本之差，数学上表示为 $\pi = TR - TC$，这里 π、TR 和 TC 分别表示总利润、总收益和总成本.

行为方程则规定了当其他变量变化时，某一变量相应的变化方式. 数学上，它描述了两个或两个以上经济变量之间的函数关系. 经济学上，它描述了两个或两个以上变量之间的行为关系. 行为包括人类行为和非人类行为. 比如当国民收入变化时总消费模式的变化是人类行为；厂商的总成本如何随产出的变化而变化是非人类行为. 从广义上讲，行为方程可以用于描述一般的制度性模型，包括技术方面的模型（如生产函数），也包括法律方面的模型（如税收结构）. 但在写出行为方程之前，必须对所研究的变量的行为模式做出明确假设，如假设两个变量之间是线性关系（如成本函数 $C = 75 + 10Q$），还是非线性关系（如成本函数 $C = 110 + Q^2$）等，这里 Q 表示产量、C 表示成本.

均衡条件仅在均衡模型中才会涉及，它是描述实现均衡前提条件的方程（组）. 市场均衡模型中最为熟悉的一个实现均衡的前提条件是需求等于供给（数学表示为 $Q_d = Q_s$）. 因为这类方程既不是定义方程，也不是行为方程，所以它们单独构成一类方程.

1.4.2 研究方法

简言之，数理经济学的研究方法就是列方程与解方程(张金水，1998，p. 1).

列方程就是用数学公式来描述经济系统中的基本环节，如效用函数、产品需求函数、生产函数、供给函数、要素需求函数、消费函数、储蓄函数等[①]，进一步用方程组(联立方程)来描述经济系统中各变量间的因果关系.

解方程就是求方程的解，并讨论解的五个基本问题：解的存在性、稳定性、合理性、能控性、一定时间到达合理轨道的可达性.

本书在此基础上再增加大部分情形中会出现的一条，即分析方程的解(或称作比较静态分析). 通常方程的解对应着内生变量的取值，一般是其均衡值；这个解一般依赖于外生变量或参数. 分析方程的解是指分析某个外生变量或参数发生变化(其他的外生变量和参数保持不变)时，内生变量是如何发生变化的. 内生变量、外生变量和参数的概念在 1.6 节介绍.

1.5 数理经济学的内容与地位

1.5.1 数理经济学的内容

据美国数学会 1991 年《数学评论》主题分类表 90A，数理经济学包括：判定理论(管理决策、博弈论、数学规划)；个体选择；团体选择；社会选择；多部门模型；财政、有价证券与投资；动态经济模型；应用理论；统计方法(经济指标及其度量)；生产理论和厂商理论；经济时序分析；价格理论与市场结构；空间模型；均衡(一般理论)；公共商品；增长模型；环境经济学(污染、收成、天然资源模型等)；期望效用和厌恶风险效用；信息经济学；激励理论；消费行为与需求理论；劳动市场；特殊经济类型；特殊均衡类型；现实世界系统模型；一般宏观经济模型；市场模型(拍卖、议价、出价、销售等)；制定宏观经济策略与征税；资源分配等等.

1.5.2 数理经济学的地位

当前西方的大学经济学专业中越来越多地开设了各类数学课程，通过数学的训练方式，以期培养年轻的经济学者的严密思维与推理能力以及精确的表达方式. 它们的博士生不论是攻读什么专业和方向的，都必须通过数理经济学、计量经济学、高级宏观和微观经济学，再加上一门专业方向课程的资格考试，方能进入论文准备阶段(肖柳青和周石鹏，1998，前言第 4、5 页).

---

① 这些函数基本上都是行为方程. 此外，可能还包括定义方程和均衡条件.

1.6 数理经济模型的概念

1.6.1 经济模型

一个经济模型是现实的一种抽象，这种抽象有助于把一个经济问题的本质提取成能使用和操纵的一种形式. 一个典型的经济模型包括下面五个要素(Baldani et al. ,1996,p. 2～6)：

(1) 经济代理人(economic agent). 经济代理人(如消费者、工人、厂商和政府等)的特征是具有做出决定和追求目标的能力.

(2) 经济环境(economic environment). 经济代理人在经济环境中追求目标. 经济环境包括许多影响经济代理人进行选择的因素. 经济环境一般指对一个代理人重要，但代理人不能直接控制的经济因素. 例如，个体消费者很少或不能控制他们对消费品支付的价格.

(3) 选择(choice). 经济代理人的选择反映面对所处的经济环境如何最好地追求目标的一种判断. 合理做出决定这一假设"以最有效的方式达到目标"在经济问题的数学建模中非常重要. 有些应用(如消费者效用最大化)明确地对选择进行建模；有些应用(如供给与需求或某些宏观经济模型)对选择的结果进行建模.

(4) 均衡解(equilibrium). 经济均衡是代理人选择的后果. 当经济变量没有变化的倾向(除非经济环境发生变化)时，模型处于均衡状态. 一般的，一个均衡指定或详细说明代理人的最优选择或决策是如何由经济环境决定的①，或者经济变量②是如何由经济环境中的因素确定的.

(5) 分析(analysis). 分析也许是经济模型中最重要的组成部分. 分析环境的变化是如何影响经济均衡的变化是为了预测经济行为的变化. 通过使用模型进行预测，经济学者们能够回答重要的经济问题. 如考虑政府政策的影响问题，需要分析企业和消费者的均衡选择是如何随着政府政策的变化而变化的，这有助于对政府的政策的效果做出评估.

以厂商为例略述一个具体的经济模型. 厂商就是追求利润极大化的一个代理人. 厂商的经济环境包括生产技术、厂商投入的供给时间表和对其产量的需求曲线以及可能的税收或政府的管制. 在这种环境中，厂商可以做出许多选择或决策，如劳动和资本投入的数量、产量的水平、研发的支出和广告支出都是厂商可能的选择变量. 这个模型中的均衡解将详细说明厂商的选择或决策是如何依赖于所处的经济环境. 最后，一旦模型得到求解，模型的真正价值就在于它的预测功能. 例如，我

① 即给定目标和代理人不可控制的因素时，将做出何种选择.

② 如供求模型中的均衡价格和数量或宏观经济模型中的国内总产品.

们希望知道厂商应付工资总额税的增加将如何影响厂商的劳动、资本和产出水平的组合，或者我们可能想预测技术改变对利润的影响.

经济建模是经济学科的中心. 正因为如此，重要的是从一开始就强调模型是固有不完整的，且在某种意义下，模型是不切实际的. 没有可完全地描述正在分析中的基本经济问题的模型. 一个完全现实的模型将在自己的负担下崩溃：模型将如此的复杂以至于求其均衡或做出预测是不可能的. 一个理想的模型是足够简单的，从而是可解的；但同时又是足够复杂的，从而可做出能被观察资料和统计数据验证(或驳倒)的预测.

模型的复杂性这一实际问题可用多种方式处理. 第一种方法是做出简化的数学假设，如假设产品的需求曲线是线性的. 第二种方法是在经济环境中置入某些因素来代替代理人的选择. 例如，一个模型可能假设产品质量是由技术而不是由厂商决定的. 第三种方法是假设某些问题已由另一个隐含的模型解决. 如通过假设无论厂商选择何种产出水平，厂商总是调整其投入以使其生产成本最小，就可以描述一个厂商的成本(产量的函数). 第四种方法是逐步构造模型，可能包括前面的所有要素. 这意味着，从一个简单的假设开始，求解这个模型，然后返回来放松这个假设，再求解. 所有这些方法在数理经济学中得到广泛使用.

1.6.2　数学模型

研发一个数理经济模型与经济模型中讨论的五要素是完全平行的. 可是数学建模有其自己一套术语和定义. 下面通过一个厂商的决策问题来解释这些术语. 首先假设厂商的目标是追求利润极大化. 数学上可将利润写成一个方程

$$\pi = \mathrm{TR} - \mathrm{TC} \tag{1-6-1}$$

这里 π 是利润，TR 表示总收入，TC 代表总生产成本. 这个方程只是一个会计恒等式，它揭示出的厂商的实际行为很少.

下面规定厂商所处的经济环境，其中建模选择包括厂商是处于竞争市场还是垄断市场、厂商将资金投在研发上还是广告上、厂商是否受政府规章或税收的限制等. 为简单起见，我们做出如下假设：

(1) 厂商在一个完全竞争市场上运作；

(2) 厂商的生产技术是固定的；

(3) 对任何水平的产量，厂商已选择劳动和资本的总成本最小化的组合；

(4) 厂商不纳税也不受管制.

下面用数学语言描述这些假设. 假设(1)意味着厂商能够以现行的市场价格 P 销售任意数量 q 的产品. 假设(2)和(3)允许我们将厂商的生产成本写成其产量的函数. 假设(4)简单地告诉我们建模时不必考虑政府对厂商的影响. 数学上

$$\mathrm{TR} = Pq$$

$$\begin{aligned} TC &= C(q) \\ \pi &= Pq - C(q) \end{aligned} \tag{1-6-2}$$

这里 $C(q)$表示成本，是产量的函数.

此时需要区别两类重要的经济变量，即外生变量和内生变量. 外生变量是模型中经济代理人不能控制的经济变量. 用更一般的术语，外生变量是在特定经济模型的范围之外确定的经济变量. 外生变量经常称作参数①. 内生变量是由代理人直接或间接地确定或控制的. 更一般的说，内生变量是由一个具体模型的解确定的经济变量. 在我们的例子中，价格是外生变量(不受厂商的控制)，而产量是内生变量(由厂商选择以使利润极大化)，利润也是内生变量，因为利润是由厂商选择的产量确定的.

外生变量和内生变量的区别对于理解数理经济学至关重要. 不过这个区别经常是不熟悉数理经济学的学生混淆它们的原因. 这种混淆的原因是，无法具体列出哪些变量是外生的、哪些变量是内生的. 二者的区别取决于具体模型(随模型而变). 关键是建模时，选择哪些变量作为外生变量(即将哪些变量放在经济环境中)，选择哪些变量作为内生变量(选择变量). 因此二者的区别依赖于建模问题的具体背景. 确实，在一个模型中是外生的那些变量，在另一个模型中可能是内生的. 在上面厂商利润极大化的例子中，价格是外生变量，但在整个竞争市场的模型中，价格将由供给和需求决定，因而又是内生变量. 厂商通过选择最优产量来追求利润最大化的目标. 最优产量是指这样的产量水平：在给定的市场价格下，导致最大可能的利润水平. 数学上我们可用微分技术求出这种类型的解. 现在撇开实际的基于微分的推导，最重要的一点是导出的解或均衡不是单一水平的产量，而是指明最优产量 q^* 是如何依赖于市场价格 P 的一个函数

$$q^* = f(P) \tag{1-6-3}$$

这个供给函数是这个简单模型的解. 均衡解的重要特征是：它将内生变量(q^*)表示为外生变量(P)的函数. 换言之，我们解决了厂商的未来行为或厂商的选择将是如何依赖于环境的.

一旦我们求出了内生变量 q^*，就能预测环境的变化将如何影响到这个变量. 在数理经济模型中，这类分析称作比较静态分析. 所谓"比较"是因为我们在把一个静态均衡与参数(P)发生变化时导致的另一个新均衡进行比较；"静态"是指我们通常并不描述均衡是如何从一个位置实际变到另一位置的动态路径. 对前面的例

① 当外生变量在某种意义下对一个经济模型来说"更"外生时，我们有时用参数这个术语. 可是，对外生变量和参数的数学处理是没有任何区别的. 因此，我们将这两个术语按同义词使用(Baldani et al.，1996，p. 4). 参数与外生变量极为相似，因为二者在模型中均被视为"给定值"，这可以解释为什么许多作者为了简便，将二者用一个术语"参数"来表示(Chiang，1984，p. 8).

子而言,比较静态结果就是最优产量是如何随着市场价格而发生变化的.数学上写为

$$dq^* /dP = f'(P) \tag{1-6-4}$$

大多数情形下,当试图用比较静态分析进行预测时,我们感兴趣的是定性结果.定性结果涉及确定当外生变量发生变化时导数的符号(即内生变量变化的方向).偶尔对定量结果感兴趣,其主要原因是数学模型是抽象的,天生缺乏与现实世界的一致性,从而不能对数值结果的预测给出很大的置信度.定量结果涉及确定当外生变量发生变化时导数的具体数值.

第2章　单变量函数的微分学

本章介绍变量、导数及其应用(如在函数的单调性、极值和凹凸性方面的应用)、微分及其应用、Lagrange(拉格朗日)中值定理与 Taylor(泰勒)公式等. 注重数学概念和符号等在经济学中的应用(如表示经济学中的相关概念和原理等). 最后介绍这些内容的一些简单应用.

2.1　导　　数

2.1.1　变量与函数

变量是大小可以变化的量,即可以取不同值的量. 经济学中经常使用的变量包括价格、利润、收益、成本、国民收入、消费、投资、进口、出口等. 因为这些变量可以取不同的值,所以必须用一个符号而不是特定的数字表示它. 例如,我们可以用 P 表示价格,以 π 表示利润,以 R 表示收益,以 C 表示成本,以 Y 表示国民收入等. 但是当我们写 $P=3$ 或 $C=18$ 时(选择适当单位),我们就把这些变量"固定"在这些具体的数值上.

经济领域里的实际问题,往往由许多因素组成,其中包括两大类:①原因因素,经济学上称作外生变量,对应着数学上的自变量;②结果因素,经济学上称作内生变量,对应着数学上的因变量. 数学上,通常自变量影响着因变量;经济学上,通常外生变量影响着内生变量.

经济学内容之一是研究内生变量与外生变量之间的关系,数学上用因变量与自变量之间的函数关系来描述. 例如,居民的需求函数可表示为 $Q_d=a_0-a_1P(a_0, a_1>0)$,这里产品的销售价格 P 是自变量(看作外生变量),而居民的需求量 Q_d 是因变量(看作内生变量).

另有一类因素,数学和经济学上都叫做参变量(或参数). 如需求函数表达式 $Q_d=a-bp$ 中的 a 和 b. 经济学上,参数和外生变量有时可交换使用.

2.1.2　导数定义及其几何解释

定义 2.1.1　设 $y=f(x)$ 是定义在集合 S 上的一元函数,$x_0\in S$,则 $f(x)$ 在 x_0 处的导数定义为

$$\left.\frac{\mathrm{d}y}{\mathrm{d}x}\right|_{x=x_0}=\lim_{x\to x_0}\frac{f(x)-f(x_0)}{x-x_0}$$

或

$$f'(x_0)=\lim_{\Delta x\to 0}\frac{f(x_0+\Delta x)-f(x_0)}{\Delta x} \tag{2-1-1}$$

称 $f'(x)$为定义在 S 上的导函数①.

由导数定义式(2-1-1)可知

$$f(x_0+1)-f(x_0)\approx f'(x_0) \tag{2-1-2}$$

即 $f'(x_0)$是 $f(x)$在 x_0 处边际变化的一个好的近似值[一般 $f(x)$的图形在 x_0 处越不弯曲,式(2-1-2)的近似程度越好].后面可看到式(2-1-2)可用来表示经济学上的边际量.

$f'(x_0)$是函数 $f(x)$的图形在点$(x_0,f(x_0))$点处切线的斜率,从而在该点处切线的方程为 $y-f(x_0)=f'(x_0)(x-x_0)$.

2.1.3 导数的经济解释——边际量

经济学中许多重要的概念是用导数来描述的.数学上的导数概念,对应着经济学上的边际概念.利用导数进行经济分析,简称边际分析.经济学中一个经济量 $F(X)$的边际概念定义为经济量 X 在原有值 X_0 的基础上再增加一个单位而导致的经济量 $F(X)$的变化量,数学上表示为 $F(X_0+1)-F(X_0)$.由式(2-1-2)可知,这个变化量可用 $F'(X_0)$来近似度量.如假设需求函数为 $Q_d=f(P)$,则价格在原有基础 P_0 上再增加一个单位所导致的需求量的变化量$[f(P_0+1)-f(P_0)]$称作边际需求,数学上可用函数 $Q_d=f(P)$在 P_0 处的导数 $f'(P_0)$来表示.又如劳动的边际产量是指再雇用一个单位的劳动所增加的产量;进一步假设生产函数为 $Q=F(L)$,当前劳动为 L_0 个单位,则劳动的边际产量 $F(L_0+1)-F(L_0)$可用 $F'(L_0)$来表示.

例 2.1.1 假设生产 Q 单位某商品的总成本为 $C(Q)=2Q^2+6Q+12$.

(1) 试估计生产第 21 个单位的成本是多少?

(2) 把(1)中的估计成本与实际成本进行对比.

解 (1) 由题意,需要计算在 20 个单位的基础上再生产 1 个单位的生产成本.因此,可用导数 $C'(20)$来估计.经计算 $C'(20)=86$.

(2) 生产第 21 个单位的实际成本是 $C(21)-C(20)=88$.可见利用导数得到的估计成本比较接近实际成本.

尽管 $F'(X)$不能精确表示由 X 增加一个单位而导致的 $F(X)$的变化量,但经济学家们仍然用它表示 $F(X)$的边际变化.这是因为:①单一项 $F'(X)$比差 $F(X+$

① 其他常用的导函数记号有 y'、dy/dx、df/dx、$df(x)/dx$、$D_x[f(x)]$或$\frac{d}{dx}[f(x)]$.

1)$-F(X)$更简洁;②$F'(X)$避免了“用何单位度量 X 增加一个单位”这一问题.

2.2　求导运算法则

2.2.1　函数四则运算的导数

定理 2.2.1(函数四则运算的求导法则)　设函数 $u(x)$和 $v(x)$都在点 x 可导,则这两个函数的和、差、积和商都在点 x 处可导,且有

(1) $[Cu(x)]'=Cu'(x)$(其中 C 是常数);

(2) $[u(x)\pm v(x)]'=u'(x)\pm v'(x)$;

(3) $[u(x)v(x)]'=u'(x)v(x)+u(x)v'(x)$;

(4) $\left[\dfrac{u(x)}{v(x)}\right]'=\dfrac{u'(x)v(x)-u(x)v'(x)}{v^2(x)}\ [v(x)\neq 0]$.

2.2.2　复合函数及其导数

定义 2.2.1　已知两个函数 $y=f(u)$和 $u=g(x)$. $y=f(u)$的定义域和值域分别为 D_f 和 R_f,$u=g(x)$的定义域和值域分别为 D_g 和 R_g,且有 $R_g\subseteq D_f$. 则对任意 $x\in D_g$,通过先函数 g 后函数 f 的作用,有唯一的值 $f(g(x))$与之对应,因此 $y=f(g(x))$是定义在 D_g 上 x 的函数,称这个函数是 $y=f(u)$和 $u=g(x)$的复合函数,并将其记为 $f\circ g$,即$(f\circ g)(x)\equiv f(g(x))$.

有的国外教材称 $g(x)$是复合函数 $f\circ g$ 的内层函数,称 $f(u)$是复合函数 $f\circ g$ 的外层函数. 显然,复合函数 $f\circ g$ 的定义域就是内函数的定义域,其值域是外函数的值域的子集.

定理 2.2.2(复合函数求导的链式法则)　假设 $h(x)=f(g(x))$是函数 $y=f(u)$和 $u=g(x)$的复合函数;函数 $u=g(x)$在点 x_0 处可导,函数 $y=f(u)$在点 $u_0=g(x_0)$处可导. 则复合函数 $h(x)=f(g(x))$在点 x_0 处可导,且有

$$h'(x_0)=f'(u_0)g'(x_0)=f'(g(x_0))g'(x_0) \tag{2-2-1}$$

一般的(当上面的 x_0 为复合函数定义域中的任意点时),有

$$h'(x)\equiv[f(g(x))]'=f'(g(x))g'(x) \tag{2-2-2}$$

这里 $f'(g(x))$表示函数 $f(u)$在 $g(x)$处的导数①. 式(2-2-2)也可记为

$$\frac{\mathrm{d}(f\circ g)}{\mathrm{d}x}(x)=\frac{\mathrm{d}f}{\mathrm{d}u}(g(x))\frac{\mathrm{d}g}{\mathrm{d}x}(x)$$

① 注意记号 $f'(g(x))$与$[f(g(x))]'$的区别. 前者表示函数 $f(u)$在 $g(x)$处的导数,后者表示复合函数 $f(g(x))$在 x 处的导数. 求 $f'(g(x))$时需要两步完成:第一步先求 $f'(u)$;第二步再将 $f'(u)$中 u 换为$g(x)$即可. 复合函数的求导法则在经济学中非常重要.

或

$$\frac{\mathrm{d}y}{\mathrm{d}x}=\frac{\mathrm{d}y}{\mathrm{d}u}\frac{\mathrm{d}u}{\mathrm{d}x}\quad\text{(链式法则)}\tag{2-2-2'}$$

例 2.2.1 已知利润函数 $\pi(Q)=-Q^4+6Q^2-5$（这里 Q 是产量），生产函数为 $Q=f(L)=5L^{2/3}$. 求劳动力的边际利润函数.

解 由题意，复合函数 $(\pi\circ f)(L)=\pi(f(L))$ 的导数就是劳动力的边际利润函数. 下面求复合函数 $\pi(f(L))$ 的导数. 外层函数为 $\pi(Q)=-Q^4+6Q^2-5$，其导数为 $\pi'(Q)=-4Q^3+12Q$. 外层函数 $\pi(Q)$ 在 $f(L)=5L^{2/3}$ 处的导数为

$$\pi'(f(L))=-4(5L^{2/3})^3+12(5L^{2/3})\tag{2-2-3}$$

另外，内层函数 $f(L)$ 的导数为

$$f'(L)=10L^{-1/3}/3\tag{2-2-4}$$

由链式法则（定理 2.2.2），将式(2-2-3)与式(2-2-4)相乘即得复合函数 $\pi(f(L))$ 的导数，也就是劳动力的边际利润函数

$$\frac{\mathrm{d}}{\mathrm{d}L}\pi(f(L))=\pi'(f(L))f'(L)=-\frac{5\,000}{3}L^{5/3}+200L^{1/3}$$

2.2.3 反函数及其导数

定义 2.2.2 设 $y=f(x)$ 的定义域为 X，值域是 Y；若对 Y 内的任何一个实数 y，从未知量为 x 的方程 $y=f(x)$ 中可以反解出唯一一个 x. 这时候，如果我们把 Y 看作某个函数的定义域，那么对 Y 内的每一 y，就有 X 内的唯一一个 x 与之对应[满足 $y=f(x)$]. 根据函数的定义，x 便是 y 的函数了，这个函数的自变量是 y，因变量是 x，定义域是 Y，值域是 X，它是由函数 f 所产生的，称为函数 f 的反函数，记为 f^{-1}，它在 y 处的函数值记为 $f^{-1}(y)$，即 $x=f^{-1}(y)$. 这时 f 当然也是 f^{-1} 的反函数，或者说 f 和 f^{-1} 互为反函数，前者的定义域和后者的值域相同，前者的值域和后者的定义域相同，并且不难知道 $x=f^{-1}(f(x))$，$f(f^{-1}(y))=y$.

从图形上看，曲线 $y=f(x)$ 和 $x=f^{-1}(y)$ 是同一条曲线，所不同的仅仅是前者自变量是 x、后者自变量是 y. 但在同一个坐标系内，一般我们总规定 x 轴上的点是自变量、y 轴上的点是因变量，为了在同一个坐标系内把函数和它的反函数表达出来（例如把它们的图形画出来），就必须把反函数 $x=f^{-1}(y)$ 改写为 $y=f^{-1}(x)$. 我们也称 $y=f^{-1}(x)$ 是 $y=f(x)$ 的反函数. 当然，反过来，$y=f(x)$ 也是 $y=f^{-1}(x)$ 的反函数. 它们互为反函数. 例如，$y=2x+1$ 和 $y=(x-1)/2$ 互为反函数. 进而函数 $y=f(x)$ 和它的反函数 $y=f^{-1}(x)$ 的图形关于直线 $y=x$ 相互对称.

定理 2.2.3（反函数存在定理） 设 $y=f(x)$ 在某个区间 I 内严格单调增加（或减少），又设和这个区间 I 相对应的值域是 V，那么必存在反函数 $x=f^{-1}(y)$，它在 V 内也是严格单调增加（或减少）的.

定理 2.2.4(反函数连续定理)　设 $f(x)$在区间$[a,b]$上是严格增加(减少)和连续的,又设 $f(a)=\alpha, f(b)=\beta$. 则在区间$[\alpha,\beta]$上存在着函数 $y=f(x)$的反函数 $x=f^{-1}(y)$,它在区间$[\alpha,\beta]$上也是严格增加(减少)和连续的.

定理 2.2.5(反函数可导定理)　设 $f(x)$满足:

(1) $f(x)$在 x_0 的某一邻域内严格增加(或减少)且是可导的;

(2) $f(x_0)=y_0$;

(3) $f'(x_0)\neq 0$.

则 $f(x)$的反函数 $x=\varphi(y)$在 y_0 处可导,且有

$$\left.\frac{\mathrm{d}x}{\mathrm{d}y}\right|_{y=y_0}=1\bigg/\left.\frac{\mathrm{d}y}{\mathrm{d}x}\right|_{x=x_0}$$

或

$$\varphi'(y_0)=\frac{1}{f'(x_0)}=\frac{1}{f'(\varphi(y_0))} \tag{2-2-5}$$

若 $f(x)$在某一区间 I 内严格增加(严格减少)、可导,且 $f'(x)$在区间 I 内处处不为零,则反函数的导函数为

$$\frac{\mathrm{d}x}{\mathrm{d}y}=1\bigg/\frac{\mathrm{d}y}{\mathrm{d}x}$$

或

$$\varphi'(y)=\frac{1}{f'(x)}=\frac{1}{f'(\varphi(y))}\quad[\text{对任意 } y\in f(I)] \tag{2-2-6}$$

例 2.2.2　给定一个需求函数 $q=D(p)$,若假设需求量 q 随着价格 p 的增加而减少,则由定理 2.2.3 知这个需求函数存在反函数 $p=D^{-1}(q)$,称作反需求函数. 这两类函数都很重要. 如在计算需求的价格弹性时,用到需求函数 $q=D(p)$ [参见式(3-1-1)];当计算利润极大化的厂商的最优产量时,用到反需求函数(参见例 3.4.2).

2.2.4　参数式函数及其导数

定理 2.2.6　设有 x 的函数 $y=f(x)$由参数式方程$\begin{cases}x=\varphi(t)\\ y=\psi(t)\end{cases}$ $(\alpha\leqslant t\leqslant\beta)$给出,这里 $\varphi'(t)$和 $\psi'(t)$都存在,且 $x=\varphi(t)$存在反函数 $t=\varphi^{-1}(x)$,这个反函数可导且其导数不为零. 则 $y=f(x)$可导,且

$$\frac{\mathrm{d}y}{\mathrm{d}x}=\frac{\psi'(t)}{\varphi'(t)}\quad[t=\varphi^{-1}(x)] \tag{2-2-7}$$

证明　由题意可知 y 通过中间变量 t 可表示为 $y=\psi(t)$和 $t=\varphi^{-1}(x)$关于 x

的复合函数,且是可导的.由定理 2.2.2 和定理 2.2.5,有 $dy/dx=(dy/dt)(dt/dx)=\psi'(t)/\varphi'(t)$. 证毕.

在 2.4 节将给出定理 2.2.6 的另一个简便的证明法.

2.3 微　　分

2.3.1 微分定义

定义 2.3.1 设 $y=f(x)$是定义在集合 S 上的一元函数,$x_0\in S$. 给定自变量 x 的一个变化量 Δx,若函数的变化量 Δy 可表示为

$$\Delta y = f(x_0+\Delta x)-f(x_0) = A\Delta x + o(\Delta x) \tag{2-3-1}$$

其中 $o(\Delta x)$表示比 Δx 高阶的无穷小量,则称函数 $f(x)$在 x_0 处可微,并称 $A\Delta x$ 为函数 $f(x)$在 x_0 处的微分,记作 $dy|_{x=x_0}=A\Delta x$ 或 $dy|_{x=x_0}=Adx$.

定理 2.3.1 若函数 $y=f(x)$在 x_0 处可微,则

$$dy\,|_{x=x_0} = df(x)\,|_{x=x_0} = f'(x_0)\Delta x \tag{2-3-2}$$

若函数 $f(x)$处处可微,则 $dy\equiv df(x)=f'(x)\Delta x$. 特别地,对函数 $y=x$,有 $dy=dx=\Delta x$ 成立. 鉴于此,函数 $f(x)$在任意点 x 处的微分为

$$dy \equiv df(x) = f'(x)dx^{①} \tag{2-3-3}$$

2.3.2 微分定义的经济应用——近似计算

微分可用于近似计算,这是因为由式(2-3-1)和式(2-3-2)可知

$$\Delta y = f(x_0+\Delta x)-f(x_0) \approx f'(x_0)\Delta x$$

或

$$f(x_0+\Delta x) \approx f(x_0)+f'(x_0)\Delta x \tag{2-3-4}$$

在前面知道可用导数计算某个经济量 X 增加一个单位时相应的另一个经济量 $F(X)$的变化. 若经济量 X 增加 ΔX 个单位,则可用式(2-3-4)计算相应的另一个经济量 $F(X)$的变化.

例 2.3.1 一制造商的总成本函数为 $C(Q)=0.1Q^3-0.25Q^2+300Q+100$,试估计产量从 6 个单位增加到 6.1 个单位时总成本的变化.

解 题意相当于求当自变量 Q 从 6 增加到 6.1 时函数 $C(Q)$的变化量. 从而由式(2-3-4),有 $\Delta C=C'(6)\times(6.1-6)=307.8\times0.1=30.78$.

---

① 由式(2-3-3),可以认为导数 $f'(x)$ 就是因变量 y 的微分 dy 与自变量 x 的微分 dx 的商,因此导数也叫做微商.

2.4　微分运算法则

本节内容在经济学中的比较静态分析中起着非常重要的作用.

2.4.1　函数四则运算的微分法

定理 2.4.1　设函数 $u(x)$和 $v(x)$都在点 x 可微,则这两个函数的和、差、积和商都在点 x 处可微,且有:

(1) $\mathrm{d}(Cu)=C\mathrm{d}u$(其中 C 是常数);

(2) $\mathrm{d}(u\pm v)=\mathrm{d}u\pm\mathrm{d}v$;

(3) $\mathrm{d}(uv)=u\mathrm{d}v+v\mathrm{d}u$;

(4) $\mathrm{d}\left(\dfrac{u}{v}\right)=\dfrac{v\mathrm{d}u-u\mathrm{d}v}{v^2}[v(x)\neq 0]$.

2.4.2　复合函数的微分法

定理 2.4.2(复合函数的微分法则)　假设 $y=f(g(x))$是两个可微函数 $y=f(u)$和 $u=g(x)$的复合函数,则这个复合函数的微分为

$$\mathrm{d}y\equiv\mathrm{d}f(g(x))=f'(g(x))g'(x)\mathrm{d}x \tag{2-4-1}$$

这里 $f'(g(x))$表示函数 $f(u)$在 $g(x)$处的导数.

2.4.3　微分形式的不变性

定理 2.4.3(微分形式的不变性)　设函数 $y=f(u)$可导,无论 u 是自变量,还是某一自变量的可导函数(u 是中间变量),总有

$$\mathrm{d}y=f'(u)\mathrm{d}u \tag{2-4-2}$$

证明　假设 u 是自变量,则由定理 2.3.1 或式(2-3-3)可知式(2-4-2)成立.假设 u 是某一自变量 x 的可导函数且 $u=g(x)$,则由定理 2.4.2 有

$$\mathrm{d}y=f'(g(x))g'(x)\mathrm{d}x$$

对函数 $u=g(x)$,利用定理 2.3.1 可得 $\mathrm{d}u=g'(x)\mathrm{d}x$,代入上式可得 $\mathrm{d}y=f'(u)\mathrm{d}u$. 证毕.

例 2.4.1　证明定理 2.2.6.

证明　由于 y 和 x 都是 t 的函数,所以 $\dfrac{\mathrm{d}y}{\mathrm{d}x}=\dfrac{\dfrac{\mathrm{d}y}{\mathrm{d}t}\mathrm{d}t}{\dfrac{\mathrm{d}x}{\mathrm{d}t}\mathrm{d}t}=\dfrac{\psi'(t)}{\varphi'(t)}$.

例 2.4.2　已知 $y=f(\mathrm{e}^{g(x)})$,其中 $f(u)$和 $g(x)$都可微,求 $\mathrm{d}y$.

解 由微分的形式不变性有

$$dy = f'(e^{g(x)})de^{g(x)} = [f'(e^{g(x)})]e^{g(x)}dg(x) = f'(e^{g(x)})e^{g(x)}g'(x)dx$$

2.5 Lagrange 中值定理与 Taylor 公式

2.5.1 Lagrange 中值定理

定理 2.5.1 若 $f(x)$在$[a,b]$上连续,在(a,b)上可导,则至少存在一个 $\xi\in(a,b)$使式(2-5-1)成立

$$f(b)-f(a)=f'(\xi)(b-a) \tag{2-5-1}$$

几何解释:在弧 AB 上至少有一点 C,使曲线 $f(x)$在 C 点处的切线平行于弦 AB,这里点 A 和 B 的坐标分别为$(a,f(a))$和$(b,f(b))$.

2.5.2 Taylor 公式

定理 2.5.2 设 $x_0\in(a,b)$,$f(x)$在(a,b)内有直到 $n+1$ 阶的导数,则当 $x\in(a,b)$时,存在 $\xi\in(a,b)$使得式(2-5-2)成立①

$$f(x)=f(x_0)+f'(x_0)(x-x_0)+\frac{f''(x_0)}{2!}(x-x_0)^2+\cdots+\frac{f^{(n)}(x_0)}{n!}(x-x_0)^n+R_n(x) \tag{2-5-2}$$

其中 $R_n(x)=\frac{f^{(n+1)}(\xi)}{(n+1)!}(x-x_0)^{n+1}$,称作 Lagrange 余项.

注记 2.5.1 当 x 非常接近于 x_0 时,由式(2-5-2)可得

$$f(x)\approx f(x_0)+f'(x_0)(x-x_0) \tag{2-5-3}$$

式(2-5-3)说明此时函数 $f(x)$可近似表示为一个线性函数$[f(x_0)-x_0f'(x_0)]+f'(x_0)x$. 这个结论有着重要的应用价值,如可将求解一个非线性微分方程近似转化为求解一个线性微分方程,用于非线性回归模型的线性化等.

2.6 函数的单调性、凹凸性、极值与最值

本节介绍 Lagrange 中值定理和 Taylor 公式在有关函数的单调性、极值和凹凸性等方面的应用. 函数的单调性、凹凸性和极值有助于函数作图. 一些特定的经济函数(如效用函数、生产函数)经常假设为具有单调性或凹凸性,这些特性有时对应着一些经济学原理. 在 3.5 节会看到进行比较静态分析就是要判断因变量为内

① 当 $n=0$ 时,式(2-5-2)退化为式(2-5-1),因此 Taylor 公式是 Lagrange 中值定理的推广.

生变量、自变量为外生变量或参数的这样一个函数的单调性(是单调上升的，还是单调下降的). 求经济学上的某种目的均衡[①](如例 3.5.1 中的均衡产量)，数学上意味着求函数的极值点(函数的极值点常常对应着经济学上的某种目的均衡).

2.6.1　函数单调性的判定

定理 2.6.1　设函数 $f(x)$在$[a,b]$上连续，在(a,b)上可导，则

(1) $f(x)$在$[a,b]$上单调增加的充要条件是在(a,b)上恒有 $f'(x)\geqslant 0$.

(2) $f(x)$在$[a,b]$上单调减少的充要条件是在(a,b)上恒有 $f'(x)\leqslant 0$.

(3) 若在(a,b)上恒有 $f'(x)>0$ 成立，则 $f(x)$在$[a,b]$上严格单调增加；反之，若 $f(x)$在$[a,b]$上严格单调增加，则在(a,b)上恒有 $f'(x)\geqslant 0$ 成立.

(4) 若在(a,b)上恒有 $f'(x)<0$ 成立，则 $f(x)$在$[a,b]$上严格单调减少；反之，若 $f(x)$在$[a,b]$上严格单调减少，则在(a,b)上恒有 $f'(x)\leqslant 0$ 成立.

证明　(1) 充分性由 Lagrange 中值定理获证，必要性由导数和单调性的定义获证.

(2) 的证明与(1)完全类似.

(3) 前半部分由 Lagrange 中值定理获证；后半部分由导数和严格单调性的定义获证.

(4) 的证明与(3)完全类似.

定理 2.6.2　设函数 $f(x)$在$[a,b]$上连续，在(a,b)上可导. 若对任意 $x_1,x_2\in(a,b)$，有 $f(x_2)\geqslant$(或$\leqslant$)$f(x_1)+f'(x_1)(x_2-x_1)$，则 $f'(x)$在(a,b)上单调增加(或单调减少).

证明　只考虑单调增加的情况. 设 $x_1,x_2\in(a,b)$且 $x_2>x_1$，则由已知条件有 $f(x_2)\geqslant f(x_1)+f'(x_1)(x_2-x_1)$和 $f(x_1)\geqslant f(x_2)+f'(x_2)(x_1-x_2)$，从而有

$$f'(x_2)\geqslant\frac{f(x_1)-f(x_2)}{x_1-x_2}=\frac{f(x_2)-f(x_1)}{x_2-x_1}\geqslant f'(x_1)$$

即 $f'(x)$在(a,b)上是单调增加的.

2.6.2　函数凹凸性及其判别准则

定义 2.6.1[②]　(1) 称函数 $f(x)$在(a,b)上是凸的(或凹的)，若对任意 $\lambda\in[0,1]$，对任意 $x_1,x_2\in(a,b)$，恒有式(2-6-1)成立

$$f(\lambda x_1+(1-\lambda)x_2)\leqslant(\text{或}\geqslant)\lambda f(x_1)+(1-\lambda)f(x_2)\qquad(2\text{-}6\text{-}1)$$

① 目的均衡的概念见 5.3.1 小节.

② 这里定义的凸函数或凹函数的图形在微积分的教材中一般称作是(向上)凹(或凹弧)，或(向上)凸的(或凸弧)(同济大学应用数学系，2002，p. 149)；李成章和黄玉民(2001，p. 165)称这里的凸(凹)函数为下(上)凸函数.

(2) 若对任意 $\lambda\in(0,1)$，对任意 $x_1,x_2\in(a,b)$ 且 $x_1\neq x_2$，恒有式(2-6-1)中的严格不等式成立，则称函数 $f(x)$ 是 (a,b) 上的严格凸(或严格凹)函数.

(3) 称 $(x_0,f(x_0))$ 为函数 $f(x)$ 的拐点，若函数 $f(x)$ 在点 $(x_0,f(x_0))$ 左右两侧图形的凹凸性不同.

注记 2.6.1 由定义 2.6.1 易知，严格凸(或严格凹)函数一定是凸(或凹)函数.

下面是凸凹函数定义 2.6.1 的几何解释. $f(x)$ 在 (a,b) 上是凸的(或凹的)等价于连接 $f(x)$ 图形上任意两点 $(x_1,f(x_1))$ 和 $(x_2,f(x_2))$ 的弦线位于 $f(x)$ 图形的介于这两点之间的弧的上(或下)方. $f(x)$ 在 (a,b) 上是严格凸的(或严格凹的)等价于连接 $f(x)$ 图形上任意两点 $(x_1,f(x_1))$ 和 $(x_2,f(x_2))$ 的弦线严格位于 $f(x)$ 图形的介于这两点之间的弧的上(或下)方. 图 2.6.1 给出了严格凹函数定义或式(2-6-1)的几何解释.

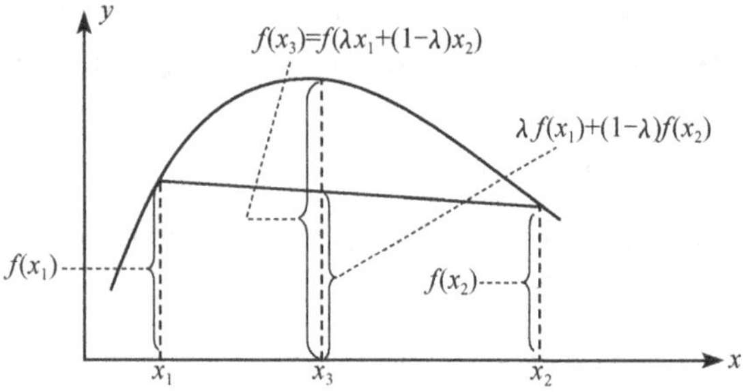

图 2.6.1 凹函数的图形

定理 2.6.3(一阶微分判别准则) 设函数 $f(x)$ 在 $[a,b]$ 上连续，在 (a,b) 上可导，则

(1) $f(x)$ 在 $[a,b]$ 上为凸(或凹)函数的充要条件是：对任意 $x_1,x_2\in(a,b)$ 有

$$f(x_2)\geqslant(\text{或}\leqslant)f(x_1)+f'(x_1)(x_2-x_1) \tag{2-6-2}$$

(2) $f(x)$ 在 $[a,b]$ 上为严格凸(或严格凹)函数的充要条件是：对任意 $x_1,x_2\in(a,b)$ 且 $x_1\neq x_2$ 有

$$f(x_2)>(\text{或}<)f(x_1)+f'(x_1)(x_2-x_1) \tag{2-6-3}$$

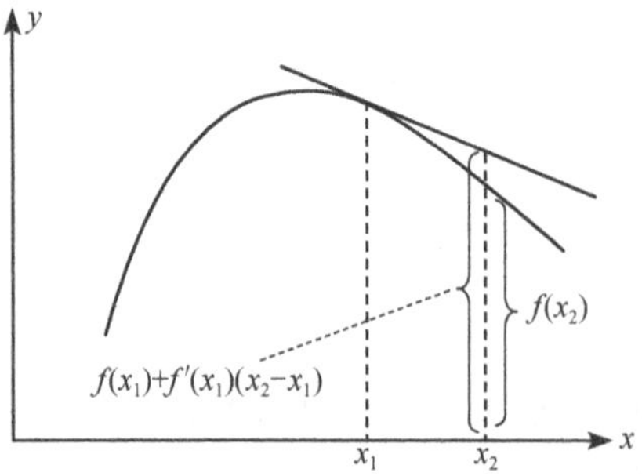

图 2.6.2 凹函数一阶判别准则的几何解释

证明 见附录.

图 2.6.2 给出了定理 2.6.3 的几何意义. $f(x)$ 在 $[a,b]$ 上是凸(或凹)函数等价于曲线 $f(x)$ 上任意点处的切线都位于曲线 $f(x)$ 之下(或上)方[这是因为 $f(x)$ 在 (a,b) 上点 x_1 处的切线方程为 $y=f(x_1)+f'(x_1)(x_2-x_1)$].

若函数 $f(x)$ 在 (a,b) 上二阶连续可微,则可用下面方法判断它的凸凹性.

定理 2.6.4(二阶微分判别准则)　若函数 $f(x)$ 在 $[a,b]$ 上连续,在 (a,b) 上是二阶连续可微的,则

(1) $f(x)$ 是 $[a,b]$ 上的凸(或凹)函数的充要条件是:对任意 $x\in(a,b)$ 有

$$f''(x)\geqslant 0\quad [\text{或 } f''(x)\leqslant 0] \tag{2-6-4}$$

(2) $f(x)$ 是 $[a,b]$ 上的严格凸(或严格凹)函数的充分条件是:对任意 $x\in(a,b)$ 有

$$f''(x)>0\quad [\text{或 } f''(x)<0] \tag{2-6-5}$$

证明　见附录.

注记 2.6.2　对任意 $x\in(a,b)$ 有 $f''(x)>0$ [或 $f''(x)<0$] 不是 $f(x)$ 是 (a,b) 上的严格凸(或严格凹)函数的必要条件. 例如,函数 $f(x)=x^4$ 是 $(-\infty,+\infty)$ 上的严格凸函数,但 $f''(0)=0$,从而任意 $x\in(-\infty,+\infty)$,$f''(x)>0$ 不成立.

例 2.6.1　幂函数、指数函数和对数函数的凹凸性.

(1) 给定定义在 R_+ 上的幂函数 $f(x)=x^a$,则当 $0<a<1$ 时,$f(x)$ 是严格凹函数;当 $a<0$ 或 $a>1$ 时,$f(x)$ 是严格凸函数.

(2) $f(x)=e^x$ 是 R 上的严格凸函数.

(3) $f(x)=\ln x$ 是 R_{++} 上的严格凹函数.

解　(1) $f''(x)=a(a-1)x^{a-2}$,因此当 $0<a<1$ 时,对任意 $x>0$ 有 $f''(x)<0$,从而 $f(x)$ 是 R_+ 上的严格凹函数;当 $a<0$ 或 $a>1$ 时,对任意 $x>0$ 有 $f''(x)>0$,从而 $f(x)$ 是 R_+ 上的严格凸函数.

同理可证明(2)和(3)成立.

函数的凹凸性可用来证明某些特殊的不等式.

例 2.6.2　证明 $[\lambda x+(1-\lambda)y]^n<\lambda x^n+(1-\lambda)y^n$;特别地,$\left(\dfrac{x+y}{2}\right)^n<\dfrac{x^n+y^n}{2}$ $(x,y>0,x\neq y,n>1,0<\lambda<1)$.

证明　由例 2.6.1(1),$f(x)=x^n$ 是 R_+ 上的严格凸函数,所以对 $x,y>0$,$x\neq y$,有 $f(\lambda x+(1-\lambda)y)<\lambda f(x)+(1-\lambda)f(y)$,即 $[\lambda x+(1-\lambda)y]^n<\lambda x^n+(1-\lambda)y^n$. 令 $\lambda=1/2$,则得另一个不等式.

定理 2.6.5(凹凸函数运算的凹凸性)①

(1) (数乘运算)假设 $f(x)$ 是 (a,b) 上的凸(凹)函数,$\alpha\neq 0$. 则当 $\alpha>0$ 时,$\alpha f(x)$ 与 $f(x)$ 有相同的(严格)凹凸性;当 $\alpha<0$ 时,$\alpha f(x)$ 与 $f(x)$ 有相反的(严格)凹凸性.

(2) (数乘与加法运算)假设 $f_i(x)$ 是 (a,b) 上的凸(凹)函数,$\alpha_i>0$,$i=1,2,\cdots$,

---

① 这些结论可推广到 $f(x)$ 是多元函数的情形(见定理 7.4.6～定理 7.4.9).

n,则 $\sum_{i=1}^{n}\alpha_i f_i(x)$ 也是(a,b)上的凸(凹)函数.若 n 个函数 $f_i(x)(i=1,2,\cdots,n)$之一是严格凸(严格凹)函数,则 $\sum_{i=1}^{n}\alpha_i f_i(x)$ 也是(a,b)上的严格凸(严格凹)函数.

(3) (复合函数的凹凸性)假设 $f(x)$是(a,b)上的凸(凹)函数,$g(x)$是(c,d)上的函数,且 $f(x)$的值域包含在(c,d)内.若 $g(x)$是单调上升的凸(凹)函数,则 $g(f(x))$是(a,b)上的凸(凹)函数;若 $g(x)$是单调下降的凹(凸)函数,则 $g(f(x))$是(a,b)上的凹(凸)函数.特殊地,若 $f(x)$是(a,b)上的凹函数,且满足 $f(x)>0$,则 $\ln f(x)$是凹函数;若 $\ln f(x)$是(a,b)上的凸函数,则 $f(x)$是(a,b)上的凸函数.

(4) (倒数运算)若 $f(x)$是(a,b)上的凹函数,且满足 $f(x)>0$,则 $1/f(x)$是(a,b)上的凸函数;若 $f(x)$是(a,b)上的凸函数,且满足 $f(x)<0$,则 $1/f(x)$是(a,b)上的凹函数.

(5) $f(x)$和 $g(x)$都是(a,b)上的凸(凹)函数,则 $\max\{f(x),g(x)\}$($\min\{f(x),g(x)\}$)也是(a,b)上的凸(凹)函数.

证明　这里只证明(4)和(5),其余的留做习题.

(4) 若 $f(x)$是(a,b)上的凹函数,则 $\ln f(x)$是(a,b)上的凹函数[性质(3)],从而 $\ln[1/f(x)]=-\ln f(x)$是(a,b)上的凸函数.因此 $1/f(x)$是(a,b)上的凸函数[性质(3)].若 $f(x)$是(a,b)上的凸函数且满足 $f(x)<0$,则$-f(x)$是(a,b)上的凹函数且满足$-f(x)>0$.由刚刚证得的结论,$1/[-f(x)]$是凸函数,从而 $1/f(x)$是凹函数.

(5) 令 $h(x)=\max\{f(x),g(x)\}$,在(a,b)上任取两点 x'和 x'',需证明对任意 $\lambda\in[0,1]$有

$$h(x^{\lambda})\leqslant\lambda h(x')+(1-\lambda)h(x'')\qquad(2\text{-}6\text{-}6)$$

这里 $x^{\lambda}=\lambda x'+(1-\lambda)x''$.

下面先证明一个小结论,然后由此证明式(2-6-6).这个小结论就是对任意实数 p_1、p_2、q_1 和 q_2,有

$$\max\{p_1+p_2,q_1+q_2\}\leqslant\max\{p_1,q_1\}+\max\{p_2,q_2\}\qquad(2\text{-}6\text{-}7)$$

事实上,由于 $p_1\leqslant\max\{p_1,q_1\}$,$p_2\leqslant\max\{p_2,q_2\}$,所以 $p_1+p_2\leqslant\max\{p_1,q_1\}+\max\{p_2,q_2\}$;同理 $q_1+q_2\leqslant\max\{p_1,q_1\}+\max\{p_2,q_2\}$.从而式(2-6-7)成立.

下面证明式(2-6-6).由于 $f(x)$和 $g(x)$都是(a,b)上的凸函数,所以 $f(x^{\lambda})\leqslant\lambda f(x')+(1-\lambda)f(x'')$,$g(x^{\lambda})\leqslant\lambda g(x')+(1-\lambda)g(x'')$.从而

$$h(x^{\lambda})=\max\{f(x^{\lambda}),g(x^{\lambda})\}\leqslant\max\{\lambda f(x')+(1-\lambda)f(x''),\lambda g(x')+(1-\lambda)g(x'')\}$$

再由式(2-6-7),$h(x^{\lambda})\leqslant\max\{\lambda f(x'),\lambda g(x')\}+\max\{(1-\lambda)f(x''),(1-\lambda)g(x'')\}$或 $h(x^{\lambda})\leqslant\lambda\max\{f(x'),g(x')\}+(1-\lambda)\max\{f(x''),g(x'')\}=\lambda h(x')+(1-\lambda)h(x'')$,从而式(2-6-6)成立.

同理,可证(5)的另一个结论.

2.6.3　函数的极值

1. 极值定义

定义 2.6.2　给定一个函数 $f(x)$,其定义域为 D,$x_0 \in D$. 若存在一个正数 $\delta > 0$,使得 $(x_0-\delta, x_0+\delta) \subseteq D$ 且对任意 $x \in (x_0-\delta, x_0+\delta)$ 有 $f(x) \leqslant f(x_0)$ [或 $f(x) \geqslant f(x_0)$]成立,则称 x_0 是函数 $f(x)$ 的一个极大值点(或极小值点),称 $f(x_0)$ 为函数 $f(x)$ 的一个极大值(或极小值). 若对任意 $x \in D$ 有 $f(x) \leqslant f(x_0)$ [或 $f(x) \geqslant f(x_0)$]成立,则称 x_0 是函数 $f(x)$ 的一个最大值点(或最小值点),称 $f(x_0)$ 为函数 $f(x)$ 的一个最大值(或最小值).

2. 极值的必要条件

定理 2.6.6　设函数 $f(x)$ 在 x_0 处可导,且在 x_0 处取得极值,则 $f'(x_0)=0$①.

定义 2.6.3　设函数 $f(x)$ 在 x_0 处可导,满足 $f'(x_0)=0$,则点 x_0 叫做函数 $f(x)$ 的驻点.

根据定义 2.6.3 和定理 2.6.6 可知,可导函数的极值点一定是其驻点. 反之,可导函数的驻点未必是极值点. 例如,$x_0=0$ 是函数 $f(x)=x^3$ 的驻点,但 x_0 既不是极大值点,也不是极小值点. 此外,导数不存在的点也可能是极值点. 例如,函数 $f(x)=|x|$ 在 $x_0=0$ 处的导数不存在,但 $x_0=0$ 是其极小值点. 综上所述,$f(x)$ 的极值点一定是其驻点或导数不存在的点.

3. 极值的充分条件

定理 2.6.7(一阶充分条件)　设 $f(x)$ 在 x_0 的一个邻域内可导且 $f'(x_0)=0$.

(1) 当 x 取 x_0 左侧邻近的值时,$f'(x)$ 的符号恒为正;当 x 取 x_0 右侧邻近的值时,$f'(x)$ 的符号恒为负. 则 $f(x)$ 在 x_0 处取得极大值.

(2) 当 x 取 x_0 左侧邻近的值时,$f'(x)$ 的符号恒为负;当 x 取 x_0 右侧邻近的值时,$f'(x)$ 的符号恒为正. 则 $f(x)$ 在 x_0 处取得极小值.

定理 2.6.8(二阶充分条件)　设 $f'(x_0)=0$,$f(x)$ 在 x_0 处具有二阶导数且 $f''(x_0) \neq 0$.

(1) 当 $f''(x_0)<0$ 时,$f(x)$ 在 x_0 处取得极大值;

(2) 当 $f''(x_0)>0$ 时,$f(x)$ 在 x_0 处取得极小值.

定理 2.6.9(N 阶充分条件)　设函数 $f(x)$ 有 N 阶连续的导数,$f'(x_0)=$

---

①　读者可在微积分教材中找到定理 2.6.6 及随后的定理 2.6.7 和定理 2.6.8 的证明.

$f''(x_0)=\cdots=f^{(N-1)}(x_0)=0, f^{(N)}(x_0)\neq 0$.

(1) 当 N 为偶数且 $f^{(N)}(x_0)<0$ 时，$f(x)$ 在 x_0 处取得极大值；

(2) 当 N 为偶数且 $f^{(N)}(x_0)>0$ 时，$f(x)$ 在 x_0 处取得极小值；

(3) 当 N 为奇数时，$(x_0, f(x_0))$ 为拐点.

证明　可由 Taylor 公式(定理 2.5.2)和极值定义获证(略).

4. 极值问题的等价问题

定理 2.6.10　假设函数 $g(x)$ 是一个严格单调增加的函数，则函数 $f(x)$ 的极大(极小)值点与复合函数 $g(f(x))$ 的极大(极小)值点完全相同①.

证明　仅考虑极大化问题，需证明 x^* 是 $f(x)$ 的极大值点的充要条件是 x^* 是复合函数 $g(f(x))$ 的极大值点. x^* 是 $f(x)$ 的极大值点等价于存在一个正数 $\delta>0$，当 $x\in(x^*-\delta, x^*+\delta)$ 时有 $f(x)\leqslant f(x^*)$. 这又等价于存在一个正数 $\delta>0$，当 $x\in(x^*-\delta, x^*+\delta)$ 时有 $g(f(x))\leqslant g(f(x^*))$.

2.6.4　最大值和最小值的充分条件

1. 只有一个驻点 x_0 ($f'(x_0)=0$) 的函数

定理 2.6.11　设：① $f(x)$ 的定义域是一个区间 I；② x_0 是 $f(x)$ 在区间 I 上的唯一驻点；③ x_0 是 $f(x)$ 的极大值点(或极小值点). 则 x_0 一定是 $f(x)$ 在区间 I 上的最大值点(或最小值点).

2. 二阶导数处处非零的函数

定理 2.6.12　若 $f(x)$ 是区间 I 上的二阶连续可微函数，且 $f''(x)$ 在区间 I 上处处非零，则 $f(x)$ 在区间 I 上至多有一个驻点. 若有一个驻点 x_0，则 x_0 是最值点. 进一步，若 $f''(x_0)>0$，则 x_0 是最小值点；若 $f''(x_0)<0$，则 x_0 是最大值点.

3. 没有最大值或最小值的函数

定义域为开区间的函数不一定有最大值(或最小值)，如定义在区间 $(-2,3)$ 上的函数 $f(x)=x^3$ 既没有最大值也没有最小值. 定义域为开区间的严格单增函数(或严格单减函数)既没有最大值也没有最小值. 有这样的函数，有最小值，但无最大值，如 $f(x)=x^4$；也有这样的函数，有最大值，但无最小值，如 $f(x)=-x^4$.

---

① 当 $f(x)$ 是指数函数的形式时，取严格单调增加函数 $g(x)=\ln x$，则求 $g(f(x))$ 的极值要比求 $f(x)$ 的极值简单得多(见例 2.7.4).

4. 定义域是闭区间的函数

定理 2.6.13(Weierstrass 定理)　闭区间上的连续函数一定有最大值和最小值.

5. 凸凹函数

定理 2.6.14　设 $f(x)$是区间 I 上的凸(或凹)函数,$x^* \in I$ 是 $f(x)$的驻点且不是区间 I 的端点,则 x^* 一定是 $f(x)$的最小值点(或最大值点).

证明　由凸(或凹)函数的一阶微分判别准则[定理 2.6.3(1)]和驻点的定义 2.6.3 可获证.

定理 2.6.15　设 $f(x)$是区间 I 上的严格凸(或严格凹)函数,$x^* \in I$ 是 $f(x)$ 的驻点且不是区间 I 的端点,则 x^* 一定是 $f(x)$的唯一最小值点(或唯一最大值点).

证明　由严格凸(或严格凹)函数的一阶微分判别准则[定理 2.6.3(2)]和驻点的定义 2.6.3 可获证.

定理 2.6.16　设 $f(x)$是区间 I 上的凸(或凹)函数,$x_0 \in I$ 是它的极小值点(或极大值点),则 x_0 一定是 $f(x)$的最小值点(或最大值点).

证明　设 $f(x)$是区间 I 上的凸函数且 x^* 是 $f(x)$在区间 I 上的极小值点,则存在正数 δ,当 $x \in N_\delta(x^*) \cap I$ 时,有 $f(x) \geqslant f(x^*)$. 若 x^* 不是最小值点,则存在 $x_0 \in I, x_0 \neq x^*$ 使 $f(x_0) < f(x^*)$. 由于 $f(x)$是区间 I 上的凸函数,故对任意 $\lambda \in (0,1)$有

$$f(\lambda x_0 + (1-\lambda)x^*) \leqslant \lambda f(x_0) + (1-\lambda)f(x^*) < f(x^*)$$

当 λ 充分小时,有 $\lambda x_0 + (1-\lambda)x^* \in N_\delta(x^*)$,进而有 $f(\lambda x_0 + (1-\lambda)x^*) \geqslant f(x^*)$. 这与上式矛盾. 故 x^* 一定是 $f(x)$的最小值点.

类似地,可证明凹函数的极大值点一定是最大值点,证毕.

2.7　简单的经济应用

2.7.1　经济变量的增长率

定义 2.7.1　假设变量 y 是时间 t 的函数且 $y = f(t)$,则变量 y 的增长率定义为[①]

① 增长率 r_y 等于边际函数与总函数的商,也等于 $f(t)$的对数关于时间 t 的导数 $\mathrm{d}[\ln f(t)]/\mathrm{d}t$. 当函数 $f(t)$仅是积、商或指数函数形式时,则 $\ln f(t)$是和差的形式,因而利用 $r_y = \mathrm{d}[\ln f(t)]/\mathrm{d}t$ 计算增长率会更容易一些.

$$r_y = \frac{\mathrm{d}y/\mathrm{d}t}{y} = \frac{f'(t)}{f(t)} \tag{2-7-1}$$

定理 2.7.1(函数四则运算的增长率)　给定两个可导函数 $u=f(t)$ 和 $v=g(t)$,这两个函数的和、差、积和商的增长率分别记为 r_{u+v}、r_{u-v}、r_{uv} 和 $r_{u/v}$,则

(1) $r_{uv}=r_u+r_v$;

(2) $r_{u/v}=r_u-r_v$;

(3) $r_{u+v}=\frac{u}{u+v}r_u+\frac{v}{u+v}r_v$;

(4) $r_{u-v}=\frac{u}{u-v}r_u-\frac{v}{u-v}r_v$.

例 2.7.1　若人口增长函数为 $H=H_0 2^{bt}$,消费函数为 $C=C_0\mathrm{e}^{at}$,求人口增长率、消费增长率和人均消费增长率.

解　由于 $\ln H=\ln H_0+bt\ln 2$,所以人口增长率 $r_H=\mathrm{d}\ln H/\mathrm{d}t=b\ln 2$. 类似地,消费增长率 $r_C=a$. 由定理 2.7.1(2)知人均消费增长率为 $r_{C/H}=r_C-r_H=a-b\ln 2$.

2.7.2　生产函数的凹凸性

为了建立直观或具体的经济模型,有时会采用一般类型的函数. 例如,经常使用含有两个参数的生产函数簇 $q=kx^b$,这里 k 和 b 是两个正的常数或参数,x 是投入(如资本或劳动力),q 是产品的产量. 当 $x>0$ 时,这些函数或者总是凹函数,或者总是凸函数,这取决于 b 的大小. 特别有如下例 2.7.2 给出的结论.

例 2.7.2　考虑生产函数簇 $q=kx^b(x>0)$,这里 $k>0$ 和 b 是两个常数或参数,则

(1) $q=kx^b$ 总是区间$[0,+\infty)$上的凹函数的充要条件是 $0<b\leqslant 1$;

(2) $q=kx^b$ 总是区间$[0,+\infty)$上的凸函数的充要条件是 $b\geqslant 1$.

证明　(1) $q=kx^b$ 总是区间$[0,+\infty)$上的凹函数的充要条件是:对任意 $x>0$,有 $q''=kb(b-1)x^{b-2}\leqslant 0$(定理 2.6.4),即 $kb(b-1)\leqslant 0$ 或 $0<b\leqslant 1$ 成立.

(2) 类似于(1)的证明.

2.7.3　极值的应用——最优持有时间

例 2.7.3　假设你拥有某项财产,从现在开始 t 年后它的市场价值是 $V(t)$. 如果在这期间连续复利率(贴现率)r 保持不变,那么此市场价值的现值为 $V(t)\mathrm{e}^{-rt}$. 经济理论建议这项财产的最优持有时间是使这项财产的现值获得最大化的时间. 求最优持有时间满足的必要条件,并解释其经济含义.

解　令 $P(t)=\mathrm{e}^{-rt}V(t)$,则最优持有时间 t 应满足如下一阶必要条件

$$P'(t)=[V'(t)-rV(t)]\mathrm{e}^{-rt}=0 \tag{2-7-2}$$

即

$$[V'(t)]/[V(t)] = r \tag{2-7-3}$$

式(2-7-3)左侧是 $V(t)$ 的变化率除以 $V(t)$，即 $V(t)$ 变化的百分率或 $V(t)$ 的增长率. 右侧是连续复利率(贴现率)，即货币在银行里变化的百分率或增长率；或解释为，若现在卖掉这项资产，可收到现金的复利增长率. 只要此财产的价值的增长率比银行里的货币增加得快[$V'(t)/V(t)>r$]，你就应该继续持有这项财产[因为 $P'(t)>0$]. 一旦银行里的货币有较大的增长率[$V'(t)/V(t)<r$]，那么你卖掉这项财产而把收益存入银行会更好[因为 $P'(t)<0$]. 这个转换发生的时刻由式(2-7-3)给定，两个变化的百分率(财产价值的增长率和货币的增长率)相等.

上面这个最优持有时间原理在许多情形下成立. 例如，当酒商在试图决定何时销售一箱正在增值或涨价的葡萄酒时；一家森林公司在设法决定让树木生长多长时间后再砍倒出售时.

例 2.7.4　你拥有某项房地产，从现在开始 t 年后它的市场价值是 $V(t)=10\,000e^{\sqrt{t}}$. 假设在可预测的未来利率保持在 6% 不变. 问这项房地产的最优出售时间是什么？并解释最优出售时间满足的一阶必要条件的经济含义.

解　这项房地产的最优出售时间 t^* 应该是房地产现值

$$P(t) = V(t)e^{-0.06t} = 10\,000e^{\sqrt{t}-0.06t}$$ ①

的极大化时间. 因此 t^* 应满足函数 $P(t)$ 极大化的一阶必要条件

$$P'(t^*) = 10\,000e^{\sqrt{t^*}-0.06t^*}\left(\frac{1}{2\sqrt{t^*}} - 0.06\right) = 0 \tag{2-7-4}$$

因此

$$\frac{1}{2\sqrt{t^*}} - 0.06 = 0$$

或

$$t^* \approx 69.44 \text{ 年}$$

下面验证一阶充分条件②. 由于当 $0<t<t^*$ 时，$P'(t)>0$，当 $t>t^*$ 时，$P'(t)<0$，因此 t^* 是函数 $P(t)$ 的极大值点(定理 2.6.7). 由于 $P(t)$ 只有唯一的驻点 t^*，因此 t^* 也是函数 $P(t)$ 的最大值点(定理 2.6.11)，也是这项房地产的最优出售时间.

由定义 2.7.1 的脚注可知函数 $V(t)$ 在任意时刻 t 的增长率为 $\frac{d[\ln V(t)]}{dt}=$

---

①　若用定理 2.6.10 求 $\ln P(t)$ 的极值[这里取严格增加函数 $g(x)=\ln x$]，则计算过程更容易.

②　例 2.7.4 也可通过验证极值的二阶充分条件来求最优出售时间，请读者完成，并对比两种方法的难易程度.

$\frac{1}{2\sqrt{t}}$. 据此和式(2-7-4),可知最优出售时间满足的一阶必要条件意味着这项房地产最优的出售时间 t^* 必须满足房地产的市场价值的增长率等于货币的增长率.

习　　题

2.1　假设生产函数为 $Q=f(L)=L^{1/2}/2$.

(1) 试计算第 101 个单位的劳动所带来的产量,解释这个产量的经济含义;

(2) 求 100 个单位劳动力处的边际产量的精确值和近似值,并进行比较.

2.2　设生产函数为 $Q=F(L)=L^{1/2}/2$,将劳动力 L 由 900 个单位削减到 896 个单位,试估计产量的变化和在 $L_0=896$ 处的新产量.

2.3　估计某个城市从现在开始到 t 年后的人口将是 $F(t)=40-[8/(t+2)]$ 万人. 试估计从现在开始 6 个月期间人口将增加多少?

2.4　设某一商品的需求函数为 $q=8\,000/(p^2+1)$,其中 q 为需求量(单位:千克),p 为价格. 若价格从 9 元下降为 8.50 元,估计需求量将如何变动.

2.5　一厂商计算得出,目前的产量以 2 个单位/小时的速率增长且边际成本是 12,求成本每小时增长多少?

2.6　求下列函数的驻点,并利用 N 阶充分条件检验它们是极小值点、极大值点还是拐点.

(1) $y=(x-7)^3$　　(2) $y=-(x-5)^4$　　(3) $y=(x+4)^6+5$

2.7　你拥有一本稀有的书,从现在开始 t 年后它的市场价值是 $B(t)=2^{\sqrt{t}}$ 元. 假设银行的连续复利率 5%保持不变,问出售这本书并将收益投资于银行的最佳时间是什么?

2.8　为做投机买卖所买的一块土地 t 年后的价值按照公式 $V(t)=2\,000\mathrm{e}^{\sqrt[4]{t}}$ 增长. 假设银行的连续复利率 10%保持不变,那么应该持有这块土地多少年才能使其现值极大化?

2.9　一葡萄酒商人拥有一箱优质葡萄酒,从现在开始 t 年后可卖 $V(t)=K\mathrm{e}^{\sqrt{t}}$ 元,K 是常数. 假设没有任何储藏成本,银行的连续复利率 r 保持不变. 问这个酒商应何时卖掉他的那箱葡萄酒? 解释最优卖酒的时间满足的一阶必要条件的经济含义.

2.10　用定理 2.6.10 求解例 2.7.3.

2.11　用定理 2.6.10 求解例 2.7.4.

2.12　证明严格凸(或严格凹)函数一定是凸(或凹)函数.

2.13　证明定理 2.6.5(1)~(3).

2.14　已知区间 I 上函数 $f(x)$满足 $f(x)>0$,$f''(x)$存在. 证明 $\ln f(x)$是区间 I 上凸函数的充要条件是 $\begin{vmatrix} f(x) & f'(x) \\ f'(x) & f''(x) \end{vmatrix} \geqslant 0$.

2.15　若 $f(x)$是区间 I 上的凸函数,证明对任意 $x_1,x_2,x_3\in I$,$x_1<x_2<x_3$,都有

$$\frac{f(x_2)-f(x_1)}{x_2-x_1}\leqslant\frac{f(x_3)-f(x_1)}{x_3-x_1}\leqslant\frac{f(x_3)-f(x_2)}{x_3-x_2}$$

2.16　证明定理 2.7.1.

2.17　某国商品出口为 $G=G(t)$,其增长率为 a/t;该国服务出口为 $S=S(t)$,其增长率为 b/t. 求总出口 $X(t)=G(t)+S(t)$的增长率.

附　　录

定理 2.6.3 的证明

必要性

设 $f(x)$ 为 (a,b) 上的凸函数，$x_1,x_2\in(a,b)$，$\lambda\in[0,1]$，则根据定义 2.6.1(1)，有

$$f(\lambda x_2+(1-\lambda)x_1)\leqslant\lambda f(x_2)+(1-\lambda)f(x_1)$$

即

$$[f(x_1+\lambda(x_2-x_1))-f(x_1)]/\lambda\leqslant f(x_2)-f(x_1)$$

令 $\lambda(x_2-x_1)=\Delta x$，则有

$$(x_2-x_1)[f(x_1+\Delta x)-f(x_1)]/\Delta x\leqslant f(x_2)-f(x_1)$$

令 $\Delta x\to 0$，则有 $f'(x_1)(x_2-x_1)\leqslant f(x_2)-f(x_1)$，从而式(2-6-2)成立，凸函数的必要性得证.

若 $f(x)$ 为 (a,b) 上的严格凸函数，则由定义 2.6.1(2)知，对任意 $x_1,x_2\in(a,b)$ 且 $x_1\neq x_2$ 时，有

$$\frac{1}{2}f(x_1)+\frac{1}{2}f(x_2)>f\left(\frac{1}{2}x_1+\frac{1}{2}x_2\right)\qquad\text{(A2-6-1)}$$

由于严格凸函数一定是凸函数，从而由前面证明的凸函数的必要条件知

$$f\left(\frac{1}{2}x_1+\frac{1}{2}x_2\right)\geqslant f(x_1)+\frac{1}{2}f'(x_1)(x_2-x_1)\qquad\text{(A2-6-2)}$$

结合式(A2-6-1)和式(A2-6-2)，有 $f(x_2)>f(x_1)+f'(x_1)(x_2-x_1)$. 从而我们证明了严格凸的必要条件.

充分性

设 $x_1,x_2\in(a,b)$，$\lambda\in[0,1]$，令 $z=\lambda x_1+(1-\lambda)x_2$，则有

$$f(x_1)\geqslant f(z)+f'(z)(x_1-z)$$
$$f(x_2)\geqslant f(z)+f'(z)(x_2-z)$$

将上面两个不等式分别乘以 λ 和 $1-\lambda$，再相加得

$$\lambda[f(x_1)-f(z)]+(1-\lambda)[f(x_2)-f(z)]$$
$$\geqslant f'(z)[\lambda(x_1-z)+(1-\lambda)(x_2-z)]=0$$

亦即 $\lambda f(x_1)+(1-\lambda)f(x_2)\geqslant f(z)=f(\lambda x_1+(1-\lambda)x_2)$，从而 $f(x)$ 为 (a,b) 上的凸函数.

类似地，可证明 $f(x)$ 为 (a,b) 上的严格凸函数的充分性.

定理 2.6.4 的证明

必要性

设 $f(x)$是(a,b)上的凸函数，任取 $x\in(a,b)$，任取 $z\in(a,b)$，$z\neq x$. 由 Taylor 公式(定理 2.5.2)，在 x 与 z 之间存在一点 ξ 使

$$f(x)=f(z)+f'(z)(x-z)+\frac{f''(\xi)}{2!}(x-z)^2$$

从而由定理 2.6.3 知$\frac{1}{2}f''(\xi)(x-z)^2\geqslant 0$，即 $f''(\xi)\geqslant 0$. 令 $z\to x$，由于 ξ 在 x 与 z 之间，从而 $\xi\to x$. 又因为 $f''(x)$是连续函数，所以 $f''(x)\geqslant 0$ 成立.

充分性

对任意 $x\in(a,b)$，有 $f''(x)\geqslant 0$. 任取 $x_1,x_2\in(a,b)$，由定理 2.6.3 只要证明 $f(x_2)\geqslant f(x_1)+f'(x_1)(x_2-x_1)$成立即可. 由 Taylor 公式，在 x_1 与 x_2 之间存在一点 ξ 使得

$$f(x_2)=f(x_1)+f'(x_1)(x_2-x_1)+\frac{f''(\xi)}{2!}(x_2-x_1)^2$$

由于 $x_1,x_2\in(a,b)$，从而 $\xi\in(a,b)$和 $f''(\xi)\geqslant 0$ 成立. 由上式有

$$f(x_2)\geqslant f(x_1)+f'(x_1)(x_2-x_1)$$

由定理 2.6.3 知 $f(x)$是(a,b)上的凸函数.

类似地可证明凹函数的充要条件和严格凸(严格凹)函数的充分条件.

第3章 单变量函数微分学的经济应用

本章一边介绍微观经济学中的供求理论、消费理论、厂商理论、市场理论以及比较静态分析中的一些基本经济概念、经济假设、经济学原理或经济结论；一边介绍如何用第2章中的变量、导数与微分、函数增减性以及凹凸性中的有关数学概念、性质和定理表示这些经济学概念、经济假设、经济学原理或经济结论①，以及如何用它们建立、求解和分析一些数理经济模型(如推导已知的经济学原理或经济结论，进行比较静态分析等).

3.1 供求理论

3.1.1 需求向下与供给向上倾斜规律

需求曲线 $Q_d=f(P)$ 是向下倾斜的，即需求量与价格成反向变动，这就是需求向下倾斜规律；数学上描述为 $\Delta Q_d/\Delta P<0$ 或 $dQ_d/dP<0$. 类似地，供给曲线是向上倾斜的，即供给量与价格成正向变动，这就是供给向上倾斜规律；数学上描述为 $\Delta Q_s/\Delta P>0$ 或 $dQ_s/dP>0$，其中 $Q_s=g(P)$ 是供给曲线.

3.1.2 需求的价格弹性

价格的变化如何影响需求的变化？可用需求函数 $Q_d=F(P)$ 关于价格 P 的导数 $F'(P)$ 来衡量，$F'(P)$ 称作价格的边际需求. 那么边际需求是否受价格和需求量的单位的影响？

例 3.1.1 设价格增加1角导致汽油的消耗量减少100万桶，则边际需求为

$$\Delta Q_d/\Delta p=-10^6\text{ 桶}/10\text{ 分}=-10^5\text{ 桶}/\text{分}$$

$$\Delta Q_d/\Delta p=-10^6\text{ 桶}/0.1\text{ 元}=-10^7\text{ 桶}/\text{元}$$

$$\Delta Q_d/\Delta p=-100\text{ 万桶}/10\text{ 分}=-10\text{ 万桶}/\text{分}$$

由例3.1.1可知，边际需求受价格和需求量的单位的影响. 经济学者希望需求对价格的变化的灵敏度不受所选择单位的影响，该灵敏度可用来比较具有不同货币、不同重量和体积单位的不同国家的消费行为. 解决办法是用一个经济量的相对变化而不是它的绝对变化来度量这个量的变化，原因是相对变化不受所选单位的

---

① 这是建立数理经济模型最基本的要求.

影响，而绝对变化却受所选单位的影响.

设某个经济量 q 的初值是 q_0，之后变化为 q_1. 用 q 的相对变化 $(q_1-q_0)/q_0$ 来描述 q 的变化，而不用 q 的绝对变化 $\Delta q=q_1-q_0$. 前者（不依赖于 q 的度量单位）称作 q 变化的百分率，有时称之为 q 的增长率. 例如，若价格由＄1.25 变到＄1.5，则价格变化的百分率（或价格的增长率）为(1.5－1.25)/1.25＝20%. 若选其他度量单位，如美元或人民币，这个增长率仍不变. 最后用两个经济量变化的百分率的比值来描述一个量对另一个量的影响程度. 这个比值称作弹性.

1. 需求的价格弹性

鉴于上述，用变化的百分率分别度量价格的变化和需求的变化，进而用二者的比值定义需求的价格弹性（见下面的定义 3.1.1).

定义 3.1.1 已知需求函数 $Q_d=F(P)$，价格的变化对需求量变化的影响程度度量为

$$E_{dp}=\frac{\Delta Q_d}{Q_d}\Big/\frac{\Delta P}{P}$$

称之为需求的价格（弧）弹性. 它是边际需求与平均需求的比值. 当 $Q_d=F(P)$ 关于价格 P 可导时，上式可进一步近似表示为

$$E_{dp}=\frac{dQ_d}{dP}\Big/\frac{Q_d}{P}\text{①} \tag{3-1-1}$$

称之为需求的价格（点）弹性. 特别地，式(3-1-1)也可表示为

$$E_{dp}=\frac{d(\ln Q_d)}{d(\ln P)}\text{②} \tag{3-1-1'}$$

更一般的，有下面的弹性定义.

定义 3.1.2 一般的，函数 $y=f(x)$ 关于 x 的弹性定义为

$$E_{yx}=\frac{dy}{y}\Big/\frac{dx}{x}=\frac{dy}{dx}\Big/\frac{y}{x}$$

或

$$E_{yx}=\frac{d(\ln y)}{d(\ln x)} \tag{3-1-2}$$

据式(3-1-2)可获得两个函数乘积、商的点弹性的计算公式，见下面的定理 3.1.1.

定理 3.1.1（两个函数乘积、商的弹性）

(1) 两个函数乘积的弹性等于这两个函数弹性的和；

---

① 根据需求向下倾斜规律，可知总有 $E_{dp}<0$ 成立，实际使用其绝对值，即 $|E_{dp}|$.

② 在使用这个式子时，将 $\ln Q_d$ 表示为 $\ln P$ 的函数，进而求 $\ln Q_d$ 关于 $\ln P$ 的导数.

(2) 两个函数商的弹性等于这两个函数弹性的差.

证明　只证明结论(2),类似地可证明结论(1).令 $u=f(x)$,$v=g(x)$,二者的商记为 $y=u/v=f(x)/g(x)$,需证明 $E_{yx}=E_{ux}-E_{vx}$.事实上,$\ln y=\ln u-\ln v$,从而有

$$E_{yx}=\frac{\mathrm{d}(\ln y)}{\mathrm{d}(\ln x)}=\frac{\mathrm{d}(\ln u)}{\mathrm{d}(\ln x)}-\frac{\mathrm{d}(\ln v)}{\mathrm{d}(\ln x)}=E_{ux}-E_{vx}$$

定理 3.1.2(复合函数的点弹性)　若 $y=f(g(x))$是两个可微函数 $y=f(u)$和 $u=g(x)$的复合函数,则 $E_{yx}=E_{yu}E_{ux}$.

例 3.1.2　已知逆需求函数为 $P=12.5Q^{-0.05}$,求需求的价格弹性.

解　在逆需求函数的两端取自然对数并化简得 $\ln Q=20\ln 12.5-20\ln P$,而 $E_{\mathrm{dp}}=\mathrm{d}(\ln Q_{\mathrm{d}})/\mathrm{d}(\ln P)=-20$,因此需求的价格弹性为 $|E_{\mathrm{dp}}|=20$.

2. 需求的价格弹性的分类

定义 3.1.3　给定需求函数 $Q_{\mathrm{d}}=F(P)$.当 $0<|E_{\mathrm{dp}}|<1$ 时,称需求是缺乏弹性①;当 $1<|E_{\mathrm{dp}}|<+\infty$时,称需求是富有弹性②;当$|E_{\mathrm{dp}}|=1$ 时,称需求是单一弹性③;当$|E_{\mathrm{dp}}|=+\infty$时,称需求是完全弹性④;当$|E_{\mathrm{dp}}|=0$ 时,称需求是完全无弹性⑤.

3. 线性需求函数的价格弹性

定理 3.1.3　考虑线性需求函数 $Q_{\mathrm{d}}=a-bP$,其中 a、$b>0$ 是常数(图 3.1.1),令 E 为 AB 线段的中点,则

(1) 中点 E 处的点弹性为 1;

(2) 线段 AE 上任一点处的点弹性位于区间$(1,+\infty)$;

(3) 线段 EB 上任一点处的点弹性位于区间$(0,1)$.

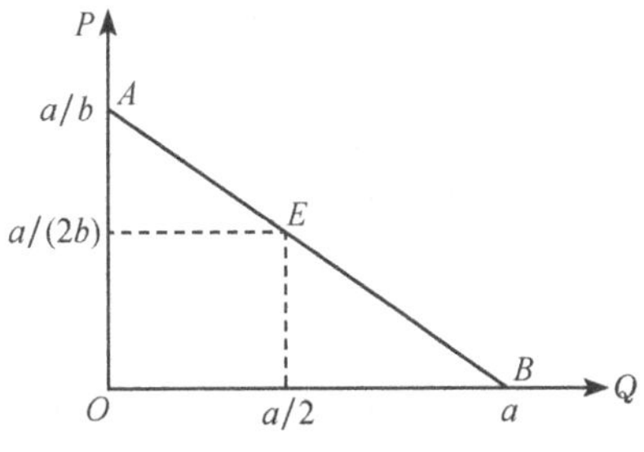

图 3.1.1　斜线需求曲线的弹性

证明　下面只证明结论(2),其他两个结论可做类似证明.由于

$$E_{\mathrm{dp}}=\frac{\mathrm{d}Q_{\mathrm{d}}}{\mathrm{d}P}\frac{P}{Q_{\mathrm{d}}}=-b\frac{P}{a-bP}=\frac{1}{1-a/(bP)}$$

---

① 价格的任何变动,会引起需求量较小程度的变化;或 1%价格的变化导致少于 1%需求量的变化.

② 价格的任何变动,会引起需求量较大程度的变化;或 1%价格的变化导致大于 1%需求量的变化.

③ 价格的任何变动,会引起需求量同等程度的变化;或需求变化的百分率与价格变化的百分率完全相同.

④ 价格的任何变动,会引起需求量无限的变动.

⑤ 不管价格如何变动,需求量固定不变.

所以只需证明$|1-a/(bP_0)|<1$对AE上任一点(P_0,Q_0)成立即可.易知$A(0,a/b)$，$E(a/2,a/(2b))$，$B(a,0)$.因此，对AE上任一点(Q_0,P_0)有$a/b>P_0>a/(2b)$，从而有$1<a/(bP_0)<2$和$0>1-a/(bP_0)>-1$.因此$|1-a/(bP_0)|<1$，即$|E_{dp}|>1$.

3.1.3 供给的价格弹性

定义 3.1.4 已知供给函数$Q_s=G(P)$，价格的变化对供给量变化的影响程度可度量为

$$E_{sp}=\frac{\Delta Q_s}{Q_s}\Big/\frac{\Delta P}{P}$$

称之为供给的价格(弧)弹性.它是边际供给与平均供给的比值.当ΔP很小时，上式可进一步近似表示为

$$E_{sp}=\frac{\mathrm{d}Q_s}{\mathrm{d}P}\Big/\frac{Q_s}{P}\text{①} \tag{3-1-3}$$

称之为供给的价格(点)弹性.特别地，式(3-1-3)也可表示为

$$E_{sp}=\frac{\mathrm{d}(\ln Q_s)}{\mathrm{d}(\ln P)} \tag{3-1-3'}$$

对供给弹性可作类似于需求弹性的分类.

定义 3.1.5 当$0<|E_{sp}|<1$时，称供给是缺乏弹性的；当$1<|E_{sp}|<+\infty$时，称供给是富有弹性的；当$|E_{sp}|=1$时，称供给是单一弹性的；当$|E_{sp}|=+\infty$时，称供给是完全弹性的；当$|E_{sp}|=0$时，称供给是完全无弹性的.

定理 3.1.4 考虑线性供给函数，则

(1) 若线性供给函数通过原点，即$Q_s=kP$(k为常数)，则$E_{sp}=1$；

(2) 若线性供给函数通过原点右边，即$Q_s=b_0+b_1P$($b_0,b_1>0$为常数)，则$0<E_{sp}<1$；

(3) 若线性供给函数通过原点左边，即$Q_s=b_0+b_1P$($b_0<0,b_1>0$为常数)，则$E_{sp}>1$；

(4) 若线性供给函数平行横轴(水平线)，即$P=$常数，则$E_{sp}=+\infty$；

(5) 若线性供给函数平行纵轴(垂直线)，即$Q_s=$常数，则$E_{sp}=0$.

3.2 消费理论

需求的实现或欲望的满足，就是消费.消费是人们为满足欲望而使用物品的一

① 根据供给向上倾斜规律，可知总有$E_{sp}>0$成立.

种经济行为，是人类一切经济活动的出发点和归宿点，是经济学研究的首要问题.

经济学上一般用效用理论分析消费者的行为. 效用是人们从消费一种产品中所得到的满足. 一种产品，必须既有满足人们欲望的性能，人们又有对它满足的欲望，才能产生效用. 它是一种主观的使用价值. 本小节主要介绍基数效用分析方法.

3.2.1　总效用

假设消费者只消费一种产品，则总效用函数(简称效用函数)可表示为 $U(X)$，其中 X 是消费量. 一般假设总效用随着消费量的增加而增加，即 $U(X)$是 X 的增函数.

3.2.2　边际效用函数

一种产品的边际效用，是指在原有的消费水平 X_0 下，再追加一个消费单位所增加的效用，记作 $\mathrm{MU}(X_0)$，数学上表示为 $\mathrm{MU}(X_0)=U(X_0+1)-U(X_0)$. 由于 $U(X_0+1)-U(X_0)\approx U'(X_0)$，故经济学者一般用 $U'(X_0)$度量边际效用，即 $\mathrm{MU}(X_0)=U'(X_0)$. 任意点 X 处的边际效用 $\mathrm{MU}(X)$，叫做边际效用函数，表示为

$$\mathrm{MU}(X)=U'(X) \tag{3-2-1}$$

一般有 $\mathrm{MU}(X)>0$，这是因为假设了 $U(X)$是 X 的增函数.

3.2.3　边际效用递减法则

边际效用递减法则也叫 Gossen(戈森)第一法则，是指在一定时间内，一个人消费一种产品的边际效用随其消费量的增加而减少. 数学上边际效用递减法则是指边际效用函数 $\mathrm{MU}(X)$是消费量 X 的减函数，即有 $\mathrm{MU}'(X)=U''(X)<0$. 因此，凹效用函数可使边际效用递减法则成立.

3.2.4　消费者均衡

消费者均衡是指消费者的消费效用达到最大的一种状态(最优消费量).

1. 无约束消费者均衡

消费者的消费行为不受任何限制时，他消费一种产品的最大效用可表示为一个无约束极值问题 $\max U(X)$. 由一元函数极值的一阶必要条件和二阶充分条件可得到 X^* 是均衡消费量的一阶必要条件和二阶充分条件. X^* 是均衡(最优)消费量的一阶必要条件是：X^* 满足

$$\left.\frac{\mathrm{d}U}{\mathrm{d}X}\right|_{X=X^*}=0 \tag{3-2-2}$$

假设 X^* 满足式(3-2-2)，则 X^* 是均衡消费量的二阶充分条件是

$$\left.\frac{\mathrm{d}^2U}{\mathrm{d}X^2}\right|_{X=X^*}<0 \tag{3-2-3}$$

2. 有约束消费者均衡

消费者的消费行为受某种限制，如受其收入 I 的限制. 他消费一种产品的最大效用可表示为一个约束极值问题 $\max U(X)$，$s.t.\ PX\leqslant I$. 数学上这个问题等价于函数 $U(X)$ 在区间 $[0,I/P]$ 上的最大值问题.

3.3 厂商理论

厂商理论具有两重性，可从两个方面进行研究：一是从实物形态上研究生产的原理，叫生产理论；二是从货币形态上研究成本的结构，叫成本理论. 二者是同一生产者行为的两个方面，只是表现形式不同.

3.3.1 生产理论

1. 生产函数定义及其假设

仅考虑短期生产函数，即假设总产量 TP 仅随着一种变动投入的变动而变化（其他的投入水平都不变）. 一定技术条件下，变动投入 L（或 K）和其他固定投入所能生产的最大产量叫总实物产量. 这样只有劳动投入 L（或资本投入 K）变动的生产函数可记为 $\mathrm{TP}=F(L)$[或 $\mathrm{TP}=F(K)$]；数学上它们都是一元函数.

令 X 是变动投入，一般假设生产函数 $\mathrm{TP}=F(X)$ 具有如下性质：

(1) 是连续的或 C^2（即有二阶连续导数）；

(2) 在点 R 之前是增函数，过点 R 后是减函数；

(3) 在点 N 之前是凸函数，在点 N 之后是凹函数.

特别地，若 $F(X)$ 是 C^2 的，以生产函数 $\mathrm{TP}=F(L)$ 为例（其图形如图 3.3.1 所示），则假设(2)和(3)可分别表示为：

(2′) 对任意的投入水平 $L\in(0,L_R)$，有 $F'(L)>0$；对任意的投入水平 $L\in(L_R,+\infty)$，有 $F'(L)<0$.

(3′) 存在一个投入水平 L_N，使对任意的投入水平 $L\in(0,L_N)$，有 $F''(L)>0$；对任意的投入水平 $L\in(L_N,+\infty)$，有 $F''(L)<0$；$F''(L_N)=0$. 因此，$F(L)$ 在拐点 $(L_N, F(L_N))$ 之前，先以递增的速度增加[因为 $F''(L)>0$]；在拐点 N 以后，以递减的速度增加[因为 $F''(L)<0$].

2. 平均产量与边际产量

1) 平均产量

一定技术条件下，平均每个单位劳动（或资本）的投入所生产的总产量，叫劳动

(或资本)的平均实物产量,简称劳动(或资本)的平均产量,记作 $AP_L(L)$[或 $AP_K(K)$]. 考虑劳动和资本的平均实物产量,数学上可表示为

$$AP_L(L) = F(L)/L, \quad AP_K(K) = F(K)/K \tag{3-3-1}$$

几何上,$AP_L(L)$是自原点到 TP 图形上点$(L, F(L))$射线的斜率[这也是 $AP_L(L)$ 和 $TP(L)$之间的几何关系],如图 3.3.1 所示. $AP_L(L)$的图形如图 3.3.2 所示.

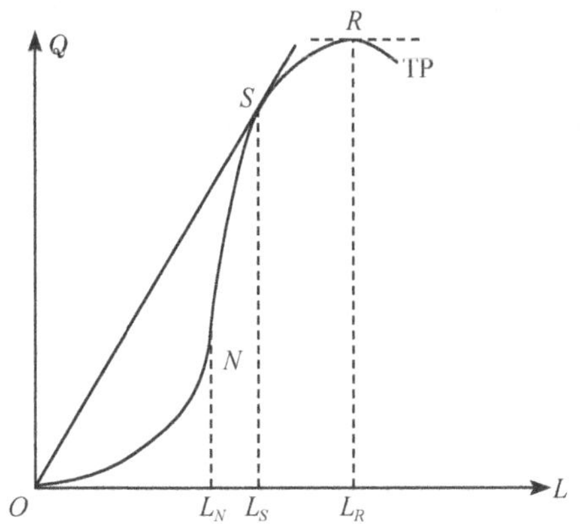

图 3.3.1　实物产量间的关系

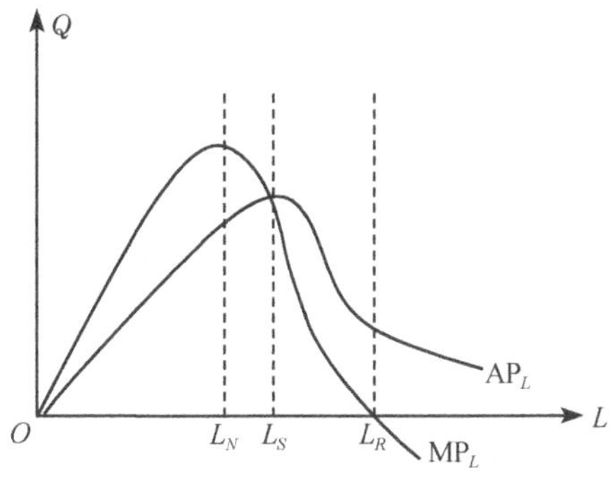

图 3.3.2　平均产量与边际产量间的关系

2) 边际产量

在一定技术条件下,劳动或资本的投入在原有水平的基础上再增加一个单位所增加的总产量,叫劳动或资本的边际实物产量,简称劳动或资本的边际产量,记为 $MP_L(L)$或 $MP_K(K)$. 考虑劳动的边际产量,数学上可表示为

$$MP_L(L) = F'(L) \tag{3-3-2}$$

几何上,$MP_L(L)$是 TP 曲线上点$(L, F(L))$处的切线的斜率,如图 3.3.1 所示[这也是 $MP_L(L)$和 $TP(L)$之间的几何关系]. $MP_L(L)$的图形如图 3.3.2 所示.

3. AP(L)、MP(L)与 TP(L)的增减性及其极值

下面考虑只有劳动投入 L 变动的生产函数 TP$=F(L)$，分别从几何和分析上考虑 AP、MP 与 TP 之间的关系以及它们的增减性和极值(图 3.3.1 和图 3.3.2).

1) AP 的增减性及其极值

先从几何上进行分析.设自原点出发的射线与 TP 曲线相切于点 S.开始在切点 S 之前时(当 $L<L_S$)，自原点到 TP 曲线上点$(L,F(L))$的射线的斜率[即 $\mathrm{AP}_L(L)$]随 L 的增加而增大[即 $\mathrm{AP}_L(L)$递增]，此时边际产量在平均产量的上方[即 $\mathrm{MP}_L(L)>\mathrm{AP}_L(L)$].到达切点 S 时($L=L_S$)，即这条射线与 TP 曲线切于 $S(L_S,F(L_S))$点，这条射线的斜率达到极大值[即 $\mathrm{AP}_L(L_S)$是极大值].在切点 S 之后(当 $L>L_S$)，其斜率递减[即 $\mathrm{AP}_L(L)$递减]，此时边际产量在平均产量的下方[即 $\mathrm{MP}_L(L)<\mathrm{AP}_L(L)$].

数学上有下面的定理 3.3.1.

定理 3.3.1 设 TP$=F(L)$是 C^2 函数，则：

(1) AP(L)在某区间上递增的充要条件是在此区间上恒有 MP(L)$>$AP(L)成立.

(2) AP(L)在某区间上递减的充要条件是在此区间上恒有 MP(L)$<$AP(L)成立.

(3) AP(L)在 L_S处获得极大值的必要条件是 $\mathrm{MP}(L_S)=\mathrm{AP}(L_S)$；AP($L$)在 L_S处获得极大值的充分条件是 $\mathrm{MP}(L_S)=\mathrm{AP}(L_S)$且 $F''(L_S)<0$.

证明 (分析)为了获得 AP(L)的增减情况和极值情况，需要先求其导数.观察结论(1)～(3)，需要 AP$'$(L)的表达式中含有 MP(L)和 AP(L)，更进一步需要含有二者的差 MP(L)－AP(L).

据 $\mathrm{AP}(L)=F(L)/L$，有

$$\frac{\mathrm{dAP}(L)}{\mathrm{d}L}=\frac{1}{L}[F'(L)-F(L)/L]=[\mathrm{MP}(L)-\mathrm{AP}(L)]/L \qquad (3\text{-}3\text{-}3)$$

从而结论(1)和(2)成立.

下面证明(3)成立.假设 AP(L)在 L_S处达到极大，则$\left.\frac{\mathrm{dAP}(L)}{\mathrm{d}L}\right|_{L=L_S}=0$.由式(3-3-3)，有 $\mathrm{MP}(L_S)=\mathrm{AP}(L_S)$成立.又假设 $\mathrm{MP}(L_S)=\mathrm{AP}(L_S)$且 $F''(L_S)<0$，由式(3-3-3)有$\left.\frac{\mathrm{dAP}(L)}{\mathrm{d}L}\right|_{L=L_S}=0$ 和 $F'(L_S)=F(L_S)/L_S$成立.又由式(3-3-3)，有

$$\frac{\mathrm{d}^2\mathrm{AP}(L)}{\mathrm{d}L^2}=\frac{F''(L_S)}{L_S}-2\frac{F'(L_S)}{L_S^2}+2\frac{F(L_S)}{L_S^3}$$

注意到 $F'(L_S)=F(L_S)/L_S$和 $F''(L_S)<0$，从而有$\frac{\mathrm{d}^2\mathrm{AP}(L)}{\mathrm{d}L^2}=\frac{F''(L_S)}{L_S}<0$.因

此 AP(L)在 L_S处达到极大值.

2) MP 与 TP 的增减性及其极值

设 TP 曲线在点 $R(L_R, F(L_R))$处的切线的斜率为零,即 $F'(L_R)=0$. 在点 $R(L_R, F(L_R))$之前(即 $0<L<L_R$),TP 切线的斜率 $F'(L)$大于零(即 TP 是增函数);在点 R 处,TP 切线的斜率等于零,这时 TP 达到极大值;在点 R 之后(即 $L>L_R$),切线的斜率 $F'(L)$小于零(即 TP 是减函数).

几何上,开始在 TP 曲线的拐点 $N(L_N, \mathrm{TP}(L_N))$之前时(当 $L<L_N$),TP 曲线上点$(L, F(L))$处的切线斜率[即 $\mathrm{MP}_L(L)$]随 L 的增加而增大[即 $\mathrm{MP}_L(L)$递增]. 到达拐点 N 时(当 $L=L_N$),该切线斜率达到极大值[即 $\mathrm{MP}(L_N)$是极大值]. 在拐点 N 之后(当 $L>L_N$),该切线斜率递减[即 $\mathrm{MP}_L(L)$递减]. 数学上我们有下面的定理 3.3.2.

定理 3.3.2　假设 $\mathrm{TP}=F(L)$是 C^2 的,其拐点 $N(L_N, F(L_N))$,则:

(1) 当 $0<L<L_N$时,$\mathrm{MP}_L(L)$递增;当 $L>L_N$时,$\mathrm{MP}_L(L)$递减.

(2) MP 在 TP 的拐点 $N(L_N, F(L_N))$处获得极大值.

证明　$\mathrm{MP}_L(L)=F'(L)$,由生产函数的假设知$\left.\dfrac{\mathrm{dMP}_L(L)}{\mathrm{d}L}\right|_{L=L_N}=F''(L_N)=0$,且当 $L\in(0, L_N)$时,$\mathrm{MP}'_L(L)=F''(L)>0$[因此时 $F(L)$是凸函数],即 $\mathrm{MP}_L(L)$递增;当 $L\in(L_N, +\infty)$时,$\mathrm{MP}'_L(L)=F''(L)<0$[因此时 $F(L)$是凹函数],即 $\mathrm{MP}_L(L)$递减. 故 MP 在 TP 的拐点 $N(L_N, F(L_N))$处获极大值.

3.3.2　成本理论

仅考虑短期成本函数,即假设各种成本仅随着产量的变动而变化.

1. 总成本、总固定成本和总变动成本

1) 总固定成本

一定产量范围内,不随产量变动的成本之和叫做总固定成本,记作 TFC. 即使停产,产量为零,TFC 仍存在.

2) 总变动成本

随产量 Q 变动而变动的成本之和叫做总变动成本,记作 $\mathrm{TVC}(Q)$. 如暂时停产,产量为 0,总变动成本也为 0. 一般假设总变动成本满足:①存在一产量 Q_M,使得$(Q_M, \mathrm{TVC}(Q_M))$是曲线 $\mathrm{TVC}(Q)$上的拐点;②$\mathrm{TVC}(Q)$在区间$(0, Q_M)$上是 Q 的凹函数,在区间$(Q_M, +\infty)$上是 Q 的凸函数(图 3.3.3).

3) 总成本

总成本是总固定成本和总变动成本之和，记作 TC(Q)，即 TC(Q) = TFC + TVC(Q). 一般 TC(Q)满足的假设与 TVC(Q)满足的假设相同，即存在一产量 Q_M，使得(Q_M，TC(Q_M))是曲线 TC(Q)上的拐点；函数 TC(Q)在区间(0，Q_M)上是 Q 的凹函数，在区间(Q_M，$+\infty$)上是 Q 的凸函数. 若 TC(Q)是关于 Q 的二阶连续可导函数，则此假设可表示为：在区间(0，Q_M)上 $TC''(Q)<0$，在(Q_M，$+\infty$)上 $TC''(Q)>0$，且 $TC''(Q_M)=0$(图 3.3.3).

2. 平均固定成本、平均变动成本与平均成本

1) 平均固定成本

平均固定成本数学上表示为 AFC(Q) = TFC/Q，它是产量 Q 的反比例函数(图 3.3.4).

2) 平均变动成本

数学上平均变动成本表示为 AVC(Q) = TVC(Q)/Q. 几何上，平均变动成本 AVC(Q)是原点 O 到总变动成本 TVC(Q)曲线上点(Q，TVC(Q))的射线的斜率(图 3.3.3 和图 3.3.4).

3) 平均(总)成本

平均总成本(简称平均成本)数学上表示为 AC(Q) = TC(Q)/Q = AFC(Q) + AVC(Q). 几何上，AC(Q)是从原点到总成本曲线 TC(Q)上点(Q，TC(Q))的射线的斜率(图 3.3.3 和图 3.3.4).

3. 边际成本

边际成本指在原有产量 Q 的基础上再增加一个单位的产量所增加的成本. 数学上可表示为 MC(Q) = TC(Q+1) − TC(Q)；当 TC(Q)是连续可导函数时，可表示为 MC(Q) = $TC'(Q)$. 几何上，MC(Q)是 TC(Q)曲线上点(Q，$F(Q)$)处的切线的斜率，这也是 MC(Q)和 TC(Q)之间的几何关系，参见图 3.3.3 和图 3.3.4.

4. AVC(Q)、AC(Q)与 MC(Q)的增减性及其极值

1) AVC(Q)的增减性及其极值

假设自原点的射线与曲线 TVC(Q)相切于点 V'. 几何上，开始在 TVC(Q)曲线上点 V'(Q_V，TVC(Q_V))之前时(当 $Q<Q_V$)，原点 O 到曲线 TVC(Q)上点

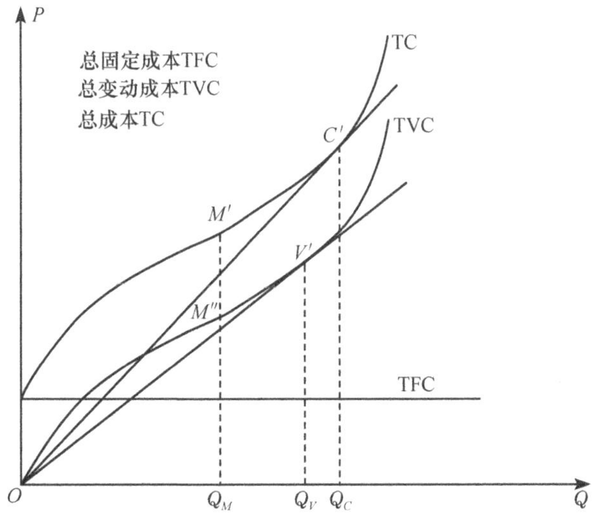

图 3.3.3　三种总成本函数

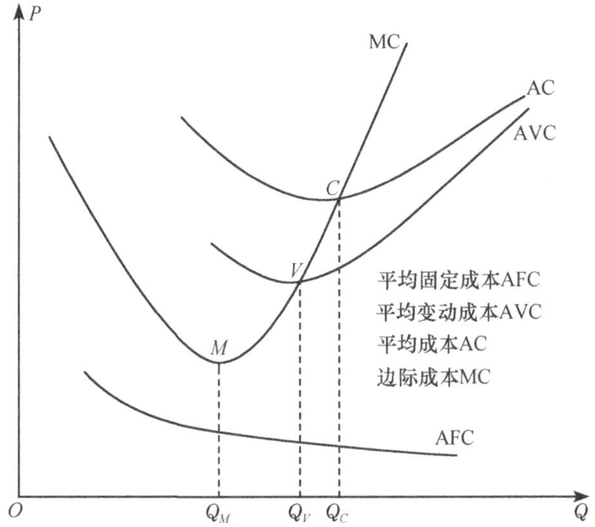

图 3.3.4　三类平均成本和边际成本函数

$(Q,\mathrm{TVC}(Q))$的射线的斜率[即 $\mathrm{AVC}(Q)$]随着 Q 的增加而递减，此时边际成本曲线在平均可变成本曲线的下方[即 $\mathrm{MC}(Q)<\mathrm{AVC}(Q)$]. 直到自原点的射线与曲线 $\mathrm{TVC}(Q)$ 相切于点 V'[即有 $\mathrm{MC}(Q_V)=\mathrm{AVC}(Q_V)$]时，$\mathrm{AVC}(Q)$ 达到最低[即 $\mathrm{AVC}(Q_V)$是极小值]；过了点 V'(当 $Q>Q_V$)时，$\mathrm{AVC}(Q)$随着 Q 的增加而递增，此时边际成本曲线在平均可变成本曲线的上方[即 $\mathrm{MC}(Q)>\mathrm{AVC}(Q)$]，参见图 3.3.4. 数学上有下面的定理 3.3.3.

定理 3.3.3　设 $TVC(Q)$是 C^2 函数,则:

(1) $AVC(Q)$在某区间上递增的充要条件是在此区间上恒有 $MC(Q)>AVC(Q)$成立.

(2) $AVC(Q)$在某区间上递减的充要条件是在此区间上恒有 $MC(Q)<AVC(Q)$成立.

(3) AVC 在 Q_V处达到极小值的必要条件是 $MC(Q_V)=AVC(Q_V)$;AVC 在 Q_V处达到极小值的充分条件是 $MC(Q_V)=AVC(Q_V)$且 $TVC''(Q_V)>0$.

证明　完全类似于定理 3.3.1 的证明.

2) $AC(Q)$的增减性及其极值

从几何和分析上看,$AC(Q)$的增减性及其极值与 $AVC(Q)$的情形完全类似(直觉上是因为二者的图形经平移后会重合),参见图 3.3.4.开始时(当 $Q<Q_C$)从原点到总成本曲线 $TC(Q)$上点$(Q,TC(Q))$的射线的斜率[即 $AC(Q)$],随 Q 的增加而减少[即 $AC(Q)$递减],此时边际成本曲线在平均成本曲线的下方[即 $MC(Q)<AC(Q)$].直到自原点的射线与 TC 曲线相切于点 $C'(Q_C,TC(Q_C))$时,此时这条射线的斜率达到极小值[即 $AC(Q_C)$是极小值];过了点 C'(当 $Q>Q_C$),其斜率递增[即 $AC(Q)$递增],此时边际成本曲线在平均成本曲线的上方[即 $MC(Q)>AC(Q)$],参见图 3.3.4.数学上有下面的定理 3.3.4.

定理 3.3.4　设 $TC(Q)$是 C^2 函数,则:

(1) $AC(Q)$在某区间上递增的充要条件是在此区间上恒有 $MC(Q)>AC(Q)$成立.

(2) $AC(Q)$在某区间上递减的充要条件是在此区间上恒有 $MC(Q)<AC(Q)$成立.

(3) $AC(Q)$在 Q_C处达到极小值的必要条件是 $MC(Q_C)=AC(Q_C)$;AC 在 Q_C处达到极小值的充分条件是 $MC(Q_C)=AC(Q_C)$且 $TC''(Q_C)>0$.

证明　完全类似于定理 3.3.1 的证明.

思考　我们能证明 $AC(Q)$的极小值点 Q_C和 $AVC(Q)$的极小值点 Q_V满足关系式 $Q_C>Q_V$吗?

3) $MC(Q)$的增减性及其极值

开始时(当 $Q<Q_M$),即在曲线 $TC(Q)$的拐点 $M'(Q_M,TC(Q_M))$之前,$TC(Q)$曲线上点$(Q,TC(Q))$处的切线的斜率[即 $MC(Q)$]随 Q 的增加而减少[即 $MC(Q)$递减];到了拐点 $M'(Q=Q_M)$时,此切线斜率达到极小值[即 $MC(Q_M)$是极小值].在拐点 M'之后(当 $Q>Q_M$),此切线斜率递增[即 $MC(Q)$递增],参见图 3.3.4.数学上有下面的定理 3.3.5.

定理 3.3.5　假设 $TC=TC(Q)$是 C^2 的.其拐点 $M'(Q_M,F(Q_M))$.

(1) 当 $Q<Q_M$时,$MC(Q)$递减;当 $Q>Q_M$时,$MC(Q)$递增.

(2) $MC(Q)$在 $TC(Q)$的拐点 $M'(Q_M,TC(Q_M))$处获得极小值.

证明　类似于定理 3.3.2 的证明.

3.4 市场理论

一般把市场分为四种类型:完全竞争、完全垄断、垄断竞争和寡头垄断.本小节仅考虑前两种市场,其余的放在优化理论的章节中讨论.

3.4.1 完全竞争市场

1. 完全竞争市场的部分特征

(1) 商品的市场价格是既定的.各个家庭或厂商都面临着一种商品的既定的市场价格 P_0(确定的常数),都是价格的接受者.

(2) 家庭的消费决策.各个家庭只能按照商品的市场价格 P_0 进行消费.

(3) 厂商的产量决策.面对既定的市场价格 P_0,只能调整和控制自己的产量这一变量.

2. 完全竞争市场中的定义方程和行为方程

1) 完全竞争市场中的定义方程

家庭的总支出为 $e_h(Q)=P_0Q$,厂商的总收入为 $TR(Q)=P_0Q$.可见,家庭的总支出就是厂商的总收入.厂商的利润函数为 $\pi(Q)=TR(Q)-TC(Q)$,这里 $TC(Q)$是厂商的总成本函数.

2) 完全竞争市场中的行为方程

(1) 家庭的需求函数为 $P=P_0$,即无论家庭消费多少商品,所支付的价格总是同一市场价格 P_0.

(2) 厂商的供给函数为 $P=P_0$,即无论厂商供给多少商品,商品的销售价格总是同一市场价格 P_0.

(3) 厂商的总成本函数是 $TC=TC(Q)$.

3) 完全竞争市场中的边际量和平均量

由于厂商的总收入函数为 $TR(Q)=P_0Q$,所以厂商的边际收入函数为 $MR(Q)=P_0$,平均收入函数为 $AR(Q)=P_0$.因此,厂商的平均收入曲线与边际收入曲线是重合的. 边际成本函数为 $MC(Q)=TC'(Q)$.

3. 厂商的短期均衡分析

1) 厂商利润极大化的条件

在固定投入不变的短期内,厂商面对既定的价格 P_0,可在一定范围内调整自己的变动投入和产销量 Q,以求利润最大化. 当每个厂商都达到自己的均衡状态时,整个产业也达到均衡状态.

定理 3.4.1(MR=MC 定理)　考虑任意市场中的某厂商,并假设 $TR(Q)$和 $TC(Q)$分别是其总收入和总成本函数,则利润函数 $\pi(Q)=TR(Q)-TC(Q)$在 Q^* 处获得极大值的一阶必要条件是 Q^* 满足[①]

$$MR(Q^*) = MC(Q^*)$$

或

$$\pi'(Q^*) = 0 \qquad (3\text{-}4\text{-}1)$$

证明　由于$\pi(Q)$在 Q^* 处获得极大值,因此 $\pi'(Q^*)=0$. 又 $\pi'(Q)=TR'(Q)-TC'(Q)=MR(Q)-MC(Q)$,因此 Q^* 满足 $MR(Q^*)=MC(Q^*)$.

下面是定理 3.4.1 的经济解释. 一个厂商应该继续生产产品,一直到再多生产一单位产品的成本[$MC(Q^*)$]刚好与该单位产品所带来的收入[$MR(Q^*)$]相抵消. 若下一个单位产品给厂商增加的收入大于它给厂商增加的成本[$MR(Q)>MC(Q)$],则生产下一个单位的产品将增加厂商的利润,因而厂商应继续进行生产. 若再多生产一单位产品所增加的成本大于它给厂商(在市场上)增加的收入[$MC(Q)>MR(Q)$],则再多生产一单位的产品将减少厂商的利润,即厂商本应该提早停产. 例如,考虑完全竞争市场情形,此时厂商的总收入函数为 $TR(Q)=P_0Q$,边际收入为一条水平直线 $MR(Q)=P_0$,定理 3.4.1 的几何解释见图 3.4.1,

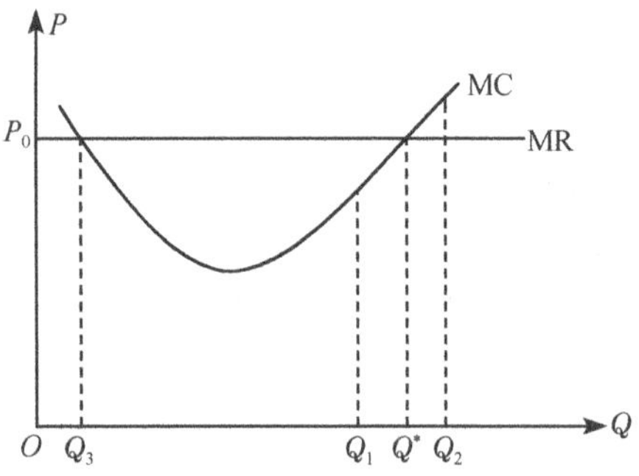

图 3.4.1　完全竞争下的 MR=MC

Q^* 是厂商的均衡产量,在 Q^* 处 TR 曲线的斜率=TC 曲线的斜率. 其经济解释为:一个厂商应该继续生产产品,一直到再多生产一单位产品的成本[$MC(Q^*)$]刚好与该单位产品所带来的收入[$MR(Q^*)$]相抵消. 若当前产量为 Q_1($Q_1<Q^*$),则下一个单位产品给厂商增加的收入大于它给厂商增加的成本[$MR(Q_1)>MC(Q_1)$],生产下一个单位的产品将增加厂商的利

① 定理 3.4.1 和后面的定理 3.4.2 不仅适用于短期均衡,也适用于长期均衡;不仅适用于完全竞争市场,也适用于其他类型(如完全垄断、垄断竞争、寡头垄断)的市场.

润，因而厂商应继续进行生产. 若当前产量为 $Q_2(Q_2>Q^*)$，则再多生产一单位产品所增加的成本大于它给厂商(在市场上)增加的收入$[\mathrm{MC}(Q_2)>\mathrm{MR}(Q_2)]$，再多生产一单位的产品将减少厂商的利润，即厂商本应该提早停产.

定理 3.4.2(利润极大化的二阶充分条件) 假设 Q^* 满足 $\mathrm{MR}(Q^*)=\mathrm{MC}(Q^*)$，则 $\pi(Q)$ 在 Q^* 处取得极大值的充分条件是 $\pi''(Q^*)<0$，即

$$\left.\frac{\mathrm{d}^2\mathrm{TR}(Q)}{\mathrm{d}Q^2}\right|_{Q=Q^*}<\left.\frac{\mathrm{d}^2\mathrm{TC}(Q)}{\mathrm{d}Q^2}\right|_{Q=Q^*}$$

或

$$\left.\frac{\mathrm{dMR}(Q)}{\mathrm{d}Q}\right|_{Q=Q^*}<\left.\frac{\mathrm{dMC}(Q)}{\mathrm{d}Q}\right|_{Q=Q^*} \tag{3-4-2}$$

证明 由极值的二阶充分条件，结论显然成立.

下面是定理 3.4.2 的几何解释. 考虑完全竞争市场情形，利润极大化的充分条件式(3-4-2)相当于在 Q^* 处 MC 曲线自右下方与 MR 曲线相交. 虽然在 Q_3 处有 $\mathrm{MR}(Q_3)=\mathrm{MC}(Q_3)$，但在 Q_3 处 MC 曲线自左下方与 MR 曲线相交(图 3.4.1). 因此，Q_3 不是利润极大化的产量.

特别地，对完全竞争市场，定理 3.4.1 和定理 3.4.2 有下面的推论.

推论 3.4.3(MR=MC 定理) 考虑完全竞争市场情形，假设厂商面对既定的价格 P_0，则利润函数 $\pi(Q)=\mathrm{TR}(Q)-\mathrm{TC}(Q)$ 在 Q^* 处获得极大值的必要条件是 Q^* 满足

$$P_0=\mathrm{MC}(Q^*) \tag{3-4-3}$$

推论 3.4.4(利润极大化的二阶充分条件) 考虑完全竞争市场情形，假设 Q^* 满足 $\mathrm{MR}(Q^*)=\mathrm{MC}(Q^*)$，则 $\pi(Q)$ 在 Q^* 处取得极大值的充分条件是

$$\left.\frac{\mathrm{d}^2\mathrm{TC}(Q)}{\mathrm{d}Q^2}\right|_{Q=Q^*}>0$$

或

$$\left.\frac{\mathrm{dMC}(Q)}{\mathrm{d}Q}\right|_{Q=Q^*}>0 \tag{3-4-4}$$

推论 3.4.4 中的二阶充分条件(3-4-4)$[\mathrm{MC}'(Q^*)>0]$意味着厂商的边际成本 $\mathrm{MC}(Q)$ 在 Q^* 附近是增函数，即厂商在 Q^* 附近经历着递增的边际成本.

2) 厂商利润最大化的二阶充分条件

定理 3.4.5(利润最大化的二阶充分条件) 考虑任意市场中的某厂商，并假设 $\mathrm{TR}(Q)$ 和 $\mathrm{TC}(Q)$ 分别是其总收入和总成本，利润函数为 $\pi(Q)=\mathrm{TR}(Q)-\mathrm{TC}(Q)$. 假设 Q^* 满足 $\mathrm{MR}(Q^*)=\mathrm{MC}(Q^*)$，则：

(1) Q^* 是利润函数 $\pi(Q)$ 的最大值点的二阶充分条件是 $\pi''(Q)$ 处处非正；

(2) Q^* 是利润函数 $\pi(Q)$ 的唯一最大值点的二阶充分条件是 $\pi''(Q)$ 处处小

于零.

证明　(1)由定理2.6.4和定理2.6.14,结论(1)显然成立.结论(2)可类似地证明.

推论3.4.6(利润最大化的二阶充分条件)　考虑完全竞争市场情形,假设厂商面对既定的价格 P_0,TR(Q)和 TC(Q)分别是其总收入和总成本,其利润函数为 $\pi(Q)=\mathrm{TR}(Q)-\mathrm{TC}(Q)$.假设 Q^* 满足 $\mathrm{MR}(Q^*)=\mathrm{MC}(Q^*)$,则:

(1) Q^* 是利润函数 $\pi(Q)$的最大点的二阶充分条件是 $\mathrm{TC}''(Q)$处处非负;

(2) Q^* 是利润函数 $\pi(Q)$的唯一最大点的二阶充分条件是 $\mathrm{TC}''(Q)$处处大于零.

证明　由 $\pi''(Q)=-\mathrm{TC}''(Q)$和定理3.4.3可知结论(1)和(2)都成立.

推论3.4.6中的二阶充分条件"$\mathrm{TC}''(Q)$处处大于零"意味着厂商的边际成本 MC(Q)是增函数,即厂商经历着递增的边际成本.

3) 厂商利润盈亏的确定

现在继续考虑完全竞争市场情形.厂商可以调整自己的产量,以求利润极大化.即使 $\pi(Q)$在 Q^* 处获得极大值,$\pi(Q^*)$未必是正的.也就是说,产量 Q^* 使厂商盈余还是亏损还取决于 Q^* 必须满足的其他条件.下面我们对此问题进行讨论,并引出厂商的有效供给曲线概念及其确定方法——即针对市场的既定价格 P_0,如何确定自己的最优生产量.我们会发现曲线 AC 和 AVC 的最低点起着重要作用.

如图3.4.2(a)所示,总固定成本、总可变成本和总成本曲线分别为 TFC、TVC 和 TC.M'和M''分别为曲线 TC 和曲线 TVC 的拐点.直线 l 和 l'均与曲线 TC 相切,切点分别为 A'和 B'.从原点出发的射线有两条分别与曲线 TC 和 TVC 相切,切点分别为 C'和 V'.当市场既定价格为 P_A 时,$\mathrm{TR}=P_AQ$ 为厂商的收入曲线.三条直线 l、l'和 TR 相互平行.依据这些条件,可画出平均固定成本曲线 AFC、平均可变成本曲线 AVC 和平均成本曲线 AC 以及边际成本曲线 MC,如图3.4.2(b)所示.

即使推论3.4.3和推论3.4.4中的必要条件和充分条件都满足,总收入 TR 也有可能不足总成本 TC,因而会出现亏损.例如,考虑图3.4.2(b),当市场的既定价格是 P_N时,对应的均衡产量为 Q_N,这是因为 $P_N=\mathrm{MC}(Q_N)$(即必要条件成立)和 $\mathrm{dMC}(Q_N)/\mathrm{d}Q>0$(即二阶充分条件成立).但 $\mathrm{AC}(Q_N)>\mathrm{AVC}(Q_N)>P_N=\mathrm{MR}(Q_N)$,从而 $\mathrm{TC}(Q_N)>\mathrm{TVC}(Q_N)>\mathrm{TR}(Q_N)$,即出现亏损.

(1) 零利润点.对完全竞争市场,当市场的既定价格为图3.4.2(b)所示的 P_C 时,即 MR 曲线($P=P_C$)与 MC(Q)曲线交于 AC(Q)曲线的最低点 $C(Q_C,P_C)$[注意此时 Q_C是利润函数 $\pi(Q)$的极大值点],从而 $P_C=\mathrm{MR}(Q_C)=\mathrm{MC}(Q_C)=\mathrm{AC}(Q_C)$,进而 $\mathrm{TR}(Q_C)=\mathrm{TC}(Q_C)=P_CQ_C$,即超额利润为零.鉴于此,我们把

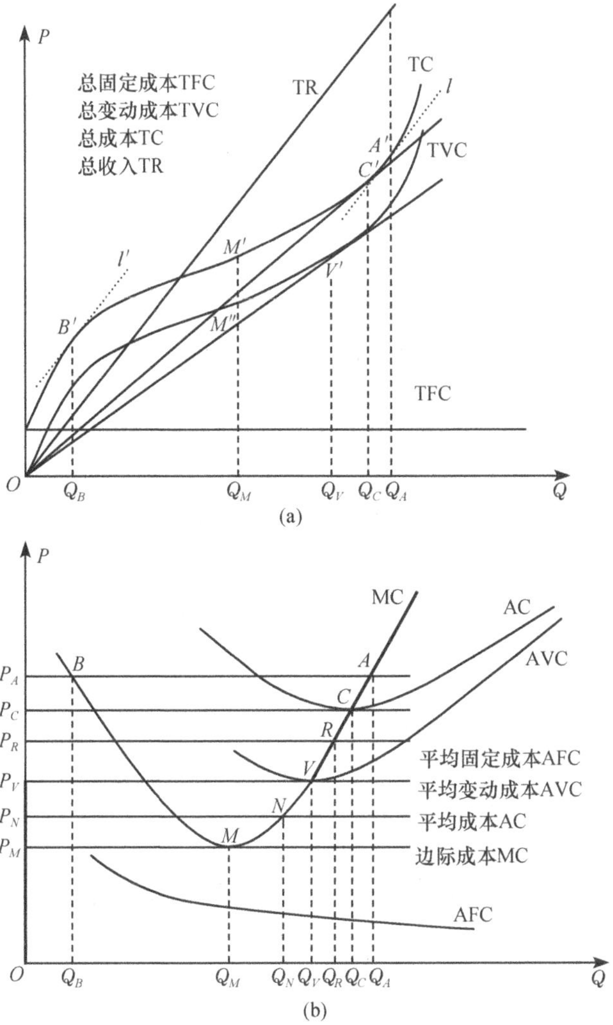

图 3.4.2　完全竞争厂商的盈亏分析

AC(Q)曲线的最低点 C(指生产水平 Q_C)，或把使 TR(Q)＝TC(Q)的点 C(指生产水平 Q_C)叫零利润点、收支相抵点或扯平点.

(2) 停止生产点. 对完全竞争市场，当市场的既定价格为图 3.4.2(b)所示的 P_V 时，即 MR 曲线($P=P_V$)与 MC(Q)曲线交于 AVC(Q)曲线的最低点 $V(Q_V, P_V)$[注意此时 Q_V 是利润函数 $\pi(Q)$ 的极大值点]，从而 $P_V=\mathrm{MR}(Q_V)=\mathrm{AVC}(Q_V)<\mathrm{AC}(Q_V)$，因而 $\mathrm{TR}(Q_V)=\mathrm{TVC}(Q_V)=P_VQ_V$. 此时厂商可以继续生产，也可以停产，不论厂商是否继续生产，都亏损 TFC. 鉴于此，我们把 AVC(Q)曲线的最低点 V 称为停止生产点，或把使 TR(Q)＝TVC(Q)的点 V 叫停止生产点.

当市场的既定价格为图 3.4.2(b)所示的 $P_N(P_N<P_V)$时，MR 曲线($P=P_N$)与 MC(Q)曲线交于 N 点[注意此时 Q_N是利润函数 $\pi(Q)$的极大值点]. 这时，AC(Q)和 AVC(Q)曲线都在 MR 曲线之上，因此 $AC(Q)>P_N=MR<AVC(Q)$或 $TC(Q)>TR<TVC(Q)$. 说明此时厂商如果生产 Q_N的话，不仅亏损 TFC，而且也要亏损部分 TVC，故必须停产.

当市场的既定价格为图 3.4.2(b)所示的 $P_R(P_R>P_V)$时，MR 曲线($P=P_R$)与 MC(Q)曲线交于 R 点[注意此时 Q_R是利润函数 $\pi(Q)$的极大值点]. 这时，MR 曲线在 AC 曲线之下，在 AVC 曲线之上，因此 $AC(Q)>P_R=MR>AVC(Q)$或 $TC(Q)>TR>TVC(Q)$. 说明此时厂商应继续生产，收益不仅能抵消 TVC，且能抵消部分 TFC.

(3) 厂商的有效供给曲线. 综上所述，对完全竞争市场而言，厂商的有效供给曲线是以 AVC(Q)曲线的最低点 V(停止生产点)以上的那部分边际成本所代表的曲线 VA，如图 3.4.2(b)中的粗体曲线所示. 数学上可表示为

$$\begin{aligned} &P=\mathrm{MC}(Q), &&\text{当 } P\geqslant P_V \text{ 时}\\ &Q=0, &&\text{当 } P<P_V \text{ 时}\end{aligned} \tag{3-4-5}$$

这里 P 是市场的既定价格，也可表示为

$$Q_S=\begin{cases}0 & \text{当 } P<\min\mathrm{AVC}(y)\\ Q\quad [Q\text{ 满足 } P=\mathrm{MC}(Q)] & \text{当 } P\geqslant\min\mathrm{AVC}(y)\end{cases} \tag{3-4-6}$$

MC 的部分曲线之所以看作单一厂商的供给曲线是因为函数 $P=MC(Q)$表示了市场既定价格 P 和最优产量 Q 之间的关系，即任给一个市场的既定价格 P，满足 $P=MC(Q)$的 Q 就是厂商愿意提供的供给量.

(4) 停止决策. 设 P 是市场的既定价格，当前的产量 Q. 若 $AVC(Q)\leqslant P$，应继续生产，根据市场价格 P 的高低，增减自己的供给数量；若 $AVC(Q)\geqslant P$，应停产，不供给任何数量的产品，均衡产量为 0.

(5) 盈利与亏损. 给定市场的既定价格 P，从厂商的有效供给曲线上可求出相应的厂商的供给量 Q. 若 $AC(Q)<P$，则盈利；若 $AC(Q)>P$，则亏损.

例 3.4.1 给定厂商的成本函数 $C(Q)=Q^3-14Q^2+69Q+128$，其中固定成本为 128. 试求厂商的有效供给曲线.

解 厂商的供给曲线为停止生产点[AVC(Q)曲线的最低点]以上的那部分边际成本曲线，其方程如式(3-4-5)所示. 下面用两种方法求 AVC 曲线的最低点.

(1) (微分法)$AVC(Q)=[C(Q)-128]/Q=Q^2-14Q+69$，$AVC'(Q)=2Q-14$，$AVC''(Q)=2$. 令 $AVC'(Q)=0$，得 $Q^*=7$，又 $AVC''(7)>0$[事实上，$AVC''(Q)$处处大于零，因此 AVC(Q)是凸函数]，故 AVC 曲线的最低点的纵坐标为 $AVC(7)=20$.

(2) (利用定理 3.3.3)由定理 3.3.3 知，AVC(Q)极小值点必须满足 $MC(Q)=$

$AVC(Q)$，即 $3Q^2-28Q+69=Q^2-14Q+69$，得 $Q^*=7$. 又因为 $AVC''(7)>0$，所以 AVC 曲线的最低点的纵坐标为 $AVC(7)=20$.

从而厂商的供给曲线为

$$\begin{cases} P=3Q^2-28Q+69, & \text{当 } P\geqslant 20 \text{ 时} \\ Q=0, & \text{当 } P<20 \text{ 时} \end{cases}$$

4) 完全竞争市场下厂商利润极大化的短期均衡模型

总结上述三小节的内容，可得到完全竞争市场下厂商利润极大化的短期均衡模型. 假设市场的反需求函数为 $P=P_0$，厂商的成本函数为 $TC(Q)=F(Q)+b$，则厂商的收入和利润分别为

$$TR=P_0Q$$

$$\pi(Q)=TR(Q)-TC(Q)$$

则最优产量 Q^* 满足的均衡条件为

$$\pi'(Q^*)=0 \text{ 即 } MR(Q^*)=MC(Q^*) \quad \text{(一阶必要条件)} \tag{3-4-7}$$

$$\pi''(Q^*)<0 \text{ 或 } MR'(Q^*)<MC'(Q^*) \quad \text{(二阶充分条件)} \tag{3-4-8}$$

$$P\geqslant AVC(Q^*)$$

P_0 是外生变量，$\pi(Q)$、$TR(Q)$、$TC(Q)$ 和 Q 都是内生变量. 更进一步式(3-4-7)和式(3-4-8)两式分别等价于

$$P_0=MC(Q^*) \tag{3-4-7$'$}$$

$$MC'(Q^*)>0 \tag{3-4-8$'$}$$

3.4.2 完全垄断市场

1. 完全垄断市场的特征

单个生产者面对众多的消费者.

(1) 厂商就是产业：完全垄断产业只有一个厂商，提供整个产业的产销量.

(2) 产品不能替代：完全垄断厂商提供的产品，没有良好的替代品，其需求的交叉价格弹性[①]等于零，故不受任何竞争者的威胁.

(3) 厂商独自决定价格：完全垄断厂商不是价格的接受者，而是价格的制订者(price maker)，它可利用各种手段决定价格，可达到垄断利润的目的.

(4) 厂商实行价格歧视：厂商可根据销售条件实行不同的价格歧视(差别)，以获取最大的超额利润.

---

① 参见定义 6.4.2.

(5) 厂商的决策问题:厂商是市场价格的制定者,他必须根据多种因素控制产量和价格这两个变量,以使利润最大化.

2. 完全垄断市场中的定义方程和行为方程

行为方程包括厂商面临的家庭逆需求函数 $P=g(Q)$ 和成本函数 $\mathrm{TC}=\mathrm{TC}(Q)$. 由此可见,厂商产品的销售价格与其供给量(或家庭所支付的价格与其需求量)是联系在一起的. 定义方程包括厂商的收入函数 $\mathrm{TR}(Q)=PQ=Qg(Q)$ 和利润函数 $\pi(Q)=\mathrm{TR}(Q)-\mathrm{TC}(Q)$.

3. 厂商的边际收入 MR 与平均收入 AR 的关系

我们用微分的方法说明二者的关系. 完全垄断市场以及其他各种不完全竞争市场,由于市场价格随着产销量的增加而下降,AR 与 MR 不像完全竞争厂商那样,是完全重合在一起的. 而是具有不同负斜率的两条曲线. 二者的关系如下述定理所述(图 3.4.3).

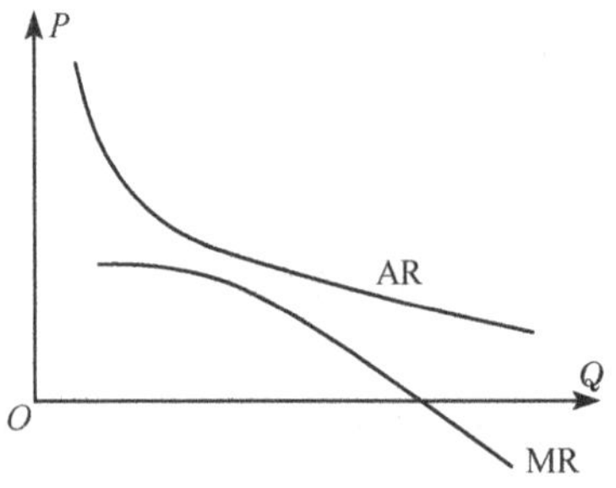

图 3.4.3　平均收入与边际收入曲线

定理 3.4.7　对于完全垄断市场以及其他各种不完全竞争市场,则 MR 必然低于 AR,即 MR<AR.

证明　由于 $\mathrm{TR}=PQ$,而 P 是 Q 的减函数,故

$$\mathrm{MR}=\frac{\mathrm{dTR}}{\mathrm{d}Q}=P+Q\frac{\mathrm{d}P}{\mathrm{d}Q}=\mathrm{AR}+Q\frac{\mathrm{d}P}{\mathrm{d}Q}<\mathrm{AR}$$

4. 需求的价格弹性与厂商收益的变动

厂商的收益等于厂商商品的销售价格乘以其销售量. 如果这个商品的价格上升,则其销售量就会下降,因而厂商的收益有可能上升,也有可能下降. 究竟是上升还是下降,取决于需求对价格变动的敏感程度. 当价格上升时,如果需求下降很多,那么收益就会减少;当价格上升时,如果需求只下降一点儿,那么收益就会增加. 这说明收益随着价格而变动的方向同需求弹性有关. 一般的,有下面的结论.

定理 3.4.8　考虑完全垄断市场[①].

① 如果需求对价格非常敏感——即非常有弹性——那么价格上升就会使需求下降很多,以致收益发生下降. 如果需求对价格的反应非常迟钝——即非常缺乏弹性——那么价格上升就不会使需求变动很多,总的收益因此就会增加. 这里的分界线恰好是弹性值为 1,在这一点上,如果价格上升 1%,数量就会下降 1%,因此,总收益就根本不会发生变化.

(1) 价格的上升导致厂商收益增加的充要条件是商品的需求缺乏弹性；

(2) 价格的上升导致厂商收益减少的充要条件是商品的需求富有弹性；

(3) 无论价格上升或下降，厂商收益不变的充要条件是商品的需求是单一弹性.

证明　(分析)价格的上升分别导致厂商收益增加、减少和不变都可用厂商收益关于价格的导数来描述，分别相当于这个导数大于、小于和等于零. 进而，定理中的三个结论分别相当于"这个导数大于、小于和等于零"分别等价于"需求是缺乏、富有和单一弹性". 因此关键是求出这个导数的表达式，并且其中含有需求弹性. 下面用数学语言具体描述. 为此假设市场需求函数为 $Q=g(P)$，需求弹性为 $|E_{dp}|$，则厂商的收益为 $\mathrm{TR}=PQ=Pg(P)$. 这样三个结论相当于 $\mathrm{TR}'(P)>0\Leftrightarrow|E_{dp}|<1$，$\mathrm{TR}'(P)<0\Leftrightarrow|E_{dp}|>1$ 和 $\mathrm{TR}'(P)=0\Leftrightarrow|E_{dp}|=1$. 下面是具体的证明过程. 事实上，利用两个函数的乘积求导法则和弹性的定义对收益函数 TR 关于价格 P 求导得

$$\mathrm{TR}'(P)=Q+P\frac{\mathrm{d}Q}{\mathrm{d}P}=Q\left(1+\frac{P}{Q}\frac{\mathrm{d}Q}{\mathrm{d}P}\right)=Q(1-|E_{dp}|)$$

据此可知定理中的三个结论都成立.

5. 短期均衡——单个工厂的情形

短期均衡分析方法与完全竞争市场下相应的分析法完全类似(见定理 3.4.1 和定理 3.4.2). 下面是均衡模型. 假设市场的反需求函数为 $P=g(Q)$，厂商的成本函数为 $\mathrm{TC}(Q)=F(Q)+b$，则厂商的收入和利润分别为

$$\mathrm{TR}=PQ=Qg(Q)$$

$$\pi(Q)=\mathrm{TR}(Q)-\mathrm{TC}(Q)$$

则最优产量 Q^* 满足的均衡条件为

$$\pi'(Q^*)=0 \quad \text{即} \quad \mathrm{MR}(Q^*)=\mathrm{MC}(Q^*) \quad (\text{一阶必要条件}) \tag{3-4-9}$$

$$\pi''(Q^*)<0 \quad \text{或} \quad \mathrm{MR}'(Q^*)<\mathrm{MC}'(Q^*) \quad (\text{二阶充分条件}) \tag{3-4-10}$$

$$P\geqslant \mathrm{AVC}(Q^*)$$

这里 P 和 Q 均为内生变量.

定理 3.4.9　假设市场的反需求函数为 $P=g(Q)$，厂商的成本函数为 $\mathrm{TC}(Q)$，则最优产量 Q^* 满足的一阶必要条件为

$$P\left(1-\frac{1}{|E_{dp}(Q)|}\right)=\mathrm{MC}(Q)^{①} \tag{3-4-11}$$

① 对于完全竞争市场有 $|E_{dp}|=+\infty$，故对一家完全竞争的厂商，式(3-4-11)相当于价格等于边际成本，即退化为式(3-4-7′). 由于对任意产量 Q 总有 $\mathrm{MC}(Q)>0$，因此 $|E_{dp}(Q)|>1$，即垄断只能发生在需求曲线上富有弹性的地方.

证明 最优产量 Q^* 满足的一阶必要条件为式(3-4-9). 由于 $\mathrm{TR}=PQ$,而 $P=g(Q)$,所以

$$\mathrm{MR}(Q)=\frac{\mathrm{dTR}}{\mathrm{d}Q}=\frac{\mathrm{d}P}{\mathrm{d}Q}Q+P=P\left(\frac{\mathrm{d}P}{\mathrm{d}Q}\frac{Q}{P}+1\right)=P\left(1-\frac{1}{|E_{\mathrm{dp}}|}\right)$$

从而最优产量 Q^* 满足式(3-4-11)成立.

例 3.4.2(线性需求函数和线性成本函数情形) 假设厂商的逆需求函数为 $P=a-bQ$,这里 a 是需求截距,b 是需求斜率,$a,b>0$. 假设厂商的成本函数为 $\mathrm{TC}=cQ+f$,这里 c 是边际成本,f 是固定成本,$c,f>0$. 假设 $a\geqslant c$. 试确定均衡生产量和均衡价格.

解 $$\pi(Q)=\mathrm{TR}-\mathrm{TC}=(a-bQ)Q-(cQ+f)$$

令

$$\mathrm{d}\pi/\mathrm{d}Q=(a-2bQ)-c=0$$

得到 $Q^*=(a-c)/(2b)$,由于 $\dfrac{\mathrm{d}^2\pi}{\mathrm{d}Q^2}=-2b$,故 $\left.\dfrac{\mathrm{d}^2\pi}{\mathrm{d}Q^2}\right|_{Q=Q^*}<0$,因此 Q^* 使 $\pi(Q)$ 获得极大值[事实上,Q^* 使 $\pi(Q)$ 获得最大值,为什么?]. 进一步有 $P^*=a-bQ^*=(a+c)/2$. 又因为 $a>c$,所以 $P^*=a-bQ^*=(a+c)/2\geqslant c=\mathrm{AVC}$. 从而 Q^* 和 P^* 分别是均衡产量和均衡价格(注意它们都不依赖于固定成本).

6. 税收对垄断厂商产品定价的影响

在征收从量税 t 的情况下,供给价格 $P_{\mathrm{S}}(Q)$ 和需求价格 $P_{\mathrm{D}}(Q)$ 的关系为

$$P_{\mathrm{D}}(Q)=P_{\mathrm{S}}(Q)+t \tag{3-4-12}$$

也就是说,需求者支付的价格等于供给者得到的价格加上税收量. 在征收从价税的情况下,$P_{\mathrm{S}}(Q)$ 和 $P_{\mathrm{D}}(Q)$ 的关系是

$$P_{\mathrm{D}}(Q)=(1+r)P_{\mathrm{S}}(Q) \tag{3-4-13}$$

这个方程说明需求者支付的价格等于供给者得到的价格与 1 加税率的和相乘的积.

下面仅考虑征收从价税对垄断厂商产品定价的影响. 征收从量税对垄断厂商产品定价的影响留作习题(见习题 3.24).

例 3.4.3 假设市场的需求弹性和厂商的边际成本都是不变的,分别为 $\varepsilon>1$ 和 $c>0$;市场的反需求函数为 $P_{\mathrm{D}}=g(Q)$. 对垄断厂商课以一个从价税 r.

(1) 分别求课税前后的最优定价 P^* 和 P^{**};

(2) 证明厂商在课税后的最优定价一定大于课税前的最优定价,即 $P^{**}>P^*$;

(3) 厂商在课税后的最优产量 Q^{**} 一定小于课税前的产量 Q^*.

解 (1) 在不征收从价税的情况下,据定理 3.4.9 中的式(3-4-11)知,厂商的

最优供给量 Q^* 满足

$$P^*\left(1-\frac{1}{|E_{dp}(Q^*)|}\right)=\mathrm{MC}(Q^*)=c$$

而最优定价为

$$P^*=\frac{c}{1-1/\varepsilon} \tag{3-4-14}$$

在征收从价税的情况下，根据式(3-4-13)可知厂商的收益为

$$\mathrm{TR}(Q)=QP_{\mathrm{S}}(Q)=QP_{\mathrm{D}}(Q)/(1+r)$$

边际收益为 $P\left(1-\frac{1}{|E_{dp}(Q)|}\right)\frac{1}{1+r}$，从而厂商的最优供给量 Q^{**} 满足

$$P^{**}\left(1-\frac{1}{|E_{dp}(Q^{**})|}\right)\frac{1}{1+r}=\mathrm{MC}(Q^{**})=c$$

而最优定价为

$$P^{**}=\frac{c(1+r)}{1-1/\varepsilon} \tag{3-4-15}$$

(2) 比较式(3-4-15)和式(3-4-14)可知，$P^{**}>P^*$. 这说明课税后厂商的定价会提高.

(3) 令课税前后的最优产量分别为 Q^* 和 Q^{**}，则 $P^*=g(Q^*)$ 和 $P^{**}=g(Q^{**})$. 注意到反需求函数 $P_{\mathrm{D}}=g(Q)$ 是单调递减的，所以其反函数一定也是单调递减的. 因此由 $P^{**}>P^*$ 可得 $Q^{**}<Q^*$.

3.5　比较静态分析

假设模型中只有一个内生变量和一个外生变量. 模型的均衡解(内生变量)是外生变量(或参数)的一元函数. 进行比较静态分析一般会遇到两种情形：①均衡解有显示表达式；②均衡解无显示表达式. 对于前者，只需直接求内生变量关于外生变量的导数(比较静态导数)，再根据已知条件确定这个导数的符号，进而分析外生变量对内生变量的影响.

下面主要介绍均衡解无显示表达式时，如何进行比较静态分析. 由于均衡解满足均衡条件(含有内生变量和外生变量)，所以应从均衡条件出发求内生变量关于外生变量的导数. 均衡条件可以是由需求等于供给表示的一个方程，或是一个极值问题的一阶必要条件.

我们通过一个例子介绍如何进行极值问题中的比较静态分析，即如何求内生变量关于外生变量的导数；在进行比较静态分析的过程中，会看到二阶充分条件所起的作用. 同时，介绍如何确定外生变量对目标函数最优值的影响，即如何求目标函数最优值关于外生变量的导数.

例 3.5.1 厂商在一个完全竞争市场上组织生产，成本函数为 $\mathrm{TC}=C(q)$，产品的市场销售价格为 P. 如何安排产量才能获得极大利润？

(1) 把厂商的产量安排问题表示成一个极值问题.

(2) 写出厂商最优产量(均衡产量)满足的一阶必要条件，并解释其经济含义.

(3) 写出厂商最优产量满足的二阶充分条件，并解释其经济含义.

(4) 假设 q^* 满足(2)和(3)中的一阶必要条件和二阶充分条件，分析产品销售价格分别对最优产量和最优利润的影响？

(5) 解释二阶充分条件在比较静态分析中所起的作用.

解 (1) 令 π 表示厂商的利润，则 $\pi(q)=Pq-C(q)$. 因此厂商的问题相当于求一元函数 $\pi(q)$ 的极大值问题.

(2) 最优产量 q^* 应满足的一阶必要条件为

$$\pi'(q^*)=0$$

或

$$P=C'(q^*) \tag{3-5-1}$$

这说明最优产量处的边际成本等于产品的销售价格.

(3) 最优产量 q^* 应满足的二阶充分条件为

$$\pi''(q^*)<0$$

即

$$C''(q^*)>0 \tag{3-5-2}$$

即在 q^* 附近边际成本是递增的.

(4) 需分别求 $\mathrm{d}q^*/\mathrm{d}P$ 和 $\mathrm{d}\pi(q^*)/\mathrm{d}P$. 为此首先必须确认 q^* 和 $\pi(q^*)$ 都是 P 的一元函数. 这需要从一阶必要条件式(3-5-1)出发.

下面先利用反函数存在定理(定理 2.2.3)和反函数可导定理(定理 2.2.5)给出一种比较静态分析方法. 在 9.3 节将利用隐函数定理给出另一种分析方法. 由式(3-5-1)，P 是 q^* 的函数. 首先需判断这个函数存在反函数 $q^*=f(P)$，这需要 $P=C'(q^*)$ 是严格增函数，或需要 $C''(q^*)>0$. 而二阶充分条件的成立[即式(3-5-2)成立]恰好保证了 $C''(q^*)>0$ 成立. 因此 $P=C'(q^*)$ 存在反函数，且由定理 2.2.5 有

$$\frac{\mathrm{d}q^*}{\mathrm{d}P}=1\bigg/\frac{\mathrm{d}P}{\mathrm{d}q^*}=\frac{1}{C''(q^*)}>0 \tag{3-5-3}$$

式(3-5-3)的经济含义是最优产量随着产品销售价格的增加而增加.

下面利用复合函数求导法则(定理 2.2.2)给出求 $\mathrm{d}\pi(q^*)/\mathrm{d}P$ 的一种方法. 在 9.4 节利用包络定理给出另一种方法.

由于 $\pi(q^*)=Pq^*-C(q^*)$ 和 $q^*=f(P)$，所以

$$\mathrm{d}\pi(q^*)/\mathrm{d}P=q^*+P/C''(q^*)-C'(q^*)/C''(q^*) \tag{3-5-4}$$

进一步利用一阶必要条件 $P-C'(q^*)=0$ 可将式(3-5-4)化简为

$$\mathrm{d}\pi(q^*)/\mathrm{d}P = q^* > 0 \tag{3-5-5}$$

式(3-5-5)的经济含义是最优利润也是随着产品销售价格的增加而增加.

(5) 从求解(4)的过程中看到二阶充分条件可确保比较静态分析的进行.

习　题

3.1　计算需求函数 $q=kp^{-r}(k,r>0)$的点弹性,并据此说明为什么经济学上称此需求函数是不变弹性的需求函数.

3.2　令 $T=f(x)$是一个总函数(如总生产函数或总成本函数),假设平均函数 $AT=f(x)/x$ 在 x^* 处达到极值.求总函数在 x^* 处的点弹性,并判断属于何种弹性?

3.3　证明定理 3.1.1(1).

3.4　证明定理 3.1.2.

3.5　已知 $y=f(x)$,利用复合函数求导法则证明弹性公式:$E_{yx}=\mathrm{d}(\ln y)/\mathrm{d}(\ln x)$.

3.6　证明定理 3.1.4 中(1)～(3).

3.7　已知垄断厂商生产的某种产品面临的需求函数和成本函数分别为 $q=a-bp$ 和 $c(q)=kq^2$,这里 a、b 和 k 是三个正的参数.试求垄断厂商的产品的最优产量和最优销售价格的确切表达式?

3.8　已知一厂商面临的需求函数为 $22-0.5Q-P=0$,其平均成本函数为 $\mathrm{AC}=Q^2/3-8.5Q+50+90/Q$.试求下列各情形的产出水平:

(1) 总收益极大;

(2) 总利润极大;

(3) 边际成本极小.

3.9　设一完全竞争厂商面临的成本函数为 $C(Q)=Q^3-14Q^2+69Q+88$.求该厂商的有效供给函数.

3.10　某厂商具有如下的短期生产函数:$Q=g(L)=-2L^3/3+10L^2$.

(1) 求出平均产量函数(AP),并证明在 AP 获得极大值的点处有 MP＝AP 成立;

(2) 求出使总产量 Q 获极大值的 L 的值,并求出最大的总产量.

3.11　某厂商具有下面的短期(总)成本函数 $C(Q)=Q^3-9Q^2+30Q+25$:

(1) 求出平均可变成本函数 AVC,并证明当 AVC 获得极小值时,有 MC＝AVC 成立;

(2) 求出平均总成本函数 ATC,并验证 $Q=5$ 时,ATC 获得极小值且有 MC＝ATC 成立;

(3) 比较 AVC 和 ATC 的极小值.

3.12　已知总产量函数 $\mathrm{TP}(K)=90K^2-K^3$:

(1) 在一个直角坐标系下画出总产量函数 TP(K)的图形,在另一个坐标系下画出平均产量函数 AP(K)和边际产量函数 MP(K)的图形,要求这两个坐标系的相对位置与图 3.3.1 和图 3.3.2 完全类似;

(2) 分别验证定理 3.3.1 和定理 3.3.2(用图示说明总产出、平均产出和边际产出之间的关系).

3.13　已知总成本函数为 $C(Q)=Q^3-12Q^2+60Q$,要求:

(1) 在一个直角坐标系下画出总成本函数 $C(Q)$ 的图形，在另一个坐标系下画出平均成本函数 $\mathrm{AC}(Q)$ 和边际成本函数 $\mathrm{MC}(Q)$ 的图形，要求这两个坐标系的相对位置与图 3.3.3 和图 3.3.4 完全类似；

(2) 分别验证定理 3.3.4 和定理 3.3.5.

3.14 考虑图 3.4.2，已知既定的市场价格为 P_A，厂商的收入曲线为 $\mathrm{TR}=P_AQ$，分别依据图 3.4.2(a) 和 (b) 说明以下结论：

(1) 在 Q_A 和 Q_B 处，厂商利润极大化的一阶必要条件均成立；

(2) 厂商利润极大化的二阶充分条件在 Q_A 处不成立，而在 Q_B 处成立.

3.15 对参数 h、j 和 k 进行何种限制时，二次利润函数 $\pi(Q)=hQ^2+jQ+k$ 满足下列假设：

(1) 若什么也不生产，由于固定成本的关系，利润将为负；

(2) 利润函数为严格凹函数；

(3) 在正产出水平 Q^* 处达到利润最大化.

3.16 已知平均收入函数为 $\mathrm{AR}(Q)=8\,000-23Q+1.1Q^2-0.018Q^3$，试证明 $\mathrm{AR}(Q)$ 曲线具有负的斜率.

3.17 厂商在一个完全竞争市场上组织生产，生产函数为 $Q=F(L)$，每期的工资率为 ω_0，每期的固定成本为 TFC，产品的市场销售价格为 P. 如何安排劳动投入才能获得极大利润？

(1) 把厂商的最优劳动投入问题表示成一个极值问题；

(2) 写出厂商最优劳动投入满足的一阶必要条件，并解释其经济含义；

(3) 写出厂商最优劳动投入满足的二阶充分条件，并解释其经济含义；

(4) 假设 L^* 满足 (2) 和 (3) 中的一阶必要条件和二阶充分条件，分析产品销售价格分别对最优劳动投入 L^* 和最优利润的影响；

(5) 解释二阶充分条件在比较静态分析中所起的作用.

3.18 考虑一个不完全竞争下的厂商，对于给定的资本设备(capital equipment)，假设其总产出为 $q=g(l)$，这里 l 是劳动，且劳动的边际实物产出 $[\mathrm{MPP}_l=\mathrm{d}q/\mathrm{d}l=g'(l)>0]$ 大于 0 且是递减的；厂商面对的需求函数为 $p=f(q)$.

(1) 求收入函数 R 和边际收入函数 $\mathrm{MR}=\mathrm{d}R/\mathrm{d}q$；

(2) 求劳动的边际收入产量(marginal revenue product of labor，即总收入关于劳动投入的变化率)的表达式 $\mathrm{MRP}_l=\mathrm{d}R/\mathrm{d}l$；

(3) 证明 $\mathrm{MRP}_l=\mathrm{MR}\cdot\mathrm{MPP}_l$；

若进一步假设可变成本为 $V=\omega l$，这里 ω 是单位劳动的工资：

(4) 计算关于产量的边际成本 $(\mathrm{d}V/\mathrm{d}q)$；

(5) 证明劳动的边际实物产出递减的充要条件是产量的边际成本递增.

3.19 考虑完全垄断市场：

(1) 证明产品销售量的下降导致厂商收益增加的充要条件是商品的需求缺乏弹性；

(2) 证明产品销售量的下降导致厂商收益减少的充要条件是商品的需求富有弹性；

(3) 证明无论产品的销售量是上升或下降，厂商收益不变的充要条件是商品的需求是单一弹性；

(4) 鉴于结论 (1)～(3)，要想利润最大化，价格的确定不应该使何种弹性出现？

3.20　设某家庭的需求函数为 $Q_d = a_0 - a_1 P$，$a_0, a_1 > 0$ 为常数.

(1) 求用 Q_d 表示的该家庭的总支出函数的表达式.

(2) 求总支出的极大值及相应的价格和需求量，并确定此时的需求价格弹性属于哪种弹性.

(3) 给出商品需求的价格弹性是富有弹性的条件？商品需求的价格弹性是缺乏弹性的条件？

3.21　证明垄断厂商总是把价格确定在边际成本之上.

3.22　设一垄断企业的成本函数为 $c(q) = q^2 + 1$，面临的逆需求函数为 $p(q) = 17 - q$，求使得该企业利润获得最大值的最优价格和最优产出.

3.23　再考虑例 3.4.2，当 $a < c$ 时，厂商是否有均衡产量和均衡价格？

3.24　假设市场的需求弹性和厂商的边际成本都是不变的，分别为 $\varepsilon > 1$ 和 c；市场的反需求函数为 $P_D = g(Q)$. 对垄断厂商课以一个从量税 t.

(1) 分别求课税前后的最优定价 P^* 和 P^{**}；

(2) 证明厂商在课税后的最优定价一定大于课税前的最优定价，即 $P^{**} > P^*$；

(3) 分别求课税前后的最优产量 Q^* 和 Q^{**}，并证明 $Q^{**} < Q^*$.

3.25　(从量税稽征收益和从价税稽征收益)考虑完全垄断市场，已知一个垄断厂商的成本函数为 $\mathrm{TC}(Q)$，市场的反需求函数为 $P_D = g(Q)$. 如果从量税 t 和从价税 r 对垄断厂商的最优产量的影响相同，即在两种税收下，厂商生产的最优产量相同(记为 Q^*).

(1) 给出从量税 t、从价税 r 和最优产量 Q^* 满足的关系式；

(2) 据(1)证明从价税稽征收益($rP^* Q^*$)大于从量税稽征收益(tQ^*)，这里 $P^* = g(Q^*)$.

第4章　线性代数与空间解析几何若干理论

本章有选择地复习线性代数和空间解析几何中的某些概念、性质和结论.特别地,4.9节是本书的重点内容之一,这一节的内容在本书第8～11章有重要的应用.

4.1　行　列　式

4.1.1　行列式定义

定义 4.1.1　n 阶行列式

$$D \equiv \begin{vmatrix} a_{11} & a_{12} & \cdots & a_{1n} \\ a_{21} & a_{22} & \cdots & a_{2n} \\ \vdots & \vdots & \ddots & \vdots \\ a_{n1} & a_{n2} & \cdots & a_{nn} \end{vmatrix} \tag{4-1-1}$$

(有时简记为$|a_{ij}|$)等于所有取自不同行和不同列的 n 个元素的乘积

$$a_{1j_1} a_{2j_2} \cdots a_{nj_n} \tag{4-1-2}$$

的 $n!$ 项的代数和,这里 $j_1 j_2 \cdots j_n$ 是 $1,2,\cdots,n$ 的一个 n 级排列,每一项式(4-1-2)都按下列规则带有符号:当 $j_1 j_2 \cdots j_n$ 是偶排列时,式(4-1-2)带有正号,当 $j_1 j_2 \cdots j_n$ 是奇排列时,式(4-1-2)带有负号.用记号表示为

$$\begin{vmatrix} a_{11} & a_{12} & \cdots & a_{1n} \\ a_{21} & a_{22} & \cdots & a_{2n} \\ \vdots & \vdots & \ddots & \vdots \\ a_{n1} & a_{n2} & \cdots & a_{nn} \end{vmatrix} = \sum_{j_1 j_2 \cdots j_n} (-1)^{\tau(j_1 j_2 \cdots j_n)} a_{1j_1} a_{2j_2} \cdots a_{nj_n} \tag{4-1-3}$$

这里 $\tau(j_1 j_2 \cdots j_n)$表示排列 $j_1 j_2 \cdots j_n$ 的逆序数,$\sum\limits_{j_1 j_2 \cdots j_n}$ 表示对所有的 n 级排列 $j_1 j_2 \cdots j_n$ 求和.

定理 4.1.1　n 阶行列式$|a_{ij}|$等于

$$|a_{ij}| = \sum_{i_1 i_2 \cdots i_n ; j_1 j_2 \cdots j_n} (-1)^{\tau(i_1 i_2 \cdots i_n) + \tau(j_1 j_2 \cdots j_n)} a_{i_1 j_1} a_{i_2 j_2} \cdots a_{i_n j_n} \tag{4-1-4}$$

这里 $\sum\limits_{i_1 i_2 \cdots i_n ; j_1 j_2 \cdots j_n}$ 表示对所有的 n 级排列求和(共 $n!$ 项).

由定义 4.1.1 或定理 4.1.1 可得下面例 4.1.1 中的结论.

例 4.1.1　(1) 上三角行列式(主对角线下方的元素均为零)等于其主对角线上的元素的乘积;下三角行列式(主对角线上方的元素均为零)等于其主对角线上的元素的乘积.

(2) 若 n 阶行列式 $|a_{ij}|$ 反主对角线上的元素 $a_{1n}, a_{2n-1}, \cdots, a_{n1}$ 的下方(或上方)的元素为零,则 $|a_{ij}| = (-1)^{\frac{n(n-1)}{2}} a_{1n}a_{2n-1}\cdots a_{n1}$.

4.1.2　行列式的有关性质

n 阶行列式 $D \equiv |a_{ij}|$ 的转置行列式记为 D^T 或 D'. n 阶行列式 $D \equiv |a_{ij}|$ 可看作由 n 个 n 维行向量 $\boldsymbol{\alpha}_i$ 构成,也可看作由 n 个 n 维列向量 $\boldsymbol{\beta}_j$ 构成,其中 $\boldsymbol{\alpha}_i = (a_{i1}, a_{i2}, \cdots, a_{in})$ 是行列式 $|a_{ij}|$ 的第 i 行,$\boldsymbol{\beta}_j = (a_{1j}, a_{2j}, \cdots, a_{nj})^T$ 是行列式 $|a_{ij}|$ 的第 j 列,$i=1,2,\cdots,n, j=1,2,\cdots,n$,即

$$|a_{ij}| \equiv \begin{vmatrix} a_{11} & a_{12} & \cdots & a_{1n} \\ a_{21} & a_{22} & \cdots & a_{2n} \\ \vdots & \vdots & \ddots & \vdots \\ a_{n1} & a_{n2} & \cdots & a_{nn} \end{vmatrix} = \begin{vmatrix} \boldsymbol{\alpha}_1 \\ \boldsymbol{\alpha}_2 \\ \vdots \\ \boldsymbol{\alpha}_n \end{vmatrix} = |\boldsymbol{\beta}_1 \quad \boldsymbol{\beta}_2 \quad \cdots \quad \boldsymbol{\beta}_n| \qquad (4\text{-}1\text{-}5)$$

在下面性质 4.1.2～性质 4.1.5 的陈述中,行列式 $|a_{ij}|$ 均表示为 $|\boldsymbol{\beta}_1, \cdots, \boldsymbol{\beta}_n|$,其中 $\boldsymbol{\beta}_j$ 是行列式 $|a_{ij}|$ 的第 j 列 $j=1,2,\cdots,n$.

性质 4.1.1　行列式与它的转置行列式相等,即 $D=D^T$.

性质 4.1.2　交换一个行列式的两行(或两列),行列式改变符号. 交换两列 j_1 和 j_2 的情形可表示为

$$|\boldsymbol{\beta}_1 \vdots \boldsymbol{\beta}_{j_1} \vdots \boldsymbol{\beta}_{j_2} \vdots \boldsymbol{\beta}_n| = -|\boldsymbol{\beta}_1 \vdots \boldsymbol{\beta}_{j_2} \vdots \boldsymbol{\beta}_{j_1} \vdots \boldsymbol{\beta}_n|$$

特别地,有完全相同的两行(或两列)的行列式等于零.

性质 4.1.3　把一个行列式的某行(或某列)的所有元素同乘以某个数 k 后所得的行列式等于以数 k 乘这个行列式. j 列的情形可表示为

$$|\boldsymbol{\beta}_1 \vdots k\boldsymbol{\beta}_j \vdots \boldsymbol{\beta}_n| = k\,|\boldsymbol{\beta}_1 \vdots \boldsymbol{\beta}_j \vdots \boldsymbol{\beta}_n|$$

特别地,一个行列式的某行(或某列)的所有元素的公因子可提到行列式符号的外边;某行(或某列)的所有元素全为零的行列式为零;某两行(或某两列)的所有对应元素成比例的行列式为零.

性质 4.1.4　$\left|\boldsymbol{\beta}_1 \vdots \sum\limits_{k=1}^{m}\boldsymbol{\beta}_{j_k} \vdots \boldsymbol{\beta}_n\right| = \sum\limits_{k=1}^{m}|\boldsymbol{\beta}_1 \vdots \boldsymbol{\beta}_{j_k} \vdots \boldsymbol{\beta}_n|$(对行有完全类似的结论).

性质 4.1.5　$|\boldsymbol{\beta}_1 \vdots \boldsymbol{\beta}_{j_1} \vdots \boldsymbol{\beta}_{j_2} \vdots \boldsymbol{\beta}_n| = |\boldsymbol{\beta}_1 \vdots \boldsymbol{\beta}_{j_1} \vdots \boldsymbol{\beta}_{j_2} + k\boldsymbol{\beta}_{j_1} \vdots \boldsymbol{\beta}_n|$(对行有完全类似的结论).

4.1.3 行列式按一行(列)展开

定义 4.1.2 在 n 阶行列式

$$D=\begin{vmatrix} a_{11} & a_{12} & \cdots & a_{1n} \\ a_{21} & a_{22} & \cdots & a_{2n} \\ \vdots & \vdots & \ddots & \vdots \\ a_{n1} & a_{n2} & \cdots & a_{nn} \end{vmatrix}$$

中,去掉元素 a_{ij} 所在的第 i 行和第 j 列,余下的元素按原来的顺序构成的一个 $n-1$ 阶行列式,称为元素 a_{ij} 的余子式,记作 M_{ij};记 $A_{ij}=(-1)^{i+j}M_{ij}$,并称 A_{ij} 为元素 a_{ij} 的代数余子式.

定理 4.1.2 给定一个 n 阶行列式 $|a_{ij}|$,令 $1\leqslant i,t,j,s\leqslant n$

$$a_{i1}A_{t1}+a_{i2}A_{t2}+\cdots+a_{in}A_{tn}\equiv\sum_{j=1}^{n}a_{ij}A_{tj}=\begin{cases}|a_{ij}| & t=i\\ 0 & t\neq i\end{cases}\tag{4-1-6}$$

$$a_{1j}A_{1s}+a_{2j}A_{2s}+\cdots+a_{nj}A_{ns}\equiv\sum_{i=1}^{n}a_{ij}A_{is}=\begin{cases}|a_{ij}| & s=j\\ 0 & s\neq j\end{cases}\tag{4-1-7}$$

这个定理意味着 n 阶行列式 $|a_{ij}|$ 等于它的任意一行(列)的各元素与其代数余子式的乘积之和;n 阶行列式 $|a_{ij}|$ 的任意一行(列)的各元素与另一行(列)对应的各元素的代数余子式的乘积之和为零.

4.1.4 Cramer 法则

定理 4.1.3[Cramer(克莱姆)法则] 若一个含有 n 个未知量和 n 个方程的非齐次线性方程组

$$\begin{cases} a_{11}x_1+a_{12}x_2+\cdots+a_{1n}x_n=b_1\\ a_{21}x_1+a_{22}x_2+\cdots+a_{2n}x_n=b_2\\ \quad\cdots\cdots\\ a_{n1}x_1+a_{n2}x_2+\cdots+a_{nn}x_n=b_n \end{cases}\tag{4-1-8}$$

的系数矩阵 A 的行列式 $D=|A|\neq 0$,则这个方程组(4-1-8)有且仅有唯一解,这个唯一解可表示为

$$x_j=\frac{D_j}{D},\quad j=1,2,\cdots,n\tag{4-1-9}$$

其中 D_j 是把系数矩阵 $A=(\boldsymbol{\beta}_1\cdots\boldsymbol{\beta}_{j-1}\ \boldsymbol{\beta}_j\ \boldsymbol{\beta}_{j+1}\cdots\boldsymbol{\beta}_n)$ 的第 j 列 $\boldsymbol{\beta}_j$ 替换为向量 $\mathbf{b}$ 后得到的矩阵 $(\boldsymbol{\beta}_1\cdots\boldsymbol{\beta}_{j-1}\ \mathbf{b}\boldsymbol{\beta}_{j+1}\cdots\boldsymbol{\beta}_n)$ 的行列式,$\mathbf{b}=(b_1,b_2,\cdots,b_n)^T$ 是由方程组的常数项构成的列向量.

推论 4.1.4　若一个含有 n 个未知量和 n 个方程的齐次线性方程组

$$\begin{cases} a_{11}x_1 + a_{12}x_2 + \cdots + a_{1n}x_n = 0 \\ a_{21}x_1 + a_{22}x_2 + \cdots + a_{2n}x_n = 0 \\ \cdots\cdots \\ a_{n1}x_1 + a_{n2}x_2 + \cdots + a_{nn}x_n = 0 \end{cases} \tag{4-1-10}$$

的系数矩阵 A 的行列式 $|A| \neq 0$，则方程组(4-1-10)只有零解.

推论 4.1.5　若方程组(4-1-10)有非零解，则必有 $|A| = 0$.

定理 4.1.3 及其推论没有回答这个问题，即如果 $|A| = 0$，那么方程组(4-1-10)是否有非零解？我们在后面解决这个问题.

4.1.5　Laplace 定理

定义 4.1.3　令 $1 \leqslant k \leqslant n$，在 n 阶行列式 $|a_{ij}|$ 中，任意选定 k 行(行标号为 $i_1 i_2 \cdots i_k$)和 k 列(列标号为 $j_1 j_2 \cdots j_k$)，位于这 k 行和 k 列交叉处的 k^2 个元素按原来的顺序构成的一个 k 阶行列式，称为行列式 $|a_{ij}|$ 的 k 阶子式，记作 M_k. 在行列式 $|a_{ij}|$ 中，去掉 k 阶子式 M_k 所对应的行列式 $|a_{ij}|$ 的 k 行和 k 列，余下的元素按原来的顺序构成的一个 $n-k$ 阶行列式，称为 k 阶子式 M_k 的余子式，记作 N_k. 称 $A_k = (-1)^{(i_1+i_2+\cdots+i_k)+(j_1+j_2+\cdots+j_k)} N_k$ 为 k 阶子式 M_k 的代数余子式.

定理 4.1.6[Laplace(拉普拉斯)定理]　给定一个 n 阶行列式 $|a_{ij}|$，在其中任取 k 行($1 \leqslant k \leqslant n-1$)，则由这 k 行元素组成的行列式 $|a_{ij}|$ 的所有 k 阶子式(共有 C_n^k 个)与它们的代数余子式的乘积之和等于 n 阶行列式 $|a_{ij}|$，即

$$M_1 A_1 + M_2 A_2 + \cdots + M_t A_t \equiv \sum_{j=1}^{t} M_j A_j = |a_{ij}| \quad (t = C_n^k)$$

Laplace 定理给出了行列式按若干行(列)展开的公式，是对行列式按一行(列)展开法则的推广(当 $k=1$ 时，定理 4.1.4 退化为定理 4.1.2).

Laplace 定理的一个应用就是可用来证明两个方阵 A 和 B 乘积 AB 的行列式等于它们各自行列式 $|A|$ 和 $|B|$ 的乘积($|AB| = |A||B|$)；还可用来证明下面例 4.1.2 的结果.

例 4.1.2　设 A、B 分别是 m 阶和 n 阶的方阵，C 和 D 分别是 $n \times m$ 阶和 $m \times n$ 阶的矩阵. 则由 Laplace 定理可得

$$\begin{vmatrix} A & O \\ C & B \end{vmatrix} = \begin{vmatrix} A & D \\ O & B \end{vmatrix} = \begin{vmatrix} A & O \\ O & B \end{vmatrix} = |A||B|$$

$$\begin{vmatrix} O & A \\ B & C \end{vmatrix} = \begin{vmatrix} D & A \\ B & O \end{vmatrix} = \begin{vmatrix} O & A \\ B & O \end{vmatrix} = (-1)^{mn} |A||B|$$

4.1.6　几个特殊的行列式

例 4.1.3　Van dermonde(范得蒙)行列式

$$\begin{vmatrix} 1 & 1 & 1 & \cdots & 1 \\ a_1 & a_2 & a_3 & \cdots & a_n \\ a_1^2 & a_2^2 & a_3^2 & \cdots & a_n^2 \\ \vdots & \vdots & \vdots & \ddots & \vdots \\ a_1^{n-1} & a_2^{n-1} & a_3^{n-1} & \cdots & a_n^{n-1} \end{vmatrix} = \prod_{1 \leqslant j < i \leqslant n} (a_i - a_j)$$

例 4.1.4 （行列式表示的函数的导数）

$$\frac{\mathrm{d}}{\mathrm{d}t}\begin{vmatrix} a_{11}(t) & a_{12}(t) & \cdots & a_{1n}(t) \\ a_{21}(t) & a_{22}(t) & \cdots & a_{2n}(t) \\ \vdots & \vdots & \ddots & \vdots \\ a_{n1}(t) & a_{n2}(t) & \cdots & a_{nn}(t) \end{vmatrix} = \sum_{j=1}^{n} \begin{vmatrix} a_{11}(t) & \cdots & \frac{\mathrm{d}}{\mathrm{d}t}a_{1j}(t) & \cdots & a_{1n}(t) \\ a_{21}(t) & \cdots & \frac{\mathrm{d}}{\mathrm{d}t}a_{2j}(t) & \cdots & a_{2n}(t) \\ \vdots & \ddots & \vdots & \ddots & \vdots \\ a_{n1}(t) & \cdots & \frac{\mathrm{d}}{\mathrm{d}t}a_{nj}(t) & \cdots & a_{nn}(t) \end{vmatrix}$$

4.2 矩阵运算

4.2.1 矩阵的基本概念与记号

定义 4.2.1 m 行 n 列的矩阵形如

$$A = \begin{pmatrix} a_{11} & a_{12} & \cdots & a_{1n} \\ a_{21} & a_{22} & \cdots & a_{2n} \\ \vdots & \vdots & \ddots & \vdots \\ a_{m1} & a_{m2} & \cdots & a_{mn} \end{pmatrix} \tag{4-2-1}$$

$$A = \begin{bmatrix} a_{11} & a_{12} & \cdots & a_{1n} \\ a_{21} & a_{22} & \cdots & a_{2n} \\ \vdots & \vdots & \ddots & \vdots \\ a_{m1} & a_{m2} & \cdots & a_{mn} \end{bmatrix}$$

简记为 $A=(a_{ij})$ 或 $A=[a_{ij}]$. 当需要指明矩阵的行数和列数时，记作 $A_{m\times n}=(a_{ij})_{m\times n}$ 或 $A_{m\times n}=[a_{ij}]_{m\times n}$. a_{ij} 是矩阵 A 的第 i 行第 j 列的元素，$i=1,2,\cdots,m$，$j=1,2,\cdots,n$. 每个 a_{ij} 都是实数时，则称 A 是实矩阵；每个 a_{ij} 都是复数时，则称 A 是复矩阵. 元素全为零的矩阵称作零矩阵，记作 O 或 $O_{m\times n}$.

$A=(a_{ij})_{m\times n}$ 可看作由 m 个 n 维行向量 $\boldsymbol{\alpha}_i$ 构成，也可看作由 n 个 m 维列向量 $\boldsymbol{\beta}_j$ 构成，其中 $\boldsymbol{\alpha}_i=(a_{i1},a_{i2},\cdots,a_{in})$ 是矩阵 A 的第 i 行，$\boldsymbol{\beta}_j=(a_{1j},a_{2j},\cdots,a_{mj})^T$ 是矩阵 A 的第 j 列，$i=1,2,\cdots,m$，$j=1,2,\cdots,n$. 即

$$A=(a_{ij})_{m\times n}=\begin{pmatrix}\boldsymbol{\alpha}_1\\ \boldsymbol{\alpha}_2\\ \vdots\\ \boldsymbol{\alpha}_m\end{pmatrix}=(\boldsymbol{\beta}_1\quad\boldsymbol{\beta}_2\quad\cdots\quad\boldsymbol{\beta}_n)$$

定义 4.2.2　在给定一个矩阵 $A_{m\times n}$ 中，任取 k 行 k 列($k\leqslant m, k\leqslant n$)，位于这些行列交点处的 k^2 个元素所构成的 k 阶行列式叫做这个矩阵的一个 k 阶子式.

定义 4.2.3(矩阵的秩)　矩阵 $A=(a_{ij})_{m\times n}$ 的不等于零的子式的最大阶数叫做这个矩阵的秩，记作 $r(A)$；若一个矩阵 A 没有不等于零的子式，则认为 $r(A)=0$.

由定义 4.2.3，显然有 $r(A_{m\times n})\leqslant\min(m,n)$.

下面的定义描述了经济分析中一些重要类型的矩阵.

定义 4.2.4　称矩阵 $A_{m\times n}=(a_{ij})_{m\times n}$

(1) 是 n 阶方阵，若 $m=n$(n 阶方阵 A 的行列式记为 $|A|$ 或 $\det\mathbf{A}$)；

(2) 是行矩阵，若 $m=1$；

(3) 是列矩阵，若 $n=1$.

定义 4.2.5　称 n 阶矩阵 $A=(a_{ij})_{n\times n}$

(1) 是 n 阶对角矩阵，若 $a_{ij}=0$(对所有的 i 和 j，$i\neq j$)，即非对角元素均为零的方阵，记作 $\mathrm{diag}(a_{11},a_{22},\cdots,a_{nn})$；

(2) 是 n 阶单位矩阵，若 $a_{ij}=0$(对所有的 i 和 j，$i\neq j$)且 $a_{ii}=1$(对所有的 i)，即主对角线上的元素全为 1 而非主对角线上的元素全为 0 的 n 阶矩阵，记作 $I_{n\times n}$(或 I_n)，或 $E_{n\times n}$(或 E_n)；

(3) 是上三角矩阵，若 $a_{ij}=0$(对所有的 i 和 j，$i>j$)，即对角线下方的元素均为零的矩阵；

(4) 是下三角矩阵，若 $a_{ij}=0$(对所有的 i 和 j，$i<j$)，即对角线上方的元素均为零的矩阵；

(5) 是对称矩阵，若 $a_{ij}=a_{ji}$(对所有的 i 和 j)或 $A^T=A$；

(6) 是幂等矩阵，若 $A^2=A$；

(7) 是置换矩阵，若矩阵 A 的各行和各列都只有一个元素为 1，其余的元素均为 0；

(8) 是非奇异矩阵，若 $r(A)=n$(或对应的方程组 $A\mathbf{x}=\mathbf{b}$ 有且仅有一个解)；

(9) 是可逆的，若存在一个 n 阶矩阵 B 使得 $AB=BA=I$(并称矩阵 B 是矩阵 A 的逆阵，记作 A^{-1})；

(10) 是正交矩阵，若 A 是实矩阵且满足 $A^TA=AA^T=I$.

4.2.2　矩阵的基本运算及其性质

本小节介绍矩阵的转置运算、数乘矩阵运算、两个矩阵的和、差与积(矩阵的幂)的运算以及这些运算的基本性质.

1. 矩阵的基本运算

定义 4.2.6

(1) 称矩阵 $A^T\equiv(c_{ij})_{n\times m}$ 为矩阵 $A=(a_{ij})_{m\times n}$ 的转置,若 $c_{ij}=a_{ji}, i=1,2,\cdots,m, j=1,2,\cdots,n$①.

(2) 称矩阵 $kA\equiv(c_{ij})_{m\times n}$ 为实(或复)数 k 与矩阵 $A=(a_{ij})_{m\times n}$ 的乘积,这里 $c_{ij}=ka_{ij}, i=1,2,\cdots,m, j=1,2,\cdots,n$.

(3) 称 $A\pm B\equiv(c_{ij})_{m\times n}$ 是矩阵 $A=(a_{ij})_{m\times n}$ 和矩阵 $B=(b_{ij})_{m\times n}$ 的和与差,这里 $c_{ij}=a_{ij}\pm b_{ij}, i=1,2,\cdots,m, j=1,2,\cdots,n$.

(4) 称 $AB\equiv(c_{ij})_{m\times p}$ 是矩阵 $A=(a_{ij})_{m\times n}$ 和矩阵 $B=(b_{ij})_{n\times p}$ 的乘积,这里 $c_{ij}=a_{i1}b_{1j}+a_{i2}b_{2j}+\cdots+a_{in}b_{nj}, i=1,2,\cdots,m, j=1,2,\cdots,p$(只有 A 的列数等于 B 的行数时,乘积 AB 才有意义).

(5) 称 n 阶矩阵 A 和 B 是可交换的,若 $AB=BA$.

(6) 称 $A^k\equiv A^{k-1}A$ 是矩阵 A 的 k 次幂(规定 $A^0=I$), $k=2,3,\cdots,p$.

2. 矩阵的基本运算的性质

性质 4.2.1 给定矩阵 $A=(a_{ij})_{m\times n}, B=(b_{ij})_{m\times n}, C=(c_{ij})_{m\times n}, O_{m\times n}$,给定实数或复数 λ 和 μ,则矩阵加法运算满足:

(1) $A+B=B+A$;

(2) $(A+B)+C=A+(B+C)$;

(3) $A+O=O+A=A$;

(4) $(\lambda\mu)A=\lambda(\mu A)$;

(5) $\lambda(A+B)=\lambda A+\lambda B$;

(6) $(\lambda+\mu)A=\lambda A+\mu A$.

性质 4.2.2 假设下面的所有矩阵乘积均有意义,又给定实数或复数 λ,则矩阵乘法运算满足:

(1) $(AB)C=A(BC)$;

(2) $A_{m\times n}I_n=I_mA_{m\times n}=A_{m\times n}$;

(3) $A_{m\times n}O_{n\times k}=O_{m\times k}, O_{k\times m}A_{m\times n}=O_{k\times n}$;

(4) $\lambda(AB)=(\lambda A)B=A(\lambda B)$;

(5) $(A+B)C=AC+BC, A(B+C)=AB+AC$.

性质 4.2.3 假设下列矩阵运算有意义,又给定实数或复数 λ,则矩阵转置运

---

① 矩阵 A 的第 i 行元素恰好是 A^T 第 i 列元素;矩阵 A 的第 j 列元素恰好是 A^T 第 j 行元素.

算满足：

(1) $(A^T)^T=A$；

(2) $(A+B)^T=A^T+B^T$；

(3) $(\lambda A)^T=\lambda A^T$；

(4) $(AB)^T=B^TA^T,(A_1A_2\cdots A_m)^T=A_m^T\cdots A_2^TA_1^T$.

4.2.3　分块矩阵的基本运算及其性质

分块矩阵在处理高阶矩阵的运算时常常被用到. 在给定矩阵 $A=(a_{ij})_{m\times n}$ 的某些行和列之间加上一些横线和竖线，可把矩阵 A 分成若干个小块（小矩阵），以这些小块为元素可构成另一个矩阵，叫做分块矩阵，形式上有

$$A=(A_{ij})_{r\times s}\equiv \begin{array}{c} \\ m_1\\ m_2\\ \vdots\\ m_r\end{array}\begin{array}{c}\begin{matrix} n_1 & n_2 & \cdots & n_s\end{matrix}\\ \begin{pmatrix} A_{11} & A_{12} & \cdots & A_{1s}\\ A_{21} & A_{22} & \cdots & A_{2s}\\ \vdots & \vdots & \ddots & \vdots\\ A_{r1} & A_{r2} & \cdots & A_{rs}\end{pmatrix}\end{array} \tag{4-2-2}$$

这里 A_{ij} 是 m_i 行 n_j 列的矩阵，称作分块矩阵 A 的 i 行 j 列元素，$i=1,2,\cdots,r,j=1,2,\cdots,s$；$m_1+m_2+\cdots+m_r=m,n_1+n_2+\cdots+n_s=n$；$r$ 和 s 分别叫做分块矩阵的行数和列数，注意与原矩阵 A 的行数 m 和列数 n 的区别. 显然有 $r\leqslant m$ 和 $s\leqslant n$. 假设 A 是一个 n 阶方阵，形如

$$A=\begin{array}{c}\begin{matrix} n_1 & n_2 & \cdots & n_r\end{matrix}\\ \begin{pmatrix} A_1 & O & \cdots & O\\ O & A_2 & \cdots & O\\ \vdots & \vdots & \ddots & \vdots\\ O & O & \cdots & A_r\end{pmatrix}\end{array}\begin{array}{c} \\ n_1\\ n_2\\ \vdots\\ n_r\end{array}$$

的分块矩阵叫做准对角矩阵或分块对角矩阵，记作 $A=\mathrm{diag}(A_1,A_2,\cdots,A_r)$，这里 A_i 是 n_i 行 n_i 列的矩阵，$i=1,2,\cdots,r$.

类似地，可定义分块矩阵的转置运算、数乘分块矩阵运算；两个分块矩阵的和、差与积（矩阵的幂）的运算等.

给定分块矩阵 $A=(A_{ij})_{r\times s}$，称 $A^T=(C_{ij})_{s\times r}$ 为分块矩阵 A 的转置，这里 $C_{ij}=A_{ji}^T,i=1,2,\cdots,r,j=1,2,\cdots,s$. 分块矩阵 A 的第 i 行恰好是 A^T 第 i 列的转置；矩阵 A 的第 j 列恰好是 A^T 第 j 行的转置，如下所示：

$$A^T=(C_{ij})_{r\times s}\equiv \begin{array}{c} \\ n_1\\ n_2\\ \vdots\\ n_r\end{array}\begin{array}{c}\begin{matrix} m_1 & m_2 & \cdots & m_s\end{matrix}\\ \begin{pmatrix} A_{11}^T & A_{21}^T & \cdots & A_{r1}^T\\ A_{12}^T & A_{22}^T & \cdots & A_{r2}^T\\ \vdots & \vdots & \ddots & \vdots\\ A_{1s}^T & A_{21s}^T & \cdots & A_{rs}^T\end{pmatrix}\end{array} \tag{4-2-3}$$

设 k 是实数(或复数),数 k 与分块矩阵 $A=(A_{ij})_{r\times s}$ 的乘积定义为 $kA\equiv(C_{ij})_{m\times k}$,这里 $C_{ij}=kA_{ij}$,$i=1,2,\cdots,r$,$j=1,2,\cdots,s$.

再给定结构上与分块矩阵 $A=(A_{ij})_{r\times s}$ 完全相同的另一个分块矩阵 $B=(B_{ij})_{r\times s}$,这里 B_{ij} 是 m_i 行 n_j 列的矩阵,$i=1,2,\cdots,r$,$j=1,2,\cdots,s$;$m_1+m_2+\cdots+m_r=m$,$n_1+n_2+\cdots+n_s=n$.则这两个分块矩阵的加法定义为 $A+B\equiv(C_{ij})_{r\times s}$,这里 $C_{ij}=A_{ij}\pm B_{ij}$,$i=1,2,\cdots,r$,$j=1,2,\cdots,s$.

给定两个矩阵 $A=(a_{ij})_{m\times n}$ 和 $B=(b_{ij})_{n\times p}$,矩阵 A 的列的划分法与矩阵 B 的行的划分法相同,得到两个分块矩阵 $A=(A_{ij})_{r\times s}$ 和 $B=(B_{ij})_{s\times t}$;分块矩阵 A 如式(4-2-2)所示,分块矩阵 B 如下所示:

$$B=(B_{ij})_{s\times r}\equiv\begin{array}{c} \\ n_1 \\ n_2 \\ \vdots \\ n_s\end{array}\begin{array}{c}\begin{array}{cccc} p_1 & p_2 & \cdots & p_t\end{array}\\ \begin{pmatrix} B_{11} & B_{12} & \cdots & B_{1t} \\ B_{21} & B_{22} & \cdots & B_{2t} \\ \vdots & \vdots & \ddots & \vdots \\ B_{s1} & B_{s2} & \cdots & B_{st}\end{pmatrix}\end{array} \tag{4-2-4}$$

这里 $m_1+m_2+\cdots+m_r=m$,$n_1+n_2+\cdots+n_s=n$,$p_1+p_2+\cdots+p_t=p$,则两个分块矩阵 $A_{r\times s}$ 和 $B_{s\times t}$ 的乘积为 $AB\equiv(C_{ij})_{r\times t}$,这里 $C_{ij}=A_{i1}B_{1j}+A_{i2}B_{2j}+\cdots+A_{is}B_{sj}$,$i=1,2,\cdots,r$,$j=1,2,\cdots,t$.注意矩阵 A_{iq} 的列数和矩阵 B_{qj} 的行数相同,都是 n_q,$q=1,2,\cdots,s$.假设 A 是 n 阶矩阵,A 的行和列有相同的划分法,则 A 被划分后得到分块矩阵 $A=(A_{ij})_{r\times r}$.进而可计算分块矩阵 A 的 k 次幂记作 A^k,同样是指 k 个分块矩阵 A 的乘积.

注记 4.2.1 (1) 矩阵的乘法运算一般不满足交换律,即 $AB\neq BA$(即使 A 和 B 均为方阵);

(2) 若 $AB=O$,则未必有 $A=O$ 或 $B=O$ 成立;

(3) 若 $C^2=O$,则未必有 $C=O$.

例 4.2.1 设有行矩阵 $A_{1\times n}=(a_1,a_2,\cdots,a_n)$,列矩阵 $B_{n\times 1}=(b_1,b_2,\cdots,b_n)^T$,则 $A_{1\times n}B_{n\times 1}=(a_1b_1+a_2b_2+\cdots+a_nb_n)_{1\times 1}$;$B_{n\times 1}A_{1\times n}=(c_{ij})_{n\times n}$,其中 $c_{ij}=a_ib_j$,$i,j=1,2,\cdots,n$.

例 4.2.2 $(I-A)(I+A+A^2+\cdots+A^{m-1})=I-A^m$.

例 4.2.3 给定两个同阶的分块对角矩阵 A 和 B,它们有相同的分法,即 $A=\mathrm{diag}(A_1,A_2,\cdots,A_r)$,$B=\mathrm{diag}(B_1,B_2,\cdots,B_r)$,这里 A_i 和 B_i 都是 n_i 行 n_i 列的矩阵,$i=1,2,\cdots,r$.则 $A\pm B\equiv\mathrm{diag}(C_1,C_2,\cdots,C_r)_{r\times r}$,$AB\equiv(D_i)_{r\times r}$,这里 $C_i=A_i\pm B_i$,$D_i=A_iB_i$,$i=1,2,\cdots,r$.

4.2.4 矩阵的初等变换和初等矩阵

以下我们均假定 A 是任意的 $m\times n$ 矩阵.

定义 4.2.7 任意矩阵 A 的行(列)初等变换指的是对矩阵 A 施行的下列任一变换：

(1) 交换矩阵 A 的两行(列)；

(2) 矩阵 A 的某行(列)乘以一个不为零的数 k；

(3) 矩阵 A 的某行(列)乘以某数 k 后加到矩阵 A 的另一行(列)上.

这里k是实数或复数.矩阵A的行初等变换和列初等变换合称为矩阵A的初等变换.

定理 4.2.1 任意矩阵 A 经若干次初等变换后所得的新矩阵的秩与原矩阵 A 的秩相同.

注记 4.2.2 任意矩阵 A 的行(列)初等变换运算可通过给矩阵 A 左(右)乘以所谓的初等矩阵来完成(见下面的定义 4.2.8 和定理 4.2.2).

定义 4.2.8 由单位矩阵 E 经过一次初等变换得到的矩阵称为初等矩阵.假设 k 是实数或复数.初等矩阵包括三类,分别记作 E_{ij}、$E_i(k)$和 $E_{ij}(k)$,其中：

(1) E_{ij}是交换单位矩阵 I 的 i 行(或列)与 j 行(或列)所得到的矩阵；

(2) $E_i(k)$是单位矩阵 I 的 i 行(或列)乘以一个不为零的数 k 所得到的矩阵；

(3) $E_{ij}(k)$是单位矩阵 I 的 j 行(或 i 列)乘以数 k 后加到单位矩阵 I 的 i 行(或 j 列)所得到的矩阵.这个矩阵的主对角元素均为 1,i 行 j 列的元素为 k,其余的元素均为 0.

定理 4.2.2 $E_{ij}A(AE_{ij})$是交换矩阵 A 的 i 行(列)与 j 行(列)后所得到的新矩阵;$E_i(k)A(AE_i(k))$是矩阵 A 的 i 行(列)乘以一个不为零的数 k 后所得到的新矩阵;$E_{ij}(k)A(AE_{ij}(k))$是矩阵 A 的 j 行(i 列)乘以数 k 加到矩阵 A 的 i 行(j 列)后所得到的新矩阵.

定理 4.2.3 假设 $E_1,E_2,\cdots,E_{p+1},\cdots,E_{p+q}$都是初等矩阵,则

$$r(A)=r(E_1E_2\cdots E_pA)=r(AE_{p+1}E_{p+2}\cdots E_{p+q})=r(E_1E_2\cdots E_pAE_{p+1}E_{p+2}\cdots E_{p+q}).$$

即初等变换(初等矩阵)不改变矩阵的秩.

定理 4.2.4 假设 $r(A_{m\times n})=s$,则 $A_{m\times n}$经若干次初等行变换和第一种初等列变换后可化为如下矩阵(称作行标准型)

$$A_w=\begin{pmatrix} I_s & C_{s,n-s} \\ O_{m-s,s} & O_{m-s,n-s} \end{pmatrix}$$

类似地,$A_{m\times n}$经若干次初等列变换和第一种初等行变换后可化为如下矩阵(称作列标准型)

$$A_c=\begin{pmatrix} I_s & O_{n-s,s} \\ D_{m-s,s} & O_{m-s,n-s} \end{pmatrix}$$

定理 4.2.5 假设 $r(A_{m\times n})=s$,则 $A_{m\times n}$经若干次初等变换后可化为如下矩阵(称作标准型)

$$A_e=\begin{pmatrix} I_s & O_{s,n-s} \\ O_{m-s,s} & O_{m-s,n-s} \end{pmatrix}$$

即存在初等矩阵 $E_1,E_2,\cdots,E_{p+1},\cdots,E_{p+q}$ 使得 $E_1E_2\cdots E_pAE_{p+1}E_{p+2}\cdots E_{p+q}=A_e$. 因而存在可逆矩阵 P 和 Q 使得,$PAQ=A_e$.

4.2.5 矩阵的逆及其基本性质

定义 4.2.9 给定矩阵 $A=(a_{ij})_{n\times n}$,A_{ij} 是矩阵 A 中的元素 a_{ij} 的代数余子式,则称矩阵 $A^*=(b_{ij})_{n\times n}$ 是矩阵 A 的伴随矩阵,其中 $b_{ij}=A_{ji}$,$i,j=1,2,\cdots,n$.

由定理 4.1.2 可知 $AA^*=A^*A=|A|I$,从而有下面的定理.

定理 4.2.6 (1) n 阶矩阵 A 可逆的充要条件是 $|A|\neq 0$[或等价地 $r(\mathbf{A})=n$];

(2) 若矩阵 A 可逆,则有 $A^{-1}=|A|^{-1}A^*$;

(3) $(A^*)^*=|A|^{n-2}A$.

定理 4.2.7 初等矩阵是可逆的,且 $(E_{ij})^{-1}=E_{ij}$,$(E_i(k))^{-1}=E_i(k^{-1})$,$(E_{ij}(k))^{-1}=E_{ij}(-k)$.

定理 4.2.8 矩阵 A 可逆的充要条件是矩阵 A 能表示为若干个初等矩阵的乘积.

推论 4.2.9 (1) 可逆矩阵总可经一系列初等行变换化成单位矩阵;

(2) 假设矩阵 A 可逆且存在初等矩阵 $E_1,E_2,\cdots,E_p$ 使得 $E_1E_2\cdots E_pA=I$,则 $E_1E_2\cdots E_p(A\quad I)=(I\quad A^{-1})$.

推论 4.2.9 给出了求可逆矩阵的逆矩阵的另一个方法,即对分块矩阵 $(A\quad I)$ 进行一系列初等行变换,当其中的 A 化成 I 时,其中的 I 就化为 A^{-1}.

可逆矩阵有下面的性质:

性质 4.2.4 若矩阵 A 和 B 可逆,则 A^{-1}、A^T、kA 和 AB 均可逆,且有:

(1) 若 A 可逆,则 A^{-1} 也可逆且 $(A^{-1})^{-1}=A$;

(2) 若 A 可逆,则 A^T 也可逆且 $(A^T)^{-1}=(A^{-1})^T$;

(3) 若 A 可逆且 $k\neq 0$,则 kA 也可逆且 $(kA)^{-1}=k^{-1}A^{-1}$;

(4) 若 A 和 B 均可逆,则 AB 也可逆且 $(AB)^{-1}=B^{-1}A^{-1}$;

(5) 若 A 可逆且 $k\geqslant 2$ 是整数,则 A^k 也可逆且 $(A^k)^{-1}=(A^{-1})^k$;

(6) 若 A 可逆,则 A 经若干次初等变换后仍然可逆.

定理 4.2.10 若矩阵 A 和 B 可逆,则下面的分块矩阵也可逆,且有:

(1) $\begin{pmatrix} A & O \\ C & B \end{pmatrix}^{-1}=\begin{pmatrix} A^{-1} & O \\ -B^{-1}CA^{-1} & B^{-1} \end{pmatrix}$;

(2) $\begin{pmatrix} A & D \\ O & B \end{pmatrix}^{-1}=\begin{pmatrix} A^{-1} & -A^{-1}DB^{-1} \\ O & B^{-1} \end{pmatrix}$.

定理 4.2.11 若 $A_1,A_2,\cdots,A_r$ 均是可逆矩阵,则准对角矩阵 $\mathrm{diag}(A_1,A_2,\cdots,A_r)$ 也可逆,且 $[\mathrm{diag}(A_1,A_2,\cdots,A_r)]^{-1}=\mathrm{diag}(A_1^{-1},A_2^{-1},\cdots,A_r^{-1})$.

4.2.6　几个特殊方阵的行列式

性质 4.2.5　假设下面的所有矩阵都是 n 阶方阵，又给定实数或复数 λ，则：

(1) $|A^T|=|A|$；

(2) $|\lambda A|=\lambda^n|A|$；

(3) $|AB|=|A||B|$，更一般的有 $\left|\prod_{k=1}^{m}A_k\right|=\prod_{k=1}^{m}|A_k|$；

(4) $|A^{-1}|=1/|A|$（若矩阵 A 是可逆的）；

(5) $|A^*|=|A|^{n-1}$.

定理 4.2.12　设 A、B 分别是 m 阶和 n 阶的方阵，C 和 D 分别是 $n\times m$ 阶和 $m\times n$ 阶的矩阵. 则

$$\begin{vmatrix} A & O \\ C & B \end{vmatrix}=\begin{vmatrix} A & D \\ O & B \end{vmatrix}=\begin{vmatrix} A & O \\ O & B \end{vmatrix}=|A||B|$$

$$\begin{vmatrix} O & A \\ B & C \end{vmatrix}=\begin{vmatrix} D & A \\ B & O \end{vmatrix}=\begin{vmatrix} O & A \\ B & O \end{vmatrix}=(-1)^{mn}|A||B|$$

证明　见例 4.1.2.

定理 4.1.13　设 A、B、C 和 D 分别是 n 阶方阵，且 $|A|\neq 0$，$AC=CA$. 则

$$\begin{vmatrix} A & B \\ C & D \end{vmatrix}=|AD-CB|$$

4.2.7　分块矩阵的初等变换和初等矩阵

将分块矩阵的乘法与初等变换结合是矩阵运算（矩阵求逆、矩阵的行列式等）中极为重要的手段.

定义 4.2.10　给定两行和两列的分块矩阵

$$A=\begin{pmatrix} K_m & L_{m\times n} \\ M_{n\times m} & N_n \end{pmatrix}$$

分块矩阵 A 的初等行（列）变换指的是对分块矩阵 A 施行的下列任一种变换：

(1) 交换分块矩阵 A 的两行（列）；

(2) 分块矩阵 A 的某行（列）左（右）乘以一个可逆的方阵 Q；

(3) 分块矩阵 A 的某行（列）左（右）乘以某矩阵 Q 后加到分块矩阵 A 的另一行（列）.

分块矩阵 A 的行初等变换和列初等变换合称为分块矩阵 A 的初等变换. 这里假设所有的分块矩阵的运算有意义.

分块矩阵 $A=(A_{ij})_{2\times 2}$ 的行（列）初等变换运算可通过给分块矩阵 A 左（右）乘以所谓的分块矩阵的初等矩阵来完成（见下面的定义 4.2.11 和例 4.2.4）.

定义 4.2.11 由分块单位矩阵 $E=\mathrm{diag}(I_{11},I_{22})_{2\times 2}$ 经过一次分块矩阵的初等变换后得到的分块矩阵称为分块矩阵的初等矩阵. 假设 Q 是一个矩阵,下面所有的分块矩阵的运算有意义. 则分块矩阵的初等矩阵包括三类行初等矩阵[分别记作 R_{ij}、$R_i(Q)$ 和 $R_{ij}(Q)$]和三类列初等矩阵[分别记作 C_{ij}、$C_i(Q)$ 和 $C_{ij}(Q)$],其中:

(1) $R_{ij}(C_{ij})$ 是交换分块单位矩阵 E 的 i 行(或列)与 j 行(或列)所得到的分块矩阵($i,j=1,2$);

(2) $R_i(Q)[C_i(Q)]$ 是分块单位矩阵 E 的 i 行(或 i 列)左(右)乘以一个非零的矩阵 Q 所得到的分块矩阵($i=1,2$);

(3) $R_{ij}(Q)[C_{ij}(Q)]$ 是分块单位矩阵 E 的 j 行(或 i 列)左(右)乘以矩阵 Q 后加到分块单位矩阵 E 的 i 行(或 j 列)所得到的矩阵($i,j=1,2$).

例 4.2.4 给定分块单位矩阵 $E_{m,n}=\begin{pmatrix} E_m & O_{m\times n} \\ O_{n\times m} & E_n \end{pmatrix}$,那么

$$R_{12}=R_{21}=\begin{pmatrix} O_{n\times m} & E_n \\ E_m & O_{m\times n} \end{pmatrix},\quad C_{12}=C_{21}=\begin{pmatrix} O_{m\times n} & E_m \\ E_n & O_{n\times m} \end{pmatrix}$$

$$R_2(Q_n)=\begin{pmatrix} E_m & O_{m\times n} \\ Q_n O_{n\times m} & Q_n E_n \end{pmatrix}=\begin{pmatrix} E_m & O_{m\times n} \\ O_{n\times m} & Q_n \end{pmatrix}=C_2(Q_n)$$

$$R_{12}(Q_{m\times n})=\begin{pmatrix} E_m+Q_{m\times n}O_{n\times m} & O_{m\times n}+Q_{m\times n}E_n \\ O_{n\times m} & E_n \end{pmatrix}=\begin{pmatrix} E_m & Q_{m\times n} \\ O_{n\times m} & E_n \end{pmatrix}=C_{12}(Q_{m\times n})$$

与矩阵的初等变换与初等矩阵的关系一样,用分块矩阵的初等矩阵左(右)乘以一个分块矩阵,相当于给这个分块矩阵进行相应的分块矩阵的行(列)初等变换. 考虑对分块矩阵 $A=\begin{pmatrix} K_m & L_{m\times n} \\ M_{n\times m} & N_n \end{pmatrix}$ 分别施行三种分块矩阵的初等行变换,有

$$R_{12}\begin{pmatrix} K_m & L_{m\times n} \\ M_{n\times m} & N_n \end{pmatrix}=\begin{pmatrix} O_{n\times m} & E_n \\ E_m & O_{m\times n} \end{pmatrix}\begin{pmatrix} K_m & L_{m\times n} \\ M_{n\times m} & N_n \end{pmatrix}=\begin{pmatrix} M_{n\times m} & N_n \\ K_m & L_{m\times n} \end{pmatrix} \tag{4-2-5}$$

$$R_2(Q_n)\begin{pmatrix} K_m & L_{m\times n} \\ M_{n\times m} & N_n \end{pmatrix}=\begin{pmatrix} E_m & O_{m\times n} \\ O_{n\times m} & Q_n \end{pmatrix}\begin{pmatrix} K_m & L_{m\times n} \\ M_{n\times m} & N_n \end{pmatrix}=\begin{pmatrix} K_m & L_{m\times n} \\ Q_n M_{n\times m} & Q_n N_n \end{pmatrix} \tag{4-2-6}$$

$$R_{12}(Q_{m\times n})A=\begin{pmatrix} E_m & Q_{m\times n} \\ O_{n\times m} & E_n \end{pmatrix}\begin{pmatrix} K_m & L_{m\times n} \\ M_{n\times m} & N_n \end{pmatrix}=\begin{pmatrix} K_m+Q_{m\times n}M_{n\times m} & L_{m\times n}+Q_{m\times n}N_n \\ M_{n\times m} & N_n \end{pmatrix} \tag{4-2-7}$$

在式(4-2-7)中,若能适当选择 $Q_{m\times n}$ 使 $L_{m\times n}+Q_{m\times n}N_n=O_{m\times n}$(如矩阵 N_n 可逆时,可选择 $Q_{m\times n}=-L_{m\times n}N_n^{-1}$),则这个式子变为

$$R_{12}(Q_{m\times n})A=\begin{pmatrix} K_m+Q_{m\times n}M_{n\times m} & O_{m\times n} \\ M_{n\times m} & N_n \end{pmatrix}$$

这种形状的分块矩阵在求行列式、逆矩阵等方面是比较方便的. 因此式(4-2-7)中的运算非常重要.

例 4.2.5　给定分块矩阵 $A=\begin{pmatrix} K_m & L_{m\times n} \\ O_{n\times m} & N_n \end{pmatrix}$,假设 K 和 N 均可逆,试证明分块矩阵 A 可逆,并求 A^{-1}.

解　对分块矩阵 A 施行分块矩阵的第三种初等行变换,则相当于用一个第三种行初等矩阵 $R_{12}(-L_{m\times n}N_n^{-1})$ 左乘以分块矩阵 A

$$R_{12}(-L_{m\times n}N_n^{-1})A=\begin{pmatrix} E_m & -L_{m\times n}N_n^{-1} \\ O_{n\times m} & E_n \end{pmatrix}\begin{pmatrix} K_m & L_{m\times n} \\ O_{n\times m} & N_n \end{pmatrix}=\begin{pmatrix} K_m & O_{m\times n} \\ O_{n\times m} & N_n \end{pmatrix}$$

因此分块矩阵 A 可逆,且

$$A^{-1}=\begin{pmatrix} K_m^{-1} & O_{m\times n} \\ O_{n\times m} & N_n^{-1} \end{pmatrix}\begin{pmatrix} E_m & -L_{m\times n}N_n^{-1} \\ O_{n\times m} & E_n \end{pmatrix}=\begin{pmatrix} K_m^{-1} & -K_m^{-1}L_{m\times n}N_n^{-1} \\ O_{n\times m} & N_n^{-1} \end{pmatrix}$$

例 4.2.6　给定分块矩阵 $B=\begin{pmatrix} K_m & L_{m\times n} \\ M_{n\times m} & N_n \end{pmatrix}$,假设 B 和 K_m 均可逆,试证明 $N_n-M_{n\times m}K_m^{-1}L_{m\times n}$ 可逆,并求 B^{-1}.

解　由于 $R_{21}(-M_{n\times m}K_m^{-1})B=\begin{pmatrix} K_m & L_{m\times n} \\ O_{n\times m} & N_n-M_{n\times m}K_m^{-1}L_{m\times n} \end{pmatrix}$及此式左端是可逆的,因此右端也是可逆的,因此 $N_n-M_{n\times m}K_m^{-1}L_{m\times n}$ 可逆. 再由例 4.2.5 知

$$\begin{aligned}
B^{-1}&=\begin{pmatrix} K_m & L_{m\times n} \\ O_{n\times m} & N_n-M_{n\times m}K_m^{-1}L_{m\times n} \end{pmatrix}^{-1}R_{21}(-M_{n\times m}K_m^{-1})\\
&=\begin{pmatrix} K_m^{-1} & -K_m^{-1}L_{m\times n}(N_n-M_{n\times m}K_m^{-1}L_{m\times n})^{-1} \\ O_{n\times m} & (N_n-M_{n\times m}K_m^{-1}L_{m\times n})^{-1} \end{pmatrix}R_{21}(-M_{n\times m}K_m^{-1})\\
&=\begin{pmatrix} K_m^{-1}+K_m^{-1}L_{m\times n}(N_n-M_{n\times m}K_m^{-1}L_{m\times n})^{-1}M_{n\times m}K_m^{-1} & -K_m^{-1}L_{m\times n}(N_n-M_{n\times m}K_m^{-1}L_{m\times n})^{-1} \\ -(N_n-M_{n\times m}K_m^{-1}L_{m\times n})^{-1}M_{n\times m}K_m^{-1} & (N_n-M_{n\times m}K_m^{-1}L_{m\times n})^{-1} \end{pmatrix}\\
&=\begin{pmatrix} K^{-1}+K^{-1}L(N-MK^{-1}L)^{-1}MK^{-1} & -K^{-1}L(N-MK^{-1}L)^{-1} \\ -(N-MK^{-1}L)^{-1}MK^{-1} & (N-MK^{-1}L)^{-1} \end{pmatrix}
\end{aligned}$$

这里最后一个式子中省略了矩阵的行列数.

例 4.2.7　已知 $A=(a_{ij})_{n\times n}$, $B=(b_{ij})_{n\times n}$,证明行列式乘积公式 $|AB|=|A||B|$.

证明　构造分块矩阵乘法

$$\begin{pmatrix} E_n & O \\ A & E_n \end{pmatrix}\begin{pmatrix} B & -E_n \\ O & A \end{pmatrix}=\begin{pmatrix} B & -E_n \\ AB & O \end{pmatrix} \tag{4-2-8}$$

考虑由 $2n$ 阶单位矩阵 E_{2n} 经第三种初等行变换得到的初等矩阵 $E_{n+i,j}(a_{ij})$（表示将单位矩阵 E_{2n} 的第 j 行的 a_{ij} 倍加到 $n+i$ 行后得到的矩阵），则有

$$\prod_{i=1}^{n}\prod_{j=1}^{n}E_{n+i,j}(a_{ij})=\prod_{i=1}^{n}\prod_{j=1}^{n}E_{n+i,j}(a_{ij})E_{2n}=\begin{pmatrix}E_n & O\\ A & E_n\end{pmatrix}$$

由于第三种初等行变换不改变行列式的值，因此根据拉普拉斯定理 4.1.6，式(4-2-8)的左侧为

$$\left|\begin{pmatrix}E_n & O\\ A & E_n\end{pmatrix}\begin{pmatrix}B & -E\\ O & A\end{pmatrix}\right|=\left|\prod_{i=1}^{n}\prod_{j=1}^{n}E_{n+i,j}(a_{ij})\begin{pmatrix}B & -E\\ O & A\end{pmatrix}\right|=\begin{vmatrix}B & -E\\ O & A\end{vmatrix}=|A||B|$$

而式(4-2-8)的右侧为 $(-1)^{n\times n}|-E||AB|=(-1)^{n(n+1)}|AB|=|AB|$.

4.3 线性方程组

4.3.1 线性方程组有解的判别定理

定义 4.3.1 一个一般的非齐次线性方程组形如

$$\begin{cases}a_{11}x_1+a_{12}x_2+\cdots+a_{1n}x_n=b_1\\ a_{21}x_1+a_{22}x_2+\cdots+a_{2n}x_n=b_2\\ \quad\cdots\cdots\\ a_{m1}x_1+a_{m2}x_2+\cdots+a_{mn}x_n=b_m\end{cases}\tag{4-3-1}$$

这里 $b_1,b_2,\cdots,b_n$ 不全为零. 这个线性方程组可用矩阵乘法表示为

$$A\mathbf{x}=\mathbf{b}\tag{4-3-2}$$

其中由这个线性方程组的 n 个未知量的系数构成的矩阵 A 称作这个线性方程组的系数矩阵，给系数矩阵 A 增加第 $n+1$ 列 $\mathbf{b}$ 后得到的矩阵 $\overline{A}=(A\quad \mathbf{b})$ 叫做这个线性方程组的增广矩阵，这里

$$A=\begin{pmatrix}a_{11} & a_{12} & \cdots & a_{1n}\\ a_{21} & a_{22} & \cdots & a_{2n}\\ \vdots & \vdots & \ddots & \vdots\\ a_{m1} & a_{m2} & \cdots & a_{mn}\end{pmatrix}$$

$$\mathbf{x}=\begin{pmatrix}x_1\\ x_2\\ \vdots\\ x_n\end{pmatrix}=(x_1,x_2,\cdots,x_n)^T$$

$$\mathbf{b}=\begin{pmatrix}b_1\\ b_2\\ \vdots\\ b_n\end{pmatrix}=(b_1,b_2,\cdots,b_n)^T\in\mathbf{R}^n$$

线性方程组(4-3-1)对应的齐次线性方程组为

$$A\mathbf{x}=\mathbf{0} \tag{4-3-3}$$

解线性方程组(4-3-1)最基础的方法是消元法，这相当于对方程组施行下面定义 4.3.2 描述的三种初等变换.

定义 4.3.2　线性方程组(4-3-1)的初等变换是指对这个线性方程组施行下面的任一变换：

(1) 交换任两个方程的位置；

(2) 用一个不等于零的数乘以某个方程；

(3) 用一个数乘某个方程后加到另一个方程.

定理 4.3.1　线性方程组(4-3-1)的初等变换把这个线性方程组变为一个与它同解的线性方程组.

注记 4.3.1　对线性方程组(4-3-1)施行一个初等行变换，相当于对它的增广矩阵施行一个对应的初等行变换；而化简线性方程组相当于用行初等变换化简它的增广矩阵.

为了研究方程组(4-3-1)的解的情况，还需要对方程组(4-3-1)施行第一种列初等变换，这相当于交换方程组中某两个未知量的位置.

定理 4.3.2(线性方程组有解判别定理)　线性方程组(4-3-1)有解的充要条件是系数矩阵的秩等于增广矩阵的秩，即 $r(A)=r(A\ \mathbf{b})$.

定理 4.3.3　假设含有 m 个方程 n 个未知量的线性方程组(4-3-1)系数矩阵和增广矩阵有相同的秩 $r(A)=r(A\ \mathbf{b})=s$，则：

(1) 当 $s=n$(未知量的个数)时，方程组有唯一解；

(2) 当 $s<n$(未知量的个数)时，方程组有无穷多解.

把定理用于相应的齐次线性方程组 $A\mathbf{x}=\mathbf{0}$，可得到下面的推论：

推论 4.3.4　含有 m 个方程 n 个未知量的齐次线性方程组 $A\mathbf{x}=\mathbf{0}$ 有非零解的充要条件是 $r(A)<n$(未知量的个数).

推论 4.3.5　含有 n 个方程 n 个未知量的齐次线性方程组 $A\mathbf{x}=\mathbf{0}$ 有非零解的充要条件是 $r(A)<n(|A|=0)$；或等价地，$A\mathbf{x}=\mathbf{0}$ 只有零解的充要条件是 $r(A)=n(|A|\neq 0)$.

推论 4.3.6　若含有 m 个方程 n 个未知量的齐次线性方程组 $A\mathbf{x}=\mathbf{0}$ 的方程的个数 m 小于未知量的个数 n，则这个方程组一定有非零解.

4.3.2　齐次线性方程组的通解结构

定义 4.3.3　若 n 维向量 $\boldsymbol{\eta}$ 满足 $A\boldsymbol{\eta}=0$，则称 $\boldsymbol{\eta}$ 是齐次线性方程组 $A\mathbf{x}=0$ 的一个解向量.

性质 4.3.1　若 $\boldsymbol{\eta}_1$ 和 $\boldsymbol{\eta}_2$ 是齐次线性方程组 $A\mathbf{x}=\mathbf{0}$ 的解向量，k_1 和 k_2 是任意

两个实数，则 $k_1\boldsymbol{\eta}_1+k_2\boldsymbol{\eta}_2$ 也是它的解向量.

定义 4.3.4 称向量组 $\boldsymbol{\eta}_1,\boldsymbol{\eta}_2,\cdots,\boldsymbol{\eta}_r$ 是齐次线性方程组 $A\mathbf{x}=\mathbf{0}$ 的一个基础解系，若：

(1) $\boldsymbol{\eta}_1,\boldsymbol{\eta}_2,\cdots,\boldsymbol{\eta}_r$ 是 $A\mathbf{x}=\mathbf{0}$ 的解向量；

(2) 向量组 $\boldsymbol{\eta}_1,\boldsymbol{\eta}_2,\cdots,\boldsymbol{\eta}_r$ 是线性无关的[①]；

(3) $A\mathbf{x}=\mathbf{0}$ 的任意一个解可由向量组 $\boldsymbol{\eta}_1,\boldsymbol{\eta}_2,\cdots,\boldsymbol{\eta}_r$ 线性表示.

定理 4.3.7(通解结构定理) 若 $r(A)=s<n$，则：

(1) $A\mathbf{x}=\mathbf{0}$ 有基础解系，且基础解系含有 $n-s$ 个解向量；

(2) $A\mathbf{x}=\mathbf{0}$ 任意一个解向量 $\boldsymbol{\eta}$ 可表示为

$$\boldsymbol{\eta}=k_1\boldsymbol{\eta}_1+k_2\boldsymbol{\eta}_2+\cdots+k_{n-s}\boldsymbol{\eta}_{n-s} \tag{4-3-4}$$

这里 $\boldsymbol{\eta}_1,\cdots,\boldsymbol{\eta}_{n-s}$ 是 $A\mathbf{x}=\mathbf{0}$ 的一个基础解系，$k_1,k_2,\cdots,k_{n-s}$ 是任意实数.

推论 4.3.8 若 $r(A)=s$，则 $A\mathbf{x}=\mathbf{0}$ 的任意 $n-s$ 个线性无关的解向量都是 $A\mathbf{x}=\mathbf{0}$ 的基础解系.

以后把式(4-3-4)称为 $A\mathbf{x}=\mathbf{0}$ 的通解.

下面给出 $A\mathbf{x}=\mathbf{0}$ 的基础解系的一种求法. 由定理 4.2.4，通过行初等变换和第一种列初等变换能把系数矩阵 A 化为

$$B=\begin{pmatrix} I_s & C_{s,n-s} \\ O_{m-s,s} & O_{m-s,n-s} \end{pmatrix}$$

而原方程组 $A\mathbf{x}=\mathbf{0}$ 对应地转化为

$$\begin{cases} x_{i_1} \qquad\qquad + c_{1,s+1}x_{i_{s+1}}+\cdots+c_{1n}x_{i_n}=0 \\ \qquad x_{i_2} \qquad + c_{2,s+1}x_{i_{s+1}}+\cdots+c_{2n}x_{i_n}=0 \\ \qquad\qquad \cdots\cdots \\ \qquad\qquad +x_{i_s}+c_{s,s+1}x_{i_{s+1}}+\cdots+c_{2n}x_{i_n}=0 \end{cases} \tag{4-3-5}$$

式(4-3-5)中的未知量 $x_{i_{s+1}},x_{i_{s+2}},\cdots,x_{i_n}$ 称作自由未知量. 在式(4-3-5)中，给自由未知量 $x_{i_{s+1}},x_{i_{s+2}},\cdots,x_{i_n}$ 分别取 $n-s$ 个 $n-s$ 维的向量

$$(1,0,\cdots,0),\quad (0,1,\cdots,0),\quad (0,0,\cdots,1)$$

来取代自由未知量，就得到方程组(4-3-5)——也就是方程组(4-3-3)的 $n-s$ 个解向量，可以证明它们就是方程组(4-3-3)的一个基础解系.

4.3.3 非齐次线性方程组的通解结构

性质 4.3.2 若 $\boldsymbol{\gamma}_1$ 和 $\boldsymbol{\gamma}_2$ 是 $A\mathbf{x}=\mathbf{b}$ 的两个解向量，则 $\boldsymbol{\gamma}_1-\boldsymbol{\gamma}_2$ 是 $A\mathbf{x}=\mathbf{0}$ 的一个解向量.

---

① 向量组线性无关的概念在 4.4.3 小节中介绍.

性质 4.3.3　若 $\boldsymbol{\gamma}_0$ 是 $A\mathbf{x}=\mathbf{b}$ 的一个解向量、$\boldsymbol{\eta}$ 是 $A\mathbf{x}=\mathbf{0}$ 的一个解向量，则 $\boldsymbol{\gamma}_0+\boldsymbol{\eta}$ 是 $A\mathbf{x}=\mathbf{b}$ 的一个解向量.

由定理 4.3.7 和性质 4.3.2，可得 $A\mathbf{x}=\mathbf{b}$ 的解的结构定理.

定理 4.3.9(通解结构定理)　若 $A\mathbf{x}=\mathbf{b}$ 满足 $r(A)=r(A\quad \mathbf{b})=s$，$\boldsymbol{\gamma}_0$ 是 $A\mathbf{x}=\mathbf{b}$ 的一个解向量，$\boldsymbol{\eta}_1,\boldsymbol{\eta}_2,\cdots,\boldsymbol{\eta}_{n-s}$ 是 $A\mathbf{x}=\mathbf{0}$ 的一个基础解系，则 $A\mathbf{x}=\mathbf{b}$ 的任意一个解向量 $\boldsymbol{\gamma}$ 可表示为

$$\boldsymbol{\gamma}=\boldsymbol{\gamma}_0+k_1\boldsymbol{\eta}_1+k_2\boldsymbol{\eta}_2+\cdots+k_{n-s}\boldsymbol{\eta}_{n-s} \tag{4-3-6}$$

这里 $k_1,k_2,\cdots,k_{n-s}$ 是任意实数.

把定理 4.3.9 中的 $\boldsymbol{\gamma}_0$ 称为 $A\mathbf{x}=\mathbf{b}$ 的特解，式(4-3-6)中的 $\boldsymbol{\gamma}$ 称为 $A\mathbf{x}=\mathbf{b}$ 的通解. 因此，$A\mathbf{x}=\mathbf{b}$ 的通解等于它自己的一个特解加上对应的齐次线性方程组 $A\mathbf{x}=\mathbf{0}$ 的通解.

4.4　实向量空间

4.4.1　一般实向量空间

定义 4.4.1　给定一个非空集合 $\mathbf{V}$，在 $\mathbf{V}$ 中定义一个加法和一个纯量乘法运算(称为线性运算). 称集合 $\mathbf{V}$ 对线性运算是封闭的，若对任意 $\mathbf{x},\mathbf{y}\in\mathbf{V}$ 有 $\mathbf{x}+\mathbf{y}\in\mathbf{V}$，对任意 $\mathbf{x}\in\mathbf{V}$ 和 $\alpha\in R$ 有 $\alpha\mathbf{x}\in\mathbf{V}$.

定义 4.4.2(线性空间或向量空间)　给定一个非空集合 $\mathbf{V}$，在 $\mathbf{V}$ 中定义一个加法和一个纯量乘法运算(线性运算). 若集合 $\mathbf{V}$ 对线性运算是封闭的，且对任意 $\alpha,\beta\in R$，任意 $\mathbf{x},\mathbf{y},\mathbf{z}\in\mathbf{V}$ 满足下面八条性质：

(L-1) 结合律 $\mathbf{x}+(\mathbf{y}+\mathbf{z})=(\mathbf{x}+\mathbf{y})+\mathbf{z}$；

(L-2) 交换律 $\mathbf{x}+\mathbf{y}=\mathbf{y}+\mathbf{x}$；

(L-3) 一个称作 0 的元素使得 $\mathbf{x}+0=0+\mathbf{x}=\mathbf{x}$；

(L-4) 对任意 $\mathbf{x}\in\mathbf{V}$，存在一个元素 $-\mathbf{x}$ 使 $\mathbf{x}+(-\mathbf{x})=0$；

(L-5) 结合律 $\alpha(\beta\mathbf{x})=(\alpha\beta)\mathbf{x}$；

(L-6) 分配律 $\alpha(\mathbf{x}+\mathbf{y})=\alpha\mathbf{x}+\alpha\mathbf{y}$；

(L-7) 分配律 $(\alpha+\beta)\mathbf{x}=\alpha\mathbf{x}+\beta\mathbf{x}$；

(L-8) $1\mathbf{x}=\mathbf{x}$.

则称 $\mathbf{V}$ 是(实)线性空间或(实)向量空间①，$\mathbf{V}$ 中的元素称作向量.

注记 4.4.1　向量空间(或线性空间)$\mathbf{V}$ 中的元素(或向量)可以形如$(x_1,x_2,\cdots,x_n)$或$(x_1,x_2,\cdots,x_n)^T(x_i\in R,i=1,2,\cdots,n)$，也可以是矩阵、多项式或函数等.

① 当定义中的 α 和 β 是复数时，称 $\mathbf{V}$ 是复线性空间.

4.4.2　向量空间 $\mathbf{R}^n$

定义 4.4.3　令集合 $\mathbf{R}^n=\{(x_1,x_2,\cdots,x_n)\mid x_i\in R,i=1,2,\cdots,n\}$. 对任意 $\mathbf{x}=(x_1,x_2,\cdots,x_n)$, $\mathbf{y}=(y_1,y_2,\cdots,y_n)\in\mathbf{R}^n$ 和 $\alpha\in R$, 在 $\mathbf{R}^n$ 上定义一个加法和一个纯量乘法运算如下

$$\mathbf{x}+\mathbf{y}=(x_1+y_1,\cdots,x_n+y_n),\quad \alpha\mathbf{x}=(\alpha x_1,\cdots,\alpha x_n)\tag{4-4-1}$$

则容易验证集合 $\mathbf{R}^n$ 满足定义 4.4.2, 因此 $\mathbf{R}^n$ 是一个向量空间, 称作 n 维实向量空间. 集合 $\mathbf{R}^n$ 中的元素 $\mathbf{x}=(x_1,x_2,\cdots,x_n)$ 叫做一个 n 维(行)向量, 其中 x_i 叫做向量 $\mathbf{x}$ 的第 i 个分量, $i=1,2,\cdots,n$. 所有分量为 0 的向量称作零向量, 记作 $\mathbf{0}$.

图 4.4.1 给出了 $\mathbf{R}^2$ 中向量加法和纯量乘法运算的几何解释.

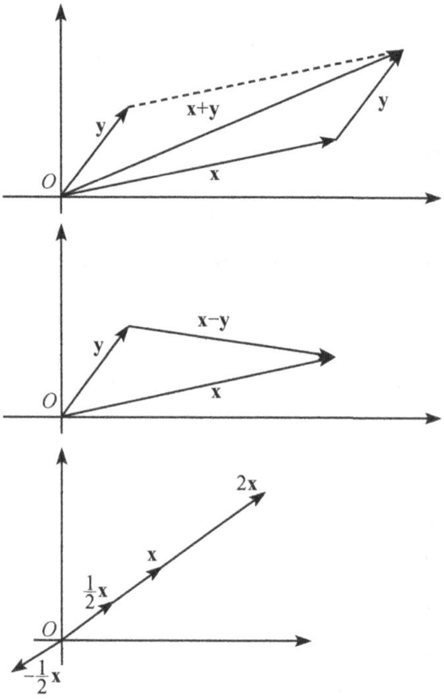

图 4.4.1　$\mathbf{R}^2$ 中向量加法和纯量乘法运算

注记 4.4.2　平面 $\mathbf{R}^2$ 上的点 $A(x_1,x_2)$ 和向量或向径 $\overrightarrow{OA}=(x_1,x_2)$ 具有一一对应关系(类似的对应关系对 $\mathbf{R}^n$ 也成立); (x_1,x_2) 是向量的代数表示, 从原点出发的射线 $\overrightarrow{OA}$ 是向量的几何表示(这种描述对 $\mathbf{R}^n$ 也成立).

注记 4.4.3　若将 $\mathbf{R}^n$ 中的每个向量 $\mathbf{x}=(x_1,x_2,\cdots,x_n)$ 的各个分量依次从上到下竖排, 并记作

$$\mathbf{x}=\begin{pmatrix}x_1\\x_2\\\vdots\\x_n\end{pmatrix}=(x_1,x_2,\cdots,x_n)^T$$

即有 $\mathbf{R}^n=\{(x_1,x_2,\cdots,x_n)^T\mid x_i\in R,i=1,2,\cdots,n\}$，并对 $\mathbf{R}^n$ 中的元素做类似于定义 4.4.3 规定的加法和纯量乘法运算，则容易验证集合 $\mathbf{R}^n$ 满足定义 4.4.2，因此 $\mathbf{R}^n$ 还是一个向量空间. 集合 $\mathbf{R}^n$ 中的元素 $(x_1,x_2,\cdots,x_n)^T$ 叫做一个 n 维列向量，其中 x_i 叫做向量 $\mathbf{x}$ 的第 i 个分量(或坐标)，$i=1,2,\cdots,n$.

任意给定两个向量 $\mathbf{x}=(x_1,x_2,\cdots,x_n)$ 和 $\mathbf{y}=(y_1,y_2,\cdots,y_n)\in\mathbf{R}^n$，做如下规定：

$\mathbf{x}=\mathbf{y}$ 指 $x_i=y_i,i=1,2,\cdots,n$.

$\mathbf{x}\neq\mathbf{y}$ 指至少存在一个 i 使得 $x_i\neq y_i$.

$\mathbf{x}\geqslant\mathbf{y}$ 指 $x_i\geqslant y_i,i=1,2,\cdots,n$①.

$\mathbf{x}>\mathbf{y}$ 指 $\mathbf{x}\geqslant\mathbf{y}$ 且 $\mathbf{x}\neq\mathbf{y}$(即 $x_i\geqslant y_i,i=1,2,\cdots,n$，且存在一个 j 使得 $x_j\neq y_j$).

$\mathbf{x}\gg\mathbf{y}$ 指 $x_i>y_i,i=1,2,\cdots,n$.

$\mathbf{R}^n$ 的非负象限和严格正象限，分别记作 $\mathbf{R}^n_+$ 和 $\mathbf{R}^n_{++}$，定义为

$$\mathbf{R}^n_+=\{\mathbf{x}\in\mathbf{R}^n\mid\mathbf{x}\geqslant 0\}$$

和

$$\mathbf{R}^n_{++}=\{\mathbf{x}\in\mathbf{R}^n\mid\mathbf{x}\gg 0\}$$

下面几节里介绍一般向量空间中向量的线性相关性、向量组的秩、子空间等有关概念、性质和结论. 显然所有这些概念、性质和结论对 n 维实向量空间 $\mathbf{R}^n$ 都适用.

4.4.3　向量组的线性相关性与向量组的秩

定义 4.4.4(向量的线性组合、线性表示)　设 $\mathbf{v}_1,\mathbf{v}_2,\cdots,\mathbf{v}_s$ 是向量空间 $\mathbf{V}$ 中的 s 个向量，$\lambda_1,\lambda_2,\cdots,\lambda_s$ 是 s 个实数，我们把和 $\lambda_1\mathbf{v}_1+\lambda_2\mathbf{v}_2+\cdots+\lambda_s\mathbf{v}_s$ 叫做向量 $\mathbf{v}_1,\mathbf{v}_2,\cdots,\mathbf{v}_s$ 的一个线性组合. 若向量空间 $\mathbf{V}$ 中的某个向量 $\mathbf{v}$ 可以表示为向量 $\mathbf{v}_1,\mathbf{v}_2,\cdots,\mathbf{v}_s$ 的一个线性组合，我们也说 $\mathbf{v}$ 可由向量 $\mathbf{v}_1,\mathbf{v}_2,\cdots,\mathbf{v}_s$ 线性表示.

定义 4.4.5(向量组的线性相关与线性无关性)　设 $\mathbf{v}_1,\mathbf{v}_2,\cdots,\mathbf{v}_s$ 是向量空间 $\mathbf{V}$ 中的 s 个向量，若存在不全为零的 s 个实数 $\lambda_1,\lambda_2,\cdots,\lambda_s$，使得 $\lambda_1\mathbf{v}_1+\lambda_2\mathbf{v}_2+\cdots+\lambda_s\mathbf{v}_s=\mathbf{0}$，则称向量组 $\mathbf{v}_1,\mathbf{v}_2,\cdots,\mathbf{v}_s$ 是线性相关的. 不线性相关的向量组 $\mathbf{v}_1,\mathbf{v}_2,\cdots,\mathbf{v}_s$

---

① 注意 $\mathbf{x}\geqslant\mathbf{y}$ 并不排除 $\mathbf{x}=\mathbf{y}$ 这一可能性.

称作是线性无关的；或等价地，若 s 个实数 $\lambda_1,\lambda_2,\cdots,\lambda_s$ 使得 $\lambda_1\mathbf{v}_1+\lambda_2\mathbf{v}_2+\cdots+\lambda_s\mathbf{v}_s=\mathbf{0}$ 成立，则总有 $\lambda_1=\lambda_2=\cdots=\lambda_s=0$，则称向量组 $\mathbf{v}_1,\mathbf{v}_2,\cdots,\mathbf{v}_s$ 是线性无关的[①].

定义 4.4.6（向量组等价） 设 $\{\mathbf{v}_1,\mathbf{v}_2,\cdots,\mathbf{v}_s\}$ 和 $\{\mathbf{u}_1,\mathbf{u}_2,\cdots,\mathbf{u}_t\}$ 是向量空间 $\mathbf{V}$ 中的两个向量组. 若每个 $\mathbf{v}_i$ 可由 $\mathbf{u}_1,\mathbf{u}_2,\cdots,\mathbf{u}_s$ 线性表示，则称 $\{\mathbf{v}_1,\mathbf{v}_2,\cdots,\mathbf{v}_s\}$ 可由 $\{\mathbf{u}_1,\mathbf{u}_2,\cdots,\mathbf{u}_t\}$ 线性表示；若两个向量组互相可以线性表示，则称这两个向量组等价.

注记 4.4.4 定义 4.4.6 中的 s 和 t 未必相等. 向量组等价的概念具有反身性（每个向量组与它自己是等价的）、对称性（若向量组 $\mathbf{V}$ 与向量组 $\mathbf{U}$ 等价，则向量组 $\mathbf{U}$ 与向量组 $\mathbf{V}$ 等价）和传递性（若向量组 $\mathbf{V}$ 与向量组 $\mathbf{U}$ 等价，而向量组 $\mathbf{U}$ 与向量组 $\mathbf{W}$ 等价，则向量组 $\mathbf{V}$ 与向量组 $\mathbf{W}$ 等价）.

下面的定理 4.4.1 总结了向量的线性相关性和线性无关性中常见的一些结论，这些结论可直接从定义 4.4.4 和定义 4.4.5 推出.

定理 4.4.1

(1) 若向量组 $\mathbf{v}_1,\mathbf{v}_2,\cdots,\mathbf{v}_s$ 线性无关，那么它的任意一部分也线性无关. 等价地，若向量组 $\mathbf{v}_1,\mathbf{v}_2,\cdots,\mathbf{v}_s$ 有一部分线性相关，那么整个向量组 $\mathbf{v}_1,\mathbf{v}_2,\cdots,\mathbf{v}_s$ 也线性相关.

(2) 若向量组 $\mathbf{v}_1,\mathbf{v}_2,\cdots,\mathbf{v}_s$ 线性无关，而 $\mathbf{v}_1,\mathbf{v}_2,\cdots,\mathbf{v}_s,\beta$ 线性相关，则 β 一定可由 $\mathbf{v}_1,\mathbf{v}_2,\cdots,\mathbf{v}_s$ 线性表示.

(3) 向量组 $\mathbf{v}_1,\mathbf{v}_2,\cdots,\mathbf{v}_s$ 线性相关的充要条件是其中某一向量是其余向量的线性组合.

定理 4.4.2 设向量组 $\{\mathbf{v}_1,\mathbf{v}_2,\cdots,\mathbf{v}_s\}$ 线性无关，且可由 $\{\mathbf{u}_1,\mathbf{u}_2,\cdots,\mathbf{u}_t\}$ 线性表示. 则 $s\leqslant t$；等价地，若 $\{\mathbf{v}_1,\mathbf{v}_2,\cdots,\mathbf{v}_s\}$ 可由 $\{\mathbf{u}_1,\mathbf{u}_2,\cdots,\mathbf{u}_t\}$ 线性表示，且 $s>t$，则向量组 $\{\mathbf{v}_1,\mathbf{v}_2,\cdots,\mathbf{v}_s\}$ 线性相关.

推论 4.4.3 两个等价的线性无关的向量组含有相同个数的向量.

推论 4.4.4 任意 $n+1$ 个 n 维向量组是线性相关的.

定义 4.4.7（极大无关组） 向量组 $\{\mathbf{v}_1,\mathbf{v}_2,\cdots,\mathbf{v}_s\}$ 的一个部分向量组 $\{\mathbf{v}_{i_1},\mathbf{v}_{i_2},\cdots,\mathbf{v}_{i_r}\}$ 叫做一个极大无关组，若：

(1) $\{\mathbf{v}_{i_1},\mathbf{v}_{i_2},\cdots,\mathbf{v}_{i_r}\}$ 线性无关；

(2) 给 $\{\mathbf{v}_{i_1},\mathbf{v}_{i_2},\cdots,\mathbf{v}_{i_r}\}$ 中任意增添 $\{\mathbf{v}_1,\mathbf{v}_2,\cdots,\mathbf{v}_s\}$ 中的一个向量（若有的话），所得的新部分向量组都是线性相关的，即对任意 $\mathbf{v}_i\,(\mathbf{v}_i\neq\mathbf{v}_{i_t},t=1,2,\cdots,r)$，$\{\mathbf{v}_{i_1},\mathbf{v}_{i_2},\cdots,\mathbf{v}_{i_r},\mathbf{v}_i\}$ 线性相关.

定义 4.4.7′（极大线性无关组的等价定义） 向量组 $\{\mathbf{v}_1,\mathbf{v}_2,\cdots,\mathbf{v}_s\}$ 的一个部分向量组 $\{\mathbf{v}_{i_1},\mathbf{v}_{i_2},\cdots,\mathbf{v}_{i_r}\}$ 叫做一个极大无关组，若：

---

① 有的教材把向量组 $\mathbf{v}_1,\mathbf{v}_2,\cdots,\mathbf{v}_s$ 中某一向量是其余向量的线性组合作为向量组 $\mathbf{v}_1,\mathbf{v}_2,\cdots,\mathbf{v}_s$ 线性相关的定义，可以证明这两个定义是等价的（王萼芳和石生明，2003）.

(1) $\{\mathbf{v}_{i_1},\mathbf{v}_{i_2},\cdots,\mathbf{v}_{i_r}\}$线性无关;

(2) 各个 $\mathbf{v}_i(\mathbf{v}_i\neq\mathbf{v}_{i_t},t=1,2,\cdots,r)$可由$\{\mathbf{v}_{i_1},\mathbf{v}_{i_2},\cdots,\mathbf{v}_{i_r}\}$线性表示.

注记 4.4.5　定义 4.4.7 比定义 4.4.7′更体现了极大线性无关组这个概念,即本身是线性无关的,再增添一个向量就变得线性相关了.

推论 4.4.5　(1) 向量组与其极大无关组等价;

(2) 等价的向量组的极大无关组含有相同个数的向量;

(3) 一个向量组的任意两个极大无关组含有相同个数的向量;

(4) 线性无关的向量组的一个极大无关组是向量组本身.

鉴于推论 4.4.5(3),我们引入如下向量组的秩的概念.

定义 4.4.8(向量组的秩)　一个向量组$\{\mathbf{v}_1,\mathbf{v}_2,\cdots,\mathbf{v}_s\}$的极大无关组所含向量的个数称为这个向量组的秩,记作 $r\{\mathbf{v}_1,\mathbf{v}_2,\cdots,\mathbf{v}_s\}$.

推论 4.4.6　一个向量组线性无关的充要条件是这个向量组的秩为向量的个数.

推论 4.4.7　(1) 若$\{\mathbf{v}_1,\mathbf{v}_2,\cdots,\mathbf{v}_s\}$可由$\{\mathbf{u}_1,\mathbf{u}_2,\cdots,\mathbf{u}_t\}$线性表示,则 $r\{\mathbf{v}_1,\mathbf{v}_2,\cdots,\mathbf{v}_s\}\leqslant r\{\mathbf{u}_1,\mathbf{u}_2,\cdots,\mathbf{u}_t\}$;

(2) 等价的向量组有相同的秩.

4.4.4　子空间

定义 4.4.9(子空间)　设 $\mathbf{V}$ 是一个向量空间,$\mathbf{U}$ 是 $\mathbf{V}$ 的一个非空子集.若集合 $\mathbf{U}$ 对 $\mathbf{V}$ 中的线性运算是封闭的且满足定义 4.4.2 中的八条性质,则称 $\mathbf{U}$ 是 $\mathbf{V}$ 的一个子空间.

定义 4.4.10(生成子空间)　设 $\mathbf{V}$ 是一个向量空间,由向量空间 $\mathbf{V}$ 的 s 个向量 $\mathbf{v}_1,\mathbf{v}_2,\cdots,\mathbf{v}_s$ 的所有线性组合形成 $\mathbf{V}$ 的一个子空间,这个子空间称作向量 $\mathbf{v}_1,\mathbf{v}_2,\cdots,\mathbf{v}_s$ 的生成子空间,记作 $L(\mathbf{v}_1,\mathbf{v}_2,\cdots,\mathbf{v}_s)$,即 $L(\mathbf{v}_1,\mathbf{v}_2,\cdots,\mathbf{v}_s)=\{\mathbf{v}\mid\mathbf{v}=\lambda_1\mathbf{v}_1+\lambda_2\mathbf{v}_2+\cdots+\lambda_s\mathbf{v}_s,\lambda_i\in R,i=1,2,\cdots,s\}$.

定理 4.4.8　假设$\{\mathbf{v}_{i_1},\mathbf{v}_{i_2},\cdots,\mathbf{v}_{i_r}\}$是$\{\mathbf{v}_1,\mathbf{v}_2,\cdots,\mathbf{v}_s\}$的一个极大无关组,则 $L(\mathbf{v}_1,\mathbf{v}_2,\cdots,\mathbf{v}_s)=L\{\mathbf{v}_{i_1},\mathbf{v}_{i_2},\cdots,\mathbf{v}_{i_r}\}$.

由性质 4.3.1 可知齐次线性方程组 $A\mathbf{x}=0$ 的所有解构成的集合 S_A 是 n 维向量空间 $\mathbf{R}^n$ 的一个子空间.由定理 4.3.7 有 $S_A=L(\boldsymbol{\eta}_1,\cdots,\boldsymbol{\eta}_{n-s})$,这里 $\boldsymbol{\eta}_1,\cdots,\boldsymbol{\eta}_{n-s}$ 的含义同定理 4.3.7.

定义 4.4.11　给定一个矩阵 $A=(a_{ij})_{m\times n}$,矩阵 A 的每一行可以看成 $\mathbf{R}^n$ 的一个向量,叫做 A 的行向量;矩阵 A 的每一列可以看成 $\mathbf{R}^m$ 的一个向量,叫做 A 的列向量.令 $\boldsymbol{\alpha}_i=(a_{i1},a_{i2},\cdots,a_{in})$是矩阵 A 的第 i 个行向量,$i=1,2,\cdots,m$,由 A 的行向量组 $\boldsymbol{\alpha}_1,\boldsymbol{\alpha}_2,\cdots,\boldsymbol{\alpha}_m$ 生成的子空间 $L(\boldsymbol{\alpha}_1,\boldsymbol{\alpha}_2,\cdots,\boldsymbol{\alpha}_m)$叫做矩阵 A 的行空间.令 $\boldsymbol{\beta}_j=(a_{1j},a_{2j},\cdots,a_{mj})^T$ 是 A 的第 j 列,$i=1,2,\cdots,n$.由 A 的列向量组 $\boldsymbol{\beta}_1,\boldsymbol{\beta}_2,\cdots,\boldsymbol{\beta}_n$ 生

成的子空间 $L(\boldsymbol{\beta}_1,\boldsymbol{\beta}_2,\cdots,\boldsymbol{\beta}_n)$ 叫做矩阵 A 的列空间.

4.4.5 基、坐标与维数

定义 4.4.12(基与维数) 设向量空间 $\mathbf{V}$ 中的 r 个向量 $\mathbf{v}_1,\mathbf{v}_2,\cdots,\mathbf{v}_r$ 满足:

(1) $\mathbf{v}_1,\mathbf{v}_2,\cdots,\mathbf{v}_r$ 是线性无关的;

(2) $\mathbf{V}$ 中的任一向量 $\mathbf{v}$ 都可由 $\mathbf{v}_1,\mathbf{v}_2,\cdots,\mathbf{v}_r$ 线性表示,即存在 r 个实数 $\lambda_1,\lambda_2,\cdots,\lambda_r$,使得 $\mathbf{v}=\lambda_1\mathbf{v}_1+\lambda_2\mathbf{v}_2+\cdots+\lambda_r\mathbf{v}_r$,则称向量组 $\mathbf{v}_1,\mathbf{v}_2,\cdots,\mathbf{v}_r$ 为向量空间 $\mathbf{V}$ 的一个基,其中的向量 $\mathbf{v}_1,\mathbf{v}_2,\cdots,\mathbf{v}_r$ 称作基向量,而系数 $\lambda_1,\lambda_2,\cdots,\lambda_r$ 称作向量 $\mathbf{v}$ 在这个基下的坐标,记作 $(\lambda_1,\lambda_2,\cdots,\lambda_r)$. 基向量所含向量的个数 r 称为向量空间 $\mathbf{V}$ 的维数,记作 $\dim\mathbf{V}=r$,并称 $\mathbf{V}$ 是 r 维的向量空间.

显然矩阵 A 的行空间的维数等于矩阵 A 的行向量组的秩,矩阵 A 的列空间的维数等于矩阵 A 的列向量组的秩.

注记 4.4.6

(1) 由定义 4.4.6 和推论 4.4.7,向量空间 $\mathbf{V}$ 的任两个基是等价的且所含的向量的个数相同. 鉴于此,把基向量所含向量的个数叫做向量空间 $\mathbf{V}$ 的维数.

(2) 若向量组 $\mathbf{v}_1,\mathbf{v}_2,\cdots,\mathbf{v}_r$ 为向量空间 $\mathbf{V}$ 的一个基,则 $L(\mathbf{v}_1,\mathbf{v}_2,\cdots,\mathbf{v}_r)=\mathbf{V}$.

(3) $\mathbf{V}$ 中的任一向量 $\mathbf{v}$ 都可由这个基 $\mathbf{v}_1,\mathbf{v}_2,\cdots,\mathbf{v}_r$ 唯一地线性表示,即存在唯一一组实数 $\lambda_1,\lambda_2,\cdots,\lambda_r$,使 $\mathbf{v}=\lambda_1\mathbf{v}_1+\lambda_2\mathbf{v}_2+\cdots+\lambda_r\mathbf{v}_r$;鉴于此,我们把 $\lambda_1,\lambda_2,\cdots,\lambda_r$ 称作 $\mathbf{v}$ 在这个基下的坐标.

由性质 4.3.1 和定理 4.3.7 可知齐次线性方程组 $A\mathbf{x}=0$ 的所有解构成的集合 S_A 是 $n-s$ 维的向量空间.

定理 4.4.9 设 $\mathbf{V}$ 是一个向量空间,$\dim\mathbf{V}=r$,则由任意多于 r 个向量构成的向量组一定是线性相关的.

定理 4.4.10 设 $\mathbf{V}$ 是一个向量空间,$\dim\mathbf{V}=r$,而 $\mathbf{v}_1,\mathbf{v}_2,\cdots,\mathbf{v}_s$ 是向量空间 $\mathbf{V}$ 中的一组线性无关的向量($1\leqslant s<r$),则总可以添加 $r-s$ 个向量 $\mathbf{v}_{s+1},\mathbf{v}_{s+2},\cdots,\mathbf{v}_r$,使得 $\{\mathbf{v}_1,\mathbf{v}_2,\cdots,\mathbf{v}_s,\mathbf{v}_{s+1},\cdots,\mathbf{v}_r\}$ 是 $\mathbf{V}$ 的一个基. 特别地,r 维向量空间中任意 r 个线性无关的向量都是基.

定义 4.4.13 设 $\mathbf{V}$ 是一个 r 维向量空间,$\{\mathbf{v}_1,\mathbf{v}_2,\cdots,\mathbf{v}_r\}$ 和 $\{\mathbf{u}_1,\mathbf{u}_2,\cdots,\mathbf{u}_r\}$ 是 $\mathbf{V}$ 的两个基,则每个 $\mathbf{u}_i$ 可由 $\mathbf{v}_1,\mathbf{v}_2,\cdots,\mathbf{v}_r$ 线性表示. 构造一个矩阵 $T_{r\times r}$,它的第 j 列为 $\mathbf{u}_j$ 在基 $\mathbf{v}_1,\mathbf{v}_2,\cdots,\mathbf{v}_r$ 下的坐标 $(a_{1j},a_{2j},\cdots,a_{rj})$,$j=1,2,\cdots,r$,则有

$$(\mathbf{u}_1,\mathbf{u}_2,\cdots,\mathbf{u}_r)=(\mathbf{v}_1,\mathbf{v}_2,\cdots,\mathbf{v}_r)T \tag{4-4-2}$$

矩阵 T 叫做由基 $\{\mathbf{v}_1,\mathbf{v}_2,\cdots,\mathbf{v}_r\}$ 到基 $\{\mathbf{u}_1,\mathbf{u}_2,\cdots,\mathbf{u}_r\}$ 的过渡矩阵.

定理 4.4.11 设 r 阶矩阵 T 是 r 维向量空间 $\mathbf{V}$ 中由基 $\{\mathbf{v}_1,\mathbf{v}_2,\cdots,\mathbf{v}_r\}$ 到基 $\{\mathbf{u}_1,\mathbf{u}_2,\cdots,\mathbf{u}_r\}$ 的过渡矩阵,则 T 是一个可逆矩阵,且 T^{-1} 是由基 $\{\mathbf{u}_1,\mathbf{u}_2,\cdots,\mathbf{u}_r\}$ 到基 $\{\mathbf{v}_1,\mathbf{v}_2,\cdots,\mathbf{v}_r\}$ 的过渡矩阵;反过来,任意一个 r 阶可逆矩阵 T 都可作为 r 维向量

空间 $\mathbf{V}$ 中由一个基到另一个基的过渡矩阵.

4.4.6 余子空间

定义 4.4.14 设 $\mathbf{W}$ 是向量空间 $\mathbf{V}$ 的一个子空间. $\mathbf{V}$ 的子空间 $\mathbf{W}'$ 叫做 $\mathbf{W}$ 的一个余子空间,若:

(1) $\mathbf{V}=\mathbf{W}+\mathbf{W}'$,即 $\mathbf{V}$ 中任意向量可表示为 $\mathbf{W}$ 和 $\mathbf{W}'$ 中的两个向量之和;

(2) $\mathbf{W}\cap\mathbf{W}'=\{0\}$.

此时我们称 $\mathbf{V}$ 是子空间 $\mathbf{W}$ 和 $\mathbf{W}'$ 的直和,并记作 $\mathbf{V}=\mathbf{W}\oplus\mathbf{W}'$.

定理 4.4.12 设 $\mathbf{V}$ 是一个向量空间,$\mathbf{W}$ 和 $\mathbf{W}'$ 是 $\mathbf{V}$ 的两个子空间且 $\mathbf{V}=\mathbf{W}\oplus\mathbf{W}'$. 则 $\mathbf{V}$ 中的任意向量 $\mathbf{v}$ 可唯一表示为 $\mathbf{v}=\mathbf{w}+\mathbf{w}'$,$\mathbf{w}\in\mathbf{W}$,$\mathbf{w}'\in\mathbf{W}'$.

定理 4.4.13 设 $\mathbf{V}$ 是一个向量空间,$\dim\mathbf{V}=r$,则 $\mathbf{V}$ 的任意一个子空间 $\mathbf{W}$ 都有余子空间 $\mathbf{W}'$,且有 $\dim\mathbf{V}=\dim\mathbf{W}+\dim\mathbf{W}'$.

4.4.7 *n* 维向量相关性、矩阵的秩和线性方程组的解

本节给出 n 维向量的线性相关性、矩阵的秩和线性方程组之间的一些关系.

定理 4.4.14 以下三种叙述相互等价:

(1) 向量组 $\boldsymbol{\alpha}_1,\boldsymbol{\alpha}_2,\cdots,\boldsymbol{\alpha}_n$ 是线性无关的,其中 $\boldsymbol{\alpha}_j=(a_{1j},a_{2j},\cdots,a_{mj})$,$j=1,2,\cdots,n$;

(2) 齐次线性方程组 $x_1\boldsymbol{\alpha}_1+x_2\boldsymbol{\alpha}_2+\cdots+x_n\boldsymbol{\alpha}_n=\mathbf{0}$ 只有零解;

(3) 由行向量组 $\boldsymbol{\alpha}_1,\boldsymbol{\alpha}_2,\cdots,\boldsymbol{\alpha}_n$ 构成的矩阵 $A=(a_{ij})_{m\times n}$ 的秩为 n(向量的个数).

定理 4.4.15 以下三种叙述相互等价:

(1) 向量组 $\boldsymbol{\alpha}_1,\boldsymbol{\alpha}_2,\cdots,\boldsymbol{\alpha}_n$ 是线性相关的,其中 $\boldsymbol{\alpha}_j=(a_{1j},a_{2j},\cdots,a_{mj})$,$j=1,2,\cdots,n$;

(2) 齐次线性方程组 $x_1\boldsymbol{\alpha}_1+x_2\boldsymbol{\alpha}_2+\cdots+x_n\boldsymbol{\alpha}_n=\mathbf{0}$ 有非零解;

(3) 由行向量组 $\boldsymbol{\alpha}_1,\boldsymbol{\alpha}_2,\cdots,\boldsymbol{\alpha}_n$ 构成的矩阵 $A=(a_{ij})_{m\times n}$ 的秩小于 n(向量的个数).

定理 4.4.16 给定 n 个 n 维向量 $\boldsymbol{\alpha}_j=(a_{1j},a_{2j},\cdots,a_{nj})$,$j=1,2,\cdots,n$,以下五种叙述相互等价:

(1) 向量组 $\boldsymbol{\alpha}_1,\boldsymbol{\alpha}_2,\cdots,\boldsymbol{\alpha}_n$ 是线性无关的;

(2) 齐次线性方程组 $x_1\boldsymbol{\alpha}_1+x_2\boldsymbol{\alpha}_2+\cdots+x_n\boldsymbol{\alpha}_n=\mathbf{0}$ 只有零解;

(3) 由行向量组 $\boldsymbol{\alpha}_1,\boldsymbol{\alpha}_2,\cdots,\boldsymbol{\alpha}_n$ 构成的矩阵 $A=(a_{ij})_{n\times n}$ 的秩为 n(或 $|A|\neq 0$);

(4) $\boldsymbol{\alpha}_1,\boldsymbol{\alpha}_2,\cdots,\boldsymbol{\alpha}_n$ 是 $\mathbf{R}^n$ 的一个基;

(5) $\mathbf{R}^n=L(\boldsymbol{\alpha}_1,\boldsymbol{\alpha}_2,\cdots,\boldsymbol{\alpha}_n)$.

定理 4.4.17 若 $\boldsymbol{\alpha}_1,\boldsymbol{\alpha}_2,\cdots,\boldsymbol{\alpha}_n$ 是线性无关的,其中 $\boldsymbol{\alpha}_j=(a_{1j},a_{2j},\cdots,a_{mj})$,$j=$

$1,2,\cdots,n$,则给每个向量添加几个分量所得的新向量组 $\boldsymbol{\beta}_j=(a_{1j},a_{2j},\cdots,a_{mj},a_{m+1j},a_{m+2j},\cdots,a_{m+tj})$ 也是线性无关的($j=1,2,\cdots,n$). 等价地,若向量组 $\boldsymbol{\beta}_j=(a_{1j},a_{2j},\cdots,a_{mj},a_{m+1j},a_{m+2j},\cdots,a_{m+tj})$ 是线性相关的($j=1,2,\cdots,n$),则去掉每个向量的若干个分量所得到的向量组 $\boldsymbol{\alpha}_j=(a_{1j},a_{2j},\cdots,a_{mj})$($j=1,2,\cdots,n$)也是线性相关的.

定义 4.4.15 一个矩阵 $A=(a_{ij})_{m\times n}$ 的行向量组的秩(或行空间的维数)叫做这个矩阵的行秩,列向量组的秩(或列空间的维数)叫做这个矩阵的列秩.

定理 4.4.18 给定一个矩阵 $A=(a_{ij})_{m\times n}$:

(1) 若 $B_{m\times n}=P_{m\times m}A_{m\times n}$,$P_{m\times m}$ 是一个可逆矩阵,则 B 与 A 有相同的行空间.

(2) 若 $C_{m\times n}=A_{m\times n}Q_{n\times n}$,$Q_{n\times n}$ 是一个可逆矩阵,则 C 与 A 有相同的列空间.

定理 4.4.19 一个矩阵 $A=(a_{ij})_{m\times n}$ 的行空间的维数(行秩)等于列空间的维数(列秩),等于这个矩阵的秩.

注记 4.4.7 鉴于定理 4.4.19,有的教材把矩阵的秩定义为这个矩阵的行秩(列秩)(王萼芳和石生明,2003). 可以证明矩阵的秩的这个定义与最初的定义 4.2.3(张禾瑞和郝鈵新,1980)是等价的.

定理 4.4.20 给定两个矩阵 $A=(a_{ij})_{m\times n}$ 和 $B=(a_{ij})_{n\times p}$,则:

(1) $r(AB)\leqslant\min\{r(A),r(B)\}$(对多个矩阵的乘积也成立);

(2) $\max\{r(A),r(B)\}\leqslant r(A+B)\leqslant r(A)+r(B)$;

(3) $r(AB)\geqslant r(A)+r(B)-n$.

定理 4.4.21 给定一个矩阵 $A=(a_{ij})_{m\times n}$,若 $P_{m\times m}$ 和 $Q_{n\times n}$ 是可逆矩阵,则 $r(A)=r(PA)=r(AQ)=r(PAQ)$(即矩阵 A 与可逆矩阵的乘积保持矩阵 A 的秩不变).

下面的定理收集了一些关于矩阵秩的一些结果.

定理 4.4.22

(1) 给定 $B_{s\times s}$ 和 $C_{s\times n}$,且 $r(C_{s\times n})=s$.

① 若 $BC=O$,则 $B=O$;

② 若 $BC=C$,则 $B=E$.

(2) 给定 $A_{n\times n}$ 和 $B_{n\times n}$,若 $AB=O$,则 $r(A)+r(B)\leqslant n$.

(3) 给定 $A_{n\times n}$ 且 $A^2=I$,则 $r(A+I)+r(A-I)=n$.

(4) 给定 $A_{n\times n}$ 且 $A^2=A$,则 $r(A)+r(A-I)=n$.

(5) $r(A^*)=\begin{cases} n & r(A)=n \\ 1 & r(A)=n-1 \\ 0 & r(A)<n-1 \end{cases}$

定义 4.4.16 称一个矩阵是行(列)满秩的,若这个矩阵的行(列)向量组是线性无关的.

定理 4.4.23　给定一个矩阵 $A=(a_{ij})_{m\times n}$，则 A 是行满秩的充要条件是存在一个 n 阶可逆矩阵 P，使得 $A=(I_m\ O_{m\times(n-m)})P$；$A$ 是列满秩的充要条件是存在一个 m 阶可逆矩阵 Q，使得 $A=Q\begin{pmatrix} I_n \\ O_{(m-n)\times n}\end{pmatrix}$.

定理 4.4.24　给定一个矩阵 $A=(a_{ij})_{m\times n}$，则 A 是行满秩的充要条件是对每个向量 $\mathbf{b}\in\mathbf{R}^n$，方程组 $A\mathbf{x}=\mathbf{b}$ 都有一个解.

定理 4.4.25　给定一个矩阵 $A=(a_{ij})_{m\times n}$，且 $r(A)=s$，则存在列满秩矩阵 $P_{m\times s}$ 和行满秩矩阵 $Q_{s\times n}$，使得 $A=PQ$.

定理 4.4.26　假设 $\boldsymbol{\alpha}_1,\boldsymbol{\alpha}_2,\cdots,\boldsymbol{\alpha}_r$ 线性无关，$\boldsymbol{\beta}_i=a_{i1}\boldsymbol{\alpha}_1+a_{i2}\boldsymbol{\alpha}_2+\cdots+a_{ir}\boldsymbol{\alpha}_r$，$i=1,2,\cdots,r$，则 $\boldsymbol{\beta}_1,\boldsymbol{\beta}_2,\cdots,\boldsymbol{\beta}_r$ 线性无关的充要条件是 $|A|\neq0$，这里 $A=(a_{ij})_{r\times r}$.

证明　由 $\boldsymbol{\beta}_i=a_{i1}\boldsymbol{\alpha}_1+a_{i2}\boldsymbol{\alpha}_2+\cdots+a_{ir}\boldsymbol{\alpha}_r$，$i=1,2,\cdots,r$，可知

$$(\boldsymbol{\beta}_1,\boldsymbol{\beta}_2,\cdots,\boldsymbol{\beta}_r)=(\boldsymbol{\alpha}_1,\boldsymbol{\alpha}_2,\cdots,\boldsymbol{\alpha}_r)A' \tag{4-4-3}$$

下面先证充分性(反证法). 假设 $|A|\neq0$，因此矩阵 A 可逆. 要证 $\boldsymbol{\beta}_1,\boldsymbol{\beta}_2,\cdots,\boldsymbol{\beta}_r$ 线性无关. 若 $\boldsymbol{\beta}_1,\boldsymbol{\beta}_2,\cdots,\boldsymbol{\beta}_r$ 线性相关，则存在不全为零的数 $k_1,k_2,\cdots,k_r$ 使得 $(\boldsymbol{\beta}_1,\boldsymbol{\beta}_2,\cdots,\boldsymbol{\beta}_r)\mathbf{k}^*=\mathbf{0}$，这里 $\mathbf{k}^*=(k_1,k_2,\cdots,k_r)^T$. 由式(4-4-3)有 $(\boldsymbol{\alpha}_1,\boldsymbol{\alpha}_2,\cdots,\boldsymbol{\alpha}_r)A'\mathbf{k}^*=\mathbf{0}$. 由于 $\mathbf{k}^*\neq\mathbf{0}$ 和矩阵 A 可逆，因此列向量 $A'\mathbf{k}^*\neq\mathbf{0}$，从而 $\boldsymbol{\alpha}_1,\boldsymbol{\alpha}_2,\cdots,\boldsymbol{\alpha}_r$ 线性相关. 这与已知条件 $\boldsymbol{\alpha}_1,\boldsymbol{\alpha}_2,\cdots,\boldsymbol{\alpha}_r$ 是线性无关的相矛盾. 因此 $\boldsymbol{\beta}_1,\boldsymbol{\beta}_2,\cdots,\boldsymbol{\beta}_r$ 线性无关.

再证必要性(反证法). 假设 $\boldsymbol{\beta}_1,\boldsymbol{\beta}_2,\cdots,\boldsymbol{\beta}_r$ 线性无关，要证 $|A|\neq0$. 假设 $|A|=0$，则 $A'\mathbf{x}=0$ 有非零解 $\mathbf{k}^*$，因此由式(4-4-3)有 $(\boldsymbol{\beta}_1,\boldsymbol{\beta}_2,\cdots,\boldsymbol{\beta}_r)\mathbf{k}^*=(\boldsymbol{\alpha}_1,\boldsymbol{\alpha}_2,\cdots,\boldsymbol{\alpha}_r)A'\mathbf{k}^*=\mathbf{0}$，因此向量组 $\boldsymbol{\beta}_1,\boldsymbol{\beta}_2,\cdots,\boldsymbol{\beta}_r$ 线性相关，导致矛盾.

4.5　矩阵的特征值和特征向量

4.5.1　基本概念

定义 4.5.1　给定 n 阶矩阵 $A=(a_{ij})_{n\times n}$，若一个数(实数或复数)λ 和一个列向量 $\boldsymbol{\xi}\neq\mathbf{0}$ 满足

$$A\boldsymbol{\xi}=\lambda\boldsymbol{\xi} \tag{4-5-1}$$

则称 λ 是 A 的一个特征值，非零的列向量 $\boldsymbol{\xi}$ 称为 A 的对应于特征值 λ 的一个特征向量.

定理 4.5.1　给定一个 n 阶矩阵 $A=(a_{ij})_{n\times n}$：

(1) λ 是 A 的一个特征值的充要条件是 $|\lambda I-A|=0$.

(2) 若 λ 是 A 的一个特征值，则 $\boldsymbol{\xi}$ 是 A 的对应于特征值 λ 的一个特征向量的充要条件是 $\boldsymbol{\xi}$ 是未知量为 $\mathbf{x}$ 的齐次线性方程组

$$(\lambda I-A)\mathbf{x}=\mathbf{0} \tag{4-5-2}$$

的非零解(这样的解显然存在). 进一步,若 $\boldsymbol{\eta}_1,\boldsymbol{\eta}_2,\cdots,\boldsymbol{\eta}_s$ 是式(4-5-2)的 $s[=n-r(\lambda I-A)]$个基础解系向量,则 A 的对应于特征值λ 的所有特征向量可表示为 $\boldsymbol{\eta}=k_1\boldsymbol{\eta}_1+k_2\boldsymbol{\eta}_2+\cdots+k_s\boldsymbol{\eta}_s$,这里 $k_1,k_2,\cdots,k_s$ 不全为零.

定义 4.5.2 给定 n 阶矩阵 $A=(a_{ij})_{n\times n}$,称

$$f(\lambda)=|\lambda I-A| \tag{4-5-3}$$

是矩阵 A 的特征多项式(是关于 λ 的一元 n 次多项式);称

$$|\lambda I-A|=0 \tag{4-5-4}$$

是矩阵 A 的特征方程(关于未知量 λ 的一元 n 次方程),称 $\lambda I-A$ 是 A 的特征矩阵.

求矩阵 A 的特征值等价于求解矩阵 A 的特征方程(4-5-4)的根;求矩阵 A 的对应于特征值λ 的特征向量等价于解一个特定的齐次线性方程组(4-5-2).

由代数学定理,在复数域内矩阵 A 有 n 个特征值(特征方程$|\lambda I-A|=0$ 的 n_i 重根λ_i 算作 n_i 个). 若$|\lambda I-A|=0$ 有 s 个互不相同的特征根λ_i,且 λ_i 是 n_i 重根$(i=1,2,\cdots,s)$,则 $n_1+n_2+\cdots+n_s=n$,各个 $n_i\leqslant n$.

定义 4.5.3 给定 n 阶矩阵 $A=(a_{ij})_{n\times n}$,称 $Tr(A)=a_{11}+a_{22}+\cdots+a_{nn}$是矩阵$A$ 的迹.

4.5.2 基本性质与结论

性质 4.5.1 给定 n 阶矩阵 $A=(a_{ij})_{n\times n}$,则:

(1) A 的对应不同特征值的特征向量是线性无关的.

(2) A 的任一特征值λ 对应的特征向量至少有一个.

(3) A 的任一个 k 重特征值对应的线性无关的特征向量至多有 k 个;特别地,A 的任意一个一重的特征值对应的线性无关的特征向量有且仅有一个;若 A 有 n 个不同的特征值,则 A 有 n 个对应的线性无关的特征向量.

性质 4.5.2 给定 n 阶矩阵 $A=(a_{ij})_{n\times n}$,则:

(1) 矩阵 A 与其转置矩阵 A^T 有完全相同的特征值(但对应的特征向量未必相同);

(2) 若 $\boldsymbol{\xi}$ 是可逆矩阵 A 的对应于特征值λ 的一个特征向量,则 $\boldsymbol{\xi}$ 也是矩阵A^{-1}的对应其特征值λ^{-1}的一个特征向量;

(3) 若 $\boldsymbol{\xi}$ 是 A 的对应于特征值λ 的一个特征向量,则 $\boldsymbol{\xi}$ 也是 A^m、kA 和 $h(A)$ 的特征向量,相应的特征值为 λ^m、$k\lambda$ 和 $h(\lambda)$,这里 m 是自然数,$k>0$,$h(x)$是 x 的一个多项式;

(4) 若 $\boldsymbol{\xi}$ 是 A 的对应于特征值λ 的一个特征向量,则 λ 是 $P^{-1}AP$ 的特征值,对应的特征向量为 $P^{-1}\boldsymbol{\xi}$.

定理 4.5.2 给定 n 阶矩阵 $A=(a_{ij})_{n\times n}$,矩阵 A 的特征多项式 $f(\lambda)=|\lambda I-A|$

形如 $f(\lambda)=\lambda^n-(a_{11}+a_{22}+\cdots+a_{nn})\lambda^{n-1}+\cdots+(-1)^n a_{11}a_{22}\cdots a_{nn}$.

例 4.5.1　2 阶矩阵 $A=(a_{ij})_{2\times 2}$ 的特征多项式为 $f(\lambda)=|\lambda I-A|=\lambda^2-(a_{11}+a_{22})\lambda+a_{11}a_{22}-a_{12}a_{21}$.

定理 4.5.3　给定 n 阶矩阵 $A=(a_{ij})_{n\times n}$，$\lambda_1,\lambda_2,\cdots,\lambda_n$ 是其全部特征值，则：

(1) $Tr(A)=\lambda_1+\lambda_2+\cdots+\lambda_n$；

(2) $|A|=\lambda_1\lambda_2\cdots\lambda_n$.

定理 4.5.4　给定 n 阶矩阵 $A=(a_{ij})_{n\times n}$，则 A 可逆的充要条件是 A 的所有特征值都不为零.

定理 4.5.5　给定 n 阶矩阵 $A=(a_{ij})_{n\times n}$，则存在 $\varepsilon>0$，使得当 $|s|<\varepsilon$ 时，矩阵 $A+sI$ 可逆.

证明　行列式 $|A+sI|$ 是关于 s 的一元 n 次多项式. 假设矩阵 A 的特征方程 $|A-\lambda I|=0$ 的 n 个根为 $\lambda_1,\lambda_2,\cdots,\lambda_n$. 令 $\varepsilon=\min_i\{|\lambda_i|\,|\,\lambda_i\neq 0,\lambda_i\in R\}$，即取 ε 为 A 的非零实特征根的绝对值中的最小值，则当 $|s|<\varepsilon$ 时，$A+sI$ 的所有特征值 λ_i 均满足 $\lambda_i+s\neq 0$，由定理 4.5.4 可知 $|A+sI|\neq 0$，从而 $A+sI$ 可逆.

推论 4.5.6　给定两个 n 阶矩阵 A 和 B，则 AB 和 BA 有相同的特征值.

证明　(1) 当矩阵 A 或 B 是可逆的，不妨设 A 是可逆的. 由于

$$|\lambda I-AB|=|A|^{-1}|\lambda I-AB||A|=|A^{-1}(\lambda I-AB)A|=|\lambda I-BA|$$

因此 AB 和 BA 有相同的特征值.

(2) 若矩阵 A 和 B 都是不可逆的，由定理 4.5.5，存在 $\varepsilon>0$，使得当 $|s|<\varepsilon$ 时，n 阶矩阵 $A+sI$ 可逆. 由(1)的结果可知

$$|\lambda I-(A+sI)B|=|\lambda I-B(A+sI)|$$

上述两个行列式可看作 s 的两个多项式，是 s 的连续函数. 令 $s\to 0$，则得到 $|\lambda I-AB|=|\lambda I-BA|$. 这样，此时 AB 和 BA 有相同的特征值.

定理 4.5.7 [Hamilton-Cayley（哈密顿-凯莱）定理]　给定 n 阶矩阵 $A=(a_{ij})_{n\times n}$，$f(\lambda)=|\lambda I-A|$ 是 A 的特征多项式，则

$$f(A)=A^n-(a_{11}+a_{22}+\cdots+a_{nn})A^{n-1}+\cdots+(-1)^n a_{11}a_{22}\cdots a_{nn}I=O$$

4.6　内积与欧氏空间

4.6.1　概念、例子和性质

1. 概念

定义 4.6.1　设 $\mathbf{V}$ 是一个实向量空间，若对任意的 $\mathbf{x},\mathbf{y}\in\mathbf{V}$ 有一个确定的实数（记作 $\mathbf{x}\cdot\mathbf{y}$ 或 $<\mathbf{x},\mathbf{y}>$）与它们对应，并满足下列条件：

(I-1) 正定性. $\mathbf{x}\cdot\mathbf{x}\geqslant 0$，且 $\mathbf{x}\cdot\mathbf{x}=0\Leftrightarrow\mathbf{x}=\mathbf{0}$.

(I-2) 对称性. $\mathbf{x}\cdot\mathbf{y}=\mathbf{y}\cdot\mathbf{x}$.

(I-3) 可加性. $(\mathbf{x}+\mathbf{y})\cdot\mathbf{z}=\mathbf{x}\cdot\mathbf{z}+\mathbf{y}\cdot\mathbf{z}$.

(I-4) 齐次性. $(\alpha\mathbf{x})\cdot\mathbf{z}=\alpha(\mathbf{x}\cdot\mathbf{z})$.

这里 $\mathbf{x},\mathbf{y},\mathbf{z}\in\mathbf{V},\alpha\in R$. 则 $\mathbf{x}\cdot\mathbf{y}$ 叫做向量 $\mathbf{x}$ 与 $\mathbf{y}$ 的内积(或点积),定义了内积的实向量空间 $\mathbf{V}$ 称作欧几里得空间(简称欧氏空间),记作 $(\mathbf{V},\cdot)$.

2. 三个例子

例 4.6.1 设 $\mathbf{R}^n$ 是一个 n 维欧氏向量空间,对任意 $\mathbf{x}=(x_1,x_2,\cdots,x_n),\mathbf{y}=(y_1,y_2,\cdots,y_n)\in\mathbf{R}^n$,定义 $\mathbf{x}$ 和 $\mathbf{y}$ 的如下运算 $\mathbf{x}\cdot\mathbf{y}$

$$\mathbf{x}\cdot\mathbf{y}=\sum_{i=1}^{n}x_iy_i \tag{4-6-1}$$

可以验证式(4-6-1)中的运算满足定义 4.6.1 中的(I-1)～(I-4),因而偶对$(\mathbf{R}^n,\cdot)$是一个欧氏空间,称作 n 维欧氏内积空间,简记作 $\mathbf{R}^n$①.

例 4.6.2 令 $\mathbf{H}$ 是一切平方和收敛的实数列

$$\mathbf{x}=(x_1,x_2,\cdots),\quad \sum_{n=1}^{\infty}x_n^2<+\infty$$

所构成的集合. 加法和纯量乘法定义为 $\mathbf{x}+\mathbf{y}=(x_1+y_1,x_2+y_2,\cdots)$,$\alpha\mathbf{x}=(\alpha x_1,\alpha x_2,\cdots)$,这里 $\mathbf{x}=(x_1,x_2,\cdots)$,$\mathbf{y}=(y_1,y_2,\cdots)$,$\alpha\in R$. 则可验证 $\mathbf{H}$ 是一个实向量空间. 若再规定

$$\mathbf{x}\cdot\mathbf{y}=\sum_{n=1}^{\infty}x_ny_n \tag{4-6-2}$$

可以验证式(4-6-2)中的运算满足定义 4.6.1 中的(I-1)～(I-4),因而偶对$(\mathbf{H},\cdot)$是一个欧氏空间,简记作 $\mathbf{H}$,通常称作 Hilbert(希尔伯特)空间.

例 4.6.3 令 $C[a,b]$是定义在$[a,b]$上一切一元连续函数所构成的向量空间. 设 $f(x),g(x)\in C[a,b]$,并规定

$$f(x)\cdot g(x)=\int_a^b f(x)g(x)\mathrm{d}x \tag{4-6-3}$$

根据定积分的基本性质,可验证式(4-6-3)中的运算满足定义 4.6.1 中的(I-1)～(I-4),因而偶对$(C[a,b],\cdot)$是一个欧氏空间,简记作 $C[a,b]$.

3. 欧氏内积的基本性质

性质 4.6.1 设 $\mathbf{V}$ 是一个欧氏空间,则:

(1) 对任意 $\mathbf{x}\in\mathbf{V}$ 有 $\mathbf{x}\cdot\mathbf{0}=\mathbf{0}\cdot\mathbf{x}=0$;

---

① 内积运算式(4-6-1)可用矩阵乘法来实现,即 $\mathbf{x}\cdot\mathbf{y}=\mathbf{x}\mathbf{y}^T$. 若例 4.6.1 中的向量改为列向量,此时有 $\mathbf{x}\cdot\mathbf{y}=\mathbf{x}^T\mathbf{y}=\mathbf{y}^T\mathbf{x}$. 欧氏空间是经济学中最常用的一个空间.

(2) 若对任意 $\mathbf{y}\in\mathbf{V}$ 有 $\mathbf{x}\cdot\mathbf{y}=0$,则 $\mathbf{x}=\mathbf{0}$;

(3) 对任意 $\mathbf{x},\mathbf{y}\in\mathbf{V}$ 有 $\mathbf{z}\cdot(\mathbf{x}+\mathbf{y})=\mathbf{z}\cdot\mathbf{x}+\mathbf{z}\cdot\mathbf{y}$;

(4) 对任意 $\mathbf{x},\mathbf{y}\in\mathbf{V},\alpha\in R$ 有 $\mathbf{y}\cdot(\alpha\mathbf{x})=\alpha(\mathbf{y}\cdot\mathbf{x})$;

(5) 对任意 $\mathbf{x}_i,\mathbf{y}_j\in\mathbf{V},\alpha_i,\beta_j\in R,i=1,2,\cdots,r,j=1,2,\cdots,s$,有

$$\left(\sum_{i=1}^{r}\alpha_i\mathbf{x}_i\right)\cdot\left(\sum_{j=1}^{s}\beta_j\mathbf{y}_j\right)=\sum_{i=1}^{r}\sum_{j=1}^{s}(\alpha_i\beta_j)\mathbf{x}_i\cdot\mathbf{y}_j$$

4.6.2 向量的长度

定义 4.6.2　设 $\mathbf{V}$ 是一个欧氏空间,$\mathbf{x}\in\mathbf{V}$,非负实数 $\mathbf{x}\cdot\mathbf{x}$ 的算术根 $\sqrt{\mathbf{x}\cdot\mathbf{x}}$ 称为向量 $\mathbf{x}$ 的长度,记作 $\|\mathbf{x}\|=\sqrt{\mathbf{x}\cdot\mathbf{x}}$.

性质 4.6.2　设 $\mathbf{V}$ 是一个欧氏空间,则对任意 $\mathbf{x}\in\mathbf{V},\alpha\in R$ 有 $\|\alpha\mathbf{x}\|=|\alpha|\,\|\mathbf{x}\|$.

欧氏空间的每一向量有一个长度.零向量的长度为零,任意非零向量的长度为一个正数.长度为 1 的向量称作单位向量.若 $\mathbf{x}\in\mathbf{V}$ 是一个非零向量,则 $\mathbf{x}/\|\mathbf{x}\|$ 是一个单位向量.

例 4.6.4　欧氏空间 $\mathbf{R}^n$ 中任意向量 $\mathbf{x}=(x_1,x_2,\cdots,x_n)$ 的长度为①

$$\|\mathbf{x}\|=\sqrt{\mathbf{x}\cdot\mathbf{x}}=\sqrt{\sum_{j=1}^{n}x_j^2} \tag{4-6-4}$$

定理 4.6.1[Cauchy-Schwartz(柯西-施瓦兹)不等式]　设 $\mathbf{V}$ 是一个欧氏空间,对任意 $\mathbf{x},\mathbf{y}\in\mathbf{V}$ 有

$$|\mathbf{x}\cdot\mathbf{y}|\leqslant\|\mathbf{x}\|\,\|\mathbf{y}\| \tag{4-6-5}$$

当且仅当 $\mathbf{x}$ 与 $\mathbf{y}$ 线性相关(即存在 $a\in R$ 使得 $\mathbf{x}=a\mathbf{y}$)时,式(4-6-5)才取等号.

定理 4.6.1 可用来说明下面定义欧氏空间中任两个向量夹角的合理性.

例 4.6.5　考虑例 4.6.1 中的欧氏空间 $\mathbf{R}^n$,由式(4-6-5)可推出,对任意 $\mathbf{x}=(x_1,x_2,\cdots,x_n),\mathbf{y}=(y_1,y_2,\cdots,y_n)\in\mathbf{R}^n$ 有 $\sum_{i=1}^{n}x_iy_i\leqslant\sqrt{\sum_{i=1}^{n}x_i^2}\sqrt{\sum_{i=1}^{n}y_i^2}$,从而

$$\left(\sum_{i=1}^{n}x_iy_i\right)^2\leqslant\sum_{i=1}^{n}x_i^2\sum_{i=1}^{n}y_i^2 \tag{4-6-6}$$

当且仅当 $\mathbf{x}=a\mathbf{y}(a\in R)$ 时等号成立.式(4-6-6)称作 Cauchy 不等式.

例 4.6.6　对于任意实数 $x_1,x_2,\cdots,x_n$ 有 $\sum_{i=1}^{n}|x_i|\leqslant\left(n\sum_{i=1}^{n}x_i^2\right)^{1/2}$.

证明　对向量 $\mathbf{x}=(|x_1|,|x_2|,\cdots,|x_n|)$ 和向量 $\mathbf{1}=(1,1,\cdots,1)$ 使用定理 4.6.1 即可获得结论.

例 4.6.7　考虑例 4.6.3 中的欧氏空间 $C[a,b]$,由式(4-6-5)可推出,对任意

① 在欧氏空间里这样定义向量的长度正是空间解析几何里向量长度概念的自然推广.

$f(x), g(x) \in C[a,b]$有

$$\left|\int_a^b f(x)g(x)\mathrm{d}x\right| \leqslant \sqrt{\int_a^b f^2(x)\mathrm{d}x \int_a^b g^2(x)\mathrm{d}x} \tag{4-6-7}$$

不等式(4-6-7)叫做 Schwartz 不等式.

4.6.3 向量间的夹角与正交

定义 4.6.3 设 $\mathbf{V}$ 是一个欧氏空间,任意非零向量 $\mathbf{x},\mathbf{y}\in\mathbf{V}$ 的夹角 θ 的余弦定义为①

$$\cos\theta = \frac{\mathbf{x}\cdot\mathbf{y}}{\|\mathbf{x}\|\ \|\mathbf{y}\|} \quad (0\leqslant\theta\leqslant\pi) \tag{4-6-8}$$

定义 4.6.4 称欧氏空间 $\mathbf{V}$ 中任意两个向量 $\mathbf{x},\mathbf{y}$ 是正交(垂直)的,如果 $\mathbf{x}\cdot\mathbf{y}=0$②.

定理 4.6.2 设 $\mathbf{V}$ 是一个欧氏空间:

(1) 与自身正交的向量只有零向量;

(2) 若向量 $\mathbf{x}\in\mathbf{V}$ 与每个向量 $\mathbf{y}_j\in\mathbf{V}(j=1,2,\cdots,s)$都正交,则 $\mathbf{x}$ 与这 s 个向量 $\mathbf{y}_j(j=1,2,\cdots,s)$的任意线性组合也正交.

定理 4.6.3 设 $\mathbf{V}$ 是一个欧氏空间,对任意的 $\mathbf{x},\mathbf{y}\in\mathbf{V}$③:

(1)(三角不等式)$\|\mathbf{x}+\mathbf{y}\|\leqslant\|\mathbf{x}\|+\|\mathbf{y}\|$,当且仅当 $\mathbf{x}$ 与 $\mathbf{y}$ 之间的夹角为零时,等式成立;

(2) $|\,\|\mathbf{x}\|-\|\mathbf{y}\|\,|\leqslant\|\mathbf{x}-\mathbf{y}\|$;

(3) $\|\mathbf{x}+\mathbf{y}\|^2=\|\mathbf{x}\|^2+\|\mathbf{y}\|^2$ 充要条件是 $\mathbf{x}$ 与 $\mathbf{y}$ 正交;

(4) $\|\mathbf{x}+\mathbf{y}\|^2+\|\mathbf{x}-\mathbf{y}\|^2=2(\|\mathbf{x}\|^2+\|\mathbf{y}\|^2)$.

定理 4.6.4 给定欧氏空间 $\mathbf{R}^n$ 中的 n 个向量 $\mathbf{x}_i, i=1,2,\cdots,n$,定义行列式

$$G(\mathbf{x}_1,\mathbf{x}_2,\cdots,\mathbf{x}_n) = \begin{vmatrix} \mathbf{x}_1\cdot\mathbf{x}_1 & \mathbf{x}_1\cdot\mathbf{x}_2 & \cdots & \mathbf{x}_1\cdot\mathbf{x}_n \\ \mathbf{x}_2\cdot\mathbf{x}_1 & \mathbf{x}_2\cdot\mathbf{x}_2 & \cdots & \mathbf{x}_2\cdot\mathbf{x}_n \\ \vdots & \vdots & \ddots & \vdots \\ \mathbf{x}_n\cdot\mathbf{x}_1 & \mathbf{x}_n\cdot\mathbf{x}_2 & \cdots & \mathbf{x}_n\cdot\mathbf{x}_n \end{vmatrix}$$

则 $G(\mathbf{x}_1,\mathbf{x}_2,\cdots,\mathbf{x}_n)=0$ 的充要条件是 $\mathbf{x}_1,\mathbf{x}_2,\cdots,\mathbf{x}_n$ 线性相关.

4.6.4 正交基

定义 4.6.5 欧氏空间 $\mathbf{V}$ 中两两正交的一组非零向量叫做 $\mathbf{V}$ 的一个正交组;

---

① 在欧氏空间里这样定义向量间的夹角正是空间解析几何里向量间的夹角概念的自然推广.

② 规定欧氏空间中的零向量与其中任意向量都是正交的.

③ 在欧氏空间 $\mathbf{R}^2$ 中可解释定理 4.6.3 的几何意义:结论(1)表示三角形两条边的和大于第三边;结论(2)表示三角形两边的差小于第三边;结论(3)是勾股定理;结论(4)表示平行四边形两条对角线的平方和等于各条边的平方和.

若一个正交组中的每个向量都是单位向量,这个正交组就叫做一个标准正交组.

定理 4.6.5　欧氏空间 $\mathbf{V}$ 的每个正交组是线性无关的.

定义 4.6.6　n 维欧氏空间 $\mathbf{V}$ 中 n 个向量 $\mathbf{x}_1,\mathbf{x}_2,\cdots,\mathbf{x}_n$ 组成的一个正交组叫做 $\mathbf{V}$ 的一个正交基;由单位向量组成的 $\mathbf{V}$ 的一个正交基,叫做 $\mathbf{V}$ 的一个标准正交基.

定理 4.6.6　若 $\mathbf{x}_1,\mathbf{x}_2,\cdots,\mathbf{x}_m$ 是欧氏空间 $\mathbf{V}$ 的一组线性无关的向量,则可找到一个正交组 $\mathbf{y}_1,\mathbf{y}_2,\cdots,\mathbf{y}_m$,使得 $\mathbf{y}_k$ 可由 $\mathbf{x}_1,\mathbf{x}_2,\cdots,\mathbf{x}_m$ 线性表示,$k=1,2,\cdots,m$.

从 $\mathbf{V}$ 的一组线性无关的向量 $\mathbf{x}_1,\mathbf{x}_2,\cdots,\mathbf{x}_m$ 出发,按照如下方法(称作 Gram-Schmidt 正交化方法)依次求出可由这组向量组线性表示的一个正交组 $\mathbf{y}_1,\mathbf{y}_2,\cdots,\mathbf{y}_m$:$\mathbf{y}_1=\mathbf{x}_1,\mathbf{y}_2=\mathbf{x}_2-\dfrac{\mathbf{x}_2\cdot\mathbf{y}_1}{\mathbf{y}_1\cdot\mathbf{y}_1}\mathbf{y}_1,\cdots,\mathbf{y}_k=\mathbf{x}_k-\sum_{j=1}^{k-1}\dfrac{\mathbf{x}_k\cdot\mathbf{y}_j}{\mathbf{y}_j\cdot\mathbf{y}_j}\mathbf{y}_j\,(k=1,2,\cdots,m)$. 特别地,若 $\mathbf{x}_1,\mathbf{x}_2,\cdots,\mathbf{x}_n$ 是 n 维欧氏空间 $\mathbf{V}$ 的任意一个基,则利用正交化方法可得到 $\mathbf{V}$ 的一个正交基 $\mathbf{y}_1,\mathbf{y}_2,\cdots,\mathbf{y}_n$;再把正交基中的各个向量单位化,可得到 $\mathbf{V}$ 的一个标准正交基.

定理 4.6.7　任意 $n(n>0)$ 维欧氏空间一定有正交基,因而有标准正交基.

在一个 n 维欧氏空间 $\mathbf{V}$ 中采用标准正交基比用一般基有明显的优势:第一,$\mathbf{x}\in\mathbf{V}$ 关于一般基的坐标是很难求出的,而关于标准正交基 $\boldsymbol{\varepsilon}_1,\boldsymbol{\varepsilon}_2,\cdots,\boldsymbol{\varepsilon}_n$ 的坐标是很容易计算的. 事实上

$$\mathbf{x}=(\mathbf{x}\cdot\boldsymbol{\varepsilon}_1)\boldsymbol{\varepsilon}_1+(\mathbf{x}\cdot\boldsymbol{\varepsilon}_2)\boldsymbol{\varepsilon}_2+\cdots+(\mathbf{x}\cdot\boldsymbol{\varepsilon}_n)\boldsymbol{\varepsilon}_n$$

又 $\mathbf{x}\cdot\boldsymbol{\varepsilon}_j=\|\mathbf{x}\|\,\|\boldsymbol{\varepsilon}_j\|\cos\theta_j$,其中 θ_j 是 $\mathbf{x}$ 与 $\boldsymbol{\varepsilon}_j$ 的夹角. 这表明 $\mathbf{x}$ 在标准正交基下的第 j 个的坐标恰好为 $\mathbf{x}$ 与 $\boldsymbol{\varepsilon}_j$ 的内积 $\mathbf{x}\cdot\boldsymbol{\varepsilon}_j$,也是 $\mathbf{x}$ 在 $\boldsymbol{\varepsilon}_j$ 方向上的垂直投影的长度,这与空间解析几何中的表示一致. 例如考虑三维欧氏空间 $\mathbf{R}^3$,显然 $\boldsymbol{\varepsilon}_1=(1,0,0)$,$\boldsymbol{\varepsilon}_2=(0,1,0)$,$\boldsymbol{\varepsilon}_3=(0,0,1)$是 $\mathbf{R}^3$ 的一个标准正交基. 任意 $\mathbf{x}=(x_1,x_2,x_3)\in\mathbf{R}^3$ 可由这个标准正交基表示为 $\mathbf{x}=x_1\boldsymbol{\varepsilon}_1+x_2\boldsymbol{\varepsilon}_2+x_3\boldsymbol{\varepsilon}_3$ 且 $x_j=\mathbf{x}\cdot\boldsymbol{\varepsilon}_j=\|\mathbf{x}\|\,\|\boldsymbol{\varepsilon}_j\|\cos\theta_j=\|\mathbf{x}\|\cos\theta_j$($\mathbf{x}$ 在第 j 条坐标轴上的垂直投影的长度). 第二,基于标准正交基,可容易计算两个向量的内积. 例如设 $\mathbf{x},\mathbf{y}\in\mathbf{V}$ 由 $\mathbf{V}$ 的标准正交基 $\boldsymbol{\varepsilon}_1,\boldsymbol{\varepsilon}_2,\cdots,\boldsymbol{\varepsilon}_n$ 分别表示为

$$\mathbf{x}=x_1\boldsymbol{\varepsilon}_1+x_2\boldsymbol{\varepsilon}_2+\cdots+x_n\boldsymbol{\varepsilon}_n,\quad \mathbf{y}=y_1\boldsymbol{\varepsilon}_1+y_2\boldsymbol{\varepsilon}_2+\cdots+y_n\boldsymbol{\varepsilon}_n$$

则 $\mathbf{x}\cdot\mathbf{y}=x_1y_1+x_2y_2+\cdots+x_ny_n$,两个向量的内积等于它们的对应坐标的乘积之和,这与空间解析几何向量的点积定义是完全一致的.

4.6.5　正交矩阵

定义 4.6.7　n 阶实矩阵 A 称为 n 阶正交矩阵,若 $AA^T=I$.

性质 4.6.3　正交矩阵具有下列性质:

(1) 正交矩阵 A 的行列式 $|A|=1$ 或 -1;

(2) 正交矩阵 A 是可逆的且 $A^{-1}=A^T$；

(3) A 是正交矩阵的充要条件是 A 的 n 个行(列)向量是 $\mathbf{R}^n$ 的一个标准正交基；

(4) A 是正交矩阵的充要条件是 $A^{-1}=A^T$；

(5) 若 A 是正交矩阵，则 A^{-1}、A^T 和 A^* 都是正交矩阵；

(6) 两个正交矩阵的乘积还是正交矩阵；

(7) 若 λ 是正交矩阵 A 的一个特征值，则 $1/\lambda$ 也是 A 的一个特征值；

(8) 由一个标准正交基到另一个标准正交基的过渡矩阵是正交矩阵.

4.7 相似矩阵与矩阵的可对角化

定义 4.7.1 给定两个 n 阶矩阵 A 和 B，若存在可逆矩阵 P 使得 $P^{-1}AP=B$，则称 A 和 B 相似，记作 $A\sim B$.

性质 4.7.1 相似矩阵描述的矩阵间的关系具有三个基本性质：

(1) 反身性. $A\sim A$.

(2) 对称性. 若 $A\sim B$，则 $B\sim A$.

(3) 传递性. 若 $A\sim B$ 且 $B\sim C$，则 $A\sim C$.

定理 4.7.1 给定两个 n 阶矩阵 A 和 B：

(1) 若 $A\sim B$，则 $|A|=|B|$；

(2) 若 $A\sim B$，则 A 和 B 同时可逆(此时有 $A^{-1}\sim B^{-1}$)或同时不可逆；

(3) 若 $A\sim B$，则 A 和 B 有相同的特征多项式，因而有完全相同的特征值；

(4) 若 $A\sim B$，则 A 和 B 的迹相同[$Tr(A)=Tr(B)$]；

(5) 若 $A\sim B$，则 A 和 B 的秩相同[$r(A)=r(B)$]；

(6) 若 $A\sim B$，则对任意正整数 m 有 $A^m\sim B^m$.

定义 4.7.2 若 n 阶矩阵 A 与某个对角矩阵 Λ 相似，即存在可逆矩阵 P，使得 $P^{-1}AP=\Lambda$，则称 A 是可对角化的，并称 A 是可对角化矩阵.

定理 4.7.2 n 阶矩阵 A 是可对角化的充要条件是 A 有 n 个线性无关的特征向量；若 $\mathbf{p}_1,\mathbf{p}_2,\cdots,\mathbf{p}_n$ 是 A 的对应于 n 个特征值 $\lambda_1,\lambda_2,\cdots,\lambda_n$ 的 n 个线性无关的(列)特征向量，令 $P=(\mathbf{p}_1,\mathbf{p}_2,\cdots,\mathbf{p}_n)$，则 $P^{-1}AP=\mathrm{diag}(\lambda_1,\lambda_2,\cdots,\lambda_n)$.

推论 4.7.3 若 n 阶矩阵 A 有 n 个互不相同的特征值，则 A 是可对角化的.

定理 4.7.4 n 阶矩阵 A 可对角化的充要条件是：对于 A 的每个特征值 λ 均有 $r(\lambda I-A)=n-s$，这里 s 是特征值 λ 的重数[即每个 s 重的特征值 λ 对应的线性无关的特征向量的个数等于 s 或每个 s 重的特征值 λ 对应的齐次线性方程组 $(\lambda I-A)\mathbf{x}=\mathbf{0}$ 的基础解系有 s 个解向量].

假设 n 阶矩阵 A 可对角化，则存在一个可逆矩阵 P 使得 $P^{-1}AP=\mathrm{diag}(\lambda_1,$

$\lambda_2,\cdots,\lambda_n)$，其中 $\lambda_1,\lambda_2,\cdots,\lambda_n$ 是 A 的 n 个特征值. 下面是求矩阵 P 的基本步骤：

(1) 解特征方程 $|\lambda I-A|=0$，求出 A（在复数域内）的全部特征值 $\lambda_1,\lambda_2,\cdots,\lambda_s$（对应的重数分别为 $n_1,n_2,\cdots,n_s$，且 $n_1+n_2+\cdots+n_s=n$）；

(2) 解齐次线性方程组 $(\lambda_i I-A)\mathbf{x}=\mathbf{0}$，求出基础解系，得到 n_i 重特征值 λ_i 对应的 n_i 个线性无关的特征向量 $\boldsymbol{\eta}_1^i,\boldsymbol{\eta}_2^i,\cdots,\boldsymbol{\eta}_{n_i}^i\ (i=1,2,\cdots,s)$.

(3) 令 $P=(\boldsymbol{\eta}_1^1,\boldsymbol{\eta}_2^1,\cdots,\boldsymbol{\eta}_{n_1}^1,\boldsymbol{\eta}_1^2,\boldsymbol{\eta}_2^2,\cdots,\boldsymbol{\eta}_{n_2}^2,\cdots,\boldsymbol{\eta}_1^s,\boldsymbol{\eta}_2^s,\cdots,\boldsymbol{\eta}_{n_s}^s)$，则有

$$P^{-1}AP=\mathrm{diag}(\lambda_1 I_{n_1},\lambda_2 I_{n_2},\cdots,\lambda_s I_{n_s})$$

定理 4.7.5　给定一个 n 阶矩阵 A，下面几条叙述相互等价：

(1) A 是可对角化的；

(2) A^T 是可对角化的；

(3) $A+kI(k\in R)$ 是可对角化的；

(4) A^{-1} 是可对角化的（若 A 可逆）.

4.8　合同矩阵、实对称矩阵与二次型

4.8.1　合同矩阵

定义 4.8.1　设 A 和 B 是两个 n 阶矩阵，若存在一个 n 阶可逆矩阵 P 使得 $B=P^TAP$，就称 B 与 A 合同.

性质 4.8.1　合同矩阵描述的矩阵间的关系具有三个基本性质：

(1) 反身性. 任意 n 阶矩阵与自身合同.

(2) 对称性. 若 B 与 A 合同，则 A 与 B 合同.

(3) 传递性. 若 C 与 B 合同，B 与 A 合同，则 C 与 A 合同.

定理 4.8.1　若 A 与 B 合同，则：

(1) A 为对称矩阵的充要条件是 B 为对称矩阵；

(2) 若 A 和 B 是两个可逆矩阵，则 A^{-1} 与 B^{-1} 合同；

(3) $r(A)=r(B)$.

4.8.2　实对称矩阵

定理 4.8.2　每一 n 阶实对称矩阵 A 都合同于一个形如 $\Lambda_s=\mathrm{diag}(c_1,c_2,\cdots,c_s,0,\cdots,0)$ 的 n 阶对角矩阵，这里 $r(A)=s$. 即存在一个 n 阶实可逆矩阵 P 使得 $P^TAP=\Lambda_s$.

定理 4.8.3　每一 n 阶实对称矩阵 A 都合同于一个形如 $\mathrm{diag}(I_p,-I_{s-p},0_{n-s})$ 的对角分块矩阵，且 p 是由 A 唯一确定的，这里 $r(A)=s$. 即存在一个 n 阶实可逆矩阵 P 使得

$$P^TAP = \begin{pmatrix} I_p & & \\ & -I_{s-p} & \\ & & O_{n-s} \end{pmatrix} \tag{4-8-1}$$

定义 4.8.2 式(4-8-1)中主对角线上 1 的个数 p 叫做实对称矩阵 A 的惯性指标,1 的个数与 -1 的个数的差 $t=p-(s-p)=2p-s$ 叫做 A 的符号差.

定理 4.8.4 两个 n 阶实对称矩阵合同的充要条件是它们有相同的秩和符号差.

性质 4.8.2(实对称矩阵的特征值和特征向量的性质) 设 A 是一个 n 阶实对称矩阵,则:

(1) A 的特征值都是实数;

(2) A 的对应不同特征值的特征向量彼此正交;

(3) A 的 k 重特征值恰好对应着 k 个线性无关的特征向量.

定理 4.8.5 设 A 是一个 n 阶实对称矩阵,则存在一个正交矩阵 P 使得 $P^TAP=\mathrm{diag}\{\lambda_1,\lambda_2,\cdots,\lambda_n\}$,这里 $\lambda_1,\lambda_2,\cdots,\lambda_n$ 是 A 的 n 个特征值(k 重特征值算作 k 个).

下面是求定理 4.8.5 中正交矩阵 P 的基本步骤(前两步与对角化一般矩阵所用的方法相同):

(1) 解特征方程 $|\lambda I-A|=0$,求出 A(在复数域内)的全部特征值 $\lambda_1,\lambda_2,\cdots,\lambda_s$(对应的重数分别为 $n_1,n_2,\cdots,n_s$,且 $n_1+n_2+\cdots+n_s=n$);

(2) 解齐次线性方程组 $(\lambda_i I-A)\mathbf{x}=\mathbf{0}$,求出基础解系,得到 n_i 重特征值 λ_i 对应的 n_i 个线性无关的特征向量 $\boldsymbol{\xi}_1^i,\boldsymbol{\xi}_2^i,\cdots,\boldsymbol{\xi}_{n_i}^i\ (i=1,2,\cdots,s)$.

(3) 利用 Gram-Schmidt 正交化方法把 $n_i(n_i\geqslant 2)$ 重特征值 λ_i 对应的 n_i 个线性无关的特征向量 $\boldsymbol{\xi}_1^i,\boldsymbol{\xi}_2^i,\cdots,\boldsymbol{\xi}_{n_i}^i$ 正交化,再单位化;把单特征值($n_i=1$)对应的特征向量单位化;进而得到 n_i 重特征值 λ_i 对应的 n_i 个线性无关的标准正交化向量 $\boldsymbol{\eta}_1^i,\boldsymbol{\eta}_2^i,\cdots,\boldsymbol{\eta}_{n_i}^i\ (i=1,2,\cdots,s)$和 n 个两两正交的单位向量

$$\boldsymbol{\eta}_1^1,\boldsymbol{\eta}_2^1,\cdots,\boldsymbol{\eta}_{n_1}^1,\boldsymbol{\eta}_1^2,\boldsymbol{\eta}_2^2,\cdots,\boldsymbol{\eta}_{n_2}^2,\cdots,\boldsymbol{\eta}_1^s,\boldsymbol{\eta}_2^s,\cdots,\boldsymbol{\eta}_{n_s}^s$$

(4) 令 $P=(\boldsymbol{\eta}_1^1,\boldsymbol{\eta}_2^1,\cdots,\boldsymbol{\eta}_{n_1}^1,\boldsymbol{\eta}_1^2,\boldsymbol{\eta}_2^2,\cdots,\boldsymbol{\eta}_{n_2}^2,\cdots,\boldsymbol{\eta}_1^s,\boldsymbol{\eta}_2^s,\cdots,\boldsymbol{\eta}_{n_s}^s)$,则 P 是正交矩阵且满足

$$P^TAP = P^{-1}AP = \mathrm{diag}(\lambda_1 I_{n_1},\lambda_2 I_{n_2},\cdots,\lambda_s I_{n_s}) \tag{4-8-2}$$

定理 4.8.6 设 A 和 B 是两个 n 阶实对称矩阵,且 $A\sim B$,则 A 与 B 合同.

4.8.3 二次型

定义 4.8.3 $\mathbf{R}^n$ 上形如

$$Q(\mathbf{x}) = Q(x_1,x_2,\cdots,x_n) = \sum_{i=1}^{n}\sum_{j=1}^{n} a_{ij}x_ix_j \tag{4-8-3}$$

的一个二次函数称作一个二次型,其中所有的 $a_{ij}\in R$ 且满足 $a_{ij}=a_{ji}$. 二次型式(4-8-3)可用矩阵乘法形式表示如下

$$Q(\mathbf{x})=\mathbf{x}^TA\mathbf{x}=(x_1\quad x_2\quad\cdots\quad x_n)\begin{pmatrix}a_{11}&a_{12}&\cdots&a_{1n}\\a_{21}&a_{22}&\cdots&a_{2n}\\\vdots&\vdots&\ddots&\vdots\\a_{n1}&a_{n2}&\cdots&a_{nn}\end{pmatrix}\begin{pmatrix}x_1\\x_2\\\vdots\\x_n\end{pmatrix}\quad(4\text{-}8\text{-}4)$$

这里 $\mathbf{x}=(x_1,x_2,\cdots,x_n)^T$,$A=(a_{ij})_{n\times n}$是 n 阶实对称矩阵. 实对称矩阵 A 称作二次型的矩阵. A 的惯性指标和符号差分别叫做二次型的惯性指标和符号差.

定义 4.8.4 给定一个线性变换 $\mathbf{x}=P\mathbf{y}$,这里 $\mathbf{x},\mathbf{y}\in\mathbf{R}^n$ 是两个 n 维列向量,P 是一个 n 阶实矩阵. 当 P 是一个可逆矩阵时,则称线性变换 $\mathbf{x}=P\mathbf{y}$ 是可逆的或非退化的;当 P 是一个正交矩阵时,则称线性变换 $\mathbf{x}=P\mathbf{y}$ 是正交线性变换.

给定一个二次型 $Q(\mathbf{x})=\mathbf{x}^TA\mathbf{x}$,令 $\mathbf{x}=P\mathbf{y}$ 是 $\mathbf{x}$ 到 $\mathbf{y}$ 的一个线性变换,则 $Q(\mathbf{x})=\mathbf{x}^TA\mathbf{x}=(P\mathbf{y})^TA(P\mathbf{y})=\mathbf{y}^T(P^TAP)\mathbf{y}$. 我们称二次型 $\mathbf{y}^T(P^TAP)\mathbf{y}$ 与二次型 $\mathbf{x}^TA\mathbf{x}$ 等价. 显然两个二次型等价的充要条件是它们的矩阵合同.

与实对称矩阵 A 的四个结论(定理 4.8.2～定理 4.8.5)相对应,二次型 $\mathbf{x}^TA\mathbf{x}$ 也有四个类似的结论(定理 4.8.7～定理 4.8.10).

定理 4.8.7 每一 n 阶实对称矩阵 A 对应的二次型 $\mathbf{x}^TA\mathbf{x}$ 都等价于一个形如 $c_1y_1^2+c_2y_2^2+\cdots+c_sy_s^2$ 的二次型,这里 s 是二次型(矩阵 A)的秩;当 $s>0$ 时,$c_1,c_2,\cdots,c_s\neq0$. 即存在一个可逆变换 $\mathbf{x}=P\mathbf{y}$,则可将二次型 $\mathbf{x}^TA\mathbf{x}$ 变为 $c_1y_1^2+c_2y_2^2+\cdots+c_sy_s^2$.

定理 4.8.8(惯性定理) 每一 n 阶实对称矩阵 A 对应的二次型 $\mathbf{x}^TA\mathbf{x}$ 都等价于一个形如 $y_1^2+y_2^2+\cdots+y_p^2-y_{p+1}^2-\cdots-y_s^2$ 的二次型,这里 s 是二次型(矩阵 A)的秩. 即存在一个可逆变换 $\mathbf{x}=P\mathbf{y}$,则可将二次型 $\mathbf{x}^TA\mathbf{x}$ 变为 $y_1^2+y_2^2+\cdots+y_p^2-y_{p+1}^2-\cdots-y_s^2$.

定理 4.8.9 两个实二次型等价的充要条件是它们有相同的秩和符号差.

定理 4.8.10 任意 n 阶实对称矩阵 A 对应的二次型 $\mathbf{x}^TA\mathbf{x}$ 都可经过一个正交变换转化为一个形如 $\lambda_1y_1^2+\lambda_2y_2^2+\cdots+\lambda_ny_n^2$ 的二次型. 即存在一个正交变换 $\mathbf{x}=P\mathbf{y}$,使得 $\mathbf{y}^TP^TAP\mathbf{y}=\lambda_1y_1^2+\lambda_2y_2^2+\cdots+\lambda_ny_n^2$.

4.9 实对称矩阵和实二次型的(半)正(负)定性

4.9.1 (半)正(负)定性定义

定义 4.9.1 设 A 是 $n\times n$ 阶实对称矩阵:

(1) 称 A(或二次型 $\mathbf{x}^TA\mathbf{x}$)是负定的,若对任意 $\mathbf{x}\in\mathbf{R}^n$ 且 $\mathbf{x}\neq0$ 有 $\mathbf{x}^TA\mathbf{x}<0$;

(2) 称 A(或二次型 $\mathbf{x}^TA\mathbf{x}$)是半负定的,若对任意 $\mathbf{x}\in\mathbf{R}^n$ 有 $\mathbf{x}^TA\mathbf{x}\leqslant 0$;

(3) 称 A(或二次型 $\mathbf{x}^TA\mathbf{x}$)是正定的,若对任意 $\mathbf{x}\in\mathbf{R}^n$ 且 $\mathbf{x}\neq 0$ 有 $\mathbf{x}^TA\mathbf{x}>0$;

(4) 称 A(或二次型 $\mathbf{x}^TA\mathbf{x}$)是半正定的,若对任意 $\mathbf{x}\in\mathbf{R}^n$ 有 $\mathbf{x}^TA\mathbf{x}\geqslant 0$;

(5) 称 A(或二次型 $\mathbf{x}^TA\mathbf{x}$)是不定的,若对某个 $\mathbf{x}\in\mathbf{R}^n$ 有 $\mathbf{x}^TA\mathbf{x}>0$,对另外的某个 $\mathbf{x}\in\mathbf{R}^n$ 有 $\mathbf{x}^TA\mathbf{x}<0$.

性质 4.9.1　设 A 是 $n\times n$ 阶实对称矩阵:

(1) A 是半正定(或正定)的充要条件是 $-A$ 是半负定(或负定)的.

(2) 若 A 是正定(或负定)的,则 A 是半正定(或半负定)的;反之不然.

4.9.2　(半)正(负)定性的判定方法

1. 行列式法

1) A 的 k 阶顺序主子式

定义 4.9.2　设 M 是 $m\times n$ 阶矩阵,由矩阵 M 的前 k 行构成(或去掉 M 的最后 $m-k$ 行所得)的矩阵,叫做矩阵 M 的 $k\times n$ 阶子阵,记作 ${}_kM$;由矩阵 M 的前 k 列构成(或去掉 M 的最后 $n-k$ 列所得)的矩阵,叫做矩阵 M 的 $m\times k$ 阶子阵,记作 M_k;由矩阵 M 的前 k 行和前 k 列构成的矩阵,叫做矩阵 M 的 $k\times k$ 阶子阵,记作 ${}_kM_k$.

定义 4.9.3　设 A 是 $n\times n$ 阶矩阵,由位于矩阵 A 的前 k 行和前 k 列的元素所构成(或去掉 A 的最后 $n-k$ 行和相应的最后 $n-k$ 列后所得)的矩阵,叫做 A 的 k 阶顺序主子阵,记作 ${}_kA_k$;称 $|{}_kA_k|$ 为矩阵 A 的 k 阶顺序主子式,$k=1,2,\cdots,n$.

2) A 的 k 阶主子阵

定义 4.9.4　设 A 是 $n\times n$ 阶矩阵,由位于矩阵 A 的第 $j_1,j_2,\cdots,j_k$ 行和相应的第 $j_1,j_2,\cdots,j_k$ 列的元素所构成的矩阵,叫做 A 的 k 阶主子阵,记作 ${}_kA_k^\pi$;称 $|{}_kA_k^\pi|$ 为矩阵 A 的 k 阶主子式,$k=1,2,\cdots,n$.

$${}_kA_k^\pi\equiv\begin{pmatrix}a_{j_1j_1} & a_{j_1j_2} & \cdots & a_{j_1j_k}\\ a_{j_2j_1} & a_{j_2j_2} & \cdots & a_{j_2j_k}\\ \vdots & \vdots & \ddots & \vdots\\ a_{j_kj_1} & a_{j_kj_2} & \cdots & a_{j_kj_k}\end{pmatrix}$$

易知 $n\times n$ 阶的矩阵 A 的所有的顺序主子式有 n 个(每阶只有一个),A 的所有的主子式有 2^n-1 个(A 的 k 阶主子式有 C_n^k 个,$k=1,2,\cdots,n$).

3) 判定法

定理 4.9.1　设 A 是一个 $n\times n$ 阶对称矩阵，则：

(1) A 是正定的 $\Leftrightarrow |{}_kA_k|>0, k=1,2,\cdots,n$；

(2) A 是半正定的 $\Leftrightarrow |{}_kA_k^\pi|\geqslant 0, k=1,2,\cdots,n$；

(3) A 是负定的 $\Leftrightarrow (-1)^k|{}_kA_k|>0, k=1,2,\cdots,n$；

(4) A 是半负定的 $\Leftrightarrow (-1)^k|{}_kA_k^\pi|\geqslant 0, k=1,2,\cdots,n$；

(5) 若(1)和(3)中的两个充要条件都不成立(如 A 存在小于零的偶数阶顺序主子式或 A 存在正负符号不同的两个不同的奇数阶顺序主子式)，则 A 是不定的；

(6) A 是正定的(不必是对称的) $\Rightarrow |{}_kA_k^\pi|>0, k=1,2,\cdots,n$；

(7) A 是负定的(不必是对称的) $\Rightarrow (-1)^k|{}_kA_k^\pi|>0, k=1,2,\cdots,n$.

2. 矩阵的特征值法

定理 4.9.2　设 A 是一个 $n\times n$ 阶对称矩阵，则：

(1) A 是正(负)定的 $\Leftrightarrow A$ 的每个特征值是正(负)的；

(2) A 是半正(负)定的 $\Leftrightarrow A$ 的所有特征值是非负(正)的.

4.9.3　正负定性的一些其他结论

定理 4.9.3(正负定性与最优性)　设有二次型 $Q(\mathbf{x})=\mathbf{x}^TA\mathbf{x}$，则：

(1) $\mathbf{x}=\mathbf{0}$ 是 $Q(\mathbf{x})$ 的唯一最大值点 $\Leftrightarrow A$ 是负定的；

(2) $\mathbf{x}=\mathbf{0}$ 是 $Q(\mathbf{x})$ 的唯一最小值点 $\Leftrightarrow A$ 是正定的.

定理 4.9.4　给定一个实对称矩阵 A：

(1) A 是正定的充要条件是 A 与单位矩阵 I 合同(即存在一个 n 阶实可逆矩阵 P 使得 $P^TAP=I$)，或等价地，二次型 $Q(\mathbf{x})=\mathbf{x}^TA\mathbf{x}$ 是正定的充要条件是这个二次型经过一个可逆变换转化为一个形如 $y_1^2+y_2^2+\cdots+y_n^2$ 的二次型.

(2) A 是半正定的充要条件是 A 与形如 $\mathrm{diag}(I_s,O_{n-s})$ 的对角分块矩阵合同(即存在一个 n 阶实可逆矩阵 P 使得 $P^TAP=\mathrm{diag}(I_s,O_{n-s})$)，或等价地二次型 $Q(\mathbf{x})=\mathbf{x}^TA\mathbf{x}$ 是半正定的充要条件是这个二次型经过一个可逆变换转化为一个形如 $y_1^2+y_2^2+\cdots+y_s^2$ 的二次型，这里 $r(A)=s\leqslant n$.

(3) A 是负定的充要条件是 A 与 $-I$ 合同(即存在一个 n 阶实可逆矩阵 P 使得 $P^TAP=-I$)，或等价地二次型 $Q(\mathbf{x})=\mathbf{x}^TA\mathbf{x}$ 是负定的充要条件是这个二次型经过一个可逆变换转化为一个形如 $-y_1^2-y_2^2-\cdots-y_n^2$ 的二次型.

(4) A 是半负定的充要条件是 A 与形如 $\mathrm{diag}(-I_s,O_{n-s})$ 的对角分块矩阵合同(即存在一个 n 阶实可逆矩阵 P 使得 $P^TAP=\mathrm{diag}(-I_s,O_{n-s})$)，或等价地二次

型 $Q(\mathbf{x})=\mathbf{x}^TA\mathbf{x}$ 是半负定的充要条件是这个二次型经过一个可逆变换转化为一个形如 $-y_1^2-y_2^2-\cdots-y_s^2$ 的二次型，这里 $r(A)=s\leqslant n$.

定理 4.9.5 实对称矩阵 A 是正定矩阵的充要条件是存在可逆矩阵 P 使得 $A=P^TP$.

定理 4.9.6 实对称矩阵 A 是正定的，则存在正定矩阵 B 使得 $A=B^2$.

定理 4.9.7 给定一个矩阵 $A_{m\times n}$，则：

(1) A^TA 和 AA^T 都是半正定矩阵；

(2) $A^TA(AA^T)$是正定的充要条件是 $r(A)=n[r(A)=m]$.

证明 结论(1)可由定义 4.9.1(4)直接证明. 下面证明结论(2). 由定义 4.9.1(3)，A^TA 是正定$\Leftrightarrow$对任意 $\mathbf{x}\in\mathbf{R}^n$ 且 $\mathbf{x}\neq\mathbf{0}$ 有 $\mathbf{x}^TA^TA\mathbf{x}>0$ 或$(A\mathbf{x})^TA\mathbf{x}>0\Leftrightarrow$对任意 $\mathbf{x}\in\mathbf{R}^n$ 且 $\mathbf{x}\neq\mathbf{0}$ 有 $A\mathbf{x}\neq\mathbf{0}\Leftrightarrow r(A)=n$.

定理 4.9.8 给定一个矩阵 $A_{m\times n}$，则当 $\lambda>0$ 时，矩阵 $\lambda I+A^TA$ 是正定矩阵.

定理 4.9.9 若 $A=(a_{ij})_{n\times n}$是正(负)定矩阵，则：

(1) $a_{ii}>(<)0(i=1,2,\cdots,n)$；

(2) A^{-1}是正(负)定矩阵；

(3) A^* 是正(负)定矩阵.

定理 4.9.10 若 A 是正(负)定矩阵，则：

(1) A^m(m 为正整数)是正定矩阵；

(2) $kA(k>0)$是正定矩阵.

定理 4.9.11 若 A 是正(负)定矩阵，B 是可逆矩阵，则 B^TAB 是正(负)定矩阵.

定理 4.9.12 若 A 是正(负)定矩阵，B 是半正(半负)定矩阵，则 $A+B$ 是正(负)定矩阵.

定理 4.9.13 若 A 和 B 都是正定矩阵，则：

(1) AB 的特征值都大于零；

(2) 若 $AB=BA$，则 AB 是正定矩阵.

定理 4.9.14 假设矩阵 $A_{m\times m}$是正(负)定的，给定矩阵 $B_{m\times n}$，则 B^TAB 是正(负)定的充要条件是 $r(B)=n$.

定理 4.9.15 若 A 和 B 都是正定矩阵，则分块对角矩阵 $\mathrm{diag}(A,B)$也是正定的.

4.9.4 线性约束下二次型的(半)正(负)定性

定义 4.9.5 设 A 是一个 $n\times n$ 阶对称矩阵，B 是一个秩为 $m(m<n)$的 $m\times n$ 阶矩阵.

(1) 称二次型 $Q(\mathbf{x})=\mathbf{x}^TA\mathbf{x}$ 在约束集 $S_B=\{\mathbf{x}\in\mathbf{R}^n\mid B\mathbf{x}=\mathbf{0}\}$上是负定的，若对

任意 $\mathbf{x}\in S_B$ 且 $\mathbf{x}\neq\mathbf{0}$，都有 $Q(\mathbf{x})<0$；称二次型 $Q(\mathbf{x})=\mathbf{x}^TA\mathbf{x}$ 在约束集 S_B 上是半负定的，若对任意 $\mathbf{x}\in S_B$，都有 $Q(\mathbf{x})\leqslant 0$.

(2) 将上面的不定式反向，即得到二次型 $Q(\mathbf{x})=\mathbf{x}^TA\mathbf{x}$ 在约束集 S_B 上是正定的和半正定的定义.

定理 4.9.16(Simon and Blume，1994)　设 A 是一个 $n\times n$ 阶对称矩阵，B 是一个秩为 m 的 $m\times n$ 阶矩阵，且 $m<n$. 为了确定 n 个变量的二次型 $Q(\mathbf{x})=\mathbf{x}^TA\mathbf{x}$ 在约束集 $S_B=\{\mathbf{x}\in\mathbf{R}^n\mid B\mathbf{x}=\mathbf{0}\}$ 上的负定性或正定性，构造如下的 $(m+n)\times(m+n)$ 阶的对称(加边)矩阵

$$H=H_{m+n}=\begin{pmatrix}O & B\\ B^T & A\end{pmatrix}\tag{4-9-1}$$

从 $|H|$ 开始，检验 H 的后 $n-m$ 个顺序主子式的符号①.

(1) 若 $|H|$ 的符号为 $(-1)^n$，且 H 的后 $n-m$ 个顺序主子式的符号交替出现，则二次型 $Q(\mathbf{x})$ 在约束集 S_B 上是负定的，且 $\mathbf{x}=\mathbf{0}$ 是 $Q(\mathbf{x})$ 在约束集 S_B 上的严格极大值点.

(2) 若 $|H|$ 和 H 的后 $n-m$ 个顺序主子式的符号都为 $(-1)^m$，则二次型 $Q(\mathbf{x})$ 在约束集 S_B 上是正定的，且 $\mathbf{x}=\mathbf{0}$ 是 $Q(\mathbf{x})$ 在约束集 S_B 上的严格极小值点.

(3) 若条件(1)和(2)被非零的顺序主子式违背，则二次型 $Q(\mathbf{x})$ 在约束集 S_B 上是不定的，且 $\mathbf{x}=\mathbf{0}$ 既不是二次型 $Q(\mathbf{x})$ 在约束集 S_B 上的极大值点，也不是极小值点.

(4) 令 $m=1$，若 H_{1+n} 的后 $n-1$ 个顺序主子式的符号交替出现，则二次型 $Q(\mathbf{x})$ 在一个线性约束 $\sum_{i=1}^n b_ix_i=0$ 下是负定的；若 H_{1+n} 的后 $n-1$ 个顺序主子式有同样的符号(－)，则 $Q(\mathbf{x})$ 在一个线性约束 $\sum_{i=1}^n b_ix_i=0$ 下是正定的.

定理 4.9.16′(Mas-Colell et al.，1995)　设 A 是一个 $n\times n$ 阶对称矩阵，B 是一个秩为 m 的 $m\times n$ 阶矩阵，且 $m<n$. 为了确定 n 个变量的二次型 $Q(\mathbf{x})=\mathbf{x}^TA\mathbf{x}$ 在约束集 $S_B=\{\mathbf{x}\in\mathbf{R}^n\mid B\mathbf{x}=\mathbf{0}\}$ 上是负定的或正定的，构造如下的 $(m+k)\times(m+k)$ 阶的对称(加边)矩阵

$$H_{m+k}=\begin{pmatrix}O & B_k\\ {}_k(B^T) & {}_kA_k\end{pmatrix},\quad k=m+1,\cdots,n②\tag{4-9-2}$$

这里 ${}_kA_k$ 是 A 的 k 阶顺序主子阵，B_k 是由矩阵 B 的前 k 列构成的矩阵，${}_k(B^T)$ 是由 B^T 的前 k 行构成的矩阵[即 $(B_k)^T$].

---

① H 的后 $n-m$ 个顺序主子式的阶数分别为 $2m+1,2m+2,\cdots,m+n$.

② 式(4-9-2)中的 $|H_{m+k}|$ $(k=m+1,\cdots,n)$ 正好是 H 的后 $n-m$ 个顺序主子式.

(1) 二次型 $Q(\mathbf{x})$ 在约束集 S_B 上是负定的 $\Leftrightarrow (-1)^k |H_{m+k}|>0, k=m+1,\cdots,n$;

(2) 二次型 $Q(\mathbf{x})$ 在约束集 S_B 上是正定的 $\Leftrightarrow (-1)^m |H_{m+k}|>0, k=m+1,\cdots,n$.

定理 4.9.17(Mas-Colell et al.,1995) 设 A 是一个 $n\times n$ 阶对称矩阵,B 是一个秩为 m 的 $m\times n$ 阶矩阵,且 $m<n$. 为了确定 n 个变量的二次型 $Q(\mathbf{x})=\mathbf{x}^TA\mathbf{x}$ 在约束集 $S_B=\{\mathbf{x}\in\mathbf{R}^n | B\mathbf{x}=\mathbf{0}\}$ 上的半负定性或半正定性,构造如下的 $(m+k)\times(m+k)$ 阶的对称(加边)矩阵

$$H_{m+k}^{\pi}=\begin{pmatrix} O & B_k^{\pi} \\ (B_k^{\pi})^T & {}_kA_k^{\pi}\end{pmatrix},\quad k=m+1,\cdots,n \tag{4-9-3}$$

这里 ${}_kA_k^{\pi}$ 是矩阵 A 的 k 阶主子阵,是由 A 的第 $j_1,j_2,\cdots,j_k$ 行和相应的第 $j_1,j_2,\cdots,j_k$ 列的元素构成的矩阵,而 $j_1,j_2,\cdots,j_k$ 是集合 $\{1,2,\cdots,n\}$ 中的任意 k 个数组成的一个排列(这样的排列共有 C_n^k 个);B_k^{π} 是由矩阵 B 的第 $j_1,j_2,\cdots,j_k$ 列构成的矩阵;$(B_k^{\pi})^T$ 是 B_k^{π} 的转置矩阵,是由矩阵 B^T 的第 $j_1,j_2,\cdots,j_k$ 行构成的矩阵.

(1) 二次型 $Q(\mathbf{x})$ 在约束集 S_B 上是半负定的 $\Leftrightarrow (-1)^k |H_{m+k}^{\pi}|\geqslant 0, k=m+1,\cdots,n$;

(2) 二次型 $Q(\mathbf{x})$ 在约束集 S_B 上是半正定的 $\Leftrightarrow (-1)^m |H_{m+k}^{\pi}|\geqslant 0, k=m+1,\cdots,n$.

例 4.9.1 检验二次型 $Q(x_1,x_2,x_3,x_4)=x_1^2-x_2^2+x_3^2+x_4^2+4x_2x_3-2x_1x_4$ 在约束集 $x_2+x_3+x_4=0, x_1-9x_2+x_4=0$ 上的正负定性.

解 由题意需验证二次型 $Q(x_1,x_2,x_3,x_4)=\mathbf{x}^TA\mathbf{x}$ 在约束集合 $S_B=\{\mathbf{x}\in\mathbf{R}^4 | B\mathbf{x}=\mathbf{0}\}$ 上的正负定性. 其中

$$A=\begin{pmatrix} 1 & 0 & 0 & -1 \\ 0 & -1 & 2 & 0 \\ 0 & 2 & 1 & 0 \\ -1 & 0 & 0 & 1 \end{pmatrix},\quad B=\begin{pmatrix} 0 & 1 & 1 & 1 \\ 1 & -9 & 0 & 1 \end{pmatrix},\quad \mathbf{x}=(x_1,x_2,x_3,x_4)^T$$

本题中,$m=2, n=4$. 构造加边对称矩阵 H 如下

$$H=H_{2+4}=\begin{pmatrix} O & B \\ B^T & A \end{pmatrix}=\begin{pmatrix} 0 & 0 & 0 & 1 & 1 & 1 \\ 0 & 0 & 1 & -9 & 0 & 1 \\ 0 & 1 & 1 & 0 & 0 & -1 \\ 1 & -9 & 0 & -1 & 2 & 0 \\ 1 & 0 & 0 & 2 & 1 & 0 \\ 1 & 1 & -1 & 0 & 0 & 1 \end{pmatrix}$$

由定理 4.9.16 需检验对称矩阵 H 的后 $4-2=2$ 个顺序主子式,即 $|H_6|$ 和 $|H_5|$ 的符号情况. 经计算有 $|H_6|=24>0$, $|H_5|=77>0$. 因此 H 的后 2 个顺序主子式的

符号相同,均为$(-1)^m$,故二次型$Q(\mathbf{x})$在S_B上是正定的,且$\mathbf{x}=\mathbf{0}$是$Q(\mathbf{x})$在S_B上的最小值点.

注记 4.9.1　有的课本构造下面的加边矩阵

$$H'_{m+n}=\begin{pmatrix} A & B^T \\ B & O \end{pmatrix} \tag{4-9-4}$$

此时我们只需分别检验

$$H'_{m+k}=\begin{pmatrix} {}_kA_k & (B_k)^T \\ B_k & O \end{pmatrix},\quad k=m+1,\cdots,n \tag{4-9-5}$$

或

$$H'^{\pi}_{m+k}=\begin{pmatrix} {}_kA^{\pi}_k & (B^{\pi}_k)^T \\ B^{\pi}_k & O \end{pmatrix},\quad k=m+1,\cdots,n \tag{4-9-6}$$

的行列式的符号情况,即可得到二次型$Q(\mathbf{x})$在约束集S_B上的正、负定性,或半正、半负定性,这是因为$|H'_{m+k}|=|H_{m+k}|$和$|H^{\pi}_{m+k}|=|H'^{\pi}_{m+k}|$.

例 4.9.2　直接利用定理 4.9.17 检验二次型$Q(x_1,x_2,x_3,x_4)=x_1^2-x_2^2+x_3^2+x_4^2+4x_2x_3-2x_1x_4$在约束集$x_2+x_3+x_4=0,x_1-9x_2+x_4=0$上的半正定性或半负定性.

解　由题意需验证二次型$Q(x_1,x_2,x_3,x_4)=\mathbf{x}^TA\mathbf{x}$在约束集$S_B=\{\mathbf{x}\in\mathbf{R}^4\mid B\mathbf{x}=\mathbf{0}\}$上的半正和半负定性,其中

$$A=\begin{pmatrix} 1 & 0 & 0 & -1 \\ 0 & -1 & 2 & 0 \\ 0 & 2 & 1 & 0 \\ -1 & 0 & 0 & 1 \end{pmatrix},\quad B=\begin{pmatrix} 0 & 1 & 1 & 1 \\ 1 & -9 & 0 & 1 \end{pmatrix},\quad \mathbf{x}=(x_1,x_2,x_3,x_4)^T$$

根据定理 4.9.17,需要验证如下构造的加边对称矩阵

$$H^{\pi}_{m+k}=\begin{pmatrix} O & B^{\pi}_k \\ (B^{\pi}_k)^T & {}_kA^{\pi}_k \end{pmatrix},\quad k=m+1,\cdots,n$$

的符号,这里$m=2,n=4$,所以$k=3,4$.

(1) $k=3$时,$H^{\pi}_{2+3}=\begin{pmatrix} O & B^{\pi}_3 \\ (B^{\pi}_3)^T & {}_3A^{\pi}_3 \end{pmatrix}$,这样的主子式共有$C_4^3=4$个.下面验证它们的符号.

$$|H^{\pi}_{2+3}|=\begin{vmatrix} 0 & 0 & 0 & 1 & 1 \\ 0 & 0 & 1 & -9 & 0 \\ 0 & 1 & 1 & 0 & 0 \\ 1 & -9 & 0 & -1 & 2 \\ 1 & 0 & 0 & 2 & 1 \end{vmatrix}=77>0$$

$$|H_{2+3}^{\pi}|=\begin{vmatrix}0&0&0&1&1\\0&0&1&-9&1\\0&1&1&0&-1\\1&-9&0&-1&0\\1&1&-1&0&1\end{vmatrix}=120>0$$

$$|H_{2+3}^{\pi}|=\begin{vmatrix}0&0&0&1&1\\0&0&1&0&1\\0&1&1&0&-1\\1&0&0&1&0\\1&1&-1&0&1\end{vmatrix}=5>0$$

$$|H_{2+3}^{\pi}|=\begin{vmatrix}0&0&1&1&1\\0&0&-9&0&1\\1&-9&-1&2&0\\1&0&2&1&0\\1&1&0&0&1\end{vmatrix}=140>0$$

因此，当 $k=3$ 时有 $(-1)^m|H_{m+k}^{\pi}|>0$ 成立，进而有 $(-1)^m|H_{m+k}^{\pi}|\geqslant 0$ 成立.

(2) $k=4$ 时，$H_{2+4}^{\pi}=\begin{pmatrix}O&B\\B^T&A\end{pmatrix}$（只有 1 个），计算得知

$$|H_{2+4}^{\pi}|=\begin{vmatrix}0&0&0&1&1&1\\0&0&1&-9&0&1\\0&1&1&0&0&-1\\1&-9&0&-1&2&0\\1&0&0&2&1&0\\1&1&-1&0&0&1\end{vmatrix}=24\geqslant 0$$

因此，当 $k=4$ 时，同样有 $(-1)^m|H_{m+k}^{\pi}|\geqslant 0$ 成立.

综合(1)和(2)，有下式成立

$$(-1)^m\ |H_{m+k}^{\pi}|\geqslant 0\quad (m=2,n=4,k=3,4)$$

根据定理 4.9.17，$Q(x_1,x_2,x_3,x_4)=\mathbf{x}^TA\mathbf{x}$ 在约束集 $S_B=\{\mathbf{x}\in\mathbf{R}^4\,|\,B\mathbf{x}=\mathbf{0}\}$ 上是半正定的.

4.10　欧氏向量空间 $\mathbf{R}^n$ 中的直线与平面

4.10.1　$\mathbf{R}^n$ 中的直线

1. 直线的确定

从几何上看，$\mathbf{R}^n$ 中的直线 l 可由两种方法确定：①$\mathbf{R}^n$ 中的一个点 $\mathbf{x}_0$ 和从该点

出发运动的一个方向 $\mathbf{v}$(或向量)($\mathbf{R}^2$ 的情况见图 4.10.1);②$\mathbf{R}^n$ 中的两个点 $\mathbf{x}_1$ 和 $\mathbf{x}_2$($\mathbf{R}^2$ 的情况见图 4.10.2).事实上,第二种确定法实质上与第一种方法相同,即由点 $\mathbf{x}_1$(或点 $\mathbf{x}_2$)和从该点出发运动的一个方向 $\mathbf{v}=\mathbf{x}_2-\mathbf{x}_1$(或 $\mathbf{x}_1-\mathbf{x}_2$)来确定.

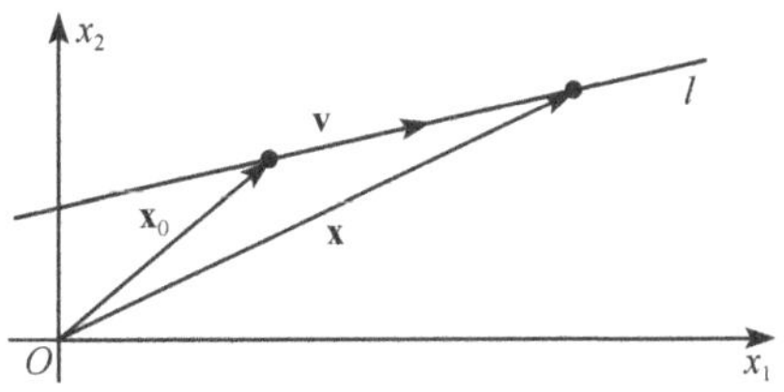

图 4.10.1　$\mathbf{R}^2$ 中由一个点 $\mathbf{x}_0$ 和一个方向 $\mathbf{v}$ 确定直线 l

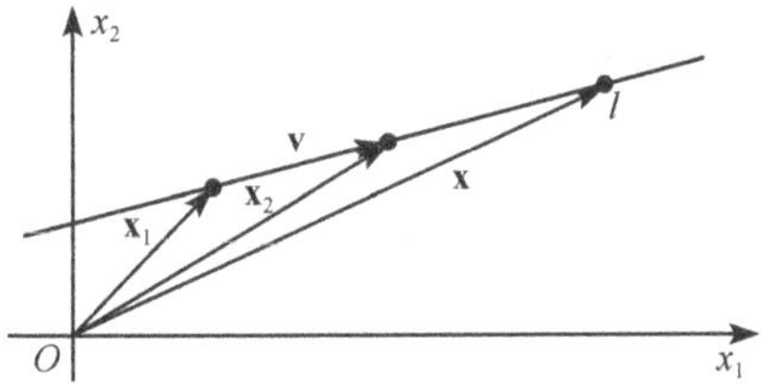

图 4.10.2　$\mathbf{R}^2$ 中同两个点 $\mathbf{x}_1$ 和 $\mathbf{x}_2$ 确定直线 l

2. 直线方程的确定

设某条直线 l 由一个点 $\mathbf{x}_0$ 和一个方向 $\mathbf{v}$ 确定,$\mathbf{x}$ 是该直线上任意一点.因为向量 $\mathbf{x}-\mathbf{x}_0$ 与向量 $\mathbf{v}$ 平行,因此存在一个实数 t 使得 $\mathbf{x}-\mathbf{x}_0=t\mathbf{v}$,即

$$\mathbf{x}=\mathbf{x}_0+t\mathbf{v}\quad(t\in R)\tag{4-10-1}$$

式(4-10-1)称作直线 l 的参数方程.由于直线上任意一点 $\mathbf{x}$ 的各个坐标均依赖于参数 $t\in R$,因此直线 l 的参数方程也可写成

$$\mathbf{x}(t)=\mathbf{x}_0+t\mathbf{v}\quad(t\in R)\tag{4-10-1$'$}$$

消去式(4-10-1)中的参数 t,得

$$\frac{x_1-x_1^0}{v_1}=\frac{x_2-x_2^0}{v_2}=\cdots=\frac{x_n-x_n^0}{v_n}\tag{4-10-2}$$

式(4-10-2)称作直线 l 的对称式方程,其中点 $\mathbf{x}_0=(x_1^0,x_2^0,\cdots,x_n^0)$,点 $\mathbf{x}=(x_1,x_2,\cdots,x_n)$.

若某条直线 l 由两个点 $\mathbf{x}_1$ 和 $\mathbf{x}_2$ 确定,则直线 l 可看由一个点 $\mathbf{x}_1$ 和一个方向 $\mathbf{v}=\mathbf{x}_1-\mathbf{x}_2$ 确定,因此由式(4-10-1)可知直线 l 的参数方程为

$$\mathbf{x}=\mathbf{x}_1+t(\mathbf{x}_1-\mathbf{x}_2)\quad(t\in R)\tag{4-10-3}$$

例 4.10.1　设直线 l 由平面 $\mathbf{R}^2$ 上的一个点(x_0,y_0)和一个方向 $\mathbf{v}=(v_1,v_2)$确定,由式(4-10-1)可知直线 l 的参数方程为$(x,y)=(x_0,y_0)+t(v_1,v_2)$,或

$$\begin{cases}x=x_0+tv_1\\ y=y_0+tv_2\end{cases}\quad(t\in R)$$

消去参数 t 得

$$y=y_0+\frac{v_2}{v_1}(x-x_0)$$

或

$$\frac{x-x_0}{v_1}=\frac{y-y_0}{v_2}$$

其中方向 $\mathbf{v}=(v_1,v_2)$与 x 轴正向的夹角的正切为 v_1/v_2(斜率).

例 4.10.2 求从原点出发与方向 $\mathbf{v}=(v_1,v_2,\cdots,v_n)$平行的射线的方程.

解 由式(4-10-1)知,这条射线的方程为 $\mathbf{x}(t)=t\mathbf{v}$,或 $x_1(t)=tv_1,x_2(t)=tv_2,\cdots,x_n(t)=tv_n$,其中 $t\geqslant 0$.

4.10.2 $\mathbf{R}^n$ 中的平面

1. 平面的确定

从几何上看,$\mathbf{R}^n$ 中的一个平面 π 可由三种方法确定:①平面上的一个点 $\mathbf{x}_0$ 和平面的一个法线向量 $\mathbf{n}$(指垂直于平面的向量);②平面上的一个点 $\mathbf{x}_0$ 和平面上的两个线性无关的向量 $\mathbf{u}$ 和 $\mathbf{v}$;③平面上的三个不共线的点 $\mathbf{x}_0$、$\mathbf{x}_1$ 和 $\mathbf{x}_2$. 图 4.10.3～图 4.10.5(其中 $\mathbf{x}$ 是平面上的任意点)分别表示这三种情形.

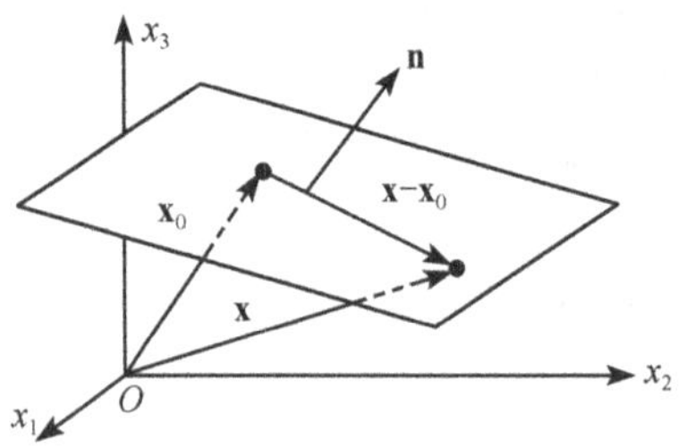

图 4.10.3 一个点 $\mathbf{x}_0$ 和一个法线向量 $\mathbf{n}$

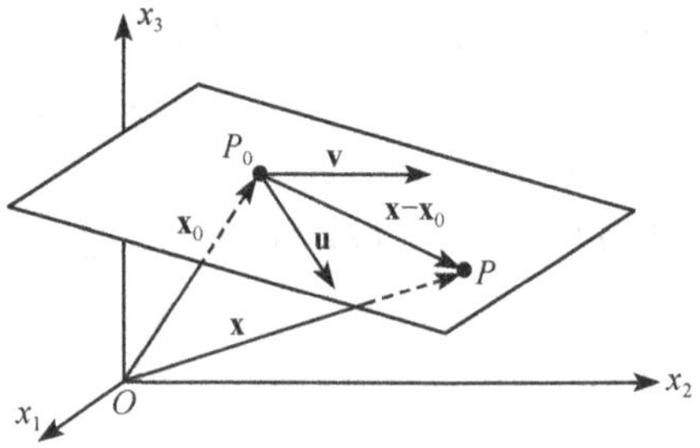

图 4.10.4 一个点 $\mathbf{x}_0$ 和两个向量 $\mathbf{u}$ 和 $\mathbf{v}$

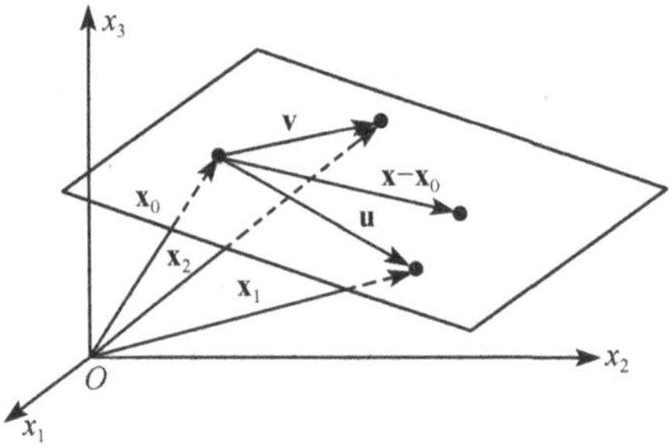

图 4.10.5 三个不共线的点 $\mathbf{x}_0$、$\mathbf{x}_1$ 和 $\mathbf{x}_2$

2. 平面方程的确定

(1) 假设一个平面 π 由平面上的一个点 $\mathbf{x}_0$ 和平面的一个法线向量 $\mathbf{n}$ 确定. 需

要确定平面上的任意点 $\mathbf{x}$ 应满足的方程. 由于 $\mathbf{n}$ 与 $\mathbf{x}-\mathbf{x}_0$ 垂直(图 4.10.3),据定义 4.6.4 得到平面 π 的点法式方程

$$(\mathbf{x}-\mathbf{x}_0)\cdot\mathbf{n}=0 \tag{4-10-4}$$

若进一步记 $\mathbf{x}=(x_1,x_2,\cdots,x_n)$, $\mathbf{n}=(p_1,p_2,\cdots,p_n)$, $\mathbf{x}_0=(x_1^0,x_2^0,\cdots,x_n^0)$,则可把式(4-10-4)写为

$$\sum_{i=1}^{n}p_i(x_i-x_i^0)=0$$

或

$$\sum_{i=1}^{n}p_ix_i-\sum_{i=1}^{n}p_ix_i^0=0 \tag{4-10-4'}$$

式(4-10-4′)叫做平面 π 的一般方程.

(2) 假设一个平面 π 由平面上的一个点 $\mathbf{x}_0$ 和平面上的两个线性无关的向量 $\mathbf{u}$ 和 $\mathbf{v}$ 确定,则 $\mathbf{x}-\mathbf{x}_0$ 可由向量 $\mathbf{u}$ 和 $\mathbf{v}$ 线性表示(参见图 4.10.4,相当于向量$\overrightarrow{P_0P}$可由 $\mathbf{u}$ 和 $\mathbf{v}$ 线性表示),即存在 $s,t\in R$,使得 $\mathbf{x}-\mathbf{x}_0=s\mathbf{u}+t\mathbf{v}$. 从而平面上的任意点 $\mathbf{x}$ 应满足

$$\mathbf{x}=\mathbf{x}_0+s\mathbf{u}+t\mathbf{v}\quad(s,t\in R) \tag{4-10-5}$$

这个方程叫做平面的向量式参数方程(s 和 t 是参数).

(3) 假设一个平面 π 由平面上的不共线的三个点 $\mathbf{x}_0$、$\mathbf{x}_1$ 和 $\mathbf{x}_2$ 确定. 此时,平面 π 可看作由平面上的一个点 $\mathbf{x}_0$ 和平面上的两个线性无关的向量 $\mathbf{u}=\mathbf{x}_1-\mathbf{x}_0$ 和 $\mathbf{v}=\mathbf{x}_2-\mathbf{x}_0$ 确定. 从而平面的向量式参数方程为

$$\mathbf{x}=\mathbf{x}_0+t_1(\mathbf{x}_1-\mathbf{x}_0)+t_2(\mathbf{x}_2-\mathbf{x}_0)\quad(t_1,t_2\in R) \tag{4-10-6}$$

或

$$\mathbf{x}=t_0\mathbf{x}_0+t_1\mathbf{x}_1+t_2\mathbf{x}_2\quad(t_0+t_1+t_2=1,t_0,t_1,t_2\in R) \tag{4-10-7}$$

式(4-10-7)表明,平面是系数和为 1 的三个固定向量的线性组合. 特别地,若进一步限制 $t_0,t_1,t_2\in R^+$,则式(4-10-7)表示以 $\mathbf{x}_0$、$\mathbf{x}_1$ 和 $\mathbf{x}_2$ 为顶点的三角形区域(图 4.10.5).

4.11　距离与度量空间

4.11.1　距离与度量空间

定义 4.11.1　设 $\mathbf{V}$ 是一个实向量空间,$d:\mathbf{V}\times\mathbf{V}\to R$ 为一映射,若对任意的 $\mathbf{x},\mathbf{y},\mathbf{z}\in\mathbf{V}$ 有

(M-1) 非负性. $d(\mathbf{x},\mathbf{y})\geqslant 0$ 且 $d(\mathbf{x},\mathbf{y})=0\Leftrightarrow\mathbf{x}=\mathbf{y}$.

(M-2) 对称性. $d(\mathbf{x},\mathbf{y})=d(\mathbf{y},\mathbf{x})$.

(M-3) 三角不等式. $d(\mathbf{x},\mathbf{z})\leqslant d(\mathbf{x},\mathbf{y})+d(\mathbf{y},\mathbf{z})$.

则称 d 为 $\mathbf{V}$ 的一个度量,偶对$(\mathbf{V},d)$称为度量空间,实数 $d(\mathbf{x},\mathbf{y})$称作两点 $\mathbf{x}$ 与 $\mathbf{y}$ 之间的距离.

4.11.2 欧氏距离与欧氏度量空间

定义 4.11.2 设 $\mathbf{R}^n$ 是一个 n 维欧氏空间,对任意 $\mathbf{x}=(x_1,x_2,\cdots,x_n)$,$\mathbf{y}=(y_1,y_2,\cdots,y_n)\in\mathbf{R}^n$,定义

$$d(\mathbf{x},\mathbf{y})=\sqrt{\sum_{i=1}^{n}(x_i-y_i)^2}\text{①} \tag{4-11-1}$$

则可验证映射 $d(\mathbf{x},\mathbf{y})$满足定义 4.11.1 中的(M-1)~(M-3),故偶对$(\mathbf{R}^n,d)$是一个度量空间,称作欧氏度量空间;$d(\mathbf{x},\mathbf{y})$或式(4-11-1)称作两点 $\mathbf{x}$ 与 $\mathbf{y}$ 之间的欧氏距离.

显然两点 $\mathbf{x}$ 与 $\mathbf{y}$ 之间的欧氏距离式(4-11-1)与欧氏空间 $\mathbf{R}^n$ 中向量 $\mathbf{x}-\mathbf{y}$ 的长度 $\|\mathbf{x}-\mathbf{y}\|$ 是相等的.

4.12 范数与赋范线性空间

4.12.1 范数与赋范线性空间

定义 4.12.1 设 $\mathbf{V}$ 是一个实向量空间,若 $\mathbf{V}$ 上的实值函数 $\|\cdot\|:\mathbf{x}\to\|\mathbf{x}\|$ 满足:

(N-1) 非负性. $\|\mathbf{x}\|\geqslant 0$,且 $\|\mathbf{x}\|=0\Leftrightarrow\mathbf{x}=\mathbf{0}$.

(N-2) 三角不等式. $\|\mathbf{x}+\mathbf{y}\|\leqslant\|\mathbf{x}\|+\|\mathbf{y}\|$.

(N-3) $\|\alpha\mathbf{x}\|=|\alpha|\,\|\mathbf{x}\|$.

其中 $\mathbf{x},\mathbf{y}\in\mathbf{V}$,$\alpha\in R$,则 $\|\cdot\|$ 称为范数,$\|\mathbf{x}\|$ 称为向量 $\mathbf{x}$ 的范数,偶对$(\mathbf{V},\|\cdot\|)$称为一个赋范线性空间.

4.12.2 欧氏范数与欧氏赋范线性空间

定义 4.12.2 设 $\mathbf{R}^n$ 是一个 n 维欧氏向量空间,对任意 $\mathbf{x}=(x_1,x_2,\cdots,x_n)\in\mathbf{R}^n$,定义向量 $\mathbf{x}$ 的如下运算

$$\|\mathbf{x}\|=\Big(\sum_{j=1}^{n}x_j^2\Big)^{1/2} \tag{4-12-1}$$

则可验证 $\|\cdot\|$ 满足定义 4.12.1 中的(N-1)~(N-3),因此$(\mathbf{R}^n,\|\cdot\|)$是一个

① 当 $n=2$ 或 3 时,式(4-11-1) 就是平面或空间两点的距离公式.

赋范线性空间，称作欧氏赋范线性空间；$\|\cdot\|$ 或式(4-12-1)称作欧氏范数.

由式(4-6-1)、式(4-11-1)和式(4-12-1)三式，对 n 维欧氏向量空间 $\mathbf{R}^n$ 有下面的关系式成立

$$d(\mathbf{x},\mathbf{y}) = \|\mathbf{x}-\mathbf{y}\| = \sqrt{(\mathbf{x}-\mathbf{y})\cdot(\mathbf{x}-\mathbf{y})} = \sqrt{\sum_{i=1}^{n}(x_i-y_i)^2} \quad (4\text{-}12\text{-}2)$$

$$\|\mathbf{x}\| = d(\mathbf{x},0) = \sqrt{\mathbf{x}\cdot\mathbf{x}} = \left(\sum_{j=1}^{n}x_j^2\right)^{1/2} \quad (4\text{-}12\text{-}3)$$

习　　题

4.1　确定下面对称矩阵的正定性、负定性、半正定性或半负定性：

(1) $\begin{pmatrix}1&2&0\\2&4&5\\0&5&6\end{pmatrix}$；　(2) $\begin{pmatrix}-1&1&0\\1&-1&0\\0&0&2\end{pmatrix}$；　(3) $\begin{pmatrix}2&4\\4&8\end{pmatrix}$

4.2　证明对任意非零的 x_1 和 x_2，二次型 $Q(x_1,x_2)=2x_1^2+5x_1x_2+8x_2^2$ 的符号恒为正.

4.3　确定下面约束二次型的正定性、负定性、半正定性或半负定性：

(1) $Q(x_1,x_2,x_3)=2x_3^2-16x_1x_2$，$s.t.\ x_1+2x_2-x_3=0$

(2) $Q(x_1,x_2,x_3)=-x_1^2-x_2^2+x_3^2-4x_1x_3$，$s.t.\ x_1+x_2+x_3=0, x_1+x_2-x_3=0$

4.4　验证二次型 $Q(\mathbf{x})=\mathbf{x}^TA\mathbf{x}$ 在约束集 $S_B=\{\mathbf{x}\in\mathbf{R}^3\mid B\mathbf{x}=0\}$ 上是半正定的，这里

$$A=\begin{pmatrix}\alpha/p_1^2&0&0\\0&(1-\alpha)/p_2^2&0\\0&0&-1/I^2\end{pmatrix},\quad B=\begin{pmatrix}-\alpha/p_1 & -(1-\alpha)/p_2 & 1/I\end{pmatrix}$$

$$p_1,p_2>0,\quad 0<\alpha<1.$$

4.5　证明下面的实对称矩阵

$$A=\begin{pmatrix}1/p&-\alpha/w_1&-(1-\alpha)/w_2\\-\alpha/w_1&\alpha p/w_1^2&0\\-(1-\alpha)/w_2&0&(1-\alpha)p/w_2^2\end{pmatrix}$$

是半正定的，这里 $p>0, w_1, w_2>0, 0<\alpha<1$.

第 5 章　线性代数和空间解析几何的经济应用

本章介绍第 4 章的相关内容中的一些概念、性质和定理在经济学中的一些应用，如用来表示经济学中的一些概念、原理或结论，或用来建立、求解和分析数理经济模型. 5.3～5.5 节考虑线性模型，5.6 节是非线性模型. 其中 5.3.1 小节是本章的重点内容.

5.1　商品空间与预算集

考虑一个含有 n 种商品的经济，假设各个商品是完全可分的，则可用非负实数 x_i 表示商品 i 的数量；而向量 $\mathbf{x}=(x_1,x_2,\cdots,x_n)\in\mathbf{R}_+^n$ 称作商品束. 所有商品束的集合

$$\{(x_1,x_2,\cdots,x_n)\mid(x_1,x_2,\cdots,x_n)\in\mathbf{R}_+^n\} \tag{5-1-1}$$

称作商品空间. 令 $p_i>0$ 表示商品 i 的价格，则购买商品束 $\mathbf{x}=(x_1,x_2,\cdots,x_n)$ 的成本可表示为价格向量 $\mathbf{p}=(p_1,p_2,\cdots,p_n)$ 和商品束 $\mathbf{x}$ 的内积 $\mathbf{p}\cdot\mathbf{x}$. 假设某消费者的收入为 I，则商品空间的子集

$$\{\mathbf{x}=(x_1,x_2,\cdots,x_n)\mid\mathbf{p}\cdot\mathbf{x}\leqslant I,\mathbf{x}\in\mathbf{R}_+^n\} \tag{5-1-2}$$

叫做这个消费者的预算集. 这个预算集的边界为超平面 $\mathbf{p}\cdot\mathbf{x}=I$ 的第一卦限，价格向量 $\mathbf{p}$ 是这个超平面的法线向量(或垂直于这个超平面).

5.2　投入空间与等成本集

考虑一个需要 n 种投入的生产过程，假设各种投入是完全可分的，则可用正实数 x_i 表示第 i 种投入的数量；而向量 $\mathbf{x}=(x_1,x_2,\cdots,x_n)\in\mathbf{R}_{++}^n$ 称作投入向量(或投入组合). 所有投入向量的集合

$$\{(x_1,x_2,\cdots,x_n)\mid(x_1,x_2,\cdots,x_n)\in\mathbf{R}_{++}^n\} \tag{5-2-1}$$

称作投入空间. 令 $w_i>0$ 表示第 i 种投入的价格，则购买投入组合 $\mathbf{x}=(x_1,x_2,\cdots,x_n)$ 的成本可表示为投入价格向量 $\mathbf{w}=(w_1,w_2,\cdots,w_n)$ 和投入组合 $\mathbf{x}$ 的内积 $\mathbf{w}\cdot\mathbf{x}$. 总成本为 C 的所有投入组合的集合

$$\{\mathbf{x}=(x_1,x_2,\cdots,x_n)\in\mathbf{R}_{++}^n\mid\mathbf{w}\cdot\mathbf{x}=C\} \tag{5-2-2}$$

称作等成本集，是超平面 $\mathbf{w}\cdot\mathbf{x}=C$ 的一部分. 投入价格向量 $\mathbf{w}$ 是这个超平面的法

线向量(或垂直于这个超平面).

5.3　线性静态均衡分析

5.3.1　均衡及其分类

均衡是指经过彼此调整以使其所构成的模型不存在任何内在变化趋势的一组挑选的相互联系的变量."挑选的"一词强调一个事实——确实存在一些变量,由于分析者的选择而未被包括在模型中.因此,这里讨论的均衡只与所选择的特定组合的变量相关.若模型扩大后包括另外的变量,则适合原来较小模型的均衡状态不再适用于扩大后的模型."相互联系的"一词意味着为了获得均衡,模型中的所有变量必须同时处于静止状态;此外,每个变量的静止状态必须与其他变量的静止状态相容;否则,有些变量将改变,进而引起其他变量发生连锁变化,这样不能说存在均衡."内在的"意味着在定义均衡时,所涉及的静止状态仅以模型中内部力量的平衡为基础,同时假设外部因素是固定不变的.这意味着参数和外生变量看作常数.当外部因素确实改变时,可能导致定义在新参数值基础上的新均衡;但在定义新均衡时,又假定这些新参数值是持续不变的(Chiang,1984,p. 35).

本质上,一个特定模型的均衡,是以没有变化趋势为特征的一种状态.鉴于这个原因,把均衡的分析(更明确地说,均衡状态是什么的研究)叫做静态学.均衡意味着没有变化趋势这一事实诱使人们下这样的结论:均衡必然构成一个想要的或理想的状态,因为只有在理想状态下才没有变化的动机.这个结论是无保证的.即使某个均衡位置代表一个所希望的状态和努力去追求的东西——如从厂商角度看的利润最大化状态——另一个均衡位置可能是非常不希望的因而是需避免的东西,如国民收入的非充分就业均衡水平.唯一有保证的解释是:均衡是一种状态,如达到的话,它往往使自己延续下去,阻碍外部力量的任何变化(Chiang,1984,p. 36).

按照有无目的分为两类:目的均衡(goal equilibrium)和非目的均衡(nongoal equilibrium).目的均衡是指想要的那类均衡.这类均衡一般是一个优化问题的最优解.将在第九和十一两章讨论.非目的均衡不是由对特定目标的有意识的追求而产生的,而是由非个人的或超人的经济力量的相互作用和调节的过程所致.如在给定供求条件下由市场达到的均衡和在给定消费和投资模式下的国民收入均衡(Chiang,1984,p. 36).

在静态均衡模型中,通常的问题是找出满足模型均衡条件的一组内生变量的值.一旦确定了这组内生变量的值,也就确定了均衡状态.本节将讨论几个这类均衡.

5.3.2 均衡市场模型

1. 局部市场均衡

例 5.3.1 考虑一个局部均衡市场模型，即一个孤立市场中的价格决定模型. 此时市场上只有一种商品，因而模型中只需假设三个变量：该商品的需求量(Q_d)、供给量(Q_s)和价格(P). 进一步还需假设需求行为和供给行为(描述消费者和供给者为了响应确定的价格而购买和出售一定数量的商品的意向或计划)，即需假设需求函数和供给函数的形式. 这里假设它们都是线性函数；并设商品的需求函数为 $Q_d=a_0-a_1P(a_0,a_1>0)$，供给函数为 $Q_s=-b_0+b_1P(b_0,b_1>0)$. 当且仅当超额需求为零($Q_d-Q_s=0$)或供给量等于需求量(即市场出清)时，市场才达到均衡. 从而有下面的均衡线性模型

$$\begin{aligned} Q_d &= Q_s \quad \text{(市场均衡条件)} \\ Q_d &= a_0 - a_1 P \quad (a_0, a_1 > 0) \\ Q_s &= -b_0 + b_1 P \quad (b_0, b_1 > 0) \end{aligned} \tag{5-3-1}$$

试求均衡价格和均衡产量.

解 首先将其改写为如下形式

$$\begin{aligned} Q_d - Q_s &= 0 \\ Q_d + a_1 P &= a_0 \quad (a_0, a_1 > 0) \\ Q_s - b_1 P &= -b_0 \quad (b_0, b_1 > 0) \end{aligned}$$

再表示成矩阵形式

$$\begin{pmatrix} 1 & -1 & 0 \\ 1 & 0 & a_1 \\ 0 & 1 & -b_1 \end{pmatrix} \begin{pmatrix} Q_d \\ Q_s \\ P \end{pmatrix} = \begin{pmatrix} 0 \\ a_0 \\ -b_0 \end{pmatrix}$$

或

$$A\mathbf{x} = \mathbf{b} \tag{5-3-2}$$

其中

$$A = \begin{pmatrix} 1 & -1 & 0 \\ 1 & 0 & a_1 \\ 0 & 1 & -b_1 \end{pmatrix}, \quad \mathbf{x} = \begin{pmatrix} Q_d \\ Q_s \\ P \end{pmatrix}, \quad \mathbf{b} = \begin{pmatrix} 0 \\ a_0 \\ -b_0 \end{pmatrix}$$

用 Cramer 法则解方程组(5-3-2)，可求出三个内生变量 Q_d、Q_s和 P 的均衡值：

$$P^* = \frac{a_0 + b_0}{a_1 + b_1}, \quad Q^* = Q_d^* = Q_s^* = \frac{a_0 b_1 - a_1 b_0}{a_1 + b_1} \tag{5-3-3}$$

其中 P^* 和 Q^* 分别称作均衡价格和均衡产量. 这里为了确保解(5-3-3)有经济含义，需要满足一个额外限制 $a_0b_1-a_1b_0>0$.

也可用逆矩阵来求解方程组(5-3-2). 由于$|A|=-(a_1+b_1)\neq 0$,从而矩阵 A 可逆,且 $\mathbf{x}=A^{-1}\mathbf{b}$. 由于

$$A^{-1}=-\frac{1}{a_1+b_1}\begin{pmatrix}-a_1 & -b_1 & -a_1\\ b_1 & -b_1 & -a_1\\ 1 & -1 & 1\end{pmatrix}$$

所以 $\mathbf{x}=A^{-1}\mathbf{b}=([a_0b_1-a_1b_0]/[a_1+b_1],[a_0b_1-a_1b_0]/[a_1+b_1],[a_0+b_0]/[a_1+b_1])^T$,这与式(5-3-3)完全相同.

2. 一般市场均衡

在现实世界中,没有一种商品是这样孤立存在的. 对每一种商品来说,通常存在它的许多替代品和互补品. 因此,为了更切合实际地描述一个商品的需求函数,不仅要考虑商品需求量受自身价格的影响,还要考虑受其他相关商品的价格的影响. 对供给函数应作类似的考虑. 但是,一旦其他商品的价格纳入考虑范围,模型本身的结构必须扩大,以便能导出其他商品的均衡价格. 结果,多种商品的价格和数量必须一同作为内生变量纳入模型.

例 5.3.2　同时考虑几种相关的商品时,均衡条件为模型中的每一个商品都不存在超额需求. 因为只要有一种商品存在超额需求,该商品的价格就需调整,进而影响到其他商品的需求数量和供给数量,从而导致所有商品的价格变化. 总之,n 种商品的市场模型的均衡条件为:各个商品的需求量与供给量相等. 其数学形式为

$$Q_{di}(P_1,P_2,\cdots,P_n)=Q_{si}(P_1,P_2,\cdots,P_n),\quad i=1,2,\cdots,n \qquad (5\text{-}3\text{-}4)$$

如果这个方程组含有市场上所有商品的价格、需求量和供给量,则称为瓦尔拉斯一般均衡模型.

需要讨论这个方程组解的存在性和唯一性. 若模型(5-3-4)中的系数都是数值的,则模型的解(内生变量的均衡值)也将是数值的. 一般的,若模型中的系数如式(5-3-1)那样含有参数,则模型的解也将含有参数.

方程组(5-3-4)可转化为

$$F_i(P_1,P_2,\cdots,P_n)=0,\quad i=1,2,\cdots,n \qquad (5\text{-}3\text{-}5)$$

其中 $F_i(P_1,P_2,\cdots,P_n)\equiv Q_{di}(P_1,P_2,\cdots,P_n)-Q_{si}(P_1,P_2,\cdots,P_n),i=1,2,\cdots,n$.

方程组(5-3-4)或方程式(5-3-5)的求解过程一般是比较复杂的. 若 Q_{di} 和 Q_{si} $(i=1,2,\cdots,n)$都是 $P_1,P_2,\cdots,P_n$ 的线性函数,则得到一个含有 n 个未知量的线性方程组. 它的解的存在性、唯一性及如何求解可由线性代数中的线性方程组理论解决.

若 Q_{di} 和 $Q_{si}(i=1,2,\cdots,n)$中至少有一个是非线性函数,则没有一般的求解方法,需借助于非线性方程组的求解方法进行求解(这里略去). 如果方程组(5-3-5)有解,则可表示为 $P_i=f_i(a_1,a_2,\cdots,a_m),i=1,2,\cdots,n$,这里 $a_1,a_2,\cdots,a_m$ 是方程组

(5-3-5)中的参数.

5.3.3 Keynes国民收入模型

例 5.3.3 考虑如下形式的Keynes(凯恩斯)国民收入模型

$$\begin{cases} Y = C + I_0 + G_0 \\ C = a + b(Y - T) \quad (a > 0, 0 < b < 1, 0 < t < 1) \\ T = tY \end{cases} \tag{5-3-6}$$

这里Y、C和T是内生变量,分别代表国民收入、消费支出和向政府支付的税额;I_0和G_0是外生变量,分别表示投资和政府支出;a、b和t是参数,分别为自发消费、边际消费倾向和收入税率.式(5-3-6)中的第一个方程是均衡条件(国民收入=总支出),第二方程是消费函数,第三个方程是税收函数,它们都是行为方程.求内生变量Y、C和T的均衡值.

解 把内生变量Y、C和T看成未知量,用矩阵形式把线性方程组(5-3-6)表示为

$$\begin{pmatrix} 1 & -1 & 0 \\ -b & 1 & b \\ -t & 0 & 1 \end{pmatrix}\begin{pmatrix} Y \\ C \\ T \end{pmatrix} = \begin{pmatrix} I_0 + G_0 \\ a \\ 0 \end{pmatrix} \tag{5-3-7}$$

用Cramer法则或逆矩阵来解线性方程组(5-3-7),可分别得到由外生变量I_0和G_0以及参数a和b表示的内生变量Y、C和T的均衡解:

$$Y^* = \frac{a + I_0 + G_0}{1 - b(1-t)}, \quad C^* = \frac{a + b(1-t)(I_0 + G_0)}{1 - b(1-t)}, \quad T^* = \frac{t(a + I_0 + G_0)}{1 - b(1-t)} = tY^* \tag{5-3-8}$$

由参数范围的限制,可知内生变量的值均大于零.

5.3.4 一个含有n个贸易国家的宏观模型

本小节简要地考虑一个国际一般均衡情形,其中一个国家经济的变化对与该国家进行贸易的另一个国家的经济有影响①.为了简化分析,我们忽略各个国家的货币市场,仅把注意力放在各个国家的商品市场.另外,假设所有的汇率固定不变,在各个国家里没有政府支出和税收.下面先构造一个简单的含有三个贸易国家的宏观模型.首先,各个国家的均衡条件可表示为下面的方程组

$$Y_i = C_i + I_i + X_i - M_i, \quad i = 1,2,3 \tag{5-3-9}$$

这里下标i表示国家i,Y_i、C_i、I_i、X_i和M_i分别表示国家i的收入、消费、投资(假设是由外生确定的)、出口和进口.换言之,国家i在收入(产量)水平下的均衡条件

① 见Glass(1980,p. 99~102).

就是计划的总收入 Y_i 恰好等于计划的总支出 $C_i+I_i+X_i-M_i$. $C_i+I_i+X_i-M_i$ 是对国内产量的计划支出(C_i+I_i)加上对国内产量的国外支出(X_i)再减去对国外产量计划的国内支出(M_i). 其次,假设各个国家的消费占其收入水平的一个正的比例,即

$$C_i = c_iY_i(0 \leqslant c_i < 1), \quad i=1,2,3 \tag{5-3-10}$$

类似地,假设各个国家对进口的开支占其收入水平的一个正的比例,即

$$M_i = m_iY_i(0 \leqslant m_i < 1), \quad i=1,2,3 \tag{5-3-11}$$

换言之,随着各个国家收入水平的提高,那个国家的家庭和企业将消费更多的商品,包括那些国外生产的商品. 这意味着 C 和 M 都是内生变量. 为了清楚表示进口的来源,我们假设

$$M_1 = m_{12}Y_1 + m_{13}Y_1 \tag{5-3-12}$$

$$M_2 = m_{21}Y_2 + m_{23}Y_2 \tag{5-3-13}$$

$$M_3 = m_{31}Y_3 + m_{32}Y_3 \tag{5-3-14}$$

这里 $m_1=m_{12}+m_{13}$, $m_2=m_{21}+m_{23}$, $m_3=m_{31}+m_{32}$. 例如,式(5-3-12)意味着国家 1 的进口(M_1)由来自国家 2 的进口($m_{12}Y_1$,这里 m_{12} 表示国家 1 的收入用于从国家 2 的进口上的比例部分)加上来自国家 3 的进口($m_{13}Y_1$,这里 m_{13} 表示国家 1 的收入用于从国家 3 的进口上的比例部分)所构成. 类似地,国家 2(或 3)的进口由来自国家 1 和 3(或 1 和 2)的进口的和所构成. 既然我们规定了各个国家的进口来源,就容易定义各个国家的出口. 于是,由于 $m_{21}Y_2$ 和 $m_{31}Y_3$ 分别表示国家 2 和 3 从国家 1 需要的进口量,所以国家 1 的出口(X_1)可以定义为

$$X_1 = m_{21}Y_2 + m_{31}Y_3 \tag{5-3-15}$$

类似地,国家 2 和 3 的出口可以定义为

$$X_2 = m_{12}Y_1 + m_{32}Y_3 \tag{5-3-16}$$

$$X_3 = m_{13}Y_1 + m_{23}Y_2 \tag{5-3-17}$$

联立式(5-3-9)、式(5-3-10)和式(5-3-12)～式(5-3-17),可得含有 3 个贸易国家的宏观模型. 下面我们求解这个模型以获得各个国家的均衡收入. 将式(5-3-10)和式(5-3-12)～式(5-3-17)代入式(5-3-9)并化简得

$$\begin{aligned}
Y_1 &= (c_1-m_{12}-m_{13})Y_1 + m_{21}Y_2 + m_{31}Y_3 + I_1 \\
Y_2 &= m_{12}Y_1 + (c_2-m_{21}-m_{23})Y_2 + m_{32}Y_3 + I_2 \\
Y_3 &= m_{13}Y_1 + m_{23}Y_2 + (c_3-m_{31}-m_{32})Y_3 + I_3
\end{aligned}$$

表示为矩阵形式

$$\begin{pmatrix} Y_1 \\ Y_2 \\ Y_3 \end{pmatrix} = \begin{pmatrix} c_1-m_{12}-m_{13} & m_{21} & m_{31} \\ m_{12} & c_2-m_{21}-m_{23} & m_{32} \\ m_{13} & m_{23} & c_3-m_{31}-m_{32} \end{pmatrix}\begin{pmatrix} Y_1 \\ Y_2 \\ Y_3 \end{pmatrix} + \begin{pmatrix} I_1 \\ I_2 \\ I_3 \end{pmatrix}$$

或

$$\mathbf{y} = B\mathbf{y} + \mathbf{e} \tag{5-3-18}$$

从而有$(I-B)\mathbf{y}=\mathbf{e}$. 若矩阵 $I-B$ 可逆[①],则方程组(5-3-18)的解为 $\mathbf{y}=(I-B)^{-1}\mathbf{e}$. 例如给定

$$c_1 = 4/5, \quad m_{12} = 1/4, \quad m_{13} = 1/5, \quad I_1 = 1894$$
$$c_2 = 3/4, \quad m_{21} = 1/10, \quad m_{23} = 1/5, \quad I_2 = 947$$
$$c_3 = 2/3, \quad m_{31} = 1/6, \quad m_{32} = 1/10, \quad I_3 = 2841$$

从而

$$I-B = \begin{pmatrix} \frac{13}{20} & -\frac{1}{10} & -\frac{1}{6} \\ -\frac{1}{4} & \frac{11}{20} & -\frac{1}{10} \\ -\frac{1}{5} & -\frac{1}{5} & \frac{3}{5} \end{pmatrix}, \quad (I-B)^{-1} = \frac{5}{947}\begin{pmatrix} 372 & 112 & 122 \\ 204 & 428 & 128 \\ 192 & 180 & 399 \end{pmatrix}$$

进而 $\mathbf{y}^*=(I-B)^{-1}\mathbf{e}=(6110,6100,8805)^T$. 代入式(5-3-12)～式(5-3-14),可得 $M_1^*=2749.5, M_2^*=1830, M_3^*=2348$;再代入式(5-3-15)～式(5-3-17),可得 $X_1^*=2077.5, X_2^*=2408, X_3^*=2442$. 从而可知 $M_i^* \neq X_i^*$.

上面的模型可以推广到含有 n 个贸易国家的情形. 为此需简单地调整式(5-3-18)来表示 n 个国家的情形即可. 观察式(5-3-18),易知 $\mathbf{y}=(Y_1,Y_2,\cdots,Y_n)^T$, $\mathbf{e}=(I_1,I_2,\cdots,I_n)^T$. 此外,$B=(b_{ij})_{n\times n}$ 的元素可写为 $b_{ii}=c_i-\sum_{j\neq i} m_{ij}$, $b_{ij}=m_{ji}(i\neq j)$.

5.3.5 静态分析的限制

前面对市场或国民收入的静态均衡的讨论主要关心的是求模型中内生变量的均衡值. 这里忽略了一个基本点:就是最终达到均衡的变量的调整和再调整的实际过程. 我们仅仅考虑了何处达到均衡状态,但对何时达到均衡状态以及达到均衡状态的过程中会出现何种问题并不关心. 因此静态分析未考虑如下两个重要问题(Chiang,1984).

(1) 调整过程可能需很长时间才能完成,所以若模型中的外部力量(外生变量)在此期间经历着某些变化,那么在特定均衡分析框架内确定的这个均衡将在它最终达到之前,就失去了其实际意义. 这就是均衡状态的转移问题.

(2) 即使允许调整过程不受干扰地进行下去,均衡分析中构想出的均衡状态也可能不能共同达到. 这就是所谓的"不稳定均衡",其特征是调整过程会驱使变量进一步偏离而不是趋近于均衡状态. 因此,忽略调整过程就是没有考虑均衡的可达

---

① 5.5 节的推论 5.5.5 给出了判断矩阵 $I-B$ 可逆的条件.

性问题.

均衡状态随着外部变化而转移的分析叫比较静态分析. 均衡的可达性和稳定性问题属于动态分析的范畴(本书不做讨论). 显然,这两种分析用于弥补静态分析的缺陷.

5.4　投资决策模型

进行投资决策时,投资者需考虑两个重要因素——时间和不确定性. 假设有 m 种资产(如股票或债券等),投资者可能在投资期初购买这些资产,再在投资期末出售它们. 为了在建模中引入不确定性,假设在将来的投资期可能出现 S 种金融形势(称作自然状态). 在未来有且仅有一个自然状态发生,但没人知道哪个自然状态会发生. 各种资产在不同的自然状态发生时会有不同的回报. 令 $v_j(j=1,2,\cdots,m)$ 表示一单位资产 j 当前的价值,则一单位各种资产的当前价值可表示为向量 $\mathbf{v}=(v_1,v_2,\cdots,v_m)^T$. 令 $v_{sj}(j=1,2,\cdots,m)$ 表示自然状态 s 发生时一单位资产 j 在投资期结束时的价值(我们把时间因素也纳入模型),那么自然状态 s 发生时一单位各种资产在投资期结束时的价值可表示为向量 $\mathbf{v}_s=(v_{s1},v_{s2},\cdots,v_{sm})^T$. 特别地,在自然状态 s 发生时,资产 j 在投资期末实现的回报率为

$$r_{sj}=v_{sj}/v_j \tag{5-4-1}$$

它是自然状态 s 发生时投资者投资于资产 j 的一个货币单位所实现的回报率(可看作 1+回报率). 而自然状态 s 发生时各个资产给投资者带来的回报率可表示为向量

$$\mathbf{r}_s=(r_{s1},r_{s2},\cdots,r_{sm})^T \tag{5-4-2}$$

令 $n_j(j=1,2,\cdots,m)$ 表示投资者持有资产 j 的单位(份额)数,那么投资者持有的所有资产可表示为向量 $\mathbf{n}=(n_1,n_2,\cdots,n_m)^T$. 正的 n_j 表示一个多头(long position),使投资者在自然状态 s 发生时获得回报 n_jv_{sj}. 负的 n_j 表示一个空头(short position),即投资者借入 n_j 单位资产 j 并且承诺在投资期末当自然状态 s 发生时偿还 n_jv_{sj}. 在这种情形下,若 $v_{sj}>v_j$①,那么资产 j 有正的回报率;就是说,若偿还所借的份额便宜的话,那就借入这些份额.

若投资者拥有 w_0 财富并全部用于投资,那么投资者的预算约束为

$$\sum_{j=1}^{m}n_jv_j=w_0$$

或

$$\mathbf{n}\cdot\mathbf{v}=w_0 \tag{5-4-3}$$

---

① 原文 Simon 和 Blume(1994,p. 118)中"$v_{sj}<v_j$"有误.

若自然状态 s 发生,则投资者购买的 m 种资产(购买 n_j 单位资产 j, $j=1,2,\cdots,m$)给投资者带来的总回报率是

$$R_s=\frac{v_{s1}n_1+v_{s2}n_2+\cdots+v_{sm}n_m}{w_0}=\frac{\sum_{j=1}^{m}v_{sj}n_j}{w_0}$$

或

$$R_s=(\mathbf{n}\cdot\mathbf{v}_s)/w_0 \tag{5-4-4}$$

令

$$x_j=\frac{n_jv_j}{w_0}\quad(j=1,2,\cdots,m) \tag{5-4-5}$$

则 $x_j\in R$ 表示投资者持有资产 j 的比例. 向量 $\mathbf{x}=(x_1,x_2,\cdots,x_n)^T$ 表示一个投资组合,各个 x_j 叫做投资组合权重. 此时,预算约束(5-4-3)可表示为

$$\mathbf{x}\cdot\mathbf{1}=1 \tag{5-4-6}$$

其中 $\mathbf{1}=(1,1,\cdots,1)^T\in\mathbf{R}^n_{++}$. 假设允许投资者空头,那么预算集为整个超平面 $\mathbf{x}\cdot\mathbf{1}=1$. 若 $\mathbf{x}\cdot\mathbf{1}=0$,则非零向量 $\mathbf{x}=(x_1,x_2,\cdots,x_n)$叫做一个套利投资组合(arbitrage portfolio). 在套利投资组合中,从空头中获得的货币用在多头的购买.

若自然状态 s 发生,则投资组合 $\mathbf{x}$ 给投资者带来的回报率[式(5-4-4)]又可表示为

$$R_s=\frac{\sum_{j=1}^{m}v_{sj}n_j}{w_0}=\sum_{j=1}^{m}\frac{v_{sj}}{v_j}\frac{n_jv_j}{w_0}=\sum_{j=1}^{m}r_{sj}x_j$$

或

$$R_s=\mathbf{x}\cdot\mathbf{r}_s \tag{5-4-7}$$

称一个投资组合 $\mathbf{x}$ 是无风险的(riskless),若它在各种自然状态下给投资者带来同样的正回报,即

$$\mathbf{r}_1\cdot\mathbf{x}=\mathbf{r}_2\cdot\mathbf{x}=\cdots=\mathbf{r}_S\cdot\mathbf{x}>0 \tag{5-4-8}$$

称一个投资组合 $\mathbf{x}=(x_1,x_2,\cdots,x_n)^T$ 是可复制的(duplicable),若存在另一个不同的投资组合 $\mathbf{w}=(w_1,w_2,\cdots,w_n)^T$,使得

$$\mathbf{r}_s\cdot\mathbf{x}=\mathbf{r}_s\cdot\mathbf{w},\quad s=1,2,\cdots,S \tag{5-4-9}$$

若存在一个投资组合 $\mathbf{x}$,当状态 s^* 发生时具有正的回报;当状态 s^* 不发生时回报为零,即满足

$$\begin{aligned}&\mathbf{r}_s\cdot\mathbf{x}>0,\quad \text{当 } s=s^* \text{ 时}\\&\mathbf{r}_s\cdot\mathbf{x}=0,\quad \text{当 } s\neq s^* \text{ 时}\end{aligned} \tag{5-4-10}$$

则称自然状态 s^* 是可保险的(insurable).

有时给各个自然状态赋予一个价格对作出投资决策是方便的. $\mathbf{p}=(p_1,$

$p_2,\cdots,p_S)^T$称作一个状态价格向量，若

$$\begin{cases}p_1v_{11}+p_2v_{21}+\cdots+p_Sv_{S1}=v_1\\p_1v_{12}+p_2v_{22}+\cdots+p_Sv_{S2}=v_2\\\cdots\cdots\\p_1v_{1m}+p_2v_{2m}+\cdots+p_Sv_{Sm}=v_m\end{cases}$$

或

$$p_1\mathbf{v}_1+p_2\mathbf{v}_2+\cdots+p_S\mathbf{v}_S=\mathbf{v}\tag{5-4-11}$$

或等价地

$$\begin{cases}p_1r_{11}+p_2r_{21}+\cdots+p_Sr_{S1}=1\\p_1r_{12}+p_2r_{22}+\cdots+p_Sr_{S2}=1\\\cdots\cdots\\p_1r_{1m}+p_2r_{2m}+\cdots+p_Sr_{Sm}=1\end{cases}\tag{5-4-12}$$

方程组(5-4-11)和方程组(5-4-12)表示资产 j 当前的价格 v_j 等于在各个自然状态发生时该资产的投资期末价值的加权和(权重是状态价格向量). 状态 s 的权重 p_s 是财富在状态 s 下的一种价格，经常称作状态价格. 若我们给各个状态确定了价格($p_s,s=1,2,\cdots,S$)，那么资产 j 的价格(v_j)就是该资产在各个状态下的回报率($v_{sj},s=1,2,\cdots,S$)乘以相应的状态价格($p_s,s=1,2,\cdots,S$)来计算的价值. 这就是方程组(5-4-11)的含义.

定理 5.4.1　令矩阵 $D=(r_{ij})_{S\times m}$，r_{ij} 如式(5-4-1)所定义，即矩阵 D 由式(5-4-2)所定义的 S 个列向量 $\mathbf{r}_s$的转置 $\mathbf{r}_s^T$所构成.

(1) 存在无风险的投资组合的充要条件是 $D\mathbf{x}=\mathbf{1}$ 有一个解 $\mathbf{x}^*$ 且满足 $\mathbf{1}\cdot\mathbf{x}^*>0$；

(2) 状态 i 是可保险的充要条件是 $D\mathbf{x}=\mathbf{e}_i$ 有一个解 $\mathbf{x}^*$ 且满足 $\mathbf{1}\cdot\mathbf{x}^*>0$，这里 $\mathbf{e}_i\in\mathbf{R}^S$表示第 i 个分量为 1 其余分量为 0 的列向量；

(3) 每个状态是可保险的必要条件是 $r(D)=S$；

(4) 存在可复制的投资组合的充要条件是 $r(D_A)<m$，这里矩阵 D_A的前 S 行是矩阵 D，第 $S+1$ 行是行向量 $\mathbf{1}^T$.

证明

(1) 存在无风险的投资组合的充要条件是存在列向量 $\mathbf{x}\in\mathbf{R}^m$ 满足式(5-4-8)和式(5-4-6)，即如下含有 m 个未知量 $\mathbf{x}$ 和 $S+1$ 个方程的非齐次线性方程组

$$\mathbf{1}\cdot\mathbf{x}=1,\quad \mathbf{r}_s\cdot\mathbf{x}=b,\quad s=1,2,\cdots,S\tag{5-4-13}$$

对某个非零的 b 有解，或等价地说方程组

$$D\mathbf{x}=\mathbf{b},\quad \mathbf{1}\cdot\mathbf{x}=1\tag{5-4-14}$$

对某个非零的 b 有解 $\mathbf{x}^*$，这里 $\mathbf{b}=(b,b,\cdots,b)^T\in\mathbf{R}^S$. 而这又等价于对某个非零的 b，$\mathbf{x}=\mathbf{x}^*/b$ 满足方程组 $D\mathbf{x}=\mathbf{1}$ 且 $\mathbf{1}\cdot\mathbf{x}=1/b>0$.

(2) 类似于(1)的证明.

(3) 若每个状态是可保险的,则如下的 S 个非齐次线性方程组

$$D\mathbf{x} = \mathbf{e}_i, \quad s = 1,2,\cdots,S \tag{5-4-15}$$

分别有解 $\mathbf{x}_j^*$,$s=1,2,\cdots,S$. 而 $D\mathbf{x}_j^*$ ($=\mathbf{e}_i$)是矩阵 D 的 S 列的线性组合,因此每个 $\mathbf{e}_i$ 可由矩阵 D 的 S 列线性表示,从而 $\mathbf{R}^S$ 可由矩阵 D 的 S 列生成. 这说明 D 的 S 列是线性无关的,即 $r(D)=S$.

(4) 由式(5-4-9),投资组合 $\mathbf{x}$ 是可复制的充要条件是存在投资组合 $\mathbf{w}$ 使得

$$\mathbf{1}^T \cdot \mathbf{x} = \mathbf{1}^T \cdot \mathbf{w}, \quad \mathbf{r}_s \cdot \mathbf{x} = \mathbf{r}_s \cdot \mathbf{w}, \quad s = 1,2,\cdots,S$$

或

$$D(\mathbf{x} - \mathbf{w}) = \mathbf{0}, \quad \mathbf{1}^T(\mathbf{x} - \mathbf{w}) = 0$$

这等价于齐次线性方程组 $D\mathbf{y}=\mathbf{0}$,$\mathbf{1}^T\mathbf{y}=0$ 有非零解,即等价于 $r(D_A)<m$①.

5.5 Leontief 投入产出模型

美国经济学家 Leontief(列昂惕夫)于 20 世纪 30 年代提出了(静态)投入产出模型,之后因此而获得诺贝尔经济学奖. 列昂惕夫投入产出模型基于一个简单的思想:需要产品来生产产品. 例如,生产 1 单位的钢材需要多种中间产品:一定量的铁和一定量的能量等. 事实上,产品本身常常在其生产过程中用作中间产品(如需要小麦来生产小麦). 除了这些中间产品外,生产还需一定量的劳动;在 Leontief 投入产出模型中,劳动称作首要要素(primary factor),因为它是在模型外"生产的". 投入产出模型用于研究各部门间的技术关系,或地区间、企业内部各部门间的经济关系.

5.5.1 一个例子

我们通过一个具体的例子说明静态投入产出模型的本质. 考虑一个有机农场生产两种物品:肥料和玉米. 玉米是通过播种玉米和使用肥料来生产的;而肥料是由旧玉米秆制作的(或许把玉米喂给牛,牛然后产生最终产品). 假设生产 1 吨的玉米需要 0.1 吨的玉米和 0.8 吨的肥料. 生产 1 吨的肥料需要 0.5 吨的玉米(但不需要肥料). 因此玉米和肥料的生产过程分别由两对数(0.1,0.8)和(0.5,0)来描述. 由于玉米用在玉米和肥料的生产过程中、肥料用在玉米的生产过程中,我们的问题是有没有一种经营这两种过程的方式以便留下一些玉米和肥料用于个体消费? 如果有的话,玉米和肥料的何种消费组合是可行的?

---

① 5.4 节内容取自 Simon 和 Blume(1994,p117~121;147~149;234;783,784),并修改了其中的多处排版错误. 特别地,定理 5.4.1 与原文第 784 页的定理 28.1 有很大的不同.

这个问题的答案可通过研究一个特殊的线性方程组的解来找到. 假设经营这两种生产过程生产 x_C 吨玉米和 x_F 吨肥料，那么在玉米的生产过程中用去 $0.1x_C$ 吨玉米，在肥料的生产过程中用去 $0.5x_F$ 吨玉米，这样剩下用于消费的玉米量为总的玉米生产量减去玉米和肥料的生产过程消耗的玉米量，即 $x_C-0.1x_C-0.5x_F$（或 $0.9x_C-0.5x_F$）. 类似地，剩下用于消费的肥料量为 $x_F-0.8x_C$.

假设我们要农场生产 4 吨玉米和 2 吨肥料用于消费，那么玉米和肥料的总产量应是多少？或为了给消费者剩下 4 吨玉米和 2 吨肥料，农场必须生产多少玉米和肥料？这个问题的答案就是下面线性方程组的解

$$\begin{cases}0.9x_C-0.5x_F=4\\-0.8x_C+x_F=2\end{cases}$$

$x_C=10$，$x_F=10$. 若进一步假设生产 1 吨玉米和 1 吨肥料分别需要消费者提供 2 个和 0.5 个人力，则消费者为了获得 4 吨玉米和 2 吨肥料需要提供的人力总数为 $2\times10+0.5\times10=25$(人). 如果消费者只能提供 19 个人力，则无法获得 4 吨玉米和 2 吨肥料.

5.5.2　一般情形

1. 实物型投入产出模型

假设生产 n 种产品，用 x_i 表示产品 i 的总产出，$1\leqslant i\leqslant n$. 每种产品的生产都需要消耗一定数量的 n 种产品和（消费者提供的）一定量的劳动. 用 x_{ij} 表示生产 x_j 单位产品 j 需要产品 i 的投入量（注意行标表示投入、列标表示产出），$1\leqslant i\leqslant n$，$1\leqslant j\leqslant n$. 用 x_{0j} 表示生产 x_j 单位产品 j 需要劳动的投入量，$1\leqslant j\leqslant n$. 产品 i 的总产出必须在 n 种产品的生产活动和消费中分配. 用 d_i（$1\leqslant i\leqslant n$）表示消费者对产品 i 的需求量（或产品 i 的积累），d_0 是整个生产过程需要的劳动量，由消费者提供. 消费者对各个产品的需求量 d_i 和消费者对生产各个产品提供的劳动量 d_0 是外生的，因为不是由模型求出的. 由于劳动是由消费者提供而不是消费者所需求的，所以 d_0 是负数. 称 $n+1$ 维向量（$d_0,d_1,\cdots,d_n$）是一个可允许的消费者需求，若 d_0 是负的，而其余的 d_i 是非负的.

将上述字母排列成如下形式的实物型投入产出表 5.5.1. 在生产过程中，对产品 i（$1\leqslant i\leqslant n$）来说，所有 n 种产品的生产所消耗的产品 i 的总投入量 $\sum_{j=1}^{n}x_{ij}$（中间消耗量）加上消费者对产品 i 的需求量 d_i 应该等于产品 i 的总产出 x_i；所有 n 种产品的产量的生产所需要的劳动投入量 $\sum_{j=1}^{n}x_{0j}$ 应该等于劳动的供给量 d_0. 这些均衡条件可表示为如下方程组

$$x_i = \sum_{j=1}^{n} x_{ij} + d_i, \quad 1 \leqslant i \leqslant n; \quad -\sum_{j=1}^{n} x_{0_j} = d_0 \tag{5-5-1}$$

表 5.5.1　实物型投入产出表

产　品	1	2	…	n	最终需求	总产出
1	x_{11}	x_{12}	…	x_{1n}	d_1	x_1
2	x_{21}	x_{22}	…	x_{2n}	d_2	x_2
⋮	⋮	⋮		⋮	⋮	⋮
n	x_{n1}	x_{n2}	…	x_{nn}	d_n	x_n
0	x_{01}	x_{02}	…	x_{0n}	d_0	

若用 a_{ij} 表示生产 1 单位产品 j 需要产品 i 的投入量(行标表示投入,列标表示产出),则有 $a_{ij}=x_{ij}/x_j$,$1\leqslant i\leqslant n$,$1\leqslant j\leqslant n$;若用 a_{0j} 表示生产 1 单位产品 j 需要劳动的投入量,则有 $a_{0j}=x_{0j}/x_j$,$1\leqslant j\leqslant n$. 称 a_{ij} 为直接消耗系数($1\leqslant i\leqslant n$,$1\leqslant j\leqslant n$),也称作技术系数(因为是由生产技术决定的). 各个 a_{ij} 是非负的常数,这意味着没有产品消耗负量的投入且生产由固定的系数所刻画;生产 1 单位产品 j 所必需的产品 i 的投入量是相同的(都是 a_{ij}),与产品 j 的产出无关. 进而式(5-5-1)可用 a_{ij}($0\leqslant i\leqslant n$,$0\leqslant j\leqslant n$)表示为

$$x_i = \sum_{j=1}^{n} a_{ij} x_j + d_i, \quad 1 \leqslant i \leqslant n; \quad -\sum_{j=1}^{n} a_{0_j} x_j = d_0 \tag{5-5-2}$$

记 $A=(a_{ij})_{n\times n}$,$\mathbf{x}=(x_1,x_2,\cdots,x_n)^T$,$\mathbf{d}=(d_1,d_2,\cdots,d_n)^T$,$\mathbf{a}_0=(a_{01},a_{02},\cdots,a_{0n})$,则式(5-5-2)又可写为

$$\mathbf{x} = A\mathbf{x} + \mathbf{d}$$

或

$$(I-A)\mathbf{x} = \mathbf{d}, \quad -\mathbf{a}_0\mathbf{x} = d_0 \tag{5-5-3}$$

称矩阵 A 为直接消耗(技术)系数矩阵,称矩阵($I-A$)为 Leontief 矩阵. 方程组(5-5-3)称为(静态)开放式的列昂惕夫投入产出模型. 之所以称作是开放式的,是因为需求量 d_i($0\leqslant i\leqslant n$)是外生给定的,而产品的供给量是内生确定的[由方程组(5-5-3)的解确定].

我们的问题是:①对某个可允许的消费者需求 $\mathbf{d}$,什么样的系数矩阵 A 使得方程组(5-5-3)有非负解 $\mathbf{x}$? ②什么样的产出向量 $\mathbf{x}$ 会达到一个具体的可允许的消费者需求 $\mathbf{d}$? ③从给定的系数矩阵 A 能达到什么样的消费者需求 $\mathbf{d}$? 这些问题在后面得到回答.

2. 价格型投入产出模型

假设 p_j 表示产品 j 的价格,v_j 表示生产 1 单位产品 j 所新产生的价值,$1\leqslant j\leqslant n$. 对产品 j 来说,其总产出 x_j 的价值(产品 j 的总产值 p_jx_j)应该等于生产 x_j 单位

产品 j 所需购买的所有产品的成本 $\sum_{i=1}^{n} p_i x_{ij}$ 加上新产生的价值($v_j x_j$)，即

$$p_j x_j = \sum_{i=1}^{n} p_i x_{ij} + v_j x_j, \quad 1 \leqslant j \leqslant n \tag{5-5-4}$$

两端同时除以 x_j 得到

$$p_j = \sum_{i=1}^{n} a_{ij} p_i + v_j, \quad 1 \leqslant j \leqslant n \tag{5-5-5}$$

其经济含义是产品 j 的价格 p_j 等于生产 1 单位产品 j 需要购买的所有产品的成本 $\sum_{i=1}^{n} a_{ij} p_i$ 加上 1 单位产品 j 新产生的价值(增值)v_j. 令 $\mathbf{p}=(p_1, p_2, \cdots, p_n)$、$\mathbf{v}=(v_1, v_2, \cdots, v_n)$，则可把式(5-5-5)写成

$$\mathbf{p} = \mathbf{p}A + \mathbf{v}$$

或

$$\mathbf{p}(I - A) = \mathbf{v} \tag{5-5-6}$$

类似地，需要回答三个问题：①对给定的增值 $\mathbf{v}$，什么样的系数矩阵 A 使得方程组(5-5-6)有非负解 $\mathbf{p}$? ②什么样的价格向量 $\mathbf{p}$ 会达到一个具体的可允许的增值 $\mathbf{v}$? ③从给定的系数矩阵 A 能达到什么样的增值 $\mathbf{v}$? 这些问题在后面得到回答.

3. 价值型投入产出模型

将实物型投入产出表(表 5.5.1)中有关的实物投入和产出量替换为相应的价值(货币)形式，即得到价值型的投入产出表(表 5.5.2).

表 5.5.2　价值型投入产出表(单位：元)

产品	1	2	…	n	最终需求	总需求
1	q_{11}	q_{12}	…	q_{1n}	m_1	q_1
2	q_{21}	q_{22}	…	q_{2n}	m_2	q_2
⋮	⋮	⋮		⋮	⋮	⋮
n	q_{n1}	q_{n2}	…	q_{nn}	m_n	q_n
增值	l_1	l_2	…	l_n		
总产值	q_1	q_2	…	q_n		

这里 q_j 表示产品 j 的总产值，$1 \leqslant j \leqslant n$. 每种产值的生产都需要消耗一定价值的 n 种产品. 用 q_{ij} 表示生产 q_j 产值的产品 j 需要产品 i 的投入量的价值(注意行标表示投入、列标表示产出)，$1 \leqslant i \leqslant n$，$1 \leqslant j \leqslant n$. 在生产过程中，对产品 $i(1 \leqslant i \leqslant n)$ 来说，所有 n 种产品的产值的生产所消耗的产品 i 的投入量的价值 $\sum_{j=1}^{n} q_{ij}$(中间消耗的产值)加上消费者对产品 i 的需求量 d_i 的产值 m_i 应该等于产品 i 的总产值 q_i，即式(5-5-1) 可改写为

$$q_i = \sum_{j=1}^{n} q_{ij} + m_i, \quad 1 \leqslant i \leqslant n \tag{5-5-7}$$

记

$$b_{ij} = q_{ij}/q_j \tag{5-5-8}$$

它表示生产 1 单位产值的产品 j 需要消耗产品 i 的产值. 则式(5-5-7)转化为

$$q_i = \sum_{j=1}^{n} b_{ij} q_j + m_i \tag{5-5-9}$$

记 $B=(b_{ij})_{n\times n}$, $\mathbf{q}=(q_1,q_2,\cdots,q_n)^T$, $\mathbf{m}=(m_1,m_2,\cdots,m_n)^T$, 则式(5-5-9)可写为

$$\mathbf{q} = B\mathbf{q} + \mathbf{m}$$

或

$$(I - B)\mathbf{q} = \mathbf{m} \tag{5-5-10}$$

令 b_{0j} 表示生产 1 单位产值的产品 j 需要的劳动投入的价值,则

$$b_{0j} = l_j/q_j \tag{5-5-11}$$

用于满足最终需求的劳动投入的价值为 $\mathbf{b}_0\mathbf{q}$(而不是 $\mathbf{b}_0\mathbf{m}$,因为生产中间产值也需劳动的投入),这里 $\mathbf{b}_0=(b_{01},b_{02},\cdots,b_{0n})$. 称矩阵 B 为直接消耗(技术)系数矩阵,称矩阵$(I-B)$为 Leontief 矩阵. 方程组(5-5-10)称为(静态)开放式的价值型 Leontief 投入产出模型.

下面考虑实物型和价值型投入产出模型之间的关系. 注意到 $q_i=p_i x_i$、$m_i=p_i d_i$ 和 $b_{ij}=p_i a_{ij}$,从而

$$\mathbf{q} = P\mathbf{x}, \quad \mathbf{m} = P\mathbf{d}, \quad B = PAP^{-1} \tag{5-5-12}$$

这里 $P=\operatorname{diag}(p_1,p_2,\cdots,p_n)$.

鉴于式(5-5-12)可得下面的定理:

定理 5.5.1 对任意 $\mathbf{d}\geqslant\mathbf{0}$, $(I-A)\mathbf{x}=\mathbf{d}$ 有非负解 $\mathbf{x}\geqslant\mathbf{0}$,等价于对任意 $\mathbf{m}\geqslant\mathbf{0}$, $(I-B)\mathbf{q}=\mathbf{m}$ 有非负解 $\mathbf{q}\geqslant\mathbf{0}$.

下面从式(5-5-2)出发,将其改用价值形式来表示,给出相应的投入产出矩阵的经济性质. 产品 j 的总产值必须在 n 种产品的生产活动中分配;分配后产品 j 新产生的价值(增值)用 l_j 表示$(1\leqslant j\leqslant n)$. 则式(5-5-2)可表示为

$$q_j = \sum_{i=1}^{n} q_{ij} + l_j, \quad 1 \leqslant j \leqslant n \tag{5-5-13}$$

它表示产品 j 的总产值 q_j 等于为了生产这个总产值所消耗的所有的产品的产值之和 $\sum_{j=1}^{n} q_{ij}$ 加上新产生的价值 l_j. 由式(5-5-8)、式(5-5-13) 可转化为

$$q_j = \sum_{i=1}^{n} q_j b_{ij} + l_j, \quad 1 \leqslant j \leqslant n \tag{5-5-14}$$

或

$$\left(1-\sum_{i=1}^{n}b_{ij}\right)q_j = l_j,\quad 1\leqslant j\leqslant n \tag{5-5-15}$$

因此，只要产品 j 的总产值 q_j 大于 0 且除了生产过程中的中间消耗外剩余的产值（增值 l_j）大于 0，则有

$$\sum_{i=1}^{n}b_{ij} < 1 \tag{5-5-16}$$

这就是投入产出矩阵应具有的性质. 根据式(5-5-8)可知，式(5-5-16)表示生产 1 单位产值的产品 j 需要消耗的所有产品的产值之和 $\sum_{j=1}^{n}b_{ij}$ 小于 1，从而生产 1 单位产值的产品 j 会产生增值 $1-\sum_{j=1}^{n}b_{ij}$.

5.5.3　投入产出模型的数学理论

定义 5.5.1　称系数矩阵 A 是有生产能力的(productive)，若不等式 $(I-A)\mathbf{x}>\mathbf{0}$ 有一个非负解 $\mathbf{x}\geqslant 0$.

定义 5.5.2　称投入产出系统是产生利润的(profitable)，若不等式 $\mathbf{p}(I-A)>\mathbf{0}$ 有一个非负解 $\mathbf{p}\geqslant 0$.

引理 5.5.1

(1) 若系数矩阵 A 是有生产能力的且 $(I-A)\mathbf{z}\geqslant\mathbf{0}$，则 $\mathbf{z}\geqslant\mathbf{0}$；

(2) 若投入产出系统是产生利润的且 $\mathbf{p}(I-A)\geqslant\mathbf{0}$，则 $\mathbf{p}\geqslant\mathbf{0}$.

证明　只证明结论(1)，类似地可证明结论(2). 假设 $(I-A)\mathbf{z}\geqslant\mathbf{0}$，即 $\mathbf{z}\geqslant A\mathbf{z}$. 由于 A 是有生产能力的，故存在一个 $\mathbf{x}\geqslant\mathbf{0}$ 使得 $(I-A)\mathbf{x}>\mathbf{0}$. 于是对所有的 $\alpha\geqslant 0$，有

$$A(\mathbf{x}+\alpha\mathbf{z}) = A\mathbf{x}+\alpha A\mathbf{z} < \mathbf{x}+\alpha\mathbf{z} \tag{5-5-17}$$

下面用反证法证明 $\mathbf{z}\geqslant\mathbf{0}$.

若 $\mathbf{z}$ 的某个分量是负的，我们先构造一个 $\alpha^*\geqslant 0$，使得 $\mathbf{x}+\alpha^*\mathbf{z}$ 的某个分量为零，而其余分量都大于等于零. 这可从求解不等式组 $x_i+\alpha z_i\geqslant 0(1\leqslant i\leqslant n)$ 出发来构造. 注意当 $z_i\geqslant 0$ 时，对任意非负的 α 都有 $x_i+\alpha z_i\geqslant 0$. 所以令 $\alpha^*=\min\{-x_i/z_i\,|\,z_i\}$，不失一般性，假设 $\alpha^*=\min\{-x_i/z_i\,|\,z_i<0\}=-x_1/z_1$，则 $\alpha^*\geqslant 0$ 且有 $x_1+\alpha^*z_1=0$，而 $x_i+\alpha^*z_i\geqslant 0(2\leqslant i\leqslant n)$. 由于 $\mathbf{x}+\alpha^*\mathbf{z}$ 和 A 的每个元素都是非负的，因此 $A(\mathbf{x}+\alpha^*\mathbf{z})\geqslant\mathbf{0}$. 另外，由式(5-5-17)知 $A(\mathbf{x}+\alpha^*\mathbf{z})$ 的第一个分量小于 $\mathbf{x}+\alpha^*\mathbf{z}$ 的第一个分量 $(x_1+\alpha^*z_1=0)$，从而小于零. 这与 $A(\mathbf{x}+\alpha^*\mathbf{z})\geqslant\mathbf{0}$ 相矛盾的，从而 $\mathbf{z}\geqslant\mathbf{0}$.

引理 5.5.2

(1) 若系数矩阵 A 是有生产能力的，则 $I-A$ 是可逆的；

(2) 若投入产出系统是产生利润的，则 $I-A$ 是可逆的.

证明　只证明结论(1)，类似地可证明结论(2). 假设 $(I-A)\mathbf{x}=\mathbf{0}$，则 $(I-A)\mathbf{x}\geqslant\mathbf{0}$ 和 $(I-A)(-\mathbf{x})\geqslant\mathbf{0}$. 由引理 5.5.1，有 $\mathbf{x}\geqslant\mathbf{0}$ 和 $(-\mathbf{x})\geqslant\mathbf{0}$，从而 $\mathbf{x}=\mathbf{0}$. 这说明

$(I-A)\mathbf{x}=\mathbf{0}$ 只有零解，即 $I-A$ 是可逆的.

定理 5.5.2

(1) 若系数矩阵 A 是有生产能力的，则对所有 $\mathbf{d}\geqslant\mathbf{0}$，方程组 $(I-A)\mathbf{x}=\mathbf{d}$ 有唯一的非负解 $\mathbf{x}\geqslant\mathbf{0}$；

(2) 若投入产出系统是产生利润的，则对所有 $\mathbf{v}\geqslant\mathbf{0}$，方程组 $\mathbf{p}(I-A)=\mathbf{v}$ 有唯一的非负解 $\mathbf{p}\geqslant\mathbf{0}$.

证明 只证明结论(1)，类似地可证明结论(2). 由引理 5.5.2，对所有 $\mathbf{d}\geqslant\mathbf{0}$，方程组 $(I-A)\mathbf{x}=\mathbf{d}$ 有唯一解 $\mathbf{x}$. 由于 $\mathbf{d}\geqslant\mathbf{0}$，所以据引理 5.5.1 可知 $\mathbf{x}\geqslant\mathbf{0}$.

定理 5.5.3

(1) 系数矩阵 A 是有生产能力的充要条件是 $(I-A)^{-1}$ 存在且非负(即每个元素都是非负的)；

(2) 投入产出系统是产生利润的充要条件是 $(I-A)^{-1}$ 存在且非负.

证明 只证明结论(1)，类似地可证明结论(2). 假设 $(I-A)^{-1}$ 存在且非负，令 $\mathbf{1}$ 是一个分量都为 1 的 n 维列向量，则 $\mathbf{x}^*=(I-A)^{-1}\mathbf{1}$ 是非负的. 又 $(I-A)\mathbf{x}^*=\mathbf{1}>\mathbf{0}$，因此不等式 $(I-A)\mathbf{x}>\mathbf{0}$ 有一个非负解 $\mathbf{x}^*\geqslant 0$.

另外，假设 A 是有生产能力的，由引理 5.5.2，$I-A$ 是可逆的. 令 $\mathbf{e}_i$ 表示第 i 个分量是 1 而其余分量都为 0 的 n 维列向量，则 $\mathbf{e}_i\geqslant\mathbf{0}$. 由定理 5.5.2，存在 $\mathbf{x}_i^*\geqslant\mathbf{0}$ 使得 $(I-A)\mathbf{x}_i^*=\mathbf{e}_i$. 注意到 $(I-A)(I-A)^{-1}=I$，可知 $\mathbf{x}_i^*$ 是 $(I-A)^{-1}$ 的第 i 列，可知 $(I-A)^{-1}$ 非负.

定理 5.5.3 说明系数矩阵 A 是有生产能力的与投入产出系统是产生利润的是等价的，给出了有生产能力和产生利润之间的一个对偶. 如果存在一个非负价格 $\mathbf{p}\geqslant\mathbf{0}$ 使得投入产出系统是产生利润的[即存在非负 $\mathbf{p}\geqslant\mathbf{0}$ 使 $\mathbf{p}(I-A)>\mathbf{0}$]，则由这个定理知 $(I-A)^{-1}$ 存在且非负，进而系数矩阵 A 是有生产能力的[即存在非负 $\mathbf{x}\geqslant\mathbf{0}$ 使 $(I-A)\mathbf{x}>\mathbf{0}$]；反之亦然.

最后，我们给出判断 $(I-A)^{-1}$ 存在且非负的一个易操作的充分条件. 假设 A 的所有元素都是非负的，A 的各列的列和都小于 1，则 $-A$ 的所有元素及其各列的列和都在 -1 和 0 之间. 从而 $I-A$ 满足下列三个条件：

(1) 对角线之外的元素小于等于 0；

(2) 各个对角元是正的；

(3) 各列的列和是正的.

满足这三个条件的矩阵是所谓的主对角占优矩阵(dominant diagonal matrix)的一类特殊情形.

定理 5.5.4 给定一个 n 阶方阵 B，满足：

(1) 对角线之外的元素是非正的；

(2) 各个对角元是正的；

(3) 各列的列和是正的.

则 B^{-1}存在且非负.

证明　为了清楚地表示定理中的三个条件,将矩阵 B 写成如下形式

$$B=\begin{pmatrix} b_{11} & -b_{12} & \cdots & -b_{1n} \\ -b_{21} & b_{22} & \cdots & -b_{2n} \\ \vdots & \vdots & \ddots & \vdots \\ -b_{n1} & -b_{n2} & \cdots & b_{nn} \end{pmatrix}$$

其中

$$b_{ij}\geqslant 0,\quad 0\leqslant \sum_{h\neq j} b_{hj} < b_{jj},\quad i,j=1,2,\cdots,n \tag{5-5-18}$$

令 $\mathbf{c}$ 是一个分量都为正的 n 维列向量,考虑方程组 $B\mathbf{x}=\mathbf{c}$. 将增广矩阵$(B\quad \mathbf{c})$第 1 行的 b_{j1}/b_{11}倍加到第 j 行$(j=2,\cdots,n)$,得到下面的新增广矩阵

$$\left(\begin{array}{cccc|c} b_{11} & -b_{12} & \cdots & -b_{1n} & c_1 \\ 0 & b_{22}-\dfrac{b_{21}}{b_{11}}b_{12} & \cdots & -b_{2n}-\dfrac{b_{21}}{b_{11}}b_{1n} & c_2+\dfrac{b_{21}}{b_{11}}c_1 \\ \vdots & \vdots & \ddots & \vdots & \vdots \\ 0 & -b_{n2}-\dfrac{b_{n1}}{b_{11}}b_{12} & \cdots & b_{nn}-\dfrac{b_{n1}}{b_{11}}b_{1n} & c_n+\dfrac{b_{n1}}{b_{11}}c_1 \end{array}\right)=\left(\begin{array}{cc|c} b_{11} & * & c_1 \\ \mathbf{0} & B^* & \mathbf{c}^* \end{array}\right)$$

$n-1$ 阶矩阵 B^* 仍然是对角占优矩阵,这是因为对角线之外的元素是非正的,且根据式(5-5-18)第 $j-1$ 列的列和为

$$\begin{aligned}\left(b_{jj}-\frac{b_{j1}}{b_{11}}b_{1j}\right)+\sum_{h\neq 1,j}\left(-b_{hj}-\frac{b_{h1}}{b_{11}}b_{1j}\right) &= b_{jj}-\Big(\sum_{h\neq 1,j} b_{hj}\Big)-b_{1j}\,\frac{b_{21}+\cdots+b_{n1}}{b_{11}} \\ &> b_{jj}-\sum_{h\neq 1,j} b_{hj}-b_{1j} \\ &> 0\end{aligned}$$

显然新的非齐次项 $\mathbf{c}^*>\mathbf{0}$. 对新的增广矩阵继续使用类似的行变换;在各个阶段,导致的类似于 B^* 的子矩阵仍然满足前述的三个条件. 最终我们从增广矩阵$(B\quad \mathbf{c})$出发得到如下的行标准型

$$\left(\begin{array}{ccccc|c} + & - & - & \cdots & - & + \\ 0 & + & - & \cdots & - & + \\ 0 & 0 & + & \cdots & - & + \\ \vdots & \vdots & \vdots & \ddots & \vdots & \vdots \\ 0 & 0 & 0 & 0 & + & + \end{array}\right)$$

从这个新的行标准型出发,可逐次求出 $B\mathbf{x}=\mathbf{c}$ 的一个正解 $x_n,x_{n-1},\cdots,x_1$ 且可推断 B^{-1}存在. 若非齐次项 $\mathbf{c}\geqslant\mathbf{0}$(即 $\mathbf{c}$ 非零但可能含有一些零元素)且 A 的非对角元含有一些零元素,则重复上面的步骤可求出 $B\mathbf{x}=\mathbf{c}$ 的一个非负解. 由于 B^{-1}的第 i

列是 $B\mathbf{x}_i^* = \mathbf{e}_i$ 的解 $\mathbf{x}_i^*$，因此 B^{-1} 存在且非负.

推论 5.5.5 给定一个 n 阶方阵 A，若：

(1) A 的所有元素都是非负的；

(2) 各列所有元素的和都小于 1.

则 $(I-A)^{-1}$ 存在且非负.

有了前面的理论结果，我们就可以回答最初提出的三个问题.

当 A 的所有元素都是非负的且 A 的各列所有元素的和都小于 1，则由推论 5.5.5 可知 $(I-A)^{-1}$ 存在且非负，进而对给定的消费者需求 $\mathbf{d}$，方程组(5-5-3)有非负解 $\mathbf{x}$，这就回答了第一个问题；产出向量 $\mathbf{x}=(I-A)^{-1}\mathbf{d}$ 会达到一个具体的可允许的消费者需求 $\mathbf{d}$，这就回答了第二个问题；此外，由定理 5.5.2(1)可知，对所有 $\mathbf{d}\geqslant\mathbf{0}$，方程组 $(I-A)\mathbf{x}=\mathbf{d}$ 有唯一的非负解 $\mathbf{x}\geqslant\mathbf{0}$，这就是说可达到任意非负的消费者需求 $\mathbf{d}$ [只要产出为 $\mathbf{x}=(I-A)^{-1}\mathbf{d}$ 且劳动不受限制]. 类似地，可以回答另外三个问题.

例 5.5.1 给定下面某地区的价值型投入产出表(表 5.5.3)：

表 5.5.3 价值型投入产出表(单位：万元)

产 品	1	2	3	最终需求	总需求
1	20	60	10	50	140
2	50	10	80	10	150
3	40	30	20	40	130
增值	30	50	20		
总产值	140	150	130		

(1) 求技术系数矩阵.

(2) 检验技术系数矩阵，即验证 $\mathbf{q}=B\mathbf{q}+\mathbf{m}$ 或 $(I-B)\mathbf{q}=\mathbf{m}$ 成立.

(3) 为了达到每年对产品 1、2 和 3 的新的最终需求 70、25 和 50，各产品新的总需求应该生产多少？

(4) 利用(3)求得的 $(I-A)^{-1}$ 重新验证技术系数矩阵，即验证 $\mathbf{q}=(I-B)^{-1}\mathbf{m}$.

(5) 假设表 5.5.3 中的增值完全由初级劳动投入所产生，为了获得表中的最终需求和(3)中的最终需求 70、25 和 50，分别需要多少劳动？

(6) 如果可供的劳动量为 102，问能达到(5)中的两个最终需求吗？

解 (1)由式(5-5-8)，将表 5.5.3 中左上角的 3 阶矩阵中的 3 列分别除以 140、150 和 130，即可得到技术系数矩阵 B

$$B=\begin{pmatrix}\dfrac{20}{140} & \dfrac{60}{150} & \dfrac{10}{130}\\[2mm] \dfrac{50}{140} & \dfrac{10}{150} & \dfrac{80}{130}\\[2mm] \dfrac{40}{140} & \dfrac{30}{150} & \dfrac{20}{130}\end{pmatrix}=\begin{pmatrix}0.143 & 0.4 & 0.077\\ 0.357 & 0.067 & 0.615\\ 0.286 & 0.2 & 0.154\end{pmatrix}$$

(2) 由已知条件，$\mathbf{q}=(140,150,130)^T$，$\mathbf{m}=(50,10,40)^T$，从而有

$$B\mathbf{q}=\begin{pmatrix}0.143 & 0.4 & 0.077\\ 0.357 & 0.067 & 0.615\\ 0.286 & 0.2 & 0.154\end{pmatrix}\begin{pmatrix}140\\150\\130\end{pmatrix}=\begin{pmatrix}90\\140\\90\end{pmatrix},\quad \mathbf{q}-\mathbf{m}=\begin{pmatrix}140\\150\\130\end{pmatrix}-\begin{pmatrix}50\\10\\40\end{pmatrix}=\begin{pmatrix}90\\140\\90\end{pmatrix}$$

即 $\mathbf{q}=B\mathbf{q}+\mathbf{m}$ 成立.

(3) 由式(5-5-10)，为了达到新的最终需求 $\mathbf{m}'=(70,25,50)^T$，新的总需求为 $\mathbf{q}'=(I-B)^{-1}\mathbf{m}'$. 经计算可知

$$(I-B)^{-1}=\frac{1}{0.354}\begin{pmatrix}0.666 & 0.354 & 0.318\\ 0.478 & 0.703 & 0.555\\ 0.338 & 0.286 & 0.657\end{pmatrix}$$

从而 $\mathbf{q}'=(201.61,222.57,179.83)^T$.

(4) 由(3)的结论、$\mathbf{m}=(50,10,40)^T$ 和 $\mathbf{q}=(140,150,130)^T$，可知

$$(I-B)^{-1}\mathbf{m}=\frac{1}{0.354}\begin{pmatrix}0.666 & 0.354 & 0.318\\ 0.478 & 0.703 & 0.555\\ 0.338 & 0.286 & 0.657\end{pmatrix}\begin{pmatrix}50\\10\\40\end{pmatrix}=\begin{pmatrix}140\\150\\130\end{pmatrix}$$

从而 $\mathbf{q}=(I-B)^{-1}\mathbf{m}$.

(5) 由式(5-5-11)，生产 1 单位产值的产品 1、2 和 3 分别需要的劳动投入的价值为 $b_{01}=30/140=0.214$，$b_{02}=50/150=0.333$，$b_{03}=20/130=0.154$，即 $\mathbf{b}_0=(0.214,0.333,0.154)$. 从而为了分别获得最终需求 $\mathbf{m}=(50,10,40)^T$ 和 $\mathbf{m}'=(70,25,50)^T$ 所需要的劳动量分别为 $\mathbf{b}_0\mathbf{q}=99.93$ 和 $\mathbf{b}_0\mathbf{q}'=144.95$.

(6) 由于 $99.93<102$，所以最终需求 $\mathbf{m}$ 和总需求 $\mathbf{q}$ 是可行的，而新的最终需求 $\mathbf{m}'$ 和总需求 $\mathbf{q}'$ 是不可行的①.

5.6 最小二乘法

本节用矩阵代数的形式表示基本的线性回归模型. 假定在变量 y 和 x_1，x_2，…，x_k 之间存在真实的函数关系，可以记为线性方程

$$y=\beta_0+\beta_1x_1+\beta_2x_2+\cdots+\beta_kx_k+u \tag{5-6-1}$$

方程中的最后一个变量 u 是随机变量. 如果真要观测“真实世界”到底发生了什么，就要收集 y 的值以及相应的 x_1，x_2，…，x_k 的观察值. 希望通过这些值能够推出各

① 5.5 节的内容参考了 Simon 和 Blume(1994，p. 111～113，174～179，794～795)、赵胜民和周爱民(2005，p. 45～46，49～51).

个 β_j 的真实值. 假设获得了未知变量 $\beta_0,\beta_1,\beta_2,\cdots,\beta_k$ 的估计值,记为 $b_0,b_1,b_2,\cdots,b_k$,则可以估计想要的 y 值,并把它与观测到的真实值进行比较. 在绝大多数情形下,都会存在一个误差或者偏差. 对于第 i 个观测值,这个偏差可记为

$$e_i = y_i - (b_0 + b_1x_{i1} + b_2x_{i2} + \cdots + b_kx_{ik}) \tag{5-6-2}$$

这里 y_i 是第 i 个观察值,x_{ij} 代表对第 j 个变量 x_j 的第 i 个观测值,$b_1x_{i1}+b_2x_{i2}+\cdots+b_kx_{ik}$ 是对应的第 i 个估计值,e_i 是误差.

假设对于所有的 n 个观测值,基本模型都相同,则式(5-6-2)可用向量的形式表示为

$$\mathbf{e} = \mathbf{y} - (b_0\mathbf{1} + b_1\mathbf{x}_1 + b_2\mathbf{x}_2 + \cdots + b_k\mathbf{x}_k) \tag{5-6-3}$$

这里 $\mathbf{e}=(e_1,e_2,\cdots,e_n)^T$,$\mathbf{y}=(y_1,y_2,\cdots,y_n)^T$,$\mathbf{1}=(1,1,\cdots,1)^T$,$\mathbf{x}_j=(x_{1j},x_{2j},\cdots,x_{nj})^T(j=1,2,\cdots,k)$表示第 j 个变量 x_j 的 n 个观察值;它们都是 n 维列向量. 令 $\mathbf{1}=(1,1,\cdots,1)^T$是 n 维列向量,$X=(\mathbf{1},\mathbf{x}_1,\mathbf{x}_2,\cdots,\mathbf{x}_k)$[它是一个 $n\times(k+1)$阶的矩阵],$\mathbf{b}=(b_0,b_1,b_2,\cdots,b_k)^T$,则式(5-6-3)可写为

$$\mathbf{e} = \mathbf{y} - X\mathbf{b} \tag{5-6-4}$$

计量经济学者所面临的问题就是选择估计值 $\mathbf{b}$. 最小二乘法原理表明 $\mathbf{b}$ 的选择应极小化如下的残差平方和(SSR)

$$\text{SSR} = \sum_{i=1}^{n} e_i^2 \tag{5-6-5}$$

或者如下的矩阵形式

$$\text{SSR} = \mathbf{e}^T\mathbf{e} \tag{5-6-6}$$

我们不考虑式(5-6-6)是否是或者在什么情形下是一个合适的标准,而是考察它是如何实现的. 把式(5-6-4)代入式(5-6-6)并化简

$$\begin{aligned}\mathbf{e}^T\mathbf{e} &= (\mathbf{y}-X\mathbf{b})^T(\mathbf{y}-X\mathbf{b})\\ &= (\mathbf{y}^T-\mathbf{b}^TX^T)(\mathbf{y}-X\mathbf{b})\\ &= \mathbf{y}^T\mathbf{y}-\mathbf{b}^TX^T\mathbf{y}-\mathbf{y}^TX\mathbf{b}+\mathbf{b}^TX^TX\mathbf{b}\end{aligned} \tag{5-6-7}$$

注意到 $\mathbf{b}^TX^T\mathbf{y}=\mathbf{y}^TX\mathbf{b}$(它们都是标量),则有

$$\mathbf{e}^T\mathbf{e} = \mathbf{y}^T\mathbf{y} - 2\mathbf{b}^TX^T\mathbf{y} + \mathbf{b}^TX^TX\mathbf{b} \tag{5-6-8}$$

余下的工作就是选择最优的 $\mathbf{b}$ 使得式(5-6-8)极小化,这个方法称作最小二乘法,我们将在第 9 章解决这个问题.

习　题

5.1 (带货物税的局部均衡市场模型)在例 5.3.1 中加入货物税(excise tax). 货物税与商品的销售价格无关,指供给者每销售一个单位商品应缴纳的税额. 假设强加给供给者的货物税

为 t,那么供给者每销售一单位的商品收到的不是市场价格 P,而是市场价格减去货物税 t. 这样,对供给者来说,相关联的供给价格为 $P^T=P-t(t\geqslant 0)$,供给函数为 $Q_s=-b_0+b_1P^T(b_0,b_1>0)$. 由于当 $t>0$ 时,$P^T<P$,所以对一个给定的市场价格,供给者在有货物税的情形下的供给量小于无货物税情形下的供给量. 再假设需求函数同例 5.3.1,均衡条件仍然为 $Q_d=Q_s$.

(1) 列出市场均衡模型.

(2) 求市场的均衡价格和均衡产量.

(3) 证明有货物税情形下的均衡价格与无货物税情形下的均衡价格相比,是增加了,并求这个增量并证明这个增量小于货物税 t.

(4) 证明有货物税情形下的均衡量与无货物税情形下的均衡量相比,是减少了,并求减少量.

(5) 证明(3)和(4)的结果与参数 a_0 和 b_0 无关.

5.2　考虑如下形式的凯恩斯国民收入模型

$$\begin{cases} Y=C+I_0+G_0 \\ C=a+b(Y-T) \quad (a>0,0<b<1,0<t<1) \\ T=tY \end{cases}$$

这里 Y、C 和 T 是内生变量,分别代表国民收入、消费支出和向政府支付的税额;I_0 和 G_0 是外生变量,分别表示投资和政府支出;a、b 和 t 是参数. 分别利用 Cramer 法则和逆矩阵求内生变量 Y、C 和 T 的均衡值.

5.3　给定两个贸易国家的宏观模型:$Y_1=C_1+I_1+X_1-M_1$,$C_1=4Y_1/5$,$M_1=Y_1/5$;$Y_2=C_2+I_2+X_2-M_2$,$C_2=3Y_2/4$,$M_2=Y_2/8$. 这里下标 1 和 2 分别表示国家 1 和 2,且 $X_1=M_2$,$X_2=M_1$. 假设 I_1 和 I_2 是外生确定的且分别为 80 和 120. 要求把这个模型表示为 $(I-B)\mathbf{y}=\mathbf{e}$,并解出 $\mathbf{y}$.

5.4　假设有两种资产和三种可能的自然状态. 若状态 1 发生,资产 1 和 2 的回报率分别是 $r_{11}=1$ 和 $r_{12}=3$;若状态 2 发生,资产 1 和 2 的回报率分别是 $r_{21}=2$ 和 $r_{22}=2$;若状态 3 发生,资产 1 和 2 的回报率分别是 $r_{31}=3$ 和 $r_{32}=1$.

(1) 证明投资组合(1/2,1/2)是无风险的;

(2) 说明三种状态的价格向量是(1/8,1/2,1/8);

(3) 证明不存在可复制的投资组合,也没有可保险的状态.

5.5　给定下面的投入产出表

价值型投入产出表(单位:100 万元)

产　品	钢	煤	铁	汽车	最终需求	总需求
钢	80	20	110	230	160	600
煤	200	50	90	120	140	600
铁	220	110	30	40	0	400
汽车	60	140	160	240	400	1 000
增值	40	280	10	370		
总产值	600	600	400	1 000		

(1) 求直接消耗(技术)系数矩阵 B.

(2) 检验技术系数矩阵,即验证 $\mathbf{q}=B\mathbf{q}+\mathbf{m}$ 或 $(I-B)\mathbf{q}=\mathbf{m}$ 成立,这里 $\mathbf{q}=(600,600,400,1\,000)^T$,$\mathbf{m}=(160,140,0,400)^T$.

(3) 为了达到每年对产品 1、2 和 3 的新的最终需求 170、130、10 和 350,各产品新的总需求应该生产多少?

(4) 利用(3)求得的$(I-B)^{-1}$重新验证技术系数矩阵,即验证 $\mathbf{q}=(I-B)^{-1}\mathbf{m}$.

(5) 假设表中的增值完全由初级劳动投入所产生,为了获得表中的最终需求和(3)中的最终需求 70、25 和 50,分别需要多少劳动?

(6) 如果可供的劳动量为 661,问能达到(5)中的两个最终需求吗?

第 6 章　多元函数微分法

从本章开始一直到最后一章将涉及多元函数微分法及其应用.本章涉及复习和提高 $\mathbf{R}^m$ 中的极限与点集、多元函数的连续性、多元函数的微分法、乘积求导法则、复合函数求导法则、$\mathbf{R}^n$ 中的中值定理与 Taylor 公式和隐函数定理中的重要知识.乘积求导法则和复合函数求导法则在中高级微观经济理论和计量经济学中有着重要的应用.特别地,本章与向量值函数有关的知识在第 11 章(或中高级微观经济理论)中有重要的应用.6.8 节的隐函数定理是本教材的重点内容之一.

6.1　多 元 函 数

6.1.1　多元实值与向量值函数的定义

定义 6.1.1　假设 $A\subseteq\mathbf{R}^n$,从集合 A 到集合 B 的一个函数是指一个规则 f,这个规则对 A 中任一元素 $\mathbf{x}$ 指定 B 中唯一的元素 $f(\mathbf{x})$与之对应,将这个函数记作 $f:A\to B$.当集合 B 是 R 中的一个子集时,则称 f 是一个定义在集合 A 上的 n 元实值函数,记作 $y=f(x_1,x_2,\cdots,x_n)$或 $y=f(\mathbf{x})$,其中 $\mathbf{x}=(x_1,x_2,\cdots,x_n)\in A$;当集合 B 是 $\mathbf{R}^m$ 中的一个子集时,则称 f 是一个定义在集合 A 上的 n 元向量值函数,记作 $\mathbf{y}=f(\mathbf{x})$①.

定义 6.1.2　假设 $A\subseteq\mathbf{R}^n$,给定一个函数 $f:A\to B$,令 $C\subseteq A\subseteq\mathbf{R}^n$,则 C 在函数 f 下的像为 $f(C)\equiv\{\mathbf{b}\mid\mathbf{b}=f(\mathbf{c}),\mathbf{c}\in C\}$;令 $D\subseteq B$,则 D 在函数 f 下的原像为 $f^{-1}(D)\equiv\{\mathbf{c}\in A\mid f(\mathbf{c})\in D\}$.

定理 6.1.1　假设 $A\subseteq\mathbf{R}^n$,给定一个函数 $f:A\to B$,$C_1\subseteq A$,$C_2\subseteq A$,$D_1\subseteq B$,$D_2\subseteq B$,则:

(1) 若 $C_1\subseteq C_2$,则 $f(C_1)\subseteq f(C_2)$;

(2) 若 $D_1\subseteq D_2$,则 $f^{-1}(D_1)\subseteq f^{-1}(D_2)$;

(3) 对所有的集合 C,有 $C\subseteq f^{-1}(f(C))$;

(4) 对所有的集合 D,有 $f(f^{-1}(D))\subseteq D$;

(5) 对所有的集合 D,有 $f^{-1}(D^c)\subseteq(f^{-1}(D))^c$.

---

① 本节及后面的章节中,均约定向量值函数的函数值 $f(\mathbf{x})\in\mathbf{R}^m$ 是指列向量;出现在函数记号中的 $\mathbf{x}$ 看作行向量的形式,出现在函数值表达式中的自变量 $\mathbf{x}$ 看作是列向量的形式.

符号 ^{c} 表示给其前面的集合取补集运算.

定义 6.1.3 假设 $A\subseteq\mathbf{R}^n$,给定一个函数 $f:A\to B$,称函数 f 是满射(或映上的),若对任意 $\mathbf{b}\in B$,都存在一个 $\mathbf{a}\in A$ 使得 $\mathbf{b}=f(\mathbf{a})$. 函数 f 是满射等价于对任意 $\mathbf{b}\in B$,未知量为 $\mathbf{x}$ 的方程 $\mathbf{b}=f(\mathbf{x})$一定有解.

定义 6.1.4 假设 $A\subseteq\mathbf{R}^n$,给定一个函数 $f:A\to B$,又 $C\subseteq A$,称函数 f 是 C 上的单射或一一映射,若对任意 $\mathbf{x}_1,\mathbf{x}_2\in C$ 且满足 $f(\mathbf{x}_1)=f(\mathbf{x}_2)$,都有 $\mathbf{x}_1=\mathbf{x}_2$ 成立[或若 $\mathbf{x}_1\neq\mathbf{x}_2$,则 $f(\mathbf{x}_1)\neq f(\mathbf{x}_2)$]. 换言之,各个 $\mathbf{b}\in f(C)$是 C 中唯一一个元素的像. 函数 f 是单射等价于对任意 $\mathbf{b}\in B$,未知量为 $\mathbf{x}$ 的方程 $\mathbf{b}=f(\mathbf{x})$最多有一个解属于集合 C.

考虑由 $f(x_1,x_2)=x_1^2+x_2^2$ 定义的函数 $f:\mathbf{R}^2\to R$. 这个函数不是满射[因为不存在 x_1 和 x_2 使得 $f(x_1,x_2)=-1\in R$],也不是一一映射[因为 $f(2,1)=f(1,2)=5$,但$(2,1)\neq(1,2)$].

定义 6.1.5 假设 $A\subseteq\mathbf{R}^n$,给定一个函数 $f:A\to B$,称函数 f 是双射,若函数 f 既是单射又是满射. 函数 f 是双射等价于对任意 $\mathbf{b}\in B$,未知量为 $\mathbf{x}$ 的方程 $\mathbf{b}=f(\mathbf{x})$有且仅有一个解属于集合 A.

定义 6.1.6(反函数) 假设 $A,B\subseteq\mathbf{R}^n$,给定一个函数 $f:A\to B$. 若对任意 $\mathbf{y}\in B$,从未知量为 $\mathbf{x}$ 的方程 $\mathbf{y}=f(\mathbf{x})$中可以解出唯一一个 $\mathbf{x}\in A$(即函数 f 是一个双射). 这时候,如果我们把 B 看作某个函数的定义域,那么对 B 内的每一 $\mathbf{y}$,就有 A 内的唯一一个 $\mathbf{x}$ 与之对应[满足 $\mathbf{y}=f(\mathbf{x})$]. 根据函数的定义 6.1.1,$\mathbf{x}$ 便是 $\mathbf{y}$ 的函数了,这个函数的自变量是 $\mathbf{y}$,因变量是 $\mathbf{x}$,定义域是 B,值域是 A,它是由函数 f 所产生的,称为函数 f 的反函数,记为 f^{-1},它在 $\mathbf{y}$ 处的像记为 $f^{-1}(\mathbf{y})$,即有 $\mathbf{x}=f^{-1}(\mathbf{y})$. 这时 f 当然也是 f^{-1}的反函数,或者说 f 和 f^{-1}互为反函数,前者的定义域和后者的值域相同,前者的值域和后者的定义域相同,并且不难知道 $\mathbf{x}=f^{-1}(f(\mathbf{x}))$,$f(f^{-1}(\mathbf{y}))=\mathbf{y}$.

定义 6.1.7(复合函数) 给定两个函数 $f:A\to B$ 和 $g:C\to D$,假设 $g(C)\subseteq A$. 则对任意 $\mathbf{x}\in C$,通过函数 g 和 f,有唯一的 $f(g(\mathbf{x}))$与之对应,因此 $\mathbf{y}=f(g(\mathbf{x}))$是定义在 A 上 $\mathbf{x}$ 的函数,称这个函数为 f 和 g 的复合函数,并将这个复合函数的规则记为 $f\circ g$,即$(f\circ g)(\mathbf{x})\equiv f(g(\mathbf{x}))(\mathbf{x}\in C)$.

6.1.2 经济学中的多元实值与向量值函数

1. $\boldsymbol{F}:\mathbf{R}^n\to\boldsymbol{R}$(实值函数)

例 6.1.1(需求函数) 初级微观经济学用的需求函数是一元函数 $Q_\mathrm{d}=F(P)$,中高级微观经济学考虑某商品的需求量不仅受自己价格的影响,还要考虑受市场中其他商品的价格和收入 I 的影响. 如商品 1 的需求量 Q_1 不仅受自己价格 P_1 的影响，还要受市场中商品 2 的价格 P_2 和收入 I 的影响，数学上表示为 $Q_1=F(P_1, P_2, I_1)$. 例如，不变弹性的需求函数 $Q=K_1P_1^{a_{11}}P_2^{a_{12}}I^{b_1}$. 这里 a_{11}、a_{12} 和 b_1 是弹性系数.

例 6.1.2（长期生产函数）　假设某种产品的产量是由 n 种投入决定的. 若用 Q 表示产量，$(X_1, X_2, \cdots, X_n)$ 表示 n 种投入的投入组合，则产量可表示为 n 元函数 $Q=F(X_1, X_2, \cdots, X_n)$. 常用的具体的生产函数有 n 种投入的柯布-道格拉斯生产函数 $\prod_{i=1}^{n} X_i^{\alpha_i}(\alpha_i>0, i=1,2,\cdots,n)$，资本 K 和劳动 L 作为投入的不变替代弹性(CES)生产函数 $Q=A[\alpha K^{-\rho}+(1-\alpha)L^{-\rho}]^{-1/\rho}(A>0, 0<\alpha<1, -1<\rho\neq 0)$.

例 6.1.3（效用函数）　某个人同时消费 n 种商品，则他的总效用是 n 种商品消费量的函数 $F:(X_1, X_2, \cdots, X_n)\to U(X_1, X_2, \cdots, X_n)$，这里 X_i 表示第 i 种商品的消费量，$i=1,2,\cdots,n$. 下面是几种具体的消费 n 种商品的效用函数：柯布-道格拉斯效用函数形如 $\prod_{i=1}^{n} X_i^{\alpha_i}(\alpha_i>0, i=1,2,\cdots,n)$，这里各个 α_i 的相对大小表明了 n 种商品对消费者的相对重要性；完全替代效用函数形如 $\sum_{i=1}^{n}\alpha_i X_i(\alpha_i>0, i=1,2,\cdots,n)$；完全互补效用函数形如 $\min\limits_{1\leqslant i\leqslant n}\{\alpha_i X_i\}(\alpha_i>0, i=1,2,\cdots,n)$；CES 效用函数形如 $U(X_1, X_2)=[\alpha_1 x_1^{\rho}+\alpha_2 x_2^{\rho}]^{1/\rho}(\alpha_1, \alpha_2, \rho>0)$.

例 6.1.4　储蓄账户中的未来值 FV 是最初的存款额 P_0、年利率 r、每年计利的次数 n 和存款的年数 t 的四元函数，即 $FV=P_0(1+r/n)^{nt}$.

2. $\boldsymbol{F}:\mathbf{R}^n\to\mathbf{R}^m$（向量值函数）

用 n 种投入生产 m 种产品的厂商的生产函数表示为 $F:(I_1, I_2, \cdots, I_n)\to(O_1, O_2, \cdots, O_m)^T$，其中 I_i 是第 i 种投入，O_j 是第 j 种产出. 第 11 章会涉及若干个向量值经济函数，如 Marshall 需求函数、Hicks 需求函数、要素需求函数和条件要素需求函数等.

6.1.3　几个特殊函数

1. $\mathbf{R}^n$ 上的线性函数

定义 6.1.8　称 $f:\mathbf{R}^n\to\mathbf{R}^m$ 是一个线性函数或线性变换，若对任意的 $\mathbf{x}, \mathbf{y}\in\mathbf{R}^n$，$r\in R$ 有 $f(\mathbf{x}+\mathbf{y})=f(\mathbf{x})+f(\mathbf{y})$ 和 $f(r\mathbf{x})=rf(\mathbf{x})$ 成立.

定理 6.1.2　设 $f:\mathbf{R}^n\to R$ 是线性函数，则存在一个向量 $\mathbf{a}=(a_1, a_2, \cdots, a_n)^T\in\mathbf{R}^n$，使

$$f(\mathbf{x})=\mathbf{a}^T\mathbf{x}=\mathbf{a}\cdot\mathbf{x}=\sum_{i=1}^{n}a_i x_i \tag{6-1-1}$$

其中 $\mathbf{x}=(x_1,x_2,\cdots,x_n)^T$.

定理 6.1.3　设 $f:\mathbf{R}^n\to\mathbf{R}^m$ 是线性函数,则存在 $A_{m\times n}$ 使 $f(\mathbf{x})=A\mathbf{x}$. 其中 $\mathbf{x}=(x_1,x_2,\cdots,x_n)^T$.

2. 二次函数

定义 6.1.9　$\mathbf{R}^n$ 上的二次函数(或二次型)是一个形如

$$Q(\mathbf{x})=\sum_{i=1}^{n}\sum_{j=1}^{n}a_{ij}x_ix_j \tag{6-1-2}$$

的 n 元实值函数,其中所有的 $a_{ij}\in R$ 且 $a_{ij}=a_{ji}$. 式(6-1-2)可表示为矩阵形式 $Q(\mathbf{x})=\mathbf{x}^TA\mathbf{x}$ 这里 $\mathbf{x}=(x_1,x_2,\cdots,x_n)^T$, $A=(a_{ij})$ 是 n 阶实对称矩阵.

6.2　$\mathbf{R}^m$ 中的极限与点集

6.2.1　序列

1. $\mathbf{R}^m$ 中的序列

$\mathbf{R}^m$ 中的序列可表示为 $\{\mathbf{x}^n\}_{n=1}^{n=\infty}$ 或 $\{\mathbf{x}^n\}$,其中 $\mathbf{x}^n=(x_1^n,x_2^n,\cdots,x_m^n)\in\mathbf{R}^m$ 表示序列中的第 n 项. 取序列中每项的第 i 个分量可构成一个(实)数列 $\{\mathbf{x}_i^n\}_{n=1}^{n=\infty}$,因此 $\mathbf{R}^m$ 中的序列由 m 个实数列构成 $\{\mathbf{x}_i^n\}_{n=1}^{n=\infty}$, $i=1,2,\cdots,m$.

2. 邻域

定义 6.2.1　给定 $\delta>0$,以 $\mathbf{x}^0=(x_1^0,x_2^0,\cdots,x_m^0)\in\mathbf{R}^m$ 为中心的 δ 邻域定义为

$$N_\delta(\mathbf{x}^0)\equiv\{\mathbf{x}\in\mathbf{R}^m\mid\|\mathbf{x}-\mathbf{x}^0\|<\delta\}=\left\{\mathbf{x}\in\mathbf{R}^m\,\middle|\,\sqrt{\sum_{i=1}^{m}(x_i-x_i^0)^2}<\delta\right\} \tag{6-2-1}$$

几何意义:当 $m=2$ 或 3 时, $N_\delta(\mathbf{x}^0)$ 表示以 $\mathbf{x}^0$ 为圆心、以 δ 为半径的圆或球的内部.

3. 收敛

定义 6.2.2　称 $\mathbf{R}^m$ 中的序列 $\{\mathbf{x}^n\}$ 收敛于 $\mathbf{x}^*\in\mathbf{R}^m$ 或以 $\mathbf{x}^*=(x_1^*,x_2^*,\cdots,x_m^*)$ 为极限,记作 $\lim\limits_{n\to\infty}\mathbf{x}^n=\mathbf{x}^*$ 或 $\mathbf{x}^n\to\mathbf{x}^*\ (n\to\infty)$,若对任意 $\varepsilon>0$,存在正整数 N,使得当 $n>N$ 时有

$$\|\mathbf{x}^n-\mathbf{x}^*\|<\varepsilon$$

或

$$\mathbf{x}^n \in N_\varepsilon(\mathbf{x}^*)$$

易知$\lim\limits_{n\to\infty}\mathbf{x}^n=\mathbf{x}^*$的充要条件是$\lim\limits_{n\to\infty}\|\mathbf{x}^n-\mathbf{x}^*\|=0$.

定理 6.2.1　假设 $\mathbf{x}^n=(x_1^n,x_2^n,\cdots,x_m^n)\in\mathbf{R}^m$，则序列$\{\mathbf{x}^n\}$在 $\mathbf{R}^m$ 中收敛的充要条件是$\{x_i^n\}$在 R 中收敛，$i=1,2,\cdots,m$. 具体来说

$$\lim_{n\to\infty}\mathbf{x}^n=\mathbf{x}^*=(x_1^*,x_2^*,\cdots,x_m^*)\Leftrightarrow\lim_{n\to\infty}x_i^n=x_i^*,i=1,2,\cdots,m \qquad (6\text{-}2\text{-}2)$$

证明　(必要性)假设$\lim\limits_{n\to\infty}\mathbf{x}^n=\mathbf{x}^*=(x_1^*,x_2^*,\cdots,x_m^*)$，由定义 6.2.2 可知，对任意 $\varepsilon>0$，存在正整数 N，使得当 $n>N$ 时有 $\|\mathbf{x}^n-\mathbf{x}^*\|<\varepsilon$，从而对每个 $i=1,2,\cdots,m$，有 $|x_i^n-x_i^*|\leqslant\sqrt{\sum_{i=1}^m(x_i^n-x_i^*)^2}<\varepsilon$，即 $\lim\limits_{n\to\infty}x_i^n=x_i$.

(充分性)假设$\lim\limits_{n\to\infty}x_i^n=x_i^*$，$i=1,2,\cdots,m$，则对任意 $\varepsilon>0$，存在正整数 N_i，使得当 $n>N_i$ 时有$|x_i^n-x_i^*|<\varepsilon/\sqrt{m}$. 令 $N=\max\{N_1,N_2,\cdots,N_m\}$，则当 $n>N$ 时有

$$\|\mathbf{x}^n-\mathbf{x}^*\|=\sqrt{\sum_{i=1}^m(x_i^n-x_i^*)^2}<\sqrt{\sum_{i=1}^m\frac{\varepsilon^2}{m}}=\varepsilon$$

因此$\lim\limits_{n\to\infty}\mathbf{x}^n=\mathbf{x}^*$.

定理 6.2.2　若$\lim\limits_{n\to\infty}\mathbf{x}^n=\mathbf{x}$，$\lim\limits_{n\to\infty}\mathbf{y}^n=\mathbf{y}$，$\lim\limits_{n\to\infty}c_n=c$，则

$$\lim_{n\to\infty}(c_n\mathbf{x}^n+\mathbf{y}^n)=c\mathbf{x}+\mathbf{y} \qquad (6\text{-}2\text{-}3)$$

这里$\{\mathbf{x}^n\}_{n=1}^{n=\infty}$和$\{\mathbf{y}^n\}_{n=1}^{n=\infty}$都是 $\mathbf{R}^m$ 中的序列，$\{c_n\}_{n=1}^{n=\infty}$是 R 中的数列.

证明　需要证明对任意 $\varepsilon>0$，存在正整数 N，使得当 $n>N$ 时有 $\|(c_n\mathbf{x}^n+\mathbf{y}^n)-(c\mathbf{x}+\mathbf{y})\|<\varepsilon$. 首先注意到

$$\|(c_n\mathbf{x}^n+\mathbf{y}^n)-(c\mathbf{x}+\mathbf{y})\|<\|c_n\mathbf{x}^n-c\mathbf{x}\|+\|\mathbf{y}^n-\mathbf{y}\| \qquad (6\text{-}2\text{-}4)$$

所以只需找到一个 N，使得当 $n>N$ 时有 $\|c_n\mathbf{x}^n-c\mathbf{x}\|<\varepsilon/2$ 和 $\|\mathbf{y}^n-\mathbf{y}\|<\varepsilon/2$ 成立即可.

由于$\lim\limits_{n\to\infty}\mathbf{y}^n=\mathbf{y}$，所以对任意 $\varepsilon>0$，存在正整数 N_1，使得当 $n>N_1$ 时有 $\|\mathbf{y}^n-\mathbf{y}\|<\varepsilon/2$. 令 $\mathbf{x}^n=(x_1{}^n,x_2{}^n,\cdots,x_m{}^n)$，$\mathbf{x}=(x_1,x_2,\cdots,x_m)$，由于$\lim\limits_{n\to\infty}\mathbf{x}^n=\mathbf{x}$，因此$\lim\limits_{n\to\infty}x_i^n=x_i(i=1,2,\cdots,m)$，结合$\lim\limits_{n\to\infty}c_n=c$ 可得$\lim\limits_{n\to\infty}c_nx_i^n=cx_i(i=1,2,\cdots,m)$. 由定理 6.2.1，$\lim\limits_{n\to\infty}c_n\mathbf{x}^n=c\mathbf{x}$. 由定义 6.2.2，存在正整数 N_2，使得当 $n>N_2$ 时有 $\|c_n\mathbf{x}^n-c\mathbf{x}\|<\varepsilon/2$. 因此，对任意 $\varepsilon>0$，存在 $N=\max\{N_1,N_2\}$，当 $n>N$ 时，由式(6-2-4)有 $\|(c_n\mathbf{x}^n+\mathbf{y}^n)-(c\mathbf{x}+\mathbf{y})\|<\varepsilon$. 故式(6-2-3)成立.

定理 6.2.3　若$\lim\limits_{n\to\infty}\mathbf{x}^n=\mathbf{x}$，$\lim\limits_{n\to\infty}\mathbf{y}^n=\mathbf{y}$，则$\lim\limits_{n\to\infty}\mathbf{x}^n\cdot\mathbf{y}^n=\mathbf{x}\cdot\mathbf{y}$，这里$\{\mathbf{x}^n\}_{n=1}^{n=\infty}$和$\{\mathbf{y}^n\}_{n=1}^{n=\infty}$都是 $\mathbf{R}^m$ 中的序列.

证明 留作习题.

6.2.2 开集

1. 内点、内部与开集

定义 6.2.3 称 $\mathbf{x}^0\in X$ 为集合 $X\subseteq\mathbf{R}^m$ 的内点，若存在 $\delta>0$，使 $N_\delta(\mathbf{x}^0)\subseteq X$. X 的内部，记作 $\text{int}X$，是指 X 的全部内点所构成的集合. 称 X 是一个开集，若 $X=\text{int}X$，即 X 的每一个点都是它的内点.

直觉上，X 是一个开集，如果任给 $\mathbf{x}^0\in X$，从 $\mathbf{x}^0$ 出发沿着任意方向移动一个小的距离而不离开 X.

2. 开集的性质

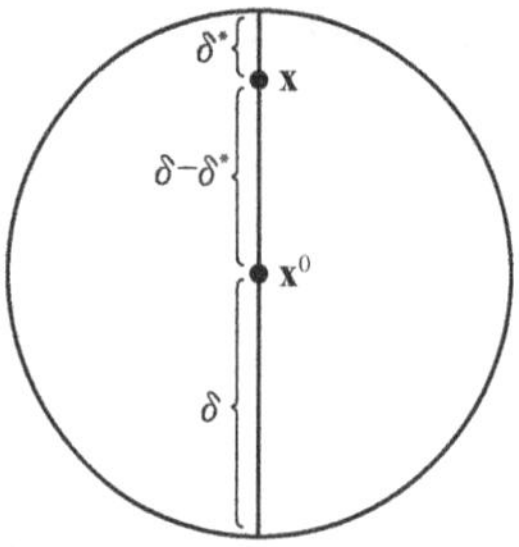

图 6.2.1 $\mathbf{R}^2$ 中的 $N_\delta(\mathbf{x}^0)$ 是开集

定理 6.2.4 设 $\mathbf{x}^0\in\mathbf{R}^m$，$\delta>0$，则 $N_\delta(\mathbf{x}^0)$ 是开集.

证明 任取 $\mathbf{x}\in N_\delta(\mathbf{x}^0)$，需证明 $\mathbf{x}$ 是 $N_\delta(\mathbf{x}^0)$ 的内点. 若 $\mathbf{x}=\mathbf{x}^0$，则显然有 $N_{\delta/2}(\mathbf{x})\subseteq N_\delta(\mathbf{x}^0)$，从而 $\mathbf{x}=\mathbf{x}^0$ 是 $N_\delta(\mathbf{x}^0)$ 的内点. 若 $\mathbf{x}\neq\mathbf{x}^0$，则由于 $\mathbf{x}\in N_\delta(\mathbf{x}^0)$，所以 $0<\|\mathbf{x}-\mathbf{x}^0\|<\delta$. 令 $\delta^*=\delta-\|\mathbf{x}-\mathbf{x}^0\|>0$，下面证明 $N_{\delta^*}(\mathbf{x})\subseteq N_\delta(\mathbf{x}^0)$. 任取 $\mathbf{z}\in N_{\delta^*}(\mathbf{x})$，则 $\|\mathbf{z}-\mathbf{x}^0\|<\|\mathbf{z}-\mathbf{x}\|+\|\mathbf{x}-\mathbf{x}^0\|<\delta^*+(\delta-\delta^*)=\delta$，因此 $N_{\delta^*}(\mathbf{x})\subseteq N_\delta(\mathbf{x}^0)$（图 6.2.1）.

定理 6.2.5 假设 $X_1,X_2\subseteq\mathbf{R}^m$，且 $X_1\subseteq X_2$，则 $\text{int}X_1\subseteq\text{int}X_2$.

证明 留作习题.

定理 6.2.6 集合 $X\subseteq\mathbf{R}^m$ 的内部 $\text{int}X$ 是开集.

证明 留作习题.

定理 6.2.7 考虑 $\mathbf{R}^m$ 中的开集，则有：

(1) 有限个开集的交集是开集；

(2) 任意数目（有限或无限）的开集的并集是开集.

证明

(1) 令 $S_i(i=1,2,\cdots,n)$ 是开集，$S=\bigcap_{i=1}^n S_i$，需证明 S 是开集. 任取 $\mathbf{x}\in S$，则 $\mathbf{x}\in S_i(i=1,2,\cdots,n)$. 由于每个 S_i 是开集，从而存在 $\delta_i>0$ 使得 $N_{\delta_i}(x)\subseteq S_i$. 令 $\delta=\min_{1\leqslant i\leqslant n}\delta_i$，则 $N_\delta(\mathbf{x})\subseteq N_{\delta_i}(\mathbf{x})\subseteq S_i$，$i=1,2,\cdots,n$. 因此 $N_\delta(\mathbf{x})\subseteq S$.

(2) 令 S_i（$i\in J$，J 是一个有限或无限的指标集）是开集，$S=\bigcup_{i\in J}S_i$，需证明 S 是开集. 任取 $\mathbf{x}\in S$，则存在 $i\in J$ 使得 $\mathbf{x}\in S_i$. 由于 S_i 是开集，存在 $\delta_i>0$ 使得 $N_{\delta_i}(\mathbf{x})\subseteq S_i\subseteq S$. 因此 S 是开集.

注意无限个开集的交集未必是开集. 例如，令 $S_i=(-1/i,1/i)\in R(i=1,$

$2,\cdots,+\infty$),则易验证每个 S_i 是开集且有 $\bigcap_{i=1}^{\infty}S_i=\{0\}$,但 $\{0\}$ 不是开集.

定理 6.2.8　包含在集合 $X\subseteq\mathbf{R}^m$ 内的所有开集的并集等于集合 X 的内部 int$X$.

证明　留作习题.

6.2.3　闭集

1. 极限点、导集与闭集

定义 6.2.4　称 $\mathbf{x}^*\in\mathbf{R}^m$ 为集合 $X\subseteq\mathbf{R}^m$ 的极限点(或聚点),若存在序列 $\{\mathbf{x}^n\}_{n=1}^{n=\infty}\subseteq X$(各个 $\mathbf{x}^n$ 互不相同),使得 $\lim\limits_{n\to\infty}\mathbf{x}^n=\mathbf{x}^*$. 集合 X 的全体极限点构成的集合(记作 X')叫做 X 的导集.

例 6.2.1　集合 X 未必包含它的所有极限点. 考虑集合 $X=\{(1,1),(1/2,1/2),\cdots,(1/n,1/n),\cdots\}\subseteq\mathbf{R}^2$. 易知 $(0,0)$ 是集合 X 的唯一的极限点[因为 $\{(1/n,1/n)\}_{n=1}^{n=\infty}\subseteq X$ 收敛到 $(0,0)$],但 $(0,0)\notin X$.

定义 6.2.5　称集合 $X\subseteq\mathbf{R}^m$ 为闭集,若 X 包含了它的所有的极限点(或 $X\supseteq X'$),即只要 $\{\mathbf{x}^n\}_{n=1}^{n=\infty}\subseteq X$ 且 $\lim\limits_{n\to\infty}\mathbf{x}^n=\mathbf{x}^*$,就有 $\mathbf{x}^*\in X$①.

例 6.2.2　定义集合 $X=\{(0,0),(1,1),(1/2,1/2),\cdots,(1/n,1/n),\cdots\}\subseteq\mathbf{R}^2$. 易知序列 $\{(1/n,1/n)\}_{n=1}^{n=\infty}\subseteq X$ 收敛到 $(0,0)$,进而 $X'=\{(0,0)\}$. 又因为 $X\supseteq X'$,所以 X 是闭集.

定义 6.2.6　称集合 $X\cup X'$ 为集合 X 的闭包,记作 $cl(X)$.

定理 6.2.9(闭包的性质)　令 $X\subseteq\mathbf{R}^m$,则 $\mathbf{x}_c\in cl(X)$ 的充要条件是对任意的 $\delta>0$,$N_\delta(\mathbf{x}_c)$ 至少包含 X 的一个点②.

证明　(充分性)假设对任意的 $\delta>0$,$N_\delta(\mathbf{x}_c)$ 至少包含 X 的一个点,则对 $\delta_n=1/n(n=1,2,\cdots,+\infty)$,存在 $\mathbf{x}^n\in N_{\delta_n}(\mathbf{x}_c)\cap X$,因此我们得到了 X 中的一个序列 $\{\mathbf{x}^n\}_{n=1}^{n=\infty}\subseteq X$,满足 $\|\mathbf{x}^n-\mathbf{x}_c\|<\delta_n=1/n$,从而 $\lim\limits_{n\to\infty}\mathbf{x}^n=\mathbf{x}_c$. 因此 $\mathbf{x}_c\in X'\subseteq cl(X)$.

(必要性)假设 $\mathbf{x}_c\in cl(X)$,则由定义 6.2.6,$\mathbf{x}_c\in X$ 或 $x_c\in X'$. 若 $\mathbf{x}_c\in X$,则显然对任意的 $\delta>0$,$N_\delta(\mathbf{x}_c)$ 至少包含 X 的一个点(这个点可取为 $\mathbf{x}_c$). 若 $\mathbf{x}_c\in X'$,则由定义 6.2.4,存在序列 $\{\mathbf{x}^n\}_{n=1}^{n=\infty}\subseteq X$,使得 $\lim\limits_{n\to\infty}\mathbf{x}^n=\mathbf{x}_c$. 因此,对任意的 $\delta>0$,存在一个正整数 N,当 $n>N$ 时有 $\|\mathbf{x}^n-\mathbf{x}_c\|<\delta$,即 $\mathbf{x}^n\in N_\delta(\mathbf{x}_c)$,从而 $N_\delta(\mathbf{x}_c)$ 至少包含 X 的一个点.

---

①　见 Simon 和 Blume(1994,p267). 有的教材上利用开集的概念给出闭集的定义:称集合 X 是闭集,如果 X 的补集 X^c 是开集(Sundaram,1996,p58;潘介人,1989,p89).

②　鉴于此,有的教材中采用这样的闭包定义:称 $\mathbf{x}_c$ 是 X 的一个闭包点,若对任意的 $\delta>0$,$N_\delta(\mathbf{x}_c)$ 至少包含 X 的一个点. X 的所有闭包点的集合称为 X 的闭包(Fuente,2000,p60).

2. 闭集的性质

定理 6.2.10　集合 $X\subseteq\mathbf{R}^m$ 是闭集的充要条件是 $cl(X)=X$①.

证明　由定义 6.2.4 和定义 6.2.5 容易获证.

定理 6.2.11　集合 $X\subseteq\mathbf{R}^m$ 为闭集的充要条件是 X 的补集(记作 X^c)是开集；X 为开集的充要条件是 X 的补集是闭集.

证明　(必要性)假设 X 为闭集,我们需要证明它的补集 X^c 是开集;换言之,需要证明对任意 $\mathbf{x}\in X^c$,存在 $\delta>0$ 使 $N_\delta(\mathbf{x})\subset X^c$. 下面用反证法进行证明. 假设 $\mathbf{x}\in X^c$,但不存在 $\delta>0$ 使 $N_\delta(\mathbf{x})\subseteq X^c$,即对任意的 $\delta>0$,有 $N_\delta(\mathbf{x})\not\subset X^c$. 于是对任意的 $\delta>0$,有 $N_\delta(\mathbf{x})\cap X\neq\varnothing$. 特别,对每个 $\delta_n=1/n(n=1,2,\cdots,+\infty)$,存在 $\mathbf{x}^n\in N_{\delta_n}(\mathbf{x})\cap X$. 因此我们得到了 X 中的一个序列 $\{\mathbf{x}^n\}_{n=1}^{n=\infty}\subseteq X$,满足 $\|\mathbf{x}^n-\mathbf{x}\|<\delta_n=1/n$,因此 $\lim\limits_{n\to\infty}\mathbf{x}^n=\mathbf{x}$. 由于 X 为闭集,由定义 6.2.5 知 $\mathbf{x}\in X$,这与 $\mathbf{x}\in X^c$ 矛盾.

(充分性)假设 X^c 是开集,需证 X 为闭集. 令 $\{\mathbf{x}^n\}_{n=1}^{n=\infty}\subseteq X$ 且 $\lim\limits_{n\to\infty}\mathbf{x}^n=\mathbf{x}^*$,需证 $\mathbf{x}^*\in X$. 下面用反证法进行证明. 假设 $\mathbf{x}^*\notin X$,则 $\mathbf{x}^*\in X^c$. 由于 X^c 是开集,所以存在 $\delta>0$,使 $N_\delta(\mathbf{x}^*)\subseteq X^c$. 此外,由于 $\lim\limits_{n\to\infty}\mathbf{x}^n=\mathbf{x}^*$,故 n 充分大时有 $\mathbf{x}^n\in N_\delta(\mathbf{x}^*)$. 从而 $\mathbf{x}^n\in X^c$,这与 $\{\mathbf{x}^n\}_{n=1}^{n=\infty}\subseteq X$ 矛盾.

利用定理 6.2.7 以及"任意个集合的并集的补集等于这些集合的补集的交集(任意个集合的交集的补集等于这些集合的补集的并集)"可获得下一个定理.

定理 6.2.12

(1) 有限个闭集的并集是闭集;

(2) 任意数目(有限或无限)的闭集的交集是闭集.

证明　留作习题.

无限个闭集的并集未必是闭集. 定义集合 $S_n=[-n/(n+1),n/(n+1)]\subseteq R(n\geqslant 1)$,则每个 S_n 是闭集. 可以验证 $\bigcap_{n=1}^{\infty}S_n=(-1,1)$ 是开集.

定理 6.2.13　令 $\overline{X}$ 是包含 $X\subset\mathbf{R}^m$ 的所有闭集的交集,则 $\mathbf{x}\in\overline{X}$ 的充要条件是存在 $\{\mathbf{x}^n\}_{n=1}^{n=\infty}\subseteq X$ 使得 $\lim\limits_{n\to\infty}\mathbf{x}^n=\mathbf{x}$.

证明　(充分性)假设存在 $\{\mathbf{x}^n\}_{n=1}^{n=\infty}\subseteq X$ 使得 $\lim\limits_{n\to\infty}\mathbf{x}^n=\mathbf{x}$,要证明 $\mathbf{x}\in\overline{X}$. 令 T 是任意的包含 X 的闭集,则 $\{\mathbf{x}^n\}_{n=1}^{n=\infty}\subseteq T$,从而 $\mathbf{x}\in T$. 因此 $\mathbf{x}\in\overline{X}$.

(必要性)假设 $\mathbf{x}\in\overline{X}$,我们断定对任意的 $\delta>0$,有 $N_\delta(\mathbf{x})\cap X\neq\varnothing$. 假设存在某个 $\delta>0$,使得 $N_\delta(\mathbf{x})\cap X=\varnothing$,那么 $N_\delta(\mathbf{x})$ 的补集 $[N_\delta(\mathbf{x})]^c$ 是一个包含 X 但不包含 $\mathbf{x}$ 的闭集,此与 $\mathbf{x}\in\overline{X}$ 矛盾{因为 $\mathbf{x}\in\overline{X}$ 和 $[N_\delta(\mathbf{x})]^c$ 是一个包含 X 的闭集意味着

---

① 鉴于此,有的教材(潘介人,1989,p89)用集合的闭包概念来定义闭集,即称集合 $X\subseteq\mathbf{R}^m$ 为闭集,若 $cl(X)=X$.

$\mathbf{x}\in[N_\delta(\mathbf{x})]^c\}$.

定理 6.2.14　令 $\overline{X}$ 是包含 $X\subseteq\mathbf{R}^m$ 的所有闭集的交集，则：

(1) $\overline{X}$ 是闭集；

(2) $\overline{X}=cl(X)$①.

证明

(1) 由定理 6.2.12(2)显然. 下面证明结论(2).

假设 $\mathbf{x}\in\overline{X}$，由定理 6.2.13，存在 $\{\mathbf{x}^n\}_{n=1}^{n=\infty}\subseteq X$ 使得 $\lim\limits_{n\to\infty}\mathbf{x}^n=\mathbf{x}$，从而 $\mathbf{x}\in X'$，进而 $\mathbf{x}\in cl(X)$. 另外，假设 $\mathbf{x}\in cl(X)=X\cup X'$，那么或者 $\mathbf{x}\in X'$ 或者 $\mathbf{x}\in X$. 若 $\mathbf{x}\in X'$，则由定义 6.2.4 和定理 6.2.13 可知 $\mathbf{x}\in\overline{X}$. 若 $\mathbf{x}\in X$，由于 $\overline{X}$ 是包含 X 的所有闭集的交集，所以 $\mathbf{x}\in X\subseteq\overline{X}$.

由定理 6.2.14 可知，集合 X 的闭包是包含 X 的最小的闭集.

3. 边界点与孤立点

定义 6.2.7　称 $\mathbf{x}^0$ 为集合 $X\subseteq\mathbf{R}^m$ 的边界点，若对任意 $\delta>0$，$N_\delta(\mathbf{x}^0)$ 中既含有 X 的点，又含有不属于 X 的点，即对任意 $\delta>0$ 有 $N_\delta(\mathbf{x}^0)\cap X\neq\varnothing$ 且 $N_\delta(\mathbf{x}^0)\cap X^c\neq\varnothing$. 称 $\mathbf{x}^0$ 为 X 的孤立点，若 $\mathbf{x}^0\in X$ 且 $\mathbf{x}^0$ 不是 X 的极限点.

例 6.2.3　考虑集合 $X=\{(x,y)\mid x^2+y^2\leqslant 1\}\cup(2,3)$，易验证 $(2,3)$ 是 X 的孤立点. 而集合 $X_b=\{(x,y)\mid x^2+y^2=1\}$ 中的每个点都是 X 的边界点.

定理 6.2.15　集合 $X\subseteq\mathbf{R}^m$ 的所有边界点构成的集合等于 $cl(X)\cap cl(X^c)$.

证明　留作习题.

6.2.4 紧集

定义 6.2.8　称集合 $X\subseteq\mathbf{R}^m$ 为有界点集，若存在一个常数 $M>0$，使得对任意 $\mathbf{x}\in X$ 有 $\|\mathbf{x}\|\leqslant M$[或 $X\subseteq N_M(0)$].

定义 6.2.9　称集合 $X\subseteq\mathbf{R}^m$ 是紧集，若 X 是有界的闭集②.

例 6.2.4　R 上的具有有限端点的闭区间是紧集，但 R 上的具有有限端点的开(半开或半闭)区间不是紧集. 平面 $\mathbf{R}^2$ 上具有有限半径的闭盘面是 $\mathbf{R}^2$ 中的紧集，其他的盘面则不是紧集.

定理 6.2.16(Bolzano-Weierstrass 定理)　假设 $X\subseteq\mathbf{R}^m$ 是紧集，X 中的任一序列一定有收敛于 X 中某点的子序列③.

---

① 鉴于此，有的教材上把包含 X 的所有闭集的交集定义为集合 X 的闭包(Simon 和 Blume，1994，p268).

② 见 Simon 和 Blume(1994，p271).

③ 证明过程见 Simon 和 Blume(1994，p808).

Bolzano-Weierstrass 定理的逆命题成立[①],即有下面的定理.

定理 6.2.17 假设 $X\subseteq\mathbf{R}^m$,X 中的任一序列一定有收敛于 X 中某点的子序列,则 X 是紧集.

定理 6.2.18(紧集运算)

(1) 紧集的闭子集是紧集;

(2) 每个含有有限个元素的集合是紧集;

(3) 任意多个紧集的交集是紧集,有限个紧集的并集是紧集;

(4) 假设集合 X_1 和 X_2 都是 $\mathbf{R}^m$ 中的紧集,则 $X_1+X_2\equiv\{\mathbf{x}\in\mathbf{R}^m\mid\mathbf{x}=x_1+x_2,x_1\in X_1,x_2\in X_2\}$也是紧集.

证明 留作习题.

6.2.5 连通集

定义 6.2.10 一个集合 $X\subseteq\mathbf{R}^m$是非连通的,如果 X 可分离为两个集合以致这两个集合被两个不相交的开集所覆盖,即存在两个开集 U_1 和 U_2 满足:

(1) $X\subset U_1\cup U_2$;

(2) $X\cap U_1\neq\varnothing$且 $X\cap U_2\neq\varnothing$;

(3) $U_1\cap U_2=\varnothing$.

不是非连通的集合,称作连通的.

粗略地说,若一个集合是单独的一块(即它不可以由两个或更多的"可分离的部分"组成),则称它为连通的.

定理 6.2.19 R 的子集 X 是连通的充要条件是每当 $x\in X$,$z\in X$,且 $x\leqslant y\leqslant z$ 时,有 $y\in X$[②].

因此 X 是一个单一区间(开的、闭的、半开半闭)是 R 的子集 X 是连通的充要条件. 而 $\mathbf{R}^2$ 中的连通集则没有这样简单的特征. 由定理 6.2.19 知,去掉 R 的连通子集 X 内部的任一点后,这个集合则变得不连通. 同样的结论在 $\mathbf{R}^2$ 中不一定成立. 例如,$\mathbf{R}^m(m>1)$是连通集,$\mathbf{0}$ 是其内点,但集合$\{\mathbf{x}\mid\mathbf{x}\in\mathbf{R}^m$且 $\mathbf{x}\neq\mathbf{0}\}$仍然是连通集. 类似地,$\{\mathbf{x}\in\mathbf{R}^m\mid\mathbf{x}\in N_\delta(\mathbf{x}^0)$且 $\mathbf{x}\notin N_{\delta/2}(\mathbf{x}^0)\}$是连通的;这个集合在 $\mathbf{R}^2$ 中是间于两个半径分别是 δ 和 $\delta/2$ 的两个圆之间的部分.

6.2.6 凸集与凸集分离定理

1. 凸集

定义 6.2.11 称非空集合 $X\subseteq\mathbf{R}^m$是凸集,若对任意 $\mathbf{x},\mathbf{y}\in X$ 以及任意$\lambda\in[0,$

① 鉴于此,有的教材把定理 6.2.17 的条件作为紧集的定义(Sundaram,1996,p. 23).

② 证明过程见 Simon 和 Blume (1994,p. 809).

1]，总有 $\lambda\mathbf{x}+(1-\lambda)\mathbf{y}\in X$.

从几何上看，X 是凸集是指对任意 $\mathbf{x},\mathbf{y}\in X$，$X$ 包含连接两点 $\mathbf{x}$ 和 $\mathbf{y}$ 的线段.

2. 凸集运算

定理 6.2.20

(1) 任意多个凸集的交集是凸集，凸集的并集未必是凸集；

(2) 凸集的闭包也是凸集；

(3) 凸集的内部也是凸集；

(4) 假设集合 X_1 和 X_2 都是 $\mathbf{R}^m$ 中的凸集，则 $X_1+X_2\equiv\{\mathbf{x}\in\mathbf{R}^m\mid\mathbf{x}=x_1+x_2, x_1\in X_1, x_2\in X_2\}$ 也是凸集.

证明　留作习题.

例 6.2.5

(1) $X=\{\mathbf{x}\in\mathbf{R}^m\mid F(\mathbf{x})\leqslant c\}$ 和 $X=\{\mathbf{x}\in\mathbf{R}^m\mid F(\mathbf{x})\geqslant c\}$ 都是凸集，这里 $F(\mathbf{x})=\sum_{i=1}^{n}a_ix_i$ 是一个线性变换；

(2) 集合 $\{\mathbf{x}\in\mathbf{R}^m\mid A_{n\times m}\mathbf{x}\leqslant b_{n\times1}\}$ 和 $\{\mathbf{x}\in\mathbf{R}^m\mid A_{n\times m}\mathbf{x}\geqslant b_{n\times1}\}$ 都是凸集；

(3) 集合 $X=\{\mathbf{x}\in\mathbf{R}^2\mid\|\mathbf{x}\|\leqslant1\}$ 是凸集，而集合 $X=\{\mathbf{x}\in\mathbf{R}^2\mid\|\mathbf{x}\|=1\}$ 不是凸集.

定义 6.2.12　给定集合 $S\subseteq\mathbf{R}^m$，S 的凸包定义为

$$C_0(S)=\left\{\sum_{i=1}^{k}\lambda_i\mathbf{x}^i \mid \mathbf{x}^i\in S,\lambda_i\geqslant0,i=1,2,\cdots,k,\sum_{i=1}^{k}\lambda_i=1,k\text{ 为任意正整数}\right\}$$

几何上看，$C_0(S)$ 是凸集且表示包含集合 S 的最小凸集，或是包含集合 S 的所有凸集的交集.

例 6.2.6　集合 $X=\{(x_1,0)\mid0\leqslant x_1\leqslant1\}\cup\{(0,x_2)\mid0\leqslant x_2\leqslant1\}$ 的凸包为三角域 $\{(x_1,x_2)\mid x_1+x_2\leqslant1,x_1\geqslant0,x_2\geqslant0\}$.

定理 6.2.21　若集合 $X\subseteq\mathbf{R}^m$ 是凸集，则 $C_0(X)=X$.

证明　留作习题.

3. 极点

定义 6.2.13　设 $X\subseteq\mathbf{R}^m$ 是凸集，称 $\mathbf{x}\in X$ 是 X 的极点，若不存在 $\mathbf{y},\mathbf{z}\in X$ 和 $\lambda\in(0,1)$ 使得 $\mathbf{x}=\lambda\mathbf{y}+(1-\lambda)\mathbf{z}$，或若对任意的 $\mathbf{y},\mathbf{z}\in X$ 和 $\lambda\in(0,1)$，$\mathbf{x}=\lambda\mathbf{y}+(1-\lambda)\mathbf{z}$ 不成立.

例 6.2.7　凸三角域 $X=\{(x_1,x_2)\mid x_1+x_2\leqslant1,x_1\geqslant0,x_2\geqslant0\}$ 有三个极点 $(0,0)$、$(0,1)$ 和 $(1,0)$.

定理 6.2.22　设 $X\subseteq\mathbf{R}^m$ 是凸集且是紧的，则对任意 $\mathbf{x}\in X$，$\mathbf{x}$ 可表示为 X 的至

多 $m+1$ 个极点的凸组合，即存在 X 的极点 $\mathbf{x}^1,\mathbf{x}^2,\cdots,\mathbf{x}^{m+1}$ 及 $\lambda_1,\lambda_2,\cdots,\lambda_{m+1}\in(0,1)$，$\sum_{i=1}^{m+1}\lambda_i=1$，使 $\mathbf{x}=\sum_{i=1}^{m+1}\lambda_i x^i$.

4. 超平面与半空间

定义 6.2.14　给定 $\mathbf{p}\in\mathbf{R}^m$ 且 $\mathbf{p}\neq 0$，$c\in R$，由 p 和 c 生成的超平面指集合 $H_{p,c}\equiv\{\mathbf{x}\in\mathbf{R}^m\mid\mathbf{p}\cdot\mathbf{x}=c\}$. 集合 $\{\mathbf{x}\in\mathbf{R}^m\mid\mathbf{p}\cdot\mathbf{x}\geqslant c\}$ 和 $\{\mathbf{x}\in\mathbf{R}^m\mid\mathbf{p}\cdot\mathbf{x}\leqslant c\}$ 分别叫做上半空间和下半空间.

例 6.2.8　令 $\mathbf{p}=(1,2)$，$c=2$，则得超平面（$\mathbf{R}^2$ 中的直线）$H_{p,c}\equiv\{(x_1,x_2)\mid x_1+2x_2=2\}$、上半空间（上半平面）$\{(x_1,x_2)\mid x_1+2x_2\geqslant 2\}$ 和下半空间（下半平面）$\{(x_1,x_2)\mid x_1+2x_2\leqslant 2\}$. 若令 $\mathbf{p}=(6,3,2)$，$c=6$，则得到超平面（$\mathbf{R}^3$ 中的平面）$H_{p,c}\equiv\{(x_1,x_2,x_3)\mid 6x_1+3x_2+2x_3=6\}$、上半空间 $\{(x_1,x_2,x_3)\mid 6x_1+3x_2+2x_3\geqslant 6\}$ 和下半空间（平面）$\{(x_1,x_2,x_3)\mid 6x_1+3x_2+2x_3\leqslant 6\}$.

5. 凸集分离定理

定理 6.2.23　设 $X\subseteq\mathbf{R}^m$ 是非空的凸闭集，$\mathbf{x}^0\notin X$，则存在 $\mathbf{p}\in\mathbf{R}^m$ 且 $\mathbf{p}\neq\mathbf{0}$，$c\in R$，使

$$\mathbf{p}\cdot\mathbf{x}^0<c$$
$$\mathbf{p}\cdot\mathbf{x}>c,\quad\text{对任意 }\mathbf{x}\in X$$

即超平面 $\{\mathbf{x}\in\mathbf{R}^m\mid\mathbf{p}\cdot\mathbf{x}=c\}$ 严格分离点 $\mathbf{x}^0$ 和集合 X. 更一般的，设集合 $A,B\subseteq\mathbf{R}^m$ 是非空凸集且 $A\cap B=\varnothing$，则存在 $\mathbf{p}\in\mathbf{R}^m$ 且 $\mathbf{p}\neq\mathbf{0}$，$c\in R$，使

$$\mathbf{p}\cdot\mathbf{x}\geqslant c,\quad\text{对任意 }\mathbf{x}\in A$$
$$\mathbf{p}\cdot\mathbf{y}\leqslant c,\quad\text{对任意 }\mathbf{y}\in B$$

即存在一个分离集合 A 和集合 B 的超平面 $\{\mathbf{x}\in\mathbf{R}^m\mid\mathbf{p}\cdot\mathbf{x}=c\}$，使集合 A 和 B 分别位于该超平面的不同侧.

证明　显然存在有界闭集 $U=\{\mathbf{x}\in\mathbf{R}^m\mid\|\mathbf{x}-\mathbf{x}^0\|\leqslant r\}$ 使得 $U\cap X\neq\varnothing$. 又由于 X 是闭集，因此 $U\cap X$ 是有界闭集（定理 6.2.12）. 定义一个连续函数 $f(\mathbf{x})=\|\mathbf{x}-\mathbf{x}^0\|$，则 $f(\mathbf{x})$ 在有界闭集 $U\cap X$ 上存在最小值（参见后面的定理 6.3.5），即存在 $\mathbf{x}^*\in U\cap X$ 且 $\mathbf{x}^*\neq\mathbf{x}^0$ 使得对任意 $\mathbf{x}\in U\cap X$ 有 $\|\mathbf{x}-\mathbf{x}^0\|\geqslant\|\mathbf{x}^*-\mathbf{x}^0\|>0$. 下面证明对任意 $\mathbf{x}\in X$ 也有 $\|\mathbf{x}-\mathbf{x}^0\|\geqslant\|\mathbf{x}^*-\mathbf{x}^0\|$ 成立（图 6.2.2）. 事实上，若 $\mathbf{x}\in U$，从而 $\mathbf{x}\in U\cap X$，因此有 $\|\mathbf{x}-\mathbf{x}^0\|\geqslant\|\mathbf{x}^*-\mathbf{x}^0\|$ 成立. 若 $\mathbf{x}\notin U$，则由于 $\mathbf{x}^*\in U$，所以有 $\|\mathbf{x}-\mathbf{x}^0\|>r\geqslant\|\mathbf{x}^*-\mathbf{x}^0\|$.

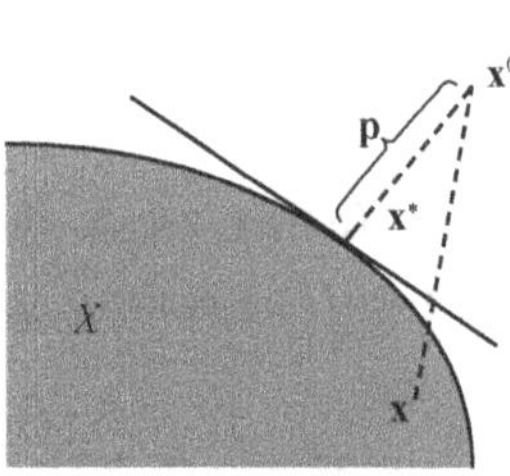

图 6.2.2　闭凸集与其之外的点的分离

对任意 $\mathbf{x}\in X$ 及 $0\leqslant t\leqslant 1$，由于 $\mathbf{x}^*\in X$ 和 X 是凸集，

所以 $t\mathbf{x}+(1-t)\mathbf{x}^*\in X$,从而 $\|t\mathbf{x}+(1-t)\mathbf{x}^*-\mathbf{x}^0\|^2\geqslant\|\mathbf{x}^*-\mathbf{x}^0\|^2$.因此有 $\|\mathbf{x}-\mathbf{x}^*\|t^2+2(\mathbf{x}-\mathbf{x}^*)\cdot(\mathbf{x}^*-\mathbf{x}^0)t\geqslant 0$ 或 $\|\mathbf{x}-\mathbf{x}^*\|t+2(\mathbf{x}^*-\mathbf{x}^0)\cdot(\mathbf{x}-\mathbf{x}^*)\geqslant 0$ 成立. 这个式子对任意小的 $t>0$ 均成立,故必有 $(\mathbf{x}^*-\mathbf{x}^0)\cdot(\mathbf{x}-\mathbf{x}^*)\geqslant 0$ 或 $(\mathbf{x}^*-\mathbf{x}^0)\cdot\mathbf{x}\geqslant(\mathbf{x}^*-\mathbf{x}^0)\cdot\mathbf{x}^*$. 令 $\mathbf{p}=\mathbf{x}^*-\mathbf{x}^0$,则 $\mathbf{p}\neq\mathbf{0}$ 且对任意 $\mathbf{x}\in X$ 有

$$\begin{aligned}\mathbf{p}\cdot\mathbf{x}\geqslant\mathbf{p}\cdot\mathbf{x}^* &= \mathbf{p}\cdot(\mathbf{x}^*-\mathbf{x}^0+\mathbf{x}^0)\\ &=\mathbf{p}\cdot\mathbf{p}+\mathbf{p}\cdot\mathbf{x}^0>[\mathbf{p}\cdot\mathbf{p}]/2+\mathbf{p}\cdot\mathbf{x}^0>\mathbf{p}\cdot\mathbf{x}^0\end{aligned}$$

再令 $c=[\mathbf{p}\cdot\mathbf{p}]/2+\mathbf{p}\cdot\mathbf{x}^0$,则对任意 $\mathbf{x}\in X$ 有 $\mathbf{p}\cdot\mathbf{x}>c$ 和 $\mathbf{p}\cdot\mathbf{x}^0<c$.

6. 支撑超平面定理

定理 6.2.24　设 $X\subseteq\mathbf{R}^m$ 是凸集,$\mathbf{x}^0\notin\text{int}X$,则存在 $\mathbf{p}\in\mathbf{R}^m$ 且 $\mathbf{p}\neq 0$,使对任意 $\mathbf{x}\in X$ 有 $\mathbf{p}\cdot\mathbf{x}^0\geqslant\mathbf{p}\cdot\mathbf{x}$①.

6.3　多元函数的连续性

6.3.1　多元连续函数的定义

定义 6.3.1　假设 $\mathbf{x}_0\in U\subseteq\mathbf{R}^n$,称一个 n 元向量值函数 $F:U\to\mathrm{R}^m$ 在 $\mathbf{x}_0$ 处是连续的,若对于 U 中的收敛于 $\mathbf{x}_0$ 的任意序列 $\{\mathbf{x}^n\}\subseteq U$,都有 R^m 中的序列 $\{F(\mathbf{x}^n)\}$ 收敛于 $F(\mathbf{x}_0)$;或每当 $\lim\limits_{n\to\infty}\mathbf{x}^n=\mathbf{x}_0$ 时,有 $\lim\limits_{n\to\infty}F(\mathbf{x}^n)=F(\mathbf{x}_0)$ 成立. 称一个 n 元函数 $F:U\to\mathrm{R}^m$ 是连续的,若它在定义域上的每点都是连续的.

6.3.2　多元连续函数的性质

定理 6.3.1(函数四则运算的连续性)　设 $\mathbf{x}_0\in U\subseteq\mathbf{R}^n$. 若两个 n 元向量值函数 $F:\mathbf{R}^n\to\mathrm{R}^m$ 和 $G:\mathbf{R}^n\to\mathrm{R}^m$ 均在 $\mathbf{x}_0$ 处连续,则:

(1) $F+G$、$F-G$ 和 FG 也均在 $\mathbf{x}_0$ 处连续;

(2) F/G 也在 $\mathbf{x}_0$ 处连续[这里假设 $G(\mathbf{x}_0)\neq 0$].

定理 6.3.2(复合函数的连续性)　设 $\mathbf{x}_0\in\mathbf{R}^n$,考虑两个函数 $G:\mathbf{R}^n\to\mathbf{R}^s$,$F:\mathbf{R}^s\to\mathbf{R}^m$. 若 $G(\mathbf{x})$ 在 $\mathbf{x}_0$ 处连续,而 $F(\mathbf{x})$ 在 $G(\mathbf{x}_0)$ 处连续,则复合函数 $F(G(\mathbf{x})):\mathbf{R}^n\to\mathbf{R}^m$ 也在 $\mathbf{x}_0$ 处连续.

证明　考虑任意序列 $\{\mathbf{x}^n\}\in\mathbf{R}^n$,我们需要证明每当 $\lim\limits_{n\to\infty}\mathbf{x}^n=\mathbf{x}_0$ 时,有 $\lim\limits_{n\to\infty}F(G(\mathbf{x}^n))=F(G(\mathbf{x}_0))$ 成立. 事实上,由于 $G(\mathbf{x})$ 在 $\mathbf{x}_0$ 处连续,所以每当 $\lim\limits_{n\to\infty}\mathbf{x}^n=\mathbf{x}_0$ 时,有 $\lim\limits_{n\to\infty}G(\mathbf{x}^n)=G(\mathbf{x}_0)$ 成立. 又因为 $F(\mathbf{x})$ 在 $G(\mathbf{x}_0)$ 处连续和 $\lim\limits_{n\to\infty}G(\mathbf{x}^n)=$

① 通常称超平面 $\{\mathbf{x}\in\mathbf{R}^m\,|\,\mathbf{p}\cdot\mathbf{x}=\mathbf{p}\cdot\mathbf{x}^0\}$ 为集合 X 的支撑超平面.

$G(\mathbf{x}_0)$,从而有$\lim\limits_{n\to\infty}F(G(\mathbf{x}^n))=F(G(\mathbf{x}_0))$成立.

定理 6.3.3 设有函数 $f_i:\mathbf{R}^n\to\mathrm{R}, i=1,2,\cdots,m$,令 $\mathbf{F}=(f_1,f_2,\cdots,f_m):\mathbf{R}^n\to\mathrm{R}^m$,则 $\mathbf{F}$ 在 $\mathbf{x}_0\in\mathbf{R}^n$处连续的充要条件是每个 n 元实值函数 f_i 在 $\mathbf{x}_0$ 处连续.

定理 6.3.4 设函数 $f:\mathbf{R}^n\to\mathrm{R}$ 在点 $\mathbf{x}_0=(x_1^0,x_2^0,\cdots,x_n^0)$处连续,则一元函数 $g(x_1)=f(x_1,x_2^0,\cdots,x_n^0)$在 x_1^0 处连续.

定理 6.3.5 设$U\subseteq\mathbf{R}^n$是紧集,$F:U\to\mathrm{R}^m$是 n 元向量值连续函数,则 $F(U)=\{\mathbf{y}\in\mathrm{R}^m\mid\mathbf{y}=F(\mathbf{x}),\mathbf{x}\in U\}\subseteq\mathrm{R}^m$是紧集;进一步,若 $m=1$,即 $F(\mathbf{x})$是紧集 U 上的 n 元实值函数,则 $F(\mathbf{x})$在 U 上一定有最大值与最小值[①].

6.4 多元函数的微分法

为表达简洁,本小节均把$(x_1,x_2,\cdots,x_n)$记作 $\mathbf{x}$,自然将$(x_1^*,x_2^*,\cdots,x_n^*)$记作 $\mathbf{x}^*$.

6.4.1 偏导数及其经济解释

1. 偏导数概念

定义 6.4.1 设 $f(x_1,x_2,\cdots,x_n)$是 n 元实值函数,则它在点$(x_1^0,x_2^0,\cdots,x_n^0)$处的偏导数定义为

$$\frac{\partial f}{\partial x_i}(x_1^0,\cdots,x_n^0)=\lim_{h\to0}[f(x_1^0,\cdots,x_i^0+h,\cdots,x_n^0)-f(x_1^0,\cdots,x_i^0,\cdots,x_n^0)]/h \tag{6-4-1}$$

也记作 $f_i'(x_1^0,x_2^0,\cdots,x_n^0)$. 而

$$\frac{\partial f}{\partial x_i}(x_1,\cdots,x_n)=\lim_{h\to0}[f(x_1,\cdots,x_i+h,\cdots,x_n)-f(x_1,\cdots,x_i,\cdots,x_n)]/h \tag{6-4-2}$$

称作 $f(x_1,x_2,\cdots,x_n)$关于 x_i 的偏函数,也记作 $f_i'(x_1,x_2,\cdots,x_n)$.

将 $x_1,x_2,\cdots,x_{i-1},x_{i+1},\cdots,x_n$ 看作常数,将 x_i 看作变量,则 $f(x_1,x_2,\cdots,x_n)$是 x_i 的一元函数. 由偏导数的定义,求这个一元函数的导数,即得 $f_i'(x_1,x_2,\cdots,x_n)$. 显然 $f_i'(x_1,x_2,\cdots,x_n)$也是 $x_1,x_2,\cdots,x_n$ 的 n 元实值函数. 将点$(x_1^0,x_2^0,\cdots,x_n^0)$代入 $f_i'(x_1,x_2,\cdots,x_n)$即得 $f_i'(x_1^0,x_2^0,\cdots,x_n^0)$.

2. 经济解释

经济学中的许多边际概念是用偏导数表示的,如边际产量、边际效用和交叉弹

① 定理 6.3.5 是闭区间上的连续函数一定在该区间上有最大与最小值定理(定理 2.6.13)的推广.

性等等.

1) 边际产量

设有生产函数 $Q=F(K,L)$,对这个生产函数用偏导数的定义或式(6-4-1). 令 $\Delta K=1$,则有 $F(K^*+1,L^*)-F(K^*,L^*)\approx\frac{\partial Q}{\partial K}(K^*,L^*)$,即$\frac{\partial Q}{\partial K}(K^*,L^*)$可估计追加一个单位的资本($L$ 保持不变)时 Q 产生的变化. 因此可用$\frac{\partial Q}{\partial K}(K^*,L^*)$来度量资本的边际产量($MP_K$). 类似地,$\frac{\partial Q}{\partial L}(K^*,L^*)$可度量劳动的边际产量($MP_L$). 若 K 增加 ΔK,则由偏导数的定义可知产出的增加量 ΔQ 为

$$\Delta Q=F(K^*+\Delta K,L^*)-F(K^*,L^*)\approx\frac{\partial Q}{\partial K}(K^*,L^*)\Delta K$$

2) 边际效用

设 n 种产品的效用函数为 $U(x_1,x_2,\cdots,x_n)$,在原有消费水平 $\mathbf{x}^*=(x_1^*,x_2^*,\cdots,x_n^*)$的基础上再追加一个单位的产品 i 的消费而增加的效用,叫做产品 i 的边际效用,记作 $MU_i(\mathbf{x}^*)$. 即有 $MU_i(\mathbf{x}^*)=U(x_1^*,\cdots,x_i^*+1,\cdots,x_n^*)-U(x_1^*,\cdots,x_i^*,\cdots,x_n^*)$. 由偏导数的定义[或式(6-4-1)],则可用偏导数 $U_i'(\mathbf{x}^*)$度量产品 i 的边际效用[①],即有

$$MU_i(\mathbf{x}^*)\approx U_i'(\mathbf{x}^*)$$

3) 需求弹性

(1) 设商品 1 的需求函数 $Q_1=Q_1(P_1,P_2,I)$,则商品 1 的需求价格弹性为

$$\varepsilon_1=\frac{\Delta Q_1}{Q_1}\Big/\frac{\Delta P_1}{P_1}=\frac{\Delta Q_1}{\Delta P_1}\Big/\frac{Q_1}{P_1}$$

由导数的定义,当 ΔP 很小时,某点(P_1^*,P_2^*,I^*)处商品 1 的需求价格弹性又可表示为

$$\varepsilon_1=\frac{\partial Q_1}{\partial P_1}(P_1^*,P_2^*,I^*)\Big/\frac{Q_1(P_1^*,P_2^*,I^*)}{P_1^*}\equiv\left.\frac{\mathrm{d}(\ln Q_1)}{\mathrm{d}(\ln P_1)}\right|_{(P_1^*,P_2^*,I^*)}\qquad(6\text{-}4\text{-}3)$$

它度量商品 1 的需求对自己价格变化的灵敏度.

(2) 需求的交叉价格弹性. 用来描述一种商品的需求量对另外一种商品价格的变化的灵敏度,度量为

$$\varepsilon_{Q_1,P_2}=\frac{\Delta Q_1}{Q_1}\Big/\frac{\Delta P_2}{P_2}\approx\frac{\partial Q_1}{\partial P_2}\frac{P_2}{Q_1}\equiv\frac{\mathrm{d}(\ln Q_1)}{\mathrm{d}(\ln P_2)}\qquad(6\text{-}4\text{-}4)$$

---

① 在经济学中习惯用记号 $U_i(\mathbf{x}^*)$.

$$\varepsilon_{Q_2,P_1} = \frac{\Delta Q_2}{Q_2}\bigg/\frac{\Delta P_1}{P_1} \approx \frac{\partial Q_2}{\partial P_1}\frac{P_1}{Q_2} \equiv \frac{\mathrm{d}(\ln Q_2)}{\mathrm{d}(\ln P_1)} \qquad (6\text{-}4\text{-}5)$$

需求的交叉价格弹性可用来描述两种商品的关系.

定义 6.4.2 如果 $\varepsilon_{Q_1,P_2}>0$,则称商品 1 是商品 2 的替代品[这是因为由式(6-4-4)可知 $\partial Q_1/\partial P_2>0$,因而当商品 2 的价格 P_2 增加时,商品 1 的需求量 Q_1 增加]. 如果 $\varepsilon_{Q_2,P_1}>0$,则称商品 2 是商品 1 的替代品. 如果 $\varepsilon_{Q_1,P_2}<0$ 且 $\varepsilon_{Q_2,P_1}<0$,则称商品 1 和 2 为互补品. 如果 $\varepsilon_{Q_1,P_2}\approx 0$ 且 $\varepsilon_{Q_2,P_1}\approx 0$,则称商品 1 和 2 为独立品.

(3) 需求收入弹性. 设商品 i 的需求函数 $Q_i=Q_i(P_1,P_2,I)$,$i=1,2$. 则商品 i 的需求收入弹性可表示为

$$\varepsilon_{Q_i,I} = \frac{\Delta Q_i}{Q_i}\bigg/\frac{\Delta I}{I} \approx \frac{\partial Q_i}{\partial I}\frac{I}{Q_i} \equiv \frac{\mathrm{d}(\ln Q_i)}{\mathrm{d}(\ln I)} \qquad (6\text{-}4\text{-}6)$$

4) 一般弹性

定义 6.4.3 给定一个 n 元经济函数 $y=f(x_1,x_2,\cdots,x_n)$,关于 x_i 的偏弹性(或变量 x_i 的 y 弹性,或 y 对 x_i 的弹性)定义为

$$E_{yx_i} = \frac{\mathrm{d}y}{y}\bigg/\frac{\mathrm{d}x_i}{x_i} = \frac{\mathrm{d}y}{\mathrm{d}x_i}\bigg/\frac{y}{x_i}$$

或

$$E_{yx_i} = \frac{\mathrm{d}(\ln y)}{\mathrm{d}(\ln x_i)} \text{①} \qquad (6\text{-}4\text{-}7)$$

例 6.4.1 若货币需求 M_d 是国民收入 $Y=Y(t)$ 和利息率 $i=i(t)$ 的函数,证明 M_d 的增长率可以表示成 r_Y 与 r_i 的加权和,其中权数分别为 M_d 对 Y 与 i 的弹性,即证明

$$r_{M_\mathrm{d}} = \varepsilon_{M_\mathrm{d},Y}r_Y + \varepsilon_{M_\mathrm{d},i}r_i$$

证明 由题意,可设 $M_\mathrm{d}=f(Y(t),i(t))$,即 M_d 是 t 的复合函数. 由增长率的定义 2.7.1,应用复合函数求导数公式可得

$$\begin{aligned} r_{M_\mathrm{d}} &= \frac{1}{M_\mathrm{d}}\frac{\mathrm{d}M_\mathrm{d}}{\mathrm{d}t} \\ &= \frac{1}{M_\mathrm{d}}\left(\frac{\partial M_\mathrm{d}}{\partial Y}\frac{\mathrm{d}Y}{\mathrm{d}t} + \frac{\partial M_\mathrm{d}}{\partial i}\frac{\mathrm{d}i}{\mathrm{d}t}\right) \\ &= \frac{Y}{M_\mathrm{d}}\frac{\partial M_\mathrm{d}}{\partial Y}\cdot\frac{1}{Y}\frac{\mathrm{d}Y}{\mathrm{d}t} + \frac{i}{M_\mathrm{d}}\frac{\partial M_\mathrm{d}}{\partial i}\cdot\frac{1}{i}\frac{\mathrm{d}i}{\mathrm{d}t} \\ &= \varepsilon_{M_\mathrm{d},Y}r_Y + \varepsilon_{M_\mathrm{d},i}r_i \end{aligned}$$

① 据式(6-4-7)中的第二个式子,可证明关于偏弹性也有类似定理 3.1.1 的结论.

例 6.4.2　已知牛排的需求为 $Q_b=4\,850-5P_b+1.5P_p+0.1Y$，当前牛排的价格为 $P_b^*=200$，叉子的价格为 $P_p^*=100$，收入为 $Y^*=10\,000$.

(1) 求牛排需求的收入弹性，并解释其经济含义.

(2) 求牛排需求的交叉价格弹性，回答牛排和叉子的关系是什么.

(3) 求叉子价格上涨 10%而引起的牛排的需求量的变化率.

解

(1) 将 $P_b^*=200$、$P_p^*=100$ 和 $Y^*=10\,000$ 代入牛排的需求函数得到牛排的需求量 $Q_b^*=5\,000$，从而 $\varepsilon_{Q_b,Y}=\left.\dfrac{\partial Q_b}{\partial Y}\dfrac{Y}{Q_b}\right|_{(P_b^*,P_p^*,Y^*)}=(0.1)\dfrac{10\,000}{5\,000}=0.2.$

由于 $0<\varepsilon_{Q_b,Y}<1$，牛排是收入缺乏弹性的. 这意味着，对于任意给定的国民收入增长的百分率，牛排需求量会有低于这个百分率的增长. 因此，随着经济的扩张，牛排的相对市场占有率将下降. 既然需求的收入弹性意味着市场的增长潜力，所以增长潜力是有限的.

(2) $\varepsilon_{Q_b,P_p}=\left.\dfrac{\partial Q_b}{\partial P_p}\dfrac{P_p}{Q_b}\right|_{(P_b^*,P_p^*,Y^*)}=(1.5)\dfrac{100}{5\,000}=0.03$. 由于 $\varepsilon_{Q_b,P_p}>0$，所以牛排是叉子的替代品.

(3) 由于 $\varepsilon_{Q_b,P_p}=\dfrac{\partial Q_b}{\partial P_p}\dfrac{P_p}{Q_b}=\dfrac{\partial Q_b}{Q_b}\Big/\dfrac{\partial P_p}{P_p}$，而 $\dfrac{\partial P_p}{P_p}=10\%$，所以

$$\frac{\partial Q_b}{Q_b}=\varepsilon_{Q_b,P_p}\frac{\partial P_p}{P_p}=(0.03)(0.1)=0.3\%$$

即引起的牛排的需求量的变化率为 3%.

6.4.2　全微分

1. 全微分概念

定义 6.4.4　如果二元实值函数 $z=f(x_1,x_2)$ 在点 (x_1^*,x_2^*) 处的全增量 $\Delta z=f(x_1^*+\Delta x_1,x_2^*+\Delta x_2)-f(x_1^*,x_2^*)$ 可表示为 $\Delta z=A\Delta x_1+B\Delta x_2+o(\rho)$，其中 A、B 不依赖于 Δx_1 和 Δx_2 而仅与 x_1^* 和 x_2^* 有关，$\rho=\sqrt{(\Delta x_1)^2+(\Delta x_2)^2}$，则称函数 $f(x_1,x_2)$ 在点 (x_1^*,x_2^*) 处可微分，而 $A\Delta x_1+B\Delta x_2$ 称为函数 $z=f(x_1,x_2)$ 在点 (x_1^*,x_2^*) 处的全微分，记作 dz，即 $dz=A\Delta x_1+B\Delta x_2$.

定理 6.4.1(可微的必要条件)　若函数 $f(x_1,x_2)$ 在点 (x_1^*,x_2^*) 处可微分，则这个函数在点 (x_1^*,x_2^*) 的偏导数 $\partial z/\partial x$ 和 $\partial z/\partial y$ 必定存在，且在点 (x_1^*,x_2^*) 处的全微分为

$$dz=(\partial z/\partial x)\Delta x_1+(\partial z/\partial y)\Delta x_2 \tag{6-4-8}$$

这里 $\partial z/\partial x$ 和 $\partial z/\partial y$ 是指函数 $f(x_1,x_2)$ 在点 (x_1^*,x_2^*) 处的偏导数.

定理 6.4.2(可微的充分条件)　如果函数 $z=f(x_1,x_2)$ 在点 (x_1^*,x_2^*) 处的偏

导数 $\partial z/\partial x$ 和 $\partial z/\partial y$ 都连续，则该函数 $f(x_1,x_2)$ 在点 (x_1^*,x_2^*) 处可微分.

由定义，若 $z=f(x_1,x_2)$ 在点 (x_1^*,x_2^*) 处可微分，则

$$f(x_1^*+\Delta x_1,x_2^*+\Delta x_2)-f(x_1^*,x_2^*)\approx(\partial z/\partial x)\Delta x_1+(\partial z/\partial y)\Delta x_2=\mathrm{d}z$$

这里 $\partial z/\partial x$ 和 $\partial z/\partial y$ 是指函数 $f(x_1,x_2)$ 在点 (x_1^*,x_2^*) 处的偏导数.

一般的，定义 6.4.4、定理 6.4.1 和定理 6.4.2 可推广到一个 n 元实值函数 $f(\mathbf{x})=f(x_1,x_2,\cdots,x_n)$ 的情形. 特别地，如果函数 $f(\mathbf{x})$ 在点 $\mathbf{x}^*=(x_1^*,x_2^*,\cdots,x_n^*)$ 处可微分，则有

$$\sum_{i=1}^{n}\frac{\partial f}{\partial x_i}(\mathbf{x}^*)\Delta x_i \text{ 和 } f(\mathbf{x}^*+\Delta\mathbf{x}^*)-f(\mathbf{x}^*)\approx \mathrm{d}f \tag{6-4-9}$$

2. 近似计算

由式(6-4-9)

$$f(x_1^*+\Delta x_1,\cdots,x_n^*+\Delta x_n)\approx f(x_1^*,\cdots,x_n^*)+\sum_{i=1}^{n}\frac{\partial f}{\partial x_i}(x^*)\Delta x_i \tag{6-4-10}$$

或

$$f(\mathbf{x})\approx f(\mathbf{x}^*)+\sum_{i=1}^{n}\frac{\partial f}{\partial x_i}(\mathbf{x}^*)\Delta x_i \text{①} \tag{6-4-11}$$

式(6-4-10)或式(6-4-11)可用于经济学中的一些近似计算和定理的证明.

例 6.4.3 设生产函数为 $F(K,L)=4K^{3/4}L^{1/4}$，$K^*=10\ 000$，$L^*=625$. 若 $\Delta K=10$，$\Delta L=-2$，试估计 $F(10\ 000,623)$，$F(10\ 010,625)$，$F(10\ 010,623)$ 及 ΔF.

解 经计算可得 $F(K^*,L^*)=20\ 000$，$\frac{\partial F}{\partial K}(K^*,L^*)=3(K^*)^{-1/4}(L^*)^{1/4}=1.5$，$\frac{\partial F}{\partial L}(K^*,L^*)=(K^*)^{3/4}(L^*)^{-3/4}=8$. 从而 $F(10\ 000,623)\approx 20\ 000+(8)(-2)=19\ 984$，$F(10\ 010,625)\approx 20\ 000+(1.5)(10)=20\ 015$，$F(10\ 010,623)\approx 20\ 000+[(1.5)(10)+(8)(-2)]=19\ 999$，$\Delta F=(1.5)(10)+(8)(-2)=-1$. 若读者将这些值与它们的精确值进行比较，可发现它们非常接近.

6.4.3 Jacobi 导数与梯度

1. $f:\mathbf{R}^n\rightarrow R$ 的 Jacobi 导数

定义 6.4.5 $f:\mathbf{R}^n\rightarrow R$ 在 $\mathbf{x}$ 处的 Jacobi(雅可比)导数定义为

① 注意到 $\Delta x=x_i-x_i^*$，式(6-4-11) 的右侧是函数 $f(\mathbf{x})$ 的线性近似表达式.

$$\mathrm{D}f(\mathbf{x})\equiv\left(\frac{\partial f}{\partial x_1}(\mathbf{x}),\cdots,\frac{\partial f}{\partial x_n}(\mathbf{x})\right)^{①} \tag{6-4-12}$$

利用式(6-4-12)可将式(6-4-11)的右侧简洁地表示为

$$f(\mathbf{x})\approx f(\mathbf{x}^*)+\mathrm{D}f(\mathbf{x}^*)\Delta\mathbf{x} \tag{6-4-13}$$

其中 $\Delta\mathbf{x}=(\Delta x_1,\Delta x_2,\cdots,\Delta x_n)^T$.

定义 6.4.6　$f:\mathbf{R}^n\to R$ 在 $\mathbf{x}$ 处的梯度定义为

$$\nabla f(\mathbf{x})\equiv\left(\frac{\partial f}{\partial x_1}(\mathbf{x}),\cdots,\frac{\partial f}{\partial x_n}(\mathbf{x})\right)^{T\,②} \tag{6-4-14}$$

例 6.4.4　求下面 n 元实值函数的 Jacobi 导数,其中函数值的表达式中 $\mathbf{x}$ 是 n 维列向量,$\mathbf{a}$ 是 $\mathbf{R}^n$ 中的列向量.

(1) $F(\mathbf{x})=\mathbf{a}\cdot\mathbf{x}$;

(2) $G(\mathbf{x})=\mathbf{x}\cdot\mathbf{a}$.

解　显然有 $DF(\mathbf{x})=DG(\mathbf{x})=\mathbf{a}^T$.

2. $\mathbf{F}:\mathbf{R}^n\to\mathbf{R}^m$ 的 Jacobi 导数

定义 6.4.7　向量值函数 $\mathbf{F}:\mathbf{R}^n\to\mathbf{R}^m$ 在 $\mathbf{x}$ 处的 Jacobi 导数定义为如下的 $m\times n$ 阶矩阵

$$\mathrm{D}\mathbf{F}(\mathbf{x})\equiv\mathrm{D}_{\mathbf{x}}\mathbf{F}(\mathbf{x})\equiv\left(\frac{\partial f_i}{\partial x_j}(\mathbf{x})\right)_{m\times n}=\begin{pmatrix}\frac{\partial f_1}{\partial x_1}(\mathbf{x}) & \frac{\partial f_1}{\partial x_2}(\mathbf{x}) & \cdots & \frac{\partial f_1}{\partial x_n}(\mathbf{x})\\ \frac{\partial f_2}{\partial x_1}(\mathbf{x}) & \frac{\partial f_2}{\partial x_2}(\mathbf{x}) & \cdots & \frac{\partial f_2}{\partial x_n}(\mathbf{x})\\ \vdots & \vdots & \ddots & \vdots\\ \frac{\partial f_m}{\partial x_1}(\mathbf{x}) & \frac{\partial f_m}{\partial x_2}(\mathbf{x}) & \cdots & \frac{\partial f_m}{\partial x_n}(\mathbf{x})\end{pmatrix}^{③} \tag{6-4-15}$$

这里 $\mathbf{F}(\mathbf{x})=(f_1(\mathbf{x}),f_2(\mathbf{x}),\cdots,f_m(\mathbf{x}))^T\in\mathbf{R}^m$,$\mathbf{x}=(x_1,x_2,\cdots,x_n)\in\mathbf{R}^n$,$f_i(\mathbf{x})$:$\mathbf{R}^n\to R$,$i=1,2,\cdots,m$.

下面介绍一些其他常用的记号.若再记 $\mathbf{y}=\mathbf{F}(\mathbf{x})$,$y_i=f_i(\mathbf{x})$,则 $\mathrm{D}\mathbf{F}(\mathbf{x})$、$\mathrm{D}_{\mathbf{x}}\mathbf{F}(\mathbf{x})$、$\partial\mathbf{F}/\partial\mathbf{x}$ $\left[\text{或}\frac{\partial(f_1,f_2,\cdots,f_m)}{\partial(x_1,x_2,\cdots,x_n)}\right]$、$\partial\mathbf{y}/\partial\mathbf{x}$ $\left[\text{或}\frac{\partial(y_1,y_2,\cdots,y_m)}{\partial(x_1,x_2,\cdots,x_n)}\right]$均表示式(6-4-15)右侧的矩阵.特别地,这些记号对只有一个 $y\in R$ 或只有一个 $x\in R$ 时也

---

① 经济学中经常把式(6-4-12)的右侧记为$\frac{\partial f}{\partial\mathbf{x}}(\mathbf{x})$,$\left[\text{或}\frac{\partial y}{\partial\mathbf{x}}(\mathbf{x}),\text{若 } y=f(\mathbf{x})\right]$,从而有 $\partial y/\partial\mathbf{x}=\partial f/\partial\mathbf{x}=\mathrm{D}f(\mathbf{x})$成立.

② 显然 $\mathrm{D}f(\mathbf{x})=[\nabla f(\mathbf{x})]^T$.

③ 当 $m=1$ 时,式(6-4-15)退化为式(6-4-12),即式(6-4-15)是式(6-4-12)的推广.

可以使用. 如 $\partial\mathbf{y}/\partial x_i=\partial(y_1,y_2,\cdots,y_m)/\partial x_i=\partial\mathbf{F}/\partial x_i=\partial[f_1(\mathbf{x}),f_2(\mathbf{x}),\cdots,f_m(\mathbf{x})]/\partial x_i$ 均表示式(6-4-15)右侧的矩阵中的第 i 列；而 $\partial y_j/\partial(x_1,x_2,\cdots,x_n)=\partial y_j/\partial\mathbf{x}$ 均表示式(6-4-15)右侧的矩阵中的第 j 行.

例 6.4.5 求下面 n 元向量值函数的 Jacobi 导数，其中函数值中 $\mathbf{x}$ 是 n 维列向量：

(1) $\mathbf{F}(\mathbf{x})=\mathbf{x}$；

(2) $\mathbf{G}(\mathbf{x})=A\mathbf{x}$，这里 A 是一个 $m\times n$ 阶的矩阵.

解 (1) $\mathbf{F}(\mathbf{x}):\mathbf{R}^n\to\mathbf{R}^n$，所以 $D\mathbf{F}(\mathbf{x})$ 是一个 $n\times n$ 阶的矩阵且易知 $D\mathbf{F}(\mathbf{x})=E$（$n$ 阶单位矩阵).

(2) $\mathbf{G}(\mathbf{x}):\mathbf{R}^n\to\mathbf{R}^m$，所以 $D\mathbf{F}(\mathbf{x})$ 是一个 $m\times n$ 阶的矩阵且易知 $D\mathbf{G}(\mathbf{x})=A$.

例 6.4.6 考虑一元向量值函数 $\mathbf{z}(t)=\mathbf{x}^0+t\mathbf{y}$，这里 $\mathbf{x}^0=(x_1^0,x_2^0,\cdots,x_m^0)^T$，$\mathbf{y}=(y_1,y_2,\cdots,y_m)^T\in\mathbf{R}^m$，则有 $\mathrm{D}\mathbf{z}(t)=\mathbf{y}\in\mathbf{R}^m$（相当于定义 6.4.7 中 $n=1$ 的情形).

3. 应用——近似计算

定理 6.4.3 考虑向量值函数 $\mathbf{F}:\mathbf{R}^n\to\mathbf{R}^m$，则有

$$F(\mathbf{x}^*+\Delta\mathbf{x})-F(\mathbf{x}^*)\approx\mathrm{D}F(\mathbf{x}^*)\Delta\mathbf{x}^{①} \tag{6-4-16}$$

这里 $\mathbf{x}^*=(x_1^*,x_2^*,\cdots,x_n^*)$，$\Delta\mathbf{x}=(\Delta x_1,\Delta x_2,\cdots,\Delta x_n)^T$.

证明 令 $\mathbf{F}(\mathbf{x})=(f_1(\mathbf{x}),f_2(\mathbf{x}),\cdots,f_m(\mathbf{x}))^T\in\mathbf{R}^m$，$f_i(\mathbf{x}):\mathbf{R}^n\to R(i=1,2,\cdots,m)$，$\mathbf{x}=(x_1,x_2,\cdots,x_n)\in\mathbf{R}^n$. 由式(6-4-13)，有 $f_i(\mathbf{x}^*+\Delta\mathbf{x})-f_i(\mathbf{x}^*)\approx\mathrm{D}f_i(\mathbf{x}^*)\Delta\mathbf{x}(i=1,2,\cdots,m)$，从而式(6-4-16)成立.

例 6.4.7 设某两种商品的需求量 q_1 和 q_2 分别是它们的价格 P_1、P_2 和收入 I 的函数，形如 $q_1=6P_1^{-2}P_2^{3/2}I$ 和 $q_2=4P_1P_2^{-1}I^2$. 两种商品的当前价格为 $P_1^*=6$ 和 $P_2^*=9$，收入为 $I^*=2$. 当两种商品的价格均上升 0.1、收入下降 0.1 时，q_1 和 q_2 分别增加多少？

解 记 $\mathbf{Q}(P_1,P_2,I)=(q_1,q_2)^T$. 由式(6-4-16)有

$$\Delta\mathbf{Q}=\begin{pmatrix}\Delta q_1\\\Delta q_2\end{pmatrix}=\begin{pmatrix}\dfrac{\partial q_1}{\partial p_1}&\dfrac{\partial q_1}{\partial p_2}&\dfrac{\partial q_1}{\partial I}\\\dfrac{\partial q_2}{\partial p_1}&\dfrac{\partial q_2}{\partial p_2}&\dfrac{\partial q_2}{\partial I}\end{pmatrix}\begin{pmatrix}\Delta p_1\\\Delta p_2\\\Delta I\end{pmatrix}$$

上面的六个偏导数均指点$(P_1^*,P_2^*,I^*)=(6,9,2)$处的偏导数. 因此

$$\begin{pmatrix}\Delta q_1\\\Delta q_2\end{pmatrix}=\begin{pmatrix}-3&1.5&4.5\\16/9&-32/27&32/3\end{pmatrix}\begin{pmatrix}0.1\\0.1\\-0.1\end{pmatrix}=\begin{pmatrix}-0.6\\-1.0074\end{pmatrix}$$

---

① 当 $m=1$ 时，式(6-4-16) 退化为式(6-4-13)，即式(6-4-16) 是式(6-4-13) 的推广.

即 q_1 和 q_2 分别增加 -0.6 和 -1.0074.

最后指出，如果能求出实值函数和向量值函数的 Jacobi 导数，就求出了它的全部偏导数.

6.4.4 高阶偏导数及其经济解释

1. 定义

定义 6.4.8 考虑 n 元实值函数 $f(\mathbf{x})$，一阶偏导数 $\frac{\partial f}{\partial x_i}(\mathbf{x})$（仍然是 $x_1, x_2, \cdots, x_n$ 的 n 元实值函数）分别关于 x_i 和 x_j 的偏导数，称作二阶偏导数，分别记作 $\frac{\partial^2 f}{\partial x_i^2}$（或 f''_{ii}）和 $\frac{\partial^2 f}{\partial x_i \partial x_j}$（或 f''_{ij}）①

$$\frac{\partial^2 f}{\partial x_i^2} \equiv \frac{\partial f}{\partial x_i}\left(\frac{\partial f}{\partial x_i}\right)$$

和

$$\frac{\partial^2 f}{\partial x_i \partial x_j} \equiv \frac{\partial f}{\partial x_j}\left(\frac{\partial f}{\partial x_i}\right)$$

类似地可定义三阶和更高阶的偏导数，如 $\frac{\partial^3 f}{\partial x_i \partial x_j \partial x_k} \equiv \frac{\partial f}{\partial x_k}\left(\frac{\partial^2 f}{\partial x_i \partial x_j}\right)$、$\frac{\partial^3 f}{\partial x_i^3} \equiv \frac{\partial f}{\partial x_i}\left(\frac{\partial^2 f}{\partial x_i^2}\right)$ 等.

混合或交叉偏导数 $\frac{\partial^2 f}{\partial x_i \partial x_j}$ 和 $\frac{\partial^2 f}{\partial x_j \partial x_i}$ 之间的关系由下面的 Young 定理描述.

定理 6.4.4（Young 定理） 考虑 n 元实值函数 $f(\mathbf{x})$，若 $\frac{\partial^2 f}{\partial x_i \partial x_j}$ 和 $\frac{\partial^2 f}{\partial x_j \partial x_i}$ 均连续，则 $\frac{\partial^2 f}{\partial x_i \partial x_j} = \frac{\partial^2 f}{\partial x_j \partial x_i}$②.

2. 高阶偏导数的一个经济解释

考虑生产函数 $Q = F(K, L)$，$\frac{\partial Q}{\partial L}(K^*, L^*)$ 度量劳动的边际产量（MP_L）——保持资本 K^* 不变时，由于再多雇佣一个工人而增加的产量. 可合理地假设随着更多

---

① 经济学中更常用记号 f_{ii} 和 f_{ij}.

② 以后我们总假定 $\frac{\partial^2 f}{\partial x_i \partial x_j}$ 和 $\frac{\partial^2 f}{\partial x_j \partial x_i}$ 均连续.

的工人增加到同一生产线或同一块土地，来自再多雇佣一个工人的效益最终要呈下降趋势(如拥挤的工人可能引起效率低下)，这就是边际产量递减规律. 数学上，这意味着 $\partial Q/\partial L$ 是正的，但最终是 L 的减函数，即 $\partial^2 Q/\partial L^2$ 是负的. 同理，$\partial Q/\partial K$ 是正的而 $\partial^2 Q/\partial K^2$ 是负的. 例如，Cobb-Douglas 生产函数 $Q=AK^{\alpha}L^{1-\alpha}$ 就满足 $\partial Q/\partial L>0$ 和 $\partial^2 Q/\partial L^2<0$.

6.4.5 Hessian 矩阵

定义 6.4.9 n 元实值函数 $f(\mathbf{x})$的 Hessian(黑塞)矩阵定义为 $n\times n$ 阶方阵

$$H(\mathbf{x}) \equiv \mathrm{D}^2 f(\mathbf{x}) \equiv (f''_{ij})_{n\times n} = \left(\frac{\partial^2 f}{\partial x_i \partial x_j}\right)_{n\times n} \tag{6-4-17}$$

其中$\dfrac{\partial^2 f}{\partial x_i \partial x_j}$($f''_{ij}$)是矩阵 $H(\mathbf{x})$的 i 行 j 列的元素.

Hessian 矩阵在后面的多元函数凹凸性判定、无约束优化理论中起着非常重要的作用.

定理 6.4.5 给定一个 n 元实值函数 $f(\mathbf{x})$，则 $H(\mathbf{x})\equiv \mathrm{D}^2 f(\mathbf{x})=\mathrm{D}[(Df(\mathbf{x}))^T]$.

证明 留作习题.

定理 6.4.5 意味着一个 n 元实值函数 $f(\mathbf{x})$的 Jacobi 导数的转置(它是一个向量值函数①)的 Jacobi 导数恰好等于这个函数的 Hessian 矩阵.

6.5 乘积求导法则

6.5.1 两个多元实值函数的乘积

定理 6.5.1 已知 $f(\mathbf{x})=g(\mathbf{x})h(\mathbf{x}):\mathbf{R}^m\to R$，这里 $g(\mathbf{x}):\mathbf{R}^m\to R$，$h(\mathbf{x}):\mathbf{R}^m\to R$，则 $f(\mathbf{x})$的 Jacobi 的导数为

$$\mathrm{D}[g(\mathbf{x})h(\mathbf{x})] = g(\mathbf{x})\mathrm{D}(h(\mathbf{x})) + h(\mathbf{x})\mathrm{D}g(\mathbf{x})$$

或

$$\nabla(g(\mathbf{x})h(\mathbf{x})) = g(\mathbf{x})\,\nabla(h(\mathbf{x})) + h(\mathbf{x})\,\nabla g(\mathbf{x}) \tag{6-5-1}$$

例 6.5.1 已知 $f(\mathbf{x})=g(\mathbf{x})h(\mathbf{x})$，$g(\mathbf{x})=x_1^2$，$h(\mathbf{x})=x_2^2$，则 $\mathrm{D}g(\mathbf{x})=(2x_1,0)$，$\mathrm{D}h(\mathbf{x})=(0,2x_2)$. 因此

$$\mathrm{D}f(\mathbf{x}) = (x_1^2)(0,2x_2) + (x_2^2)(2x_1,0) = (2x_1x_2^2, 2x_1^2x_2)$$

① 注意 $\mathrm{D}f(\mathbf{x})$不是一个向量值函数，因为函数值 $\mathrm{D}f(\mathbf{x})$是行向量.

6.5.2　两个多元向量值函数的内积

定理 6.5.2　已知 $f(\mathbf{x})=\mathbf{G}(\mathbf{x})\cdot\mathbf{H}(\mathbf{x}):\mathbf{R}^m\to R$，这里 $\mathbf{G}(\mathbf{x}):\mathbf{R}^m\to\mathbf{R}^n$，$\mathbf{H}(\mathbf{x}):\mathbf{R}^m\to\mathbf{R}^n$，则 $f(\mathbf{x})$的 Jacobi 导数为

$$D[\mathbf{G}(\mathbf{x})\cdot\mathbf{H}(\mathbf{x})]=\mathbf{G}(\mathbf{x})\cdot D\mathbf{H}(\mathbf{x})+\mathbf{H}(\mathbf{x})\cdot D\mathbf{G}(\mathbf{x}) \tag{6-5-2}$$

这里符号“·”表示内积运算，$\mathbf{G}(\mathbf{x})\cdot D\mathbf{H}(\mathbf{x})=(\mathbf{G}(\mathbf{x}))^T D\mathbf{H}(\mathbf{x})$；$\mathbf{G}(\mathbf{x})$和 $\mathbf{H}(\mathbf{x})$都是 $n\times 1$阶矩阵或 n 维列向量，$D\mathbf{G}(\mathbf{x})$和 $D\mathbf{H}(\mathbf{x})$都是 $n\times m$ 阶矩阵.

推论 6.5.3

(1) 若 $\mathbf{G}(\mathbf{x})=\mathbf{a}$ 或 $\mathbf{H}(\mathbf{x})=\mathbf{b}$，其中 $\mathbf{a}$ 和 $\mathbf{b}$ 是 $\mathbf{R}^n$中的列向量，则有

$$D[\mathbf{G}(\mathbf{x})\cdot\mathbf{b}]=\mathbf{b}\cdot D(\mathbf{G}(\mathbf{x}))$$

或

$$D(\mathbf{a}\cdot\mathbf{H}(\mathbf{x}))=\mathbf{a}\cdot D(\mathbf{H}(\mathbf{x}))$$

(2) 当 $m=1$ 时，式(6-5-2)给出了求两个一元向量值函数的内积的 Jacobi 导数的公式.

我们将在复合函数求导法则一节中给出这个推论的具体应用.

例 6.5.2　再考虑例 6.4.4(2).

解　由例 6.4.4(2)和推论 6.5.3(1)可知

$$D\mathbf{G}(\mathbf{x})=\mathbf{a}\cdot D\mathbf{x}=\mathbf{a}\cdot E=\mathbf{a}^T E=\mathbf{a}^T$$

例 6.5.3　已知 $f(\mathbf{b})=(\mathbf{y}-X\mathbf{b})^T(\mathbf{y}-X\mathbf{b})=\mathbf{y}^T\mathbf{y}-2\mathbf{b}^T X^T\mathbf{y}+\mathbf{b}^T X^T X\mathbf{b}$①，这里 X 是一个 $n\times k$ 阶的矩阵，$\mathbf{b}$ 是一个 k 维列向量，$\mathbf{y}$ 是一个 n 维列向量，求 $Df(\mathbf{b})$和 $D^2 f(\mathbf{b})$.

解　下面给出求 $Df(\mathbf{b})$的两个方法.

法一：由例 6.4.4(1)，$D[\mathbf{b}^T X^T\mathbf{y}]=D[\mathbf{b}\cdot X^T\mathbf{y}]=(X^T\mathbf{y})^T$. 由于 $\mathbf{b}^T X^T X\mathbf{b}=X\mathbf{b}\cdot X\mathbf{b}$，所以由定理 6.5.2 及例 6.4.5(2)可知，$D[\mathbf{b}^T X^T X\mathbf{b}]=2(X\mathbf{b})\cdot D[X\mathbf{b}]=2(X\mathbf{b})\cdot X=2\mathbf{b}^T X^T X$. 从而

$$Df(\mathbf{b})=\mathbf{0}-2(X^T\mathbf{y})^T+2\mathbf{b}^T X^T X=-2(X^T\mathbf{y})^T+2\mathbf{b}^T X^T X$$

法二：由于 $f(\mathbf{b})=(\mathbf{y}-X\mathbf{b})^T(\mathbf{y}-X\mathbf{b})=(\mathbf{y}-X\mathbf{b})\cdot(\mathbf{y}-X\mathbf{b})$，所以由定理 6.4.5 和例 6.4.5(2)，有 $Df(\mathbf{b})=2(\mathbf{y}-X\mathbf{b})\cdot D(\mathbf{y}-X\mathbf{b})=-2(\mathbf{y}-X\mathbf{b})\cdot X=-2(\mathbf{y}-X\mathbf{b})^T X=-2(X^T\mathbf{y})^T+2\mathbf{b}^T X^T X$，这与法一的结论相同.

由定理 6.4.5，$D^2 f(\mathbf{b})=D[(Df(\mathbf{b}))^T]$. 由于 $(Df(\mathbf{b}))^T=-2(X^T\mathbf{y})+\mathbf{2}X^T X\mathbf{b}$，据例 6.4.5(2)有 $D^2 f(\mathbf{b})=\mathbf{2}X^T X$.

6.5.3　一个一元函数和一个一元向量值函数的乘积

定理 6.5.4　已知 $\mathbf{F}(x)=\alpha(x)\mathbf{G}(x):R\to\mathbf{R}^n$，这里 $\alpha(x):R\to R$，$\mathbf{G}(x):R\to\mathbf{R}^n$，

① 这个函数是计量经济学中用最小二乘法求参数估计值时要极小化的目标函数.

则 $\mathbf{F}(x)$的 Jacobi 的导数为

$$\mathrm{D}\mathbf{F}(x) = \alpha(x)D\mathbf{G}(x) + \alpha'(x)\mathbf{G}(x) \tag{6-5-3}$$

例 6.5.4 已知 $\mathbf{F}(x)=\alpha(x)\mathbf{G}(x)$，$\alpha(x)=x^2$，$\mathbf{G}(x)=(x^2,x)^T$，则 $\alpha'(x)=2x$，$\mathrm{D}\mathbf{G}(x)=(2x,1)^T$. 因此

$$\mathrm{D}\mathbf{F}(x) = x^2(2x,1)^T + 2x(x^2,x)^T = (4x^3,3x^2)^T$$

6.5.4 一个多元实值函数与一个多元向量值函数的乘积

定理 6.5.5 已知 $f(\mathbf{x})=h(\mathbf{x})\mathbf{G}(\mathbf{x}):\mathbf{R}^m\to\mathbf{R}^n$，这里 $\mathbf{G}(\mathbf{x}):\mathbf{R}^m\to\mathbf{R}^n$，$h(\mathbf{x}):\mathbf{R}^m\to R$，则 $f(\mathbf{x})$的 Jacobi 的导数为

$$\mathrm{D}[h(\mathbf{x})\mathbf{G}(\mathbf{x})] = h(\mathbf{x})\mathrm{D}\mathbf{G}(\mathbf{x}) + \mathbf{G}(\mathbf{x})\mathrm{D}h(\mathbf{x}) \tag{6-5-4}$$

这里 $\mathbf{G}(\mathbf{x})$是 $n\times1$ 的列向量，$\mathrm{D}\mathbf{G}(\mathbf{x})$是 $n\times m$ 阶矩阵，$\mathrm{D}h(\mathbf{x})$是 $1\times m$ 阶矩阵.

6.6 复合函数求导法则

6.6.1 多元向量值复合函数

定理 6.6.1 设向量值函数 $\mathbf{G}:\mathbf{R}^s\to\mathbf{R}^m$ 和 $\mathbf{F}:\mathbf{R}^m\to\mathbf{R}^n$ 可微，则复合函数 $\mathbf{F}(\mathbf{G}(\mathbf{x})):\mathbf{R}^s\to\mathbf{R}^n$ 也可微，且①

$$\mathrm{D}_{\mathbf{x}}\mathbf{F}(\mathbf{G}(\mathbf{x})) = \mathrm{D}\mathbf{F}(\mathbf{G}(\mathbf{x}))\mathrm{D}\mathbf{G}(\mathbf{x}) \tag{6-6-1}$$

这里 $\mathrm{D}\mathbf{F}(\mathbf{G}(\mathbf{x}))$是 $n\times m$ 阶矩阵，表示函数 $\mathbf{F}(\cdot)$在 $\mathbf{G}(\mathbf{x})$处的 Jacobi 导数，$\mathrm{D}\mathbf{G}(\mathbf{x})$是 $m\times s$ 阶矩阵，表示 $\mathbf{G}(\mathbf{x})$在 $\mathbf{x}$ 处的 Jacobi 导数，$\mathrm{D}_{\mathbf{x}}\mathbf{F}(\mathbf{G}(\mathbf{x}))$是 $n\times s$ 阶矩阵，表示复合函数 $\mathbf{F}(\mathbf{G}(\mathbf{x}))$在 $\mathbf{x}$ 处的 Jacobi 导数.

定理 6.6.2 考虑一元实值复合函数 $g(t)=f(\mathbf{x}^0+t\mathbf{z})$，这里 $f:\mathbf{R}^n\to R$，$\mathbf{x}^0$ 和 $\mathbf{z}\in\mathbf{R}^n$，则②

$$g'(t) = \mathrm{D}f(\mathbf{x}^0+t\mathbf{z})\mathbf{z}^{③},\quad g'(0) = \mathrm{D}f(\mathbf{x}^0)\mathbf{z} \tag{6-6-2}$$

$$g''(t) = \mathbf{z}^T\mathrm{D}^2f(\mathbf{x}^0+t\mathbf{z})\mathbf{z},\quad g''(0) = \mathbf{z}^T\mathrm{D}^2f(\mathbf{x}^0)\mathbf{z} \tag{6-6-3}$$

证明 令 $h(t)=\mathbf{x}^0+t\mathbf{z}$，则 $g(t)=f(h(t))$. 由定理 6.6.1，$g'(t)=\mathrm{D}_tg(t)=\mathrm{D}f(h(t))\mathrm{D}h(t)$. 由例 6.4.6，$\mathrm{D}h(t)=\mathbf{z}$. 因此 $g'(t)=\mathrm{D}f(\mathbf{x}^0+t\mathbf{z})\mathbf{z}$，进而 $g'(0)=\mathrm{D}f(\mathbf{x}^0)\mathbf{z}=\sum_{i=1}^n\dfrac{\partial f}{\partial x_i}(\mathbf{x}_0)\mathbf{z}_i$ 成立.

---

① 当定理 6.6.1 中的 $\mathbf{G}$ 和 $\mathbf{F}$ 分别是多元函数和实值函数($s\geqslant2,n=1$)、一元函数和向量值函数($s=1,n\geqslant2$)以及一元函数和实值函数($s=1,n=1$)时，可得到多元实值复合函数、一元向量值复合函数以及一元实值复合函数的 Jacobi 导数的求导公式，具体见下面的 6.6.2～6.6.4. 小节.

② 这个定理在把一元函数凹凸性的判别准则推广到多元函数凹凸性的情形(定理 7.4.6)时起着非常重要的作用.

③ 根据定理 6.6.1，$\mathrm{D}f(\mathbf{x}^0+t\mathbf{z})$ 表示函数 $f(\cdot)$ 在 $\mathbf{x}^0+t\mathbf{z}$ 处的 Jacobi 导数.

下面求 $g''(t)$ 和 $g''(0)$. 由式(6-6-2),注意到 $g''(t)=\mathrm{D}_t[\mathrm{D}f(\mathbf{x}^0+t\mathbf{z})\mathbf{z}]=\mathrm{D}_t[(\mathrm{D}f(\mathbf{x}^0+t\mathbf{z}))^T\cdot\mathbf{z}]$,从而有

$$\begin{aligned}g''(t)&=\{\mathrm{D}_t[(\mathrm{D}f(\mathbf{x}^0+t\mathbf{z}))^T]\}\cdot\mathbf{z}\quad(\text{推论 } 6.5.3)\\&=\{\mathrm{D}[(\mathrm{D}f(\mathbf{x}^0+t\mathbf{z}))^T]\mathrm{D}_t(\mathbf{x}^0+t\mathbf{z})\}\cdot\mathbf{z}\quad(\text{定理 } 6.6.1)\\&=\mathrm{D}^2f(\mathbf{x}^0+t\mathbf{z})\mathbf{z}\cdot\mathbf{z}\quad(\text{定理 } 6.4.5 \text{ 和例 } 6.4.6)\\&=\mathbf{z}^T\mathrm{D}^2f(\mathbf{x}^0+t\mathbf{z})\mathbf{z}\end{aligned}$$

从而

$$g''(t)=\mathbf{z}^T\mathrm{D}^2f(\mathbf{x}^0+t\mathbf{z})\mathbf{z}\tag{6-6-4}$$

进而

$$g''(0)=\mathbf{z}^T\mathrm{D}^2f(\mathbf{x}^0)\mathbf{z}\tag{6-6-5}$$

6.6.2　多元实值复合函数

令定理 6.6.1 中的 $n=1$,则得到多元实值复合函数的 Jacobi 导数.

定理 6.6.3　设 $g(\mathbf{t})=(g_1(t_1,t_2,\cdots,t_s),\cdots,g_m(t_1,t_2,\cdots,t_s))^T:\mathbf{R}^s\to\mathbf{R}^m$, $f(x_1,x_2,\cdots,x_m):\mathbf{R}^m\to R$ 可微,则复合函数 $f(g(\mathbf{t}))=f(g_1(\mathbf{t}),\cdots,g_m(\mathbf{t})):\mathbf{R}^s\to R$ 也可微,且

$$\frac{\partial f(g(\mathbf{t}))}{\partial t_j}=\sum_{i=1}^m\frac{\partial f}{\partial x_i}(g(\mathbf{t}))\frac{\partial g_i(\mathbf{t})}{\partial t_j}\tag{6-6-6}$$

或

$$\mathrm{D}_tf(g(\mathbf{t}))=\mathrm{D}f(g(\mathbf{t}))\mathrm{D}g(\mathbf{t})$$

这里 $\mathrm{D}f(g(\mathbf{t}))=(f_1'(g(\mathbf{t})),f_2'(g(\mathbf{t})),\cdots,f_m'(g(\mathbf{t})))$ 和 $\mathrm{D}g(\mathbf{t})=(g_{ij}'(\mathbf{t}))$ 分别是一个 $1\times m$ 阶矩阵和一个 $m\times s$ 阶矩阵,矩阵中元素 $f_i'(g(\mathbf{t}))$ 表示函数 $f(\mathbf{x})$ 在点 $g(\mathbf{t})$ 处关于 x_i 的偏导数,$g_{ij}'(\mathbf{t})$ 是函数 $g_i(\mathbf{t})$ 在 $\mathbf{t}$ 处关于 t_j 的偏导数.

6.6.3　一元向量值复合函数

令定理 6.6.1 中的 $s=1$,则得到一元向量值复合函数的 Jacobi 导数.

定理 6.6.4　设 $g(t)=(g_1(t),\cdots,g_m(t)):\mathbf{R}^s\to\mathbf{R}^m$, $f(x_1,x_2,\cdots,x_m)=(f_1(x_1,x_2,\cdots,x_m),\cdots,f_n(x_1,x_2,\cdots,x_m)):\mathbf{R}^m\to\mathbf{R}^n$. 则一元向量值复合函数 $f(g(t))=(f_1(g_1(t),\cdots,g_m(t)),\cdots,f_n(g_1(t),\cdots,g_m(t)):R\to\mathbf{R}^n$ 的 Jacobi 导数为

$$\frac{\mathrm{d}f_i(g_1(t),\cdots,g_m(t))}{\mathrm{d}t}=\sum_{j=1}^m\frac{\partial f_i}{\partial x_j}(g(t))g_j'(t),i=1,2,\cdots,n\tag{6-6-7}$$

或

$$\mathrm{D}_tf(g(t))=\mathrm{D}f(g(t))\mathrm{D}g(t)$$

这里 $\mathrm{D}f(g(t))=(f_{ij}'(g(t)))$ 和 $\mathrm{D}g(t)=(g_1'(t),\cdots,g_m'(t))^T$ 分别是一个 $n\times m$ 阶矩阵和一个 m 维列向量,矩阵中元素 $f_{ij}'(g(t))$ 表示函数 $f_i(\mathbf{x})$ 在点 $g(t)$ 处关于 x_j

的偏导数，$g_j'(t)$是函数 $g_j(t)$在 t 处的导数.

6.6.4　一元实值复合函数

令定理 6.6.1 中的 $s=1,n=1$，则得到一元实值复合函数的 Jacobi 导数.

定理 6.6.5　设 $g(t)=(g_1(t),\cdots,g_m(t)):R\to\mathbf{R}^m$，$f(x_1,x_2,\cdots,x_m):\mathbf{R}^m\to R$，则复合函数 $f(g(t))=(f(g_1(t),\cdots,g_m(t)):R\to R$ 的导数为

$$\frac{\mathrm{d}f(g(t))}{\mathrm{d}t}=\sum_{j=1}^{m}\frac{\partial f}{\partial x_j}(g(t))\frac{\partial g_j(t)}{\partial t} \tag{6-6-8}$$

或

$$\mathrm{D}_tf(g(t))=\mathrm{D}f(g(t))\mathrm{D}g(t)$$

这里 $\mathrm{D}f(g(t))=(f_1'(g(t)),f_2'(g(t)),\cdots,f_m'(g(t)))$和 $\mathrm{D}g(t)=(g_1'(t),\cdots,g_m'(t))^T$分别是一个行向量和一个列向量. 矩阵中元素 $f_j'(g(t))$表示函数 $f(\mathbf{x})$在点 $g(t)$处关于 x_j的偏导数，$g_j'(t)$是函数 $g_j(t)$在 t 处关于 t_j的偏导数.

例 6.6.1　考虑 Cobb-Douglas 生产函数 $Q=4K^{3/4}L^{1/4}$，设 $K(t,r)=\frac{1}{r}10t^2$，$L(t,r)=6t^2+250r$. 试计算 $t=10$ 和 $r=0.1$ 时产出 Q 关于 t 的变化率.

解　$\frac{\partial Q}{\partial t}=\frac{\partial Q}{\partial K}\frac{\partial K}{\partial t}+\frac{\partial Q}{\partial L}\frac{\partial L}{\partial t}=(3K^{-1/4}L^{1/4})(20tr^{-1})+(K^{3/4}L^{-3/4})(12t)$，又 $K(10,0.1)=10\,000$，$L(10,0.1)=625$，从而有

$$\left.\frac{\partial Q}{\partial t}\right|_{(10,0.1)}=(3\times 10\,000^{-1/4}625^{1/4})(20\times 10\times 10)$$
$$+(10\,000^{3/4}625^{-3/4})(12\times 10)=3\,960$$

例 6.6.2　考虑效用函数 $U=U(c,s)$，其中 c 是咖啡的消费量、s 是白糖的消费量. 这两个消费量的关系是 $s=g(c)$. 求：

(1) 咖啡任意消费量 c 处的边际效用函数；

(2) 咖啡消费量是 c_0 时的边际效用.

解　由已知，效用函数 U 是 c 的一元复合函数，因此①

$$\begin{aligned}\frac{\mathrm{d}U}{\mathrm{d}c}&=\frac{\partial U}{\partial c}\frac{\mathrm{d}c}{\mathrm{d}c}+\frac{\partial U}{\partial s}\frac{\mathrm{d}s}{\mathrm{d}c}\\&=\frac{\partial U}{\partial c}(c,s)+\frac{\partial U}{\partial s}(c,s)g'(c)\\&=\frac{\partial U}{\partial c}(c,g(c))+\frac{\partial U}{\partial s}(c,g(c))g'(c)\end{aligned}$$

注意这里 $\partial U/\partial c$ 和 $\partial U/\partial s$ 的含义是指把 $U(c,s)$看作 c 和 s 的二元函数时在点

① Chiang (1984, p. 200)使用表达式$\frac{\mathrm{d}U}{\mathrm{d}c}=\frac{\partial U}{\partial c}+\frac{\partial U}{\partial g(c)}g'(c)$.

(c,s)处的两个偏导(函)数. 将 c_0 代入上面的表达式即得到咖啡消费量是 c_0 时的边际效用.

6.6.5 方向导数与梯度

1. 方向导数

定义 6.6.1 n 元实值函数 $z=f(x_1,x_2,\cdots,x_n)$在其定义域内某点 $\mathbf{x}^0=(x_1^0,x_2^0,\cdots,x_n^0)$处沿自点 $\mathbf{x}^0$ 引出的射线 $\mathbf{l}$ 的方向导数定义为(若这个极限存在)

$$\frac{\partial f}{\partial \mathbf{l}}(\mathbf{x}^0)=\lim_{t\to 0}\frac{f(\mathbf{x}^0+t\mathbf{l}_0)-f(\mathbf{x}^0)}{t} \tag{6-6-9}$$

这里 $\mathbf{l}_0$ 是与 $\mathbf{l}$ 的方向一致的单位向量,可表示为

$$\mathbf{l}_0=(\cos\theta_1,\cos\theta_2,\cdots,\cos\theta_n)^T \tag{6-6-10}$$

其中 θ_i 是向量 $\mathbf{l}_0$ 与第 i 个坐标轴正向的夹角,叫做方向角,计算公式如下

$$\cos\theta_i=l_i/\sqrt{\sum\nolimits_{i=1}^{n} l_i^2} \tag{6-6-11}$$

这里方向 $\mathbf{l}=(l_1,l_2,\cdots,l_n)^T$.

2. 方向导数的计算与应用

定理 6.6.6 n 元实值函数 $z=f(\mathbf{x})$在其定义域内某点 $\mathbf{x}^0=(x_1^0,x_2^0,\cdots,x_n^0)$处沿自点 $\mathbf{x}^0$ 引出的射线 $\mathbf{l}$ 的方向导数为

$$\frac{\partial f}{\partial \mathbf{l}}(\mathbf{x}^0)=\sum_{i=1}^{n}\frac{\partial f}{\partial x_i}(\mathbf{x}^0)\cos\theta_i=(\mathrm{D}f(\mathbf{x}^0))^T\cdot\mathbf{l}_0=\nabla f(\mathbf{x}^0)\cdot\mathbf{l}_0 \tag{6-6-12}$$

这里 $\mathbf{l}_0$ 是与 $\mathbf{l}$ 的方向一致的单位向量 $\mathbf{l}_0=(\cos\theta_1,\cos\theta_2,\cdots,\cos\theta_n)$.

证明 令 $g(t)=f(\mathbf{x}^0+t\mathbf{l}_0)$,则由定义 6.6.1,$\frac{\partial f}{\partial \mathbf{l}}(\mathbf{x}^0)=g'(0)$. 由定理 6.6.2 知

$$g'(0)=Df(\mathbf{x}^0)\mathbf{l}_0=(\mathrm{D}f(\mathbf{x}^0))^T\cdot\mathbf{l}_0=\nabla f(\mathbf{x}^0)\cdot\mathbf{l}_0$$

$\frac{\partial f}{\partial \mathbf{l}}(\mathbf{x}^0)$度量当 $\mathbf{x}$ 由 $\mathbf{x}^0$ 出发沿方向 $\mathbf{l}$ 移动时,函数值 $f(\mathbf{x})$上升或下降的速度. 那么沿着什么方向 $f(\mathbf{x})$上升(或下降)的速度最快呢?这个问题的解决与梯度向量密切相关.

定理 6.6.7 考虑 n 元实值函数 $z=f(\mathbf{x})$,$\mathbf{x}^0=(x_1^0,x_2^0,\cdots,x_n^0)$是定义域内一点. 则:

(1) 沿点 $\mathbf{x}^0$ 处的梯度方向$\nabla f(\mathbf{x}^0)$的方向导数最大[即$\nabla f(\mathbf{x}^0)$是 f 在 $\mathbf{x}^0$ 处增长最快的方向]且为$\|\nabla f(\mathbf{x}^0)\|$;

(2) 沿点 $\mathbf{x}^0$ 处的负梯度方向$-\nabla f(\mathbf{x}^0)$的方向导数最小[即$-\nabla f(\mathbf{x}^0)$是 f 在 $\mathbf{x}^0$ 处下降最快的方向]且为$-\|\nabla f(\mathbf{x}^0)\|$.

证明 由式(6-6-12)

$$\frac{\partial f}{\partial \mathbf{l}}(\mathbf{x}^0) = \nabla f(\mathbf{x}^0) \cdot \mathbf{l}_0 = \| \nabla f(\mathbf{x}^0) \| \cos(\nabla f(\mathbf{x}^0), \mathbf{l}_0)$$

这里 $\cos(\nabla f(\mathbf{x}^0), \mathbf{l}_0)$ 表示向量 $\nabla f(\mathbf{x}^0)$ 和 $\mathbf{l}_0$ 之间的夹角. 因此当 $\mathbf{l}_0$ 的方向与 $\mathbf{x}^0$ 处的梯度方向 $\nabla f(\mathbf{x}^0)$ 一致时, $\frac{\partial f}{\partial \mathbf{l}}(\mathbf{x}^0)$ 获得最大值, 且为 $\| (\nabla f(\mathbf{x}^0) \|$. 因此(1)成立. 类似地, 可证明(2)成立.

例 6.6.3 已知生产函数 $Q=F(K,L)=4K^{3/4}L^{1/4}$, $K^*=10\,000$, $L^*=625$.

(1) 对现有的 K^* 和 L^* 按什么比率增加时, 产量增长的最快?

(2) 若以相同的速率增加 K 和 L, 则 Q 增加的速率如何?

解

(1) 由于 $\nabla f(10\,000, 625)=(1.5, 8)$, 故由定理 6.6.7 知按照比率 1.5 : 8 增加 K^* 和 L^* 时产量增长的最快.

(2) 由于不知 K 和 L 增加的幅度, 而只知道它们增加的方向(以相同的速率增加 K 和 L), 这个方向可表示为(1,1)上的单位向量 $\mathbf{l}_0=(1/\sqrt{2}, 1/\sqrt{2})$. 由方向导数的定义, 计算 $F(K,L)$ 在点(10 000, 625)沿方向 $\mathbf{l}_0$ 的方向导数即知 Q 增加的速度 $\frac{\partial Q}{\partial \mathbf{l}}=1.5(1/\sqrt{2})+8(1/\sqrt{2})=6.717\,5$.

6.7 $\mathbf{R}^n$ 中的中值定理与 Taylor 公式

6.7.1 中值定理

一元函数的 Lagrange 中值定理 2.5.1 可推广到 n 元函数的情形(定理 6.7.1).

定理 6.7.1 设 $F:U\to R$ 是 C^1 函数, $U\subseteq \mathbf{R}^n$ 是开集, 令 $\mathbf{a}, \mathbf{b}\in U$ 且连接 $\mathbf{a}$ 和 $\mathbf{b}$ 两点的线段 $l(\mathbf{a}, \mathbf{b})\subseteq U$, 则存在 $\mathbf{c}\in l(\mathbf{a}, \mathbf{b})$, 使

$$F(\mathbf{b}) - F(\mathbf{a}) = \mathrm{D}F(\mathbf{c})(\mathbf{b}-\mathbf{a}) \tag{6-7-1}$$

证明 定义 C^1 函数 $\phi:[0,1]\to U$, $\phi(t)\equiv \mathbf{a}+t(\mathbf{b}-\mathbf{a})$[它是线段 $l(\mathbf{a}, \mathbf{b})$ 的参数方程]. 定义 $f:[0,1]\to R$, $f(t)=F(\phi(t))$, 则由一元函数中值定理 2.5.1, 存在 $t^*\in(0,1)$ 使得

$$f(1) - f(0) = f'(t^*)(1-0) = f'(t^*) \tag{6-7-2}$$

而由复合函数求导法则, 有

$$f'(t^*) = \mathrm{D}F(\phi(t^*))\mathrm{D}\phi(t^*) = \mathrm{D}F(\mathbf{c})(\mathbf{b}-\mathbf{a}) \tag{6-7-3}$$

其中 $\mathbf{c}=\mathbf{a}+t^*(\mathbf{b}-\mathbf{a})$. 结合式(6-7-2)和式(6-7-3), 知式(6-7-1)成立.

6.7.2　Taylor 公式

一元函数的 Taylor 公式(定理 2.5.2)可推广到多元函数情形(定理 6.7.2～定理 6.7.4).

定理 6.7.2(一阶 Taylor 展开)　设 $F:U\to R$ 是 C^2 函数,$U\subseteq \mathbf{R}^n$是开集,令 $\mathbf{x}^*\in U,\mathbf{h}\in \mathbf{R}^n$(是 $\mathbf{R}^n$中的任意一个方向),则存在 C^1 函数:$\mathbf{h}\to R_1(\mathbf{h};\mathbf{x}^*)$,使得对任意的 $\mathbf{x}^*+\mathbf{h}\in U$,只要连接 $\mathbf{x}^*$ 和 $\mathbf{x}^*+\mathbf{h}$ 的线段属于 U,就有

$$F(\mathbf{x}^*+\mathbf{h}) = F(\mathbf{x}^*)+\mathrm{D}F(\mathbf{x}^*)\mathbf{h}+R_1(\mathbf{h};\mathbf{x}^*) \tag{6-7-4}$$

这里 $R_1(\mathbf{h};\mathbf{x}^*)/\|\mathbf{h}\|\to 0$(当 $\mathbf{h}\to 0$).

注记 6.7.1　由定理 6.7.2 也可得到 $F(\mathbf{x}^*+\mathbf{h})$的一阶线性近似表达式

$$F(\mathbf{x}^*+\mathbf{h}) \approx F(\mathbf{x}^*)+\frac{\partial F}{\partial x_1}(\mathbf{x}^*)h_1+\cdots+\frac{\partial F}{\partial x_n}(\mathbf{x}^*)h_n \tag{6-7-5}$$

为了得到 $F(\mathbf{x}^*+\mathbf{h})$的更好的近似,必须在式(6-7-5)中包含类似于一元函数 $f(x)$的二阶 Taylor 展开多项式中的二次项$[f''(x^*)h^2]/2$,即$[\mathbf{h}^T\mathrm{D}^2F(\mathbf{x}^*)\mathbf{h}]/2$,这里 $D^2F(\mathbf{x}^*)$是 $F(\mathbf{x})$在 $\mathbf{x}^*$ 处的 Hessian 矩阵,而

$$\mathbf{h}^T\mathrm{D}^2F(\mathbf{x}^*)\mathbf{h} = (h_1\quad\cdots\quad h_n)\begin{pmatrix}\dfrac{\partial^2F}{\partial x_1^2} & \cdots & \dfrac{\partial^2F}{\partial x_1x_n}\\ \vdots & \ddots & \vdots\\ \dfrac{\partial^2F}{\partial x_nx_1} & \cdots & \dfrac{\partial^2F}{\partial x_n^2}\end{pmatrix}\begin{pmatrix}h_1\\ \vdots\\ h_n\end{pmatrix} = \sum_{i=1}^n\sum_{j=1}^n\frac{\partial^2F}{\partial x_i\partial x_j}(\mathbf{x}^*)h_ih_j$$

为了便于推广,将 F 在 $\mathbf{x}^*$ 沿方向 $\mathbf{h}\in\mathbf{R}^n$的二阶导数记为 $\mathrm{D}^2F(\mathbf{x}^*)(\mathbf{h},\mathbf{h})=\mathbf{h}^T\mathrm{D}^2F(\mathbf{x}^*)\mathbf{h}$.

定理 6.7.3(二阶 Taylor 展开)　设 $F:U\to R$ 是 C^2 函数,$U\subseteq\mathbf{R}^n$是开集,令 $\mathbf{x}^*\in U,\mathbf{h}\in\mathbf{R}^n$(是 $\mathbf{R}^n$中的任意一个方向),则存在 C^2 函数:$\mathbf{h}\to R_2(\mathbf{h};\mathbf{x}^*)$,使得对任意的 $\mathbf{x}^*+\mathbf{h}\in U$,只要连接 $\mathbf{x}^*$ 和 $\mathbf{x}^*+\mathbf{h}$ 的线段属于 U,就有

$$F(\mathbf{x}^*+\mathbf{h}) = F(\mathbf{x}^*)+\mathrm{D}F(\mathbf{x}^*)\mathbf{h}+[\mathbf{h}^T\mathrm{D}^2F(\mathbf{x}^*)\mathbf{h}]/2+R_2(\mathbf{h};\mathbf{x}^*) \tag{6-7-6}$$

或

$$F(\mathbf{x}^*+\mathbf{h}) = F(\mathbf{x}^*)+\mathrm{D}F(\mathbf{x}^*)\mathbf{h}+\mathrm{D}^2F(\mathbf{x}^*)(\mathbf{h},\mathbf{h})/2+R_2(\mathbf{h};\mathbf{x}^*)$$

这里 $R_2(\mathbf{h};\mathbf{x}^*)/\|\mathbf{h}\|^2\to 0$(当 $\mathbf{h}\to 0$).

注记 6.7.2　由定理 6.7.3 可得到 $F(\mathbf{x}^*+\mathbf{h})$的更精确的二阶非线性近似表达式

$$F(\mathbf{x}^*+\mathbf{h}) \approx F(\mathbf{x}^*)+\mathrm{D}F(\mathbf{x}^*)\mathbf{h}+[\mathbf{h}^T\mathrm{D}^2F(\mathbf{x}^*)\mathbf{h}]/2 \tag{6-7-7}$$

特别地,令 $n=2$ 时,式(6-7-7)变为

$$F(x_1^*+h_1,x_2^*+h_2)\approx F(x_1^*,x_2^*)+\begin{pmatrix}\dfrac{\partial F}{\partial x_1}(\mathbf{x}^*) & \dfrac{\partial F}{\partial x_2}(\mathbf{x}^*)\end{pmatrix}\begin{pmatrix}h_1\\ h_2\end{pmatrix}$$

$$+\frac{1}{2}(h_1 \quad h_2)\begin{pmatrix} \dfrac{\partial^2 F}{\partial x_1^2} & \dfrac{\partial^2 F}{\partial x_1 x_2} \\ \dfrac{\partial^2 F}{\partial x_1 x_2} & \dfrac{\partial^2 F}{\partial x_2^2} \end{pmatrix}\begin{pmatrix} h_1 \\ h_2 \end{pmatrix}$$

自然可将 F 在 $\mathbf{x}^*$ 沿方向 $\mathbf{h}\in\mathbf{R}^n$ 的第 k 阶导数写为

$$\mathrm{D}^k F(\mathbf{x}^*)(\mathbf{h},\cdots,\mathbf{h}) = \sum_{\substack{k_1,\cdots,k_n \\ \sum k_i = k}} \left(\frac{\partial^k F(\mathbf{x}^*)}{\partial x_1^{k_1}\cdots\partial x_n^{k_n}} h_1^{k_1}\cdots h_n^{k_n}\right)$$

按此记号我们有 $\mathbf{h}^T\mathrm{D}^k F(\mathbf{x}^*)\mathbf{h}=\mathrm{D}^k F(\mathbf{x}^*)(\mathbf{h},\mathbf{h})$，可用来表示多元函数的 n 阶 Taylor 展开式.

定理 6.7.4（n 阶 Taylor 展开）　设 $F:U\to R$ 是 C^k 函数，$U\subseteq\mathbf{R}^n$ 是开集，令 $\mathbf{x}^*\in U$，$\mathbf{h}\in\mathbf{R}^n$（是 $\mathbf{R}^n$ 中的任意一个方向），则存在 C^k 函数：$\mathbf{h}\to R_k(\mathbf{h};\mathbf{x}^*)$，使得对任意的 $\mathbf{x}^*+\mathbf{h}\in U$，只要连接 $\mathbf{x}^*$ 和 $\mathbf{x}^*+\mathbf{h}$ 的线段属于 U，就有

$$\begin{aligned} F(\mathbf{x}^*+\mathbf{h}) = {} & F(\mathbf{x}^*)+\mathrm{D}F(\mathbf{x}^*)\mathbf{h}+\frac{1}{2}\mathrm{D}^2F(\mathbf{x}^*)(\mathbf{h},\mathbf{h}) \\ & +\cdots+\frac{1}{k!}\mathrm{D}^kF(\mathbf{x}^*)(\mathbf{h},\cdots,\mathbf{h})+R_k(\mathbf{h}\quad\mathbf{x}^*) \end{aligned} \tag{6-7-8}$$

这里 $R_k(\mathbf{h};\mathbf{x}^*)/\|\mathbf{h}\|^k\to 0$（当 $\mathbf{h}\to 0$）.

类似于利用一元函数的中值定理 2.5.1 来证明 $\mathbf{R}^n$ 中的中值定理 6.7.1，可证明定理 6.7.2～定理 6.7.4. 具体定义 C^k 的一元向量值函数 $\phi:[0,1]\to U$，$\phi(t)\equiv\mathbf{a}+t(\mathbf{b}-\mathbf{a})$，再定义一元复合函数 $f:[0,1]\to R$，$f(t)=F(\phi(t))$；再分别把一元函数的一阶、二阶和 n 阶泰勒展开定理 2.5.2 用于函数 $f(t)$，利用复合函数求导法则，即可证明这三个定理.

6.8　隐函数定理

6.8.1　隐函数

函数 $y=f(x_1,x_2,\cdots,x_n)$ 表示变量 y 和一组变量 $x_1,x_2,\cdots,x_n$ 的对应关系. 这种对应关系可以用各种不同的方式表达. 例如生产函数 $Q=K^{3/4}L^{1/4}$ 的表达方式的特点是，在等号的左端仅含有因变量的符号，而右端是含有自变量的式子，当自变量取定义域内任一组值时，由这个式子能确定对应的唯一的函数值. 用这种方式表达的函数叫做显函数. 有些函数的表达方式却不是这样，例如，方程 $x+y^3-1=0$ 表示一个函数，因为当自变量 x 在区间 $(-\infty,+\infty)$ 内取值时，由这个方程可确定变量 y 的唯一的值与之对应. 例如，当 $x=0$ 时，$y=1$；当 $x=-1$ 时，$y=\sqrt[3]{2}$. 等等. 这样的函数称为隐函数.

把一个隐函数化成显函数，叫做隐函数的显化. 例如从方程 $x+y^3-1=0$ 解出 $y=\sqrt[3]{1-x}$，就把隐函数化成了显函数. 隐函数的显化有时是困难的，甚至是不可能的. 例如方程 $y^5+2y-x-x^3=0$. 对于区间 $(-\infty,+\infty)$ 内任意取定的 x 值，这个式子是 y 为未知数的五次方程. 由代数学的知识，这方程至少有一个实根，所以该方程在 $(-\infty,+\infty)$ 内确定了一个隐函数，但这个隐函数很难用显式把它表达出来.

在经济问题分析中，往往需要计算隐函数的导数或偏导数. 例如，经济学中的一个内生变量 y 和一组外生变量 $x_1,x_2,\cdots,x_n$ 或参数 t 常常满足一个方程

$$G(x_1,x_2,\cdots,x_n,y)=0$$

或

$$G(t,y)=0$$

在一定条件（或一定的经济背景）下，对某区域 $D\subseteq\mathbf{R}^n$ 内任意给定的一组外生变量 $x_1,x_2,\cdots,x_n$ 的值，由方程 $G(x_1,x_2,\cdots,x_n,y)=0$ 可确定唯一的内生变量 y 的值，因而内生变量 y 是外生变量 $x_1,x_2,\cdots,x_n$ 的隐函数. 我们需研究外生变量 x_i（或参数 t）的变化是如何影响内生变量 y 的变化，即需要求内生变量关于外生变量或参数的偏导数 $\partial y/\partial x_i$ 或 $\partial y/\partial t$.

6.8.2　隐函数定理

1. 一个方程情形

定义 6.8.1　设对邻域 $N_\delta(\mathbf{x}^0)$ 内任意一组变量 $\mathbf{x}=(x_1,x_2,\cdots,x_n)$，相应地总有满足方程 $G(x_1,x_2,\cdots,x_n,y)=0$ 的唯一的 y 值存在，那么就说方程 $G(x_1,x_2,\cdots,x_n,y)=0$ 在邻域 $N_\delta(\mathbf{x}^0)$ 内确定一个隐函数，记作 $y=f(x_1,x_2,\cdots,x_n)$.

定义 6.8.2　称 $f:\mathbf{R}^n\to R$ 是连续可微的或 C^1 的，若 $\partial f/\partial x_i(i=1,2,\cdots,n)$ 存在且连续. 称 $F=(f_1,f_2,\cdots,f_m):\mathbf{R}^n\to\mathbf{R}^m$ 是 C^1，若每个 $f_i:\mathbf{R}^n\to R$ 是 C^1 的.

定理 6.8.1　设二元函数 $G(x,y)$ 满足如下三个条件：

(1) $G(x,y)$ 在 $\mathbf{z}^0=(x_0,y_0)$ 的某个邻域内是 C^1 的；

(2) $G(x_0,y_0)=0$；

(3) $\dfrac{\partial G}{\partial y}(x_0,y_0)\neq 0$.

则在点 (x_0,y_0) 的某个邻域内，由二元方程 $G(x,y)=0$ 恒能唯一确定定义在 x_0 的某个邻域 $N_\delta(x_0)$ 内具有连续导数的函数 $y=f(x)$，它满足：

(1) 对任意 $x\in N_\delta(x_0)$ 有

$$G(x,f(x))\equiv 0 \tag{6-8-1}$$

(2) $f(x_0)=y_0$；

(3)

$$f'(x)=-\frac{\partial G}{\partial x}\bigg/\frac{\partial G}{\partial y}\quad 及\quad f'(x_0)=-\frac{\partial G}{\partial x}(x_0,y_0)\bigg/\frac{\partial G}{\partial y}(x_0,y_0)\tag{6-8-2}$$

证明　这里我们仅给出结论(3)的两种证明方法:全微分法和复合函数求导法.其证明过程也常用于比较静态分析的过程中.

法一(复合函数求导法):结论(1)中的方程(6-8-1)的左侧是 x 的复合函数,两端关于 x 求导得

$$\frac{\partial G}{\partial x}+\frac{\partial G}{\partial y}\frac{\mathrm{d}y}{\mathrm{d}x}=0$$

从而(3)成立.

法二(全微分法):将 $G(x,y)$ 看作二元函数,求方程 $G(x,y)=0$ 两端的全微分得

$$\frac{\partial G}{\partial x}(x,y)\mathrm{d}x+\frac{\partial G}{\partial y}(x,y)\mathrm{d}y=0$$

从而结论(3)成立.

例 6.8.1(梯度的几何解释)　函数 $f(x,y)$ 过点 (x_0,y_0) 的等高线为曲线 $f(x,y)=f(x_0,y_0)$(经济学上称作无差异曲线),由定理 6.8.1(3)可知这条曲线在 (x_0,y_0) 处的法线的斜率为

$$\tan\alpha_1=-\frac{1}{\dfrac{\mathrm{d}y}{\mathrm{d}x}(x_0,y_0)}=\frac{\dfrac{\partial f}{\partial y}(x_0,y_0)}{\dfrac{\partial f}{\partial x}(x_0,y_0)}\tag{6-8-3}$$

这里 α_1 是法线与 x 轴正向的夹角.设梯度向量 $\nabla f(x_0,y_0)=\left(\dfrac{\partial f}{\partial x}(x_0,y_0),\dfrac{\partial f}{\partial y}(x_0,y_0)\right)^T$ 与 x 轴正向的夹角为 α_2,则

$$\tan\alpha_2=\frac{\dfrac{\partial f}{\partial y}(x_0,y_0)}{\dfrac{\partial f}{\partial x}(x_0,y_0)}\tag{6-8-4}$$

由式(6-8-3)和式(6-8-4)可知函数 $f(x,y)$ 在点 (x_0,y_0) 处的梯度 $\nabla f(x_0,y_0)$ 的方向与等高线 $f(x,y)=f(x_0,y_0)$ 在 (x_0,y_0) 处的法线的一个方向相同,且由定理 6.6.7 知这个方向从 $f(x,y)$ 的数值较低的等高线指向数值较高的等高线.

例 6.8.2　假设二元 $U(x_1,x_2)$ 是 C^1 的,$\mathbf{x}^0=(x_1^0,x_2^0)$ 满足二元方程 $U(x_1,x_2)=U_0$(这里 U_0 是常数),又在 $\mathbf{x}^0$ 处 $\partial U/\partial x_2\neq 0$.

(1) 证明由二元方程 $U(x_1,x_2)=U_0$ 可唯一确定定义在 x_1^0 的某个邻域的隐

函数 $x_2=f(x_1)$；

(2) 求 $\mathrm{d}x_2/\mathrm{d}x_1$ 和 $\mathrm{d}^2x_2/\mathrm{d}x_1^2$

解

(1) 由已知条件可知隐函数定理 6.8.1 的条件全部成立，因此结论(1)成立.

(2) 由定理 6.8.1，有

$$\frac{\mathrm{d}x_2}{\mathrm{d}x_1}=-\frac{\dfrac{\partial U(x_1,x_2)}{\partial x_1}}{\dfrac{\partial U(x_1,x_2)}{\partial x_2}}=-\frac{U_1'(x_1,x_2)}{U_2'(x_1,x_2)}$$

从上式出发，继续关于 x_1 求导即可得到 $\mathrm{d}^2x_2/\mathrm{d}x_1^2$. 令 $F_1(x_1,x_2)=U_1'(x_1,x_2)$ 和 $F_2(x_1,x_2)=U_2'(x_1,x_2)$，则它们都是 x_1 的复合函数，其中 x_2 是 x_1 的隐函数. 因此

$$\frac{\partial F_1}{\partial x_1}=\frac{\partial U_1'}{\partial x_1}+\frac{\partial U_1'}{\partial x_2}\frac{\mathrm{d}x_2}{\mathrm{d}x_1}=U_{11}''+U_{12}''\frac{\mathrm{d}x_2}{\mathrm{d}x_1}$$

$$\frac{\partial F_2}{\partial x_1}=\frac{\partial U_2'}{\partial x_1}+\frac{\partial U_2'}{\partial x_2}\frac{\mathrm{d}x_2}{\mathrm{d}x_1}=U_{21}''+U_{22}''\frac{\mathrm{d}x_2}{\mathrm{d}x_1}$$

将 $\mathrm{d}x_2/\mathrm{d}x_1=-U_1'/U_2'$ 代入上式并化简

$$\frac{\mathrm{d}^2x_2}{\mathrm{d}x_1^2}=-\frac{1}{(U_1')^3}[U_{11}''(U_2')^2-2U_{12}''U_1'U_2'+U_{22}''(U_1')^2]$$ [①]

定理 6.8.2(一个方程的隐函数定理)　给定一个 $n+1$ 元实值函数 $G(\mathbf{x};y)$ $(\mathbf{x}\in\mathbf{R}^n,y\in R)$ 和一个点 $\mathbf{z}^0=(\mathbf{x}^0;y_0)$［这里 $\mathbf{x}^0=(x_1^0,x_2^0,\cdots,x_n^0)$］，满足以下三条：

(1) $G(\mathbf{x};y)$ 在 $\mathbf{z}^0=(\mathbf{x}^0,y_0)$ 的某个邻域内是 C^1 的；

(2) $(\mathbf{x}^0;y_0)$ 满足方程 $G(\mathbf{x};y)=0$，即 $G(\mathbf{x}^0;y_0)=0$；

(3) $\dfrac{\partial G}{\partial y}(\mathbf{x}^0;y_0)\neq 0$.

则在 $(\mathbf{x}^0;y_0)$ 的某个邻域内，由 $n+1$ 元方程 $G(\mathbf{x};y)=0$ 恒能唯一确定定义在 $\mathbf{x}^0$ 的某个邻域 $N_\delta(\mathbf{x}^0)$ 内连续且具有连续偏导数的 n 元函数 $y=f(\mathbf{x})$，它满足：

(1) 对任意 $\mathbf{x}\in N_\delta(\mathbf{x}^0)$ 有

$$G(\mathbf{x};f(\mathbf{x}))\equiv 0 \tag{6-8-5}$$

(2) $f(\mathbf{x}^0)=y_0$；

(3) $\dfrac{\partial f}{\partial x_i}(\mathbf{x}^0)=-\dfrac{\partial G}{\partial x_i}(\mathbf{x}^0;y_0)\Big/\dfrac{\partial G}{\partial y}(\mathbf{x}^0;y_0)$，　$i=1,2,\cdots,n$.

特别地，对任意 $\mathbf{x}\in N_\delta(\mathbf{x}^0)$ 和 $y=f(\mathbf{x})$ 有

$$\frac{\partial f}{\partial x_i}(\mathbf{x})=-\frac{\dfrac{\partial G}{\partial x_i}(\mathbf{x};y)}{\dfrac{\partial G}{\partial y}(\mathbf{x};y)},\quad i=1,2,\cdots,n \tag{6-8-6}$$

---

① 在 7.2.6 小节和 7.3.5 小节有应用.

证明 这里我们仅给出结论(3)的两种简要证明方法:全微分法和复合函数求导法.其证明过程本身也常用于求比较静态导数的过程中.

法一(复合函数求导法):结论(1)中的方程(6-8-5)的左侧是 $\mathbf{x}$ 的 n 元复合函数,由于 $y=f(\mathbf{x})$,式(6-8-5)两端关于 x_i 求偏导数得

$$\frac{\partial G}{\partial x_i}+\frac{\partial G}{\partial y}\frac{\partial y}{\partial x_i}=0 \tag{6-8-7}$$

从而结论(3)成立.

法二(全微分法):将 $G(\mathbf{x};y)$ 看作 $n+1$ 元函数,方程 $G(\mathbf{x};y)=0$ 两端求全微分得

$$\sum_{i=1}^{n}\frac{\partial G}{\partial x_i}(\mathbf{x};y)\mathrm{d}x_i+\frac{\partial G}{\partial y}(\mathbf{x};y)\mathrm{d}y=0 \tag{6-8-8}$$

求 $\partial y/\partial x_i$ 时需将所有的 $x_j(j\neq i)$ 看作常数,因而有 $\mathrm{d}x_j=0(j\neq i)$. 将 $\mathrm{d}x_j=0(j\neq i)$代入式(6-8-8),两端再除以 $\mathrm{d}x_i$ 便得到式(6-8-7),进而结论(3)成立.

2. 方程组情形

考虑下面的方程组

$$\begin{cases}F_1(x_1,\cdots,x_n;y_1,\cdots,y_m)=0\\ F_2(x_1,\cdots,x_n;y_1,\cdots,y_m)=0\\ \cdots\cdots\\ F_m(x_1,\cdots,x_n;y_1,\cdots,y_m)=0\end{cases} \tag{6-8-9}$$ [①]

或简记为

$$\mathbf{F}(\mathbf{x};\mathbf{y})\equiv\mathbf{0} \tag{6-8-9$'$}$$

这里 $\mathbf{F}(\mathbf{x};\mathbf{y})=(F_1(\mathbf{x};\mathbf{y}),\cdots,F_m(\mathbf{x};\mathbf{y}))$. 若对 $\mathbf{x}^0=(x_1^0,x_2^0,\cdots,x_n^0)$的邻域 $N_\delta(\mathbf{x}^0)$内任意一组变量 $x_1,x_2,\cdots,x_n$ 的取值,相应地总有满足方程组(6-8-9)的唯一一组 $y_1,y_2,\cdots,y_m$值存在,那么就说由方程组(6-8-9)在邻域 $N_\delta(\mathbf{x}^0)$内确定了 m 个隐函数,记作

$$\begin{cases}y_1=f_1(x_1,\cdots,x_n)=f_1(\mathbf{x})\\ \cdots\cdots\\ y_m=f_m(x_1,\cdots,x_n)=f_m(\mathbf{x})\end{cases} \tag{6-8-10}$$

或简记为

$$\mathbf{y}=\mathbf{f}(\mathbf{x}) \tag{6-8-10$'$}$$

例 6.8.3 若式(6-8-9)中的所有 F_i 是关于 $y_1,y_2,\cdots,y_m$的线性函数,且变量 $y_1,y_2,\cdots,y_m$的系数矩阵可逆,则由线性方程组理论知方程组(6-8-9)存在唯一解

① 式(6-8-9)中有意使用了分号,是为了区分两类变量.

$y_i=f_i(x_1,x_2,\cdots,x_n)(1\leqslant i\leqslant m)$，这组解就是由方程组(6-8-9)确定的 m 个 n 元函数.

下面的定理告诉我们在什么条件下由 m 个方程构成的方程组(6-8-9)可确定 m 个隐函数.

定理 6.8.3　给定 m 个 $n+m$ 元实值函数 $F_i(\mathbf{x};\mathbf{y})(\mathbf{x}\in\mathbf{R}^n,\mathbf{y}\in\mathbf{R}^m,i=1,2,\cdots,m)$ 和一个点 $\mathbf{z}^0=(\mathbf{x}^0;\mathbf{y}^0)$[这里 $\mathbf{x}^0=(x_1^0,x_2^0,\cdots,x_n^0),\mathbf{y}^0=(y_1^0,y_2^0,\cdots,y_m^0)$]，满足以下三条：

(1) $F_1,F_2,\cdots,F_m:\mathbf{R}^{n+m}\to R$ 是 C^1 函数；

(2) $(\mathbf{x}^0;\mathbf{y}^0)$是方程组(6-8-9)的解；

(3) $$\left|\frac{\partial(F_1,\cdots,F_k,\cdots,F_m)}{\partial(y_1,\cdots,y_k,\cdots,y_m)}\right|_{(\mathbf{x}^0;\mathbf{y}^0)}=\begin{vmatrix}\frac{\partial F_1}{\partial y_1} & \cdots & \frac{\partial F_1}{\partial y_k} & \cdots & \frac{\partial F_1}{\partial y_m}\\ \vdots & \ddots & \vdots & \ddots & \vdots\\ \frac{\partial F_m}{\partial y_1} & \cdots & \frac{\partial F_m}{\partial y_k} & \cdots & \frac{\partial F_m}{\partial y_m}\end{vmatrix}\neq 0^{①}$$

其中行列式中的所有偏导数是指点$(\mathbf{x}^0;\mathbf{y}^0)$处的偏导数.则在点$(\mathbf{x}^0;\mathbf{y}^0)$的某个邻域内，由方程组(6-8-9)可唯一确定定义在 $\mathbf{x}^0$ 的某个邻域 $N_\delta(\mathbf{x}^0)$内、连续且具有连续偏导数的 m 个 n 元实值函数(6-8-10)，满足：

(1)

$$F_i(x_1,x_2,\cdots,x_n;f_1(\mathbf{x}),f_2(\mathbf{x}),\cdots,f_m(\mathbf{x}))\equiv 0,i=1,2,\cdots,m;\quad(6\text{-}8\text{-}11)$$

(2) $y_i^0=f_i(x_1^0,x_2^0,\cdots,x_n^0),i=1,2,\cdots,m$；

(3)

$$\frac{\partial y_k}{\partial x_h}=-\frac{\left|\dfrac{\partial(F_1,\cdots,F_k,\cdots,F_m)}{\partial(y_1,\cdots,x_h,\cdots,y_m)}\right|}{\left|\dfrac{\partial(F_1,\cdots,F_k,\cdots,F_m)}{\partial(y_1,\cdots,y_k,\cdots,y_m)}\right|}=-\frac{\begin{vmatrix}\frac{\partial F_1}{\partial y_1} & \cdots & \frac{\partial F_1}{\partial x_h} & \cdots & \frac{\partial F_1}{\partial y_m}\\ \vdots & \ddots & \vdots & \ddots & \vdots\\ \frac{\partial F_m}{\partial y_1} & \cdots & \frac{\partial F_m}{\partial x_h} & \cdots & \frac{\partial F_m}{\partial y_m}\end{vmatrix}}{\begin{vmatrix}\frac{\partial F_1}{\partial y_1} & \cdots & \frac{\partial F_1}{\partial y_k} & \cdots & \frac{\partial F_1}{\partial y_m}\\ \vdots & \ddots & \vdots & \ddots & \vdots\\ \frac{\partial F_m}{\partial y_1} & \cdots & \frac{\partial F_m}{\partial y_k} & \cdots & \frac{\partial F_m}{\partial y_m}\end{vmatrix}}\ \boxed{\text{第}k\text{列}}\quad(6\text{-}8\text{-}12)$$

其中 $k=1,2,\cdots,m;h=1,2,\cdots,n$.或者表示为

① 按照 6.4.3 小节记号，这个行列式实际上就是$|\mathrm{D}_{\mathbf{y}}\mathbf{F}(\mathbf{x};\mathbf{y})|$或$|\partial\mathbf{F}/\partial\mathbf{y})|$.

$$\frac{\partial \mathbf{y}}{\partial x_h} = -\left(\frac{\partial(\mathbf{F})}{\partial \mathbf{y}}\right)^{-1} \frac{\partial \mathbf{F}}{\partial x_h}, \quad h = 1,2,\cdots,n \tag{6-8-12$'$}$$

其中

$$\frac{\partial \mathbf{y}}{\partial x_h} = \frac{\partial(y_1,\cdots,y_m)}{\partial x_h} = \left(\frac{\partial y_1}{\partial x_h},\cdots,\frac{\partial y_m}{\partial x_h}\right)^T$$

$$\frac{\partial \mathbf{F}}{\partial \mathbf{y}} = \begin{pmatrix} \frac{\partial F_1}{\partial y_1} & \cdots & \frac{\partial F_1}{\partial y_k} & \cdots & \frac{\partial F_1}{\partial y_m} \\ \vdots & \ddots & \vdots & \ddots & \vdots \\ \frac{\partial F_m}{\partial y_1} & \cdots & \frac{\partial F_m}{\partial y_k} & \cdots & \frac{\partial F_m}{\partial y_m} \end{pmatrix}$$

$$\frac{\partial \mathbf{F}}{\partial x_h} = \frac{\partial(F_1,\cdots,F_m)}{\partial x_h} = \left(\frac{\partial F_1}{\partial x_h},\cdots,\frac{\partial F_m}{\partial x_h}\right)^T$$

证明　这里仅给出结论(3)的两种证明方法.全微分法和复合函数求导法.其证明过程也常用于进行比较静态分析的过程中.

法一(复合函数求导法):由方程组(6-8-9)确定了 m 个连续且具有连续偏导数的 n 元实值函数(6-8-10),满足方程组(6-8-11)[见结论(1)],因此方程组(6-8-9)的左侧是 $x_1,x_2,\cdots,x_n$ 的复合函数(注意有 $n+m$ 个中间变量).将方程组(6-8-9)的两端关于 x_h 求点$(\mathbf{x}^0;\mathbf{y}^0)$处的偏导数(所有 x_j 看作常数,$j\neq h$),则得一个含有 m 个未知量$\frac{\partial y_1}{\partial x_h},\frac{\partial y_2}{\partial x_h},\cdots,\frac{\partial y_m}{\partial x_h}$和 m 个方程的线性方程组

$$\frac{\partial F_i}{\partial y_1}\frac{\partial y_1}{\partial x_h} + \cdots + \frac{\partial F_i}{\partial y_m}\frac{\partial y_m}{\partial x_h} = -\frac{\partial F_i}{\partial x_h}, \quad i = 1,2,\cdots,m \tag{6-8-13}$$

或表示为矩阵乘积形式

$$\begin{pmatrix} \frac{\partial F_1}{\partial y_1} & \cdots & \frac{\partial F_1}{\partial y_k} & \cdots & \frac{\partial F_1}{\partial y_m} \\ \vdots & \ddots & \vdots & \ddots & \vdots \\ \frac{\partial F_m}{\partial y_1} & \cdots & \frac{\partial F_m}{\partial y_k} & \cdots & \frac{\partial F_m}{\partial y_m} \end{pmatrix} \begin{pmatrix} \frac{\partial y_1}{\partial x_h} \\ \vdots \\ \frac{\partial y_m}{\partial x_h} \end{pmatrix} = \begin{pmatrix} -\frac{\partial F_1}{\partial x_h} \\ \vdots \\ -\frac{\partial F_m}{\partial x_h} \end{pmatrix}$$

这里所有的偏导数均在点$(\mathbf{x}^0;\mathbf{y}^0)$处计算.这个方程组的系数矩阵的行列式正好是定理中第三个已知条件中的行列式.由线性方程组理论知方程组(6-8-13)有唯一解,且由 Cramer 法则知其解为式(6-8-12).

法二(全微分法):将方程组(6-8-9)中每个方程的左端看作以 $x_1,x_2,\cdots,x_n$,$y_1,y_2,\cdots,y_m$为自变量的 $n+m$ 元函数.求方程组(6-8-9)左右两端在点$(\mathbf{x}^0;\mathbf{y}^0)$处的全微分得

$$\frac{\partial F_i}{\partial y_1}\mathrm{d}y_1 + \cdots + \frac{\partial F_i}{\partial y_m}\mathrm{d}y_m + \frac{\partial F_i}{\partial x_1}\mathrm{d}x_1 + \cdots + \frac{\partial F_i}{\partial x_n}\mathrm{d}x_n = 0, \quad i = 1,2,\cdots,m$$

这里所有的偏导数均为$(\mathbf{x}^0;\mathbf{y}^0)$处的偏导数. 进一步将含有 $dy_1,dy_2,\cdots,dy_m$的项保留在左侧,将含有 $dx_1,dx_2,\cdots,dx_n$ 的项移到右侧

$$\frac{\partial F_i}{\partial y_1}dy_1+\cdots+\frac{\partial F_i}{\partial y_m}dy_m=-\sum_{j=1}^{n}\frac{\partial F_i}{\partial x_j}dx_j,\quad i=1,2,\cdots,m \tag{6-8-14}$$

把 $dy_1,dy_2,\cdots,dy_m$看作方程组(6-8-14)的 m 个未知量,根据条件(3)可知这个方程组的系数行列式不为零. 因此,方程组(6-8-14)有唯一解;由 Cramer 法则,dy_1,$dy_2,\cdots,dy_m$可由 $dx_1,dx_2,\cdots,dx_n$ 线性表示.

为了对变量 x_h求偏导数 $\partial y_k/\partial x_h(k=1,2,\cdots,m)$,令其他所有自变量 $x_i(i\neq h)$保持不变,即 $dx_i=0(i\neq h)$;将它们代入方程组(6-8-14)得到如下方程组

$$\frac{\partial F_i}{\partial y_1}dy_1+\cdots+\frac{\partial F_i}{\partial y_m}dy_m=-\frac{\partial F_i}{\partial x_h}dx_h,\quad i=1,2,\cdots,m$$

两端同除以 dx_h得方程组(6-8-13),余下的证明过程同法一.

推论 6.8.4　在定理 6.8.3 的假设条件下有

$$\frac{\partial \mathbf{y}}{\partial \mathbf{x}}=-\left(\frac{\partial \mathbf{F}}{\partial \mathbf{y}}\right)^{-1}\frac{\partial \mathbf{F}}{\partial \mathbf{x}} \tag{6-8-15}$$

或

$$\frac{\partial(y_1,\cdots,y_m)}{\partial(x_1,\cdots,x_n)}=-\left(\frac{\partial(F_1,\cdots,F_m)}{\partial(y_1,\cdots,y_m)}\right)^{-1}\frac{\partial(F_1,\cdots,F_m)}{\partial(x_1,\cdots,x_n)}$$

证明　根据定理 6.8.3 的结论(1)可知,方程组(6-8-9′)的左侧 $\mathbf{F}(\mathbf{x},\mathbf{y})$是 $\mathbf{x}$ 的复合函数,其中 $\mathbf{y}=\mathbf{f}(\mathbf{x})$. 用复合函数求导法则(定理 6.6.1)求方程组(6-8-9′)两端关于 $\mathbf{x}$ 的 Jacobi 导数,得到

$$D\mathbf{F}_{\mathbf{x}}(\mathbf{x},\mathbf{y})+D\mathbf{F}_{\mathbf{y}}(\mathbf{x},\mathbf{y})D\mathbf{y}_{\mathbf{x}}=0$$

由向量值函数 Jacobi 导数的含义(定义 6.4.7)可知 $D\mathbf{F}_{\mathbf{y}}(\mathbf{x},\mathbf{y})=\partial\mathbf{F}/\partial\mathbf{y}$,$D\mathbf{F}_{\mathbf{x}}(\mathbf{x},\mathbf{y})=\partial\mathbf{F}/\partial\mathbf{x}$,$D\mathbf{y}_{\mathbf{x}}=\partial\mathbf{y}/\partial\mathbf{x}$,代入上式即可获得结论.

3. 两个例子

例 6.8.4　给定一个方程组 $xu-yv=3$,$yu+xv=6$. (x_0,y_0,u_0,v_0)是这个方程组的一个解.

(1) 验证对任意不全为零的 x_0 和 y_0,由这个方程组都可确定定义在 $z_0=(x_0,y_0)$的某邻域内的两个 C^1 的二元函数 $u=f(x,y)$和 $v=f(x,y)$;

(2) 求点 z_0 处的四个偏导数 $\partial u/\partial x$、$\partial u/\partial y$、$\partial v/\partial x$ 和 $\partial v/\partial y$.

解

令 $F_1(x,y)=xu-yv-3$,$F_2(x,y)=yu+xv-6$. 下面验证隐函数定理 6.8.3 的三个条件. 显然 $F_1(x,y)$和 $F_2(x,y)$是处处 C^1 的函数,因此第一个条件成立. 由于(x_0,y_0,u_0,v_0)是这个方程组的一个解,所以第二个条件成立. 由于

$$|J|=\left|\frac{\partial(F_1,F_2)}{\partial(u,v)}\right|=\begin{vmatrix}x & -y\\ y & x\end{vmatrix}=x^2+y^2 \tag{6-8-16}$$

所以在 z_0 处 $|J|=x_0{}^2+y_0{}^2\neq 0$，即第三个条件成立．由定理 6.8.3，结论(1)成立．

(2) 有五个方法可用来求四个偏导数：

① 直接利用定理 6.8.3 的结论(3)，即利用式(6-8-12)；

② 利用推导式(6-8-12)所用的全微分法；

③ 利用推导式(6-8-12)所用的复合函数求导法[从式(6-8-11)出发]；

④ 利用式(6-8-12′)；

⑤ 式(6-8-15)．

下面利用方法⑤求四个偏导数(其余四个方法留作习题)．式(6-8-15)中的 **F**、**x** 和 **y** 分别相当于 $\mathbf{F}(x,y)=(F_1(x,y),F_2(x,y))^T$、$(x,y)$和$(u,v)$，这样

$$\frac{\partial(u,v)}{\partial(x,y)}=-\left(\frac{\partial(F_1,F_2)}{\partial(u,v)}\right)^{-1}\frac{\partial(F_1,F_2)}{\partial(x,y)} \tag{6-8-17}$$

由式(6-8-16)及 $F_1(x,y)$和 $F_2(x,y)$的定义

$$\left(\frac{\partial(F_1,F_2)}{\partial(u,v)}\right)^{-1}=\frac{1}{|J|}\begin{pmatrix}x & y\\ -y & x\end{pmatrix}$$

$$\frac{\partial(F_1,F_2)}{\partial(x,y)}=\begin{pmatrix}u & -v\\ v & u\end{pmatrix}$$

将它们代入式(6-8-17)可得

$$\frac{\partial(u,v)}{\partial(x,y)}=-\frac{1}{x^2+y^2}\begin{pmatrix}xu+yv & -xv+yu\\ -yu+xv & yv+xu\end{pmatrix}$$

从而 $\frac{\partial u}{\partial x}=-\frac{xu+yv}{x^2+y^2}$，$\frac{\partial u}{\partial y}=\frac{xv-yu}{x^2+y^2}$，$\frac{\partial v}{\partial x}=\frac{yu-xv}{x^2+y^2}$，$\frac{\partial v}{\partial y}=-\frac{yv+xu}{x^2+y^2}$．

例 6.8.5 给定如下方程组

$$\begin{cases}x^2+y+z^2-4=0\\ y-xz-1=0\end{cases}$$

的一个解$(x,y,z)=(1,2,1)$．

(1) 证明在点(1,2,1)的某个邻域内可确定两个隐函数 $x=g(z)$和 $y=h(z)$；

(2) 求 $g'(1)$和 $h'(1)$．

解

令 $F_1(x,y,z)=x^2+y+z^2-4$，$F_2(x,y,z)=y-xz-1$．下面验证隐函数定理 6.8.3 的三个条件．

首先，这两个三元函数都是 C^1 的；其次，(1,2,1)是方程组 $F_i(x,y,z)=0(i=1,2)$的一个解；最后，在点(1,2,1)处 $\left|\frac{\partial(F_1,F_2)}{\partial(x,y)}\right|_{(1,2,1)}=3\neq 0$．所以定理 6.8.3 的

三个条件都成立. 由定理 6.8.3, 在(1,2,1)的某个邻域内由已知方程组可确定两个隐函数 $x=g(z)$ 和 $y=h(z)$, 且有

$$\frac{\mathrm{d}x}{\mathrm{d}z}=-\frac{\left|\dfrac{\partial(F_1,F_2)}{\partial(z,y)}\right|}{\left|\dfrac{\partial(F_1,F_2)}{\partial(x,y)}\right|_{(1,2,1)}}=-1$$

$$\frac{\mathrm{d}y}{\mathrm{d}z}=-\frac{\left|\dfrac{\partial(F_1,F_2)}{\partial(x,z)}\right|}{\left|\dfrac{\partial(F_1,F_2)}{\partial(x,y)}\right|_{(1,2,1)}}=0$$

习　题

6.1　已知 n 元实值函数 $f(x_1,\cdots,x_n)$, $t\in R$, 求函数 $F(t)=f(tx_1,\cdots,tx_n)$ 在 $t=1$ 处导数.

6.2　证明定理 6.2.3.

6.3　证明定理 6.2.5.

6.4　证明定理 6.2.6.

6.5　证明定理 6.2.8.

6.6　证明定理 6.2.10.

6.7　证明定理 6.2.12.

6.8　证明定理 6.2.15.

6.9　证明定理 6.2.18.

6.10　证明定理 6.2.20.

6.11　证明定理 6.2.21.

6.12　证明定理 6.4.5.

6.13　已知劳动和资本都是时间 t 的函数, 分别记为 $K(t)$ 和 $L(t)$; 而生产函数为 $Q(t)=F(K,L)$. 求用 $K(t)$ 和 $L(t)$ 的增长率表示的 Q 的增长率的表达式.

6.14　设有动态生产函数 $Q=A(t)K^{\alpha}L^{\beta}$, 生产函数中引入的变量 t 表明产量可能随时间发生变化以反映技术的变化, 资本和劳动也随时间发生变化, 其中, $A(t)$ 是 t 的增函数, $K=K_0+at$, $L=L_0+bt$(K_0、L_0、a、b 为常数). 求产出关于时间 t 的变化率, 并解释其经济含义.

6.15　考虑一个动态生产函数 $Q=Q(K,L,t)$, 这里 K、L 和 t 分别表示资本、劳动和时间, $K=K(t)$, $L=L(t)$. 求产出关于时间 t 的变化率, 并解释其经济含义.

6.16　考虑(x,y)限制在(0,0)点某个邻域内变化的方程 $F(x,y)=(x-y)^2=0$.

(1) 验证在(0,0)点处, (一个方程的)隐函数定理的条件是否满足.

(2) 由方程 $F(x,y)=(x-y)^2=0$, 可否在(0,0)点某个邻域内确定 y 是 x 的函数?

(3) 由(1)和(2)说明隐函数定理中的三个条件是确定一个隐函数的充分条件但不是必要条件.

6.17　假设由方程 $F(x,y,z)=0$ 可把三个变量中的每个变量确定为另两个变量的隐函数, 所

有的偏导数存在且非零,求$\frac{\partial z}{\partial x}\frac{\partial x}{\partial y}\frac{\partial y}{\partial z}$.

6.18　再考虑例 6.8.4,分别用以下四个方法求四个偏导数:

(1) 直接利用定理 6.8.3 的结论(3),即利用式(6-8-12);

(2) 利用推导式(6-8-12)所用的全微分法;

(3) 利用推导式(6-8-12)所用的复合函数求导法[从式(6-8-11)出发];

(4) 利用式(6-8-12′).

6.19　再考虑例 6.8.5,用以下四个方法求 $g'(1)$和 $h'(1)$:

(1) 利用推导式(6-8-12)所用的全微分法;

(2) 利用推导式(6-8-12)所用的复合函数求导法[从式(6-8-11)出发];

(3) 利用式(6-8-12′);

(4) 式(6-8-15)

6.20　已知某商品的需求函数为 $Q=400-8P+0.05Y$,当前收入为 $Y^*=12\,000$,商品的价格为 $P^*=15$.

(1) 求商品需求的收入弹性,并解释其经济意义;

(2) 求收入增加 5%而引起的商品需求量的变化率.

6.21　已知 $Q_1=50-4P_1-3P_2+2P_3+0.001Y$. 在 $P_1=5$、$P_2=7$、$P_3=3$ 和 $Y=11\,000$ 时,$Q_1=26$.

(1) 利用交叉弹性判定商品 1 与其他商品的关系;

(2) 分别确定其他商品的价格上涨 10%时对 Q_1 的影响.

第7章　多元函数微分法的经济应用

本章一边介绍微观经济学中的比较静态分析、消费(效用)理论和生产理论中的一些基本经济概念、经济假设、经济学原理或经济结论；一边介绍如何用第6章的相关内容表示这些经济学概念、经济假设、经济学原理或经济结论，以及如何用它们(如多元函数的微分技术、隐函数定理等)建立、求解和分析一些数理经济模型(如推导已知的经济学原理或经济结论，利用隐函数定理进行比较静态分析等).随后，介绍多元凹凸函数、拟凹与拟凸函数、齐次函数和同位函数及其在经济学中的具体应用.7.1.2小节(2. 均衡解无显式表达式)、7.4～7.7节是本教材的重点内容.

7.1　比较静态分析

7.1.1　比较静态分析及其本质

1. 比较静态分析

比较静态分析就是把与不同组的参数和(或)外生变量的值相关的不同的均衡状态(内生变量的值)进行比较.出于比较的目的，开始时总假设给定一个初始均衡状态.如在孤立市场模型中，初始均衡表示为确定的均衡价格 P^* 和相应的均衡数量 Q^*.如果模型中发生一个打破均衡的变化(某个参数或外生变量的值发生变化)，那么初始均衡被破坏.结果是各个内生变量必须经历某些调整.假设与新的参数和(或)外生变量的值相关的新均衡状态可被确定和达到，那么比较静态分析提出的问题是如何比较新旧均衡.

值得注意的是，在比较静态分析中，我们再一次忽略了变量的调整过程.我们仅仅比较初始的(变化前的)均衡状态和最终的(变化后)均衡状态.另外，我们仍然排除均衡不稳定的可能性，因为正如对旧均衡所做的假设，我们假设新均衡也是可达到的.比较静态分析分为两类:定性分析和定量分析.

2. 定性与定量的比较静态分析

定性的比较静态分析是分析某个参数或外生变量值的增加或减少将引起新均衡值的增加还是减少，即只考虑新均衡的变化方向而不考虑具体增加还是减少的幅度.如仅对投资 I_0 的增加(其他与均衡收入相关的量保持不变)将导致均衡收入

Y^* 的增加还是减少的方向进行分析. 而定量的比较静态分析是分析某个参数或外生变量值的变化引起均衡值变化的大小. 如对投资 I_0 的增加将导致均衡收入 Y^* 的增加还是减少的具体幅度进行分析. 一旦获得定量分析的结果,可由代数符号自动地得到变化的方向. 因此,从定量分析结果中可得到定性分析的结果.

3. 比较静态分析方法

本质上,比较静态分析是分析一个内生变量如何随着一个参数和(或)一个外生变量的变化而变化. 为了进行比较静态分析,数学上首先需将一个内生变量表示为所有参数和(或)外生变量的函数;然后求出这个内生变量关于那个特定参数或外生变量的导数或偏导数(经济学上称作比较静态导数);接着需判断出这个导数或偏导数的符号(如果进行定性的比较静态分析)或确定出这个导数或偏导数的大小(如果进行定量的比较静态分析);最后根据这个导数或偏导数的符号确定这个特定参数或外生变量是如何影响内生变量的均衡值的. 因此,正确求出导数或偏导数对比较静态分析是至关重要的.

本节仅介绍非目的均衡的比较静态分析,目的均衡的比较静态分析在第 9 章和第 11 章中介绍.

7.1.2 几个非目的均衡的比较静态分析模型

1. 均衡解有显式表达式

1) 局部市场均衡分析

例 7.1.1 再考虑简单的单一商品市场模型式(5-3-1). 式(5-3-3)给出了这个模型的均衡价格 P^* 和均衡数量 Q^*. 为了获得某个参数是如何影响 P^*(或 Q^*)的值的,首先需要分别求出 P^*(或 Q^*)关于该参数的偏导数;其次根据给定的四个参数的信息确定这个偏导数的符号;最后据此符号可获得这个参数是如何影响 P^*(或 Q^*)的值的(即进行定性的比较静态分析). 若还能确定这个偏导数的大小,则还可以进行定量的比较静态分析.

据 P^* 的表达式,可分别求出 P^* 关于四个参数(a_0、a_1、b_0 和 b_1)的比较静态导数,并据这四个参数的信息可获得这些比较静态导数的符号

$$\frac{\partial P^*}{\partial a_0}=\frac{1}{a_1+b_1}>0,\quad \frac{\partial P^*}{\partial a_1}=\frac{-(a_0+b_0)}{(a_1+b_1)^2}<0 \tag{7-1-1a}$$

$$\frac{\partial P^*}{\partial b_0}=\frac{1}{a_1+b_1}>0,\quad \frac{\partial P^*}{\partial b_1}=\frac{-(a_0+b_0)}{(a_1+b_1)^2}<0 \tag{7-1-1b}$$

进而可分析四个参数中的每个是如何影响 P^* 的. 如由于 $\partial P^*/\partial a_0>0$,参数 a_0 增加时,均衡价格 P^* 也增加(定性比较静态分析). 由于不仅知道 $\partial P^*/\partial a_0$ 的符号,

而且知道它的大小，所以可以进行定量比较静态分析，即如果 a_0 增加 Δa_0 个单位，均衡价格将增加 $\Delta a_0/(a_0+a_1)$ 个单位.

类似地可分析这四个参数中的每个是如何影响 Q^* 的.

注记 7.1.1　P^* 和 Q^* 的变动方向与任一参数的变动方向之间的关系也可由图示直接得出(留给读者完成). 那为什么还要用偏导数得出这些关系呢? 答案是利用微分方法至少有如下两个优点：

(1) 图形方法受维数的限制，而微分法不受这样的限制. 甚至当内生变量和参数的个数达到不能用图形表示均衡状态的时候，我们仍然能用微分法解决前述的比较静态分析问题. 例如，考虑三种商品市场的比较静态问题，用图形法则不能进行；而用微分法完全可以进行分析.

(2) 微分法可导出更一般的结论. 不论参数 a_0、a_1、b_0 和 b_1 取何具体值，只要它们满足符号限制(即都大于零)，就可获得前面的结果. 因此这个模型的比较静态分析结论适合(线性)需求与供给函数的无限组合. 对比之下，图示法只能处理某些具体数目的供给和需求函数簇，并且所导出的分析结果严格来说只适合所描述的具体函数.

2) 国民收入均衡分析

例 7.1.2　考虑以下国民收入均衡模型

$$\begin{cases} Y = C + I_0 + G_0 \\ C = \alpha + \beta(Y - T)(\alpha > 0, 0 < \beta < 1) \\ T = \gamma + \delta Y(\gamma > 0, 0 < \delta < 1) \end{cases} \tag{7-1-2}$$

这里 α、β 和 γ 都是参数，其符号均有经济含义. $\alpha>0$ 是因为即使可支配收入 $Y-T$ 为零，消费仍是正的；$0<\beta<1$ 是因为它表示边际消费倾向；$\gamma>0$，因为即使 $Y=0$，政府仍然有正的税收(源自税基而非收入)；$0<\delta<1$ 是因为它表示所得税率；外生变量 I_0(投资)和 G_0(政府支出)均非负. 假设所有的参数和外生变量相互独立，进而可给它们中的任何一个赋予新值而不影响其他的变量. 内生变量包括 Y(国民收入)、C(消费)和 T(税). 试分别分析各个参数和各个外生变量对各个内生变量的影响.

解　首先，求出用参数和外生变量表示内生变量 Y、C 和 T 的均衡值的函数表达式. 这可通过解线性方程组(7-1-2)得到. 如均衡国民收入 Y^* 为

$$Y^* = \frac{\alpha - \beta\gamma + I_0 + G_0}{1 - \beta + \beta\delta} \tag{7-1-3}$$

其次，由式(7-1-3)分别求出均衡国民收入 Y^* 关于四个参数 α、β、γ 和 δ 以及两个外生变量 I_0 和 G_0 的六个比较静态导数，并判断其符号. 其中，下面三个偏导数有特殊的政策意义：

$$\frac{\partial Y^*}{\partial G_0}=\frac{1}{1-\beta+\beta\delta}>0^{①} \tag{7-1-4}$$

$$\frac{\partial Y^*}{\partial \gamma}=\frac{-\beta}{1-\beta+\beta\delta}<0 \tag{7-1-5}$$

$$\frac{\partial Y^*}{\partial \delta}=\frac{-\beta(\alpha-\beta\gamma+I_0+G_0)}{(1-\beta+\beta\delta)^2}=\frac{-\beta Y^*}{1-\beta+\beta\delta}<0 \tag{7-1-6}$$

式(7-1-4)中的偏导数给出政府支出乘数，其符号为正，这是因为 $\beta<1$、$\beta\delta>0$ 和 $1-\beta+\beta\delta>0$. 式(7-1-5)中的偏导数称作非所得税乘数，因为它表明了来自非收入所得税的政府收入的变化(γ)是如何影响均衡国民收入的. 它的符号为负，这是因为式(7-1-5)中的分母为正、分子为负. 最后，式(7-1-6)中的偏导数表示所得税率乘数. 对任意正的均衡国民收入，此乘数总为负.

最后，利用偏导数的符号或其大小进行定性或定量的比较静态分析. 例如，由式(7-1-4)可知当政府支出 G_0 增加时，国民收入也增加(定性的比较静态分析结果). 若给出参数 β 和 δ 的具体数值，还可由式(7-1-4)求出此乘数的数值，进而可得到定量的比较静态分析结果：当 G_0 增加 ΔG_0 时，国民收入增加 $\Delta G_0/(1-\beta+\beta\delta)$.

2. 均衡解无显式表达式

在前面所考虑的比较静态分析问题中，我们处理的情况是模型中内生变量的均衡值可由外生变量(参数)显式表示出来. 这样简单地通过求出内生变量关于参数(外生变量)的(偏)导数即可进行定性或定量的比较静态分析. 但是，当均衡模型中含有一般形式的函数(即函数的具体表达式未知或很复杂)时，上面的方法有可能不能直接使用，因为有可能得不到内生变量的均衡值的显式表达式. 在此情况下，必须从模型中原来给定的方程(组)出发直接求出比较静态导数. 此时，数学工具就是隐函数定理或隐函数定理的证明过程中所用的全微分法或全导数法. 例如考虑简单的国民收入模型

$$\begin{cases}Y=C+I_0+G_0\\ C=C(Y,T_0)\end{cases}$$

这里 Y 和 C 是内生变量，I_0、G_0 和 T_0 均是外生变量. 此时无法解出 Y 和 C 的显式表达式，自然想到用隐函数定理进行比较静态分析. 首先需验证隐函数定理中的条件是否成立. 若成立，则由这个方程组可确定内生变量 Y 和 C 都是外生变量 I_0、G_0 和 T_0 的隐函数，进而通过求出有关的比较静态导数进行比较静态分析.

---

① 注意偏导数 $\partial Y^*/\partial G_0$ 和 $\partial Y/\partial G_0$ 的区别. 前者是由均衡国民收入的表达式(7-1-3)导出的，它考虑了式(7-1-2)中的三个方程；后者是从式(7-1-2)中的第一个方程中获得的且 $\partial Y/\partial G_0=1$，它与式(7-1-2)中的第二、三个方程无关.

1) 局部市场均衡分析

例 7.1.3　考虑由一般函数表示的单一商品的孤立市场模型

$$\begin{cases} Q_d = Q_s \\ Q_d = D(P,Y)(\partial D/\partial P < 0, \partial D/\partial Y > 0) \\ Q_s = S(P)(\partial S/\partial P > 0) \end{cases} \tag{7-1-7}$$

这里内生变量为 Q_d、Q_s 和 P，外生变量为 Y. 函数 $D(P,Y)$ 和 $S(P)$ 有连续(偏)导数，假设 P^*、Q^* 和 Y^* 满足 $Q^* = D(P^*,Y^*) = S(P^*)$. 试分析外生变量 Y 的变化是如何影响模型的均衡解(P^*,Q^*)的.

解

法一(单一方程的隐函数定理)：由题意，均衡解为(P^*,Q^*). 首先需将方程组(7-1-7)转化为一个方程的形式. 令 $G(P,Y)=D(P,Y)-S(P)$，则方程组(7-1-7)等价于 $G(P,Y)=0$，且下面的条件成立.

(1) $G(P,Y)$有连续偏导数[因 $D(P,Y)$ 和 $S(P)$ 有连续(偏)导数]；

(2) $G(P^*,Y^*)=0$[因 $G(P^*,Y^*)=D(P^*,Y^*)-S(P^*)=0$]；

(3) $\left.\dfrac{\partial G}{\partial P}\right|_{(P^*,Y^*)} = \dfrac{\partial D}{\partial P}(P^*,Y^*) - \dfrac{dS}{dP}(P^*) < 0$ [这是因为 $\dfrac{\partial D}{\partial P}(P^*,Y^*) < 0$ 和 $\dfrac{dS}{dP}(P^*) > 0$ 成立].

因此定理 6.8.1 的条件成立. 故存在定义在 $N_\delta(Y^*)$ 上的一个可导的隐函数 $P=f(Y)$，满足：

(1) $G(f(Y),Y) \equiv 0$(称作均衡恒等式)；

(2) $P^* = f(Y^*)$；

(3)
$$\left.\frac{dP}{dY}\right|_{Y=Y^*} = -\frac{\dfrac{\partial G}{\partial Y}(P^*,Y^*)}{\dfrac{\partial G}{\partial P}(P^*,Y^*)} = -\frac{\dfrac{\partial D}{\partial Y}(P^*,Y^*)}{\dfrac{\partial D}{\partial P}(P^*,Y^*) - \dfrac{dS}{dP}(P^*)} > 0^{①} \tag{7-1-8}$$

在 P^* 处，$dP/dY>0$，是因为 $\partial D/\partial P<0$、$\partial D/\partial Y>0$ 和 $dS/dP>0$. 从而得到定性结论：收入水平的增加将会导致均衡价格的增加. 若在(P^*,Y^*)处的三个偏导数 $\partial D/\partial P$、$\partial D/\partial Y$ 和 dS/dP 的大小均已知，则可进一步得出定量结果.

---

① 有的经济学书中表示为 $\left(\dfrac{dP^*}{dY^*}\right) = -\dfrac{\dfrac{\partial D}{\partial Y^*}}{\dfrac{\partial D}{\partial P^*} - \dfrac{dS}{dP^*}}$(Chiang, 1984, p. 219). 这里比较静态导数放在括弧里；对照式(7-1-8)，可知这个表达式中各项的数学含义.

进一步考虑均衡数量 $Q^*=S(P^*)$ 随收入 Y 变化的情况，只需考虑在 Y^* 处 $\mathrm{d}Q/\mathrm{d}Y$ 的符号. 注意到 $Q=S(P)$ 和 $P=f(Y)$，因而 $Q=S(f(Y))$ 是 Y 的复合函数，从而

$$\left.\frac{\mathrm{d}Q}{\mathrm{d}Y}\right|_{Y=Y^*}=\frac{\mathrm{d}S}{\mathrm{d}P}(P^*)\left.\frac{\mathrm{d}P}{\mathrm{d}Y}\right|_{Y=Y^*}>0 \tag{7-1-9}$$

因此当收入 Y 增加时，均衡数量 Q^* 也将增加.

问题：为什么不用 $Q=D(P,Y)$ 和 $P=f(Y)$，因而 $Q=D(f(Y),Y)$ 确定 Y 对 Q 的影响？原因是偏导数 $\frac{\mathrm{d}Q}{\mathrm{d}Y}(Y^*)=\frac{\partial D}{\partial P}(P^*,Y^*)\frac{\mathrm{d}P}{\mathrm{d}Y}(Y^*)+\frac{\partial D}{\partial Y}(P^*,Y^*)$ 的符号是不定的.

法二（方程组的隐函数定理）：方程组(7-1-7)含有三个方程，按照方程组的隐函数定理 6.8.3 可能会确定三个隐函数. 由题意只能确定两个隐函数（P 和 Q 均是 Y 的隐函数）. 为此需将方程组(7-1-7)转化为仅含两个方程的方程组. 首先令 $Q_s=Q_d=Q$，则方程组(7-1-7)等价于下面的含有三个未知量 P、Q 和 Y 的方程组

$$\begin{cases}F_1(P,Q;Y)=D(P,Y)-Q=0\\F_2(P,Q;Y)=S(P)-Q=0\end{cases} \tag{7-1-10}$$

接着验证隐函数定理 6.8.3 的条件. 由于：

(1) F_1 和 F_2 有连续偏导数[因 $D(P,Y)$ 和 $S(P)$ 有连续(偏)导数]；

(2) 满足 $F_i(P^*,Q^*;Y^*)=0$[因 $Q^*=D(P^*,Y^*)=S(P^*)$]，$i=1,2$；

(3) 在点 $(P^*,Q^*;Y^*)$ 处

$$|J|=\left|\frac{\partial(F_1,F_2)}{\partial(P,Q)}\right|=\begin{vmatrix}\frac{\partial F_1}{\partial P} & \frac{\partial F_1}{\partial Q}\\ \frac{\partial F_2}{\partial P} & \frac{\partial F_2}{\partial Q}\end{vmatrix}=\begin{vmatrix}\frac{\partial D}{\partial P} & -1\\ \frac{\mathrm{d}S}{\mathrm{d}P} & -1\end{vmatrix}=\frac{\mathrm{d}S}{\mathrm{d}P}-\frac{\partial D}{\partial P}>0 \tag{7-1-11}$$

因此定理 6.8.3 的条件均成立，从而在 Y^* 的某个邻域内可确定两个函数 $P=f_1(Y)$ 和 $Q=f_2(Y)$ 满足：

(1) $F_i(f_1(Y),f_2(Y),Y)\equiv 0$，$i=1,2$；

(2) $P^*=f_1(Y^*)$，$Q^*=f_2(Y^*)$；

(3) $\left.\frac{\mathrm{d}P}{\mathrm{d}Y}\right|_{Y=Y^*}$ 和 $\left.\frac{\mathrm{d}Q}{\mathrm{d}Y}\right|_{Y=Y^*}$ 计算如下

$$\left.\frac{\mathrm{d}P}{\mathrm{d}Y}\right|_{Y=Y^*}=-\frac{\left|\frac{\partial(F_1,F_2)}{\partial(Y,Q)}\right|}{\left|\frac{\partial(F_1,F_2)}{\partial(P,Q)}\right|}=-\frac{1}{|J|}\begin{vmatrix}\frac{\partial F_1}{\partial Y} & \frac{\partial F_1}{\partial Q}\\ \frac{\partial F_2}{\partial Y} & \frac{\partial F_2}{\partial Q}\end{vmatrix}$$

$$=-\frac{1}{|J|}\begin{vmatrix}\frac{\partial D}{\partial Y} & -1\\ 0 & -1\end{vmatrix}=\frac{1}{|J|}\frac{\partial D}{\partial Y}(P^*,Y^*)>0$$

上面行列式中所有的导数或偏导数是在点 $(P^*,Q^*;Y^*)$ 处计算的. 类似地有

$$\left.\frac{\mathrm{d}Q}{\mathrm{d}Y}\right|_{Y=Y^*}=\frac{1}{|J|}\left.\frac{\mathrm{d}S}{\mathrm{d}P}\right|_{Y=Y^*}\frac{\partial D}{\partial Y}(P^*,Y^*)=\frac{\mathrm{d}S}{\mathrm{d}P}(P^*)\left.\frac{\mathrm{d}P}{\mathrm{d}Y}\right|_{Y=Y^*}>0$$

这两个偏导数与方法一得到的结果完全相同[式(7-1-8)和式(7-1-9)].

法三(全微分法):求方程组(7-1-10)两端在点$(P^*,Q^*;Y^*)$处的全微分,将外生变量的全微分 $\mathrm{d}Y$ 移到右侧得到

$$\begin{cases}\dfrac{\partial D}{\partial P}\mathrm{d}P-\mathrm{d}Q=-\dfrac{\partial D}{\partial Y}\mathrm{d}Y\\ \dfrac{\mathrm{d}S}{\mathrm{d}P}\mathrm{d}P-\mathrm{d}Q=0\end{cases}\tag{7-1-12}$$

为了求内生变量 P^* 和 Q^* 关于外生变量 Y 的导数,将除 Y 之外的所有外生变量和参数看作常数(此处没有其他外生变量和参数),上式两端同除以 $\mathrm{d}Y$ 并表示为矩阵形式

$$\begin{pmatrix}\dfrac{\partial D}{\partial P} & -1\\ \dfrac{\mathrm{d}S}{\mathrm{d}P} & -1\end{pmatrix}\begin{pmatrix}\dfrac{\mathrm{d}P}{\mathrm{d}Y}\\ \dfrac{\mathrm{d}Q}{\mathrm{d}Y}\end{pmatrix}=\begin{pmatrix}-\dfrac{\partial D}{\partial Y}\\ 0\end{pmatrix}\tag{7-1-13}$$

由于这个方程组的系数行列式$|J|=\dfrac{\mathrm{d}S}{\mathrm{d}P}-\dfrac{\partial D}{\partial P}>0$,利用克莱姆法则可得式(7-1-8)和式(7-1-9). 因此所得的结论同前两个方法.

法四(复合函数求导法):首先像方法二那样对方程组(7-1-10)验证隐函数定理 6.8.3 的条件,进而确认在 Y^* 的某个邻域内可确定两个函数 $P=f_1(Y)$ 和 $Q=f_2(Y)$. 因此方程组(7-1-10)左侧是 Y 的复合函数. 方程组(7-1-10)两端在点$(P^*,Q^*;Y^*)$处关于 Y 求导数,将内生变量关于 Y 的导数保持在左侧,将其他导数或偏导数移到右侧得到式(7-1-13). 余下同方法三.

2) 国民收入均衡模型

例 7.1.4 考虑如下的一般函数表示的国民收入模型. 这个模型中有商品和货币两个市场以及两个均衡条件.

(1) 假定商品市场的特征由以下四个函数刻画:

① 投资 I 是利率 i 的减函数 $I=I(i)\,[I'(i)<0]$;

② 储蓄 S 分别是国民收入 Y 和利率 i 的增函数,边际储蓄倾向为正的分数 $[S=S(Y,i),\partial S/\partial Y>0,\partial S/\partial i>0,0<\partial S/\partial Y<1]$;

③ 进口支出 M 是国民收入 Y 的函数,边际进口倾向是正的分数$[M=M(Y),0<M'(Y)<1]$;

④ 出口水平 X 是由外生因素决定的(外生变量),$X=X_0$;

(2) 货币市场由以下的两个函数刻画:

① 货币需求量 M_d 是国民收入 Y 的增函数(交易需求),是利率的减函数(投机需求)[$M_d=L(Y,i)$,$\partial L/\partial Y>0$,$\partial L/\partial i<0$,这里 $L(Y,i)$ 是流动性函数];

② 货币供给作为一个货币政策问题,由外生因素决定(外生变量)($M_s=M_{s0}$).

注意,同 Y 一样,I、S、M 和 X 均是流量概念,是在一个时期内衡量的;另外,M_d 和 M_s 则是存量概念,表示在某一具体时点存在的量.假定上面所有的函数(无论是流量还是存量)都有连续(偏)导数.

(3) 模型的均衡条件如下:

模型要达到均衡需要同时满足两个均衡条件:商品市场均衡条件($I+X=S+M$)和货币市场均衡条件(货币的需求=货币的供给,或 $M_d=M_s$).根据上面给定的函数,这两个均衡条件可表示为

$$\begin{cases} I(i)+X_0=S(Y,i)+M(Y) \\ L(Y,i)=M_{s0} \end{cases} \tag{7-1-14}$$

这里内生变量是 Y 和 i,外生变量是 X_0(基于外国的决定)和 M_{s0}(由货币当局确定).

(4) 假设(Y^*,i^*,X_0^*,M_{s0}^*)满足方程组(7-1-14),其中(Y^*,i^*)是初始的均衡,(X_0^*,M_{s0}^*)是外生变量 X_0 和 M_{s0} 的初值.

分别分析出口水平 X_0 和货币供给 M_{s0} 发生变化时,对均衡国民收入和均衡利率的影响.

解 下面给出两种方法:直接利用隐函数定理 6.8.3 和全微分法.本题也可用复合函数求导法、式(6-8-12′)或式(6-8-15)完成(留作习题).

方法一(直接利用隐函数定理 6.8.3):首先将方程组(7-1-14)表示为如下形式

$$\begin{cases} F_1(Y,i;X_0,M_{s0})\equiv I(i)+X_0-S(Y,i)-M(Y)=0 \\ F_2(Y,i;X_0,M_{s0})\equiv L(Y,i)-M_{s0}=0 \end{cases} \tag{7-1-15}$$

这是由两个方程组成的方程组,需要由此确定内生变量 Y 和 i 是其余外生变量 X_0 和 M_{s0} 的隐函数.为此需要验证隐函数定理 6.8.3 的条件均成立.事实上:

(1) 据已知条件,F_1 和 F_2 有连续偏导数;

(2) (Y^*,i^*,X_0^*,M_{s0}^*)是方程组(7-1-15)的解;

(3) 在点(Y^*,i^*,X_0^*,M_{s0}^*)处,内生变量 Y 和 i 的雅可比行列式不为零

$$|J|=\left|\frac{\partial(F_1,F_2)}{\partial(Y,i)}\right|=\begin{vmatrix} -\dfrac{\partial S}{\partial Y}-M'(Y) & I'(i)-\dfrac{\partial S}{\partial i} \\ \dfrac{\partial L}{\partial Y} & \dfrac{\partial L}{\partial i} \end{vmatrix}$$

$$=-\frac{\partial L}{\partial i}\left[\frac{\partial S}{\partial Y}+M'(Y)\right]-\frac{\partial L}{\partial Y}\left[I'(i)-\frac{\partial S}{\partial i}\right]>0 \tag{7-1-16}$$

因此,由定理 6.8.3 可知在(X_0^*,M_{s0}^*)的某一邻域内可确定两个函数 $Y=f_1(X_0,M_{s0})$,$i=f_2(X_0,M_{s0})$,满足:

(1) $Y^*=f_1(X_0^*,M_{s0}^*),i^*=f_2(X_0^*,M_{s0}^*)$;

(2) $F_j(f_1(X_0,M_{s0}),f_2(X_0,M_{s0});X_0,M_{s0})\equiv 0,j=1,2$;　(7-1-17)

(3) 在点(Y^*,i^*,X_0^*,M_{s0}^*)处

$$\frac{\partial Y^*}{\partial X_0}=-\frac{1}{|J|}\frac{\partial(F_1,F_2)}{\partial(X_0,i)}=-\frac{1}{|J|}\begin{vmatrix}1 & I'(i^*)-\dfrac{\partial S}{\partial i}(Y^*,i^*)\\ 0 & \dfrac{\partial L}{\partial i}(Y^*,i^*)\end{vmatrix}$$

$$=-\frac{1}{|J|}\frac{\partial L}{\partial i}(Y^*,i^*)>0 \tag{7-1-18}$$

$$\frac{\partial i^*}{\partial X_0}=-\frac{1}{|J|}\frac{\partial(F_1,F_2)}{\partial(Y,X_0)}=-\frac{1}{|J|}\begin{vmatrix}-\dfrac{\partial S}{\partial Y}(Y^*,i^*)-M'(Y^*) & 1\\ \dfrac{\partial L}{\partial Y}(Y^*,i^*) & 0\end{vmatrix}$$

$$=\frac{1}{|J|}\frac{\partial L}{\partial Y}(Y^*,i^*)>0 \tag{7-1-19}$$

上面两个比较静态导数的符号来自$|J|>0$以及$\partial L/\partial Y>0$和$\partial L/\partial i<0$.因此,当出口水平X_0增加时,均衡国民收入Y^*和均衡利率i^*均增加.

类似地可求出点(Y^*,i^*,X_0^*,M_{s0}^*)处的$\partial Y^*/\partial M_{s0}$和$\partial i^*/\partial M_{s0}$,进而分析货币供给$M_{s0}$对均衡国民收入和均衡利率的影响(略).

此外可找到点(Y^*,i^*,X_0^*,M_{s0}^*)处的其他比较静态导数,如

$$\frac{\partial M}{\partial X_0}=M'(Y^*)\frac{\partial Y}{\partial X_0}=-M'(Y^*)\frac{\partial L}{\partial i}(Y^*,i^*)/|J|>0$$

$$\frac{\partial M_d}{\partial X_0}=\frac{\partial L}{\partial Y}\frac{\partial Y}{\partial X_0}+\frac{\partial L}{\partial i}\frac{\partial i}{\partial X_0}$$

$$=-\frac{\partial L}{\partial Y}(Y^*,i^*)\frac{\partial L}{\partial i}(Y^*,i^*)/|J|+\frac{\partial L}{\partial i}(Y^*,i^*)\frac{\partial L}{\partial Y}(Y^*,i^*)/|J|=0$$

因此出口水平X_0增加时,均衡进口支出M也增加,均衡货币需求量M_d不发生变化.

类似地可求出$\partial I(i^*)/\partial X_0$和$\partial S(Y^*,i^*)/\partial X_0$,进而分析出口水平$X_0$对均衡投资$I$与均衡储蓄$S$的影响.

方法二(全微分法):求方程组(7-1-15)两端在点(Y^*,i^*,X_0^*,M_{s0}^*)处的全微分

$$\begin{cases}I'(i)\mathrm{d}i+\mathrm{d}X_0-\dfrac{\partial S}{\partial Y}\mathrm{d}Y-\dfrac{\partial S}{\partial i}\mathrm{d}i-M'(Y)\mathrm{d}Y=0\\ \dfrac{\partial L}{\partial Y}\mathrm{d}Y+\dfrac{\partial L}{\partial i}\mathrm{d}i-\mathrm{d}M_{s0}=0\end{cases}$$

合并内生变量和外生变量的同类项,并将内生变量的微分$\mathrm{d}Y$和$\mathrm{d}i$(未知量)保留到左侧,将外生变量$\mathrm{d}M_{s0}$和$\mathrm{d}X_0$的微分移到右侧,得到

$$\begin{cases}\left[-\dfrac{\partial S}{\partial Y}-M'(Y)\right]\mathrm{d}Y+\left[I'(i)-\dfrac{\partial S}{\partial i}\right]\mathrm{d}i=-\mathrm{d}X_0\\ \dfrac{\partial L}{\partial Y}\mathrm{d}Y+\dfrac{\partial L}{\partial i}\mathrm{d}i=\mathrm{d}M_{s0}\end{cases}$$

将这个方程组表示成如下矩阵形式

$$\begin{pmatrix}-\dfrac{\partial S}{\partial Y}-M'(Y) & I'(i)-\dfrac{\partial S}{\partial i}\\ \dfrac{\partial L}{\partial Y} & \dfrac{\partial L}{\partial i}\end{pmatrix}\begin{pmatrix}\mathrm{d}Y\\ \mathrm{d}i\end{pmatrix}=\begin{pmatrix}-\mathrm{d}X_0\\ \mathrm{d}M_{s0}\end{pmatrix} \tag{7-1-20}$$

为了求 Y 和 i 分别关于 X_0 的比较静态导数，令 M_{s0} 不变，即 $\mathrm{d}M_{s0}=0$. 将 $\mathrm{d}M_{s0}=0$ 代入方程组(7-1-20)，两端同除以 $\mathrm{d}X_0$ 得到

$$\begin{pmatrix}-\dfrac{\partial S}{\partial Y}-M'(Y) & I'(i)-\dfrac{\partial S}{\partial i}\\ \dfrac{\partial L}{\partial Y} & \dfrac{\partial L}{\partial i}\end{pmatrix}\begin{pmatrix}\dfrac{\mathrm{d}Y}{\mathrm{d}X_0}\\ \dfrac{\mathrm{d}i}{\mathrm{d}X_0}\end{pmatrix}=\begin{pmatrix}-1\\ 0\end{pmatrix} \tag{7-1-21}$$

由于在点(Y^*,i^*,X_0^*,M_{s0}^*)处方程组(7-1-21)的系数矩阵的行列式

$$|J|=\begin{vmatrix}-\dfrac{\partial S}{\partial Y}-M'(Y) & I'(i)-\dfrac{\partial S}{\partial i}\\ \dfrac{\partial L}{\partial Y} & \dfrac{\partial L}{\partial i}\end{vmatrix}$$

$$=-\frac{\partial L}{\partial i}\left[\frac{\partial S}{\partial Y}+M'(Y)\right]-\frac{\partial L}{\partial Y}\left[I'(i)-\frac{\partial S}{\partial i}\right]>0$$

不等于零，所以可进行比较静态分析. 利用克莱姆法则即可获得式(7-1-18)和式(7-1-19). 这与方法一的结果相同.

类似地可求出点(Y^*,i^*,X_0^*,M_{s0}^*)处的 $\partial Y^*/\partial M_{s0}$ 和 $\partial i^*/\partial M_{s0}$.

7.1.3 比较静态分析的限制

比较静态分析是一个有用的研究领域，因为在经济学中，我们经常有兴趣找出打破均衡的一个参数(或外生变量)的变化是如何影响模型中的均衡状态的. 然而，就其本质而言，比较静态分析忽略了该调整过程中涉及的时间因素. 因此，由于模型的内在不稳定性，比较静态也必然忽视了可能永远达不到新均衡的可能性. 调整过程的研究本身属于经济动态学.

7.2 消费(效用)理论

7.2.1 基本概念

可以说效用函数是度量对各种商品组合的满意水平的. 可是，没有一个经济学

者确实认为可以对各种商品组合赋予一个实数来表示消费者对该商品组合的满意水平. 经济学者们确实认为消费者能对各个商品组合很好地表现出其偏好;而且任给两种商品组合,消费者可指出一种组合比另一种好,或两种组合是无差异的. 尽管经济学者使用效用函数,但他们真正关心的是效用函数的水平集,而不是由效用函数赋予任意给定水平集的那个数. 在效用理论中,这些水平集叫做无差异集(indifference set),或无差异曲线(当水平集是曲线时).

定义 7.2.1 给定定义在 $\mathbf{R}_+^n$ 上且是 C^1 的效用函数 $U(x_1,x_2,\cdots,x_n)\equiv U(\mathbf{x})$,这里 x_i 是第 i 种商品的消费量.

(1) 其他商品的消费量保持不变,第 i 种商品的消费量增加一个单位所增加的效用,即 $U(x_1,\cdots,x_{i-1},x_i+1,x_{i+1},\cdots,x_n)-U(x_1,x_2,\cdots,x_n)$,称作第 i 种商品的边际效用. 分析上,可表示为 $\mathrm{MU}_i=\partial U/\partial x_i$①.

(2) 第 i 种商品对第 j 种商品的替代弹性定义为

$$\sigma_{ij}=\frac{\partial\ln(x_i/x_j)}{\partial\ln(\mathrm{MU}_j/\mathrm{MU}_i)}=\frac{\dfrac{\mathrm{d}(x_i/x_j)}{(x_i/x_j)}}{\dfrac{\mathrm{d}(\mathrm{MU}_j/\mathrm{MU}_i)}{(\mathrm{MU}_j/\mathrm{MU}_i)}}$$

它表示第 i 种商品对第 j 种商品的替代的难易程度. σ_{ij} 的数值越小,替代就越难.

(3) 能够使消费者得到同样满足程度(同样效用)的 n 种商品消费量的不同组合的轨迹叫做无差异曲线. 同一条无差异曲线上所有的点对应的商品组合对消费者来说是无差异的. 分析上,无差异曲线表示为 $\{(x_1,x_2,\cdots,x_n)\mid U(x_1,x_2,\cdots,x_n)\equiv U_0\}$,这里 U_0 是常数.

例 7.2.1 *考虑消费两种商品时,无差异曲线表示为* $\{(x_1,x_2)\mid U(x_1,x_2)\equiv U_0\}$,*(在一定的条件下)它是一条平面曲线;当只考虑消费三种商品时,* $\{(x_1,x_2,x_3)\mid U(x_1,x_2,x_3)\equiv U_0\}$ *表示一个空间曲面. 如* $\{(x_1,x_2,x_3)\mid U(x_1,x_2,x_3)\equiv x_1x_2-x_3=5\}$ *表示一个马鞍面.*

经济学中常用的效用函数有:形如 $\sum_{i=1}^n\alpha_iX_i\,(\alpha_i>0,i=1,2,\cdots,n)$ 的完全替代效用函数;形如 $\min\limits_{1\leqslant i\leqslant n}\{\alpha_iX_i\}\,(\alpha_i>0,i=1,2,\cdots,n)$ 的完全互补效用函数;形如 $\prod_{i=1}^n x_i^{\alpha_i}\left(\alpha_i>0,0<\sum_{i=1}^n\alpha_i<1,i=1,2,\cdots,n\right)$ 的 Cobb-Douglas 效用函数②(各个 α_i 的相对大小表明了 n 种商品对消费者的相对重要性);形如 $u(\mathbf{x})=A\prod_{i=1}^n(x_i-c_i)^{\alpha_i}$ 的线性支出系数型(LES)的效用函数(这里 $A>0$,c_i 为第 i 种消

① 经济学中边际效用常用记号 U_i 表示,与此相应的数学记号为 U_i'.

② 也称作对数线性型的效用函数,原因是这个效用函数取对数后是 $\ln x_1,\cdots,\ln x_n$ 的线性函数.

费品最低需要量，$0<\alpha_i<1,0<\sum_{i=1}^{n}\alpha_i<1,i=1,2,\cdots,n$）；形如$U(X_1,X_2)=[\alpha_1 x_1^{\rho}+\alpha_2 x_2^{\rho}]^{1/\rho}(\alpha_1,\alpha_2>0,0<\rho\neq 1)$的不变替代弹性(CES)的效用函数等.

定义 7.2.2 令I是一个区间，称$g:I\to R$是I的一个单调变换，若g是区间I上的一个严格增函数；进一步，若$g:I\to R$是I的一个单调变换，$u(\mathbf{x})$是一个n元实值函数，则称复合函数$g\circ u:\mathbf{x}\to g(u(\mathbf{x}))$是$u(\mathbf{x})$的一个单调变换.

例 7.2.2

(1) 假设在区间I上$g(z)$是可导的且$g'(z)>0$，则$g(z)$是I的一个单调变换. 反之，如果$g(z)$是I的一个单调变换，则在区间I上未必有$g'(z)>0$成立. 例如，$g(z)=z^3$是区间$I=(-\infty,+\infty)$上的严格增函数，因而是I的一个单调变换，但存在点$z_0=0\in I$使得$g'(z_0)=0$.

(2) 函数$3z+2$、z^2、e^z和$\ln z$都是$\mathbf{R}_{++}=\{x|x>0\}$上的单调变换. 因此，$3xy+2$、$(xy)^2$、$e^{xy}$和$\ln(xy)$都是效用函数$U(x,y)=xy$的单调变换.

定义 7.2.3 称两个效用函数是等价的，若它们有完全相同的无差异曲线.

例 7.2.3 给定一个效用函数$U:\mathbf{R}_+^n\to R$，$g\circ u:\mathbf{x}\to g(U(\mathbf{x}))$是$U(\mathbf{x})$的任一个单调变换，则效用函数$U$及其任一个单调变换$g(U(\mathbf{x}))$（新效用函数）有完全相同的无差异曲线. 因此这两个效用函数是等价的. 此外，用这两个效用函数衡量两个消费组合时，得到的偏好是完全一致的.

7.2.2 基数性质与序数性质

称效用函数的一个性质是序数的(ordinal)，若这个性质仅仅依赖于消费者的无差异集的形状和位置. 另外，称效用函数的一个性质是基数的(cardinal)，若这个性质还依赖于效用函数赋予各个无差异集的实际的效用值. 分析上，有下面的定义 7.2.4.

定义 7.2.4 称某函数的一个性质是序数的，若具有这个性质的函数的每个单调变换仍具有这个性质；称某函数的一个性质是基数的，若具有这个性质的函数的某个单调变换不具有这个性质.

例 7.2.4 考虑定义在$\mathbf{R}_+^2$上的一类效用函数，这类函数具有性质“是单项式”. 如函数$U(x,y)=x^2y$. 显然效用函数$V(x,y)=x^2y+1$是效用函数$U(x,y)$的一个单调变换，但$V(x,y)$不是单项式. 因此，“一个函数是单项式”的这个性质是基数的.

例 7.2.5 称一个效用函数$U(x_1,x_2)$是x_1的单调函数，若对各个固定的x_2，$U(x_1,x_2)$是x_1的增函数. 若U是可微的，则可把$U(x_1,x_2)$是x_1的单调函数这个性质表示为$\partial U/\partial x_1>0$. 直觉上，$U(x_1,x_2)$是$x_1$的单调函数意味着增加商品 1 的消费会增加总效用. 这个性质依赖于U的水平集或无差异曲线的形状和位置以及

较高效用的方向. 因此这个性质是序数的. 分析上,设 $g(z)$ 是一个单调变换,满足 $g'(z)>0$. 则

$$\frac{\partial[g(U(x_1,x_2))]}{\partial x_1}=g'(U(x_1,x_2))\frac{\partial U(x_1,x_2)}{\partial x_1}>0$$

从而 $U(x_1,x_2)$ 的单调变换 $g(U(x_1,x_2))$ 仍然是 x_1 的单调函数,因此"$U(x_1,x_2)$ 是 x_1 的单调函数"这个性质是序数的.

例 7.2.6　由于经济学者更偏好于序数概念,而不是基数概念,因此他们更愿意使用给定效用函数的边际替代率,而不是边际效用. 这是因为边际效用是一个基数概念. 例如,若 $V(x_1,x_2)=2U(x_1,x_2)$,则效用函数 $V(x_1,x_2)$ 与 $U(x_1,x_2)$ 是等价的,但其边际效用不是相同的. 事实上,$\partial V(x_1,x_2)/\partial x_1=2\partial U(x_1,x_2)/\partial x_1$. 另外,边际替代率是序数概念(见后面的定理 7.2.2).

例 7.2.7　在 7.6 小节和 7.7 小节会看到函数的齐次性是基数概念,而函数的同位性是序数概念(定理 7.7.1).

7.2.3　边际效用递减规律

设 $U(x_1,x_2,\cdots,x_n)$ 表示总的效用函数. 一般假设 U 随着消费量 x_i 的增加而增加(当 $j\neq i$,x_j 不变时). 这个假设可表示为 $\mathrm{MU}_i=\partial U/\partial x_i>0$,$i=1,2,\cdots,n$.

商品 i 的边际效用随着商品 i 的消费量的增加而减少(当 $j\neq i$,x_j 不变时)叫做边际效用递减规律(Gossen 第一法则). 分析上,这条规律相当于 $\mathrm{MU}_i=\partial U/\partial x_i$(当 $j\neq i$,x_j 不变时)是 x_i 的一元减函数,即

$$\frac{\partial \mathrm{MU}_i}{\partial x_i}=\frac{\partial^2 U}{\partial x_i{}^2}<0 \tag{7-2-1}$$

特别,当只消费一种商品时,这条规律相当于效用函数是凹函数.

7.2.4　商品间的边际替代率

定义 7.2.5　设 $U(x_1,x_2,\cdots,x_n)$ 表示总的效用函数. 商品 l 对商品 k 的边际替代率(记作 MRS_{lk})定义为无差异曲线上点的斜率的负值(或斜率的绝对值)[①]

$$\mathrm{MRS}_{lk}=-\left.\frac{\mathrm{d}x_k}{\mathrm{d}x_l}\right|_{U(\mathbf{x})=U_0} \tag{7-2-2}$$

这个定义隐含着假设只有 x_k 和 x_l 变化而 $x_i(i\neq k,i\neq l)$ 不变,因此由无差异曲线 $U(x_1,\cdots,x_k,\cdots,x_l,\cdots,x_n)=U_0$ 可确定 x_k 是 x_l 的一元函数(若 $\partial U/\partial x_k\neq 0$).

---

① 采用这个定义的有 Chiang(1984,p. 401)、Simon 和 Blume(1994,p. 348)、Luenberger(1995,p. 132)、Jehle 和 Reny(2001,p. 12)等.

定义 7.2.6 设 $U(x_1, x_2, \cdots, x_n)$ 表示总的效用函数. 商品 l 对商品 k 的边际替代率定义为商品 l 和商品 k 的边际效用之比①,即

$$\mathrm{MRS}_{lk} = \frac{\dfrac{\partial U}{\partial x_l}}{\dfrac{\partial U}{\partial x_k}} = \frac{\mathrm{MU}_l}{\mathrm{MU}_k} \tag{7-2-3}$$

定义 7.2.7 在保持总效用不变的情况下,消费者为得到额外一单位的商品 l 必须放弃的商品 k 的数量称作商品 l 对商品 k 的边际替代率②.

考虑图 7.2.1 中,假设消费者当前的消费组合是 (X_1, Y_1). 因此 $U(X_1, Y_1) = U(X_2, Y_2) = U_0$ 表明消费者可以放弃 $(OY_1 - OY_2)$ 单位商品 Y(消费 Y_2 单位商品 Y),以接受 $(OX_2 - OX_1)$ 单位商品 X(消费 X_2 单位商品 X). 这笔交易既未使他变好也未使他变坏. 因此由定义 7.2.7,商品 X 对 Y 的边际替代率为 $(OY_1 - OY_2)/(OX_2 - OX_1)$. 进一步,若 $OX_2 - OX_1 = 1$(既得到额外一单位商品 X),必须放弃的商品的数量 $OY_2 - OY_1$ 就是边际替代率.

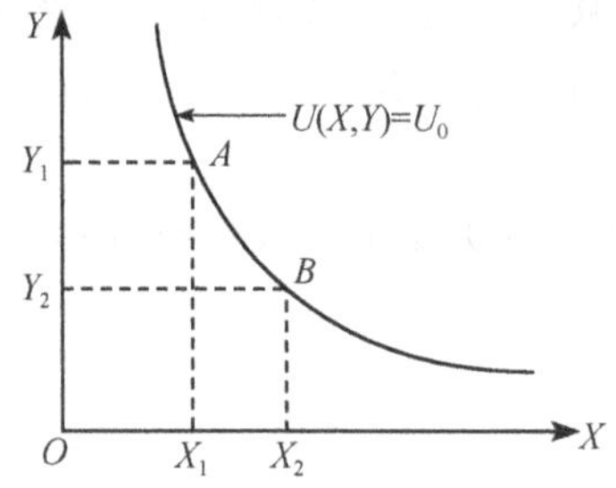

图 7.2.1 商品 X 对 Y 的边际替代率

定理 7.2.1 定义 7.2.5～定义 7.2.7 是相互等价的.

证明 先证明定义 7.2.6 与定义 7.2.7 是等价的. 这里提供两种方法.

法一:由定义 7.2.7 边际替代率 MRS_{lk} 满足 $U(x_1, \cdots, x_k, \cdots, x_l, \cdots, x_n) = U(x_1, \cdots, x_k - \mathrm{MRS}_{lk}, \cdots, x_l + 1, \cdots, x_n) = U_0$,或 $U(x_1, \cdots, x_k - \mathrm{MRS}_{lk}, \cdots, x_l + 1, \cdots, x_n) - U(x_1, \cdots, x_k, \cdots, x_l, \cdots, x_n) = 0$,这里 U_0 是常数. 由多元函数近似计算公式 (6.4.10) 有

$$\frac{\partial U}{\partial x_k}(-\mathrm{MRS}_{lk}) + \frac{\partial U}{\partial x_l}(1) \approx 0$$

从而式 (7-2-3) 成立. 以上推理的逆过程也是成立的. 因此,定义 7.2.6 与定义 7.2.7 等价.

法二:考虑只有 x_k 和 x_l 变化而其余的 $x_i\,(i \neq k, i \neq l)$ 保持不变且使得 $U(x_1, \cdots, x_k, \cdots, x_l, \cdots, x_n) = U(x_1, \cdots, x_k + \Delta x_k, \cdots, x_l + \Delta x_l, \cdots, x_n) = U_0$(常数)成立. 即有

$$\frac{\partial U}{\partial x_l}\Delta x_l + \frac{\partial U}{\partial x_k}\Delta x_k \approx 0$$

---

① 采用这个定义的有 Mas-Colell 等(1995, p. 54)、Carter(2001, p. 436)和 Anthony 和 Biggs(1996, p. 273)的外文著作;有肖柳青和周石鹏(1998, p. 23),平新乔(2001, p. 7)等的中文著作.

② 采用这个定义的有伍超标(2002, p. 159)和黎诣远(1987, p. 69)等的著作.

上式的含义是：为使总效用保持不变，x_k 和 x_l 的变化应满足的条件. 进一步得到

$$-\frac{\Delta x_k}{\Delta x_l} \approx \frac{\dfrac{\partial U}{\partial x_l}}{\dfrac{\partial U}{\partial x_k}}$$

特别地，当 $\Delta x_l=1$ 时 $\Delta x_k \approx -\mathrm{MU}_l/\mathrm{MU}_k$. 这说明消费者为获得额外一单位商品 l，必须放弃的商品 k 的数量是 $\mathrm{MU}_l/\mathrm{MU}_k$. 从而定义 7.2.6 与定义 7.2.7 等价.

其次，证明定义 7.2.5 与定义 7.2.6 是等价的. 将隐函数定理 6.8.2 用于无差异曲线 $U(x_1,\cdots,x_k,\cdots,x_l,\cdots,x_n)=U_0$ 得到

$$-\left.\frac{\mathrm{d}x_k}{\mathrm{d}x_l}\right|_{U(\mathbf{x})=U_0} = \frac{\dfrac{\partial U}{\partial x_l}}{\dfrac{\partial U}{\partial x_k}}$$

因此，定义 7.2.5 与定义 7.2.6 是等价的.

注记 7.2.1　根据定理 7.2.1，我们给出了边际替代率的数学定义 7.2.5 和定义 7.2.6 的经济解释.

定理 7.2.2　考虑消费 n 种商品的情形，则效用函数的任一个单调变换不改变原来的边际替代率.

证明　假设效用函数为 $U(x_1,x_2,\cdots,x_n)$，g 是一个单调变换. 需证明分别基于效用函数 $U(x_1,x_2,\cdots,x_n)$ 和 $g(U(x_1,x_2,\cdots,x_n))$ 的边际替代率是相同的. 事实上，由定义 7.2.6 基于新效用函数的边际替代率为

$$\mathrm{MRS}_{lk} = \frac{\dfrac{\partial g(U(\mathbf{x}))}{\partial x_l}}{\dfrac{\partial g(U(\mathbf{x}))}{\partial x_k}} = \frac{g'(U(x))\dfrac{\partial U}{\partial x_l}}{g'(U(x))\dfrac{\partial U}{\partial x_k}} = \frac{\dfrac{\partial U}{\partial x_l}}{\dfrac{\partial U}{\partial x_k}}$$

从而，这两个边际替代率是相同的.

有时对特定的效用函数来说，用定理 7.2.2 求边际替代率会简化运算(见下面的例 7.2.8).

7.2.5　边际替代率递减法则——无差异曲线凸向原点

定理 7.2.3　考虑消费 n 种商品的情形，则边际替代率严格递减法则意味着无差异曲线是严格凸的(严格凸向原点). 分析上，可叙述为：

(1) 只有 x_k 和 x_l 变化而 $x_i(i\neq k,i\neq l)$不变；

(2) 由无差异曲线 $U(x_1,\cdots,x_k,\cdots,x_l,\cdots,x_n)=U_0$ 可确定 x_k 是 x_l 的函数. 那么 MRS_{lk} 是 x_l 的严格减函数意味着 x_k 是 x_l 的严格凸函数.

证明 由定义 7.2.5,有

$$\left.\frac{\mathrm{dMRS}_{lk}}{\mathrm{d}x_l}\right|_{U(\mathbf{x})=U_0}=-\left.\frac{\mathrm{d}^2 x_k}{\mathrm{d}x_l^2}\right|_{U(\mathbf{x})=U_0}$$

边际替代率递减法则意味着$\left.\frac{\mathrm{dMRS}_{lk}}{\mathrm{d}x_l}\right|_{U(\mathbf{x})=U_0}<0$,从而$\left.\frac{\mathrm{d}^2 x_k}{\mathrm{d}x_l^2}\right|_{U(\mathbf{x})=U_0}>0$.从而由定理2.6.4(2)知 x_k 是 x_l 的严格凸函数.

推论 7.2.4 考虑消费两种商品的情形,假设无差异曲线为 $U(x_1,x_2)=U_0$.则边际替代率严格递减法则意味着无差异曲线是严格凸的(严格凸向原点),即 MRS_{12}是 x_1 的严格减函数意味着由无差异曲线 $U(x_1,x_2)=U_0$ 确定的函数 $x_2=f(x_1)$是严格凸函数.

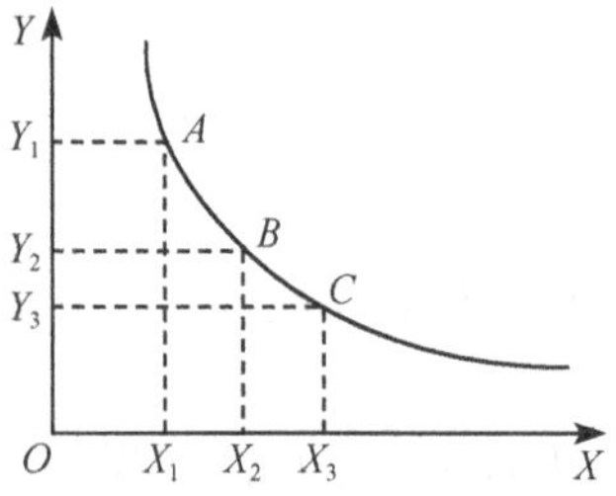

图 7.2.2 边际替代率递减法则

图 7.2.2 从几何上说明了边际替代率递减规律.A、B 和 C 三点的效用是相同的.在 A 点时,这个消费者有许多数量的商品 Y(如汉堡包),他愿意放弃较多的商品 Y(如 3 个)来增加一单位的商品 X(如 1 瓶饮料),此时在 A 点处的边际替代率为$-\Delta Y/\Delta X[=-(-3/1)=3]$.另外,随着他占有商品 X 的数量的增加,如在 B 点时(无差异曲线不太陡),由于这个消费者此时有较多数量的商品 X(饮料),所以他愿意放弃较少的商品 Y(如 1 个)来增加一单位的商品 X.此时,在 B 点处的边际替代率为$-\Delta Y/\Delta X[=-(-1/1)=1]$.从而我们得到结论:随着消费者消费商品 X 的数量的增加,消费者为增加一单位商品 X 而愿意放弃的商品 Y 的数量(以维持效用不变)在减少,即该消费者在 A 点和 B 点之间的边际替代率是递减的.几何上看,这相当于 A 点的无差异曲线陡于 B 点的或无差异曲线在 A 点的斜率的负值大于 B 点的斜率的负值(由于 $X_1<X_2$).无差异曲线斜率的变化表明特定的商品组合是如何影响这个消费者的自愿交易行为的.

例 7.2.8 给定效用函数 $U(X,Y)=\sqrt{XY}$,这里 X 和 Y 分别表示软饮料和汉堡包的消费量.

(1) 分别验证软饮料和汉堡包的边际效用递减法则是否成立?

(2) 求软饮料对汉堡包的边际替代率.

(3) 这个边际替代率是递减的吗?

(4) 分别解释点 $A=(5,20)$和 $B=(20,5)$处的软饮料对汉堡包的边际替代率的含义.

解 (1) 首先求出汉堡包和软饮料的边际效用函数

$$\mathrm{MU}_X=0.5X^{-0.5}Y^{0.5},\quad \mathrm{MU}_Y=0.5X^{0.5}Y^{-0.5}$$

容易看出 MU_X 随着 X 增加而减少，MU_Y 随着 Y 增加而减少. 因此两种商品的边际效用递减法则都成立(我们也可以用效用函数的二阶偏导数来验证).

(2) 可以利用定义 7.2.6 求出这个边际替代率，这里考虑用定理 7.2.2 来求. 由于效用函数是乘积的形式，而对数函数 $\ln t$ 是单调变换，所以考虑原效用函数的单调变换 $V(X,Y)=\ln U(X,Y)=0.5\ln X+0.5\ln Y$，相应的 $MU_X=0.5/X$，$MU_Y=0.5/Y$. 从而 $MRS_{XY}=MU_X/MU_Y=Y/X$.

(3) 由(2)的结论可知边际替代率 $MRS_{XY}=Y/X$ 是商品 X 的消费量的递减函数.

(4) $A=(5,20)$点表示消费者有较少的软饮料(5 个单位)和较多的汉堡包(20 个单位). 由(2)的结论，在 A 点的边际替代率 $MRS_{XY}=Y/X=20/5=4$. 这表示消费者愿意放弃 4 个汉堡包来换取 1 瓶软饮料(以保持其消费效用不变[①]). $B=(20,5)$点表示消费者有较多的软饮料(20 个单位)和较少的汉堡包(5 个单位). 类似地，在 B 点的边际替代率 $MRS_{XY}=Y/X=5/20=0.25$. 这表示消费者愿意放弃 1/4 个汉堡包来换取 1 瓶软饮料(以保持其消费效用不变). 从这两个边际替代率可以看到，随着消费者占有软饮料的增加(由 5 瓶到 20 瓶)，消费者为换取 1 瓶软饮料而愿意放弃的汉堡包在减少(由 4 个到 1/4 个). 这进一步具体说明了软饮料对汉堡包的边际替代率随软饮料消费的增加而减少.

7.2.6　边际替代率递减法则成立的条件

定理 7.2.5　假设 $U(x_1,x_2,\cdots,x_n)$是总效用函数，商品 k 的边际效用 $\partial U/\partial x_k=U_k>0$，则：

(1) $\left.\dfrac{dMRS_{lk}}{dx_l}\right|_{U(\mathbf{x})=U_0}=\dfrac{1}{(U_k)^3}(U_{ll}U_k^2-2U_{lk}U_lU_k+U_{kk}U_l^2)\Big|_{U(\mathbf{x})=U_0}$；

(2) 若 $U_{ll}U_k^2-2U_{lk}U_lU_k+U_{kk}U_l^2\leqslant(<)0$，则商品 l 对商品 k 的边际替代率 MRS_{lk} 是递减(严格递减)的.

证明　由定义 7.2.5 与定义 7.2.6，有

$$MRS_{lk}=-\left.\frac{dx_k}{dx_l}\right|_{U(\mathbf{x})=U_0}=U_l/U_k \tag{7-2-4}$$

注意到只有 x_k 和 x_l 变化而 $x_i(i\neq k,i\neq l)$不变，因此由无差异曲线 $U(x_1,\cdots,x_k,\cdots,x_l,\cdots,x_n)=U_0$ 可确定 x_k 是 x_l 的函数，进而 $U_l(x_1,\cdots,x_k,\cdots,x_l,\cdots,x_n)$ 和 $U_k(x_1,\cdots,x_k,\cdots,x_l,\cdots,x_n)$都是 x_l 的复合函数. 从而

$$\frac{dMRS_{lk}}{dx_l}=\frac{\left(\dfrac{\partial U_l}{\partial x_k}\dfrac{dx_k}{dx_l}+\dfrac{\partial U_l}{\partial x_l}\right)U_k-U_l\left(\dfrac{\partial U_k}{\partial x_k}\dfrac{dx_k}{dx_l}+\dfrac{\partial U_k}{\partial x_l}\right)}{(U_k)^2} \tag{7-2-5}$$

① 交换前消费者的效用为 $U(5,20)=10$，交换后消费者的效用为 $U(6,16)=9.798$. 可见，这两个效用近似相等.

由式(7-2-4)可知 $\mathrm{d}x_k/\mathrm{d}x_l=-U_l/U_k$，将它代入式(7-2-5)，并注意到 $U_{lk}=U_{kl}$，化简后可知结论(1)成立．由结论(1)可知结论(2)成立．

推论 7.2.6 假设商品 l 和 k 的边际效用大于零($U_l,U_k>0$)且是递减的($U_{ll}<0,U_{kk}<0$)，又 $U_{lk}>0$，则 MRS_{lk} 是递减的①．

定理 7.2.7 若效用函数 $U(\mathbf{x})$ 是拟凹的 C^2 函数，则商品 l 对商品 k 的边际替代率 MRS_{lk} 是递减的，即 MRS_{lk} 关于 x_l 是减函数②．

证明 见 7.5.2 小节．

7.3 厂商理论——生产理论

7.3.1 基本概念

定义 7.3.1 给定长期生产函数 $Q(x_1,x_2,\cdots,x_n)$③，这里 x_i 是第 i 种投入的数量．

(1) 第 i 种投入($i=1,2,\cdots,n$)的平均产出、边际产出和产出弹性分别定义为

$$\mathrm{AP}_{x_i}=\frac{Q}{x_i}$$

$$\mathrm{MP}_{x_i}=\frac{\partial Q}{\partial x_i}$$

$$\varepsilon_{Qx_i}=\frac{\partial Q}{\partial x_i}\frac{x_i}{Q}=\frac{\partial \ln Q}{\partial \ln x_i}$$

第 i 种投入对第 j 种投入的替代弹性定义为

$$\sigma_{ij}=\frac{\partial\ln(x_i/x_j)}{\partial\ln(\mathrm{MP}_{x_j}/\mathrm{MP}_{x_i})}=\frac{\dfrac{\mathrm{d}(x_i/x_j)}{(x_i/x_j)}}{\dfrac{\mathrm{d}(\mathrm{MP}_{x_j}/\mathrm{MP}_{x_i})}{(\mathrm{MP}_{x_j}/\mathrm{MP}_{x_i})}}$$

它表示第 i 种投入对第 j 种投入的替代的难易程度．σ_{ij} 的数值越小，替代就越难．

(2) 等产量线是具有相同产量的各种可能的 n 种投入组合的轨迹．分析上，表示为 $\{(x_1,x_2,\cdots,x_n)\mid Q(x_1,x_2,\cdots,x_n)\equiv Q_0\}$，这里 Q_0 是常数，$Q(x_1,x_2,\cdots,x_n)$ 是生产函数，x_i 是第 i 种投入．

例 7.3.1 (1) 当只考虑资本(K)和劳动(L)两种投入的生产函数 $Q(K,L)$

---

① 商品 l 和 k 的边际效用大于零且是递减的不能保证式(7-2-5)小于零(即 MRS_{lk} 是递减的)．我们必须关注 U_{lk} 项．一般估计 U_{lk} 的符号是不可能的．

② 肖柳青和周石鹏(1998，p.22)在函数 $U(\mathbf{x})$ 是严格拟凹的条件下证明了这个定理．相比之下这里定理 7.2.7 需要的条件较弱(因为严格拟凹一定是拟凹)．

③ 大部分概念类似于 3.3.2 小节．

时，资本投入 K 的平均产出、边际产出和产出弹性分别为 $AP_K(K)=F(K)/K$、$\partial Q/\partial K$ 和 $\varepsilon_{QK}=\dfrac{\partial Q}{\partial K}\dfrac{K}{Q}=\dfrac{\partial \ln Q}{\partial \ln K}$. 而劳动投入 L 对资本投入 K 的替代弹性为 $\sigma_{LK}=\dfrac{\partial \ln(L/K)}{\partial(MP_K/MP_L)}$. 等产量线就是 $\{(K,L)\mid Q(K,L)\equiv Q_0\}$(一定条件下，它是一条平面曲线).

(2) 对形如 $\prod_{i=1}^{n}x_i^{\alpha_i}(k>0,\alpha_i>0,i=1,2,\cdots,n)$ Cobb-Douglas 生产函数，产出弹性为 $\varepsilon_{Qx_i}=\alpha_i$(这里各个 α_i 表示第 i 种投入在总产量中的相对份额)，替代弹性为 $\sigma_{ij}=1$.

(3) 对形如 $Q=A[\alpha K^{-\rho}+(1-\alpha)L^{-\rho}]^{\mu/\rho}(A>0,0<\alpha<1,-1<\rho\neq 0,\mu>0)$ 不变替代弹性(CES)生产函数，两种投入的产出弹性分别为 $\varepsilon_{QK}=\mu\Big/\left[1+\dfrac{1-\alpha}{\alpha}\left(\dfrac{K}{L}\right)^{\rho}\right]$ 和 $\varepsilon_{QL}=\mu\Big/\left[1+\dfrac{\alpha}{1-\alpha}\left(\dfrac{K}{L}\right)^{-\rho}\right]$，替代弹性为 $\sigma_{KL}=\sigma_{LK}=1/(1+\rho)$.

(4) 对形如 $\min\limits_{1\leqslant i\leqslant n}\{x_i/\alpha_i\}(\alpha_i>0,i=1,2,\cdots,n)$ 的投入-产出型的生产函数，$\sigma_{ij}=0$. 因此任两种投入都不能相互完全替代. 换言之，若少一种投入，则产量一定为零. 这一点从生产函数的表达式也可看出.

(5) 对形如 $\sum_{i=1}^{n}\alpha_i x_i(\alpha_i>0,i=1,2,\cdots,n)$ 的完全替代(线性)生产函数，$\sigma_{ij}=+\infty$. 因此任两种投入可以相互完全替代.

7.3.2　边际产出递减规律

考虑一般形式的生产函数 $Q=f(x_1,x_2,\cdots,x_n)$，这里 Q 为产量，$x_1,x_2,\cdots,x_n$ 为生产要素. 通常生产函数满足如下假设：

(1) 当只有一种生产要素在变动，其他所有生产要素固定时，则产出随着这种生产要素投入量的增加而增加. 这条假设可用数学语言描述为 Q 是 x_i 的增函数(保持 x_j 不变，$j\neq i$)，$i=1,2,\cdots,n$. 即投入 i 的边际产量大于零($\partial Q/\partial x_i>0$).

(2) 当只有一种生产要素在变动，其他所有生产要素固定时，则产出随着这种生产要素投入量的增加而以递减的速度增加，这就是边际产出递减规律. 分析上，边际产出递减规律相当于 $\partial Q/\partial x_i$ 是 x_i 的一元递减函数(或 Q 是 x_i 的凹函数)，即 $\partial^2 Q/\partial {x_i}^2<0$(保持 x_j 不变，$j\neq i$)，$i=1,2,\cdots,n$. 特别，当只有一种生产要素投入时，这条规律相当于生产函数是凹函数.

7.3.3　边际技术替代率

与消费理论中的边际替代率相类似的另一个概念是边际技术替代率. 类似地，边际技术替代率也有如下不同的定义.

定义 7.3.2　投入 l 对投入 k 的边际技术替代率(记作 MRTS_{lk})定义为等产量线上点的斜率的负值(或斜率的绝对值)[①],即

$$\mathrm{MRTS}_{lk}=-\left.\frac{\mathrm{d}x_k}{\mathrm{d}x_l}\right|_{Q(\mathbf{x})=Q_0} \tag{7-3-1}$$

这个定义隐含着假设:只有 x_k 和 x_l 变化而 $x_i(i\neq k,i\neq l)$ 不变,因此由等产量线 $Q(x_1,\cdots,x_k,\cdots,x_l,\cdots,x_n)=Q_0$ 可确定投入 x_k 是投入 x_l 的函数.

定义 7.3.3　投入 l 对投入 k 的边际技术替代率定义为投入 l 和投入 k 的边际产量之比[②],即

$$\mathrm{MRTS}_{lk}=\frac{\dfrac{\partial Q}{\partial x_l}}{\dfrac{\partial Q}{\partial x_k}}=\frac{\mathrm{MP}_l}{\mathrm{MP}_k} \tag{7-3-2}$$

定义 7.3.4　在技术水平不变的条件下,为维持相同的产量水平,增加一单位的投入 l 所能替代或必须减少的投入 k 的数量称作投入 l 对投入 k 的边际替代率[③].

与定理 7.2.1 和定理 7.2.2 平行地有下面的两个定理,其证明过程基本相同.

定理 7.3.1　定义 7.3.2～定义 7.3.4 是相互等价的.

定理 7.3.2　考虑 n 种投入的情形,则生产函数的单调变换对边际技术替代率无影响.

7.3.4　边际技术替代率递减法则——等产量线凸向原点

定理 7.3.3　考虑 n 种投入的情形,则边际技术替代率严格递减法则意味着等产量线是严格凸的(严格凸向原点).分析上,可叙述为:

(1) 只有投入 x_k 和 x_l 变化而其他投入 $x_i(i\neq k,i\neq l)$ 不变;

(2) 若等产量线 $Q(x_1,\cdots,x_k,\cdots,x_l,\cdots,x_n)=Q_0$ 可确定 x_k 是 x_l 的函数,那么 MRTS_{lk} 是投入 x_l 的严格递减函数意味着 x_k 是 x_l 的严格凸函数.

推论 7.3.4　考虑两种投入的情形,等产量线是 $Q(x_1,x_2)=Q_0$,则边际技术替代率递减法则意味着等产量线是严格凸的(严格凸向原点),即 MRTS_{12} 是 x_1 的减函数意味着由等产量线 $Q(x_1,x_2)=Q_0$ 确定的函数 $x_2=f(x_1)$ 是严格凸函数.

例 7.3.2　假定厂商的生产函数为 $Q(K,L)=AK^{\alpha}L^{1-\alpha}(K>0,L>0)$,这里 $A>0$ 及 $0<\alpha<1$. 验证这个生产函数具有如下性质:

---

① 采用这个定义的有 Chiang(1984,p. 210)、Simon 和 Blume(1994,p. 348)等.

② 采用这个定义的有伍超标(2002,p. 132)、Mas-Colell 等.(1995,p. 129)和 Jehle 和 Reny(2001,p. 119).

③ 采用这个定义的有黎诣远(1987,p. 115)和魏权龄等(1998,p. 95).

(1) 劳动的边际产出大于零;

(2) 劳动的边际产出递减规律成立;

(3) 等产量曲线斜率为负且具有严格凸性;

(4) 资本和劳动的产量弹性之和等于 1.

解　以劳动为例进行验证. 由已知条件可知 $MP_L=Q_L=A(1-\alpha)K^{\alpha}L^{-\alpha}>0$, 即劳动的边际产出大于零;此外 $\partial MP_L/\partial L=Q_{LL}=A(1-\alpha)(-\alpha)K^{\alpha}L^{-\alpha-1}<0$,因此 MP_L 关于 L 单调递减,即边际产出递减规律成立. 从而结论(1)和(2)成立.

下面证明结论(3). 考虑等产量曲线的方程为 $AK^{\alpha}L^{1-\alpha}=Q_0$. 令 $F(K,L)=AK^{\alpha}L^{1-\alpha}-Q_0$,则等产量曲线 $AK^{\alpha}L^{1-\alpha}=Q_0$ 可写成 $F(K,L)=0$. 由于 $\partial F/\partial K=A\alpha K^{\alpha-1}L^{1-\alpha}\neq 0$,所以由 $F(K,L)=0$ 可确定 K 是 L 的隐函数 $K=f(L)$,且

$$\frac{dK}{dL}=\frac{-\dfrac{\partial F(K,L)}{\partial L}}{\dfrac{\partial F(K,L)}{\partial K}}=-\frac{1-\alpha}{\alpha}\frac{K}{L}<0 \tag{7-3-3}$$

因此等产量曲线斜率为负. 又从式(7-3-3)出发可得

$$\frac{d^2K}{dL^2}=-\frac{1-\alpha}{\alpha}\frac{\left(\dfrac{dK}{dL}L-K\right)}{L^2} \tag{7-3-4}$$

将式(7-3-3)代入式(7-3-4)并化简得到

$$\frac{d^2K}{dL^2}=\frac{1-\alpha}{\alpha^2}\frac{K}{L^2}>0$$

这表明等产量曲线具有严格凸性.

(4) 在 $Q(K,L)=AK^{\alpha}L^{1-\alpha}$ 两边取对数,得 $\ln Q=\ln A+\alpha\ln K+(1-\alpha)\ln L$. 由弹性的定义,$\varepsilon_{QK}+\varepsilon_{QL}=\dfrac{d(\ln Q)}{d(\ln K)}+\dfrac{d(\ln Q)}{d(\ln L)}=\alpha+(1-\alpha)=1$. 即资本和劳动的产量弹性之和等于 1.

7.3.5　边际技术替代率递减法则成立的条件

定理 7.3.5　假设 $Q(x_1,x_2,\cdots,x_n)$是生产函数且投入 k 的边际产量 $\partial Q/\partial x_k=Q_k>0$,则:

(1) $\left.\dfrac{dMRTS_{lk}}{dx_l}\right|_{Q(\mathbf{x})=Q_0}=\left.\dfrac{1}{(Q_k)^3}(Q_{ll}Q_k^2-2Q_{lk}Q_lQ_k+Q_{kk}Q_l^2)\right|_{Q(\mathbf{x})=Q_0}$;

(2) 若$Q_{ll}Q_k^2-2Q_{lk}Q_lQ_k+Q_{kk}Q_1^2\big|_{Q(\mathbf{x})=Q_0}<(\leqslant)0$,则投入 l 对投入 k 的边际技术替代率 $MRTS_{lk}$ 是严格递减(递减)的.

证明　类似于定理 7.2.5.

推论 7.3.6　假设商品 l 和 k 的边际效用大于零($Q_l,Q_k>0$)且是递减的($Q_{ll}<0,Q_{kk}<0$),又 $Q_{lk}>0$. 则 $MRTS_{lk}$(关于 L)是严格递减的.

例 7.3.3 假定厂商的生产函数为 $Q(K,L)=AK^{\alpha}L^{1-\alpha}(K>0,L>0)$，这里 $A>0$ 及 $0<\alpha<1$. 验证这个生产函数满足边际技术替代率严格递减规律.

解 由例 7.3.2 知 $Q_L>0,Q_{LL}<0,Q_K>0,Q_{KK}<0$. 考虑劳动 L 对资本 K 的边际技术替代率 MRTS_{LK}. 由推论 7.3.6 可知 MRTS_{LK} 是 L 的递减函数. 事实上，考虑等产量曲线 $AK^{\alpha}L^{1-\alpha}=Q_0$，则

$$\mathrm{MRTS}_{LK}=\frac{\dfrac{\partial Q(K,L)}{\partial L}}{\dfrac{\partial Q(K,L)}{\partial K}}=\frac{1-\alpha}{\alpha}\frac{K}{L} \tag{7-3-5}$$

令 $F(K,L)=AK^{\alpha}L^{1-\alpha}-Q_0$，则等产量曲线 $AK^{\alpha}L^{1-\alpha}=Q_0$ 可写成 $F(K,L)=0$. 由于 $\partial F/\partial K=A\alpha K^{\alpha-1}L^{1-\alpha}\neq 0$，所以由 $F(K,L)=0$ 可确定 K 是 L 的隐函数 $K=f(L)$，且

$$\frac{\mathrm{d}K}{\mathrm{d}L}=\frac{-\dfrac{\partial F(K,L)}{\partial L}}{\dfrac{\partial F(K,L)}{\partial K}}=-\frac{1-\alpha}{\alpha}\frac{K}{L} \tag{7-3-6}$$

由式(7-3-5)，有

$$\frac{\mathrm{dMRTS}_{LK}}{\mathrm{d}L}=\frac{1-\alpha}{\alpha}\frac{\left(\dfrac{\mathrm{d}K}{\mathrm{d}L}L-K\right)}{L^2} \tag{7-3-7}$$

将式(7-3-6)代入式(7-3-7)并化简得到

$$\frac{\mathrm{dMRTS}_{LK}}{\mathrm{d}L}=-\frac{1-\alpha}{\alpha^2}\frac{K}{L^2}<0$$

因此 MRTS_{LK} 是 L 的严格递减函数.

7.4 多元凹凸函数

凹凸函数在经济理论中起着重要作用. 例如，支出函数和成本函数是凹函数，利润函数是凸函数(见 11.3 节). 凹函数具有效用函数和生产函数所希望的性质.

7.4.1 凹凸函数的定义与特征

多元函数的凹凸性的定义与一元函数的凹凸性的定义基本相同.

定义 7.4.1 设有函数 $F:U\to R,U\subset\mathbf{R}^n$ 是凸集. 称函数 F 是 U 上的凹(或凸)函数，若对任意 $\mathbf{x},\mathbf{y}\in U$ 和对任意 $t\in[0,1]$有

$$F(t\mathbf{x}+(1-t)\mathbf{y})\geqslant(\text{或}\leqslant)tF(\mathbf{x})+(1-t)F(\mathbf{y}) \tag{7-4-1}$$

称 $F(\mathbf{x})$是严格凹(或严格凸)的，对任意 $\mathbf{x},\mathbf{y}\in U$ 且 $\mathbf{x}\neq\mathbf{y}$ 和对任意 $t\in(0,1)$有式

(7-4-1)中的严格不等式成立[①].

注记 7.4.1　$F(\mathbf{x})$是凹(严格凹)函数的充要条件是$-F(\mathbf{x})$是凸(严格凸)函数.

定义 7.4.1 的几何解释：

(1) $F(\mathbf{x})$是(严格)凹的$\Leftrightarrow$连接 $F(\mathbf{x})$的图形上的任两点的弦线(严格)位于$F(\mathbf{x})$的图形的下方；

(2) $F(\mathbf{x})$是(严格)凸的$\Leftrightarrow$连接 $F(\mathbf{x})$的图形上的任两点的弦线(严格)位于$F(\mathbf{x})$的图形的上方.

下面的定理 7.4.1 有助于我们直观上感觉多元凹凸函数的图形特征，特别可用来把 $\mathbf{R}^n$ 上的凹凸函数的有关定理的证明转化为一元凹凸函数的相关定理的证明.

定理 7.4.1　设有函数 $F:U\to R$,$U\subset\mathbf{R}^n$ 是凸集，则 $F(\mathbf{x})$是凹(或凸)的充要条件是 $F(\mathbf{x})$在 U 中的每个线段上的限制是一个一元凹(或凸)函数.

证明　见本章附录.

定理 7.4.2　设有函数 $F:U\to R$,$U\subset\mathbf{R}^n$ 是凸集，则 $F(\mathbf{x})$是严格凹(或严格凸)的充要条件是 $F(\mathbf{x})$在 U 中的每个线段上的限制是一个一元严格凹(或严格凸)函数.

证明　与定理 7.4.1 的证明完全类似.

例 7.4.1　设 $F:U\to R^m$,$U\subset\mathbf{R}^n$ 是凸集，且 $F(\mathbf{x})=A\mathbf{x}$,$A$ 是一个 $m\times n$ 阶的矩阵. 证明 $F(\mathbf{x})$既是凸函数又是凹函数[②].

证明　任取 $\mathbf{x}',\mathbf{x}''\in U,\lambda\in[0,1]$，则

$$F(\lambda\mathbf{x}'+(1-\lambda)\mathbf{x}'')=A(\lambda\mathbf{x}'+(1-\lambda)\mathbf{x}'')=\lambda A\mathbf{x}'+(1-\lambda)A\mathbf{x}''$$
$$=\lambda F(\mathbf{x}')+(1-\lambda)F(\mathbf{x}'')$$

从而 $F(\mathbf{x})$既是凸函数又是凹函数.

定义 7.4.2　给定函数 $F:U\to R$,$U\subset\mathbf{R}^n$，在函数 F 的图形中或者是图形下面的点$(y,\mathbf{x})$的集合

$$\text{hyp}F=\{(\mathbf{x},y)\in\mathbf{R}^{n+1}\mid\mathbf{x}\in U\text{ 且 }y\leqslant F(\mathbf{x})\}\qquad(7\text{-}4\text{-}2)$$

称为 F 的下图(hypograph 或 subgraph). 类似地，F 的上图(epigraph)定义为集合

$$\text{epi}F=\{(\mathbf{x},y)\in\mathbf{R}^{n+1}\mid\mathbf{x}\in X\text{ 且 }y\geqslant F(\mathbf{x})\}\qquad(7\text{-}4\text{-}3)$$

下面的定理 7.4.3 给出了凹函数关于它下图的凸性特征. 凸函数的类似特征就是根据它的上图给出的.

定理 7.4.3[③]　设有函数 $F:U\to R$,$U\subset\mathbf{R}^n$ 是凸集，则：

---

① 凸函数在其定义域的内部总是连续的(潘介人，1989，p. 124)，进而凹函数具有同样的性质.

② 特殊地，令 $m=1$，则 n 元线性函数既是凸函数又是凹函数.

③ Sundaram(1996，p. 174)把这个定理中的充要条件作为凹、凸函数的定义.

(1) 函数 F 是凹函数的充要条件为 F 的下图 hyp$F$ 是凸集;

(2) 函数 F 是凸函数的充要条件为 F 的上图 epi$F$ 是凸集.

证明 仅证明结论(1),类似地可证明结论(2).

(必要性)F 是凹函数⇒hyp$F$ 是凸集. 令 F 是凹函数,在 hyp$F$ 中任取两点 $(\mathbf{x}',\mathbf{y}')$ 和 $(\mathbf{x}'',\mathbf{y}'')$,需证明对任意 $\lambda\in[0,1]$ 有 $(\mathbf{x}^\lambda,\mathbf{y}^\lambda)\in \text{hyp}F$,这里 $\mathbf{x}^\lambda=\lambda\mathbf{x}'+(1-\lambda)\mathbf{x}''$,$\mathbf{y}^\lambda=\lambda\mathbf{y}'+(1-\lambda)\mathbf{y}''$. 由于 $(\mathbf{x}',\mathbf{y}')\in\text{hyp}F$ 和 $(\mathbf{x}'',\mathbf{y}'')\in\text{hyp}F$,所以 $\mathbf{y}'\leqslant F(\mathbf{x}')$ 和 $\mathbf{y}''\leqslant F(\mathbf{x}'')$. 从而对于任意 $\lambda\in[0,1]$ 有

$$\mathbf{y}^\lambda=\lambda\mathbf{y}'+(1-\lambda)\mathbf{y}''\leqslant\lambda F(\mathbf{x}')+(1-\lambda)F(\mathbf{x}'')\leqslant F[\lambda\mathbf{x}'+(1-\lambda)\mathbf{x}'']\equiv F(\mathbf{x}^\lambda)$$

其中第二个不等式是由 F 的凹性得出. 由于 $\mathbf{y}^\lambda\leqslant F(\mathbf{x}^\lambda)$,所以 $(\mathbf{x}^\lambda,\mathbf{y}^\lambda)\in\text{hyp}F$. 从而集合 hyp$F$ 是凸集.

(充分性)hyp$F$ 是凸集⇒F 是凹函数. 假设 hyp$F$ 是凸集,在 F 的定义域中任取两点 $\mathbf{x}'$ 和 $\mathbf{x}''$,则点 $(\mathbf{x}',F(\mathbf{x}'))\in\text{hyp}F$,$(\mathbf{x}'',F(\mathbf{x}''))\in\text{hyp}F$. 根据 hyp$F$ 的凸性可知对任意 $\lambda\in[0,1]$ 有

$$\begin{aligned}&\lambda(\mathbf{x}',F(\mathbf{x}'))+(1-\lambda)(\mathbf{x}'',F(\mathbf{x}''))\\&=(\lambda\mathbf{x}'+(1-\lambda)\mathbf{x}'',\lambda F(\mathbf{x}')+(1-\lambda)F(\mathbf{x}''))\in\text{hyp}F\end{aligned}$$

因此 $\lambda F(\mathbf{x}')+(1-\lambda)F(\mathbf{x}'')\leqslant F[\lambda\mathbf{x}'+(1-\lambda)\mathbf{x}'']$. 从而 F 是凹函数.

7.4.2 凹凸函数判别的微分准则

1. 一阶微分准则

通过函数凹凸性的定义或画出函数的图形来判断函数的凹凸性,往往不现实,甚至是不可能的,我们需要分析准则来做判断.

定理 7.4.4(一阶微分准则) 设函数 $F:U\to R$ 是 C^1 的,$U\subset\mathbf{R}^n$ 是开凸集,则:

(1) F 是凹的充要条件是对任意 $\mathbf{x},\mathbf{y}\in U$,有 $F(\mathbf{y})-F(\mathbf{x})\leqslant DF(\mathbf{x})(\mathbf{y}-\mathbf{x})$[①];

(2) F 是严格凹的充要条件是对任意 $\mathbf{x},\mathbf{y}\in U$ 且 $\mathbf{x}\neq\mathbf{y}$,有 $F(\mathbf{y})-F(\mathbf{x})<DF(\mathbf{x})(\mathbf{y}-\mathbf{x})$;

(3) F 是凸的充要条件是对任意 $\mathbf{x},\mathbf{y}\in U$,有 $F(\mathbf{y})-F(\mathbf{x})\geqslant DF(\mathbf{x})(\mathbf{y}-\mathbf{x})$;

(4) F 是严格凸的充要条件是对任意 $\mathbf{x},\mathbf{y}\in U$ 且 $\mathbf{x}\neq\mathbf{y}$,有 $F(\mathbf{y})-F(\mathbf{x})>DF(\mathbf{x})(\mathbf{y}-\mathbf{x})$.

证明 见本章附录.

定理 7.4.4 的几何意义:曲面 $z=F(x_1,x_2)$ 在其上任意点 $\mathbf{x}^0=(x_1^0,x_2^0)$ 处的切平面[方程为 $z=F(\mathbf{x}^0)+DF(\mathbf{x}^0)(\mathbf{x}-\mathbf{x}^0)$](严格)位于该曲面的上方等价于函数

① Baldani 等(1996,p. 183)和 Chiang(1984,p. 345)将定理 7.4.4(1)和(3)中的充要条件作为可微函数是凹和凸的定义.

$F(x_1,x_2)$是(严格)凹的;曲面 $z=F(x_1,x_2)$在其上任意点 $\mathbf{x}^0$ 处的切平面(严格)位于该曲面的下方等价于函数 $F(x_1,x_2)$是(严格)凸的.

定理 7.4.4 在证明凹凸函数的性质时非常有用.但它涉及对任意 $\mathbf{x},\mathbf{y}\in U$ 比较 $F(\mathbf{y})-F(\mathbf{x})$和 $DF(\mathbf{x})(\mathbf{y}-\mathbf{x})$之间的大小,故对于检验函数的(严格)凹凸性有时并不实用.下面的定理 7.4.5 用函数 $F(\mathbf{x})$的 Hessian 矩阵的半正负定和正负定性来检验函数的凹凸性.

例 7.4.2　用定理 7.4.4 检验 $F(\mathbf{x})=x_1^2+x_2^2$ 的凹凸性,这里 $\mathbf{x}=(x_1,x_2)$.

解　任取两点 $\mathbf{u}=(u_1,u_2)$,$\mathbf{v}=(v_1,v_2)$,则 $F(\mathbf{u})=u_1^2+u_2^2$,$F(\mathbf{v})=v_1^2+v_2^2$,$DF(\mathbf{u})(\mathbf{v}-\mathbf{u})=2u_1(v_1-u_1)+2u_2(v_2-u_2)$.从而有 $F(\mathbf{v})-F(\mathbf{u})-DF(\mathbf{u})(\mathbf{v}-\mathbf{u})=v_1^2-2v_1u_1+u_1^2+v_2^2-2v_2u_2+u_2^2=(v_1-u_1)^2+(v_2-u_2)^2\geqslant 0$.因此据定理 7.4.4(3),$F(\mathbf{x})$是凸函数.

此外,由于对$(u_1,u_2)\neq(v_1,v_2)$,总有 $F(\mathbf{v})-F(\mathbf{u})-DF(\mathbf{u})(\mathbf{v}-\mathbf{u})>0$,因此 $F(\mathbf{x})$也是严格凸函数.

2. 二阶微分准则

定理 7.4.5(二阶微分准则)　设有函数 $F:U\to R$ 是 C^2 的,$U\subset\mathbf{R}^n$ 是开凸集,则:

(1) F 在 U 上是凹的充要条件是 $F(\mathbf{x})$的 Hessian 矩阵 $D^2F(\mathbf{x})$对任意 $\mathbf{x}\in U$ 是半负定的;

(2) F 在 U 上是严格凹的充分条件是 $F(\mathbf{x})$的 Hessian 矩阵 $D^2F(\mathbf{x})$对任意 $\mathbf{x}\in U$是负定的;

(3) F 在 U 上是凸的充要条件是 $F(\mathbf{x})$的 Hessian 矩阵 $D^2F(\mathbf{x})$对任意 $\mathbf{x}\in U$ 是半正定的;

(4) F 在 U 上是严格凸的充分条件是 $F(\mathbf{x})$的 Hessian 矩阵 $D^2F(\mathbf{x})$对任意 $\mathbf{x}\in U$是正定的.

证明　见本章附录.

注记 7.4.2　矩阵 $D^2F(\mathbf{x})$对任意 $\mathbf{x}\in U$ 是负定的,只是函数 $F(x)$为严格凹函数的充分条件,但不是必要条件.例如,函数 $F(x_1,x_2)=-(x_1+x_2)^2$ 是严格凹函数,但矩阵 $D^2F(x)=\begin{pmatrix}-2 & -2\\ -2 & -2\end{pmatrix}$不是负定的.

例 7.4.3　给定 $\mathbf{R}_{++}^2$ 上的二元函数 $U(x_1,x_2)=x_1^a x_2^b$.

(1) 试证明 $U(x_1,x_2)$是凹函数的充要条件是 $0\leqslant a\leqslant 1,0\leqslant b\leqslant 1,0\leqslant a+b\leqslant 1$;

(2) 若 $0<a<1,0<b<1,0<a+b<1$,则 $U(x_1,x_2)$是严格凹的.

证明

(1) 由于 $\partial U/\partial x_1=ax_1^{a-1}x_2^b$,$\partial^2U/\partial x_1\partial x_2=abx_1^{a-1}x_2^{b-1}$,$\partial^2U/\partial x_1^2=a(a-1)$

$x_1^{a-2}x_2^b$，$\partial^2 U/\partial x_2^2=b(b-1)x_1^a x_2^{b-2}$，从而函数 $U(x_1,x_2)$ 的 Hessian 矩阵 $D^2U(x_1,x_2)$ 为

$$D^2U(x_1,x_2)=\begin{pmatrix} a(a-1)x_1^{a-2}x_2^b & abx_1^{a-1}x_2^{b-1} \\ abx_1^{a-1}x_2^{b-1} & b(b-1)x_1^a x_2^{b-2} \end{pmatrix}$$

计算得 $|D^2U(x_1,x_2)|=ab(1-a-b)x_1^{2a-2}x_2^{2b-2}$，$|\partial^2U/\partial x_1^2|=a(a-1)x_1^{a-2}x_2^b$，$|\partial^2U/\partial x_2^2|=b(b-1)x_1^a x_2^{b-2}$. 由定理 7.4.5，函数 $U(x_1,x_2)$ 是凹的 $\Leftrightarrow$ 矩阵 $D^2U(x_1,x_2)$ 是处处半负定的 $\Leftrightarrow$ 对任意 $(x_1,x_2)\in \mathbf{R}_{++}^2$ 有 $|\partial^2U/\partial x_1^2|\leqslant 0$，$|\partial^2U/\partial x_2^2|\leqslant 0$，$|D^2U(x_1,x_2)|\geqslant 0 \Leftrightarrow 0\leqslant a\leqslant 1, 0\leqslant b\leqslant 1, 0\leqslant a+b\leqslant 1$.

(2) 若 $0<a<1, 0<b<1, 0<a+b<1$，则对任意 $(x_1,x_2)\in \mathbf{R}_{++}^2$ 有 $|\partial^2U/\partial x_1^2|<0$ 和 $|D^2U(x_1,x_2)|>0$ 成立，从而 $D^2U(x_1,x_2)$ 是负定的. 由定理 7.4.5(2) 可知 $U(x_1,x_2)$ 是严格凹的.

例 7.4.4　利用定理 7.4.5 再判断例 7.4.2 中函数的凹凸性.

解　容易判断函数 $F(\mathbf{x})$ 的 Hessian 矩阵 $D_2F(\mathbf{x})=\text{diag}(2,2)$ 是处处正定的(也是处处半正定的)，因此 $F(\mathbf{x})$ 是严格凸的(也是凸的).

7.4.3　凹凸函数的性质

1. 凹凸函数的运算

定理 7.4.6　设有函数 $F_i:U\to R$，$U\subset \mathbf{R}^n$ 是凸集，令 $a_1,\cdots,a_k>0$.

(1) $a_i f(x)$ 与 $f(x)$ 有相同的(严格)凹凸性；

(2) 若各个 $F_i:U\to R$ 是凹(或凸)函数，$i=1,\cdots,k$，则 $\sum_{i=1}^k a_iF_i(\mathbf{x})$ 也是 U 上的凹(或凸)函数；

(3) 若各个 $F_i:U\to R$ 是凹(或凸)函数，$i=1,\cdots,k$，且至少有一个函数是严格凹(或严格凸)的，则 $\sum_{i=1}^k a_iF_i(\mathbf{x})$ 是 U 上的严格凹(或严格凸)函数.

证明　(1)～(3)易由凹(凸)函数和严格凹(严格凸)函数的定义获证(留做习题).

定理 7.4.7(复合函数的凹凸性)　给定函数 $F:U\to R$，$U\subset \mathbf{R}^n$ 是凸集，$g(x)$ 是 (c,d) 上的函数，且 $F(\mathbf{x})$ 的值域包含在 (c,d) 内 $[F(U)\subseteq(c,d)]$.

(1) 若 $F(\mathbf{x})$ 是 U 上的凸(凹)函数，$g(x)$ 是单调上升的凸(凹)函数，则 $g(F(x))$ 是 U 上的凸(凹)函数. 特殊地，若 $\ln F(\mathbf{x})$ 是 U 上的凸函数，则 $F(\mathbf{x})$ 是 U 上的凸函数；若 $F(\mathbf{x})$ 是 U 上的凹函数，且在 U 上满足 $F(\mathbf{x})>0$，则 $\ln F(\mathbf{x})$ 是凹函数.

(2) $F(\mathbf{x})$ 是 U 上的凸(凹)函数，$g(x)$ 是单调下降的凹(凸)函数，则 $g(F(\mathbf{x}))$ 是 U 上的凹(凸)函数.

证明　由凹(凸)函数和单调函数的定义获证(留作习题).

定理 7.4.8(倒数运算)　给定函数 $F:U\to R$，$U\subset \mathbf{R}^n$ 是凸集.

(1) 若 $F(\mathbf{x})$是(a,b)上的凹函数,且满足 $F(\mathbf{x})>0$,则 $1/F(\mathbf{x})$是 U 上的凸函数;

(2) 若 $F(\mathbf{x})$是 U 上的凸函数,且满足 $F(\mathbf{x})<0$,则 $1/F(\mathbf{x})$是 U 上的凹函数.

证明　(1)由定理 7.4.7(1)可获证;也可由定理 7.4.7(2)获证(留作习题).结论(2)可由结论(1)获证(留作习题).

定理 7.4.9　若 $F(\mathbf{x})$和 $G(\mathbf{x})$都是凸集 $U\subset\mathbf{R}^n$ 上的凸(凹)函数,则 $\max\{F(\mathbf{x}),G(\mathbf{x})\}$($\min\{F(\mathbf{x}),G(\mathbf{x})\}$)也是$(a,b)$上的凸(凹)函数.

证明　类似于定理 2.6.5(5)的证明(留作习题).

例 7.4.5　利用定理 7.4.6 再判断例 7.4.2 中函数的凹凸性.

解　一元函数 x_1^2 和 x_2^2 显然都是凸函数(也是严格凸函数),因此 $F(\mathbf{x})=x_1^2+x_2^2$ 是凸函数(也是严格凸函数).

例 7.4.6　设 $g(\mathbf{x})$($\mathbf{x}\in U\in\mathbf{R}^n$)是生产函数且是凹函数,$p$ 为产品的销售价格,ω_i 是第 i 种投入的单位成本,则利润函数 $\pi(\mathbf{x})=pg(\mathbf{x})-\sum_{i=1}^k\omega_ix_i$ 是凹函数.

例 7.4.7　设 $u_i(\mathbf{x})$($\mathbf{x}\in\mathbf{R}^n$)是消费者 i 的凹效用函数,$a_i>0$ 是加权系数,$i=1,\cdots,k$.资源分配的社会福利的一种度量是 $\sum_{i=1}^k a_iu_i(\mathbf{x})$.由定理 7.4.6,$\sum_{i=1}^k a_iu_i(\mathbf{x})$ 是凹函数.

2. 凹函数的水平集的性质与生产函数和效用函数

定理 7.4.10　设 $F:U\to R$,$U\subset\mathbf{R}^n$ 是凸集:

(1) 若 F 是凹的,则对每个 $\mathbf{x}^0\in U$,集合 $C^+(\mathbf{x}^0)\equiv\{\mathbf{x}\in U\mid F(\mathbf{x})\geqslant F(\mathbf{x}^0)\}$是凸集;

(2) 若 F 是凸的,则对每个 $\mathbf{x}^0\in U$,集合 $C^-(\mathbf{x}^0)\equiv\{\mathbf{x}\in U\mid F(\mathbf{x})\leqslant F(\mathbf{x}^0)\}$是凸集.

证明　易由凹凸函数定义和凸集定义获证(留作习题).

这个定理意味着凹(凸)函数的水平集(level set)$C(\mathbf{x}^0)\equiv\{\mathbf{x}\in U\mid F(\mathbf{x})=F(\mathbf{x}^0)\}$上(下)方的集合是凸集.

例 7.4.8　凹函数的水平集(level set)上方的集合是凸集,这一性质正是效用函数和生产函数的自然要求.例如,考虑图 7.4.1 描述的凹效用函数 $F(\mathbf{x})$的无差异曲线 C:$\{\mathbf{x}\in U\mid F(\mathbf{x})=F(\mathbf{x}^0)\}$,这里 $\mathbf{x}=(x_1,x_2)$,消费组合 A 和 B 位于无差异曲线 C 上,$\mathbf{x}^0=(x_1^0,x_2^0)$是介于弧 AB 上的一点.图中的阴影部分 $C^+(\mathbf{x}^0)=\{\mathbf{x}\in U\mid F(\mathbf{x})\geqslant F(\mathbf{x}^0)\}$表示优于消费组合 A 和 B 的所有消费组合,由定理 7.4.10 知它是一个凸集.A 和 B 的凸组合构

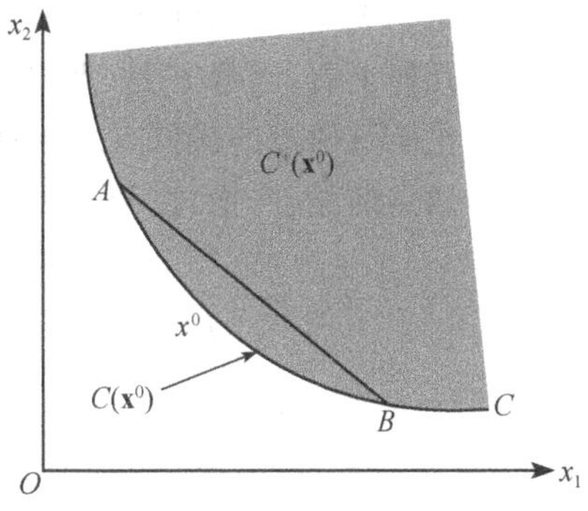

图 7.4.1　凹效用函数的水平集上方的集合是凸集

成的消费组合位于连接 A 和 B 的线段上，因而位于阴影部分内，因此 A 和 B 的任一凸组合的效用不小于 A 和 B 的效用. 这样凹效用函数具有所希望的性质：给定"商品"的两个消费组合 A 和 B，具有凹效用函数的消费者，将总是更偏好 A 和 B 的一个混合(凸组合)，而不是 A 或 B.

图 7.4.1 中无差异曲线的形状的一个更重要的优点是，它表示了边际替代率递减法则. 当沿着无差异曲线 C 由左向右移动时，商品 1 的消费量在增加，消费者为再多获得一个单位的商品 1 而愿意放弃商品 2 的数量越来越少(商品 1 对商品 2 的边际替代率随着商品 1 的消费量的增加而减少). 这个性质(消费理论的中心原理)是凹效用函数的一个性质(因为每个水平集构成了凸区域的边界).

凹凸函数的最值在 8.4 节给出.

7.5 拟凹与拟凸函数

7.5.1 拟凹与拟凸函数的定义

定义 7.5.1 设 F 是定义在 $\mathbf{R}^n$ 的凸子集 U 上的函数. 称 F 是拟凹的，若对任意 $\mathbf{x},\mathbf{y}\in U$ 和对任意 $t\in[0,1]$有

$$F(t\mathbf{x}+(1-t)\mathbf{y}) \geqslant \min\{F(\mathbf{x}),F(\mathbf{y})\} \tag{7-5-1}$$

称 F 是拟凸的，若对任意 $\mathbf{x},\mathbf{y}\in U$ 和对任意 $t\in[0,1]$有

$$F(t\mathbf{x}+(1-t)\mathbf{y}) \leqslant \max\{F(\mathbf{x}),F(\mathbf{y})\} \tag{7-5-2}$$

定义 7.5.2 设 F 是定义在 $\mathbf{R}^n$ 的凸子集 U 上的函数. 称 F 是严格拟凹的，若对任意 $\mathbf{x},\mathbf{y}\in U$ 且 $\mathbf{x}\neq\mathbf{y}$，对任意 $t\in(0,1)$有

$$F(t\mathbf{x}+(1-t)\mathbf{y}) > \min\{F(\mathbf{x}),F(\mathbf{y})\} \tag{7-5-3}$$

称 F 是严格拟凸的，若对任意 $\mathbf{x},\mathbf{y}\in U$ 且 $\mathbf{x}\neq\mathbf{y}$，对任意 $t\in(0,1)$有

$$F(t\mathbf{x}+(1-t)\mathbf{y}) < \max\{F(\mathbf{x}),F(\mathbf{y})\} \tag{7-5-4}$$

注记 7.5.1 F 是(严格)拟凹的充要条件是：$-F$ 是(严格)拟凸的.

从几何上看，函数 F 是(严格)拟凹的等价于函数 F 的图形上间于任两点的弧(严格)位于这两点的最低点之上；函数 F 是(严格)拟凸的等价于函数 F 的图形上间于任两点的弧(严格)位于这两点的最高点之下(图 7.5.1).

(a) 拟凸　　(b) 拟凹　　(c) 既非拟凸又非拟凹

图 7.5.1　拟凸、拟凹、非拟凸和拟凹函数

定义 7.5.3　商品空间 $\mathbf{R}^n$ 上的偏好关系 $\succeq$ 称为严格凸的(凸的)，若对任意 $\mathbf{x}$，$\mathbf{y}$，$\mathbf{z}\in\mathbf{R}^n$，$\mathbf{x}\succeq\mathbf{z}$，$\mathbf{y}\succeq\mathbf{z}$，且 $\mathbf{x}\neq\mathbf{y}$，有

$$\lambda\mathbf{x}+(1-\lambda)\mathbf{y}\succeq(\succ)\mathbf{z},\quad 0<\lambda<1 \tag{7-5-5}$$

凸性意味着消费者折中的选择$(\lambda\mathbf{x}+(1-\lambda)\mathbf{y})$不会比两个极端($\mathbf{x}$ 和 $\mathbf{y}$)的选择更差.

定理 7.5.1　偏好关系 $\succeq$ 是严格凸的(凸的)充要条件是与偏好关系 $\succeq$ 对应的效用函数是严格拟凹(拟凹)的.

证明(必要性)　假设偏好关系 $\succeq$ 是严格凸的，对应的效用函数为 $u(\mathbf{x})$. 需证明对任意 $\mathbf{x},\mathbf{y}\in\mathbf{R}^n$ 且 $\mathbf{x}\neq\mathbf{y}$，有 $u(\lambda\mathbf{x}+(1-\lambda)\mathbf{y})>\min\{u(\mathbf{x}),u(\mathbf{y})\}$成立. 不失一般性，假设 $u(\mathbf{x})\geqslant u(\mathbf{y})$，因此有 $\mathbf{x}\succeq\mathbf{y}$；又显然有 $\mathbf{y}\succeq\mathbf{y}$，再由偏好关系 $\succeq$ 是严格凸的可知，对任意 $\lambda\in(0,1)$有 $\lambda\mathbf{x}+(1-\lambda)\mathbf{y}\succ\mathbf{y}$ 成立；进而有 $u(\lambda\mathbf{x}+(1-\lambda)\mathbf{y})>u(\mathbf{y})=\min\{u(\mathbf{x}),u(\mathbf{y})\}$，因此 $u(\mathbf{x})$是严格拟凹的.

(充分性)假设 $u(\mathbf{x})$是严格拟凹的. 显然对任意 $\mathbf{x},\mathbf{y},\mathbf{z}\in\mathbf{R}^n$，$\mathbf{x}\succeq\mathbf{z}$，$\mathbf{y}\succeq\mathbf{z}$，且 $\mathbf{x}\neq\mathbf{y}$，对任意 $\lambda\in(0,1)$，有 $u(\mathbf{x})\geqslant u(\mathbf{z})$和 $u(\mathbf{y})\geqslant u(\mathbf{z})$. 由于 $u(\mathbf{x})$是严格拟凹的，所以 $u(\lambda\mathbf{x}+(1-\lambda)\mathbf{y})>\min\{u(\mathbf{x}),u(\mathbf{y})\}\geqslant u(\mathbf{z})$，从而 $\lambda\mathbf{x}+(1-\lambda)\mathbf{y}\succ\mathbf{z}$，说明偏好关系 $\succeq$ 是严格凸的.

同理可证明偏好关系是凸的结论(留作习题).

定理 7.5.2　令 F 是定义在 $\mathbf{R}^n$ 的凸子集 U 上的函数，则下面的叙述相互等价：

(1) F 是 U 上的拟凹函数；

(2) 对任意 $\mathbf{x},\mathbf{y}\in U$ 和对任意 $t\in[0,1]$，有 $F(\mathbf{x})\geqslant F(\mathbf{y})\Rightarrow F(t\mathbf{x}+(1-t)\mathbf{y})\geqslant F(\mathbf{y})$；

(3) 对任意 $a\in R$，集合 $C_a^+\equiv\{\mathbf{x}\in U\,|\,F(\mathbf{x})\geqslant a\}$是凸集①.

证明　(1)⇒(2)：假设 F 是 U 上的拟凹函数，则对任意 $\mathbf{x},\mathbf{y}\in U$ 和对任意 $t\in[0,1]$，有 $F(\mathbf{x})\geqslant F(\mathbf{y})$意味着 $F(t\mathbf{x}+(1-t)\mathbf{y})\geqslant\min\{F(\mathbf{x}),F(\mathbf{y})\}=F(\mathbf{y})$.

(2)⇒(3)：任取 $a\in R$，要证明对任意 $\mathbf{x},\mathbf{y}\in C_a^+$ 和对任意 $t\in[0,1]$，有 $t\mathbf{x}+(1-t)\mathbf{y}\in C_a^+$，即 $F(t\mathbf{x}+(1-t)\mathbf{y})\geqslant a$ 成立. 由于 $\mathbf{x},\mathbf{y}\in C_a^+$，所以 $F(\mathbf{x})\geqslant a$ 且 $F(\mathbf{y})\geqslant a$. 不妨假设 $F(\mathbf{x})\geqslant F(\mathbf{y})$，从而由结论(2)，$F(t\mathbf{x}+(1-t)\mathbf{y})\geqslant F(\mathbf{y})\geqslant a$.

(3)⇒(1)：对任意 $\mathbf{x},\mathbf{y}\in U$ 和对任意 $t\in[0,1]$，要证明 $F(t\mathbf{x}+(1-t)\mathbf{y})\geqslant\min\{F(\mathbf{x}),F(\mathbf{y})\}$. 令 $a=\min\{F(\mathbf{x}),F(\mathbf{y})\}$，则 $F(\mathbf{x})\geqslant a$ 且 $F(\mathbf{y})\geqslant a$. 从而 $\mathbf{x},\mathbf{y}\in C_a^+\equiv\{x\in U\,|\,F(\mathbf{x})\geqslant a\}$是凸集. 由(3)，$C_a^+$ 是凸集，从而 $t\mathbf{x}+(1-t)\mathbf{y}\in C_a^+$，即 $F(t\mathbf{x}+(1-t)\mathbf{y})\geqslant a=\min\{F(\mathbf{x}),F(\mathbf{y})\}$.

定理 7.5.3　令 F 是定义在 $\mathbf{R}^n$ 的凸子集 U 上的函数，则下面的叙述相互等价：

---

① Sundaram(1996，p. 204)和 Simon 和 Blume(1994，p. 523)用此作为拟凹函数的定义. 有时用这个结论证明函数是拟凹的反而方便，见定理 7.5.12(1)的证明.

(1) F 是 U 上的严格拟凹函数；

(2) 对任意 $\mathbf{x},\mathbf{y}\in U$ 且 $\mathbf{x}\neq\mathbf{y}$ 和对任意 $t\in(0,1)$，有 $F(\mathbf{x})>F(\mathbf{y})\Rightarrow F(t\mathbf{x}+(1-t)\mathbf{y})>F(\mathbf{y})$.

证明 类似于定理 7.5.2 的证明.

定理 7.5.4 令 F 是定义在 $\mathbf{R}^n$ 的凸子集 U 上的函数，则下面的叙述相互等价：

(1) F 是 U 上的拟凸函数；

(2) 对任意 $\mathbf{x},\mathbf{y}\in U$ 和对任意 $t\in[0,1]$，有 $F(\mathbf{y})\leqslant F(\mathbf{x})\Rightarrow F(t\mathbf{x}+(1-t)\mathbf{y})\leqslant F(\mathbf{x})$；

(3) 对任意 $a\in R$，$C_a^-\equiv\{\mathbf{x}\in U\mid F(\mathbf{x})\leqslant a\}$ 是凸集①

证明 类似于定理 7.5.2 的证明.

定理 7.5.5 令 F 是定义在 $\mathbf{R}^n$ 的凸子集 U 上的函数，则下面的叙述相互等价：

(1) F 是 U 上的严格拟凸函数；

(2) 对任意 $\mathbf{x},\mathbf{y}\in U$ 且 $\mathbf{x}\neq\mathbf{y}$ 和对任意 $t\in(0,1)$，有 $F(\mathbf{y})<F(\mathbf{x})\Rightarrow F(t\mathbf{x}+(1-t)\mathbf{y})<F(\mathbf{x})$.

证明 类似于定理 7.5.3 的证明.

例 7.5.1 已知定义在 $\mathbf{R}^n$ 的凸子集 U 上的两个函数 $F(\mathbf{x})=b_0+\sum_{i=1}^n b_ix_i$ 和 $G(\mathbf{x})=c_0+\sum_{i=1}^n c_ix_i$，且在凸集 U 上 $G(\mathbf{x})>0$. 证明 $F(\mathbf{x})/G(\mathbf{x})$ 既是拟凹的又是拟凸的.

证明 利用定理 7.5.2(3)和定理 7.5.4(3)来证明. 对任意 $a\in R$，$\{\mathbf{x}\in U\mid F(\mathbf{x})/G(\mathbf{x})\geqslant a\}=\{\mathbf{x}\in U\mid F(\mathbf{x})-aG(\mathbf{x})\geqslant 0\}$. 而 $F(\mathbf{x})-aG(\mathbf{x})\geqslant 0$ 等价于 $\sum_{i=1}^n(b_i-ac_i)x_i\geqslant ac_0-b_0$，从而由例 6.2.5(1)，$\{\mathbf{x}\in U\mid F(\mathbf{x})-aG(\mathbf{x})\geqslant 0\}$ 是凸集，因此由定理 7.5.2(3)，$F(\mathbf{x})/G(\mathbf{x})$ 是拟凹的. 同理可证 $F(\mathbf{x})/G(\mathbf{x})$ 是拟凸的.

7.5.2 拟凹拟凸函数判别的微分准则

1. 一阶判别微分准则

定理 7.5.6 设 F 是定义在 $\mathbf{R}^n$ 的开凸子集 U 上的 C^1 实值函数. 则②：

(1) F 在 U 上是拟凹的充要条件是对任意的 $\mathbf{x},\mathbf{y}\in U$，$F(\mathbf{y})\geqslant F(\mathbf{x})$ 意味着 $DF(\mathbf{x})(\mathbf{y}-\mathbf{x})\geqslant 0$；

(2) F 在 U 上是拟凸的充要条件是对任意的 $\mathbf{x},\mathbf{y}\in U$，$F(\mathbf{y})\leqslant F(\mathbf{x})$ 意味着 $DF(\mathbf{x})(\mathbf{y}-\mathbf{x})\leqslant 0$.

---

① Sundaram(1996，p. 204)和 Simon 和 Blume (1994，p. 523)用此作为拟凸函数的定义. 有时用这个结论证明函数是拟凸的反而方便.

② Chiang(1984，p. 393)把下面的两个充要条件分别用作可微函数是拟凹和拟凸函数的定义.

证明　见本章附录.

下面举两个例子说明定理 7.5.6 的应用.

例 7.5.2　证明函数 $F(x)=-x^3$ 在 R 上是拟凹的.

证明　假设 $x,y\in U$，且 $F(y)\geqslant F(x)$，则有 $x\geqslant y$. 从而 $DF(x)(y-x)=F'(x)(y-x)=-3x^2(y-x)\geqslant 0$. 因此由定理 7.5.6(1)，$F(x)=-x^3$ 是拟凹的.

例 7.5.3　证明函数 $F(x_1,x_2)=-(x_1{}^3+x_2^3)$ 在 R^2 上不是拟凹的.

证明　我们需找两个点 $\mathbf{x}^1$ 和 $\mathbf{x}^2\in U$，满足 $F(\mathbf{x}^2)\geqslant F(\mathbf{x}^1)$，但 $DF(\mathbf{x}^1)(\mathbf{x}^2-\mathbf{x}^1)<0$ 即可(为什么?). 取 $\mathbf{x}^2=(3,-3)^T$，$\mathbf{x}^1=(1,0)^T$，则 $F(\mathbf{x}^2)=0$，$F(\mathbf{x}^1)=-1$，即有 $F(\mathbf{x}^2)\geqslant F(\mathbf{x}^1)$. $DF(\mathbf{x}^1)=(-3,0)$，$\mathbf{x}^2-\mathbf{x}^1=(2,-3)^T$，$DF(\mathbf{x}^1)(\mathbf{x}^2-\mathbf{x}^1)=-6<0$.

定理 7.5.7　设 $F(\mathbf{x})$是定义在 $\mathbf{R}^n$ 的开凸子集 U 上的 C^1 函数.

(1)若 $F(\mathbf{x})$在 U 上严格拟凹且对任意 $\mathbf{x}\in U$ 有 $DF(\mathbf{x})\neq\mathbf{0}$，则当 $\mathbf{x}\neq\mathbf{y}$ 且 $F(\mathbf{y})\geqslant F(\mathbf{x})$时，有 $DF(\mathbf{x})(\mathbf{y}-\mathbf{x})>0$；

(2) 当 $\mathbf{x}\neq\mathbf{y}$ 且 $F(\mathbf{y})\geqslant F(\mathbf{x})$时，有 $DF(\mathbf{x})(\mathbf{y}-\mathbf{x})>0$ 成立，则 $F(\mathbf{x})$在 U 上是严格拟凹的；

(3) 将(1)和(2)中的“$\geqslant$”改为“$\leqslant$”，“$>$”改为“$<$”，“严格拟凹”改为“严格拟凸”时，结论仍然成立.

证明　类似于定理 7.5.6.

注记 7.5.2　定理 7.5.7(1)中要求对任意 $\mathbf{x}\in U$ 有 $DF(\mathbf{x})\neq\mathbf{0}$ 是必须的. 例如一元函数 $F(x)=x^3$ 是严格拟凹的；但若令 $x^0=0$，则当 $x\neq x^0$ 时，$DF(0)(x-0)>0$ 不成立[原因是 $DF(x^0)=0$].

2. 二阶判别微分准则

定理 7.5.8　设 F 是定义在 R^n 的凸子集 U 上的 C^2 函数，则①

(1) F 在 U 上是拟凹的$\Leftrightarrow$对任意 $\mathbf{x}\in U$，$D^2F(\mathbf{x})$在约束集 $B=\{\mathbf{z}\in\mathbf{R}^n\mid DF(\mathbf{x})\mathbf{z}=0\}$上是半负定的；

(2) F 在 U 上是拟凸的$\Leftrightarrow$对任意 $\mathbf{x}\in U$，$D^2F(\mathbf{x})$在约束集 $B=\{\mathbf{z}\in\mathbf{R}^n\mid DF(\mathbf{x})\mathbf{z}=0\}$上是半正定的.

下面根据定理 7.2.5 和定理 7.5.8 给出定理 7.2.7 的证明. 由定理 7.2.5

$$\left.\frac{\mathrm{dMRS}_{lk}}{\mathrm{d}x_l}\right|_{U(\mathbf{x})=U_0}=\left.\frac{1}{(U_k)^3}(U_{ll}U_k^2-2U_{lk}U_lU_k+U_{kk}U_l^2)\right|_{U(\mathbf{x})=U_0}$$

定义向量 $\mathbf{z}=(z_1,z_2,\cdots,z_n)^T$ 满足 $z_l=U_k$，$z_k=-U_l$，$z_i=0\,(i\neq k,l)$. 注意到 $DU(\mathbf{x})=(U_1,U_2,\cdots,U_n)$，可知 $DU(\mathbf{x})\mathbf{z}=0$，且有$\dfrac{\mathrm{dMRS}_{lk}}{\mathrm{d}x_l}=\dfrac{1}{(U_k)^3}\mathbf{z}^TD^2U(\mathbf{x})\mathbf{z}$. 由

① 见 Mas-Collel 等(1995，p. 935).

于 $U(\mathbf{x})$ 是拟凹的 C^2 函数，从而由定理 7.5.8(1) 可知 $\mathbf{z}^T \mathrm{D}^2U(\mathbf{x})\mathbf{z}\leqslant 0$，从而 $\mathrm{dMRS}_{lk}/\mathrm{d}x_l\leqslant 0$.

定理 7.5.9　设 F 是定义在 $\mathbf{R}^n$ 的凸子集 U 上的 C^2 函数，则①

(1) F 在 U 上是严格拟凹的充分条件是：对任意 $\mathbf{x}\in U$，$\mathrm{D}^2F(\mathbf{x})$ 在约束集 $B=\{\mathbf{z}\in\mathbf{R}^n \mid \mathrm{D}F(\mathbf{x})\mathbf{z}=0\}$ 上是负定的.

(2) F 在 U 上是严格拟凸的充分条件是：对任意 $\mathbf{x}\in U$，$\mathrm{D}^2F(\mathbf{x})$ 在约束集 $B=\{\mathbf{z}\in\mathbf{R}^n \mid \mathrm{D}F(\mathbf{x})\mathbf{z}=0\}$ 上是正定的.

定理 7.5.10　设 F 是定义在 $\mathbf{R}^n$ 的开凸子集 U 上的 C^2 函数②.

(1) 若 F 在 U 上是拟凹的，则对任意 $\mathbf{x}\in U$，$(-1)^k|H_{1+k}|\geqslant 0, k=1,2,\cdots,n$.

(2) 若对任意 $\mathbf{x}\in U$，$(-1)^k|H_{1+k}|>0, k=1,2,\cdots,n$，则 F 在 U 上是拟凹的，这里

$$H_{1+k}=\begin{pmatrix} 0 & [\mathrm{D}F(\mathbf{x})]_k \\ {}_k([\mathrm{D}F(\mathbf{x})]^T) & {}_k[\mathrm{D}^2F(\mathbf{x})]_k \end{pmatrix} \tag{7-5-6}$$

定理 7.5.11　设 F 是定义在 $\mathbf{R}^n$ 上的 C^2 函数③.

(1) 若 F 在 $\mathbf{R}^n$ 上是拟凹的，则对任意 $\mathbf{x}\in\mathbf{R}^n_+$，$(-1)^k|H_{1+k}|\geqslant 0, k=1,2,\cdots, n$；

(2) 若对任意 $\mathbf{x}\in\mathbf{R}^n$，$(-1)^k|H_{1+k}|>0, k=1,2,\cdots,n$，则 F 在 $\mathbf{R}^n$ 上是严格拟凹的，这里 H_{1+k} 同式(7-5-6).

例 7.5.4　试证明 Cobb-Douglas 函数 $F(x_1,x_2)=x_1^a x_2^b\,(a,b>0)$ 是 $\mathbf{R}^2_{++}$ 上的严格拟凹函数.

证明　利用定理 7.5.10 证明. 首先有

$$H_{1+1}=\begin{pmatrix} 0 & ax_1^{a-1}x_2^b \\ ax_1^{a-1}x_2^b & a(a-1)x_1^{a-2}x_2^b \end{pmatrix}$$

---

① 见 Mas-Collel 等(1995, p. 935).

② 见 Sundaram(1996, p. 211)，其证明过程见第 217～220 页(这里略去). 将定理 7.5.10 中函数 F 的定义域 U 换成非负象限 $\mathbf{R}^n_+$，就是 Chiang(1984, p. 394)叙述的内容(定义在非负象限 $\mathbf{R}^n_+$ 上的 n 元函数 F 是拟凹的必要条件和充分条件)；Chiang(1984)叙述的内容的原始文献见"Arrow K J, Enthoven A C. Quasi-concave programming. Econometrica, 1961, 10: 797(Theorem 5)". 因此，Sundaram(1996)给出的定理更具有一般性. 不过实际经济应用中，经济函数 F 的定义域 U 一般满足 $U\subseteq\mathbf{R}^n_+$，因此 Chiang(1984)给出的必要和充分条件足够用. 此外，容易看出定理 7.5.10(1)给出的 F 是拟凹的必要条件与定理 7.5.8(1)给出的完全相同，但定理 7.5.8(1)同时表明这个必要条件也是充分条件；定理 7.5.10(2)是定理 7.5.9(1)的特殊情形(请读者说明). 因此定理 7.5.8(1)和定理 7.5.9(1)的使用范围更广，更具有一般性.

③ 见 Takayama(1985, p. 127)和 Takayama(1994, p. 65). 定理 7.5.11(1)是定理 7.5.10(1)的特殊情形，当然也是定理 7.5.8(1)的特殊情形. 定理 7.5.11(2)是定理 7.5.9(2)的特殊情形.

$$H_{1+2}=\begin{pmatrix} 0 & ax_1^{a-1}x_2^b & bx_1^a x_2^{b-1} \\ ax_1^{a-1}x_2^b & a(a-1)x_1^{a-2}x_2^b & abx_1^{a-1}x_2^{b-1} \\ bx_1^a x_2^{b-1} & abx_1^{a-1}x_2^{b-1} & b(b-1)x_1^a x_2^{b-2} \end{pmatrix}$$

计算得到在 $\mathbf{R}_{++}^2$ 上有 $|H_{1+1}|=-a^2x_1^{2(a-1)}x_2^{2b}<0$，$|H_{1+2}|=(a^2b+ab^2)x_1^{3a-2}x_2^{3b-2}>0$ 成立. 因此由定理 7.5.11，$F(x_1,x_2)$ 是 $\mathbf{R}_{++}^2$ 上的严格拟凹函数.

7.5.3　凹凸函数与拟凹、拟凸函数间的关系

定理 7.5.12

(1) 凹(或凸)函数一定是拟凹(或拟凸)函数；

(2) 严格凹(或严格凸)函数一定是严格拟凹(或严格拟凸)函数；

(3) 严格拟凹(或严格拟凸)函数一定是拟凹(或拟凸)函数；

(4) 凹(或凸)函数的单调变换一定是拟凹(或拟凸)函数；

(5) 严格凹(或严格凸)函数的单调变换是严格拟凹(或严格拟凸)函数.

证明　由凹(或凸)函数、拟凹(或拟凸)函数、严格凹(或严格凸)函数、严格拟凹(或严格拟凸)函数及单调变换的定义可获证.

定理 7.5.13　设 $F(\mathbf{x})$ 是定义在 $\mathbf{R}^n$ 的凸子集 U 上的拟凹函数，$g:I\to R$ 是 I 上的一个增函数，且 $F(U)\subseteq I$，则复合函数 $g(F(\mathbf{x}))$ 是凸集 U 上的拟凹函数①.

证明　由拟凹函数和单调增函数的定义可获证.

例 7.5.5　试证明 Cobb-Douglas 函数 $F(x_1,x_2)=x_1^a x_2^b(a,b>0)$ 是 $\mathbf{R}_{++}^2$ 上的拟凹函数.

证明　首先将 $a,b>0$ 分为两种情况：$0<a+b\leqslant 1$ 和 $a+b>1$.

若 $0<a+b\leqslant 1$ 成立，则由例 7.4.3(1)的结论知 $F(x_1,x_2)$ 是凹函数，由定理 7.5.12(1)，$F(x_1,x_2)$ 是拟凹的.

若 $a+b>1$ 成立，则可将 $F(x_1,x_2)$ 表示为一个凹函数的单调变换. 事实上，令 $U(x_1,x_2)=x_1^{a/(a+b)}x_2^{b/(a+b)}$，则由例 7.4.3(1)的结论知 $U(x_1,x_2)$ 是凹函数；令 $g(t)=t^{a+b}$，则 $g(t)=t^{a+b}$ 是区间 $[0,\infty)$ 上的一个严格增函数. 由于 $F(x_1,x_2)=g(U(x_1,x_2))$，即 $F(x_1,x_2)$ 是一个凹函数的单调变换，由定理 7.5.12(4)知 $F(x_1,x_2)$ 是拟凹的.

更一般的，有下面的例 7.5.6.

例 7.5.6　令各个 $F_i(\mathbf{x})$ 是 $\mathbf{R}^n$ 的凸子集 U 上的大于零的凹函数，$a_i>0$，$i=1,2,\cdots,m$，则函数 $F(\mathbf{x})=\prod_{i=1}^m[F_i(\mathbf{x})]^{a_i}$ 是 U 上的拟凹函数.

---

① 定理 7.5.13 说明函数的拟凹性是序数性的.

证明 $\ln F(\mathbf{x}) = \sum_{i=1}^{m} a_i \ln F_i(\mathbf{x})$. 由各个 $F_i(\mathbf{x})$是U上大于零的凹函数及定理7.4.7(1),各个$\ln F_i(\mathbf{x})$是U上凹函数;再由定理7.4.6(1),$\ln F(\mathbf{x}) = \sum_{i=1}^{m} a_i \ln F_i(\mathbf{x})$也是凹函数.而$g(t)=e^t$是单调变换,从而$F(\mathbf{x})=e^{\ln F(\mathbf{x})}$是拟凹的[定理7.5.12(4)].

作为例7.5.6的特例,Cobb-Douglas函数$q=Ax_1^{a_1}x_2^{a_2}\cdots x_n^{a_n}$ ($a_i>0, i=1,2,\cdots,n$)是$\mathbf{R}_{++}^n$上的拟凹函数.

例 7.5.7 $y=-x^3$是拟凹函数但不是凹函数.

定理 7.5.14

(1) 每个一元单调增加或单调减少的函数既是拟凹又是拟凸函数;

(2) 每个一元严格单调增加或严格单调减少的函数既是严格拟凹又是严格拟凸函数.

证明 由单调函数和(严格)拟凹(拟凸)的定义获证.

定理 7.5.15(积商运算) 给定两个定义在$\mathbf{R}^n$的凸子集U上的函数$F(\mathbf{x})$和$G(\mathbf{x})$,且满足$F(\mathbf{x}),G(\mathbf{x})>0$.

(1) 若$F(\mathbf{x})$是凹的而$G(\mathbf{x})$是凸的,则$F(\mathbf{x})/G(\mathbf{x})$是拟凹的;

(2) 若$F(\mathbf{x})$和$G(\mathbf{x})$都是凹的,则$F(\mathbf{x})G(\mathbf{x})$是拟凹的.

证明 (1) 利用定理7.5.2(3)可获证.

(2) 由$G(\mathbf{x})$是凹的及定理7.4.8(1),$1/[G(\mathbf{x})]$是凸的.从而由结论(1),$F(\mathbf{x})G(\mathbf{x})=F(\mathbf{x})/[1/G(\mathbf{x})]$是拟凹的.

注记 7.5.3 例7.5.2和例7.5.3表明拟凹函数不具备定理7.4.6表述的凹函数的性质,即拟凹(拟凸)函数加权和未必是拟凹(拟凸)的.

拟凹和拟凸函数的最值在8.5节给出.

7.6 齐次函数

7.6.1 齐次函数的定义

定义 7.6.1 给定一个集合$U\subseteq\mathbf{R}^n$,称U是一个锥,如果对任意$\mathbf{x}\in U$和任意$t>0$,有$t\mathbf{x}\in U$.

显然$\mathbf{R}^n$中的任意一个锥都是无界的集合,是由射线组成的.

例 7.6.1 介于$\mathbf{R}^2$中从原点出发的任两条射线之间的区域一定是锥.

定义 7.6.2 称定义在一个锥$U\subseteq\mathbf{R}^n$上的n元实值函数$f(x_1,\cdots,x_n)$是$k\in R$次齐次(homogeneous)的,若对任意$x_1,\cdots,x_n\in U$,对任意$t>0$,有

$$f(tx_1,\cdots,tx_n) = t^k f(x_1,\cdots,x_n) \tag{7-6-1}$$

定义 7.6.3 若厂商的生产函数是k次齐次的.

(1) 当$k=1$时,称这个厂商处于规模报酬不变阶段(constant returns to scale);

(2) 当 $k>1$ 时,称这个厂商处于规模报酬递增阶段(increasing returns to scale);

(3) 当 $k<1$ 时,称这个厂商处于规模报酬递减阶段(decreasing returns to scale).

由式(7-6-1),厂商处于规模报酬不变阶段意味着如果厂商的所有投入都加倍,那么其产量也加倍;厂商处于规模报酬递增阶段意味着如果厂商的所有投入都加倍,则其产量大于最初产量的 2 倍;厂商处于规模报酬递减阶段意味着如果厂商的所有投入都加倍,则其产量小于最初产量的 2 倍.

经济学者们常用的一个具体的生产函数或效用函数是 Cobb-Douglas 函数

$$q = Ax_1^{a_1}x_2^{a_2}\cdots x_n^{a_n} \quad (0 < a_i < 1, i = 1,2,\cdots,n) \tag{7-6-2}$$

它是一个具有正的分数指数 $a_1,\cdots,a_n$ 的单项式. 显然这个函数是 $\sum_{i=1}^{n} a_i$ 次齐次的. 这个函数是数学家 C. W. Cobb 和经济学家 P. Douglas 在 20 世纪 30 年代提出的. 经济学者们在估计一个具体厂商或行业的生产函数时,常常试图寻找能最好地拟合厂商投入和产出数据的 Cobb-Douglas 函数. 通过对式(7-6-2)两端取对数,可得到对数产量与各个对数投入的线性关系

$$\lg q = \lg A + a_1\lg x_1 + \cdots + a_n\lg x_n$$

然后使用最小二乘法来估计各个指数. 经济学者在其经验研究中发现次数 $\sum_{i=1}^{n} a_i$ 非常接近于 1.

在优化理论的应用一章,将证明需求函数是各种消费品的价格和收入的零次齐次函数. 对于竞争市场的厂商来说,成本函数和利润函数是产品价格的齐次函数.

7.6.2　齐次函数的性质

定理 7.6.1　令 $f(x_1,\cdots,x_n)$ 是 $\mathbf{R}^n$ 中一个开锥上的 C^1 函数. 若 f 是 k 次齐次函数,则它的 n 个一阶偏导数 $\partial f(x_1,\cdots,x_n)/\partial x_i$ 都是 $k-1$ 次的齐次函数,$i=1,2,\cdots,n$.

证明　因为 f 是 k 次齐次函数,所以有式(7-6-1)成立. 将该式两端关于 x_i 求偏导数得 $tf'_i(tx_1,\cdots,tx_n)=t^kf'_i(x_1,\cdots,x_n)$,$i=1,2,\cdots,n$. 即 $f'_i(tx_1,\cdots,tx_n)=t^{k-1}f'_i(x_1,\cdots,x_n)$. 因此,$\partial f(x_1,\cdots,x_n)/\partial x_i$ 是 $k-1$ 次的齐次函数,$i=1,2,\cdots,n$.

定义 7.6.4　f 的任一个水平集 $L(\alpha)=\{(x_1,\cdots,x_n)\mid f(x_1,\cdots,x_n)=\alpha\}$($\alpha$ 是常数)的一个径向扩张或收缩(radial expansion or contraction)是指点集

$$L_{re} = \{(tx_1,\cdots,tx_n) \mid f(x_1,\cdots,x_n) = \alpha\}, \quad t > 0$$

或

$$L_{re} = \{(tx_1,\cdots,tx_n) \mid (x_1,\cdots,x_n) \in L(\alpha)\}, \quad t > 0 \tag{7-6-3}$$

定理 7.6.2　k 次齐次函数 $f(x_1,\cdots,x_n)$ 的任一个水平集的一个径向扩张或收缩仍然是它的一个水平集. 特别地,若 $L(\alpha)=\{(x_1,\cdots,x_n)\mid f(x_1,\cdots,x_n)=\alpha\}$ 是其一个水平集,则这个水平集的一个径向扩张或收缩为 $L(t^k\alpha)=\{(x_1,\cdots,x_n)\mid$

$f(x_1,\cdots,x_n)=t^k\alpha\}(t>0)$.

证明　任给 $f(x_1,\cdots,x_n)$的一个水平集 $L=\{(x_1,\cdots,x_n)\mid f(x_1,\cdots,x_n)=\alpha\}$，需证明式(7-6-3)表示的集合 L_{re}也是它的水平集，即需要证明存在一个常数 c 使得 $L_{re}=L(c)$，这里 $L(c)=\{(x_1,\cdots,x_n)\mid f(x_1,\cdots,x_n)=c\}$.

任取$(tx_1,\cdots,tx_n)\in L_{re}$，则$(x_1,\cdots,x_n)\in L(\alpha)$. 由于 $f(x_1,\cdots,x_n)$是 k 次齐次函数，则 $f(tx_1,\cdots,tx_n)=t^kf(x_1,\cdots,x_n)=t^k\alpha$. 令 $c=t^k\alpha$，则$(tx_1,\cdots,tx_n)\in L(t^k\alpha)$. 因此 $L_{re}\subseteq L(t^k\alpha)$.

反之，任取$(tx_1,\cdots,tx_n)\in L(t^k\alpha)$，即 $f(tx_1,\cdots,tx_n)=t^k\alpha$. 由于 $f(x_1,\cdots,x_n)$是 k 次齐次函数，所以 $t^kf(x_1,\cdots,x_n)=t^k\alpha$，即 $f(x_1,\cdots,x_n)=\alpha$，因此由定义 7.6.4，$(x_1,\cdots,x_n)\in L(\alpha)$，进而$(tx_1,\cdots,tx_n)\in L_{re}$，即 $L(t^k\alpha)\subseteq L_{re}$. 因此 $L_{re}=L(t^k\alpha)$.

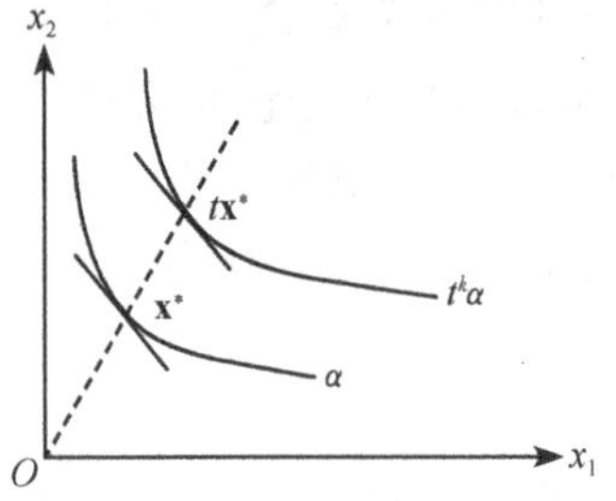

图 7.6.1　齐次函数的水平集的性质

定理 7.6.2 意味着齐次函数的水平集之间是相互径向扩张或收缩的，即水平集 L_{re}是水平集 L 的一个径向扩张(收缩)，这是因为当 $t>1$ 时，有 $t^k\alpha>\alpha$(当 $t<1$ 时有 $t^k\alpha<\alpha$). 图 7.6.1 说明了 $\mathbf{x}^*\in L(\alpha)\Leftrightarrow t\mathbf{x}^*\in L(t^k\alpha)$.

定理 7.6.3　给定一个 n 元 k 次齐次函数 $f(\mathbf{x})$，则这个函数的水平集沿着从原点出发的射线的斜率是不变的. 具体来说，给定一个点 $\mathbf{x}^*$，则可得函数 $f(\mathbf{x})$两个分别过点 $\mathbf{x}^*$ 和点 $t\mathbf{x}^*$ 的水平集 $L(\mathbf{x}^*)=\{\mathbf{x}\mid f(\mathbf{x})=f(\mathbf{x}^*)\}$和 $L(t\mathbf{x}^*)=\{\mathbf{x}\mid f(\mathbf{x})=f(t\mathbf{x}^*)\}=\{t\mathbf{x}\mid f(\mathbf{x})=f(\mathbf{x}^*)\}$[$L(\mathbf{x}^*)$和 $L(t\mathbf{x}^*)$互为对方的一个径向扩张或收缩，$t>0$]. 进而考虑这两个集合的两个子集(平面曲线)

$$L'(\mathbf{x}^*)=\{\mathbf{x}^*(k,l)\mid f(\mathbf{x}^*(k,l))=f(\mathbf{x}^*)\}$$
$$L'(t\mathbf{x}^*)=\{t\mathbf{x}^*(k,l)\mid f(\mathbf{x}^*(k,l))=f(\mathbf{x}^*)\}$$

这里 $\mathbf{x}^*(k,l)=(x_1^*,\cdots,x_{k-1}^*,x_k,x_{k+1}^*,\cdots,x_{l-1}^*,x_l,x_{l+1}^*,\cdots,x_n^*)$，即 $\mathbf{x}^*(k,l)$表示第 k 个和第 l 个分量分别为 x_k 和 x_l，而其他分量为 $x_i=x_i^*$ $(i\neq k,l)$. 若 $\partial f(\mathbf{x}^*)/\partial x_k\neq 0$，则平面曲线 $L'(\mathbf{x}^*)$在点 $\mathbf{x}^*$ 处的切线的斜率与平面曲线 $L'(t\mathbf{x}^*)$点 $t\mathbf{x}^*$ 处的切线的斜率相等.

证明　注意到 $f(\mathbf{x}^*(k,l))$是 x_k 和 x_l 的二元函数，又 $\partial f(\mathbf{x}^*)/\partial x_k\neq 0$，所以根据隐函数定理 6.8.1 可知，$L'(\mathbf{x}^*)$和 $L'(t\mathbf{x}^*)$都是平面曲线，它们都可确定 x_k 是 x_l 的一元函数. 从而函数 $f(\mathbf{x})$过(或包含)点 $\mathbf{x}^*$ 的水平集 $L'(\mathbf{x}^*)$在点 $\mathbf{x}^*$ 处的切线的斜率是

$$-(\partial f(\mathbf{x}^*)/\partial x_l)/(\partial f(\mathbf{x}^*)/\partial x_k)\qquad(7\text{-}6\text{-}4)$$

而 $f(\mathbf{x})$的过(或包含)点 $t\mathbf{x}^*$ 的水平集 $L'(t\mathbf{x}^*)$在点 $t\mathbf{x}^*$ 处的切线的斜率为

$$-\frac{\dfrac{\partial f(t\mathbf{x}^*)}{\partial x_l}}{\dfrac{\partial f(t\mathbf{x}^*)}{\partial x_k}}=-\frac{t^{k-1}\dfrac{\partial f(\mathbf{x}^*)}{\partial x_l}}{t^{k-1}\dfrac{\partial f(\mathbf{x}^*)}{\partial x_k}}=-\frac{\dfrac{\partial f(\mathbf{x}^*)}{\partial x_l}}{\dfrac{\partial f(\mathbf{x}^*)}{\partial x_k}} \tag{7-6-5}$$

式(7-6-5)第一个等式是根据定理 7.6.1 得到的. 比较式(7-6-4)和式(7-6-5)可知,水平集沿着任意从原点出发的射线的斜率是不变的.

推论 7.6.4　给定一个二元齐次函数 $f(x_1,x_2)$,则这个函数的水平集沿着从原点出发的射线的斜率是不变的. 具体来说,假设 $\partial f(x_1^*,x_2^*)/\partial x_2\neq 0$,则这个函数过点$(x_1^*,x_2^*)$的水平集(平面曲线)在点$(x_1^*,x_2^*)$处的切线斜率等于这个函数过点$(tx_1^*,tx_2^*)$的水平集在点$(tx_1^*,tx_2^*)$处的切线斜率.

图 7.6.1 说明了推论 7.6.4 的几何意义,即水平集 L 在 $\mathbf{x}^*$ 处的切线与水平集 L_{re} 在 $t\,\mathbf{x}^*$ 处的切线是平行的.

定理 7.6.5　一个函数的齐次性是基数概念,不是序数概念(即一个齐次函数的单调变换未必是齐次函数).

例 7.6.2　函数 $F(K,L)=KL$ 是齐次函数,$g(z)=\ln z$ 是 R_{++} 上的一个单调变换,但 $g(F(K,L))=\ln K+\ln L$ 不再是齐次函数.

7.6.3　齐次经济函数的性质

例 7.6.3　设生产函数 $Q=F(L,K)$是 k 次齐次的,由推论 7.6.4,从原点出发的射线上的任意点处的边际技术替代率 MRTS 是常数.

例 7.6.4　设 $q=f(\mathbf{x})$是 $\mathbf{R}_+^n$ 上的 k 次齐次函数:

(1) 若 $f(\mathbf{x})$表示生产函数,则沿着从原点出发的射线上的各点处的边际技术替代率 MRTS 是常数;

(2) 若 $f(\mathbf{x})$表示效用函数,则沿着从原点出发的射线上的各点处的边际替代率 MRS 是常数.

证明　由定理 7.6.3 显然.

7.6.4　齐次性的微分判别准则及其应用

1. 微分判断准则

定理 7.6.6(必要条件)[Euler(欧拉)定理]　令 $z=f(x_1,\cdots,x_n)$是 $\mathbf{R}_+^n$ 上的 C^1 的 k 次齐次函数,则对任意 $\mathbf{x}\in\mathbf{R}_+^n$ 有

$$\sum_{i=1}^{n}x_i\frac{\partial f(\mathbf{x})}{\partial x_i}=kf(\mathbf{x})$$

或

$$\mathbf{x} \cdot \nabla f(\mathbf{x}) = kf(\mathbf{x}) \tag{7-6-6}$$

证明 令 $g(t)=f(t\mathbf{x})=f(tx_1,\cdots,tx_n)$，则

$$g'(t) = \sum_{i=1}^{n} x_i \frac{\partial f(t\mathbf{x})}{\partial x_i} \tag{7-6-7}$$

因此

$$g'(1) = \sum_{i=1}^{n} x_i \frac{\partial f(\mathbf{x})}{\partial x_i} \tag{7-6-8}$$

又由于 $f(\mathbf{x})$是 k 次齐次函数，所以 $g(t)=t^k f(\mathbf{x})$，从而 $g'(t)=kt^{k-1}f(\mathbf{x})$和 $g'(1)=kf(\mathbf{x})$. 把 $g'(1)=kf(\mathbf{x})$与式(7-6-8)对比，可知式(7-6-6)成立.

定理 7.6.7(充分条件——欧拉定理的逆命题) 设 $z=f(x_1,\cdots,x_n)$是 $\mathbf{R}_+^n$ 上的 C^1 函数. 若对任意 $\mathbf{x}\in\mathbf{R}_+^n$ 有式(7-6-6)成立，则 $z=f(x_1,\cdots,x_n)$是 $\mathbf{R}_+^n$ 上的 k 次齐次函数.

证明 令 $g(t)=f(t\mathbf{x})$，则有式(7-6-7)成立. 由于式(7-6-6)成立，所以

$$t\sum_{i=1}^{n} x_i \frac{\partial f(t\mathbf{x})}{\partial x_i} = kf(t\mathbf{x}) \tag{7-6-9}$$

对比式(7-6-7)和式(7-6-9)两式，可得 $tg'(t)=kf(t\mathbf{x})$. 进一步，根据函数 $g(t)$的定义，可得

$$tg'(t) = kg(t) \tag{7-6-10}$$

令 $h(t)=g(t)/t^k$，则根据式(7-6-10)可知 $h'(t)=0$ 或 $g(t)/t^k=h(t)=C$，这里 C 是一个常数. 因此 $g(t)=Ct^k$①. 特别地，$g(1)=C$. 又根据函数 $g(t)$的定义，$g(1)=f(\mathbf{x})$，所以 $g(t)=t^kf(\mathbf{x})$或 $f(t\mathbf{x})=t^kf(\mathbf{x})$，从而 $f(\mathbf{x})$是 k 次齐次函数.

2. Euler 定理的一个经济应用

例 7.6.5(Wicksell 规律) 令 $f(x_1,x_2)$是生产函数，满足：

(1) 规模报酬不变：$f(tx_1,tx_2)=tf(x_1,x_2)$，即 $f(x_1,x_2)$是一次齐次函数.

(2) 投入 1 的边际产量递减：$\partial^2 f(x)/\partial x_1^2<0$.

则由条件(1)及定理 7.6.1，$\partial f/\partial x_1$ 是零次齐次函数. 对 $\partial f/\partial x_1$ 用 Euler 定理得到

$$x_1 \frac{\partial}{\partial x_1}\left(\frac{\partial f}{\partial x_1}\right)+x_2 \frac{\partial}{\partial x_2}\left(\frac{\partial f}{\partial x_1}\right)= 0\, \frac{\partial f}{\partial x_1} = 0$$

再由条件(2)有 $\dfrac{\partial^2 f}{\partial x_1 \partial x_2}=-\dfrac{x_1}{x_2}\dfrac{\partial^2 f}{\partial x_1^2}>0$. 这个正的偏导数 $\dfrac{\partial^2 f}{\partial x_1\partial x_2}$ 意味着：当投入 2 增加时，投入 1 的边际产量增加，这个结果称作 Wicksell 规律.

---

① 直接求解微分方程(7-6-10)也可得到 $g(t)=Ct^k$.

7.7 同位函数

7.7.1 同位函数的几个等价定义

定义 7.7.1(Simon and Blume,1994) 给定定义在锥 $S\subseteq \mathbf{R}_+^n$ 上的一个 n 元实值函数 $V(\mathbf{x})$,称函数 $V(\mathbf{x})$ 是同位的(homothetic),若 $V(\mathbf{x})$ 是一个齐次函数的单调变换,即存在一个单调变换 $g(z):R_+\to R_+$ 和一个齐次函数 $U(\mathbf{x}):S\to R_+$,使得 $V(\mathbf{x})=g(U(\mathbf{x}))$[①].

同位函数有一些其他的等价定义(Takayama,1985,p. 146;Takayama,1994,p. 147).

定义 7.7.2 给定一个定义在锥 $S\subseteq \mathbf{R}_+^n$ 上的 n 元实值函数 $V(\mathbf{x})$:

(1) 称 $V(\mathbf{x})$ 是同位函数,若存在一个连续的正单调变换 $f(z)>0$,使得函数 $U(\mathbf{x})=f(V(\mathbf{x}))$ 是定义在 S 上的 n 元一次齐次函数;

(2) 称 $V(\mathbf{x})$ 是同位函数,如果它可表示为一个定义在锥 S 上的 n 元一次齐次函数 $U(\mathbf{x})$ 的正单调变换,即 $V(\mathbf{x})=g(U(\mathbf{x}))$,其中 $g(z)>0$ 是一个正单调变换[②].

定理 7.7.1 定义 7.7.1 和定义 7.7.2 是相互等价的.

证明 取 $g=f^{-1}$,可知定义 7.7.2 中的(1)和(2)是等价的. 下面只需证明定义 7.7.1 和定义 7.7.2(2)是相互等价的.

定义 7.7.2(2)⇒定义 7.7.1 是显然的. 下面证明定义 7.7.1⇒定义 7.7.2(2). 假设 $V(\mathbf{x})=g(U(\mathbf{x}))$,这里 $g(z):R_+\to R_+$ 是一个单调变换,$U(\mathbf{x})$ 是一个 $k>0$ 次的齐次函数. 令 $U_1(\mathbf{x})=(U(\mathbf{x}))^{1/k}$,则 $U_1(\mathbf{x})$ 是一个一次齐次函数. 再令 $g_1(z)=z^k:R_+\to R_+$,则复合函数 $f(z)=g(g_1(z))$ 是一个单调变换,且 $V(\mathbf{x})=f(U_1(\mathbf{x}))$. 即 $V(\mathbf{x})$ 可表示为一个一次齐次函数的单调变换. 因此定义 7.7.1 意味着定义 7.7.2(2).

定理 7.7.2 任意的齐次函数一定是同位函数,反之不然.

证明 留作练习.

例 7.7.1 函数 $V(x,y)=xy+1$ 和 $W(x,y)=(xy)^3+xy$ 不是齐次的,但都是同位的. 因为它们都是齐次函数 $U(x,y)=xy$ 的单调变换. 所用的单调变换分别为 $g_1(z)=z+1$ 和 $g_2(z)=z^3+z$.

---

① 注意这个定义对其中的齐次函数的次数没有限制. 采用这个定义的还有 Fuente(2000,p. 190)、Hands(2004,p. 82)等的著作.

② 这个定义应归于 Shephard(1953,p. 41). 采用这个定义的还有 Jehle 和 Reny(2001,p. 510),蒋殿春(2006,p. 8)的著作.

7.7.2 同位函数的性质

定理 7.7.3 一个函数的同位性是序数概念，即一个同位函数的单调变换仍然是一个同位函数.

证明 设 $z \to h(z)$ 是单调变换，$x \to V(x)$ 是同位函数，须证明 $h(V(x))$ 是同位函数. 由于 $V(x)$ 是同位函数，故存在一个单调变换 $g(z)$ 和一个齐次函数 $U(x)$ 使得 $V(x)=g(U(x))$. 因此 $h(V(x))=h(g(U(x)))=(h\circ g)(U(x))$，由于 h 和 g 都是单调变换，故 $h\circ g$ 也是单调变换(为什么?). 因此同位函数 $V(x)$ 的单调变换仍是同位函数.

定理 7.7.4 给定定义在锥 $S\in \mathbf{R}^n_+$ 上的一个 n 元实值函数 $V(\mathbf{x})$，则 $V(\mathbf{x})$ 是同位函数的充要条件是对任意的 i,j，对任意 $\mathbf{x}\in S$，对任意 $t>0$ 有

$$\frac{\frac{\partial V}{\partial x_i}(t\mathbf{x})}{\frac{\partial V}{\partial x_j}(t\mathbf{x})}=\frac{\frac{\partial V}{\partial x_i}(\mathbf{x})}{\frac{\partial V}{\partial x_j}(\mathbf{x})} \tag{7-7-1}$$

证明 容易证明必要性，充分性的证明需要用到微分方程(略).

定理 7.7.4 表明一个函数是同位函数与这个函数的边际替代率是零次齐次函数是等价的；几何上，定理 7.7.4 意味着同位函数沿着从原点出发的射线的边际替代率不变或同位函数的水平集沿着从原点出发的射线的斜率不变(参见定理 7.6.4 及其证明过程)①.

例 7.7.2 容易验证函数 $U(x,y)=xy+x^2y^2$，满足定理 7.7.4 的条件，因此它是同位函数.

定义 7.7.3 设 $\mathbf{x}=(x_1,\cdots,x_n)$，$\mathbf{y}=(y_1,\cdots,y_n)\in \mathbf{R}^n$. 称一个函数 $V:\mathbf{R}^n_+\to R$ 是单调的(monotonic)，如果对任意 $\mathbf{x},\mathbf{y}\in \mathbf{R}^n$ 有 $\mathbf{x}\geqslant\mathbf{y}\Rightarrow V(\mathbf{x})\geqslant V(\mathbf{y})$；称一个函数 $u:\mathbf{R}^n_+\to R$ 是严格单调的(strictly monotonic)，如果对任意 $\mathbf{x},\mathbf{y}\in \mathbf{R}^n$ 有 $x\gg y\Rightarrow V(\mathbf{x})>V(\mathbf{y})$②.

定理 7.7.5 给定定义在锥 $S\subseteq \mathbf{R}^n_+$ 上的一个严格单调函数 $V(\mathbf{x})$，则 $V(\mathbf{x})$ 是同位函数的充要条件是对任意的 $\mathbf{x},\mathbf{y}\in S$，对任意 $\alpha>0$ 有

$$V(\mathbf{x})=V(\mathbf{y})\Leftrightarrow V(\alpha\mathbf{x})=V(\alpha\mathbf{y}) \tag{7-7-2}$$

证明 (充分性)假设对任意 $\alpha>0$，有式(7-7-2)成立，要证明 $V(\mathbf{x})$ 是同位函数. 令 $\mathbf{e}=(1,1,\cdots,1)^T\in \mathbf{R}^n$. 定义一个一元实值函数 $f:\mathbf{R}_+\to \mathrm{R}_+$ 为 $f(\alpha)=V(\alpha\mathbf{e})$. 由于 $V(\mathbf{x})$ 是一个严格单调函数，所以 $f(\alpha)$ 是严格增加的，因而 $f(\alpha)$ 有严格增加的反函数 $f^{-1}(\alpha)$. 令 $U=f^{-1}\circ V$，则

---

① Novshek(1993，p. 104)把沿着从原点出发的射线的边际替代率保持不变的函数称作同位函数.

② $\mathbf{x}\geqslant\mathbf{y}$ 和 $\mathbf{x}\gg\mathbf{y}$ 的含义见 4.4.2 小节.

$$f \circ U = f \circ (f^{-1} \circ V) = (f \circ f^{-1}) \circ V = V$$

即 $V(\mathbf{x})=f(U(\mathbf{x}))$. 下面只需证明 $U(\mathbf{x})$ 是齐次函数即可.

对任意 $\mathbf{x}\in S$，令 $\alpha=U(\mathbf{x})=f^{-1}(V(\mathbf{x}))$，则 $f(\alpha)=V(\mathbf{x})$；再由 $f(\alpha)$ 的定义可知 $f(\alpha)=V(\alpha\mathbf{e})=V(\mathbf{x})$. 由于 $V(\alpha\mathbf{e})=V(\mathbf{x})$ 及式(7-7-2)，所以对任意 $t>0$ 有 $V(t\alpha\mathbf{e})=V(t\mathbf{x})$；再由 $f(\alpha)$ 的定义可知 $V(t\mathbf{x})=f(t\alpha)$. 进而，根据函数 $U(\mathbf{x})$ 的定义以及 α 的定义可知，对任意 $t>0$ 有

$$U(t\mathbf{x}) = f^{-1}(V(t\mathbf{x})) = f^{-1}(f(t\alpha)) = t\alpha = tU(\mathbf{x})$$

从而 $U(\mathbf{x})$ 是一次齐次函数.

(必要性)假设 $V(\mathbf{x})$ 是同位函数，即 $V(\mathbf{x})=g(U(\mathbf{x}))$，这里 $g(z):R_+\to R_+$ 是一个单调变换，$U(\mathbf{x})$ 是一个 $k(k>0)$ 次齐次函数. 从而对任意的 $\mathbf{x}_1,\mathbf{x}_2\in S$，对任意的 $t>0$ 有 $V(\mathbf{x}_1)=V(\mathbf{x}_2)\Leftrightarrow g(U(\mathbf{x}_1))=g(U(\mathbf{x}_2))\Leftrightarrow U(\mathbf{x}_1)=U(\mathbf{x}_2)\Leftrightarrow t^kU(\mathbf{x}_1)=t^kU(\mathbf{x}_2)\Leftrightarrow U(t\mathbf{x}_1)=U(t\mathbf{x}_2)\Leftrightarrow g(U(t\mathbf{x}_1))=g(U(t\mathbf{x}_2))\Leftrightarrow V(t\mathbf{x}_1)=V(t\mathbf{x}_2)$.

习　题

7.1　考虑例 7.1.1：

(1) 分析四个参数 a_0、a_1、b_0 和 b_1 是如何影响均衡量 Q^* 的；

(2) 能进行定量比较静态分析吗？

7.2　假设一个市场模型中的需求函数为 $Q_d=m-nP-cP_c+sP_s(m,n,c,s>0)$，供给函数为 $Q_s=a+bP-iP_i(a,b,i>0)$，这里 P 为某商品价格，P_c 是其互补品的价格，P_s 是其替代品的价格，P_i 是投入要素的价格. 要求：

(1) 确定均衡价格 P^* 与均衡数量 Q^*；

(2) 求 $\dfrac{\partial(P^*,Q^*)}{\partial(P_c,P_s,P_i)}$，进而分析外生变量 P_c、P_s 和 P_i 的变化对均衡价格及均衡数量的影响.

7.3　考虑例 7.1.4，分别用复合函数求导法、式(6-8-12′)和式(6-8-15)，求 $\partial(Y^*,i^*)/\partial X_0$，进而分析出口水平 X_0 分别对均衡国民收入 Y^* 和均衡利率 i^* 的影响.

7.4　考虑例 7.1.4，用五种方法(隐函数定理、全微分法、复合函数求导法、式(6-8-12′)和式(6-8-15))，求 $\partial(Y^*,i^*)/\partial M_{s0}$，进而分析货币供给 M_{s0} 分别对均衡国民收入 Y^* 和均衡利率 i^* 的影响.

7.5　考虑例 7.1.4 中的国民收入均衡模型. 你能否不通过求偏导数的方法直接从方程组(7-1-14)得到结论：在点 (Y^*,i^*,X_0^*,M_{s0}^*) 处 $\partial L/\partial X_0=0$.

7.6　设国民收入的均衡条件为 $S(Y)+T(Y)=I(Y)+G(S',T',I'>0,S'+T'>I')$，这里 S、Y、T、I、Y 和 G 分别表示储蓄、国民收入、税收、投资和政府支出. 假设所有的导数都连续.

(1) 解释导数 S'、T'、I' 的经济含义.

(2) 设有 Y_0 和 G_0 满足 $S(Y_0)+T(Y_0)=I(Y_0)+G_0$，检验在点 (Y_0,G_0) 处隐函数定理 6.8.1 的条件是否满足[即能否由方程 $S(Y)+T(Y)=I(Y)+G$ 在 G_0 的某个邻域内确定 Y 是 G 的函数]？若满足，写出均衡恒等式；

(3) 求比较静态导数 $\dfrac{dY}{dG}(G_0)$，并讨论它的经济含义.

7.7　考虑非线性 IS-LM 模型

$$\begin{cases} Y = C + I + G \\ C = C(Y - T) \\ I = I(r) \\ M^S = M(Y, r) \end{cases}$$

这里 Y 是国民收入，T 是税收，C 是消费者的消费，M^S 是货币供给，I 是投资，r 是利率，G 是政府支出. 非线性函数 $x \to C(x)$，$r \to I(r)$ 和 $(Y, r) \to M(Y, r)$ 满足

$$0 < C'(x) < 1, \quad I'(r) < 0, \quad \frac{\partial M}{\partial Y} > 0, \quad \frac{\partial M}{\partial r} < 0$$

当外生变量 (G, M^S, T) 为 (G^*, M^{S*}, T^*) 时，相应内生变量 (Y, r) 的均衡为 (Y^*, r^*). 若外生变量 (G, M^S, T) 之一发生改变时，均衡 (Y^*, r^*) 是如何变动的？

7.8　解释效用函数 $U(x_1, x_2, \cdots, x_n)$ 的二阶混合偏导数 $\partial^2 U/(\partial x_j \partial x_i)$ 的经济含义.

7.9　对每个 i 具有递减的边际效用，即 $\partial^2 U/\partial x_i^2 < 0$. 问这个性质是序数的吗？

7.10　商品 l 对商品 k 的边际替代率表示每减少 1 个单位的商品 l 必须补偿给消费者商品 k 的数量以使总效用 U_0 保持不变（这里提到的数量叫做商品 l 对商品 k 的边际替代率，注意其他商品的消费量保持不变），记作 MRS_{lk}. 根据此定义证明

$$\mathrm{MRS}_{lk} = -\left.\frac{\mathrm{d}x_k}{\mathrm{d}x_1}\right|_{U(\mathbf{x}) = U_0} = \frac{\mathrm{MU}_l}{\mathrm{MU}_k}$$

7.11　已知一个效用函数具有可加形式：$u(x, y) = v(x) + w(y)$. x 对 y 的边际替代率表示为

$$M(x, y) = \frac{\dfrac{\partial u(x, y)}{\partial x}}{\dfrac{\partial u(x, y)}{\partial y}}$$

对 4 个值 x_1、x_2、y_1 和 y_2，令 M_{ij} 表示 $M(x, y)$ 在 $x = x_i$，$y = y_j$ 处的值. 求 $(M_{11}M_{22})/(M_{12}M_{21})$ 的值.

7.12　给定生产函数 $Q = f(K, L)(K, L > 0)$，满足 $f_K = \partial Q/\partial K > 0$，$f_L = \partial Q/\partial L > 0$，$f_{KK} < 0$，$f_{LL} < 0$. 试证明：

(1) 若 f 是线性齐次函数，则它可表示为 $Q = L\phi(k)$，其中 $\phi(k) = f(k, 1)$，$k = K/L$.

(2) $\phi'(k) = f_K > 0$，$\phi''(k) = Lf_{KK}$.

7.13　给定引入技术进步因素的生产函数 $Q = A(t)F[K(t), L(t)]$，这里 $A(t) = A_0 \mathrm{e}^{\lambda t}$.

(1) 推导产量 Q 的增长率同 K、L 的增长率以及技术进步增长率之间的关系.

(2) 在 Q 的增长率中，K 和 L 贡献为何？

7.14　对于只用两种生产要素（即资本 K 与劳力 L）生产单一产品的生产函数 $Q = f(K, L)$ 一般具有性质"生产过程要有产出，K 与 L 都是必不可少的"，用数学式子描述这个性质.

7.15　假定厂商的生产函数为 $Q(K, L) = AK^{\alpha}L^{\beta}(K > 0, L > 0)$，这里 $A > 0$，$0 < \alpha < 1$，$0 < \beta < 1$. 验证这个生产函数具有如下性质：

(1) 边际产出大于零；

(2) 边际产出递减规律成立；

(3) 等产量曲线斜率为负且具有严格凸性；

(4) 资本和劳动的产量弹性之和等于 $\alpha + \beta$；

(5) 满足边际技术替代率严格递减规律.

7.16　证明 $F(\mathbf{x})$是凹(严格凹)函数的充要条件是$-F(\mathbf{x})$是凸(严格凸)函数.

7.17　a、b、c 和 d 满足什么条件时,$f(x,y)=ax^2+by^2+2cxy+df(x,y)$是凹函数?

7.18　证明定理 7.4.2.

7.19　证明定理 7.4.6.

7.20　证明定理 7.4.7.

7.21　(1) 分别由定理 7.4.7(1)和(2)证明定理 7.4.8(1);

(2) 由定理 7.4.8(1)证明 7.4.8(2).

7.22　证明定理 7.4.9.

7.23　证明定理 7.4.10.

7.24　证明定理 7.5.3.

7.25　证明定理 7.5.4.

7.26　证明定理 7.5.5.

7.27　证明定理 7.5.7.

7.28　证明定理 7.5.12.

7.29　证明定理 7.5.13.

7.30　证明定理 7.5.14.

7.31　证明定理 7.5.15.

7.32　证明定理 7.7.2.

7.33　验证函数 x^3 和 $-x$ 都是拟凹的,但 x^3-x 不是拟凹的.

7.34　已知函数 $F(x_1,x_2)=-\ln x_1+x_2(x_1,x_2>0)$. 判断它是拟凹的、拟凸的、严格拟凹的,还是严格拟凸的.

7.35　证明函数 $U(x_1,x_2)=x_1+a\ln x_2(a,x_2>0)$是凹的.

7.36　利用定理 7.5.8 证明函数 $U(x_1,x_2)=x_1+a\ln x_2(a,x_2>0)$是拟凹的.

7.37　证明如果 $f(\mathbf{x})$是一个 n 元线性函数,那么 $f(\mathbf{x})$既是凹的又是凸的,但既不是严格凹也不是严格凸的.

7.38　证明一个 n 元函数 $f(\mathbf{x})$是(严格)凹的$\Leftrightarrow$函数$-f(\mathbf{x})$是(严格)凸的.

7.39　考虑 CES 函数 $f(\mathbf{x})=(\alpha_1x_1^\rho+\alpha_2x_2^\rho+\cdots+\alpha_nx_n^\rho)^{1/\rho}$(各个 $\alpha_i>0,\rho\neq0$),证明

(1) 若 $\rho\leqslant1$,则 $f(\mathbf{x})$是 $\mathbf{R}_+^n$ 上的拟凹函数;

(2) 若 $\rho\geqslant1$,则 $f(\mathbf{x})$是 $\mathbf{R}_+^n$ 上的凸函数.

7.40　证明 Cobb-Douglas 函数 $f(\mathbf{x})=x_1^{\alpha_1}x_2^{\alpha_2}\cdots x_n^{\alpha_n}$(各个 $\alpha_i>0$)对所有 $\mathbf{x}\in R_{++}^n=\{(x_1,x_2,\cdots,x_n)|x_i>0,i=1,2,\cdots,n\}$是严格拟凹的.

7.41　假设 $f_i(x_i)$是一元凹函数,$i=1,2,\cdots,n$,$g(z)$是一个严格增函数. 证明 $F(x_1,x_2,\cdots,x_n)=g(f_1(x_1)+f_2(x_2)+\cdots+f_n(x_n))$是一个 n 元拟凹函数.

7.42　证明偏好关系$\succeq$是凸的充要条件是与偏好关系$\succeq$对应的效用函数是拟凹的(定理 7.5.1).

7.43　下面哪些函数是齐次的? 那些齐次函数的次数是多少?

(1) $3x^5y+2x^2y^4-3x^3y^3$

(2) $3x^5y+2x^2y^4-3x^3y^4$

(3) $x^{1/2}y^{-1/2}+3xy^{-1}+7$

(4) $x^{3/4}y^{1/4}+6x$

(5) $x^{3/4}y^{1/4}+6x+4$

(6) $(x^2-y^2)/(x^2+y^2)$

7.44 考虑 CES 生产函数 $F(x_1,x_2)=A(a_0+a_1x_1^r+a_2x_2^r)^{1/r}$. 证明当 $a_0=0$ 时,生产函数 F 的规模报酬不变.

7.45 设 $F(x_1,x_2)$ 是 r 次齐次函数,证明

$$x_1^2\frac{\partial^2 F}{\partial x_1^2}+2x_1x_2\frac{\partial^2 F}{\partial x_1\partial x_2}+x_2^2\frac{\partial^2 F}{\partial x_2^2}=r(r-1)F$$

7.46 考虑只有资本 K 和劳动 L 两种投入的规模报酬不变的生产函数 $F(K,L)(K,L>0)$. 若 $\partial^2F/\partial K^2<0$,则必有 $\partial^2F/(\partial K\partial L)>0$,并解释其含义.

7.47 考虑只有资本 K 和劳动 L 两种投入的规模报酬不变的生产函数 $F(K,L)(K,L>0)$.

(1) 证明若 $\mathrm{MP}_L>\mathrm{AP}_L$,则 $\mathrm{MP}_K<0$;

(2) 从(1)的结论判断生产应在满足什么条件的投入处进行?

7.48 设 $F(x_1,x_2)$ 和 $G(x_1,x_2)$ 是 R^n 上的不同次数的齐次函数,证明 $F(x_1,x_2)+G(x_1,x_2)$ 不是齐次函数.

7.49 零函数 $F(\mathbf{x})=0$ 是齐次函数吗? 如果是齐次的,次数是多少?

7.50 利用 R_+ 上的单调变换 $z^k(k>0)$ 证明 $\mathbf{R}_+^n$ 上的每个齐次效用函数等价于 $\mathbf{R}_+^n$ 上的一个一次齐次效用函数.

7.51 下面函数中哪些是同位函数? 为什么?

(1) $x^3y^6+6x^2y^4+13xy^2+9$;

(2) x^2y+4xy;

(3) $\mathrm{e}^{x^3y}\mathrm{e}^{xy^3}$;

(4) $4\ln x+7\ln y$;

(5) $x^2y^2/(2xy+1)$.

7.52 用定理 7.7.4 检验习题 7.51 中的函数是否是同位函数?

7.53 给定定义在锥 $S\subseteq\mathbf{R}_+^n$ 上的一个严格单调函数 $V(\mathbf{x})$,若 $V(\mathbf{x})$ 是同位函数,则对任意的 $\mathbf{x}_1$, $\mathbf{x}_2\in S$,对任意的 $t>0$,有 $V(\mathbf{x}_1)\geqslant V(\mathbf{x}_2)\Leftrightarrow V(t\mathbf{x}_1)\geqslant V(t\mathbf{x}_2)$.

7.54 假设定义在一个锥 $U\subseteq\mathbf{R}^n$ 上的 n 元实值函数 $f(x_1,\cdots,x_n)$ 关于前 r 个变量是 $k(k\in R)$ 次齐次的,即对任意 $x_1,\cdots,x_n\in U$,对任意 $t>0$,有 $f(tx_1,\cdots,tx_r,x_{r+1},\cdots,x_n)=t^kf(x_1,\cdots,x_n)$. 证明 $\sum_{i=1}^{r}x_i\frac{\partial f(\mathbf{x})}{\partial x_i}=kf(\mathbf{x})$.

附　　录

定理 7.4.1 的证明

任取 $\mathbf{x},\mathbf{y}\in U$,则连接 $\mathbf{x}$ 与 $\mathbf{y}$ 两点的线段可表示为一个集合 $\{t\mathbf{x}+(1-t)\mathbf{y}\mid\mathbf{x}$,

$\mathbf{y}\in U,t\in[0,1]\}$. 因此 $F(\mathbf{x})$ 在连接 U 中的两点 $\mathbf{x}$ 与 $\mathbf{y}$ 的线段上的限制可表示为 t 的一元函数 $g(t)\equiv F(t\mathbf{x}+(1-t)\mathbf{y}),t\in[0,1]$. 因此这个定理是说,$F(\mathbf{x})$ 是凹(或凸)的充要条件为对任意 $\mathbf{x},\mathbf{y}\in U,g(t)\equiv F(t\mathbf{x}+(1-t)\mathbf{y})$ 是区间$[0,1]$上的凹(或凸)函数.

(充分性)设 $F(\mathbf{x})$ 在 U 中的每个线段上的限制是凹的. 任取 $\mathbf{x},\mathbf{y}\in U$,定义区间$[0,1]$上的一元函数 $g(t)\equiv(F(t\mathbf{x}+(1-t)\mathbf{y})$,则 $g(t)$ 是 t 的凹函数. 再注意到 $g(1)\equiv F(\mathbf{x})$ 和 $g(0)=F(\mathbf{y})$,可知

$$\begin{aligned}F(t\mathbf{x}+(1-t)\mathbf{y})&=g(t\cdot 1+(1-t)\cdot 0)\geqslant tg(1)+(1-t)g(0)\\&=tF(\mathbf{x})+(1-t)F(\mathbf{y})\end{aligned}$$

因此,$F(\mathbf{x})$ 是凹的.

(必要性)设 $F(\mathbf{x})$ 是凹函数,我们需证明对任意 $\mathbf{x},\mathbf{y}\in U,g(t)\equiv F(t\mathbf{x}+(1-t)\mathbf{y})$ 是区间$[0,1]$上的凹函数. 任取 $t_1,t_2\in[0,1]$,则对任意 $\lambda\in[0,1]$有

$$\begin{aligned}g(\lambda t_1+(1-\lambda)t_2)&=F[(\lambda t_1+(1-\lambda)t_2)\mathbf{x}\\&\quad+(1-(\lambda t_1+(1-\lambda)t_2))\mathbf{y})][g(t)\text{ 的定义}]\\&=F[(\lambda(t_1\mathbf{x}+(1-t_1)\mathbf{y})+(1-\lambda)(t_2\mathbf{x}+(1-t_2)\mathbf{y})]\\&\geqslant\lambda F(t_1\mathbf{x}+(1-t_1)\mathbf{y})\\&\quad+(1-\lambda)F(t_2\mathbf{x}+(1-t_2)\mathbf{y})[F(\mathbf{x})\text{ 是凹的}]\\&=\lambda g(t_1)+(1-\lambda)g(t_2)[g(t)\text{ 的定义}]\end{aligned}$$

因此,$g(t)\equiv F(t\mathbf{x}+(1-t)\mathbf{y})$ 是区间$[0,1]$上的凹函数.

定理 7.4.4 的证明

(1) (必要性)假设 F 是凹的. 对任意 $\mathbf{x},\mathbf{y}\in U$,定义函数 $g_{\mathbf{x},\mathbf{y}}(t)\equiv F(t\mathbf{y}+(1-t)\mathbf{x}),t\in[0,1]$. 则由定理 7.4.1,$g_{\mathbf{x},\mathbf{y}}(t)\equiv F(\mathbf{x}+t(\mathbf{y}-\mathbf{x}))$ 是区间$[0,1]$上的凹函数,且 $g_{\mathbf{x},\mathbf{y}}(0)=F(\mathbf{x})$ 和 $g_{\mathbf{x},\mathbf{y}}(1)=F(\mathbf{y})$. 由一元凹函数的一阶微分准则(定理 2.6.3)知

$$g_{\mathbf{x},\mathbf{y}}(1)-g_{\mathbf{x},\mathbf{y}}(0)\leqslant g'_{\mathbf{x},\mathbf{y}}(0)(1-0)\tag{A7.4.1}$$

根据定理 6.6.2[或式(6.6.2)],可知 $g'_{\mathbf{x},\mathbf{y}}(t)=\mathrm{D}F(\mathbf{x}+t(\mathbf{y}-\mathbf{x}))(\mathbf{y}-\mathbf{x})$ 和 $g'_{\mathbf{x},\mathbf{y}}(0)=\mathrm{D}F(\mathbf{x})(\mathbf{y}-\mathbf{x})$. 从而式(A7.4.1)可变为 $F(\mathbf{y})-F(\mathbf{x})\leqslant\mathrm{D}F(\mathbf{x})(\mathbf{y}-\mathbf{x})$.

下面是必要性的第二个证明方法(直接从定义出发). 假设 F 是凹的,则对任意 $\mathbf{x},\mathbf{y}\in U$ 和对任意 $t\in[0,1]$有

$$F(t\mathbf{y}+(1-t)\mathbf{x})\geqslant tF(\mathbf{y})+(1-t)F(\mathbf{x})$$

定义函数 $g_{\mathbf{x},\mathbf{y}}(t)\equiv F(t\mathbf{y}+(1-t)\mathbf{x})$,则有 $g_{\mathbf{x},\mathbf{y}}(t)\geqslant tg_{\mathbf{x},\mathbf{y}}(1)+(1-t)g_{\mathbf{x},\mathbf{y}}(0)$. 从而

$$\frac{[g_{\mathbf{x},\mathbf{y}}(t)-g_{\mathbf{x},\mathbf{y}}(0)]}{t}\geqslant g_{\mathbf{x},\mathbf{y}}(1)-g_{\mathbf{x},\mathbf{y}}(0)$$

令 $t\to 0$，有 $g'_{\mathbf{x},\mathbf{y}}(0)\geqslant g_{\mathbf{x},\mathbf{y}}(1)-g_{\mathbf{x},\mathbf{y}}(0)$. 由函数 $g_{\mathbf{x},\mathbf{y}}(t)$ 定义可知 $F(\mathbf{y})-F(\mathbf{x})\leqslant \mathrm{D}F(\mathbf{x})(\mathbf{y}-\mathbf{x})$ 成立.

（充分性）对任意 $\mathbf{x},\mathbf{y}\in U$，$t\in[0,1]$，令 $\mathbf{z}_t=t\mathbf{x}+(1-t)\mathbf{y}$，则由于 U 是凸集，有 $\mathbf{z}_t\in U$. 因此

$$F(\mathbf{x})-F(\mathbf{z}_t)\leqslant \mathrm{D}F(\mathbf{z}_t)(\mathbf{x}-\mathbf{z}_t)$$
$$F(\mathbf{y})-F(\mathbf{z}_t)\leqslant \mathrm{D}F(\mathbf{z}_t)(\mathbf{y}-\mathbf{z}_t)$$

将上面两个不等式分别乘以 t 和 $1-t$，再相加，注意到 $\mathbf{z}_t=t\mathbf{x}+(1-t)\mathbf{y}$，可知

$$t[F(\mathbf{x})-F(\mathbf{z}_t)]+(1-t)[F(\mathbf{y})-F(\mathbf{z}_t)]\leqslant \mathrm{D}F(\mathbf{z}_t)[t(\mathbf{x}-\mathbf{z}_t)+(1-t)(\mathbf{y}-\mathbf{z}_t)]=0$$

亦即 $F(t\mathbf{x}+(1-t)\mathbf{y})\geqslant tF(\mathbf{x})+(1-t)F(\mathbf{y})$，从而 $F(\mathbf{x})$ 为 U 上的凹函数.

(2) 严格凹的情形可完全类似证明.

(3) 和(4)的证明类似于(1)和(2)的证明.

定理 7.4.5 的证明

(1)（充分性）假设 $\mathrm{D}^2F(\mathbf{x})$ 对任意 $\mathbf{x}\in U$ 是半负定的. 对任意 $\mathbf{x},\mathbf{y}\in U$，定义函数 $g_{\mathbf{x},\mathbf{y}}(t)\equiv F(t\mathbf{y}+(1-t)\mathbf{x})=F(\mathbf{x}+t(\mathbf{y}-\mathbf{x}))$，$t\in[0,1]$. 注意到 U 是凸集，因此 $\mathbf{x}+t(\mathbf{y}-\mathbf{x})\in U$. 从而对任意 $\mathbf{x},\mathbf{y}\in U$ 和 $t\in[0,1]$，$\mathrm{D}^2F(\mathbf{x}+t(\mathbf{y}-\mathbf{x}))$ 是半负定的. 从而由定理 6.6.2 可知，在区间 $[0,1]$ 上有 $g''_{\mathbf{x},\mathbf{y}}(t)=(\mathbf{y}-\mathbf{x})^T\mathrm{D}^2F(\mathbf{x}+t(\mathbf{y}-\mathbf{x}))(\mathbf{y}-\mathbf{x})\leqslant 0$，即 $g_{\mathbf{x},\mathbf{y}}(t)$ 是区间 $[0,1]$ 上的凹函数. 由定理 7.4.1 可知 $F(\mathbf{x})$ 在 U 上是凹的.

（必要性）若 $F(\mathbf{x})$ 在 U 上是凹的，需证明对任意 $\mathbf{x}\in U$ 和对任意 $\mathbf{v}\in\mathbf{R}^n$ 有 $\mathbf{v}^T\mathrm{D}^2F(\mathbf{x})\mathbf{v}\leqslant 0$ 成立. 由于 U 是开集，故存在 $s>0$ 使 $\mathbf{y}=\mathbf{x}+s\mathbf{v}\in U$ 成立. 由于 $F(\mathbf{x})$ 在 U 上是凹的，因此由定理 7.4.1 知一元函数 $g_{\mathbf{x},\mathbf{y}}(t)\equiv F(t\mathbf{y}+(1-t)\mathbf{x})=F(\mathbf{x}+t(\mathbf{y}-\mathbf{x}))$ 是区间 $[0,1]$ 上的凹函数. 从而由定理 6.6.2 有 $0\geqslant g''_{\mathbf{x},\mathbf{y}}(0)=(\mathbf{y}-\mathbf{x})^T\mathrm{D}^2F(\mathbf{x})(\mathbf{y}-\mathbf{x})=(s\mathbf{v})^T\mathrm{D}^2F(\mathbf{x})(s\mathbf{v})$，即有 $\mathbf{v}^T\mathrm{D}^2F(\mathbf{x})\mathbf{v}\leqslant 0$ 成立. 因此，$\mathrm{D}^2F(\mathbf{x})$ 对任意 $\mathbf{x}\in U$ 是半负定的.

(2) 设 $\mathrm{D}^2F(\mathbf{x})$ 对任意 $\mathbf{x}\in U$ 是负定的，则对任取的 $\mathbf{x},\mathbf{y}\in U$ 且 $\mathbf{x}\neq\mathbf{y}$，$t\in(0,1)$，$\mathrm{D}^2F(\mathbf{x}+t(\mathbf{y}-\mathbf{x}))$ 是负定的. 从而对任意的 $t\in(0,1)$ 有 $g''_{\mathbf{x},\mathbf{y}}(t)=(\mathbf{y}-\mathbf{x})^T\mathrm{D}^2F(\mathbf{x}+t(\mathbf{y}-\mathbf{x}))(\mathbf{y}-\mathbf{x})<0$. 由定理 2.6.4(2)知，$g_{\mathbf{x},\mathbf{y}}(t)$ 是严格凹的. 从而由定理 7.4.2，$F(\mathbf{x})$ 在 U 上是严格凹的.

定理 7.5.6 的证明

仅证明结论(1)，类似地，可证明结论(2). 对任意的 $\mathbf{x},\mathbf{y}\in U$ 以及 $t\in[0,1]$，定义 $g(t)=F(\mathbf{x}+t(\mathbf{y}-\mathbf{x}))$. 由于 F 是开凸子集 U 上的 C^1 实值函数，故 $g(t)$ 在 $[0,1]$ 上可导，且 $g'(t)=[\mathrm{D}F(\mathbf{x}+t(\mathbf{y}-\mathbf{x}))](\mathbf{y}-\mathbf{x})$ 和 $g'(0)=\mathrm{D}F(\mathbf{x})(\mathbf{y}-\mathbf{x})$.

(1) (必要性)F 在 U 上是拟凹的,且 $\mathbf{x},\mathbf{y}\in U$ 使得 $F(\mathbf{y})\geqslant F(\mathbf{x})$成立. 那么,对任意 $t\in[0,1]$有

$$F(\mathbf{x}+t(\mathbf{y}-\mathbf{x}))\geqslant F(\mathbf{x})$$

或

$$g(t)\geqslant g(0)$$

从而对任意 $t\in(0,1)$,$[g(t)-g(0)]/t\geqslant 0$. 令 $t\to 0$,得到 $g'(0)=DF(\mathbf{x})(\mathbf{y}-\mathbf{x})\geqslant 0$.

(充分性)对任意 $\mathbf{x},\mathbf{y}\in U$,由 $F(\mathbf{y})\geqslant F(\mathbf{x})$可推出 $DF(\mathbf{x})(\mathbf{y}-\mathbf{x})\geqslant 0$. 令 $\mathbf{z}_t=(1-t)\mathbf{x}+t\mathbf{y}$,需证明对任意的 $t\in[0,1]$有 $F(\mathbf{z}_t)\geqslant\min\{F(\mathbf{x}),F(\mathbf{y})\}=F(\mathbf{x})$成立[这里假设 $F(\mathbf{y})\geqslant F(\mathbf{x})$,即 $g(1)\geqslant g(0)$],即需证明对任意的 $t\in(0,1)$有 $g(t)\geqslant g(0)$. 假设存在 $t_1\in(0,1)$使得 $g(t_1)<g(0)$. 下面证明存在某个 t_0 使得 $g(t_0)<g(0)$且 $g'(t_0)>0$.

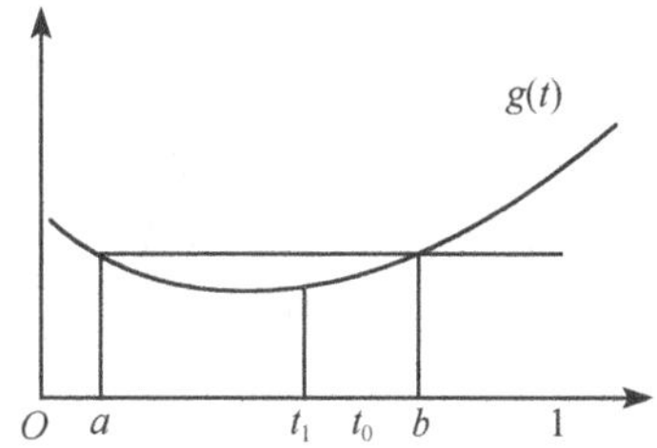

由于 $F(\mathbf{x})$在 U 上连续,所以 $g(t)$在$[0,1]$上连续;结合 $g(t_1)<g(0)$,可知存在一个包含点 t_1 的区间(a,b),满足 $g(a)=g(b)$且对任意 $t\in(a,b)$有 $g(t)<g(0)$. 在区间$[t_1,b]$上利用中值定理,则存在一点 $t_0\in(t_1,b)$使得 $0<g(b)-g(t_1)=g'(t_0)(b-t_1)$,从而 $g'(t_0)>0$.

一方面有 $0<g'(t_0)=DF(\mathbf{x}_0)(\mathbf{y}-\mathbf{x})$,其中 $\mathbf{x}_0=\mathbf{x}+t_0(\mathbf{y}-\mathbf{x})$. 注意到 $\mathbf{y}-\mathbf{x}=-(\mathbf{x}-\mathbf{x}_0)/t_0$,所以

$$0>-g'(t_0)=[DF(\mathbf{x}_0)(\mathbf{x}-\mathbf{x}_0)]/t_0 \qquad (A7\text{-}5\text{-}1)$$

另一方面 $g(t_0)<g(0)$,即 $F(\mathbf{x}_0)<F(\mathbf{x})$,从而 $DF(\mathbf{x}_0)(\mathbf{x}-\mathbf{x}_0)\geqslant 0$. 这与式(A7-5-1)矛盾. 因此对任意的 $t\in[0,1]$,有 $F(\mathbf{z}_t)\geqslant\min\{F(\mathbf{x}),F(\mathbf{y})\}$成立,即$F(\mathbf{x})$是拟凹的.

第 8 章　无约束最优化

无约束最优化理论在经济理论中起着重要作用. 本章和随后关于约束优化理论的章节可看作是本书的核心部分. 本章首先介绍多元函数的无约束极值问题的基本概念、一阶必要条件和二阶必要条件以及二阶充分条件. 这些条件类似于第 2 章介绍的一元函数极值的相关条件. 最后介绍特殊函数(凹凸函数、拟凹拟凸函数)的最值问题. 凹(凸)函数极大(小)化问题的一阶必要条件也是其充分条件[即凹(凸)函数的驻点就是其最大(小)值点]. 凹(凸)函数的极大(小)值点就是其最大(小)值点.

8.1　多元函数的极值概念

多元函数的极值概念类似于一元函数的极值概念.

定义 8.1.1　设 $F:U\to R, U\to \mathbf{R}^n$, 记 $\mathbf{x}^*=(x_1^*, x_2^*, \cdots, x_n^*)$, $\mathbf{x}=(x_1, x_2, \cdots, x_n)$.

(1) 称点 $\mathbf{x}^*\in U$ 是 F 在 U 上的全局最大值点, 若对任意 $\mathbf{x}\in U$ 有 $F(\mathbf{x}^*)\geqslant F(\mathbf{x})$ 成立.

(2) 称点 $\mathbf{x}^*\in U$ 是 F 在 U 上的严格全局最大值点, 若对任意 $\mathbf{x}\in U$ 且 $\mathbf{x}\neq\mathbf{x}^*$ 有 $F(\mathbf{x}^*)>F(\mathbf{x})$ 成立.

(3) 称点 $\mathbf{x}^*\in U$ 是 F 在 U 上的局部或相对最大值点, 若存在 $N_\delta(\mathbf{x}^*)$ 使得对任意 $\mathbf{x}\in U\cap N_\delta(\mathbf{x}^*)$ 有 $F(\mathbf{x}^*)\geqslant F(\mathbf{x})$ 成立.

(4) 称点 $\mathbf{x}^*\in U$ 是 F 在 U 上的严格局部最大值点, 若存在 $N_\delta(\mathbf{x}^*)$ 使得对任意 $\mathbf{x}\in U\cap N_\delta(\mathbf{x}^*)$ 且 $\mathbf{x}\neq\mathbf{x}^*$ 有 $F(\mathbf{x}^*)>F(\mathbf{x})$ 成立.

将上面四个定义中的不等式反向, 则得到全局最小值点、严格全局最小值点、局部或相对最小值点和严格局部最小值点的定义.

注记 8.1.1　由定义 8.1.1, 一般有下面的结论:

(1) 全局最大值点一定是局部最大值点;

(2) 严格全局最大值点一定是严格局部最大值点;

(3) 严格全局最大值点一定是全局最大值点;

(4) 严格局部最大值点一定是局部最大值点.

(5) 将上面的"大"改为"小"也成立.

注记 8.1.2　以后将全局最大值(全局最大值点)简称为最大值(最大值点), 将局部最大值(局部最大值点)简称为极大值(极大值点); 将全局最小值(全局最小值点)简称为最小值(最小值点);将局部最小值(局部最小值点)简称为极小值(极小值点).

8.2 多元函数极值的必要条件

8.2.1 一阶必要条件

回忆,若 $x^* \in (a,b)$ 是一元可导函数 $y=f(x)$ 在区间 (a,b) 上的极值点,则必有 $f'(x^*)=0$ 成立.对多元函数来说,也有类似的结论.

定理 8.2.1 设 $U\subset \mathbf{R}^n$,$F:U\to R$ 是 C^1 的函数.若 $\mathbf{x}^* \in \mathrm{int}U$ 是 F 在 U 上的极值点,则

$$\frac{\partial F}{\partial x_i}(\mathbf{x}^*) = 0, \quad i = 1,2,\cdots,n$$

或

$$\mathrm{D}F(\mathbf{x}^*) = \mathbf{0} \tag{8-2-1}$$

证明 见本章附录.

定义 8.2.1 设 $U\subset \mathbf{R}^n$,$F:U\to R$ 是 C^1 的函数.若 $\mathbf{x}^* \in \mathrm{int}U$ 满足式(8-2-1),则称 $\mathbf{x}^*$ 是函数 $F(\mathbf{x})$ 的驻点①.

例 8.2.1 求函数 $F(x_1,x_2)=x_1^3-x_2^3+9x_1x_2$ 可能的极值点.

解 求 $F(x_1,x_2)$ 的偏导数并令其为零,得到下面的方程组

$$\frac{\partial F}{\partial x_1} = 3x_1^2 + 9x_2 = 0$$

$$\frac{\partial F}{\partial x_2} = 9x_1 - 3x_2^2 = 0$$

解之得 $(x_1,x_2)=(0,0)$ 或 $(3,-3)$,它们都是 F 的可能的极值点.

注记 8.2.1 定理 8.2.1 的逆命题不成立,即若 $\mathrm{D}F(\mathbf{x}^*)=0$,则 $\mathbf{x}^*$ 未必是 F 的极大(极小)值点.例如,考虑函数 $F(x_1,x_2)=x_1^3-x_2^3$,显然 $\mathrm{D}F(\mathbf{x}^*)=\mathrm{D}F(0,0)=0$.但 $\mathbf{x}^*=(0,0)$ 不是这个函数的极大值点,也不是它的极小值点.这是因为当 $x_1=0$ 且 $x_2>0$ 时有 $F(x_1,x_2)=-x_2^3<0$;而当 $x_1=0$ 且 $x_2<0$ 时有 $F(x_1,x_2)=-x_2^3>0$.

8.2.2 二阶必要条件

回忆 $\mathbf{x}^*$ 是一元函数 $f(x)$ 的极小值点的必要条件是 $f'(\mathbf{x}^*)=0$,$f''(\mathbf{x}^*)\geqslant 0$.对多元函数来说,也有类似的结论.

定理 8.2.2 设 $U\subset \mathbf{R}^n$,$F:U\to R$ 是 C^2 函数.

---

① 将 C^1 函数 F 的所有驻点的集合记为 S_C,所有极值点的集合记为 S_M,则有 $S_M\subseteq S_C$ 成立.

(1) 若 $\mathbf{x}^* \in \mathrm{int}U$ 是 F 在 U 上的极大值点，则

$$DF(\mathbf{x}^*) = 0, \quad D^2F(\mathbf{x}^*) \text{ 是半负定的} \tag{8-2-2}$$

(2) 若 $\mathbf{x}^* \in \mathrm{int}U$ 是 F 在 U 上的极小值点，则

$$DF(\mathbf{x}^*) = 0, \quad D^2F(\mathbf{x}^*) \text{ 是半正定的} \tag{8-2-3}$$

注记 8.2.2 定理 8.2.2 的逆命题不成立，即若 $DF(\mathbf{x}^*)=0$ 且 $D^2F(\mathbf{x}^*)$ 是半负定（或半正定）的，则 $\mathbf{x}^*$ 未必是 F 的极大（极小）值点. 例如，考虑函数 $F(x_1,x_2)=x_1^3x_2^3$. 令 $\mathbf{x}^*=(x_1^*,x_2^*)=(0,0)$，则有 $DF(\mathbf{x}^*)=\mathbf{0}$，$D^2F(\mathbf{x}^*)$ 是半负（半正）定的，但 $\mathbf{x}^*$ 不是这个函数的极大值点，也不是它的极小值点. 这是因为当 x_1 与 x_2 同号且不全为零时，总有 $F(x_1,x_2)>F(0,0)$ 成立；当 x_1 与 x_2 异号且不全为零时，总有 $F(x_1,x_2)<F(0,0)$ 成立. 不过当 $DF(\mathbf{x}^*)=0$ 而 $D^2F(\mathbf{x}^*)$ 是负定（或正定）时，$\mathbf{x}^*$ 是函数 F 在 U 上的极大值点（或极小值点），见下面的二阶充分条件（定理 8.3.2）.

8.3 多元函数极值的充分条件

下面这个定理是定理 6.3.5 中的一部分，其条件也可看作多元实值函数有最大值和最小值的充分条件.

定理 8.3.1 设 $F:U\to R$ 是 n 元实值连续函数，这里 $U\subseteq \mathbf{R}^n$ 是紧集，则 $F(\mathbf{x})$ 在 U 上一定有最大值与最小值.

例 8.3.1 判断定义在凸三角域 $C=\{(x_1,x_2)\mid x_1\geqslant 0, x_2\geqslant 0, x_1+x_2\leqslant 2\}$ 上的函数 $F(x_1,x_2)=x_1^{1/4}x_2^{1/4}$ 是否有最大值和最小值？

解 显然凸三角域 C 是有界的闭集，从而是紧集. 由于 $F(x_1,x_2)$ 是紧集 C 上的连续函数，因此 $F(x_1,x_2)$ 在凸三角域 C 上一定有最大值和最小值.

回忆一元函数的二阶充分条件. 设 $x^*\in R$ 是 C^2 函数 $f(x)$ 的驻点，则 x^* 是 $f(x)$ 的极大值点（或极小值点）的充分条件是 $f''(x^*)<(>)0$. 多元函数也有下面类似的二阶充分条件（Simon and Blume, 1994）.

定理 8.3.2（二阶充分条件） 设 $F:U\to R$ 是 C^2 函数，且 $U\subset\mathbf{R}^n$ 是开集. 若 $\mathbf{x}^*$ 是 $F(\mathbf{x})$ 的驻点[即满足式(8-2-1)].

(1) 若函数 $F(\mathbf{x})$ 的 Hessian 矩阵 $D^2F(\mathbf{x}^*)$ 是负定的，则 $\mathbf{x}^*$ 是 $F(\mathbf{x})$ 的严格极大值点；

(2) 若函数 $F(\mathbf{x})$ 的 Hessian 矩阵 $D^2F(\mathbf{x}^*)$ 是正定的，则 $\mathbf{x}^*$ 是 $F(\mathbf{x})$ 的严格极小值点；

(3) 若函数 $F(\mathbf{x})$ 的 Hessian 矩阵 $D^2F(\mathbf{x}^*)$ 是不定的，则 $\mathbf{x}^*$ 既不是 $F(\mathbf{x})$ 的极小值点，也不是它的极大值点①.

---

① 此时，$\mathbf{x}^*$ 是 $F(\mathbf{x})$ 的鞍点，见定义 8.3.1.

注记 8.3.1　当 $D^2F(\mathbf{x}^*)$是半负定的而非负定的(即弱化定理 8.3.2 的条件),则不能断定 $\mathbf{x}^*$ 是否是 $F(\mathbf{x})$的极大值点. 例如,考虑函数 $f(x)=x^3$, $D^2f(0)=0$ 是半正定和半负定的,但 $x^*=0$ 不是函数 $f(x)=x^3$ 的极大值点也不是它的极小值点. 另一个例子见注记 8.2.2.

定义 8.3.1　设 $F:U\to R$ 是 C^2 的, $U\subset\mathbf{R}^n$. 称 $\mathbf{x}^*\in\mathbf{R}^n$ 是 $F(\mathbf{x})$的鞍点(saddle point),若 $DF(\mathbf{x}^*)=0$ 且 $D^2F(\mathbf{x}^*)$是不定的[①].

函数 $F(\mathbf{x})$的鞍点是 $F(\mathbf{x})$在某些方向上的极大值点,是某些方向上的极小值点. 因此有鞍点的函数的图形是马鞍形状的.

例 8.3.2　求例 8.2.1 中的函数的极值点和驻点.

解　由例 8.2.1, $F(x_1,x_2)$的驻点有两个$(0,0)$和$(3,-3)$, $F(x_1,x_2)$的 Hessian 矩阵为

$$D^2F(x_1,x_2)=\begin{pmatrix}6x_1 & 9\\ 9 & -6x_2\end{pmatrix}$$

由于 $D^2F(0,0)=\begin{pmatrix}0 & 9\\ 9 & 0\end{pmatrix}$是不定的,故点$(0,0)$不是极值点而是鞍点;由于 $D^2F(3,-3)=\begin{pmatrix}18 & 9\\ 9 & 18\end{pmatrix}$是正定的,故点$(3,-3)$是函数 $F(x_1,x_2)$的严格极小值点,但不是最小值点,这是因为当 $n\to+\infty$ 时, $F(0,n)\to-\infty$.

例 8.3.3　考虑函数 $F(x_1,x_2)=x_1^2-x_2^2$,易验证 $DF(0,0)=\mathbf{0}$,由于 $|D^2F(x_1,x_2)|=-4<0$,所以 $D^2F(x_1,x_2)$是不定的,因此$(0,0)$是鞍点. 当限制点(x_1,x_2)沿着从$(0,0)$点出发的 x 轴方向$(1,0)$变化时(这样的点构成的集合记为 X_1),有$(x_1,x_2)=(x_1,0)$,即 $X_1=\{(x_1,0)\mid x_1\in R\}$,且 $F(x_1,x_2)=x_1^2$. 由于 $\partial F(0,0)/\partial x_1=0$, $\partial^2F(0,0)/\partial x_1^2=2>0$,因此$(0,0)$点是 $F(x_1,x_2)$沿着从$(0,0)$出发的 x 轴方向$(1,0)$(或在集合 X_1)上的极小值点. 类似地可说明$(0,0)$点是 $F(x_1,x_2)$沿着从$(0,0)$出发的 y 轴方向$(0,1)$上的极大值点.

8.4　凹凸函数的最值

由一阶必要条件(定理 8.2.1)和二阶充分条件(定理 8.3.2)只能得到多元函数的严格极大值点或严格极小值点. 如果多元函数具有凹或凸性,那么可以证明满足一阶必要条件的点一定是最大值点或最小值点[②].

定理 8.4.1　设函数 $F:U\to R$ 是开凸集 $U\subset\mathbf{R}^n$ 上的 C^1 的凹(或凸)函数. 若 $\mathbf{x}^*$

---

① 见 Simon 和 Blume(1994, p. 399)

② 此时不需要验证二阶充分条件.

是 $F(\mathbf{x})$的驻点[即 $DF(\mathbf{x}^*)=\mathbf{0}$],则 $\mathbf{x}^*\in U$ 是 $F(\mathbf{x})$在 U 上的最大(或最小)值点.

证明 由于 F 是凸集 U 上的凹函数和 $DF(\mathbf{x}^*)=\mathbf{0}$,故由定理 7.4.4(1),对任意 $\mathbf{x}\in U$ 有 $F(\mathbf{x})\leqslant DF(\mathbf{x}^*)(\mathbf{x}-\mathbf{x}^*)+F(\mathbf{x}^*)=F(\mathbf{x}^*)$. 因此 $\mathbf{x}^*$ 是 $F(\mathbf{x})$在 U 上的最大值点.

类似地,可证明凸函数的驻点一定是其最小值点.

定理 8.4.2 设函数 $F:U\to R$ 是开凸集 $U\subset\mathbf{R}^n$ 上的 C^1 的严格凹(或凸)函数. 若 $\mathbf{x}^*$ 是 $F(\mathbf{x})$的驻点,则 $\mathbf{x}^*$ 是 $F(\mathbf{x})$在 U 上的严格最大(或严格最小)值点.

证明 由于 $F(\mathbf{x})$是凸集 U 上的严格凹函数,故由定理 7.4.4(2),对任意 $\mathbf{x}\in U$ 且 $\mathbf{x}\neq\mathbf{x}^*$ 有

$$F(\mathbf{x})<DF(\mathbf{x}^*)(\mathbf{x}-\mathbf{x}^*)+F(\mathbf{x}^*)=F(\mathbf{x}^*)$$

因此 $\mathbf{x}^*$ 是 $F(x)$在 U 上的严格最大值点. 类似地,可证明严格凸函数的情形.

定理 8.4.3 设 $F:U\to R$ 是 C^1 的凹(或凸)函数,$U\subset\mathbf{R}^n$ 是凸集. 若 $\mathbf{x}^*\in U$ 满足

$$DF(\mathbf{x}^*)(\mathbf{x}-\mathbf{x}^*)\leqslant(\text{或}\geqslant)0(\text{对任意 }\mathbf{x}\in U)$$

则 $\mathbf{x}^*$ 是 $F(\mathbf{x})$在 U 上的最大(或最小)值点.

证明 易由定理 7.4.4(1)和(3)得证.

定理 8.4.4 设 $F:U\to R$ 是 C^1 的严格凹(或严格凸)函数,$U\subset\mathbf{R}^n$ 是凸集. 若 $\mathbf{x}^*\in U$ 满足

$$DF(\mathbf{x}^*)(\mathbf{x}-\mathbf{x}^*)\leqslant(\text{或}\geqslant)0(\text{对任意 }\mathbf{x}\in U)$$

则 $\mathbf{x}^*$ 是 $F(\mathbf{x})$在 U 上的严格最大(或严格最小)值点.

证明 易由定理 7.4.4(2)和(4)得证.

注记 8.4.1 容易看出定理 8.4.3(定理 8.4.4)是定理 8.4.1(定理 8.4.2)的推广;定理 8.4.3(定理 8.4.4)不要求定义域 U 是开凸集,因此比定理 8.4.1(定理 8.4.2)更具一般性.

下面给出定理 8.4.3 的两个具体应用.

例 8.4.1 若 f 是闭区间$[a,b]$上的一元单调增加的凹函数,则 b 是函数 f 的最大值点. 这是因为对任意的 $x\in[a,b]$有 $f'(b)(x-b)\leqslant 0$ 成立,从而由定理 8.4.3 知 b 是函数 f 的最大值点.

例 8.4.2 考虑定义在凸三角域 $C=\{(x_1,x_2)\mid x_1\geqslant 0,x_2\geqslant 0,x_1+x_2\leqslant 2\}$上的函数 $F(x_1,x_2)=x_1{}^{1/4}x_2{}^{1/4}$.

(1) 证明 $F(x_1,x_2)$是 C 上的凹函数;

(2) 求 $F(x_1,x_2)$在 C 上的最大值点.

解 (1) Hessian 矩阵 $D^2F(x_1,x_2)$计算如下

$$D^2F(x_1,x_2)=\begin{pmatrix}-\dfrac{3}{16}x_1^{-\frac{7}{4}}x_2^{\frac{1}{4}} & \dfrac{1}{16}x_1^{-\frac{3}{4}}x_2^{-\frac{3}{4}}\\ \dfrac{1}{16}x_1^{-\frac{3}{4}}x_2^{-\frac{3}{4}} & -\dfrac{3}{16}x_1^{\frac{1}{4}}x_2^{-\frac{7}{4}}\end{pmatrix}$$

由于在凸三角域 C 上，$\partial^2 F/\partial x_1^2 \leqslant 0$，$\partial^2 F/\partial x_2^2 \leqslant 0$，$|D^2 F(x_1,x_2)| = 1/32 x_1^{\frac{-3}{2}} x_2^{\frac{-3}{2}} \geqslant 0$，故 $D^2 F(x_1,x_2)$ 是在凸三角域 C 上是半负定的，从而 $F(x_1,x_2)$ 是凸三角域 C 上的凹函数[定理 7.4.5(1)].

(2) 由于目标函数 $F(x_1,x_2)$ 和约束区域 C 的对称性，猜测点 $\mathbf{x}^* = (1,1)^T \in C$ 是最大值点. 下面用定理 8.4.3 验证. 事实上，对任意 $x_1, x_2 \in C$，有

$$\begin{aligned} DF(1,1)(\mathbf{x}-\mathbf{x}^*) &= \frac{\partial F}{\partial x_1}(1,1)(x_1-1) + \frac{\partial F}{\partial x_2}(1,1)(x_2-1) \\ &= \frac{1}{4}(x_1-1) + \frac{1}{4}(x_2-1) \\ &= \frac{1}{4}(x_1+x_2-2) \leqslant 0 \end{aligned}$$

成立. 故由定理 8.4.3 知 $\mathbf{x}^* = (1,1)$ 是 $F(x_1,x_2)$ 在 C 上的最大值点.

定理 8.4.5　给定一个凸集 $U \subset \mathbf{R}^n$ 上的 C^1 的函数 $F(\mathbf{x})$.

(1) 若 $F(\mathbf{x})$ 是凹函数(或严格凹函数)且 $\mathbf{x}^* \in U$ 是 $F(\mathbf{x})$ 的极大值点，则 $\mathbf{x}^*$ 是 $F(\mathbf{x})$ 在 U 上的最大值点；

(2) 若 $F(\mathbf{x})$ 是凸函数(或严格凸函数)且 $\mathbf{x}^* \in U$ 是 $F(\mathbf{x})$ 的极小值点，则 $\mathbf{x}^*$ 是 $F(\mathbf{x})$ 在 U 上的最小值点.

8.5　拟凹拟凸函数的最值

下面的三个定理给出了拟凹与拟凸函数取得最值的条件.

定理 8.5.1　设 $F(\mathbf{x})$ 是定义在 $\mathbf{R}^n$ 的开凸子集 U 上的连续拟凹(拟凸)函数，且在 $\mathbf{x}^* \in U$ 处可微，$DF(\mathbf{x}^*) \neq 0$. 则 $\mathbf{x}^*$ 是 $F(\mathbf{x})$ 在 U 上的最大值点(最小值点)的充要条件是对任意 $\mathbf{x} \in U$，恒有 $DF(\mathbf{x}^*)(\mathbf{x}-\mathbf{x}^*) \leqslant 0 (\geqslant 0)$.

证明(必要性)　由于 $\mathbf{x}^* \in U$ 及 U 是开凸集，所以对任意 $\mathbf{x} \in U$ 和任意 $t \in (0,1)$，总有 $\mathbf{x}^* + t(\mathbf{x}-\mathbf{x}^*) = t\mathbf{x} + (1-t)\mathbf{x}^* \in U$. 又由于 $\mathbf{x}^*$ 是 $F(\mathbf{x})$ 在 U 上的最大值点，所以 $F(\mathbf{x}^* + t(\mathbf{x}-\mathbf{x}^*)) \leqslant F(\mathbf{x}^*)$. 因此

$$DF(\mathbf{x}^*)(\mathbf{x}-\mathbf{x}^*) = \left.\frac{dF(\mathbf{x}^* + t(\mathbf{x}-\mathbf{x}^*))}{dt}\right|_{t=0} \leqslant 0$$

(充分性)假设对任意 $\mathbf{x} \in U$，恒有 $DF(\mathbf{x}^*)(\mathbf{x}-\mathbf{x}^*) \leqslant 0$. 由于 $\mathbf{x}^* \in U$，而 U 是开凸集，所以存在 $t_1 > 0$，使得对任意 $t \in (0,t_1)$ 时有 $\mathbf{x}^0 = \mathbf{x}^* - [tDF(\mathbf{x}^*)]^T \in U$；此外，对任意 $t \in (0,1)$ 和任意 $\mathbf{x} \in U$ 有 $t\mathbf{x}^0 + (1-t)\mathbf{x} \in U$. 令 $t_2 = \min\{t_1, 1\}$，则对任意 $\mathbf{x} \in U$，当 $t \in (0,t_2)$ 有

$$\begin{aligned} DF(\mathbf{x}^*)[(t\mathbf{x}^0 + (1-t)\mathbf{x}) - \mathbf{x}^*] &= tDF(\mathbf{x}^*)(\mathbf{x}^0 - \mathbf{x}^*) \\ &\quad + (1-t)DF(\mathbf{x}^*)(\mathbf{x}-\mathbf{x}^*) \end{aligned}$$

$$= -t^2 \| DF(\mathbf{x}^*) \|^2 + (1-t)DF(\mathbf{x}^*)(\mathbf{x}-\mathbf{x}^*) < 0$$

由定理 7.5.6(1)的逆否命题可知 $F(t\mathbf{x}^0+(1-t)\mathbf{x})<F(\mathbf{x}^*)$. 令 $t\to 0$,可知对任意 $\mathbf{x}\in U$ 有 $F(\mathbf{x})\leqslant F(\mathbf{x}^*)$,即 $\mathbf{x}^*$ 是 $F(\mathbf{x})$在 U 上的最大值点.

定理 8.5.2　设 $F(\mathbf{x})$是定义在 $\mathbf{R}^n$ 的凸子集 U 上的拟凹函数. 若 $\mathbf{x}^*$ 是 $F(\mathbf{x})$ 的一个严格极大值点,则 $\mathbf{x}^*$ 是 $F(\mathbf{x})$在 U 上的最大值点.

证明　由于 $\mathbf{x}^*$ 是 $F(\mathbf{x})$的一个严格极大值点,则存在 $\delta>0$,使得

$$F(\mathbf{x}) < F(\mathbf{x}^*)[\text{对任意 } \mathbf{x} \in U \cap N_\delta(\mathbf{x}^*) \text{ 且 } \mathbf{x} \neq \mathbf{x}^*] \tag{8-5-1}$$

若 $\mathbf{x}^*$ 不是 $F(\mathbf{x})$在 U 上的最大值点,则存在 $\mathbf{x}^0\in U$,$\mathbf{x}^0\neq\mathbf{x}^*$,且 $F(\mathbf{x}^0)>F(\mathbf{x}^*)$. 进而由 $F(\mathbf{x})$的拟凹性有

$$F(t\mathbf{x}^0 + (1-t)\mathbf{x}^*) \geqslant F(\mathbf{x}^*)[\text{对任意 } t \in (0,1)] \tag{8-5-2}$$

当 t 充分小时,有 $t\mathbf{x}^0+(1-t)\mathbf{x}^*\in U\cap N_\delta(\mathbf{x}^*)$,这时可发现式(8-5-1)和式(8-5-2)相矛盾. 因此 $\mathbf{x}^*$ 是 $F(\mathbf{x})$在 U 上的最大值点.

定理 8.5.3　设 $F(\mathbf{x})$是定义在 $\mathbf{R}^n$ 的凸子集 U 上的严格拟凹函数. 若 $\mathbf{x}^*$ 是 $F(\mathbf{x})$的一个极大值点,则 $\mathbf{x}^*$ 是 $F(\mathbf{x})$在 U 上的最大值点.

证明　与定理 8.5.2 的证明类似.

习　题

8.1　给定一个 n 元实值函数 $f(\mathbf{x})$,$\mathbf{e}^i$ 是一个 n 维列向量,其第 i 个分量为 1,其余分量均为零. 令 $g(t)=f(\mathbf{x}^*+t\mathbf{e}^i)$,$t\in R$.

(1) 利用定理 6.6.2 求 $g'(t)$和 $g'(0)$;

(2) 据(1)的结果证明定理 8.2.1.

8.2　求下列函数的驻点,并判断它是极大值点、极小值点、最大值点、最小值点或是鞍点.

(1) $f(x,y)=3x^2+2y^2-xy-4x-7y+12$;

(2) $f(x,y)=-6x^2-3y^2-4xy+60x+34y+5$;

(3) $f(x,y)=-2x^2-12y^2+12xy+8x+6y$;

(4) $f(x,y)=5x^2-3y^2+4xy-30x+7y$;

(5) $f(x,y)=3x^3+3y^3-9xy$.

8.3　假设 a 和 b 都是正的,求下列函数的驻点,并判断它是极大值点、极小值点、最大值点、最小值点或是鞍点.

(1) $f(x,y)=ax-x^2+by-y^2$;

(2) $f(x,y)=ax-x^2+by-y^2-(x+y)^2$;

(3) $f(x,y)=ax^2+by^2-xy-x-y$(这里 $4ab-1>0$);

(4) $f(x,y)=x^{0.5}y^{0.25}-ax-by$;

(5) $f(x,y)=3\ln(x-a)+\ln y-x-by$.

8.4　假设 a、b 和 c 都是正的,求下列函数的驻点,并判断它是极大值点、极小值点、最大值点、

最小值点或是鞍点.

(1) $f(x,y,z)=x+y+z-ax^2-by^2-cz^2$;

(2) $f(x,y,z)=ax+by-cz-\ln x-\ln y+z^2$;

(3) $f(x,y,z)=(x^2+2y^2+3z^2)e^{-(x^2+y^2+z^2)}$;

(4) $f(x,y,z)=x^2+2y^2+3z^2+xy+xz$.

8.5 设 $f:[a,b]\to R$ 是 C^1 的凸函数且是增函数,证明 b 是 $f(x)$的最大值点.

8.6 证明定理 8.4.5.

8.7 证明定理 8.5.3.

附　　录

定理 8.2.1 的证明

下面给出两种证明方法.

法一

仅考虑极大值点的情形(极小值点的情形可类似证明). 设 $\mathbf{x}^*\in \text{int}U$ 是 F 在 U 上的极大值点,则存在 $\delta>0$ 使得对任意 $\mathbf{x}\in N_\delta(\mathbf{x}^*)(\subset U)$ 有 $F(x^*)\geqslant F(x)$成立. 从而当 $x_i\in(x_i^*-\delta,x_i^*+\delta)(i=1,2,\cdots,n)$时,有 $F(x_1^*,\cdots,x_{i-1}^*,x_i^*,x_{i+1}^*,\cdots,x_n^*)\geqslant F(x_1^*,\cdots,x_{i-1}^*,x_i,x_{i+1}^*,\cdots,x_n^*)$. 因此 x_i^* 是定义在区间$(x_i^*-\delta,x_i^*+\delta)$上的自变量为 x_i 的一元函数

$$x_i\to F(x_1^*,\cdots,x_{i-1}^*,x_i,x_{i+1}^*,\cdots,x_n^*),\quad i=1,2,\cdots,n$$

的极大值点,从而由一元函数极值的必要条件及偏导数的定义有式(8-2-1)成立.

法二

设 $\mathbf{x}^*$ 是 F 在 U 上的极大值点且 $\mathbf{x}^*\in\text{int}U$,则由定义 8.1.1 存在 $N_\delta(\mathbf{x}^*)$使得对任意 $\mathbf{x}\in U\cap N_\delta(\mathbf{x}^*)$有 $F(\mathbf{x}^*)\geqslant F(\mathbf{x})$. 若某个 $\partial F/\partial x_i(\mathbf{x}^*)=a>0$($a<0$ 时可类似论证),我们只要引出矛盾即可. 令 $\mathbf{e}^i=(e_1^i,e_2^i,\cdots,e_n^i)\in\mathbf{R}^n$ $(e_i^i=1,e_i^j=0,j\neq i)$, $i=1,2,\cdots,n$,则

$$\frac{\partial F}{\partial x_i}(\mathbf{x}^*)=\lim_{h\to 0}\frac{F(\mathbf{x}^*+he^i)-F(\mathbf{x}^*)}{h}=a>a/2$$

因此存在 $\delta_1>0(\delta_1<\delta)$,当$|h|<\delta_1$ 时

$$\frac{F(\mathbf{x}^*+he^i)-F(\mathbf{x}^*)}{h}>a/2$$

设 $0<h_0<\delta_1$,则

$$\frac{F(\mathbf{x}^*+h_0e^i)-F(\mathbf{x}^*)}{h_0}>a/2$$

和

$$\frac{F(\mathbf{x}^*-h_0e^i)-F(\mathbf{x}^*)}{-h_0}>a/2$$

即 $F(\mathbf{x}^*+h_0\mathbf{e}^i)>F(\mathbf{x}^*)>F(\mathbf{x}^*-h_0\mathbf{e}^i)$. 注意 $\mathbf{x}^*+h_0\mathbf{e}^i,\mathbf{x}^*-h_0\mathbf{e}^i\in U\cap N_\delta(\mathbf{x}^*)$，因此 $\mathbf{x}^*$ 既不是极大值点，也不是极小值点，矛盾. 因此每个 $\partial F/\partial x_i(\mathbf{x}^*)$ 都等于 0.

定理 8.2.2 的证明

下面给出两种证明方法(只证明极小值点的情形，极大值点的情形可类似证明).

法一

$\mathbf{x}^*\in\text{int}U$ 是 F 在 U 上的极小值点，从而有 $\mathrm{D}F(\mathbf{x}^*)=0$. 我们需证明对任意 $\mathbf{v}\in\mathbf{R}^n$，有 $\mathbf{v}^T\mathrm{D}^2F(\mathbf{x}^*)\mathbf{v}\geqslant 0$ 成立. 下面用反证法证明. 若存在某个 $\mathbf{w}\in\mathbf{R}^n$ 且 $\mathbf{w}\neq 0$，有 $\mathbf{w}^T\mathrm{D}^2F(\mathbf{x}^*)\mathbf{w}<0$，构造一元函数 $g(t)=F(\mathbf{x}^*+t\mathbf{w})$，下面我们证明 $g(t)=F(\mathbf{x}^*+t\mathbf{w})$ 是减函数.

根据定理 6.6.2 可知 $g'(t)=\mathrm{D}F(\mathbf{x}^*+t\mathbf{w})\mathbf{w}$ 和 $g''(t)=\mathbf{w}^T\mathrm{D}^2F(\mathbf{x}^*+t\mathbf{w})\mathbf{w}$，从而 $g'(0)=\mathrm{D}F(\mathbf{x}^*)\mathbf{w}=0$ 和 $g''(0)=\mathbf{w}^T\mathrm{D}^2F(\mathbf{x}^*)\mathbf{w}<0$. 进而由 $g''(t)$ 是连续函数的定义知，在某个区间 $(-\varepsilon,\varepsilon)$ 内有 $g''(t)<0$，即 $g'(t)$ 是区间 $(-\varepsilon,\varepsilon)$ 上的减函数. 因此，在区间 $(0,\varepsilon)$ 上 $g'(t)<g'(0)=0$. 因此 $g(t)$ 是区间 $(0,\varepsilon)$ 上的减函数. 从而在区间 $(0,\varepsilon)$ 上，有 $F(\mathbf{x}^*+t\mathbf{w})=g(t)<g(0)=F(\mathbf{x}^*)$，此与 $\mathbf{x}^*\in\text{int}U$ 是 F 在 U 上的极小值点相矛盾. 故对任意 $\mathbf{v}\in R^n$，有 $\mathbf{v}^T\mathrm{D}^2F(\mathbf{x}^*)\mathbf{v}\geqslant 0$，即 $\mathrm{D}^2F(\mathbf{x}^*)$ 是半正定的.

也可用下面等价的方法证明. 由前面的证明过程知. 若存在某个 $\mathbf{w}\in\mathbf{R}^n$ 且 $\mathbf{w}\neq 0$，有 $\mathbf{w}^T\mathrm{D}^2F(\mathbf{x}^*)\mathbf{w}<0$，那么一元函数 $g(t)=F(\mathbf{x}^*+t\mathbf{w})$ 是区间 $(0,\varepsilon)$ 上的减函数；从而 $F(\mathbf{x}^*+t\mathbf{w})=g(t)<g(0)=F(\mathbf{x}^*)$. 即 $\mathbf{x}^*\in\text{int}U$ 不是 F 在 U 上的极小值点. 因此若 $\mathbf{x}^*$ 是 F 的极小值点，则不存在 $\mathbf{w}\neq 0$ 使 $\mathbf{w}^T\mathrm{D}^2F(\mathbf{x}^*)\mathbf{w}<0$ 成立. 即对任意 $\mathbf{v}\in\mathbf{R}^n$，有 $\mathbf{v}^T\mathrm{D}^2F(\mathbf{x}^*)\mathbf{v}\geqslant 0$，从而 $\mathrm{D}^2F(\mathbf{x}^*)$ 是半正定的.

法二

由于 $\mathbf{x}^*\in\text{int}U$，则存在 $\delta_1>0$，使得 $N_{\delta_1}(\mathbf{x}^*)\subset U$. 又 $\mathbf{x}^*\in\text{int}U$ 是 F 在 U 上的极小值点，因此由定义 8.1.1 存在 $N_\delta(\mathbf{x}^*)$(满足 $\delta<\delta_1$)，使得对任意 $\mathbf{x}\in N_\delta(\mathbf{x}^*)$ 有 $F(\mathbf{x})\geqslant F(\mathbf{x}^*)$ 且有 $\mathrm{D}F(\mathbf{x}^*)=\mathbf{0}$. 任取 $\mathbf{z}\in\mathbf{R}^n$，需证明 $\mathbf{z}^T\mathrm{D}^2F(\mathbf{x}^*)\mathbf{z}\leqslant 0$.

当 ε 充分小时，有 $\mathbf{x}^*+\varepsilon\mathbf{z}\in N_\delta(\mathbf{x}^*)$. 因而 $F(\mathbf{x}^*+\varepsilon\mathbf{z})\geqslant F(\mathbf{x}^*)$. 又由定理 6.7.3 有 $F(\mathbf{x}^*+\varepsilon\mathbf{z})=F(\mathbf{x}^*)+\mathrm{D}F(\mathbf{x}^*)(\varepsilon\mathbf{z})+\frac{1}{2}(\varepsilon\mathbf{z})^T\mathrm{D}^2F(\mathbf{x}^*)(\varepsilon\mathbf{z})+R_2(\mathbf{x}^*,\varepsilon\mathbf{z})$，其中 $R_2(\mathbf{x}^*,\varepsilon\mathbf{z})/\|\varepsilon\mathbf{z}\|^2\to 0$(当 $\varepsilon\to 0$). 注意到 $F(\mathbf{x}^*+\varepsilon\mathbf{z})\geqslant F(\mathbf{x}^*)$ 和 $\mathrm{D}F(\mathbf{x}^*)=\mathbf{0}$ 可知

$$\frac{1}{2}(\varepsilon\mathbf{z})^T\mathrm{D}^2F(\mathbf{x}^*)(\varepsilon\mathbf{z})+R_2(\mathbf{x}^*,\varepsilon\mathbf{z})\geqslant 0$$

上式两端同除以 $\|\varepsilon\mathbf{z}\|^2$，并令 $\varepsilon\to 0$ 得 $\frac{1}{2}\mathbf{z}^T\mathrm{D}^2F(\mathbf{x}^*)\mathbf{z}/\|\mathbf{z}\|^2\geqslant 0$，因此对任意 $\mathbf{z}\in\mathbf{R}^n$，有 $\mathbf{z}^T\mathrm{D}^2F(\mathbf{x}^*)\mathbf{z}\geqslant 0$ 成立.

定理 8.3.2 的证明

提供两种证明方法. 仅证明结论(2)和(3)，类似地可证明结论(1).

法一

(2) 设 $\mathbf{x}^*$ 是 $F(\mathbf{x})$ 的驻点且 $\mathrm{D}^2F(\mathbf{x}^*)$ 是正定的，令 $\mathbf{h}\in\mathbf{R}^n$. 由定理 6.7.3 有

$$F(\mathbf{x}^*+\mathbf{h})=F(\mathbf{x}^*)+\mathrm{D}F(\mathbf{x}^*)\mathbf{h}+\frac{1}{2}\mathbf{h}^T\mathrm{D}^2F(\mathbf{x}^*)\mathbf{h}+R_2(\mathbf{x}^*,\mathbf{h})\qquad(\text{A8-3-1})$$

这里 $R_2(\mathbf{x}^*,\mathbf{h})/\|\mathbf{h}\|^2\to 0$(当 $\mathbf{h}\to\mathbf{0}$). 由于 $\mathrm{D}F(x^*)=0$，故可将式(A8-3-1)写为

$$\frac{F(\mathbf{x}^*+\mathbf{h})-F(\mathbf{x}^*)}{\|\mathbf{h}\|^2}=\frac{1}{2}\left(\frac{\mathbf{h}}{\|\mathbf{h}\|}\right)^T\mathrm{D}^2F(\mathbf{x}^*)\left(\frac{\mathbf{h}}{\|\mathbf{h}\|}\right)+\frac{R_2(\mathbf{x}^*,\mathbf{h})}{\|\mathbf{h}\|^2}\qquad(\text{A8-3-2})$$

二次函数 $Q(\mathbf{h})=\mathbf{h}^T\mathrm{D}^2F(\mathbf{x}^*)\mathbf{h}$ 在 $\mathbf{R}^n$ 上是 $\mathbf{h}$ 的连续函数. 由于集合 $\{\mathbf{h}\mid\|\mathbf{h}\|=\mathbf{1}\}$ 是 $\mathbf{R}^n$ 中的有界闭集，因而是紧集. 由定理 8.3.1，$Q(\mathbf{h})$ 在 $\{\mathbf{h}\mid\|\mathbf{h}\|=\mathbf{1}\}$ 上一定能达到最小值，即存在某个 $\mathbf{w}\neq\mathbf{0}$，$\|\mathbf{w}\|=\mathbf{1}$ 使得 $a=Q(\mathbf{w})=\min\{Q(\mathbf{h})\mid\|\mathbf{h}\|=1\}$. 由于 $Q(\mathbf{h})$ 是正定的且 $\mathbf{w}\neq\mathbf{0}$，故 $Q(\mathbf{w})>0$. 从而，对所有的 $\mathbf{h}\neq 0$，有

$$\frac{1}{2}\left(\frac{\mathbf{h}}{\|\mathbf{h}\|}\right)^T\mathrm{D}^2F(\mathbf{x}^*)\left(\frac{\mathbf{h}}{\|\mathbf{h}\|}\right)>\frac{a}{2}\qquad(\text{A8-3-3})$$

又 $R_2(\mathbf{x}^*,\mathbf{h})/\|\mathbf{h}\|^2\to 0$(当 $h\to 0$)，故对 $\varepsilon=a/4$，存在 $\delta>0$，当 $0<\|\mathbf{h}\|<\delta$ 时，$\left|\frac{R_2(\mathbf{x}^*,\mathbf{h})}{\|\mathbf{h}\|^2}\right|<\frac{a}{4}$. 因而当 $0<\|\mathbf{h}\|<\delta$ 时，由式(A8-3-2)和式(A8-3-3)得

$$\frac{F(\mathbf{x}^*+\mathbf{h})-F(\mathbf{x}^*)}{\|\mathbf{h}\|^2}>\frac{a}{2}-\frac{a}{4}>0$$

从而有 $F(\mathbf{x}^*+\mathbf{h})>F(\mathbf{x}^*)$，因而 $\mathbf{x}^*$ 是 $F(\mathbf{x})$ 的极小值点.

(3) 设 $\mathrm{D}^2F(\mathbf{x}^*)$ 是不定的，则存在 $\mathbf{u}\neq 0$ 使 $\mathbf{u}^T\mathrm{D}^2F(\mathbf{x}^*)\mathbf{u}<\mathbf{0}$，存在 $\mathbf{v}\neq 0$ 使 $\mathbf{v}^T\mathrm{D}^2F(\mathbf{x}^*)\mathbf{v}>0$. 由定理 8.2.2 的开头的证明过程，知 $g(t)=F(\mathbf{x}^*+t\mathbf{u})$ 是某区间 $(0,\varepsilon_1)$ 上 t 的减函数. 从而有 $F(\mathbf{x}^*+t\mathbf{w})=g(t)<g(0)=F(\mathbf{x}^*)$. 因此，排除了 $\mathbf{x}^*$ 是 F 的极小值点的可能性. 类似地，可证明 $g(t)=F(\mathbf{x}^*+t\mathbf{v})$ 是区间 $(0,\varepsilon_2)$ 上 t 的增函数，因而 $\mathbf{x}^*$ 也不可能是 $F(\mathbf{x})$ 的极大值点.

法二

由(2)的证明过程或由式(A8.3.2)和式(A8.3.3)有

$$\frac{F(\mathbf{x}^* + t\mathbf{v}) - F(\mathbf{x}^*)}{\| t\mathbf{v} \|^2} = \frac{1}{2}\left(\frac{t\mathbf{v}}{\| t\mathbf{v} \|}\right)^T \mathrm{D}^2 F(\mathbf{x}^*)\left(\frac{t\mathbf{v}}{\| t\mathbf{v} \|}\right) + \frac{R_2(\mathbf{x}^*, t\mathbf{v})}{\| t\mathbf{v} \|^2}$$

$$\geqslant \frac{1}{2}a + \frac{R_2(\mathbf{x}^*, t\mathbf{v})}{\| t\mathbf{v} \|^2}$$

从而当 t 充分小时有，$F(\mathbf{x}^* + t\mathbf{h}) > F(\mathbf{x}^*)$；同理由 $\mathbf{u} \neq 0$ 和 $\mathbf{u}^T \mathrm{D}^2 F(\mathbf{x}^*) \mathbf{u} < \mathbf{0}$ 可证明当 t 充分小时，有 $F(\mathbf{x}^* + t\mathbf{u}) - F(\mathbf{x}^*) < 0$. 因此 $\mathbf{x}^*$ 不是 $F(\mathbf{x})$ 的极值点.

第 9 章　无约束最优化的经济应用

本章介绍第 8 章相关内容的经济应用. 首先,解决几个特定的凹凸经济函数的极值问题. 其次,讨论完全竞争、完全垄断和寡头垄断市场中的相关极值问题. 再次,讨论如何对无约束最优化经济问题的最优解表示的经济函数进行比较静态分析,并举例进行说明. 最后,介绍无约束最优化包络定理,并用此对无约束最优化经济问题的目标函数的最优值所表示的经济函数进行比较静态分析并举例给出具体的应用.

9.1　凹凸经济函数的最优化

9.1.1　利润最大化的投入组合

例 9.1.1　设 $g(\mathbf{x})(\mathbf{x}\in U\subset\mathbf{R}^n)$ 是生产函数且是凹函数, p 为产品的销售价格, ω_i 是第 i 种投入的单位成本, 则利润函数 $\pi(\mathbf{x})=pg(\mathbf{x})-\sum_{i=1}^{n}\omega_i x_i$ 是凹函数[定理 7.4.6(1)]. 若 $\mathrm{D}\pi(\mathbf{x}^*)=\mathbf{0}$, 则 $\mathbf{x}^*$ 是使利润函数 $\pi(\mathbf{x})$ 获最大值的投入组合(定理 8.4.1).

9.1.2　Pareto 最优分配

例 9.1.2　设 $u_i(\mathbf{x})(\mathbf{x}\in\mathbf{R}^n)$ 是消费者 i 的凹效用函数, $a_i>0$ 是加权系数, $i=1,\cdots,k$. 资源分配的社会福利的一种度量是 $u(\mathbf{x})=\sum_{i=1}^{n}a_i u_i(\mathbf{x})$. 使 $u(\mathbf{x})$ 获得最大值的点 $\mathbf{x}^*$ 都是 Pareto 最优分配. 由定理 7.4.6(1), $\sum_{i=1}^{n}a_i u_i(x)$ 是凹函数. 若 $\mathrm{D}u(\mathbf{x}^*)=\mathbf{0}$, 则 $\mathbf{x}^*$ 是 Pareto 最优分配(定理 8.4.1).

9.1.3　效用函数的最大化

设 $U(\mathbf{x})=U(x_1,\cdots,x_n)$ 是定义在区域 $U\subset\mathbf{R}^n$ 上的总效用函数, 则总效用极大化[即 $\mathbf{x}^*$ 使 $U(\mathbf{x})$ 获得极大值或 $\mathbf{x}^*$ 是消费均衡]的必要条件为 $\mathrm{D}U(\mathbf{x}^*)=\mathbf{0}$. 总效用极大化的充分条件为: $U(\mathbf{x})$ 在 $\mathbf{x}^*$ 处的 Hessian 矩阵 $\mathrm{D}^2U(\mathbf{x}^*)$ 是负定的, 或对任意 $\mathbf{x}\in U$, $\mathrm{D}^2U(\mathbf{x})$ 是半负定的[即 $U(\mathbf{x})$ 是凹函数]. 这两个充分条件得到的结论的不同点在于前者得到的是极大值点(定理 8.3.2), 而后者得到的是最大值点(定理 8.4.1).

9.1.4 最小二乘法

下面解决 5.6 节中留下的问题，即选择最优的 $\mathbf{b}$ 以极小化[式(5-6-8)]，即

$$\min f(\mathbf{b}) = \mathbf{e}'\mathbf{e} = \mathbf{y}'\mathbf{y} - 2\mathbf{b}'X'\mathbf{y} + \mathbf{b}'X'X\mathbf{b} \tag{9-1-1}$$

这里 $\mathbf{b}=(b_0,b_1,b_2,\cdots,b_k)^T$，$\mathbf{y}=(y_1,y_2,\cdots,y_n)^T$；$X=(\mathbf{1},\mathbf{x}_1,\mathbf{x}_2,\cdots,\mathbf{x}_k)$是一个 $n\times(k+1)$阶的矩阵，其中 $\mathbf{1}=(1,1,\cdots,1)^T$ 和 $\mathbf{x}_j=(x_{1j},x_{2j},\cdots,x_{nj})^T(j=1,2,\cdots,k)$都是 n 维列向量.

由例 6.5.3，$\mathrm{D}f(\mathbf{b})=-2(X^T\mathbf{y})^T+2\mathbf{b}^TX^TX$，$\mathrm{D}^2f(\mathbf{b})=\mathbf{2}X^TX$. 最优的 $\mathbf{b}$ 满足的一阶必要条件为 $\mathrm{D}f(\mathbf{b})=0$，即 $-2(X^T\mathbf{y})^T+2\mathbf{b}^TX^TX=\mathbf{0}$ 或如下方程组

$$X^TX\mathbf{b} = X^T\mathbf{y} \tag{9-1-2}$$

在计量经济学中，式(9-1-2)称作正规方程组. 若进一步假设矩阵 X 的秩为 $k+1$，则由定理 4.9.7(2)可知矩阵 X^TX 是正定的，因此可逆. 从而方程组(9-1-2)的解为

$$\mathbf{b}^* = (X^TX)^{-1}X^T\mathbf{y} \tag{9-1-3}$$

由于矩阵 X^TX 是正定的，所以 $\mathrm{D}^2f(\mathbf{b})=\mathbf{2}X^TX$ 是处处正定的，进而目标函数 $f(\mathbf{b})$ 是严格凸函数，因此 $\mathbf{b}^*$ 是极小化问题(9-1-1)的唯一的最小值点.

特别地，令 $k=1$，则有 $\mathbf{b}=(b_0,b_1)^T$，$\mathbf{y}=(y_1,y_2,\cdots,y_n)^T$；$X$ 退化为$(\mathbf{1},\mathbf{x})$，是一个 $n\times2$ 阶的矩阵，其中 $\mathbf{1}=(1,1)^T$，$\mathbf{x}=(x_1,x_2,\cdots,x_n)^T$. 此时方程组(9-1-2)形如

$$\begin{pmatrix} n & \sum_{i=1}^n x_i \\ \sum_{i=1}^n x_i & \sum_{i=1}^n x_i^2 \end{pmatrix}\begin{pmatrix} b_0 \\ b_1 \end{pmatrix}=\begin{pmatrix} \sum_{i=1}^n y_i \\ \sum_{i=1}^n x_iy_i \end{pmatrix}$$

由 Cramer 法则可知

$$b_0 = \frac{\left(\sum_{i=1}^n x_i^2\right)\left(\sum_{i=1}^n y_i\right)-\left(\sum_{i=1}^n x_i\right)\left(\sum_{i=1}^n x_iy_i\right)}{n\sum_{i=1}^n x_i^2-\left(\sum_{i=1}^n x_i\right)^2} \tag{9-1-4}$$

$$b_1 = \frac{n\left(\sum_{i=1}^n x_iy_i\right)-\left(\sum_{i=1}^n x_i\right)\left(\sum_{i=1}^n y_i\right)}{n\sum_{i=1}^n x_i^2-\left(\sum_{i=1}^n x_i\right)^2} \tag{9-1-5}$$

若记 $\bar{x}=\left(\sum_{i=1}^n x_i\right)/n$ 和 $\bar{y}=\left(\sum_{i=1}^n y_i\right)/n$、$\dot{x}_i=x_i-\bar{x}$，将 $x_i=\dot{x}_i+\bar{x}$、$\sum_{i=1}^n x_i = n\bar{x}$ 和 $\sum_{i=1}^n y_i = n\bar{y}$ 代入式(9-1-5)，并注意到 $\sum_{i=1}^n \dot{x}_i = \sum_{i=1}^n \dot{y}_i = 0$，可知式

(9-1-5) 的分子和分母分别为 $n\sum_{i=1}^{n}\dot{x}_i\dot{y}_i$ 和 $n\sum_{i=1}^{n}\dot{x}_i^2$，从而有

$$b_1=\frac{\sum_{i=1}^{n}\dot{x}_i\dot{y}_i}{\sum_{i=1}^{n}\dot{x}_i^2} \tag{9-1-6}$$

类似的推导可知式(9-1-4)的分子为 $n\bar{y}\sum_{i=1}^{n}\dot{x}_i^2-n\bar{x}\sum_{i=1}^{n}\dot{x}_i\dot{y}_i$，结合式(9-1-6)有

$$b_0=\bar{y}-b_1\bar{x} \tag{9-1-7}$$ ①

9.2 市场理论

9.2.1 完全竞争

1. 生产单一产品的厂商的投入决策问题

例 9.2.1(n 种投入一种产品)　设一厂商用 n 种投入生产一种产品. 令厂商的生产函数为 $Q(\mathbf{x})$ 且是 C^1 的，$\mathbf{x}\in\mathbf{R}_{++}^n$ 是投入组合，p 是这个单一产品的销售价格，$C(\mathbf{x})$ 表示投入组合为 $\mathbf{x}$ 时的成本.

(1) 试写出利润极(最)大化的一阶和二阶必要条件以及二阶充分条件，并给出一阶必要条件的经济解释；

(2) 特别当各种投入有不变的单位成本(ω_i 是单位投入 i 的成本且是常数)时，再讨论(1).

解　由题意，厂商的收入为 $R(\mathbf{x})=pQ(\mathbf{x})$，厂商的成本为 $C(\mathbf{x})$，从而厂商的利润为

$$\pi(\mathbf{x})=R(\mathbf{x})-C(\mathbf{x}) \tag{9-2-1}$$

(1) 厂商利润极大化[即 $\mathbf{x}^*$ 使 $\pi(\mathbf{x})$ 获得极大值]的一阶必要条件为

$$\frac{\partial\pi}{\partial x_i}(\mathbf{x}^*)=\frac{\partial R}{\partial x_i}(\mathbf{x}^*)-\frac{\partial C}{\partial x_i}(\mathbf{x}^*)=0 \tag{9-2-2}$$

式(9-2-2)的经济含义是：每追加一个单位的投入 i 所产生的收入正好抵消再多购买一个单位的投入 i 所需的成本，即投入 i 的边际收入等于投入 i 的边际成本.

厂商利润极大化[即 $\mathbf{x}^*$ 使 $\pi(\mathbf{x})$ 获得极大值]的二阶必要条件是利润函数 $\pi(\mathbf{x})$ 在 $\mathbf{x}^*$ 处的 Hessian 矩阵 $\mathrm{D}^2\pi(\mathbf{x}^*)$ 是半负定的.

厂商利润极大化[即 $\mathbf{x}^*$ 使 $\pi(\mathbf{x})$ 获得极大值]的二阶充分条件是 $\mathrm{D}^2\pi(\mathbf{x}^*)$ 负定；厂商利润最大化[即 $\mathbf{x}^*$ 使 $\pi(\mathbf{x})$ 获得最大值]的二阶充分条件是对任意 $\mathbf{x}\in\mathbf{R}_{+}^n$，

① 式(9-1-7) 和式(9-1-6) 分别同于俊年(2000，p. 15) 的式(2.2.9) 和式(2.2.10).

$D^2\pi(\mathbf{x})$是半负定的.

(2) 此时 $C(\mathbf{x})=\omega_1x_1+\omega_2x_2+\cdots+\omega_nx_n$，$\partial C/\partial x_i=\omega_i$，因此一阶必要条件式(9-2-2)变为

$$p\frac{\partial Q}{\partial x_i}(\mathbf{x}^*)=\omega_i$$

或

$$\frac{\partial Q}{\partial x_i}(\mathbf{x}^*)=\frac{\omega_i}{p} \tag{9-2-3}$$

式(9-2-3)中的第一个式子的经济含义是，在最优投入组合 $\mathbf{x}^*$ 处每种投入的边际收入等于这种投入的价格；第二个式子的经济含义是，在最优投入组合 $\mathbf{x}^*$ 处每种投入的边际产量等于这种投入的价格与产出价格之比.

由于 $C(\mathbf{x})$是线性函数，所以 $D^2C(\mathbf{x})=\mathbf{0}$，从而由式(9-2-1)有 $D^2\pi(\mathbf{x})=D^2R(\mathbf{x})=pD^2Q(\mathbf{x})$. 故厂商利润极大化[即 $\mathbf{x}^*$ 使 $\pi(\mathbf{x})$获得极大值]的二阶必要条件是 $D^2Q(\mathbf{x}^*)$是半负定的.

厂商利润极大化[即 $\mathbf{x}^*$ 使 $\pi(\mathbf{x})$获得极大值]的二阶充分条件是 $D^2Q(\mathbf{x}^*)$负定；厂商利润最大化[即 $\mathbf{x}^*$ 使 $\pi(\mathbf{x})$获得最大值]的二阶充分条件是对任意 $\mathbf{x}\in\mathbf{R}^n_+$，$D^2Q(\mathbf{x})$是半负定的[这相当于生产函数 $Q(\mathbf{x})$是凹函数].

下面给出二阶必要条件的一个解释. 由于 $D^2Q(\mathbf{x}^*)$是半负定的，则其对角线上的元素(所有一阶主子式)满足$\frac{\partial^2Q}{\partial x_i^2}(\mathbf{x}^*)\leqslant 0(i=1,2,\cdots,n)$，因此利润极大化的投入组合只能在下面的区域内选择

$$M=\left\{\mathbf{x}\in\mathbf{R}^n_+ \,\middle|\, \frac{\partial^2Q}{\partial x_i^2}(\mathbf{x})\leqslant 0\right\}$$

若存在某个 i，使得对任意 $\mathbf{x}\in\mathbf{R}^n_+$，有$\frac{\partial^2Q}{\partial x_i^2}(\mathbf{x})>0$ 成立，则具有这样生产函数 $Q(\mathbf{x})$的厂商在 $\mathrm{int}\mathbf{R}^n_+$ 上不可能有获得极大利润的投入组合(因为 $\mathbf{x}^*\notin M$).

例 9.2.2(两种投入一种产品)　假设：

(1) 某厂商利用两种投入 A 和 B 生产一种单一产品，生产函数为 $Q=Q(a,b)$，这里 a 和 b 分别为两种投入 A 和 B 的投入量；

(2) 两种投入的价格分别为 P_{a0} 和 P_{b0}，产出的价格为 P_0，它们都不受厂商的控制；

(3) 生产过程需要 t 年才能完成，因此销售收入必须贴现后才能与目前的生产成本进行比较. 设贴现率为 r.

试写出利润极(最)大化时最优投入应满足的一阶必要条件和二阶充分条件，并讨论其经济含义.

解　由题意，总成本是 $C(a,b)=aP_{a0}+bP_{b0}$，总收入是 $R(a,b)=P_0Q(a,b)$，

从而总利润为

$$\pi(a,b) = P_0 Q(a,b)\mathrm{e}^{-rt} - aP_{a0} - bP_{b0}$$

厂商的最优投入水平(a^*,b^*)应满足下面的一阶必要条件

$$\begin{cases} \pi_a \equiv \dfrac{\partial \pi}{\partial a} = P_0 Q_a \mathrm{e}^{-rt} - P_{a0} = 0 \\ \pi_b \equiv \dfrac{\partial \pi}{\partial b} = P_0 Q_b \mathrm{e}^{-rt} - P_{b0} = 0 \end{cases} \tag{9-2-4}$$

这里 Q_a 和 Q_b 分别表示投入 a 和 b 的边际产量[是 $Q(a,b)$分别关于 a 和 b 的偏导数]①.

式(9-2-4)表明,一阶必要条件的经济含义是最优投入 a^* 和 b^* 处的边际产量 $Q_a(a^*,b^*)$和 $Q_b(a^*,b^*)$的现值[$P_0Q_a(a^*,b^*)\mathrm{e}^{-rt}$和 $P_0Q_b(a^*,b^*)\mathrm{e}^{-rt}$]分别等于投入 A 和 B 的价格(P_{a0}和 P_{b0}).此外由式(9-2-4)可知在最优投入 a^* 和 b^* 处有 $Q_a/Q_b=P_{a0}/P_{b0}$.因此一阶必要条件也意味着:投入 a 对投入 b 的边际技术替代率等于投入 a 的价格与投入 b 的价格之比.

下面对一阶必要条件做进一步解释.由式(9-2-4)知 $Q_a,Q_b>0$ 成立.考虑等产量线 $Q(a,b)=Q_0$(常数),由隐函数定理知 $\mathrm{d}b/\mathrm{d}a=-Q_a/Q_b$,因此一阶必要条件意味着在最优投入处$(a^*,b^*)$必有 $\mathrm{d}b/\mathrm{d}a<0$ 成立.因此为保证 $Q_a,Q_b>0$ 成立,厂商的投入选择必须限制在那些有负斜率的等产量线段上.见图 9.2.1 中由两条脊线所围成的阴影区域.

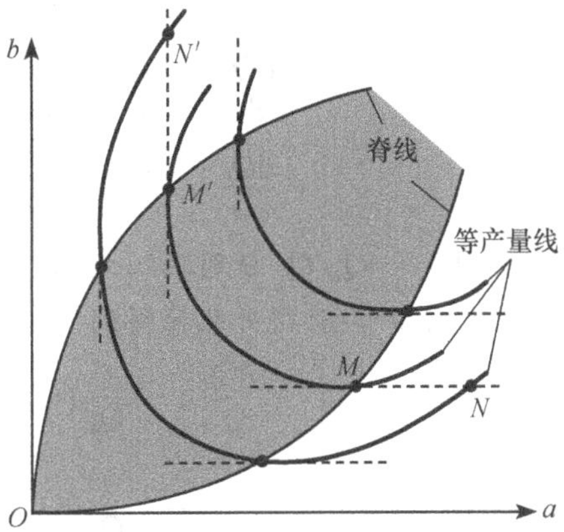

图 9.2.1　脊线

在阴影区域外的等产量线的斜率都是正的,其中有一种投入的边际产量一定是负的.例如,由投入组合 M 移动到投入组合 N,是指保持投入 b 不变而投入 a 增加,此时移动到较低的等产量线[$Q(a,b)$是 a 的减函数],因此有 $Q_a<0$;类似地由 M'运动到 N'可说明 $Q_b<0$.注意当我们限制投入组合于阴影部分时,各个等产量线可看作形如 $b=\phi(a)$的函数的图形,因为对每个可行的 a 值,由等产量线可确定唯一的一个 b 值.

厂商的最优投入水平(a^*,b^*)应满足的二阶充分条件就是利润函数 $\pi(a,b)$的 Hessian 矩阵

① Q_a 和 Q_b 是经济学惯用的记号;此外经济学中的记号 Q_{ab} 表示 $Q(a,b)$关于 a 和 b 的混合偏导数.后面还会使用类似的记号.

$$D^2\pi(a,b)=\begin{pmatrix}\pi_{aa} & \pi_{ab}\\ \pi_{ab} & \pi_{bb}\end{pmatrix}=\begin{pmatrix}P_0Q_{aa}e^{-rt} & P_0Q_{ab}e^{-rt}\\ P_0Q_{ab}e^{-rt} & P_0Q_{bb}e^{-rt}\end{pmatrix}$$

在(a^*,b^*)处是负定的，即

$$\pi_{aa}<0(\text{或 }Q_{aa}<0)$$

$$\pi_{aa}\pi_{bb}-\pi_{ab}^2>0(\text{或 }Q_{aa}Q_{bb}>Q_{ab}^2) \tag{9-2-5}$$

这里Q_{aa}和Q_{bb}表示Q分别关于a和b的二阶偏导数. 式(9-2-5)等价于生产函数在(a^*,b^*)点处的Hessian矩阵$D^2Q(a^*,b^*)$是负定的. 此外，式(9-2-5)意味着在(a^*,b^*)处Q_a和Q_b分别是a和b的严格减函数. 但Q_a和Q_b在(a^*,b^*)处分别是a和b的严格减函数不能保证二阶充分条件成立.

下面进一步解释二阶充分条件的经济含义，将说明二阶充分条件意味着同一等产量线在(a^*,b^*)处是严格凸的. 为此需证明d^2b/da^2的符号为正.

注意到$Q_a=Q_a(a,b)$，$Q_b=Q_b(a,b)$，$b=\phi(a)$，可知

$$\frac{d^2b}{da^2}=\frac{d}{da}\left(-\frac{Q_a}{Q_b}\right)=-\frac{1}{Q_b^2}\left(\frac{dQ_a}{da}Q_b-Q_a\frac{dQ_b}{da}\right) \tag{9-2-6}$$

$$\frac{dQ_a}{da}=\frac{\partial Q_a}{\partial a}+\frac{\partial Q_a}{\partial b}\frac{db}{da}=Q_{aa}+Q_{ab}\frac{db}{da} \tag{9-2-7}$$

$$\frac{dQ_b}{da}=\frac{\partial Q_b}{\partial a}+\frac{\partial Q_b}{\partial b}\frac{db}{da}=Q_{ab}+Q_{bb}\frac{db}{da} \tag{9-2-8}$$

将$db/da=-Q_a/Q_b$分别代入式(9-2-7)和式(9-2-8)，再将式(9-2-7)和式(9-2-8)都代入式(9-2-6)得并化简得到

$$\begin{aligned}\frac{d^2b}{da^2}&=-\frac{1}{Q_b^3}(Q_{aa}Q_b^2-2Q_{ab}Q_aQ_b+Q_{bb}Q_a^2)\\&=-\frac{1}{Q_b^3}(Q_a\ Q_b)\begin{pmatrix}Q_{aa} & -Q_{ab}\\ -Q_{ab} & Q_{bb}\end{pmatrix}\begin{pmatrix}Q_a\\ Q_b\end{pmatrix}\end{aligned}$$

若二阶充分条件满足，即$D^2Q(a^*,b^*)$是负定的，则上式中的2×2阶的矩阵也是负定的. 结合Q_a、$Q_b>0$，可知$d^2b/da^2>0$成立，因而$b=\phi(a)$(等产量线)是严格凸的.

2. 生产多种产品的厂商的决策问题

例 9.2.3 考虑生产两种产品的厂商. 设这两种产品的价格分别为P_{10}和P_{20}(是外生变量)，第i种产品的产量记为Q_i. 假设厂商的成本函数为$C(Q_1,Q_2)=2Q_1^2+Q_1Q_2+2Q_2^2$. 试求厂商的最优生产计划和相应的最优利润.

解 由于$\partial C/\partial Q_1=4Q_1+Q_2$(产品1的边际成本)、$\partial C/\partial Q_2=Q_1+4Q_2$(产品2的边际成本)，因此这两种商品的生产是技术上相关的(因为产品1产量的提高将导致产品2的边际成本的增加；反之亦然). 利润函数为收益函数与成本函数之差

$$\pi(Q_1,Q_2,P_{10},P_{20}) = P_{10}Q_1 + P_{20}Q_2 - (2Q_1^2 + Q_1Q_2 + 2Q_2^2)$$

令

$$\begin{cases} \dfrac{\partial\pi}{\partial Q_1} = p_{10} - 4Q_1 - Q_2 = 0 \\ \dfrac{\partial\pi}{\partial Q_2} = p_{20} - Q_1 - 4Q_2 = 0 \end{cases}$$

可求出可能的极值点. 解这个方程组得

$$Q_1^* = \frac{4p_{10} - p_{20}}{15}$$

和

$$Q_2^* = \frac{4p_{20} - p_{10}}{15} \tag{9-2-9}$$

由于利润函数在点(Q_1^*,Q_2^*)处的 Hessian 矩阵 $D^2\pi=\begin{pmatrix} -4 & -1 \\ -1 & -4 \end{pmatrix}$是负定的，因此$(Q_1^*,Q_2^*)$是利润函数的严格极大值点，因而是最优生产计划. 进一步，由于 $D^2\pi$ 对任意$(Q_1,Q_2)\in \mathbf{R}_+^2$都是负定的，故 $\pi(Q_1,Q_2)$是严格凹函数，从而(Q_1^*,Q_2^*)是最大值点.

9.2.2 完全垄断

与市场上有众多的小竞争者的完全竞争市场相比，完全垄断市场上商品的卖者(厂商)只有一家. 这里考虑三种情形下厂商的最优生产计划和最优定价问题：①厂商只有若干家工厂并生产单一产品；②厂商只有一家工厂并生产多种产品；③厂商只有一家工厂生产单一产品，并销往可分割的市场，进而给出价格歧视的经济含义.

1. 多个工厂生产单一产品

例 9.2.4 设某垄断厂商在 A 和 B 两工厂生产同一种产品，其成本函数分别为 $TC_A(Q_A)$和 $TC_B(Q_B)$，其中 Q_A 和 Q_B 分别为 A 和 B 两工厂的产量. 又该产品的销售价格为 $P=f(Q_A+Q_B)$. 试给出 A 和 B 两工厂的最优生产量满足的一阶必要条件，并说明其经济含义.

解 A、B 两工厂的总收益为 $TR=(Q_A+Q_B)f(Q_A+Q_B)\equiv TR(Q_A+Q_B)$，从而它们的总利润为

$$\pi(Q_A,Q_B) = TR(Q_A+Q_B) - TC_A(Q_A) - TC_B(Q_B)$$

A、B 两工厂的最优生产量应满足的一阶必要条件为 $\partial\pi/\partial Q_A=0$ 和 $\partial\pi/\partial Q_B=0$，即

$$\begin{cases} MR(Q_A+Q_B) = MC_A(Q_A) \\ MR(Q_A+Q_B) = MC_B(Q_B) \end{cases}$$

即 $MR(Q_A+Q_B)=MC_A(Q_A)=MC_B(Q_B)$. 这个一阶必要条件的经济含义为：每个工厂的产量的边际成本都等于总产量的边际收入.

2. 单个工厂生产多种产品

例 9.2.5　设某垄断厂商生产两种产品，(完全垄断下)两种产品的价格随其产量而变化(这里假设产量等于销量，无库存积累). 该垄断厂商面临的需求为

$$\begin{cases} Q_1 = 40 - 2P_1 + P_2 \\ Q_2 = 15 + P_1 - P_2 \end{cases} \tag{9-2-10}$$

(这两种商品是消费相关的，是替代品，因为一种商品价格的增加引起另一商品需求的增加). 若总成本函数为 $C=Q_1^2+Q_1Q_2+Q_2^2$，试求使垄断厂商利润极大化的最优产量及相应的最优价格.

解　首先从式(9-2-10)出发用销售量 Q_1 和 Q_2 表示两种商品的价格 P_1 和 P_2

$$\begin{cases} P_1 = 55 - Q_1 - Q_2 \\ P_2 = 70 - Q_1 - 2Q_2 \end{cases} \quad \text{(两种产品的平均收益函数)} \tag{9-2-11}$$

据式(9-2-11)可得利润函数

$$\begin{aligned} \pi(Q_1,Q_2) &= P_1Q_1 + P_2Q_2 - (Q_1^2 + Q_1Q_2 + Q_2^2) \\ &= 55Q_1 + 70Q_2 - 3Q_1Q_2 - 2Q_1^2 - 3Q_2^2 \end{aligned}$$

令

$$\begin{cases} \dfrac{\partial \pi}{\partial Q_1} = 55 - 3Q_2 - 4Q_1 = 0 \\ \dfrac{\partial \pi}{\partial Q_2} = 70 - 3Q_1 - 6Q_2 = 0 \end{cases}$$

解这个方程组得到 $Q_1^*=8$ 和 $Q_2^*=23/3$. 再将它们代入式(9-2-11)得到 $P_1^*=118/3$ 和 $P_2^*=140/3$.

由于 $D^2\pi=\begin{pmatrix} -4 & -3 \\ -3 & -6 \end{pmatrix}$ 在点(Q_1^*,Q_2^*)处是负定的，故(Q_1^*,Q_2^*)使利润函数 $\pi(Q_1,Q_2)$ 获得极大值(1 465/3)；又 $D^2\pi$ 对任意$(Q_1,Q_2)\in \mathbf{R}_+^2$ 是负定的，故(Q_1^*,Q_2^*)使利润函数 $\pi(Q_1,Q_2)$ 获最大值. 因此，两种产品的最优产量分别为 $Q_1^*=8$ 和 $Q_2^*=23/3$，相应的最优定价分别为 $P_1^*=118/3$ 和 $P_2^*=140/3$.

3. 单个工厂生产一种产品——价格歧视

假设某垄断厂商将生产的某种商品销售到两个或更多个不同的可分割的市场(如国内和国外市场)，如何确定各个市场的最优供给量和销售价格以使利润最大？结论是当各个市场的需求都富有弹性且弹性不同时，则厂商要想使利润极大化就

必须实行价格歧视——弹性大的市场的产品的定价小于弹性小的市场的产品的定价. 下面是论证过程.

例 9.2.6　考虑 n 个市场的一般情况. 令 Q_i 是厂商对市场 i 的供给量, $Q=Q_1+Q_2+\cdots+Q_n$ 为总供给量, $P_i=g_i(Q_i)$ 是市场 i 的逆需求函数, 总生产成本函数为 $C(Q)=C(Q_1+Q_2+\cdots+Q_n)$.

(1) 试写出利润极大化时各个市场的产量应满足的一阶必要条件, 并解释其经济含义.

(2) 写出利润极大化时各个市场的产量应满足的二阶充分条件.

解　(1) 由题意, 市场 i 的收入为 $R_i(Q_i)=Q_ig_i(Q_i)$, 总利润函数为

$$\pi(Q_1,Q_2,\cdots,Q_n)=\sum_{i=1}^{n}R_i(Q_i)-C(Q)$$

利润极大化的一阶必要条件是: 各个市场的最优销售量应满足 $\partial\pi/\partial Q_i=0, i=1, 2,\cdots,n$, 即

$$R_i'(Q_i)-C'(Q)=0,\quad i=1,2,\cdots,n$$

或

$$\mathrm{MC}(Q)=\mathrm{MR}_i(Q_i),\quad i=1,2,\cdots,n \tag{9-2-12}$$

这意味着各个市场的最优供应量的选取应使得各个市场的边际收入等于总最优供给量处的边际成本.

下面用需求的价格弹性给出一阶必要条件的另一种表示, 进而给出一阶必要条件的另一种解释. 先找出用市场 i 的价格 P_i 表示的 MR_i 的表达式. 由于 $R_i(Q_i)=P_iQ_i, P_i=g_i(Q_i)$, 故

$$\mathrm{MR}_i=\frac{\mathrm{d}P_i}{\mathrm{d}Q_i}Q_i+P_i=P_i\left(1+\frac{\mathrm{d}P_i}{\mathrm{d}Q_i}\frac{Q_i}{P_i}\right)=P_i\left(1+\frac{1}{\varepsilon_{di}}\right)=P_i\left(1-\frac{1}{|\varepsilon_{di}|}\right) \tag{9-2-13}$$

[注意 $|\varepsilon_{di}|$ 一般是 P_i 的函数, 因此只有确定出满足必要条件(9-2-12)的 Q_i^*, 那么 $P_i^*=g_i(Q_i^*)$ 也就取具体值, 因而 $|\varepsilon_{di}|$ 也取具体的值].

由于 $\mathrm{MC}(Q)>0$, 因此一阶必要条件(9-2-12)意味着厂商在正水平的 MR_i 基础上经营, 这样厂商所选择的最优供给量 Q_i^* 必须使各市场相应的需求价格弹性大于 1[①]. 据式(9-2-13), 上面的一阶必要条件式(9-2-12)可表示为

$$P_1\left(1-\frac{1}{|\varepsilon_{d1}|}\right)=P_2\left(1-\frac{1}{|\varepsilon_{d2}|}\right)=\cdots=P_n\left(1-\frac{1}{|\varepsilon_{dn}|}\right)=\mathrm{MC}(Q) \tag{9-2-14}$$

这意味着市场 i 的价格弹性 $|\varepsilon_{di}|$ 越小, 则在该市场给产品的最优定价 P_i^* 就越大

① 若这个产品在各个可分割市场上的需求弹性都小于等于 1, 则厂商无法实现利润极大化.

(若想使利润最大的话).这就是价格歧视的经济含义.

若各个市场上产品的需求弹性都相等,则式(9-2-14)意味着产品在各个市场上的最优定价应相等.特别地,当这个厂商将产品仅销往一个市场时,式(9-2-14)退化为

$$P\left(1-\frac{1}{|\varepsilon_d|}\right)=\mathrm{MC}(Q) \tag{9-2-15}$$

式(9-2-15)同式(3-4-11).

(2) $(Q_1^*,Q_2^*,\cdots,Q_n^*)$是极大值点的二阶充分条件为矩阵$D^2\pi(Q_1^*,Q_2^*,\cdots,Q_n^*)$是负定的,即

$$\begin{pmatrix} R_1''(Q_1)-C''(Q) & -C''(Q) & \cdots & -C''(Q) \\ -C''(Q) & R_2''(Q_2)-C''(Q) & \cdots & -C''(Q) \\ \vdots & \vdots & \ddots & \vdots \\ -C''(Q) & -C''(Q) & \cdots & R_n''(Q_n)-C''(Q) \end{pmatrix}$$

是负定的.

若进一步假设各个$R_i(Q_i)$是凹函数,$C(Q)$是凸函数,则$\pi(Q_1,Q_2,\cdots,Q_n)$是凹函数,这样不必验证$D^2\pi(Q_1,Q_2,\cdots,Q_n)$的负定性即知满足必要条件式(9-2-12)的$(Q_1^*,Q_2^*,\cdots,Q_n^*)$使$\pi(Q_1,Q_2,\cdots,Q_n)$获最大值.

下面是一个具体的例子.

例 9.2.7　设垄断厂商在三个不同市场面临的反需求函数(平均收入函数)为

$$P_1=63-4Q_1,\quad P_2=105-5Q_2,\quad P_3=75-6Q_3$$

总成本函数为$C(Q)=10+15(Q_1+Q_2+Q_3)(Q=Q_1+Q_2+Q_3)$.

(1) 求实行价格歧视时三个市场的最优供应量和相应的最优价格(以使总利润最大),并比较各个市场的需求弹性与价格之间的关系;

(2) 不实行价格歧视时,三个市场的最优供应量和相应的最优价格;

(3) 比较(1)和(2)两种情形下总的供给量以及最优利润的大小.

解　(1) 三个市场的收益分别为$R_1(Q_1)=P_1Q_1=63Q_1-4Q_1^2$,$R_2(Q_2)=P_2Q_2=105Q_2-5Q_2^2$,$R_3(Q_3)=P_3Q_3=75Q_3-6Q_3^2$.从而其边际收益分别为

$$R_1'(Q_1)=63-8Q_1,\quad R_2'(Q_2)=105-10Q_2,\quad R_3'(Q_3)=75-12Q_3$$

而总供给量的边际成本为$C'(Q)=15$.令$R_i'(Q_i)=C'(Q)$,$i=1,2,3$,可得$Q_1^*=6$、$Q_2^*=9$、$Q_3^*=5$,而总产量为$Q^*=Q_1^*+Q_2^*+Q_3^*=20$.进一步将$Q_1^*=6$、$Q_2^*=9$和$Q_3^*=5$代入平均收入函数得到$P_1^*=39$、$P_2^*=60$和$P_3^*=45$.

由于$R_1(Q_1)$、$R_2(Q_2)$和$R_3(Q_3)$都是凹函数,$-C(Q)$是凹函数,所以$\pi(Q_1,Q_2,Q_3)=R_1(Q)+R_2(Q)+R_3(Q)-C(Q)$是凹函数,因此$Q_1^*=6$、$Q_2^*=9$、$Q_3^*=5$使$\pi(Q_1,Q_2,Q_3)$获得最大值[也可通过验证$D^2\pi(Q_1,Q_2,Q_3)$是处处负定的获得这个结论].

计算得出三个市场的需求的价格弹性分别为

$$|\varepsilon_{d1}|=13/8,\quad |\varepsilon_{d2}|=4/3,\quad |\varepsilon_{d3}|=3/2$$

因而

$$|\varepsilon_{d1}|>|\varepsilon_{d3}|>|\varepsilon_{d2}|$$

而

$$P_1^*<P_3^*<P_2^*$$

这个结果与前面理论上推导出的结论是一致的,即某个市场弹性越小,则在该市场给产品的定价就越高(若想使利润极大化).

(2) 不实行价格歧视意味着 $P_1=P_2=P_3=P$(把市场看作一个整体而不存在价格歧视).从而三个市场的反需求函数为 $P=63-4Q_1$,$P=105-5Q_2$,$P=75-6Q_3$.分别解出 Q_1、Q_2 和 Q_3 得到

$$Q_1=(63-P)/4,\quad Q_2=(105-P)/5,\quad Q_3=(75-P)/6 \quad (9\text{-}2\text{-}16)$$

从而得到厂商面临的总需求函数为

$$Q=Q_1+Q_2+Q_3=(2\,955-37P)/60$$

而逆需求函数为 $P=(2\,955-60Q)/37$,而利润函数为 $\pi(Q)=Q(2\,955-60Q)/37-(10+15Q)$.令 $\pi'(Q)=0$ 解得 $Q^*=20$.又 $\pi''(Q^*)=-120/37<0$,因此 $Q^*=20$ 使利润函数获得极大值[更进一步,由于 $\pi''(Q)=-120/37<0$,因此 $\pi(Q)$ 是凹函数,从而 $Q^*=20$ 使利润函数获得最大值].将 $Q^*=20$ 代入总需求函数 $Q=(2\,955-37P)/60$ 得到三个市场的最优统一定价 $P^*=1\,755/37(\approx 47)$.再将 $P^*=1\,755/37$ 代入式(9-2-16)中的三个式子,得到三个市场的最优供给量分别为 $Q_1^*=576/148$、$Q_2^*=2\,130/185$ 和 $Q_3^*=1\,020/222$.

(3) (1)和(2)两种情形下总的最优供给量均为 20,但前者的最优利润(689)大于后者的最优利润(约 639).可见实行价格歧视时所获得的最优利润大于不实行价格歧视时所获得的最优利润.

9.2.3 寡头垄断

现实世界中的市场大多数情况介于完全竞争市场和完全垄断市场之间.通常市场上存在着许多竞争者,但还没有多到可以把每个竞争者的市场份额都看得无限小.这种市场称作寡头垄断市场.寡头垄断市场模型关注发生在只有几家厂商的行业中的经营策略的相互影响问题.

如果市场上有若干家厂商生产同一种同质产品,那么就会有两个重要的决策变量存在:每家厂商索要的价格和每家厂商生产的数量.

考虑市场上只有两家厂商.当一家厂商对它选择什么价格和产量作出决策的时候,它可能已经知道了另一家厂商所作出的选择.如果一家厂商比另一家厂商先决定它的价格,我们就把前面这家厂商称为价格领导者,而把后面这家厂商称为价

格追随者.同样,一家厂商也可以先行选择它的产量,此时它就是产量领导者;而另一家厂商就是产量追随者.在这些情况下,策略的相互影响形成连续对策.

考虑市场上有 n 家厂商.在一家厂商作出它的选择的时候,它可能并不知道其他厂商所作的选择.在这种情况下,为了使自己能作出合理的决策,它必须猜测其他厂商的选择.这是一种联合对策.此时有两种可能性存在:每家厂商同时选择价格或者每家厂商同时选择产量.

以上的分类方法产生四种形式:产量领导、价格领导、联合定产和联合定价.不同形式会对应着不同的策略选择模型,其中第一种、第三种和第四种模型分别叫做 Stackleberg(斯坦克尔伯格)模型、Cournot 模型和 Bertrand(伯特兰)模型.

再考虑市场上有 n 家厂商.此时还有一种可能的相互影响形式,就是厂商相互之间可能进行串谋.假设行业中的所有厂商可以共同商定使行业的利润(即它们各自的利润之和)实现极大化的价格和产量.所实现的均衡称作 Cartel(卡特尔)均衡.这种串谋叫做合作博弈.

1. Stackleberg 模型——产量领导

产量领导模型是由 Stackleberg 提出的.Stackleberg 是第一位系统研究领导者和追随者相互影响的经济学家.在这个模型中,假设一家厂商的产量选择在另一家厂商前面作出.它经常用于描述有一家厂商处于支配地位或充当自然领导者的行业[①].

假设厂商 1 是领导者,它选择的产量是 y_1,成本函数为 $C_1(y_1)$;厂商 2 是追随者,它选择产量 y_2 作为反应,成本函数为 $C_2(y_2)$.每家厂商都明白均衡市场价格取决于总产量,用反需求函数 $p=p(Y)$ 来表示,这里行业产量为 $Y=y_1+y_2$.

领导者应该选择什么产量才能实现利润极大化?答案取决于它认为追随者将对它的选择作出怎样的反应.假设领导者预期追随者试图在领导者选择既定的情况下也实现利润极大化.领导者为了合理作出它自己的生产决策,就必须考虑追随者的利润极大化问题.所以首先应考虑追随者的利润极大化问题,然后再考虑领导者的利润极大化问题.

假设追随者在领导者的产量选择既定的条件下选择最优产量 y_2^* 以极大化它的利润函数

$$\max_{y_2} p(y_1+y_2)y_2 - C_2(y_2) \tag{9-2-17}$$

① 例如,国际商用机器公司经常被看成是计算机行业中处于支配地位的厂商.在计算机行业中,通常观察到的小厂商的产量行为模式是等待国际商用机器公司宣布新产量,然后再相应地调整他们自己的产量决策.此时,要给计算机行业建立这样一个模型,即国际商用机器公司充当 Stackleberg 领导者的角色,行业中的其他厂商则都充当 Stackleberg 追随者的角色.

从追随者的角度看，领导者的产量是先定的——领导者的生产已经进行，追随者只是把它视为常量. 因此追随者的最优产量和极大化利润都依赖于领导者的产量选择，分析上可记为

$$y_2^* = f_2(y_1) \tag{9-2-18}$$

因为函数 $y_2^* = f_2(y_1)$ 告诉我们追随者对领导者的产量选择如何做出最优反应的，所以把 $y_2^* = f_2(y_1)$ 叫做反应函数.

其次，再考虑领导者的利润极大化问题. 假定领导者也认识到它的行动将影响追随者的产量选择[这种关系由反应函数 $y_2^* = f_2(y_1)$ 描述]. 因而领导者在进行产量选择时，应当考虑它施加于追随者的影响. 因此领导者在约束(9-2-18)下选择自己的产量以极大化它的利润函数

$$\max_{y_1} p(y_1 + y_2^*)y_1 - C_1(y_1) \tag{9-2-19}$$

把式(9-2-18)代入式(9-2-19)，得到领导者的利润极大化问题

$$\max_{y_1} p(y_1 + f_2(y_1))y_1 - C_1(y_1)$$①

下面我们用一个具体的实例说明 Stackleberg 模型中追随者和领导者是如何决定自己的产量的.

例 9.2.8　假设厂商 1(领导者)和厂商 2(追随者)的产量分别为 y_1 和 y_2，反需求函数为线性函数 $p(y_1+y_2) = a - b(y_1+y_2)(b>0)$. 假设领导者和追随者的成本均为零(为计算简便起见). 分别求领导者和追随者的最优产量以及行业的总产量.

解　厂商 2 的利润函数(依赖于领导者的产量 y_1)为

$$\pi_2(y_1, y_2) = [a - b(y_1 + y_2)]y_2$$

令 $\partial\pi_2/\partial y_2 = a - by_1 - 2by_2 = 0$，得到

$$y_2^* = (a - by_1)/(2b) \tag{9-2-20}$$

显然在 y_2^* 处，$\partial^2\pi_2/\partial y_2^2 < 0$，因此 y_2^* 是厂商 2 的利润极大化的最优产量[事实上，y_2^* 还是厂商 2 的利润最大化的最优产量，这是因为 $\partial^2\pi_2/\partial y_2^2$ 处处小于零，进而 $\pi_2(y_1, y_2)$ 是 y_2 的凹函数]. 式(9-2-20)表示的函数就是厂商 2 的反应函数，它给出了对于厂商 1 的每个可能的产量选择(y_1)，厂商 2 的利润极大化的最优产量.

下面考虑厂商 1 的利润极大化的最优产量的选择问题. 厂商 1 的利润函数为

$$\pi_1(y_1, y_2) = p(y_1 + y_2^*)y_1 = ay_1 - by_1^2 - by_1y_2^* \tag{9-2-21}$$

这里 y_2^* 由式(9-2-20)确定. 将式(9-2-20)代入式(9-2-21)，并简化得

$$\pi_1(y_1, y_2) = (a/2)y_1 - (b/2)y_1^2$$

---

①　注意，领导者是认识到这一点的：当他选择产量 y_1 时，总生产量将等于它的产量加上追随者的最优产量$[y_1 + f_2(y_1)]$. 当领导者考虑改变它的产量时，必须考虑这个产量施加于追随者的影响.

令 $\partial\pi_1/\partial y_1=a/2-by_1=0$,得到 $y_1^*=a/(2b)$. 容易验证 y_1^* 使式(9-2-21)获得最大值. 因此厂商 1 的最优产量为 $a/(2b)$;将 $y_1^*=a/(2b)$代入式(9-2-20)得到厂商 2 的最优产量为 $y_2^*=a/(4b)$. 进而行业的总产量为 $y_1^*+y_2^*=(3a)/(4b)$,均衡价格为 $p^*=a/4$.

2. 价格领导

假设厂商 1 是领导者,厂商 2 是追随者. 假设领导者 1 也可以不确定产量而是先确定价格. 为了作出如何确定它的价格的合理决策,领导者 1 必须对追随者 2 将如何行动作出预测. 因此,必须首先研究追随者 2 面临的利润极大化问题.

假设市场上有两家厂商生产和销售同一种同质产品,则在均衡状态下,追随者一定总是确定与领导者相同的价格. 如果一家厂商的定价与另一家不同,那么所有的消费者就都会选择具有较低价格的生产者,这样就不可能有两家厂商生产的均衡了.

假设领导者确定的价格是 p,追随者接受这个定价 p,然后选择它的利润极大化产量. 从本质上说,这同我们以前研究的完全竞争行为是一样的. 在完全竞争模型中,每家厂商都认为价格不受它的控制,因为它只占市场的很小一部分. 在价格领导模型中,追随者也认为自己不能控制价格,因为价格已经由领导者确定.

假设厂商 1 和 2 选择的产量是 y_1 和 y_2,成本函数分别为 $C_1(y_1)$和 $C_2(y_2)$,总需求为 $Y=D(p)$.

追随者选择最优产量 y_2^* 以极大化它的利润函数

$$\max_{y_2} py_2-C_2(y_2) \tag{9-2-22}$$

这将导致熟悉的均衡条件 $p=\mathrm{MC}_2(y_2^*)$,即追随者选择使价格与边际成本相等的产量水平 y_2^*. 假设从 $p=\mathrm{MC}_2(y_2^*)$中可解出 $y_2^*=S(p)$,则得到追随者的供给函数

$$y_2^*=S(p) \tag{9-2-23}$$

现在考虑领导者面临的问题. 领导者认识到如果它定价 p,追随者就会供给 $S(p)$. 这意味着领导者可以出售的产量将是 $y_1\equiv R(p)=D(p)-S(p)$,称作领导者面临的剩余需求曲线. 假设从 $y_1\equiv R(p)=D(p)-S(p)$可解出领导者的反需求函数

$$p=f_1(y_1) \tag{9-2-24}$$

则领导者选择最优产量 y_1^* 以极大化它的利润函数

$$\max_{y_1} \pi_1(y_1)=y_1f_1(y_1)-C_1(y_1) \tag{9-2-25}$$

例 9.2.9 假设需求曲线是 $D(p)=a-bp$,追随者的成本函数为 $C_2(y_2)=y_2^2/2$,领导者的成本函数为 $C_1(y_1)=cy_1$(c 是常数). 试求出领导者的利润极大化

产量.

解　对于任意的价格 p,追随者的最优产量 y_2^* 满足价格等于边际成本,即 $p=y_2^*$. 于是追随者的供给函数为 $y_2^*=S(p)=p$. 领导者面临的需求曲线(剩余需求曲线)是 $y_1\equiv R(p)=D(p)-S(p)=a-(b+1)p$,进一步可得领导者面临的反需求函数为

$$p=f_1(y_1)=a/(b+1)-y_1/(b+1)$$

从而领导者的利润函数为

$$\pi_1(y_1)=py_1-C_1(y_1)=[ay_1/(b+1)-y_1^2/(b+1)]-cy_1$$

进一步可得领导者的利润最大化产量为 $y_1^*=[a-(b+1)c]/2$,均衡价格为 $p^*=[a+(b+1)c]/[2(b+1)]$;追随者的产量为 $y_2^*=[a+(b+1)c]/[2(b+1)]$. 而总产量为 $a-b[a+(b+1)c]/[2(b+1)]$.

3. Cournot 模型——联合定产

领导者和追随者模型假设一家厂商要能够先于另一家厂商做出其产量决策. 有些情形并非如此,如有时两家厂商可能同时作出产量决策. 下面考虑这种情形.

假设每家厂商必须预测另一家厂商的(单时期)产量选择. 每家厂商根据它对另一家厂商的产量预测来选择使自己利润极大化的产量水平. 需要寻找一个预测均衡——每家厂商都发现它对另一家厂商的预测得到证实的一种状态. 这个模型称作 Cournot 模型,是以最早研究它的含义的 19 世纪法国数理经济学家 Cournot 命名的.

在标准的 Cournot 寡头模型中,n 个厂商生产同一种同质产品. 每个厂商的战略选择是选择它的产量水平 y_i. 因为商品是同质的,所以市场价格 p 仅依赖于总产量 $Y=y_1+y_2+\cdots+y_n$;假设它由逆需求函数 $p(Y)$ 确定. 单个厂商的收益由它自己的产量 y_i 和市场价格 p 所决定,其中 p 依赖于所有其他厂商的产量. 因此寡头之间是一个博弈,其中第 i 个厂商的利润函数为

$$\pi_i(y_i;\mathbf{y}_{-i})=y_ip(Y)-c_i(y_i) \tag{9-2-26}$$

这里 $c_i(y_i)$是第 i 个厂商的成本函数,$\mathbf{y}_{-i}$ 表示其他所有厂商的产量选择(是一个 $n-1$ 维的向量). 假如成本函数满足适当的条件,可以证明这个博弈存在一个产量选择为 $\mathbf{y}^*=(y_1^*,y_2^*,\cdots,y_n^*)$的纳什均衡组合,即对各个 i 来说,不等式

$$\pi_i(y_i;\mathbf{y}_{-i}^*)\leqslant\pi_i(y_i^*;\mathbf{y}_{-i}^*) \tag{9-2-27}$$

对第 i 个厂商的所有产量选择 y_i 都成立. $\mathbf{y}^*$ 称作 Cournot 均衡(也是 Nash 均衡).

式(9-2-27)意味着 y_i^* 是 $\pi_i(y_i;\mathbf{y}_{-i}^*)$的极大值点,由式(9-2-26)及极值的一阶必要条件可知 $\mathbf{y}^*$ 满足

$$\partial\pi_i/\partial y_i=0,\quad i=1,2,\cdots,n \tag{9-2-28}$$

或 $p(Y)+y_ip'(Y)=c'_i(y_i)\equiv \mathrm{MC}_i(y_i)$,进一步有

$$p(Y)\left[1+\frac{\mathrm{d}p(Y)}{\mathrm{d}Y}\frac{Y}{p(Y)}\frac{y_i}{Y}\right]=\mathrm{MC}_i(y_i) \tag{9-2-29}$$

由总需求曲线的弹性定义,并记 $S_i=y_i/Y$(表示厂商 i 在市场总产量中所占有的份额),式(9-2-29)可写成

$$p(Y)\left[1-\frac{1}{|\varepsilon(Y)|/S_i}\right]=\mathrm{MC}_i(y_i) \tag{9-2-30}$$

除了 S_i 项以外,式(9-2-30)看起来就像垄断厂商的表达式(3-4-11)或式(9-2-15)一样. 若把 $\varepsilon(Y)/S_i$ 看作厂商 i 所面临的需求曲线的弹性,则厂商所占的市场份额越小,厂商面临的需求曲线的弹性就越大. 特别地,如果某家厂商 i 所占的市场份额是 1(即 $S_i=1$ 或 $y_i=Y$),即这家厂商就是垄断厂商且它面临的需求曲线就是市场需求曲线. 此时,式(9-2-30)退化为式(9-2-15),即此时厂商的均衡条件就退化为垄断厂商的均衡条件.

如果厂商只是超大市场中的一个非常小的部分,它所占的市场份额实际上接近于零,它所面临的需求曲线实际上就具有无限的弹性. 此时,这个厂商的均衡条件(9-2-30)就退化为完全竞争的均衡条件,即价格等于边际成本. 因此,若假设厂商的数目很多,则每家厂商对市场价格的影响就可以忽略不计,则 Cournot 均衡和完全竞争均衡实际上是一回事.

考虑市场上只有两家厂商生产同质产品的 Cournot 模型(目的是陈述前人的研究方法). 假设市场价格 p 仅依赖于总产量 $Y=y_1+y_2$ 并由逆需求函数 $p(Y)$ 确定. 先考虑厂商 1 的利润极大化问题(若先考虑厂商 2 的利润极大化问题,则得到完全相同的结论). 假设厂商 1 预期厂商 2 将生产 y_2^e 产量,因而预期总生产量将是 $Y=y_1+y_2^e$,从而厂商 1 的利润函数为 $\pi_1(y_1;y_2^e)=y_1p(y_1+y_2^e)-c_1(y_1)$,厂商 1 选择最优的产量 y_1^* 以极大化它的利润函数

$$\max_{y_1} p(y_1+y_2^e)y_1-c_1(y_1)$$

这个问题的最优解 y_1^* 显然依赖于 y_2^e,记作函数 $y_1^*=f_1(y_2^e)$;它表示针对厂商 1 对厂商 2 所做的任何预期产量,厂商 1 都有自己相应的最优产量. 这个函数类似于前面提到过的反应函数,这里也称作反应函数①.

同样,我们可以导出厂商 2 的反应函数 $y_2^*=f_2(y_1^e)$,它给出对于厂商 1 产量的既定预期 y_1^e(是由厂商 2 做出的)来说的厂商 2 的最优产量选择.

对上面的讨论总结如下. 每家厂商都在假定另一家厂商的产量是 y_1^e 或 y_2^e 的情况下选择它自己的产量水平. 一般来说,厂商 1 的最优产量水平 y_1^* 和厂商 2 预

① 在最初提到的反应函数描述了追随者针对领导者的产量选择来如何做出自己的最优反应. 现在这个反应函数给出的是一家厂商作为它针对另一家厂商的预期选择所作出的利润极大化的产量选择. 尽管反应函数在这两种情形下的解释有所不同,但它们的数学含义却完全一样.

期的产量水平 y_1^e 并不相同. 厂商 2 的最优产量水平 y_2^* 和厂商 1 预期的产量水平 y_2^e 也不一定相同.

考虑这样一个产量组合(y_1^*, y_2^*),即若厂商 1 预期厂商 2 的产量是 y_2^*,则厂商 1 的最优产量水平就是 y_1^*;若厂商 2 预期厂商 1 的产量是 y_1^*,则厂商 2 的最优产量水平就是 y_2^*. 换言之,$y_1^e = y_1^*$ 且 $y_2^e = y_2^*$,即产量选择(y_1^*, y_2^*)同时满足 $y_1^* = f_1(y_2^*)$和 $y_2^* = f_2(y_1^*)$. 这样的产量水平的组合叫做 Cournot 均衡.

在 Cournot 均衡状态下,每家厂商都在假设另一家厂商产量选择是预期给定的情形下实现自己的利润极大化;而且,这些假设的预期给定的产量处于均衡状态:每家厂商的最优产量选择正是另一家厂商假设的预期给定的产量. 在 Cournot 均衡中,没有一家厂商会认为:一旦得知另一家厂商的实际选择,它还有可能通过改变产量来增加利润.

例 9.2.10　重新考虑例 9.2.8,不过这里考虑两个厂商服从 Cournot 模型的假设. 求两家厂商的均衡产量和整个行业的产量.

解　由例 9.2.8 中的式(9-2-20)有

$$y_2^* = (a - by_1^e)/(2b)$$

又由于两家厂商的对称性有

$$y_1^* = (a - by_2^e)/(2b)$$

Cournot 模型假设每家厂商的最优产量选择都是另一家厂商假设的预期给定的产量,即 $y_1^e = y_1^*$ 且 $y_2^e = y_2^*$,进一步代入前两个式子并求解得到 $y_1^* = y_2^* = a/(3b)$. 从而两家厂商的均衡产量均为 $a/(3b)$,而整个行业的产量为 $y_1^* + y_2^* = (2a)/(3b)$①.

4. Bertrand 模型——联合定价

假设每家厂商必须预测另一家厂商的(单时期)价格选择. 每家厂商根据它对另一家厂商的价格预测来选择使自己利润极大化的定价水平. 需要寻找一个预测均衡(一对价格)——每家厂商都发现它对另一家厂商的价格预测得到证实的一种状态. 这个模型称作 Bertrand 模型.

假设有两家利润极大化的厂商 1 和 2,需求函数为 $Y = Y(p)$. 两家厂商具有不变的规模报酬且具有同样的成本 c(单位产量的成本). 两家厂商是这样竞争的:两家厂商同时制定自己的价格 p_1 和 p_2,那么厂商 j 的销售量为

$$y_j(p_j, p_k) = \begin{cases} Y(p_j) & p_j < p_k \\ \frac{1}{2}Y(p_j) & p_j = p_k \quad (j,k = 1,2) \\ 0 & p_j > p_k \end{cases}$$

① 本题也可通过求解方程组(9-2-28)直接获得同样的结论,这样做显得更容易.

假设厂商 j 按照订单进行生产，则厂商的生产成本由其实际销售量决定. 因此，厂商 j 的利润函数为 $\pi_j(p_j, p_k) = (p_j - c)y_j(p_j, p_k)$. 由于这个函数不是可微的，所以这里略去均衡价格 (p_1^*, p_2^*) 的求解过程①.

5. 串谋——Cartel 均衡

假设各家厂商串谋在一起联合决定它们的产量，则各家厂商会选择使整个行业利润极大化的总产量，然后再在他们之间瓜分利润. 当厂商串谋在一起，试图确定使整个行业利润实现极大化的价格和产量的时候，这些厂商就被总称为一个 Cartel. 一个 Cartel 就是串谋在一起的一伙厂商，其行为就像单个垄断厂商一样，追求它们利润总和的极大化. 使得各家厂商利润之和获得极大值的各家厂商的产量组合叫做一个 Cartel 均衡.

假设 n 个厂商生产同一种同质产品；产品的市场价格 p 仅依赖于总产量 $Y = y_1 + y_2 + \cdots + y_n$；假设它由逆需求函数 $p(Y)$ 确定；厂商 i 的成本函数为 $c_i(y_i)$，$i = 1, \cdots, n$. 各家厂商的产量水平 y_i 的(联合)选择应极大化整个行业的利润函数

$$\max_{y_1, y_2, \cdots, y_n} \pi(\mathbf{y}) = \left[\left(\sum_{i=1}^{n} y_i\right)\right] p\left(\sum_{i=1}^{n} y_i\right) - \sum_{i=1}^{n} c_i(y_i) \qquad (9\text{-}2\text{-}31)$$

这里 $\mathbf{y} = (y_1, y_2, \cdots, y_n)$. 显然式(9-2-31)可表示为

$$\max_{y_1, y_2, \cdots, y_n} \pi(\mathbf{y}) = \sum_{i=1}^{n} \left[y_i p\left(\sum_{i=1}^{n} y_i\right) - c_i(y_i)\right]$$

这意味着极大化整个行业的利润等价于极大化各家厂商利润之和. 各家厂商的最优产量水平组合 $\mathbf{y}^* = (y_1^*, y_2^*, \cdots, y_n^*)$ 满足下面的一阶必要条件

$$p\left(\sum_{i=1}^{n} y_i^*\right) + \left(\sum_{i=1}^{n} y_i^*\right) p'\left(\sum_{i=1}^{n} y_i^*\right) = \mathrm{MC}_i(y_i^*), i = 1, \cdots, n \qquad (9\text{-}2\text{-}32)$$

当厂商 i 考虑增产一个单位($\Delta y_i = 1$)时，它需要比较两个效应：多销售一个单位产品产生的额外利润和由此导致的价格下降而造成的利润损失. 但在第二个效应中，它现在要同时考虑较低的价格对于它自己的产量和其他厂商产量的影响. 这是因为，它现在感兴趣的已不只是极大化它自己的利润而是整个行业的利润. 式(9-2-32)还意味着

$$\mathrm{MC}_1(y_1^*) = \mathrm{MC}_2(y_2^*) = \cdots = \mathrm{MC}_n(y_n^*) \qquad (9\text{-}2\text{-}33)$$

即在均衡产量 $\mathbf{y}^*$ 处，各家厂商的边际成本相等. 进而可知，如果有一家厂商具有成本优势，即它的边际成本曲线总是位于其他厂商边际成本曲线的下面，则在 Cartel 均衡解中，它就一定会生产更多的产量. 分析上，若厂商 i 具有边际成本优势，即满

① 这个博弈模型存在唯一的均衡价格 (p_1^*, p_2^*)，在均衡处每个厂商的定价等于成本，即 $p_1^* = p_2^* = c$ [证明过程见 Mas-Colell 等(1995, p. 388)].

足 $MC_i(y_i) < MC_j(y_j)(j \neq i)$，则由于式(9-2-33)成立，所以必有 $y_i^* > y_j^*(j \neq i)$.

在现实生活中，达成 Cartel 协定的困难在于总有作弊的诱惑存在. 比如，假设除第 i 家厂商外各家厂商都按使行业利润极大化的均衡产量进行生产[即 $y_j^*(j \neq i)$均保持不变]，则厂商 i 在原有最优产量 y_i^* 的基础上再增加一单位的产量所带来的边际利润大于零. 也就是说，在使联合利润极大化的均衡产量水平 $\mathbf{y}^*$ 上，每家厂商单方面增加产量对它来说都是有利可图的——如果其他厂商的均衡产量都保持不变的话(留作习题). 这说明 Cartel 均衡解是不稳定的.

Cartel 的解决方法是各家厂商共同采取限制产量的行动以避免市场"损毁". 为了维持 Cartel 有效，厂商们就需要找到一种防止和惩罚作弊的办法. 如果它们没有办法相互监察产量，作弊和诱惑就会使 Cartel 遭到瓦解.

例 9.2.11　求例 9.2.8 的 Cartel 均衡.

解　两家厂商的联合利润函数为 $\pi(y_1, y_2) = (y_1 + y_2)p(y_1 + y_2) = a(y_1 + y_2) - b(y_1 + y_2)^2$，因此 Cartel 均衡 (y_1^*, y_2^*) 满足 $\partial\pi/\partial y_i = 0(i = 1, 2)$，即有 $a - 2b(y_1^* + y_2^*) = 0$，因此有

$$y_1^* + y_2^* = a/(2b) \tag{9-2-34}$$

即两家厂商的最优产量之和为 $a/(2b)$.

6. 五个模型的比较

限于篇幅，这里略去前面五个模型的比较. 读者可参见范里安(2003，p. 578)和黎诣远和李明志(2002，p. 305～312)等.

9.3　最优解表示的经济函数及其比较静态分析

回忆在市场模型和国民收入模型中，我们从含有外生变量或参数的模型的均衡条件出发直接(如例 7.1.1 和例 7.1.2)或利用隐函数定理(如例 7.1.3 和例 7.1.4)间接求出均衡解(内生变量)关于外生变量和(或)参数的偏导数来进行比较静态分析.

当一个无约束优化的经济模型含有外生变量或参数时，这个模型的最优解(内生变量的最优值)将依赖于这些外生变量或参数. 进行无约束优化的经济模型的比较静态分析，就是要求出最优解或内生变量的最优值关于外生变量或参数的偏导数. 因此，应从一阶必要条件出发来进行，这是因为最优解或内生变量的最优值、外生变量或参数应满足一阶必要条件(通常是一个方程或一个方程组). 下面将会看到二阶充分条件在比较静态分析中起着重要的作用.

考虑无约束优化问题

$$\max G(\mathbf{x}; \mathbf{y}; \mathbf{t}) \tag{9-3-1}$$

这里 $G(\mathbf{x};\mathbf{y};\mathbf{t})$ 是 $n+m+k$ 元函数，$\mathbf{x}=(x_1,x_2,\cdots,x_n)$ 是内生变量，$\mathbf{y}=(y_1,y_2,\cdots,y_m)$ 是外生变量，而 $\mathbf{t}=(t_1,t_2,\cdots,t_k)$ 是参数，则问题(9-3-1)的最优解(均衡解)或内生变量的最优值应满足下面的方程组(一阶必要条件)

$$\begin{cases}\dfrac{\partial G}{\partial x_1}(x_1,\cdots,x_n;y_1,\cdots,y_m;t_1,t_2,\cdots,t_k)=0\\ \dfrac{\partial G}{\partial x_2}(x_1,\cdots,x_n;y_1,\cdots,y_m;t_1,t_2,\cdots,t_k)=0\\ \cdots\cdots\\ \dfrac{\partial G}{\partial x_n}(x_1,\cdots,x_n;y_1,\cdots,y_m;t_1,t_2,\cdots,t_k)=0\end{cases}\qquad(9\text{-}3\text{-}2)$$

为了应用隐函数定理，记 $F_i(\mathbf{x};\mathbf{y};\mathbf{t})\equiv\dfrac{\partial G}{\partial x_i}(x_1,\cdots,x_n;y_1,\cdots,y_m;t_1,t_2,\cdots,t_k)$，$i=1,2,\cdots,n$. 则式(9-3-2)等价于下面的方程组

$$F_i(\mathbf{x};\mathbf{y};\mathbf{t})=0,\quad i=1,2,\cdots,n\qquad(9\text{-}3\text{-}3)$$

需验证由 n 个方程组成的方程组(9-3-3)能确定 n 个 $m+k$ 元的隐函数

$$x_i=f_i(\mathbf{y};\mathbf{t}),\quad i=1,2,\cdots,n\qquad(9\text{-}3\text{-}4)$$

为此，令 $\mathbf{F}=(F_1,F_2,\cdots,F_n)$，则容易验证向量值函数 $\mathbf{F}$ 关于内生变量 $x_1,x_2,\cdots,x_n$ 的 Jacobi 导数 $\dfrac{\partial(F_1,F_2,\cdots,F_n)}{\partial(x_1,x_2,\cdots,x_n)}$[或 $D\mathbf{F}_{\mathbf{x}}(\mathbf{x};\mathbf{y};\mathbf{t})$]与函数 $G(\mathbf{x};\mathbf{y};\mathbf{t})$ 关于内生变量 $x_1,x_2,\cdots,x_n$ 的 Hessian 矩阵 $D_{\mathbf{x}}^2G(\mathbf{x};\mathbf{y};\mathbf{t})$ 完全相同，从而它们的行列式相同

$$|D\mathbf{F}_{\mathbf{x}}(\mathbf{x};\mathbf{y};\mathbf{t})|=|D_{\mathbf{x}}^2G(\mathbf{x};\mathbf{y};\mathbf{t})|\qquad(9\text{-}3\text{-}5)$$

二阶充分条件是指 $D_{\mathbf{x}}^2G(\mathbf{x};\mathbf{y};\mathbf{t})$ 在 $G(\mathbf{x};\mathbf{y};\mathbf{t})$ 的驻点[满足方程组(9-3-3)的点]处是负定的，因此二阶充分条件可确保 $|D_{\mathbf{x}}^2G(\mathbf{x};\mathbf{y};\mathbf{t})|\neq0$. 因此，二阶充分条件可保证由方程组(9-3-2)或方程组(9-3-3)可确定各个内生变量 $x_1,x_2,\cdots,x_n$ 都是外生变量 $y_1,y_2,\cdots,y_m$ 和参数 $t_1,\cdots,t_k$ 的 C^1 函数. 进一步由方程组的隐函数定理(或全微分法、复合函数求导法)可求出各个内生变量 $x_1,x_2,\cdots,x_n$ 分别关于外生变量 $y_1,y_2,\cdots,y_m$ 和参数 $t_1,\cdots,t_k$ 的偏导数 $\partial x_i/\partial y_j$，$\partial x_i/\partial t_p$，$i=1,2,\cdots,n$；$j=1,2,\cdots,m$；$p=1,2,\cdots,k$.

例 9.3.1　重新考虑例 3.5.1(4)中的第一部分，即分析产品销售价格对最优产量的影响.

解　需要分析外生变量 P 对内生变量 q^* 的影响. 由于二者满足一阶必要条件式(3-5-1)，所以从式(3-5-1)或方程 $P-C'(q^*)=0$ 出发求 $\mathrm{d}q^*/\mathrm{d}P$. 为了利用隐函数定理，令 $F(P,q^*)\equiv P-C'(q^*)$，则式(3-5-1)等价于 $F(P,q^*)=0$. 需判断由 $F(P,q^*)=0$ 能确定 q^* 是 P 的隐函数. 隐函数定理成立的关键条件之一是 $F_{q^*}(P,q^*)\neq0$. 事实上，由二阶充分条件式(3-5-2)有 $C''(q^*)>0$，从而 $F_{q^*}(P,q^*)=-C''(q^*)<0(\neq0)$ 成立. 因此由一个方程的隐函数定理有

$$\frac{dq^*}{dP}=-\frac{F_P}{F_{q^*}}=-\frac{1}{[-C''(q^*)]}=\frac{1}{[C''(q^*)]}>0$$

这与式(3-5-3)的结果完全相同. $dq^*/dP>0$ 意味着产品的销售价格增加时，厂商的最优产量也增加.

例 9.3.2　考虑前面的例 9.2.2，要求利用推论 6.8.4 分析厂商利润极大化时的最优投入水平(a^*,b^*)受外生变量 P_0，P_{a0}和 P_{b0}及参数 r 和 t 的影响，这里进一步假设 $Q_{ab}(a^*,b^*)>0$(即投入 b 增加时将引起投入 a 的边际产量 Q_a 增加).

解　将利润函数重写为 $\pi(a,b;P_0,P_{a0},P_{b0};r,t)=P_0Q(a,b)e^{-rt}-aP_{a0}-bP_{b0}$，厂商的最优投入水平$(a^*,b^*)$应满足下面的一阶必要条件[见式(9-2-4)]

$$\begin{cases}F_1(a,b;P_0,P_{a0},P_{b0};r,t)\equiv\dfrac{\partial\pi}{\partial a}=P_0Q_a(a,b)e^{-rt}-P_{a0}=0\\[2ex]F_2(a,b;P_0,P_{a0},P_{b0};r,t)\equiv\dfrac{\partial\pi}{\partial b}=P_0Q_b(a,b)e^{-rt}-P_{b0}=0\end{cases}\tag{9-3-6}$$

这里内生变量是 a 和 b，五个外生变量为 P_0、P_{a0}和 P_{b0}以及参数 r 和 t. 需确定由两个方程构成的方程组(9-3-6)能否确定各个内生变量 a 和 b 都是外生变量 P_0、P_{a0}和 P_{b0}以及参数 r 和 t 的隐函数. 这只需下面的行列式

$$|J|=\left|\frac{\partial(F_1,F_2)}{\partial(a,b)}\right|=\begin{vmatrix}P_0Q_{aa}e^{-rt} & P_0Q_{ab}e^{-rt}\\ P_0Q_{ab}e^{-rt} & P_0Q_{bb}e^{-rt}\end{vmatrix}\tag{9-3-7}$$

非零即可[其中的所有偏导数均在(a^*,b^*)处计算]. 事实上，式(9-3-7)中的行列式$|J|$恰好是利润函数 π 关于内生变量(a,b)的 Hessian 矩阵 $D^2\pi$ 的行列式$|D^2\pi|$. 因此，若二阶充分条件成立，即在最优解(a^*,b^*)处矩阵 $D^2\pi$ 是负定的，则有$|D^2\pi|>0$. 进一步，由方程组的隐函数定理 6.8.3 可确定各个内生变量 a 和 b 为外生变量为 P_0、P_{a0}和 P_{b0}及参数 r 和 t 的五元隐函数

$$\begin{cases}a^*=f_1(P_0,P_{a0},P_{b0},r,t)\\ b^*=f_2(P_0,P_{a0},P_{b0},r,t)\end{cases}$$

这两个五元函数满足均衡恒等式

$$\begin{cases}F_1(f_1(P_0,P_{a0},P_{b0};r,t),f_2(P_0,P_{a0},P_{b0};r,t);P_0,P_{a0},P_{b0};r,t)\equiv 0\\ F_2(f_1(P_0,P_{a0},P_{b0};r,t),f_2(P_0,P_{a0},P_{b0};r,t);P_0,P_{a0},P_{b0};r,t)\equiv 0\end{cases}\tag{9-3-8}$$

由推论 6.8.4 可知这十个比较静态导数为

$$\frac{\partial(a^*,b^*)}{\partial(P_0,P_{a0},P_{b0},r,t)}=-\left(\frac{\partial(F_1,F_2)}{\partial(a,b)}\right)^{-1}\frac{\partial(F_1,F_2)}{\partial(P_0,P_{a0},P_{b0},r,t)}\tag{9-3-9}$$

这里

$$\left(\frac{\partial(F_1,F_2)}{\partial(a,b)}\right)^{-1}=-\frac{P_0e^{-rt}}{|J|}\begin{pmatrix}Q_{bb} & -Q_{ab}\\ -Q_{ab} & Q_{aa}\end{pmatrix}$$

$$\frac{\partial(F_1,F_2)}{\partial(P_0,P_{a0},P_{b0},r,t)}=e^{-rt}\begin{pmatrix}Q_a & -e^{rt} & 0 & -tP_0Q_a & -rP_0Q_a\\ Q_b & 0 & -e^{rt} & -tP_0Q_b & -rP_0Q_b\end{pmatrix}$$

[上面两式中的所有偏导数均在(a^*,b^*)处计算]. 它们容易通过式(9-3-6)关于函数F_1和F_2的定义求出. 将其结果代入式(9-3-9)即可求出所有的比较静态导数①,

$$\frac{\partial(a^*,b^*)}{\partial(P_0,P_{a0},P_{b0},r,t)}=-\frac{P_0\mathrm{e}^{-2rt}}{|J|}\begin{pmatrix} Q_aQ_{bb}-Q_bQ_{ab} & -\mathrm{e}^{rt}Q_{bb} & \mathrm{e}^{rt}Q_{ab} & -tP_0(Q_aQ_{bb}-Q_bQ_{ab}) & -rP_0(Q_aQ_{bb}-Q_bQ_{ab}) \\ -Q_aQ_{ab}+Q_bQ_{aa} & \mathrm{e}^{rt}Q_{ab} & -\mathrm{e}^{rt}Q_{aa} & -tP_0(-Q_aQ_{ab}+Q_bQ_{aa}) & -rP_0(-Q_aQ_{ab}+Q_bQ_{aa}) \end{pmatrix} \tag{9-3-10}$$

如

$$\frac{\partial a^*}{\partial P_0}=(Q_bQ_{ab}-Q_aQ_{bb})P_0\mathrm{e}^{-2rt}/|J|$$

$$\frac{\partial b^*}{\partial P_0}=(Q_aQ_{ab}-Q_bQ_{aa})P_0\mathrm{e}^{-2rt}/|J|$$

上面的两个式子中的所有偏导数均在点(a^*,b^*)处计算.

由一阶必要条件式(9-3-6),$Q_a(a^*,b^*)>0,Q_b(a^*,b^*)>0$. 由二阶充分条件[即在最优解$(a^*,b^*)$处的矩阵$\mathrm{D}^2\pi$是负定的],$Q_{aa}(a^*,b^*)<0,Q_{aa}(a^*,b^*)\times Q_{bb}(a^*,b^*)-(Q_{ab}(a^*,b^*))^2>0$,从而$Q_{bb}(a^*,b^*)<0$. 又因为$Q_{ab}(a^*,b^*)>0$②,因此式(9-3-10)左侧矩阵中各元素的符号形如$\begin{pmatrix} + & - & - & - & - \\ + & - & - & - & - \end{pmatrix}$. 如$\partial a^*/\partial P_0>0$和$\partial b^*/\partial P_0>0$. 这意味着产品价格增加时,将导致两种最优投入的增加.

类似地,若$Q_{ab}(a^*,b^*)<0$,则可推出式(9-3-10)右侧矩阵中各元素的符号形如$\begin{pmatrix} \pm & - & + & \pm & \pm \\ \pm & + & - & \pm & \pm \end{pmatrix}$.

例 9.3.3　给定一个价格接受的厂商的生产函数$Q(K,L)$. 假设$Q_{KL}>0$,即资本的边际产量随着劳动力的增加而增加. 给定产品价格P,资本的租金率r和工资ω,则它的利润函数为$\pi(K,L)=PQ(K,L)-rK-\omega L$. 假设厂商利润极大化问题的二阶充分条件成立,试分别讨论外生变量r、ω和P之一的变化对各个内生变量的最优值K^*和L^*的影响.

解　最优解(K^*,L^*)应满足下面方程组表示的一阶必要条件

$$F_1(K^*,L^*;r,\omega,P)\equiv\partial\pi(K^*,L^*)/\partial K=PQ_K(K^*,L^*)-r=0$$

$$F_2(K^*,L^*;r,\omega,P)\equiv\partial\pi(K^*,L^*)/\partial L=PQ_L(K^*,L^*)-\omega=0$$

本例采用更简洁的全微分法进行讨论. 为了讨论外生变量r的变化分别对内生变

① 也可从式(9-3-6)出发利用全微分法、从式(9-3-8)出发利用复合函数求导法、直接利用隐函数定理6.8.3的结论(3)或利用式(6-8-12′)来求所有的比较静态导数(留作习题).

② 若$Q_{ab}(a^*,b^*)<0$,则$\partial a/\partial P_0$和$\partial b/\partial P_0$符号不定.

量的最优值K^*和L^*的影响，需要求$\partial K^*/\partial r$和$\partial L^*/\partial r$. 从而可将这个方程组左侧中另外两个外生变量ω和P均看作常数，因而方程组的左侧是K^*、L^*和r的三元函数. 对这个方程组的两端求全微分，并将外生变量r的微分移到等式的右侧，注意到$\mathrm{d}\omega=\mathrm{d}P=0$，可得

$$\begin{pmatrix} \dfrac{\partial F_1}{\partial K} & \dfrac{\partial F_1}{\partial L} \\ \dfrac{\partial F_2}{\partial K} & \dfrac{\partial F_2}{\partial L} \end{pmatrix} \begin{pmatrix} \mathrm{d}K^* \\ \mathrm{d}L^* \end{pmatrix} = \begin{pmatrix} -\dfrac{\partial F_1}{\partial r}\mathrm{d}r \\ -\dfrac{\partial F_2}{\partial r}\mathrm{d}r \end{pmatrix}$$

或

$$\begin{pmatrix} \dfrac{\partial F_1}{\partial K} & \dfrac{\partial F_1}{\partial L} \\ \dfrac{\partial F_2}{\partial K} & \dfrac{\partial F_2}{\partial L} \end{pmatrix} \begin{pmatrix} \dfrac{\partial K^*}{\partial r} \\ \dfrac{\partial L^*}{\partial r} \end{pmatrix} = \begin{pmatrix} -\dfrac{\partial F_1}{\partial r} \\ -\dfrac{\partial F_2}{\partial r} \end{pmatrix}$$

即

$$\begin{pmatrix} PQ_{KK} & PQ_{KL} \\ PQ_{KL} & PQ_{LL} \end{pmatrix} \begin{pmatrix} \dfrac{\partial K^*}{\partial r} \\ \dfrac{\partial L^*}{\partial r} \end{pmatrix} = \begin{pmatrix} 1 \\ 0 \end{pmatrix} \tag{9-3-11}$$

式(9-3-11)中的所有二阶偏导数都是在点(K^*,L^*)处计算的. 二阶充分条件成立意味着利润函数在(K^*,L^*)处的 Hessian 矩阵$\mathrm{D}^2\pi(K^*,L^*)$是负定的，因此$|\mathrm{D}^2\pi(K^*,L^*)|\neq 0$，且

$$\begin{aligned} &Q_{LL} < 0 \\ &Q_{KK} < 0 \\ &Q_{KK}Q_{LL} > Q_{KL}^2 \end{aligned} \tag{9-3-12}$$

令J表示方程组(9-3-11)的系数矩阵，则容易验证$|\mathrm{D}^2\pi(K^*,L^*)|=|J|>0$. 因此方程组(9-3-11)有唯一一组解

$$\frac{\partial K^*}{\partial r} = \frac{\begin{vmatrix} 1 & PQ_{KL} \\ 0 & PQ_{LL} \end{vmatrix}}{|J|} = \frac{Q_{LL}}{P(Q_{KK}Q_{LL}-Q_{KL}^2)}$$

$$\frac{\partial L^*}{\partial r} = \frac{\begin{vmatrix} PQ_{KK} & 1 \\ PQ_{LK} & 0 \end{vmatrix}}{|J|} = \frac{-Q_{LK}}{P(Q_{KK}Q_{LL}-Q_{KL}^2)}$$

由式(9-3-12)以及$|J|>0$，可知$\partial K^*/\partial r<0$；由式(9-3-12)和$Q_{KL}>0$，可知$\partial L^*/\partial r<0$. 从而资本的租金率$r$增加时将导致最优资本和最优劳动力的使用下降.

至于ω和P的变化对内生变量的最优值K^*和L^*的影响可做类似讨论(留作习题).

9.4 最优值表示的经济函数(价值函数)及其比较静态分析

当一个无约束优化的经济模型含有外生变量或参数时，这个模型的最优解(内生变量的最优值)将依赖于这些外生变量或参数，从而目标函数的最优值(经济学上称作价值函数和间接目标函数)也依赖于这些外生变量或参数. 通过求出目标函数的最优值关于这些外生变量或参数的偏导数以及这些偏导数的符号，就可分析目标函数的最优值是如何随着某个外生变量或参数的变化而变化的.

包络定理将解决目标函数的最优值关于这些外生变量或参数的偏导数如何求出这个问题. 本节先介绍无约束优化的包络定理，后面 10.6 节介绍约束优化的包络定理. 同样会看到，二阶充分条件在分析目标函数的最优值是如何受某个外生变量或参数的影响时所起的作用.

9.4.1 一个外生变量或参数的包络定理

定理 9.4.1(无约束优化的包络定理) 设 $F(\mathbf{x};a)$是 $\mathbf{x}\in\mathbf{R}^n$ 的 C^1 函数，$a\in R$ 为标量，对选定的参数 a，考虑无约束极大化问题 $\max F(\mathbf{x};a)$. 令 $\mathbf{x}^*(a)$是这个问题的最优解且是 a 的 C^1 函数①，对应的目标函数的最优值记为 $G(a)=F(x^*(a);a)$，则 $G(\boldsymbol{a})$关于参数 a 的导数为

$$G'(a)=\frac{\mathrm{d}}{\mathrm{d}a}F(\mathbf{x}^*(a);a)=\frac{\partial}{\partial a}F(\mathbf{x}^*(a);a) \tag{9-4-1}$$

式(9-4-1)中的第二项表示函数 $F(\mathbf{x};a)$在点$(\mathbf{x}^*(a),a)$处关于参数 a 的偏导数.

证明 由复合函数求导法则有

$$\begin{aligned}\frac{\mathrm{d}}{\mathrm{d}a}F(\mathbf{x}^*(a);a)&=\frac{\mathrm{d}}{\mathrm{d}a}F(x_1^*(a),\cdots,x_n^*(a);a)\\&=\sum_{i=1}^{n}\frac{\partial F}{\partial x_i}(\mathbf{x}^*(a);a)\frac{\mathrm{d}x_i^*(a)}{\mathrm{d}a}+\frac{\partial}{\partial a}F(\mathbf{x}^*(a);a)\cdot 1\end{aligned} \tag{9-4-2}$$

由极值的一阶必要条件知

$$\mathrm{D}F(\mathbf{x}^*(a);a)=0$$

即

$$\frac{\partial F}{\partial x_i}(\mathbf{x}^*(a);a)=0,\quad i=1,2,\cdots,n \tag{9-4-3}$$

将式(9-4-3)代入式(9-4-2)化简即得式(9-4-1).

① 这个问题的二阶充分条件的成立可确保最优解 $\mathbf{x}^*(a)$是 a 的 C^1 函数. 这个陈述对定理 9.4.2 同样成立.

例 9.4.1　重新考虑例 3.5.1(4)中的第二部分，即分析产品销售价格对最优利润的影响.

解　由定理 9.4.1，$\frac{d\pi^*}{dP}=\frac{d\pi}{dP}\Big|_{q=q^*}=q^*>0$，这与式(3-5-5)的结果完全相同.

9.4.2　多个外生变量或参数的包络定理

下面的定理考虑目标函数中含有两个或两个以上的外生变量或参数的情况.

定理 9.4.2(无约束优化的包络定理)　设 $F(\mathbf{x};\mathbf{a})$是 $\mathbf{x}\in\mathbf{R}^n$ 的 C^1 函数，$\mathbf{a}=(a_1,\cdots,a_m)\in\mathbf{R}^m$ 为向量，固定标量 $a_j(j=1,2,\cdots,m$，但 $j\neq i)$，对参数 a_i，考虑无约束最大化问题

$$\max F(\mathbf{x};\mathbf{a})$$

令 $\mathbf{x}^*(\mathbf{a})$是这个问题的最优解且是 $\mathbf{a}$ 的 C^1 函数，对应的目标函数的最优值记为 $G(\mathbf{a})=F(\mathbf{x}^*(\mathbf{a});\mathbf{a})$，则 $G(\mathbf{a})$关于参数 a_i 的偏导数为

$$\frac{\partial}{\partial a_i}G(\mathbf{a})=\frac{\partial}{\partial a_i}F(\mathbf{x}^*(\mathbf{a});\mathbf{a}),\quad i=1,2,\cdots,n \tag{9-4-4}$$

式(9-4-4)中的第二项表示函数 $F(\mathbf{x};\mathbf{a})$在点$(\mathbf{x}^*(\mathbf{a}),\mathbf{a})$处关于参数 a_i 的偏导数.

例 9.4.2　再考虑例 9.3.3，试分别讨论外生变量 r、ω 和 P 之一的变化对最优利润 π^* 的影响.

解　由例 9.3.3 可知 $\partial\pi(K,L)/\partial r=-K$，从而由包络定理 9.4.2，$\partial\pi^*/\partial r=-K^*<0$. 因此资本的租金率增加时，最优利润将减少. 类似地可分别讨论 ω 和 P 之一的变化对最优利润 π^* 的影响.

9.4.3　长期成本函数

长期来看，厂商通常会改变所有投入水平，如购买额外的土地、建造新的工厂和雇佣更多的管理者和工人；或者，相反地，厂商可以卖出或搁置这些资源. 由于长期来看，厂商的投入水平有更多的灵活性，所以对固定水平的产出来说，长期成本可能小于短期成本.

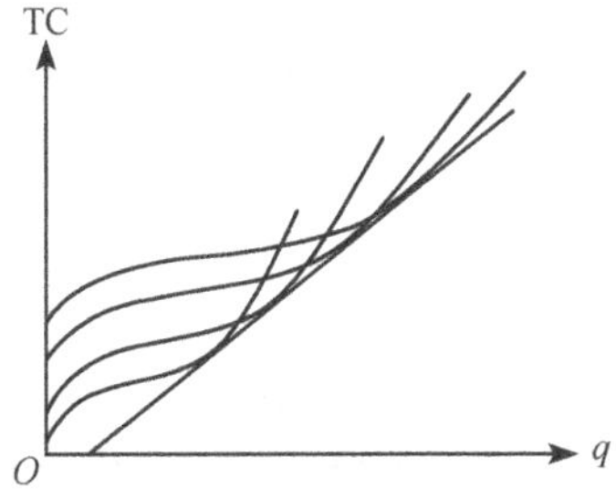

图 9.4.1　长期成本曲线作为所有短期成本曲线的下包络

有一个简单的方法导出长期成本曲线. 对短期内固定的各种投入水平 a，分别构造短期总成本曲线. 这样得到的短期成本曲线簇可能像图 9.4.1 所示的那样；其中的四条曲线是相对于四个不同收入水平 a 的短期总成本曲线. 一旦厂商决定了产出水平 q，他将选择使得 q 处总成本最小的投入水平 a. 这样，长期总成本曲线就是这些短期总成本曲线的下包络(lower envelop)，且总是不大于

任何特定的短期总成本曲线.下面举一个例子从分析和几何上进行说明.

例 9.4.3 假设某厂商从长期来看可以调整用来生产产品的某种投入的数量.当投入水平为 a 时,相应的短期总成本函数为 $c(q,a)=q^3-30q^2+(400-a)q+0.05a^2$,求长期总成本函数 $c(q)$.

解 长期总成本曲线 $c(q)$ 为关于 a 的极值问题 $\min_a c(q,a)$ 的目标函数的最小值,这里 q 看作参数.容易得到这个极值问题的最优解 $a^*=10q$,将其代入 $c(q,a)$ 的表达式并化简得到 $c(q)=q^3-35q^2+400q$.这意味着:当产出水平为 q 时,投入水平 $a^*=10q$ 对应的(长期)总成本最小且为 $c(q)$.图 9.4.2 中给出了对应三种不同投入水平 $a=50$、$a=100$ 和 $a=140$ 的短期总成本曲线 $c(q,a)$ 以及长期总成本曲线 $c(q)$.这个图形表明,当产出水平为 $q=5$ 时,投入水平 $a^*=50$ 对应的成本最低;当产出水平为 $q=10$ 时,投入水平 $a^*=100$ 对应的成本最低;当产出水平为 $q=14$ 时,投入水平 $a^*=140$ 对应的成本最低.从而总成本曲线 $c(q)$ 是三条短期总成本曲线的下包络线.

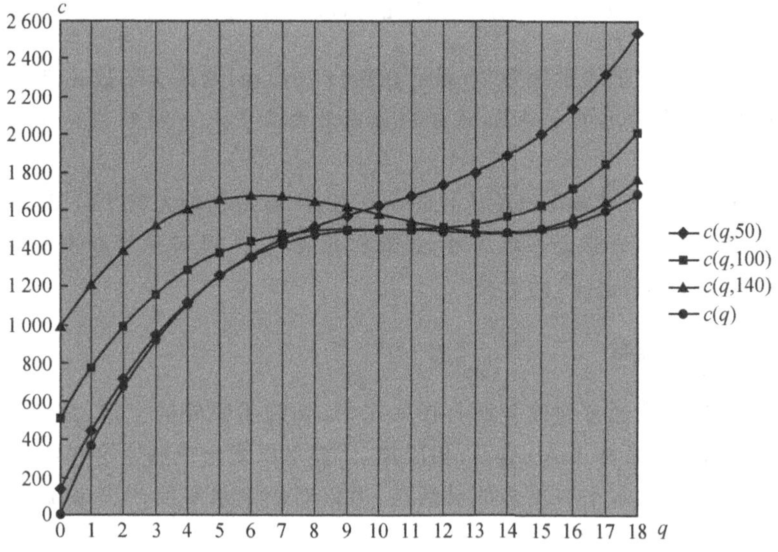

图 9.4.2 长期成本曲线作为所有短期成本曲线的下包络线

习 题

9.1 设某垄断厂商面临两个不同的需求函数 $Q_1=24-0.2P_1$,$Q_2=10-0.05P_2$,总成本函数为 $C=35+40(Q_1+Q_2)$.

(1) 求实行价格歧视时两个市场的最优供应量和相应的最优价格(以使总利润最大),并比较各个市场的需求弹性与价格之间的关系.

(2) 不实行价格歧视时,三个市场的最优供应量和相应的最优价格.

(3) 比较(1)和(2)两种情形下总的供给量以及最优利润的大小.

9.2 某厂商生产两种产品，产出分别为 Q_1 和 Q_2，总成本函数为 $C=2Q_1^2+Q_1Q_2+2Q_2^2+200$，求下面三种情形下厂商的均衡产出：

(1) 两种产品为不同品牌的同类产品，其总需求函数为 $Q=60-P$，这里 P 是两种产品的共同价格，$Q=Q_1+Q_2$ 为产品的总需求；

(2) 两种产品为不同类型的产品，有各自的需求市场，需求函数分别为 $Q_1=50-0.5P_1$，$Q_2=75-P_2$，这里 P_1 和 P_2 分别为两种产品的价格；

(3) 两种产品在市场上是相互关联的，需求函数分别为 $Q_1=28-0.4P_1+0.2P_2$，$Q_2=26-0.6P_1+0.2P_1$.

9.3 航空公司在甲乙两地之间有固定的航班. 它把预定航班的商务乘客和预定周六晚上过夜航班的乘客的需求看作两个单独的市场. 假设商务乘客的需求函数为 $Q=16-p$，旅游乘客的需求函数为 $Q=10-p$，对于所有乘客的成本函数为 $C(Q)=10+Q^2$. 该航空公司在两个市场如何定价才能获得最大利润？

9.4 一厂商使用两种投入生产一种产品. 假设厂商的生产函数为 $Q=x^{1/4}y^{1/4}$，并且其产品售价为每单位 1 元，投入品价格均为每单位 4 元. 给出该厂商利润最大化的投入组合(验证二阶条件).

9.5 假设某厂商在两个时期都生产一种单一产品，两个时期的产量分别为 q_1 和 q_2. 在各个期末发生成本，且两期的成本函数分别为

$$c_1=aq_1^{1/2},\quad c_2=a(q_1+q_2)^{1/2}-aq_1^{1/2}$$

假设第 i 期厂商的收入为 $b\ln q_i$，$i=1,2$.

(1) 确定厂商在第 1 期的平均成本函数 $\mathrm{AC}_1(q)$ 和边际成本函数 $\mathrm{MC}_1(q)$.

(2) 假设厂商认为它将在第 1 期后歇业，则第 1 期的最优产量 q_1^* 是多少？

(3) 现在假设厂商决定同时考虑第 1 期和第 2 期的产量决策以使两期的总利润获得极大，则两期的最优产量决策是什么？

9.6 某垄断厂商的需求函数是 $Q=Q(P,A)$，这里 P 是价格，A 是目前的广告费用. 它的成本包括生产成本 $C=C(Q)$ 和广告费用 A. 利用利润极大化的一阶条件证明

$$\frac{A}{(PQ)}=\frac{\dfrac{\partial Q}{\partial A}\dfrac{A}{Q}}{\left[-\dfrac{\partial Q}{\partial P}\dfrac{P}{Q}\right]}=\frac{\eta_A}{\eta_P}$$

这里 $A/(PQ)$ 表示广告费用与收入之比，η_A/η_P 表示需求的广告弹性与需求的价格弹性之比.

9.7 假设厂商生产函数为 Cobb-Douglas 生产函数，即 $Q=K^aL^b$，并且其产出价格为 p，投入资本和劳动的价格分别为 w 和 r，这里 p、w 和 r 均大于零.

(1) 给出满足利润极大化的最优投入组合满足的一阶必要条件，并求解.

(2) 利用二阶充分条件确定参数 a、b、p、w 以及 r 满足什么条件时，才能使得满足一阶必要条件的解一定是利润函数的最大值点？

9.8 考虑 Cartel 均衡问题. 证明在使联合利润极大化的均衡产量水平 $\mathbf{y}^*$ 上，每家厂商单方面增加产量对它来说都是有利可图的——如果其他厂商的均衡产量都保持不变的话[提示：

假设除第 i 家厂商外各家厂商都按使行业利润极大化的均衡产量进行生产[即 y_j^* $(j\neq i)$ 均保持不变]，则厂商 i 在原有最优产量 y_i^* 的基础上再增加一单位的产量所带来的边际利润大于零].

9.9　假设一寡头垄断市场上有两家厂商 1 和 2 生产同一种同质产品，它们面临的共同需求函数为 $p=12-y_1-y_2$，这里 y_1 和 y_2 分别是两家厂商的产量；它们的边际成本均为零. 求五种均衡价格和产量，并进行比较.

9.10　考虑 Cournot 模型——联合定产模型. 假设 n 个厂商生产同一种同质产品. 每个厂商的产量水平为 y_i. 逆需求函数为 $p(Y)$，这里 $Y=y_1+y_2+\cdots+y_n$. 假设第 i 个厂商的成本函数为 $c_i(y_i)=cy_i$（c 为常数）. 证明：

(1) 各个厂商的最优均衡产量均相等；

(2) Cournot 均衡价格满足 $p(Y)=\dfrac{c}{1-1/(n|\varepsilon(Y)|)}$；

(3) 随着厂商的数目的上升，均衡价格 $p(Y)$ 将下降（这一点反映了日常生活中所看到的，某一市场上参与竞争的厂商越多，竞争就越激烈）；

(4) 证明当 $n\to\infty$ 时，古诺均衡价格收敛于完全竞争均衡.

9.11　一竞争厂商认为工资 w 和生产力参数 θ 的值都是已知的，进而选择即将雇佣的劳动的数量（L^*）以使其利润极大化. 即厂商要解下面的最优化问题 $\max[\theta f(L)-wL]$. 假设生产函数 $f(L)$ 是二次连续可导、单调增加且是严格凹的（即 $f'>0, f''<0$）.

(1) 写出这个厂商问题的一阶必要条件，同时验证二阶充分条件成立；

(2) 由隐函数定理解释由一阶必要条件可定义这样一个隐函数，即劳动的需求函数 $L^*=L^*(w,\theta)$，分析工资 w 和生产力参数 θ 的值对劳动数量 L^* 的影响.

9.12　重新考虑例 9.3.2.

(1) 试从式(9-3-6)出发利用全微分法求所有的比较静态导数；

(2) 试从式(9-3-8)出发利用复合函数求导法求所有的比较静态导数；

(3) 直接利用隐函数定理 6.8.3 的结论(3)求所有的比较静态导数；

(4) 利用式(6-8-12′)求所有的比较静态导数.

9.13　再考虑例 9.3.3，讨论外生变量 ω 的变化分别对内生变量的最优值 K^* 和 L^* 的影响：

(1) 利用复合函数求导法；

(2) 直接利用隐函数定理 6.8.3 的结论(3)；

(3) 利用式(6-8-12′).

9.14　再考虑例 9.3.3，讨论外生变量 P 的变化分别对内生变量的最优值 K^* 和 L^* 的影响：

(1) 利用复合函数求导法；

(2) 直接利用隐函数定理 6.8.3 的结论(3)；

(3) 利用式(6-8-12′).

9.15　再考虑例 9.3.3，利用推论 6.8.4 求所有的比较静态导数.

9.16　证明定理 9.4.2.

9.17　考虑参数为 a 的极大化问题函数 $f(x;a)=-x^2+3ax+4a^2$ $(a>0)$：

(1) 利用包络定理 9.4.1 求函数 $f(x;a)$ 的最大值关于参数 a 的导数；

(2) 分析参数 a 对目标函数的最大值的影响.

9.18 考虑参数优化问题 $\max f(x,a)=-a^3x^4+23x^3-e^ax^2+13$($a$ 为参数)：

(1) 求目标函数的极大值关于参数 a 的导数；

(2) 分析参数 a 对目标函数的极大值的影响[假设这个问题的最优解 $x^*(a)\neq 0$].

9.19 重新考虑例 9.4.2,试分别讨论外生变量 ω 和 P 之一的变化对最优利润 π^* 的影响.

9.20 一厂商生产一种商品,其产量记为 y,成本函数为 $C(y)$,满足 $C'(y)>0$,$C''(y)>0$. 在该厂商生产的产品中,产量 y 中$(1-\alpha)(0<\alpha<1)$比例的产品不可避免的有缺陷而不能销售,(无缺陷)产品的销售价格是 p.

(1) 说明该厂商一定能获得最大利润；

(2) 求厂商的最优利润关于参数 α 的导数(并说明根据)；

(3) 证明无缺陷产品的比例 α 的增加将导致厂商最优利润的增加.

9.21 给定依赖于投入参数 y 的短期总成本函数 $c(q,y)=ay+bq+dq^2/(2y)$,这里 a、b、$d>0$,求长期总成本函数 $c(q)$.

第 10 章　约束优化理论

本章 10.1 节对多元函数的约束优化问题进行了一般表述. 10.2 节分别列出了等式、不等式和混合约束优化问题以及含有非负和不等式约束优化问题的最优解满足的一阶必要条件. 10.3 节分别给出了等式、不等式和混合约束下的极大化和极小化问题的二阶充分条件. 10.4 节在 10.2 节和 10.3 节的基础上,分别讨论了如何对含有参数的等式和不等式约束优化问题的最优解进行比较静态分析. 10.5 节分别讨论了含有参数的等式和不等式约束优化问题的拉格朗日乘子的数学含义(只有约束条件的右侧含有参数). 10.6 节分别介绍了含有参数的等式、不等式和混合约束下的包络定理(目标函数和约束条件可同时含有参数),并分别用它们对这三类约束优化问题的目标函数的最优值进行比较静态分析.

10.1　基本约束优化问题

人们经常把经济学定义为稀缺资源的最优分配. “最优”是指我们要处理某类优化问题,“稀缺”是指优化问题中的目标不是取任意值而是受约束的. 如家庭的消费要受可获得的收入的限制;厂商的生产要受其投入的成本和投入的可获得性的限制. 这样,约束优化问题是经济理论的“心脏”. 这里主要的数学问题是多变量函数的极大化问题(如利润、效用等),或多变量函数的极小化问题(如成本、支出或风险等),而这些变量受某些约束方程的限制.

本章考虑的约束优化问题均使用下面的记号:一组决策或选择变量是指 n 维列向量,记作 $\mathbf{x}=(x_1,x_2,\cdots,x_n)^T$;目标函数记作 n 元实值函数 $f(\mathbf{x})=f(x_1,\cdots,x_n)$;$m$ 个等式和 k 个不等式约束函数分别记为 n 元实值函数 $h_i(\mathbf{x})=h_i(x_1,\cdots,x_n)(i=1,2,\cdots,m)$和 $g_j(\mathbf{x})=g_j(x_1,\cdots,x_n)(j=1,2,\cdots,k)$. 令 $\mathbf{h}(\mathbf{x})=(h_1(\mathbf{x}),\cdots,h_m(\mathbf{x}))^T$和 $\mathbf{g}(\mathbf{x})=(g_1(\mathbf{x}),\cdots,g_k(\mathbf{x}))^T$都是 n 元向量值函数,$\mathbf{a}=(a_1,a_2,\cdots,a_m)^T$和 $\mathbf{b}=(b_1,b_2,\cdots,b_k)^T$分别是两个给定的 m 维和 k 维列向量. m 个等式约束记为 $h_i(\mathbf{x})=a_i(i=1,2,\cdots,m)$或 $\mathbf{h}(\mathbf{x})=\mathbf{a}$,对应的 Lagrange 乘子记为 $\boldsymbol{\mu}=(\mu_1,\cdots,\mu_m)$;$k$ 个不等式约束记为 $g_j(\mathbf{x})\leqslant b_j(j=1,2,\cdots,k)$或 $\mathbf{g}(\mathbf{x})\leqslant\mathbf{b}$,对应的 Lagrange 乘子记为 $\boldsymbol{\lambda}=(\lambda_1,\cdots,\lambda_k)$;非负约束记为 $x_i\geqslant 0(i=1,2,\cdots,n)$或 $\mathbf{x}\geqslant\mathbf{0}$. 假设目标函数 $f(\mathbf{x})$、约束函数 $\mathbf{h}(\mathbf{x})$和 $\mathbf{g}(\mathbf{x})$都是 C^1 的.

本章考虑一般的标准极大化问题

$$\begin{aligned}&\max f(x_1,\cdots,x_n)\\&s.t.\ g_j(x_1,\cdots,x_n)\leqslant b_j,\quad j=1,2,\cdots,k\\&\qquad h_i(x_1,\cdots,x_n)=a_i,\quad i=1,2,\cdots,m\end{aligned}\tag{10-1-1}$$

或简要表示为

$$\begin{aligned}&\max f(\mathbf{x})\\&s.t.\ \mathbf{g}(\mathbf{x})\leqslant\mathbf{b},\quad \mathbf{h}(\mathbf{x})=\mathbf{a}\end{aligned}\tag{10-1-1$'$}$$

还考虑一般的标准极小化问题

$$\begin{aligned}&\min f(x_1,\cdots,x_n)\\&s.t.\ g_j(x_1,\cdots,x_n)\geqslant b_j,\quad j=1,2,\cdots,k\\&\qquad h_i(x_1,\cdots,x_n)=a_i,\quad i=1,2,\cdots,m\end{aligned}\tag{10-1-2}$$

或简要表示为

$$\begin{aligned}&\min f(\mathbf{x})\\&s.t.\ \mathbf{g}(\mathbf{x})\geqslant\mathbf{b},\quad \mathbf{h}(\mathbf{x})=\mathbf{a}\end{aligned}\tag{10-1-2$'$}$$

10.2　一阶必要条件

10.2.1　等式约束优化问题

1. 两个变量一个等式约束的情形

先考虑一个含有两个决策变量和一个等式约束的极大化问题

$$\begin{aligned}&\max\ f(x_1,x_2)\\&s.t.\ h(x_1,x_2)=c\end{aligned}\tag{10-2-1}$$

或简写为

$$\begin{aligned}&\max\ f(\mathbf{x})\\&s.t.\ h(\mathbf{x})=c\end{aligned}$$

通过问题(10-2-1)的几何求解方法给出这个问题的一阶必要条件.在中级微观经济学课程中首先遇到如下效用极大化问题

$$\begin{aligned}&\max U(x_1,x_2)\\&s.t.\ p_1x_1+p_2x_2=I\end{aligned}$$

这里暂时忽略了对 x_1 和 x_2 的非负要求,并假设所有收入都被花完.

考虑问题(10-2-1)的通常的几何求解法.

(1) 在(x_1,x_2)平面上画出约束集 $C=\{(x_1,x_2)\mid h(x_1,x_2)=c\}$(是一条平面曲线).

(2) 画出目标函数 f 的几个有代表性的水平曲线$\{(x_1,x_2)\mid f(x_1,x_2)=f_i\}$,$i=1,2,3$,这里 f_i 是常数.

(3) 分析上,要寻找满足约束集 C 且使目标函数 f 获得极大值的点. 几何上,寻找在曲线 C 上且使得函数 f 的水平曲线的值达到最高. 函数 f 的最高水平曲线不能与约束曲线 C 相交;否则,邻近的较高的水平曲线也将与 C 相交(如$\{(x_1,x_2)|f(x_1,x_2)=f_1\}$与 C 相交,因而不是最高水平曲线,因为临近的水平曲线$\{(x_1,x_2)|f(x_1,x_2)=f_2\}$与约束曲线 C 相交,且 $f_2>f_1$).

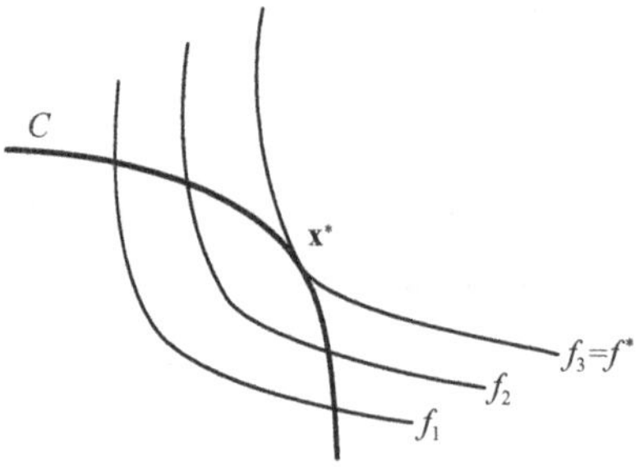

图 10.2.1 在极大值点 $\mathbf{x}^*$ 处,目标函数的水平集与等式约束曲线相切

(4) 综上所述,f 的最高水平曲线必须与约束曲线 C 相切;而公共切点 $\mathbf{x}^*=(x_1^*,x_2^*)$ 在约束曲线 C 上,且过切点 $\mathbf{x}^*$ 的 f 的水平曲线得到最高(图 10.2.1). 因此切点 $\mathbf{x}^*$ 就是最优解. 这意味着过切点 $\mathbf{x}^*$ 的 f 的最高水平曲线在点 $\mathbf{x}^*$ 处的斜率等于约束曲线 C 在点 $\mathbf{x}^*$ 处的斜率,即有

$$-\frac{\dfrac{\partial f}{\partial x_1}(\mathbf{x}^*)}{\dfrac{\partial f}{\partial x_2}(\mathbf{x}^*)}=-\frac{\dfrac{\partial h}{\partial x_1}(\mathbf{x}^*)}{\dfrac{\partial h}{\partial x_2}(\mathbf{x}^*)}$$

或

$$-\frac{\dfrac{\partial f}{\partial x_1}(\mathbf{x}^*)}{\dfrac{\partial h}{\partial x_1}(\mathbf{x}^*)}=-\frac{\dfrac{\partial f}{\partial x_2}(\mathbf{x}^*)}{\dfrac{\partial h}{\partial x_2}(\mathbf{x}^*)} \tag{10-2-2}$$

若令式(10-2-2)的公共值为 μ^*,则有

$$\begin{cases}\dfrac{\partial f}{\partial x_1}(\mathbf{x}^*)-\mu^*\dfrac{\partial h}{\partial x_1}(\mathbf{x}^*)=0\\[2ex]\dfrac{\partial f}{\partial x_2}(\mathbf{x}^*)-\mu^*\dfrac{\partial h}{\partial x_2}(\mathbf{x}^*)=0\end{cases} \tag{10-2-3}$$

因而(x_1^*,x_2^*,μ^*)满足下列含有三个未知量(x_1,x_2,μ)和三个方程的方程组

$$\begin{cases}\dfrac{\partial f}{\partial x_1}(\mathbf{x})-\mu\dfrac{\partial h}{\partial x_1}(\mathbf{x})=0\\[2ex]\dfrac{\partial f}{\partial x_2}(\mathbf{x})-\mu\dfrac{\partial h}{\partial x_2}(\mathbf{x})=0\\[2ex]h(\mathbf{x})-c=0\end{cases} \tag{10-2-4}$$

构造 Lagrange 函数 $L(x_1,x_2,\mu)=f(x_1,x_2)-\mu(h(x_1,x_2)-c)$,则式(10-2-4)可简写为 $DL(x_1,x_2,\mu)=0$,即所求的三个未知量为 Lagrange 函数 $L(x_1,x_2,\mu)$的驻点. 把乘以约束的那个新变量 μ 称作 Lagrange 乘子(Lagrangian multiplier).

总之,通过把 Lagrange 乘子 μ 引入约束优化问题,将一个双变量约束问题转化为求解再增加一个变量 μ 的三元函数 $L(x_1,x_2,\mu)$ 的驻点问题. 在某种意义上，我们将一个双变量的约束优化问题简化为一个三变量的无约束优化问题. 这种简化的代价是包含一个新的有点儿像人工的变量 μ. 在后面会看到这个新变量 μ 的经济含义(如它将给出所考虑的问题中稀缺资源价格的一种新的度量).

若式(10-2-2)中的两个分母 $\partial h/\partial x_1$ 和 $\partial h/\partial x_2$ 都为零,则得不到这种转化. 由于这个原因,必须假设 $\partial h/\partial x_1$ 或 $\partial h/\partial x_2$(或两者)在极大值点 $\mathbf{x}^*$ 处非零. 由于这是对约束集的一个(轻微)的限制,称此限制为约束规格(constraint qualification). 特别地,若约束是线性的,则此约束规格自动满足.

将上面的几何分析总结成如下的定理.

定理 10.2.1(极大化问题的一阶必要条件) 设 f 和 h 是两个变量的 C^1 函数,$\mathbf{x}^*=(x_1^*,x_2^*)$是问题(10-2-1)的解,$\mathbf{x}^*$ 不是函数 h 的驻点[即 $\mathrm{D}h(\mathbf{x}^*)\neq 0$],则存在 $\mu^*\in R$,使(x_1^*,x_2^*,μ^*)是 Lagrange 函数

$$L(x_1,x_2,\mu)=f(x_1,x_2)-\mu[h(x_1,x_2)-c] \tag{10-2-5}$$

的驻点,即 $\mathrm{D}L(x_1^*,x_2^*,\mu^*)=\mathbf{0}$,或

$$\frac{\partial L}{\partial x_1}(x_1^*,x_2^*,\mu^*)=0$$

$$\frac{\partial L}{\partial x_2}(x_1^*,x_2^*,\mu^*)=0$$

$$\frac{\partial L}{\partial \mu}(x_1^*,x_2^*,\mu^*)=0$$ ①

定理 10.2.2(极小化问题的一阶必要条件) 设 f 和 h 是两个变量的 C^1 函数,$\mathbf{x}^*=(x_1^*,x_2^*)$是极小化问题

$$\min f(x_1,x_2)$$
$$s.t.\ h(x_1,x_2)=c$$

的解,$\mathbf{x}^*$ 不是函数 h 的驻点[即 $\mathrm{D}h(\mathbf{x}^*)\neq 0$],则存在 $\mu^*\in R$,使(x_1^*,x_2^*,μ^*)是 Lagrange 函数

$$L(x_1,x_2,\mu)=f(x_1,x_2)-\mu[h(x_1,x_2)-c] \tag{10-2-6}$$

的驻点,即 $\mathrm{D}L(x_1^*,x_2^*,\mu^*)=\mathbf{0}$②.

2. 多个变量和多个等式约束的情形

考虑在 m 个等式约束下 n 元实值函数 $f(\mathbf{x})$的极大化或极小化问题

---

① 这个约束相当于等式约束 $h(x_1,x_2)-c=0$. 有的教材上构造这样的 Lagrange 函数 $L(x_1,x_2,\mu)=f(x_1,x_2)+\mu[c-h(x_1,x_2)]$,本质上与式(10-2-5)是相同的.

② 无论是极大化问题还是极小化问题,极值点处的一阶必要条件在形式上是完全相同的. 不过,在后面会看到这两种问题的二阶充分条件是不同的.

$$\max(\text{或}\ \min)\ f(\mathbf{x})$$
$$s.t.\ \mathbf{x} \in C_{\mathbf{h}} = \{\mathbf{x} \in \mathbf{R}^n \mid h_i(\mathbf{x}) = a_i, i = 1,2,\cdots,m\} \tag{10-2-7}$$

或简要表示为

$$\max(\text{或}\ \min)\ f(\mathbf{x})$$
$$s.t.\ \mathbf{h}(\mathbf{x}) = \mathbf{a} \tag{10-2-7'}$$

定义 10.2.1　称 $\mathbf{x}^*$ 为向量值函数 $\mathbf{h}(\mathbf{x})=(h_1(\mathbf{x}),\cdots,h_m(\mathbf{x}))^T$ 的驻点，若 $r(D\mathbf{h}(\mathbf{x}^*))<m$①.

定义 10.2.2　称向量值(约束)函数 $\mathbf{h}(\mathbf{x})=(h_1(\mathbf{x}),\cdots,h_m(\mathbf{x}))^T$ 在 $\mathbf{x}^*$ 处满足非退化约束规格(nondegenerate constraint qualification，NDCQ)，若 $r(D\mathbf{h}(\mathbf{x}^*))=m$ [即矩阵 $D\mathbf{h}(\mathbf{x}^*)$ 是行满秩的].

定理 10.2.3(一阶必要条件)　设 $\mathbf{x}^* \in C_h$ 是问题(10-2-7)的最优解(即是 f 在 $C_{\mathbf{h}}$ 上的极大值点或极小值点)，$\mathbf{h}(\mathbf{x})$ 在 $\mathbf{x}^*$ 处满足 NDCQ[即 $r(D\mathbf{h}(\mathbf{x}^*))=m$]②，则存在 $\boldsymbol{\mu}^*=(\mu_1^*,\cdots,\mu_m^*)$，使 $(\mathbf{x}^*,\boldsymbol{\mu}^*)$ 是 Lagrange 函数③

$$L(\mathbf{x},\boldsymbol{\mu}) = f(\mathbf{x}) - \sum_{j=1}^{m}\mu_j[h_j(\mathbf{x}) - a_j] \tag{10-2-8}$$

的驻点，即

$$\frac{\partial L}{\partial x_i}L(\mathbf{x}^*,\boldsymbol{\mu}^*) = 0,\quad i = 1,2,\cdots,n \tag{10-2-9}$$

$$\frac{\partial L}{\partial \mu_j}L(\mathbf{x}^*,\boldsymbol{\mu}^*) = 0,\quad j = 1,2,\cdots,m^{④} \tag{10-2-10}$$

例 10.2.1　求下面优化问题可能的极值点

$$\max f(x,y,z) = x + y + z$$
$$s.t.\ x^2 + y^2 + z^2 = 3$$

解　构造 Lagrange 函数 $L(x,y,z,\mu)=x+y+z-\mu(x^2+y^2+z^2-3)$，进而最优解满足下面方程组表示的一阶必要条件

$$(1)\ \partial L/\partial x = 1 - 2\mu x = 0$$
$$(2)\ \partial L/\partial y = 1 - 2\mu y = 0$$
$$(3)\ \partial L/\partial z = 1 - 2\mu z = 0$$
$$(4)\ \partial L/\partial \mu = 3 - x^2 - y^2 - z^2 = 0$$

由式(1)可知，$\mu\neq 0$，进而由式(1)、式(2)和式(3)分别解出 x、y 和 z 代入式(4)得

① 显然，这个定义是 n 元实值函数的驻点概念的推广.

② NDCQ 条件成立可确保 Lagrange 乘子 $\boldsymbol{\mu}^*$ 的存在性.

③ 应用定理 10.2.3 时，应注意问题(10-2-7)的极值点的候选者包括 Lagrange 函数的驻点和约束向量值函数 $h(\mathbf{x})$ 的驻点.

④ 相当于等式约束 $\mathbf{h}(\mathbf{x}) = \mathbf{a}$.

到两组可能的极大值点

$$x_1^* = y_1^* = z_1^* = -1, \quad \mu_1^* = -1/2$$

和

$$x_2^* = y_2^* = z_2^* = 1, \quad \mu_2^* = 1/2$$

注记 10.2.1　例 10.2.1 中计算过程说明了如何利用定理 10.2.1 求目标函数可能的极值点. 首先, 通过计算约束函数的驻点来检验约束规格. 若每个驻点均不在约束集, 则约束规格成立. 然后写出 Lagrange 函数, 令其所有的偏导数为零, 并求解所得到的方程组. 若约束集包含约束函数的驻点, 则将此驻点连同 Lagrange 函数的驻点一起作为目标函数可能的极值点.

例 10.2.2　求函数 $f(x,y,z)=x+y+z^2$ 在约束 $x^2+y^2+z^2=1$ 和 $y=0$ 下的可能的极值点.

解　约束函数的 Jacobi 矩阵为

$$D(x,y,z) = \begin{pmatrix} 2x & 2y & 2z \\ 0 & 1 & 0 \end{pmatrix}$$

$r[D(x,y,z)]<2$ 的充要条件是 $x=z=0$. 由于点 $(0,y,0)$ 不能同时满足两个等式约束, 所以约束集中的任意点均满足 NDCQ. 构造 Lagrange 函数

$$L(x,y,z,\mu_1,\mu_2) = x+y+z^2-\mu_1(x^2+y^2+z^2-1)-\mu_2 y$$

则得到一阶必要条件

$$\begin{aligned}
&(1)\ \partial L/\partial x = 1-2\mu_1 x = 0\\
&(2)\ \partial L/\partial y = 1-2\mu_1 y-\mu_2 = 0\\
&(3)\ \partial L/\partial z = 2z-2\mu_1 z = 0\\
&(4)\ \partial L/\partial \mu_1 = 1-x^2-y^2-z^2 = 0\\
&(5)\ \partial L/\partial \mu_2 = -y = 0
\end{aligned}$$

由式(5)得到 $y=0$; 代入式(2)得到 $\mu_2=1$; 由式(3)可知 $z(1-\mu_1)=0$.

假设 $z=0$, 结合 $y=0$ 和式(4)得到 $x=\pm 1$; 代入式(1)可得 $\mu_1=\pm 1/2$. 从而得到两个可能的极值点

$$(1,0,0,1/2,1) \quad \text{和} \quad (-1,0,0,-1/2,1)$$

假设 $z\neq 0$, 则由 $z(1-\mu_1)=0$ 可得 $\mu_1=1$. 由式(1)得到 $x=1/2$. 将 $x=1/2$ 和 $y=0$ 代入式(4)得到 $z=\pm\sqrt{3}/2$. 从而得到另外两个可能的极值点

$$(1/2,0,\sqrt{3}/2,1,1) \quad \text{和} \quad (1/2,0,-\sqrt{3}/2,1,1)$$

由于目标函数是连续函数, 而约束集是有界闭集(即紧集), 故该问题一定有最

大值和最小值(定理 6.3.5). 简单计算可知最大值点和最小值点分别为$(1/2,0,\pm\sqrt{3}/2)$和$(-1,0,0)$,相应的最大值和最小值分别为 5/4 和-1.

10.2.2 不等式约束优化问题

1. 两个变量和一个不等式约束的情形

考虑一个含有两个变量和一个不等式约束的极大化问题

$$\begin{aligned} &\max f(x_1,x_2) \\ &s.t.\ g(x_1,x_2)\leqslant b \end{aligned} \tag{10-2-11}$$

通过问题(10-2-11)的几何求解方法给出这个问题的一阶必要条件.

考虑问题(10-2-11)的通常的几何求解法(图 10.2.2),分两种情形进行:

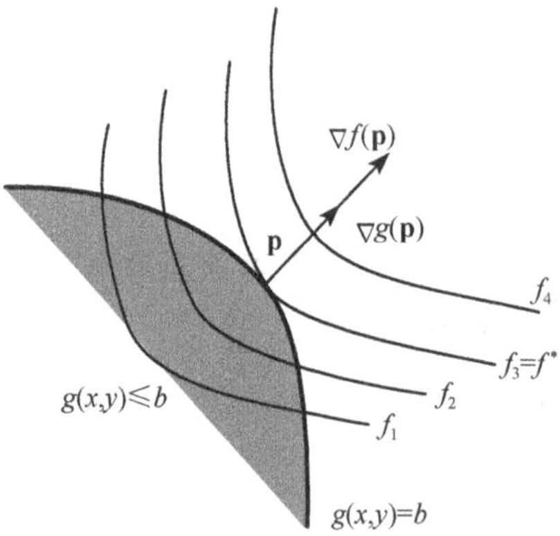

图 10.2.2 在最优解 $\mathbf{p}$ 处∇f 和 ∇g 指向同一方向

1) 情形一

在图 10.2.2 中,粗的曲线表示曲线$g(x_1,x_2)=b$,这条曲线的左下方的区域是约束集$C_g=\{(x_1,x_2)\mid g(x_1,x_2)\leqslant b\}$. 那些细的曲线是目标函数 f 的水平集. 从图 10.2.2 中发现满足约束集 C_g 的目标函数 f 的最高水平集应与约束函数 g 的水平集相切于 $\mathbf{p}$ 点,而这个公共切点就是问题(10-2-20)的最优解. 因此$\nabla f(\mathbf{p})$和$\nabla g(\mathbf{p})$共线,即存在一个数$\lambda\in R$,使

$$\nabla f(\mathbf{p})-\lambda\nabla g(\mathbf{p})=0$$

由于 $\mathbf{p}$ 在约束集 C_g 的边界上,即满足 $g(\mathbf{p})=b$,我们称具有这种性质的约束 $g(x_1,x_2)\leqslant b$ 是紧的(binding)或起作用的. 此刻乘子 λ 的符号是非常重要的. 注意到$\nabla f(\mathbf{p})$和$\nabla g(\mathbf{p})$分别指向 $f(x_1,x_2)$和 $g(x_1,x_2)$在 $\mathbf{p}$ 处增长最快的方向. 从而$\nabla g(\mathbf{p})$应指向区域 $D_1=\{(x_1,x_2)\mid g(x_1,x_2)\geqslant b\}$而非区域 $D_2=\{(x_1,x_2)\mid g(x_1,x_2)\leqslant b\}$. 由于 $\mathbf{p}$ 使 $f(x_1,x_2)$在约束集 $g(x_1,x_2)\leqslant b$ 上获极大值,因此$\nabla f(\mathbf{p})$不能指向约束集 C_g. 否则,可以增加 $f(x,y)$的值并且保持 $g(x_1,x_2)\leqslant b$ 成立. 因此$\nabla f(\mathbf{p})$也必须指向区域 D_1. 这意味着$\nabla f(\mathbf{p})$和$\nabla g(\mathbf{p})$指向同一方向. 故$\nabla f(\mathbf{p})-\lambda\nabla g(\mathbf{p})=0$ 中的 λ 是非负的.

综上所述,这种情形下,存在 $\lambda\geqslant 0$ 使得最优解 $\mathbf{p}$ 满足

$$\nabla f(\mathbf{p})-\lambda\nabla g(\mathbf{p})=0,\quad g(\mathbf{p})=b \tag{10-2-12}$$

若令 $L(x_1,x_2,\lambda)=f(x_1,x_2)-\lambda[g(x_1,x_2)-b]$,则式(10-2-12)可表示为

$$\begin{cases}\dfrac{\partial L}{\partial x}(\mathbf{p},\lambda)=\dfrac{\partial f}{\partial x}(\mathbf{p})-\lambda\dfrac{\partial g}{\partial x}(\mathbf{p})=0\\ \dfrac{\partial L}{\partial y}(\mathbf{p},\lambda)=\dfrac{\partial f}{\partial y}(\mathbf{p})-\lambda\dfrac{\partial g}{\partial y}(\mathbf{p})=0\\ \lambda[g(\mathbf{p})-b]=0\\ \lambda\geqslant 0\end{cases}\tag{10-2-12'}$$

此时问题(10-2-11)等价于下面的等式约束问题

$$\max f(x_1,x_2)$$
$$s.t.\ g(x_1,x_2)=b$$

2）情形二

在图 10.2.3 中，粗的曲线表示曲线 $g(x_1,x_2)=b$，这条曲线的左下方的区域是约束集 C_g. 四条封闭曲线表示 $f(x_1,x_2)$ 的水平曲线；封闭曲线越小，对应的 $f(x,y)$ 的函数值越大. 从而 $f(x,y)$ 在 C_g 的内部获得极大值，即存在点 $\mathbf{q}$ 满足 $g(\mathbf{q})<b$，$\mathbf{q}$ 使 $f(\mathbf{x})$ 获极大值，见图 10.2.3[例如，考虑函数 $f(x_1,x_2)=16-x_1^2-x_2^2$ 在不等式约束 $g(x_1,x_2)=x_1+x_2\leqslant 1$ 下的极大值]. 此时，同样存在 $f(x_1,x_2)$ 和 $g(\mathbf{x})$ 的一个公共切点 $\mathbf{r}$，即 $g(\mathbf{r})=b$ 且过 $\mathbf{r}$ 点的 $f(x_1,x_2)$ 和 $g(x_1,x_2)$ 的水平集在 $\mathbf{r}$ 点处相切，$\nabla f(\mathbf{r})$ 和 $\nabla g(\mathbf{r})$ 共线但指向相反的方向. 事实上，当从 $\mathbf{r}$ 点在约束集内向点 $\mathbf{q}$ 移动时，$f(x,y)$ 的函数值增加，所以点 $\mathbf{r}$ 不会是极大值点. 由于 $g(\mathbf{q})$ 严格小于 b；换言之，$\mathbf{q}$ 在约束集的内部，称这个约束在 $\mathbf{q}$ 点是不紧的(not binding). 注意到点 $\mathbf{q}$ 一定是 $f(x_1,x_2)$ 的极大值点. 由定理 8.2.1，这意味着

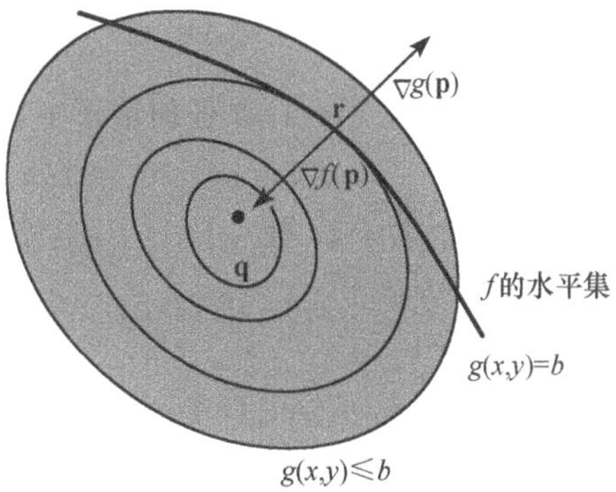

图 10.2.3　约束不起作用的情形

$$\frac{\partial f}{\partial x}(\mathbf{q})=0$$

且

$$\frac{\partial f}{\partial y}(\mathbf{q})=0$$

此时令 $\lambda=0$，则式(10-2-12)仍然成立.

此时问题(10-2-11)等价于下面的无约束最大化问题

$$\max f(x_1,x_2)$$

总之，设(x_1^*,x_2^*)是问题(10-2-11)的解，则要么有 $g(x_1^*,x_2^*)=b$(图

10.2.2)，此时称约束 $g(x_1,x_2)\leqslant b$ 是紧的(对应的 Lagrange 乘子 $\lambda\geqslant 0$)；要么有 $g(x_1^*,x_2^*)<b$(图 10.2.3)，此时称约束 $g(x_1,x_2)\leqslant b$ 是不紧的(对应的 Lagrange 乘子 $\lambda=0$).

两个不等式 $g(x_1^*,x_2^*)\leqslant b$ 和 $\lambda\geqslant 0$ 中至少有一个等式成立，叫做互补松弛条件(complementary slackness condition). 这个互补松弛条件可方便地表示为

$$\lambda[g(x_1,x_2)-b]=0^{①} \tag{10-2-13}$$

由于我们事先并不知道约束 $g(x_1,x_2)\leqslant b$ 在约束极大值点处是否是紧的，故不能像等式约束优化问题那样使用条件 $\partial L/\partial\lambda=0$[因这等价于不等式约束在极大值点处是紧的，即 $g(x_1,x_2)=b$]，而应该使用式(10-2-13). 这个式中表明要么约束是紧的，要么其乘子是零.

将上面的几何分析结果总结后得到下面的定理.

定理 10.2.4(极大化问题的一阶必要条件)　设 $\mathbf{x}^*=(x_1^*,x_2^*)$ 是问题(10-2-11)的解. 若 $g(x_1^*,x_2^*)=b$，则还要假设

$$\frac{\partial g}{\partial x}(x_1^*,x_2^*)\neq 0$$

或

$$\frac{\partial g}{\partial y}(x_1^*,x_2^*)\neq 0$$

即 $r[g(x_1^*,x_2^*)]=1$. 在任何情形下，构造 Lagrange 函数

$$L(x_1,x_2,\lambda)=f(x_1,x_2)-\lambda[g(x_1,x_2)-b]^{②} \tag{10-2-14}$$

则存在一个乘子 λ^* 使

(1) $\dfrac{\partial L}{\partial x_1}(x_1^*,x_2^*,\lambda^*)=0$;

(2) $\dfrac{\partial L}{\partial x_2}(x_1^*,x_2^*,\lambda^*)=0$;

(3) $\lambda^*[g(x_1^*,x_2^*)-b]=0$;

(4) $\lambda^*\geqslant 0$;

(5) $g(x_1^*,x_2^*)\leqslant b$.

注记 10.2.2　定理 10.2.1 和定理 10.2.4 的异同处如下所述：

(1) 二者使用同样的 Lagrange 函数 L 且二者都要求 L 关于各个 x_i 的偏导数为零.

(2) 关于等式约束成立的条件 $\partial L/\partial\mu=-[h(x_1,x_2)-c]=0$，对不等式约束

---

① 若 $\lambda>0$ 或 $g(x_1,x_2)-b=0$ 成立，则称条件(10-2-13)为严格互补的松弛条件.

② 在某些教科书中，将不等式约束写为 $g(x_1,x_2)\geqslant b$，而将 Lagrange 函数写为 $L(x_1,x_2,\lambda)=f(x_1,x_2)+\lambda[g(x_1,x_2)-b]$. 这两个变化相互抵消，因此定理 10.2.4 的结论仍成立.

来说可能不再成立. 这是因为在不等式约束情形下,约束在极大值点处不必是紧的. 此时这个条件由两个条件 $\lambda[g(x_1,x_2)-b]=0$ 和 $\partial L/\partial\lambda=-[g(x_1,x_2)-b]\geqslant 0$ 代替,其中这两个条件中的第二个是不等式约束本身的简单重复.

(3) 二者都要求我们检验约束规格,但在定理 10.2.4 中只需对候选解处是紧的不等式约束检验约束规格. 若把定理 10.2.1 中的等式约束看作紧约束,那么这两个定理均需检验紧约束处的约束规格.

(4) 在等式约束情形下,对乘子的符号没有限制;可是,不等式约束下的乘子必须是非负的.

(5) 对等式约束(和没有约束的问题),对极大化问题成立的一阶必要条件对极小化问题同样成立. 可是,在不等式约束情形(图 10.2.2),$\nabla f(\mathbf{p})$和$\nabla g(\mathbf{p})$指向同一方向(或一阶必要条件)仅对极大化问题成立.

例 10.2.3　求下列约束优化问题的可能的极值点

$$\max f(x,y)=x+y$$
$$s.t.\ 2x^2+y^2\leqslant 54$$

解　首先验证约束规格是否成立. 令 $g(x,y)=2x^2+y^2$,则约束条件可表示为 $g(x,y)\leqslant 54$. 若这个约束是不紧的,则不需要验证约束规格. 若这个约束是紧的,即极大值点(x^*,y^*)满足 $g(x^*,y^*)=54$,从而有 $r(\mathrm{D}g(x^*,y^*))=1$ 成立,这说明此时约束规格成立.

构造 Lagrange 函数 $L=x+y-\lambda(2x^2+y^2-54)$,则最优解满足如下的一阶必要条件

$$(1)\ \partial L/\partial x=1-4\lambda x=0$$
$$(2)\ \partial L/\partial y=1-2\lambda y=0$$
$$(3)\ 2x^2+y^2\leqslant 54$$
$$(4)\ \lambda(2x^2+y^2-54)=0$$
$$(5)\ \lambda\geqslant 0$$

下面分两种情形求解由式(1)～式(5)组成的方程组.

情形 1:$\lambda=0$. 当 $\lambda=0$ 时,式(1)与式(2)都不成立,因而这个方程组无解.

情形 2:$\lambda>0$. 由式(4)可得 $2x^2+y^2=54$,由式(1)得 $x=1/(4\lambda)$,由式(2)得 $y=1/(2\lambda)$. 把 $x=1/(4\lambda)$ 和 $y=1/(2\lambda)$ 代入 $2x^2+y^2=54$,得 $2[1/(4\lambda)]^2+[1/(2\lambda)]^2=54$. 解之得 $\lambda=\pm 1/12$,其中 $\lambda=-1/12$ 由式(5)可以排除. 因此我们得到 $x^*=1/(4\lambda)=1/[4(1/12)]=3$,$y^*=1/(2\lambda)=1/[2(1/12)]=6$. 从而$(x^*,y^*)=(3,6)$是一个可能的极大值点,且不等式约束 $2x^2+y^2\leqslant 54$ 对应的 Lagrange 乘子为 $\lambda=1/12$.

推论 10.2.5(极小化问题的一阶必要条件)　设 $\mathbf{x}^*=(x_1^*,x_2^*)$是极小化问题

$$\begin{aligned}&\min f(x_1,x_2)\\&s.t.\ g(x_1,x_2)\geqslant b\end{aligned}\tag{10-2-15}$$

的最优解.若 $g(x_1^*,x_2^*)=b$,则还要假设

$$\frac{\partial g}{\partial x}(x_1^*,x_2^*)\neq 0$$

或

$$\frac{\partial g}{\partial y}(x_1^*,x_2^*)\neq 0$$

在任何情形下,构造 Lagrange 函数

$$L(x_1,x_2,\lambda)=f(x_1,x_2)-\lambda[g(x_1,x_2)-b]\tag{10-2-16}$$

则存在一个乘子 λ^* 使①

(1) $\frac{\partial L}{\partial x_1}(x_1^*,x_2^*,\lambda^*)=0$;

(2) $\frac{\partial L}{\partial x_2}(x_1^*,x_2^*,\lambda^*)=0$;

(3) $\lambda^*[g(x_1^*,x_2^*)-b]=0$;

(4) $\lambda^*\geqslant 0$;

(5) $g(x_1^*,x_2^*)\geqslant b$.

例 10.2.4　求下列约束优化问题的可能的极值点

$$\begin{aligned}&\min g(x,y)=-x-y\\&s.t.\ 2x^2+y^2\leqslant 54\end{aligned}$$

解　首先需将约束 $2x^2+y^2\leqslant 54$ 化为标准型 $-2x^2-y^2\geqslant -54$.约束规格的验证同例 10.2.3.构造 Lagrange 函数 $L=-x-y-\lambda(-2x^2-y^2+54)$,则可以验证最优解满足的一阶必要条件完全同例 10.2.3.因此可能的极值点也完全同例 10.2.3,即 $(x^*,y^*)=(3,6)$ 是一个可能的极小值点,且不等式约束 $-2x^2-y^2\geqslant -54$ 对应的乘子为 $\lambda=1/12$.

2. 多个变量和多个不等式约束情形

考虑在 k 个不等式约束下 n 元实值函数 $f(\mathbf{x})$ 的极大化问题

$$\begin{aligned}&\max f(\mathbf{x})\\&s.t.\ \mathbf{x}(C_g=\{\mathbf{x}\in\mathbf{R}^n\mid g_j(\mathbf{x})\leqslant b_j,j=1,2,\cdots,k\}\end{aligned}\tag{10-2-17}$$

或简要表示为

① 极小化问题(10-2-15)的最优解与极大化问题 $\max -f(x_1,x_2)\ s.t.\ -g(x_1,x_2)\leqslant -b$ 的最优解完全相同.据此可证明推论 10.2.5 的结论.

$$\max f(\mathbf{x})$$
$$s.t.\ \mathbf{g}(\mathbf{x}) \leqslant \mathbf{b} \tag{10-2-17'}$$

定理 10.2.6(极大化问题的一阶必要条件)　设 $\mathbf{x}^* \in \mathbf{R}^n$ 是问题(10-2-17)的最优解. 为叙述方便起见,设前 k_0 个约束在 $\mathbf{x}^*$ 处是紧的[即 $g_j(\mathbf{x}^*)=b_j, 1\leqslant j\leqslant k_0$],而后 $k-k_0$ 个约束是不紧的[即 $g_j(\mathbf{x}^*)<b_j, k_0+1\leqslant j\leqslant k$];设约束函数 $\mathbf{g}(\mathbf{x})$ 在 $\mathbf{x}^*$ 处 NDCQ 成立,即由所有紧约束函数构成的向量值函数 $\mathbf{g}^b(\mathbf{x})=(g_1(\mathbf{x}),\cdots, g_{k0}(\mathbf{x}))^T$ 在 $\mathbf{x}^*$ 处的 Jacobi 导数的秩为 k_0,即 $r(D\mathbf{g}^b(\mathbf{x}^*))=k_0$,或矩阵

$$\begin{pmatrix} \frac{\partial g_1}{\partial x_1}(\mathbf{x}^*) & \cdots & \frac{\partial g_1}{\partial x_n}(\mathbf{x}^*) \\ \vdots & \ddots & \vdots \\ \frac{\partial g_{k_0}}{\partial x_1}(\mathbf{x}^*) & \cdots & \frac{\partial g_{k_0}}{\partial x_n}(\mathbf{x}^*) \end{pmatrix}$$

的秩为 k_0(行满秩). 构造 Lagrange 函数

$$L(\mathbf{x},\boldsymbol{\lambda}) = f(\mathbf{x}) - \sum_{j=1}^{k}\lambda_j[g_j(\mathbf{x}) - b_j] \tag{10-2-18}$$[①]

这里 $\boldsymbol{\lambda}=(\lambda_1,\cdots,\lambda_k)$,则存在乘子 $\boldsymbol{\lambda}^*=(\lambda_1^*,\cdots,\lambda_k^*)$ 使

(1) $\frac{\partial L}{\partial x_i}(\mathbf{x}^*,\boldsymbol{\lambda}^*)=0, i=1,2,\cdots,n$;

(2) $\lambda_j^*[g_j(\mathbf{x}^*)-b_j]=0, j=1,2,\cdots,k$[②];

(3) $\lambda_j^*\geqslant 0, j=1,2,\cdots,k$;

(4) $g_j(\mathbf{x}^*)\leqslant b_j, j=1,2,\cdots,k$.

考虑在 k 个不等式约束下 n 元实值函数 $f(\mathbf{x})$ 的极小化问题

$$\min f(\mathbf{x})$$
$$s.t.\ \mathbf{x}\in C_{\mathbf{g}} = \{\mathbf{x}\in\mathbf{R}^n \mid g_j(\mathbf{x})\geqslant b_j, j=1,2,\cdots,k\} \tag{10-2-19}$$

或简要表示为

$$\min f(\mathbf{x})$$
$$s.t.\ \mathbf{g}(\mathbf{x}) \geqslant \mathbf{b} \tag{10-2-19'}$$

定理 10.2.7(极小化问题的一阶必要条件)　设 $\mathbf{x}^* \in \mathbf{R}^n$ 是问题(10-2-19)的最优解. 为叙述方便起见,设前 k_0 个约束在 $\mathbf{x}^*$ 处是紧的[即 $g_j(\mathbf{x}^*)=b_j, 1\leqslant j\leqslant$

---

① 对不等式约束极大化问题,无论约束条件中的不等号是"⩽"还是"⩾"的形式,正确的 Lagrange 函数应具有特点:目标函数 $f(\mathbf{x})$ 后的项 $-\sum_{j=1}^{k}\lambda_j[g_j(\mathbf{x})-b_j]$ 一定非负(注意乘子均假设为非负).

② 由于各个 λ_j^* 要么大于零,要么等于零,因此实际使用这个等式时需要考虑 2^k 种情形(参见后面的例 10.2.5);此外,尽量分析题目中的隐含条件(如经济含义等)来初步确定这些乘子的范围,以减少需要考虑的情形(参见后面的例 10.2.6).

k_0]，而后 $k-k_0$ 个约束是不紧的[即 $g_j(\mathbf{x}^*)>b_j, k_0+1\leqslant j\leqslant k$]；设约束函数在 $\mathbf{x}^*$ 处的 NDCQ 成立，即所有紧约束函数构成的向量值函数 $\mathbf{g}^b(\mathbf{x})=(g_1(\mathbf{x}),\cdots,g_{k0}(\mathbf{x}))^T$ 在 $\mathbf{x}^*$ 处的 Jacobi 导数的秩为 k_0，即 $r(D\mathbf{g}^b(\mathbf{x}^*))=k_0$，或矩阵

$$\begin{pmatrix} \dfrac{\partial g_1}{\partial x_1}(\mathbf{x}^*) & \cdots & \dfrac{\partial g_1}{\partial x_n}(\mathbf{x}^*) \\ \vdots & \ddots & \vdots \\ \dfrac{\partial g_{k_0}}{\partial x_1}(\mathbf{x}^*) & \cdots & \dfrac{\partial g_{k_0}}{\partial x_n}(\mathbf{x}^*) \end{pmatrix}$$

的秩为 k_0（行满秩）. 构造 Lagrange 函数

$$L(\mathbf{x},\boldsymbol{\lambda}) = f(\mathbf{x}) - \sum_{j=1}^{k}\lambda_j[g_j(\mathbf{x})-b_j]^{①} \qquad (10\text{-}2\text{-}20)$$

这里 $\boldsymbol{\lambda}=(\lambda_1,\cdots,\lambda_k)$，则存在乘子 $\boldsymbol{\lambda}^*=(\lambda_1^*,\cdots,\lambda_k^*)$ 使

(a) $\dfrac{\partial L}{\partial x_i}(\mathbf{x}^*,\boldsymbol{\lambda}^*)=0, i=1,2,\cdots,n$；

(b) $\lambda_j^*[g_j(\mathbf{x}^*)-b_j]=0, j=1,2,\cdots,k$；

(c) $\lambda_j^*\geqslant 0, j=1,2,\cdots,k$；

(d) $g_j(\mathbf{x}^*)\geqslant b_j, j=1,2,\cdots,k$.

例 10.2.5　求下列约束优化问题的可能的极值点

$$\max x^2+y^2$$
$$s.t.\ x\geqslant 0,\quad y\geqslant 0,\quad 2x+y\leqslant 4$$

解　把前两个约束条件改写成 $-x\leqslant 0, -y\leqslant 0$. 构造 Lagrange 函数

$$L(x,y,\lambda_1,\lambda_2,\lambda_3) = x^2+y^2-\lambda_1(-x)-\lambda_2(-y)-\lambda_3(-4+2x+y)$$

则一阶必要条件为下面的方程组

(1) $\partial L/\partial x = 2x+\lambda_1-2\lambda_3 = 0$

(2) $\partial L/\partial y = 2y+\lambda_2-\lambda_3 = 0$

(3) $-x\leqslant 0,\quad \lambda_1 x=0,\quad \lambda_1\geqslant 0$

(4) $-y\leqslant 0,\quad \lambda_2 y=0,\quad \lambda_2\geqslant 0$

(5) $2x+y\leqslant 4,\quad \lambda_3(-4+2x+y)=0,\quad \lambda_3\geqslant 0$

由于 λ_1、λ_2 和 λ_3 都是非负的（要么大于零，要么等于零），所以求解这个方程组时要考虑 $2^3=8$ 种情形.

情形 1：$\lambda_1>0, \lambda_2=\lambda_3=0$. 由式(3)可知 $x=0$. 进而式(1)意味着 $\lambda_1=0$，这与 $\lambda_1>0$ 相矛盾，因此这种情形无解.

---

① 对不等式约束极小化问题，无论约束条件中的不等号是"⩽"还是"⩾"的形式，正确的 Lagrange 函数应具有特点：目标函数 $f(\mathbf{x})$ 后的项 $-\sum_{j=1}^{k}\lambda_j[g_j(\mathbf{x})-b_j]$ 一定非正（注意乘子均假设为非负）.

情形 2：$\lambda_1>0,\lambda_2>0,\lambda_3=0$. 推理与情形 1 相同，这种情形也无解.

情形 3：$\lambda_1>0,\lambda_2=0,\lambda_3>0$. 由式(3)和式(5)可知 $x=0$ 和 $-4+2x+y=0$，从而 $y=4$. 由 $\lambda_2=0$、$y=4$ 和式(2)知 $\lambda_3=8$. 由 $x=0$ 和式(1)知 $\lambda_1=2\lambda_3$，进而 $\lambda_1=16$. 因此$(x,y,\lambda_1,\lambda_2,\lambda_3)=(0,4,16,0,8)$满足所有的一阶条件，它是一个可能的极值点.

情形 4：$\lambda_1>0,\lambda_2>0,\lambda_3>0$. 由式(3)可知 $x=0$，进而由式(5)知 $y=4$，由式(4)知 $\lambda_2=0$，这与 $\lambda_2>0$ 相矛盾. 因此这种情形也无解.

情形 5：$\lambda_1=\lambda_2=\lambda_3=0$. 由式(1)知 $x=0$，由式(2)知 $y=0$. 因此(0,0,0,0,0)是可能的极值点.

情形 6：$\lambda_1=0,\lambda_2>0,\lambda_3=0$. 由式(4)知 $y=0$，进而由式(2)知 $\lambda_3=\lambda_2>0$，这与 $\lambda_3=0$ 矛盾. 因此这种情形也无解.

情形 7：$\lambda_1=\lambda_2=0,\lambda_3>0$. 此时获得如下方程组

$$(1')\ 2x-2\lambda_3=0$$
$$(2')\ 2y-\lambda_3=0$$
$$(3')\ 4-2x-y=0$$

解之得(8/5,4/5,0,0,8/5)是可能的极值点.

情形 8：$\lambda_1=0,\lambda_2>0,\lambda_3>0$. 由式(4)知 $y=0$，进而由式(5)可知 $x=2$，再由式(1)知 $\lambda_3=2$，由式(2)知 $\lambda_2=2$. 这样又得到一个可能的极值点(2,0,0,2,2).

例 10.2.6　考虑下面问题

$$\max f(x,y,z)=xyz$$
$$s.t.\ x+y+z\leqslant 1,\quad x,y,z\geqslant 0$$

的可能的极大值点.

解　首先将不等式约束 $x,y,z\geqslant 0$ 写成标准形式 $-x\leqslant 0,-y\leqslant 0,-z\leqslant 0$，其次验证 NDCQ 成立. 四个不等式约束的紧的情形共有四种：只有一个、只有两个或只有三个是紧的，以及都是紧的(显然都是紧的情形不会发生，因而也不需验证 NDCQ 成立). 假设四个不等式约束中有 k_0 个是紧的，则容易验证这 k_0 个紧约束的 Jacobi 导数的秩为 $k_0(k_0=1,2,3)$. 如假设在最优解处有 $x+y+z=1$ 和 $y=0$ 成立，则容易验证这两个约束函数在任意点处的 Jacobi 导数的秩为 2，因而此时 NDCQ 成立. 构造 Lagrange 函数

$$L(x,y,z,\lambda_1,\lambda_2,\lambda_3,\lambda_4)=xyz-\lambda_1(x+y+z-1)-\lambda_2(-x)-\lambda_3(-y)-\lambda_4(-z)$$

进而得到一阶必要条件

(1) $\partial L/\partial x=yz-\lambda_1+\lambda_2=0$　　(2) $\partial L/\partial y=xz-\lambda_1+\lambda_3=0$

(3) $\partial L/\partial z=xy-\lambda_1+\lambda_4=0$　　(4) $\lambda_1(x+y+z-1)=0$

(5) $\lambda_2 x=0$　　(6) $\lambda_3 y=0$

(7) $\lambda_4 z=0$　　(8) $\lambda_1\geqslant 0$

(9) $\lambda_2\geqslant 0$　　(10) $\lambda_3\geqslant 0$

(11) $\lambda_4\geqslant 0$　　(12) $x+y+z\leqslant 1$

(13) $x\geqslant 0$　　(14) $y\geqslant 0$

(15) $z\geqslant 0$

将条件(1)、条件(2)和条件(3)重新写成

$$(16)\ \lambda_1 = yz+\lambda_2 = xz+\lambda_3 = xy+\lambda_4$$

考虑两种情况(从非负约束的乘子的符号开始):$\lambda_1=0$ 和 $\lambda_1>0$.

若 $\lambda_1=0$,则由于条件(16)中的每个变量是非负的,所以有

$$yz=xz=xy=0,\quad \lambda_2=\lambda_3=\lambda_4=0$$

由此可推出一些候选解:x,y,z 中任两个变量为 0 而第三个变量可取区间[0,1]中的任意数.此时,这些候选解使得目标函数的值均为 0.

若 $\lambda_1>0$,则由条件(4)、条件(13)～条件(15)知 $x+y+z=1$ 且 x,y,z 中至少有一个是非零的.暂时设 $x=0$,则据条件(16)和 $\lambda_1>0$ 可得到 $\lambda_3=\lambda_4=\lambda_1>0$.由条件(6)和条件(7)有 $y=z=0$.这与 $x+y+z=1$ 相矛盾,从而 $x=0$ 不成立.因此有 $x>0$.类似地,可说明 $y>0,z>0$.进而由条件(5)～条件(7)可得到 $\lambda_2=\lambda_3=\lambda_4=0$ 且条件(16)变为 $yz=xz=xy$,结合 $x+y+z=1$ 可知 $x=y=z=1/3$.再由条件(16)知 $\lambda_1=1/9$.总之,原问题的候选解为 $x^*=y^*=z^*=1/3,\lambda_1^*=1/9;\lambda_2^*=\lambda_3^*=\lambda_4^*=0$,以及 x,y,z 中任两个变量为 0 而另一个变量取区间[0,1]中的任意数,相应的乘子为 $\lambda_1^*=\lambda_2^*=\lambda_3^*=\lambda_4^*=0$.

10.2.3 混合约束优化问题

将定理 10.2.3 和定理 10.2.6 结合起来可得出既包含等式约束又包含不等式约束这种一般的混合约束极大化问题的一阶必要条件.

考虑在 m 个等式约束和 k 个不等式约束下 n 元实值函数 $f(\mathbf{x})$的极大化问题

$$\begin{aligned}&\max f(x_1,\cdots,x_n)\\ &s.t.\ g_j(x_1,\cdots,x_n)\leqslant b_j,\quad j=1,2,\cdots,k\\ &\qquad h_i(x_1,\cdots,x_n)=a_i,\quad i=1,2,\cdots,m\end{aligned}\tag{10-2-21}$$

或简要表示为

$$\begin{aligned}&\max f(\mathbf{x})\\ &s.t.\ \mathbf{g}(\mathbf{x})\leqslant \mathbf{b},\quad \mathbf{h}(\mathbf{x})=\mathbf{a}\end{aligned}\tag{10-2-21$'$}$$

定理 10.2.8(极大化问题)　设 $\mathbf{x}^*\in\mathbf{R}^n$是问题(10-2-21)的解.不失一般性,设前 k_0 个不等式约束在 $\mathbf{x}^*$ 处是紧的,而后 $k-k_0$ 个不等式约束在 $\mathbf{x}^*$ 处是不紧的.设下面的 NDCQ 在 $\mathbf{x}^*$ 处成立,即所有紧约束函数和等式约束函数构成的向量值函数在 $\mathbf{x}^*$ 处的 Jacobi 导数的秩为 k_0+m,即矩阵

$$\begin{pmatrix} \dfrac{\partial(g_1,\cdots,g_{k_0})}{\partial(x_1,\cdots,x_n)} \\ \dfrac{\partial(h_1,\cdots,h_m)}{\partial(x_1,\cdots,x_n)} \end{pmatrix} = \begin{pmatrix} \dfrac{\partial g_1}{\partial x_1}(\mathbf{x}^*) & \cdots & \dfrac{\partial g_1}{\partial x_n}(\mathbf{x}^*) \\ \vdots & \ddots & \vdots \\ \dfrac{\partial g_{k_0}}{\partial x_1}(\mathbf{x}^*) & \cdots & \dfrac{\partial g_{k_0}}{\partial x_n}(\mathbf{x}^*) \\ \dfrac{\partial h_1}{\partial x_1}(\mathbf{x}^*) & \cdots & \dfrac{\partial h_1}{\partial x_n}(\mathbf{x}^*) \\ \vdots & \ddots & \vdots \\ \dfrac{\partial h_m}{\partial x_1}(\mathbf{x}^*) & \cdots & \dfrac{\partial h_m}{\partial x_n}(\mathbf{x}^*) \end{pmatrix}$$

的秩为 k_0+m. 构造 Lagrange 函数

$$L(\mathbf{x},\boldsymbol{\lambda},\boldsymbol{\mu}) = f(\mathbf{x}) - \sum_{j=1}^{k}\lambda_j[g_j(\mathbf{x})-b_j] - \sum_{i=1}^{m}\mu_i[h_i(\mathbf{x})-a_i] \quad (10\text{-}2\text{-}22)$$

这里 $\boldsymbol{\lambda}=(\lambda_1,\cdots,\lambda_k)$, $\boldsymbol{\mu}=(\mu_1,\cdots,\mu_m)$, 则存在乘子 $\boldsymbol{\lambda}^*=(\lambda_1^*,\cdots,\lambda_k^*)$ 和 $\boldsymbol{\mu}^*=(\mu_1^*,\cdots,\mu_m^*)$ 使

(1) $\dfrac{\partial L}{\partial x_i}(\mathbf{x}^*,\boldsymbol{\lambda}^*,\boldsymbol{\mu}^*)=0, i=1,2,\cdots,n$;

(2) $\lambda_j^*[g_j(\mathbf{x}^*)-b_j]=0, j=1,2,\cdots,k$;

(3) $\lambda_j^*\geqslant 0, j=1,2,\cdots,k$;

(4) $g_j(\mathbf{x}^*)\leqslant b_j, j=1,2,\cdots,k$;

(5) $h_i(\mathbf{x}^*)=a_i, i=1,2,\cdots,m$.

类似地, 将定理 10.2.3 和定理 10.2.7 结合起来可写出既包含等式约束又包含不等式约束这种一般的混合约束极小化问题的一阶必要条件(留作习题).

例 10.2.7　求解下面优化问题可能的极值点

$$\max f(x,y) = 2x+y$$
$$s.t.\ x\geqslant 0,\quad y\geqslant 0,\quad (x+1)(y+1)=9/2$$

解(略去 NDCQ 的验证)　构造 Lagrange 函数 $L=2x+y-\lambda_1(-x)-\lambda_2(-y)-\mu[(x+1)(y+1)-9/2]$, 则最优解满足下面方程组表示的一阶必要条件为

$$\partial L/\partial x = 2+\lambda_1-\mu(y+1)=0$$
$$\partial L/\partial y = 1+\lambda_2-\mu(x+1)=0$$
$$-x\leqslant 0,\quad \lambda_1\geqslant 0,\quad \lambda_1 x=0$$
$$-y\leqslant 0,\quad \lambda_2\geqslant 0,\quad \lambda_2 y=0$$
$$\partial L/\partial \mu = (x+1)(y+1)-9/2=0$$

分四种情形讨论候选解:

情形 1：$\lambda_1=0=\lambda_2$，可能的极值点为$(x,y,\lambda_1,\lambda_2,\mu)=(1/2,2,0,0,2/3)$.

情形 2：$\lambda_1>0,\lambda_2=0$. 可能的极值点为$(x,y,\lambda_1,\lambda_2,\mu)=(0,7/2,5/2,0,1)$.

情形 3：$\lambda_1=0,\lambda_2>0$. 可能的极值点为$(x,y,\lambda_1,\lambda_2,\mu)=(7/2,0,0,8,2)$.

情形 4：$\lambda_1>0,\lambda_2>0$. 此时无解.

例 10.2.8 求解下面优化问题可能的极值点

$$\max x-y+z$$

$$s.t.\ x^2+y^2+z^2=2,\quad x\geqslant 0,\quad y\geqslant 0,\quad z\geqslant 0$$

解 首先将不等式约束 $x,y,z\geqslant 0$ 写成标准形式 $-x\leqslant 0,-y\leqslant 0,-z\leqslant 0$. 其次验证 NDCQ 成立(这里略去). 构造 Lagrange 函数

$$L=x-y+z-\lambda_1(-x)-\lambda_2(-y)-\lambda_3(-z)-\mu[x^2+y^2+z^2-2]$$

则一阶必要条件为

$$(1)\ \partial L/\partial x=1+\lambda_1-2\mu x=0$$

$$(2)\ \partial L/\partial y=-1+\lambda_2-2\mu y=0$$

$$(3)\ \partial L/\partial z=1+\lambda_3-2\mu z=0$$

$$(4)\ \lambda_1(-x)\geqslant 0,\quad \lambda_1\geqslant 0,\quad x\geqslant 0$$

$$(5)\ \lambda_2(-y)\geqslant 0,\quad \lambda_2\geqslant 0,\quad y\geqslant 0$$

$$(6)\ \lambda_3(-z)\geqslant 0,\quad \lambda_3\geqslant 0,\quad z\geqslant 0$$

$$(7)\ \partial L/\partial \mu=x^2+y^2+z^2-2=0$$

由于各个 λ_1、λ_2 和 λ_3 可以等于零，也可以大于零，所以组合在一起，需考虑八种情形(如 $\lambda_1=\lambda_2=\lambda_3=0$ 就是其中一种情形). 分别解这八种情形对应的条件(1)～条件(7)，可得到唯一一组解$(x,y,z,\lambda_1,\lambda_2,\lambda_3,\mu)=(1,0,1,0,1,0,1/2)$.

10.2.4 含有非负和不等式约束优化问题

经济学中最常见的约束极大化问题仅涉及不等式约束和(所有变量的)非负约束，一般形如下面的问题(10-2-23). 这里已把非负约束从其余的不等式约束中分离出来. 这类情形非常普遍，前人已设计出特定的 Lagrange 函数来处理它，有时称作库恩-塔克型的拉格朗日函数(Kuhn-Tucker Lagrangian function)①.

考虑在 k 个不等式约束和 n 个非负约束 $x_i\geqslant 0(i=1,2,\cdots,n)$下 n 元实值函数 $f(\mathbf{x})$的极大化问题

$$\begin{aligned}&\max f(x_1,\cdots,x_n)\\&s.t.\ g_j(x_1,\cdots,x_n)\leqslant b_j,\quad j=1,2,\cdots,k\\&\qquad x_i\geqslant 0,\quad i=1,2,\cdots,n\end{aligned}\tag{10-2-23}$$

① 见 Simon 和 Blume(1994, p. 439).

或简记为

$$\begin{aligned}&\max\ f(\mathbf{x})\\&s.t.\ \mathbf{g}(\mathbf{x})\leqslant\mathbf{b},\quad\mathbf{x}\geqslant\mathbf{0}\end{aligned}\tag{10-2-23'}$$

定理 10.2.9(极大化问题)　设 $\mathbf{x}^*\in\mathbf{R}^n$ 是问题(10-2-23)的解.又假设矩阵 $(\partial g_i/\partial x_j)$ 在 $\mathbf{x}^*$ 处是行满秩的,这里 i 代表在 $\mathbf{x}^*$ 处是紧的那些约束 g_i 的下标集合中的元素,j 代表 $\mathbf{x}^*$ 的正分量的下标的集合中的元素.构造 Kuhn-Tucker 型的 Lagrange 函数

$$\widetilde{L}(\mathbf{x},\boldsymbol{\lambda})=f(\mathbf{x})-\sum_{j=1}^{k}\lambda_j[g_j(\mathbf{x})-b_j]\tag{10-2-24}$$

则存在乘子 $\lambda_i^*\geqslant 0,i=1,2,\cdots,k$,使得 $x_j^*\ (j=1,2,\cdots,n)$ 和 $\lambda_i^*\ (i=1,2,\cdots,k)$ 满足式(10-2-25)～式(10-2-26)①

$$\frac{\partial\widetilde{L}}{\partial x_j}\leqslant 0,\quad x_j\frac{\partial\widetilde{L}}{\partial x_j}=0,\quad j=1,2,\cdots,n^{②}\tag{10-2-25}$$

$$\frac{\partial\widetilde{L}}{\partial\lambda_i}\geqslant 0,\quad \lambda_i\frac{\partial\widetilde{L}}{\partial\lambda_i}=0,\quad i=1,2,\cdots,k\tag{10-2-26}$$

$$\lambda_i\geqslant 0,\quad i=1,2,\cdots,k,\quad x_j\geqslant 0,j=1,2,\cdots,n\tag{10-2-27}$$

证明　可由定理 10.2.8 获证(留作习题).

例 10.2.9　用 Kuhn-Tucker 型的 Lagrange 函数写出下面优化问题的一阶必要条件

$$\begin{aligned}&\max\ x-y+z\\&s.t.\ x^2+y^2+z^2\leqslant 2,\quad x\geqslant 0,\quad y\geqslant 0,\quad z\geqslant 0\end{aligned}$$

解　首先将不等式约束 $x,y,z\geqslant 0$ 写成标准形式 $-x\leqslant 0,-y\leqslant 0,-z\leqslant 0$,其次验证 NDCQ 成立(这里略去).构造 Kuhn-Tucker 型的 Lagrange 函数

$$\widetilde{L}=x-y+z-\lambda(x^2+y^2+z^2-2)$$

则一阶必要条件为

(1) $\partial\widetilde{L}/\partial x=1-2\lambda x\leqslant 0,\quad x(1-2\lambda x)=0$

(2) $\partial\widetilde{L}/\partial y=-1-2\lambda y\leqslant 0,\quad y(-1-2\lambda y)=0$

(3) $\partial\widetilde{L}/\partial z=1-2\lambda z\leqslant 0,\quad z(1-2\lambda z)=0$

(4) $\partial\widetilde{L}/\partial\lambda=-(x^2+y^2+z^2-2)\geqslant 0,\quad \lambda(x^2+y^2+z^2-2)=0$

---

① 在利用这个定理求可能的极值点时,需要解联立方程组式(10-2-25)～式(10-2-27).

② 由于各个 x_j^* 要么大于零,要么等于零,因此实际使用式(10-2-25)中的等式时需要考虑 2^n 种情形;类似地,实际使用式(10-2-26)中的等式时需要考虑 2^k 种情形.此外,尽量分析题目中的隐含条件来初步确定这些选择变量和乘子的范围(如出现函数 $\ln x$ 时隐含着 $x>0$),以减少需要考虑的情形(参见后面的例 10.2.9).

(5) $x \geqslant 0$, $y \geqslant 0$, $z \geqslant 0$, $\lambda \geqslant 0$

10.3 二阶充分条件

本节均假设目标函数 $f(\mathbf{x})$ 和等式约束函数 $h_i(\mathbf{x})(i=1,2,\cdots,m)$ 与不等式约束函数 $g_j(\mathbf{x})(j=1,2,\cdots,k)$ 都是 C^2 函数.

10.3.1 等式约束下的极大和极小化问题

1. 等式约束极大化问题

定理 10.3.1 考虑在 m 个等式约束下 n 元实值函数 $f(\mathbf{x})$ 的极大化问题,即考虑

$$\begin{aligned}&\max f(\mathbf{x})\\&s.t.\ \mathbf{x} \in C_{\mathbf{h}} = \{\mathbf{x} \in \mathbf{R}^n \mid h_i(\mathbf{x}) = a_i, i = 1,2,\cdots,m\}\end{aligned} \tag{10-3-1}$$

或简要表示为

$$\begin{aligned}&\max f(\mathbf{x})\\&s.t.\ \mathbf{h}(\mathbf{x}) = \mathbf{a}\end{aligned} \tag{10-3-1$'$}$$

构造 Lagrange 函数

$$L(\mathbf{x},\boldsymbol{\mu}) = f(\mathbf{x}) - \sum_{j=1}^{m}\mu_j[h_j(\mathbf{x}) - a_j] \tag{10-3-2}$$

且假设

(1) $\mathbf{x}^* \in C_{\mathbf{h}}$;

(2) 存在 $\boldsymbol{\mu}^* = (\mu_1^*, \cdots, \mu_m^*)$ 使

$$\frac{\partial L}{\partial x_i}(\mathbf{x}^*, \boldsymbol{\mu}^*) = 0, \quad i = 1,2,\cdots,n$$

$$\frac{\partial L}{\partial \mu_j}(\mathbf{x}^*, \boldsymbol{\mu}^*) = 0, \quad j = 1,2,\cdots,m$$

(3) 函数 $L(\mathbf{x},\boldsymbol{\mu})$ 关于 $\mathbf{x}$ 在点 $(\mathbf{x}^*, \boldsymbol{\mu}^*)$ 处的 Hessian 矩阵 $D_{\mathbf{x}}^2 L(\mathbf{x}^*, \boldsymbol{\mu}^*)$ 在线性约束集 $\{\mathbf{x} \mid D\mathbf{h}(\mathbf{x}^*)\mathbf{x} = \mathbf{0}\}$ 上是负定的,即

$$\mathbf{x}^T D_{\mathbf{x}}^2 L(\mathbf{x}^*, \boldsymbol{\mu}^*)\mathbf{x} < 0 \quad (\text{对任意 } \mathbf{x} \neq \mathbf{0} \text{ 且 } D\mathbf{h}(\mathbf{x}^*)\mathbf{x} = 0) \tag{10-3-3}$$

则 $\mathbf{x}^*$ 是 f 在 $C_{\mathbf{h}}$ 上的严格极大值点.

注记 10.3.1 定理 10.3.1(3)的验证法如下. 由定理 4.9.16,首先构造如下的 $(n+m)\times(n+m)$ 阶加边矩阵

$$H_{m+n}=\begin{pmatrix}\mathbf{0} & \mathbf{Dh}(\mathbf{x}^*)\\ [\mathbf{Dh}(\mathbf{x}^*)]^T & D_{\mathbf{x}}^2L(\mathbf{x}^*,\boldsymbol{\mu}^*)\end{pmatrix}=\begin{pmatrix}0 & \cdots & 0 & \frac{\partial h_1}{\partial x_1} & \cdots & \frac{\partial h_1}{\partial x_n}\\ \vdots & \ddots & \vdots & \vdots & \ddots & \vdots\\ 0 & \cdots & 0 & \frac{\partial h_m}{\partial x_1} & \cdots & \frac{\partial h_m}{\partial x_n}\\ \frac{\partial h_1}{\partial x_1} & \cdots & \frac{\partial h_m}{\partial x_1} & \frac{\partial^2 L}{\partial x_1^2} & \cdots & \frac{\partial^2 L}{\partial x_1\partial x_n}\\ \vdots & \ddots & \vdots & \vdots & \ddots & \vdots\\ \frac{\partial h_1}{\partial x_n} & \cdots & \frac{\partial h_m}{\partial x_n} & \frac{\partial^2 L}{\partial x_n\partial x_1} & \cdots & \frac{\partial^2 L}{\partial x_n^2}\end{pmatrix}\tag{10-3-4}$$

只要这个矩阵的后 $n-m$ 个顺序主子式(其阶数分别为 $2m+1,2m+2,\cdots,m+n$)的符号交替出现,且 $|H_{m+n}|$ 的符号为 $(-1)^n$,则条件(3)成立.

推论 10.3.2　考虑两个变量一个等式约束的极大化问题

$$\max f(x_1,x_2)$$
$$s.t.\ (x_1,x_2)\in C_h=\{(x_1,x_2)\mid h(x_1,x_2)=a\}$$

构造 Lagrange 函数

$$L(x_1,x_2,\mu)=f(x_1,x_2)-\mu[h(x_1,x_2)-a]$$

若 (x_1^*,x_2^*,μ^*) 满足

(1) $\frac{\partial L}{\partial x_1}(x_1^*,x_2^*,\mu^*)=0,\frac{\partial L}{\partial x_2}(x_1^*,x_2^*,\mu^*)=0,\frac{\partial L}{\partial \mu}(x_1^*,x_2^*,\mu^*)=0$;

(2) 在点 (x_1^*,x_2^*,μ^*) 处,$\begin{vmatrix}0 & \frac{\partial h}{\partial x_1} & \frac{\partial h}{\partial x_2}\\ \frac{\partial h}{\partial x_1} & \frac{\partial^2 L}{\partial x_1^2} & \frac{\partial^2 L}{\partial x_1\partial x_2}\\ \frac{\partial h}{\partial x_2} & \frac{\partial^2 L}{\partial x_1\partial x_2} & \frac{\partial^2 L}{\partial x_2^2}\end{vmatrix}>0.$

则 (x_1^*,x_2^*) 是 f 在 C_h 上的严格极大值点.

2. 等式约束极小化问题

定理 10.3.3　考虑在 m 个等式约束下 n 元实值函数 $f(\mathbf{x})$ 的极小化问题

$$\begin{aligned}&\min f(\mathbf{x})\\ &s.t.\ \mathbf{x}\in C_{\mathbf{h}}=\{\mathbf{x}\in\mathbf{R}^n\mid h_i(\mathbf{x})=a_i,i=1,2,\cdots,m\}\end{aligned}\tag{10-3-5}$$

构造 Lagrange 函数

$$L(\mathbf{x},\boldsymbol{\mu})=f(\mathbf{x})-\sum_{j=1}^{m}\mu_j[h_j(\mathbf{x})-a_j]\tag{10-3-6}$$

且假设定理 10.3.1 的条件(1)和(2)成立，条件(3)改为函数 $L(\mathbf{x},\boldsymbol{\mu})$ 关于 $\mathbf{x}$ 在点 $(\mathbf{x}^*,\boldsymbol{\mu}^*)$ 处的 Hessian 矩阵 $D_{\mathbf{x}}^2L(\mathbf{x}^*,\boldsymbol{\mu}^*)$ 在线性约束集 $\{\mathbf{x}\mid D\mathbf{h}(\mathbf{x}^*)\mathbf{x}=\mathbf{0}\}$ 上是正定的，即

$$\mathbf{x}^T D_{\mathbf{x}}^2 L(\mathbf{x}^*,\boldsymbol{\mu}^*)\mathbf{x} > 0 \quad (\text{对任意 } \mathbf{x}\neq\mathbf{0} \text{ 且 } D\mathbf{h}(\mathbf{x}^*)\mathbf{x}=0) \tag{10-3-7}$$

则 $\mathbf{x}^*$ 是 f 在 $C_{\mathbf{h}}$ 上的严格极小值点.

注记 10.3.2 定理 10.3.3 中的条件(3)或式(10-3-7)的验证法如下：由定理 4.9.16，首先构造式(10-3-4)所示的加边矩阵 H_{n+m}；然后验证 H_{n+m} 的后 $n-m$ 个顺序主子式(其阶数分别为 $2m+1,2m+2,\cdots,m+n$)的符号相同且都为 $(-1)^m$.

推论 10.3.4 考虑两个变量一个等式约束的极小化问题

$$\min f(x_1,x_2)$$
$$s.t.\ (x_1,x_2)\in C_h=\{(x_1,x_2)\mid h(x_1,x_2)=a\}$$

构造 Lagrange 函数

$$L(x_1,x_2,\mu)=f(x_1,x_2)-\mu[h(x_1,x_2)-a]$$

若 (x_1^*,x_2^*,μ^*) 满足

(1) $\dfrac{\partial L}{\partial x_1}(x_1^*,x_2^*,\mu^*)=0,\dfrac{\partial L}{\partial x_2}(x_1^*,x_2^*,\mu^*)=0,\dfrac{\partial L}{\partial \mu}(x_1^*,x_2^*,\mu^*)=0$；

(2) 在点 (x_1^*,x_2^*,μ^*) 处，$\begin{vmatrix} 0 & \dfrac{\partial h}{\partial x_1} & \dfrac{\partial h}{\partial x_2} \\ \dfrac{\partial h}{\partial x_1} & \dfrac{\partial^2 L}{\partial x_1^2} & \dfrac{\partial^2 L}{\partial x_1\partial x_2} \\ \dfrac{\partial h}{\partial x_2} & \dfrac{\partial^2 L}{\partial x_1\partial x_2} & \dfrac{\partial^2 L}{\partial x_2^2}\end{vmatrix}<0.$

则 (x_1^*,x_2^*) 是 f 在 C_h 上的严格极小值点.

例 10.3.1 再考虑例 10.2.1，求极大值点和极小值点.

解 由例 10.2.1 得到两组可能的极值点 $x_1^*=y_1^*=z_1^*=-1,\mu_1^*=-1/2$ 和 $x_2^*=y_2^*=z_2^*=1,\mu_2^*=1/2$，其中 Lagrange 函数为 $L(x,y,z,\mu)=x+y+z-\mu(x^2+y^2+z^2-3)$.

注意到 $n=3,m=1$，由定理 10.3.1、定理 10.3.3、注记 10.3.1 和注记 10.3.2，需构造如下(加一条边)的加边矩阵

$$H_{1+3}=\begin{pmatrix} 0 & 2x & 2y & 2z \\ 2x & -2\mu & 0 & 0 \\ 2y & 0 & -2\mu & 0 \\ 2z & 0 & 0 & -2\mu \end{pmatrix}$$

并验证 H 的后两个($n-m=2$)顺序主子式，即行列式 $|H_3|$ 和 $|H_4|$ 的符号.

当 $x_1^*=y_2^*=z_3^*=-1,\mu_1^*=-1/2$ 时

$$|H_3|=\begin{vmatrix}0 & -2 & -2\\ -2 & 1 & 0\\ -2 & 0 & 1\end{vmatrix}=-8<0$$

$$|H_4|=\begin{vmatrix}0 & -2 & -2 & -2\\ -2 & 1 & 0 & 0\\ -2 & 0 & 1 & 0\\ -2 & 0 & 0 & 1\end{vmatrix}=-12<0$$

即符号相同都为$(-1)^m=(-1)^1<0$,因此$(-1,-1,-1)$是一个严格极小值点.

当 $x_2^*=y_2^*=z_3^*=1,\mu_2^*=1/2$ 时

$$|H_3|=\begin{vmatrix}0 & 2 & 2\\ 2 & -1 & 0\\ 2 & 0 & -1\end{vmatrix}=8>0$$

$$|H_4|=\begin{vmatrix}0 & 2 & 2 & 2\\ 2 & -1 & 0 & 0\\ 2 & 0 & -1 & 0\\ 2 & 0 & 0 & -1\end{vmatrix}=-12<0$$

即符号交替出现,且最大的顺序主子式的符号为$(-1)^n=(-1)^3<0$,故$(1,1,1)$是一个严格极大值点.

例 10.3.2　再考虑例 10.2.2,求极大和极小值点.

解　由例 10.2.2 知,可能的极值点有四个$(1,0,0,1/2,1)$,$(-1,0,0,-1/2,1)$,$(1/2,0,\sqrt{3}/2,1,1)$,$(1/2,0,-\sqrt{3}/2,1,1)$. 所使用的 Lagrange 函数为 $L(x,y,z,\mu_1,\mu_2)=x+y+z^2-\mu_1(x^2+y^2+z^2-1)-\mu_2 y$. 注意到 $n=3,m=2$,由定理 10.3.1、定理 10.3.3、注记 10.3.1 和注记 10.3.2,需构造如下(加两条边)的加边矩阵

$$H_{2+3}=\begin{pmatrix}0 & \mathrm{D}h\\ [\mathrm{D}h]^T & \mathrm{D}^2L\end{pmatrix}=\begin{pmatrix}0 & 0 & 2x & 2y & 2z\\ 0 & 0 & 0 & 1 & 0\\ 2x & 0 & -2\mu_1 & 0 & 0\\ 2y & 1 & 0 & -2\mu_1 & 0\\ 2z & 0 & 0 & 0 & 2-2\mu_1\end{pmatrix}$$

并验证 H 的后一个$(n-m=1)$顺序主子式$|H_5|$的符号即可. 在$(1,0,0,1/2,1)$、$(-1,0,0,-1/2,1)$、$(1/2,0,\sqrt{3}/2,1,1)$和$(1/2,0,-\sqrt{3}/2,1,1)$四点处行列式$|H_5|$的值分别为 4、12、-6 和-6. 因此,$(\pm1,0,0)$为严格极小值点,而$(1/2,0,\pm\sqrt{3}/2)$为严格极大值点.

10.3.2 不等式约束下的极大和极小化问题

1. 不等式约束下的极大化问题

定理 10.3.5 考虑下面的极大化约束问题

$$\begin{aligned}&\max f(\mathbf{x})\\&s.t.\ \mathbf{x}\in C_{\mathbf{g}}=\{\mathbf{x}\mid g_j(\mathbf{x})\leqslant b_j, j=1,2,\cdots,k\}\end{aligned}\tag{10-3-8}$$

或简要表示为

$$\begin{aligned}&\max f(\mathbf{x})\\&s.t.\ \mathbf{x}\in C_{\mathbf{g}}=\{\mathbf{x}\mid \mathbf{g}(\mathbf{x})\leqslant \mathbf{b}\}\end{aligned}\tag{10-3-8$'$}$$

构造 Lagrange 函数

$$L(\mathbf{x},\boldsymbol{\lambda})=f(\mathbf{x})-\sum_{j=1}^{k}\lambda_j[g_j(\mathbf{x})-b_j]\tag{10-3-9}$$

(1) 假设存在 $\mathbf{x}^*\in\mathbf{R}^n$ 和乘子 $\boldsymbol{\lambda}^*=(\boldsymbol{\lambda}_1^*,\cdots,\lambda_k^*)$ 使定理 10.2.6 的一阶条件满足,即

$$\begin{aligned}&\frac{\partial L}{\partial x_i}(\mathbf{x}^*,\boldsymbol{\lambda}^*)=0,\quad i=1,2,\cdots,n\\&\lambda_j^*[g_j(\mathbf{x}^*)-b_j]=0,\quad j=1,2,\cdots,k\\&\lambda_j^*\geqslant 0,\quad j=1,2,\cdots,k\\&g_j(\mathbf{x}^*)\leqslant b_j,\quad j=1,2,\cdots,k\end{aligned}$$

(2) 为记号上的方便,假设 $g_1,g_2,\cdots,g_e$ 在点 $\mathbf{x}^*$ 处是紧约束,而 $g_{e+1},g_{e+2},\cdots,g_k$ 在点 $\mathbf{x}^*$ 处不是紧约束.令 $\mathbf{g}_E=(g_1,g_2,\cdots,g_e)$.假设 $L(\mathbf{x},\boldsymbol{\lambda})$ 在点 $(\mathbf{x}^*,\boldsymbol{\lambda}^*)$ 处关于 $\mathbf{x}$ 的 Hessian 矩阵 $D_{\mathbf{x}}^2L(\mathbf{x}^*,\boldsymbol{\lambda}^*)$ 在约束集 $\{\mathbf{x}|D\mathbf{g}_E(\mathbf{x}^*)\mathbf{x}=0\}$ 上是负定的.

则 $\mathbf{x}^*$ 是 f 在约束集 $C_{\mathbf{g}}$ 上的严格极大值点.

注记 10.3.3 为检验定理 10.3.5(2),根据定理 4.9.16,构造类似于式(10-3-4)的如下 $(n+e)\times(n+e)$ 阶的加边矩阵

$$H_{e+n}=\begin{pmatrix}\mathbf{0} & D\mathbf{g}_E(\mathbf{x}^*)\\ [D\mathbf{g}_E(\mathbf{x}^*)]^T & D_{\mathbf{x}}^2L(\mathbf{x}^*,\boldsymbol{\lambda}^*)\end{pmatrix}$$

若 H_{e+n} 的后 $n-e$ 个顺序主子式(其阶数分别为 $2e+1,2e+2,\cdots,n+e$)的符号交替出现,且 $|H_{e+n}|$ 的符号为 $(-1)^n$,则定理 10.3.5(2)成立.

例 10.3.3 再考虑例 10.2.3,求极大值点.

解 由例 10.2.3,可能的极大值点为 $(x^*,y^*)=(3,6)$,对应的乘子为 $\lambda^*=1/12$,Lagrange 函数为 $L=x+y-\lambda(2x^2+y^2-54)$.

下面验证二阶充分条件.由于 $2(3)^2+6^2=54$,所以约束条件 $2x^2+y^2\leqslant 54$ 是紧的且 $e=1$.因此需要构造下面(加一条边)的加边矩阵

$$H_{1+2}=\begin{pmatrix}0 & -4x & -2y\\ -4x & -4\lambda & 0\\ -2y & 0 & -2\lambda\end{pmatrix}$$

并验证 H 的后一个($n-e=2-1=1$)顺序主子式 $|H_3|$ 的符号即可(见注记 10.3.3).在 $(x^*,y^*,\lambda^*)=(3,6,1/12)$ 点处,$|H_3|=16\lambda(2x^2+y^2)=72>0$,其符号为 $(-1)^n=(-1)^2$,所以二阶充分条件成立,从而(3,6)是一个严格极大值点.

例 10.3.4 再考虑例 10.2.5,求极大值点.

解 由例 10.2.5 得到可能的极大值点有四个,所用的 Lagrange 函数为 $L(x,y,\lambda_1,\lambda_2,\lambda_3)=x^2+y^2-\lambda_1(-x)-\lambda_2(-y)-\lambda_3(2x+y-4)$.下面对这四个可能的极大值点分别验证二阶充分条件.

首先从(0,4,16,0,8)开始,此时约束条件 $x\geqslant 0$ 和 $2x+y\leqslant 4$ 是紧的,而 $y\geqslant 0$ 不是紧的,因此 $n=e=2$(即紧约束的个数等于独立决策变量的个数),没有行列式可以检验.由于两个紧约束对应的乘子都大于零,即严格互补松弛条件成立,因此这是一个极大值点①.

对于第二个候选解(2,0,0,2,2),约束条件 $y\geqslant 0$ 和 $2x+y\leqslant 4$ 是紧的,$x\geqslant 0$ 不是紧的.类似于对(0,4,16,0,8)的讨论,可知这个解是一个极大值点.

关于第三个候选解(8/5,4/5,0,0,8/5),只有约束 $2x+y\leqslant 4$ 是紧的且 $e=1$.因此需要构造下面(加一条边)的加边矩阵

$$H_3=\begin{pmatrix}0 & -2 & -1\\ -2 & 2 & 0\\ -1 & 0 & 2\end{pmatrix}$$

并验证 H_3 的后一个($n-e=2-1=1$)顺序主子式 $|H|$ 的符号.由于 $|H_3|=-10<0$,所以二阶充分条件不成立,无法判断.

最后一个候选解(0,0,0,0,0)使得两个约束条件 $x\geqslant 0$ 和 $y\geqslant 0$ 都是紧的,因此 $n=e=2$(即紧约束的个数等于独立决策变量的个数),没有行列式可以检验.但两个紧约束相应的乘子都为零,因而这个候选解是否是最优解需要进一步考虑②.很显然它不是一个极大值点.

例 10.3.5 再考虑例 10.2.6,求极大值点.

$$\max f(x,y,z)=xyz$$
$$s.t.\ x+y+z\leqslant 1,\quad x,y,z\geqslant 0$$

解 由例 10.2.6,可能的极大值点有两组:第一组为 $(x^*,y^*,z^*)=(1/3,1/3,1/3)$,对应的乘子为 $\lambda_1^*=1/9$;$\lambda_2^*=\lambda_3^*=\lambda_4^*=0$;第二组为 x^*、y^* 和 z^* 中任两

---

① 见 Novshek(1993,§6.2,§6.4).

② 见 Novshek(1993,§6.4,p.127).

个为 0 而另一个取区间[0,1]中的任意数，相应的乘子为 $\lambda_1^*=\lambda_2^*=\lambda_3^*=\lambda_4^*=0$. Lagrange 函数为 $L(x,y,z,\lambda_1,\lambda_2,\lambda_3,\lambda_4)=xyz-\lambda_1(x+y+z-1)-\lambda_2(-x)-\lambda_3(-y)-\lambda_4(-z)$.

下面验证二阶充分条件. 先考虑第一组候选解；由于 $1/3+1/3+1/3=1, 1/3>0$，因此只有约束条件 $x+y+z\leqslant 1$ 是紧的且 $e=1$. 所以需要构造下面(加一条边)的加边矩阵

$$H_{1+3}=\begin{pmatrix}0&1&1&1\\1&0&z&y\\1&z&0&x\\1&y&x&0\end{pmatrix}$$

并验证第一组候选解处 H 的后两个($n-e=3-1=2$)顺序主子式 $|H_3|$ 和 $|H_4|$ 的符号即可. 计算得到 $|H_3|=2/3>0$，$|H_4|=-1/3<0$，说明二者的符号是交替出现的且最大的顺序主子式 $|H_4|$ 的符号为 $(-1)^n=(-1)^3<0$，所以二阶充分条件成立，从而(1/3,1/3,1/3)是一个严格极大值点.

考虑第二组，分三种情形验证：$x^*=y^*=0, z^*\in[0,1]$；$y^*=z^*=0, x^*\in[0,1]$；$x^*=z^*=0, y^*\in[0,1]$. 这里仅验证第一种情形，类似地可验证另外两种情形.

将第一种情形分为三种子情形：$x^*=y^*=0, z^*=0$；$x^*=y^*=0, z^*=1$；$x^*=y^*=0, z^*\in(0,1)$. 第一和第二两种子情形下，紧约束的个数等于独立决策变量的个数(均为 3)，此时无法验证二阶充分条件. 由于严格互补松弛条件不成立，因而这个可行解是否是最优解需要进一步考虑. 很显然它不是一个极大值点. 对应第三种子情形，约束 $x\geqslant 0$ 和 $y\geqslant 0$ 是紧的且 $e=2$. 构造下面(加两条边)的加边矩阵

$$H_{2+3}=\begin{pmatrix}0&0&-1&0&0\\0&0&0&-1&0\\-1&0&0&z&y\\0&-1&z&0&x\\0&0&y&x&0\end{pmatrix}$$

并验证在这个候选解处 H_5 的后一个($n-e=3-2=1$)顺序主子式(即 $|H_5|$)的符号. 由于 $|H_5|=0$，所以二阶充分条件不成立. 容易知道这个候选解不是极大值点.

2. 不等式约束下的极小化问题

考虑约束极小化问题，在写出该问题的二阶充分条件时，需对定理 10.3.5 中的条件做一些小心的修改.

定理 10.3.6(极小化问题)

(1) 将定理 10.3.5 中的约束集 C_g 中"$g_j(x) \leqslant b_j$"改为"$g_j(x) \geqslant b_j$",即考虑

$$\begin{aligned} &\min f(\mathbf{x}) \\ &s.t.\ \mathbf{x} \in C_g = \{\mathbf{x} \mid g_j(\mathbf{x}) \geqslant b_j (1 \leqslant j \leqslant k)\} \end{aligned} \tag{10-3-10}$$

或简要表示为

$$\begin{aligned} &\min f(\mathbf{x}) \\ &s.t.\ \mathbf{x} \in C_g = \{\mathbf{x} \mid \mathbf{g}(\mathbf{x}) \geqslant \mathbf{b}\} \end{aligned} \tag{10-3-10$'$}$$

(2) 将定理 10.3.5(2)中的"负定"改为"正定".

(3) 其他条件保持不变.

则 $\mathbf{x}^*$ 是 f 在约束集 C_g 上的严格极小值点.

例 10.3.6　再考虑例 10.2.4,求极小值点.

解　由例 10.2.4,可能的极大值点为$(x^*,y^*)=(3,6)$,对应的乘子为 $\lambda^*=1/12$,Lagrange 函数为 $L=-x-y-\lambda(-2x^2-y^2+54)$.

下面验证二阶充分条件.由于 $-2(3)^2-6^2=-54$,因此约束条件 $-2x^2-y^2 \geqslant -54$ 是紧的.注意到 $n=2,e=1$,需构造下面(加一条边)的加边矩阵

$$H = H_{2+1} = \begin{pmatrix} 0 & -4x & -2y \\ -4x & 4\lambda & 0 \\ -2y & 0 & 2\lambda \end{pmatrix}$$

并验证 H 的后一个$(n-e=1)$顺序主子式 $|H_3|$ 的符号即可.在$(x^*,y^*,\lambda^*)=(3,6,1/12)$点处,$|H_3|=-16\lambda(2x^2+y^2)=-72<0$,其符号为$(-1)^e=(-1)^1<0$,所以二阶充分条件成立,从而(3,6)是一个严格极小值点.

10.3.3　混合约束下的极大和极小化问题

将定理 10.3.1 和定理 10.3.5 结合起来即可得到混合约束极大化问题的二阶充分条件.

定理 10.3.7　考虑下面的混合约束极大化问题

$$\begin{aligned} &\max f(\mathbf{x}) \\ &s.t.\ \mathbf{x} \in C_{\mathbf{g},\mathbf{h}} = \{\mathbf{x} \mid g_j(\mathbf{x}) \leqslant b_j, h_i(\mathbf{x}) = a_i, 1 \leqslant j \leqslant k, 1 \leqslant i \leqslant m\} \end{aligned} \tag{10-3-11}$$

或简要表示为

$$\begin{aligned} &\max f(\mathbf{x}) \\ &s.t.\ \mathbf{x} \in C_{\mathbf{g},\mathbf{h}} = \{\mathbf{x} \mid \mathbf{g}(\mathbf{x}) \leqslant \mathbf{b}, \mathbf{h}(\mathbf{x}) = \mathbf{a}\} \end{aligned} \tag{10-3-11$'$}$$

构造 Lagrange 函数

$$L(\mathbf{x},\boldsymbol{\lambda},\boldsymbol{\mu}) = f(\mathbf{x}) - \sum_{j=1}^{k} \lambda_j [g_j(\mathbf{x}) - b_j] - \sum_{i=1}^{m} \mu_i [h_i(\mathbf{x}) - a_i]$$

(1) 假设存在 $\mathbf{x}^* \in \mathbf{R}^n$ 和乘子 $\boldsymbol{\lambda}^* = (\lambda_1^*, \cdots, \lambda_k^*)$ 和 $\boldsymbol{\mu}^* = (\mu_1^*, \cdots, \mu_m^*)$ 使定理 10.2.8 的一阶条件满足,即

$$\frac{\partial L}{\partial x_i}(\mathbf{x}^*, \boldsymbol{\lambda}^*, \boldsymbol{\mu}^*) = 0, \quad i = 1, 2, \cdots, n$$
$$\lambda_j^* [g_j(\mathbf{x}^*) - b_j] = 0, \quad j = 1, 2, \cdots, k$$
$$h_i(\mathbf{x}^*) = a_i, \quad i = 1, 2, \cdots, m$$
$$\lambda_j^* \geqslant 0, \quad j = 1, 2, \cdots, k$$
$$g_j(\mathbf{x}^*) \leqslant b_j, \quad j = 1, 2, \cdots, k$$

(2) 为记号上的方便,假设 $g_1, g_2, \cdots, g_e$ 在点 $\mathbf{x}^*$ 处是紧约束,而 $g_{e+1}, g_{e+2}, \cdots, g_k$ 在点 $\mathbf{x}^*$ 处不是紧约束. 令 $\mathbf{g}_E = (g_1, g_2, \cdots, g_e)^T$. 假设 $L(\mathbf{x}, \boldsymbol{\lambda}, \boldsymbol{\mu})$ 在点 $(\mathbf{x}^*, \boldsymbol{\lambda}^*, \boldsymbol{\mu}^*)$ 处关于 $\mathbf{x}$ 的 Hessian 矩阵 $D_{\mathbf{x}}^2 L(\mathbf{x}^*, \boldsymbol{\lambda}^*, \boldsymbol{\mu}^*)$ 在约束集 $\{\mathbf{x} \mid D\mathbf{g}_E(\mathbf{x}^*)\mathbf{x} = 0$ 且 $D\mathbf{h}(\mathbf{x}^*)\mathbf{x} = \mathbf{0}\}$ 上是负定的.

则 $\mathbf{x}^*$ 是 f 在约束集 $C_{\mathbf{g},\mathbf{h}}$ 上的严格极大值点.

注记 10.3.4　为检验定理 10.3.7(2),根据定理 4.9.16,构造类似于式(10-3-4)的如下 $(n+e+m) \times (n+e+m)$ 阶的加边矩阵

$$H_{n+(e+m)} = \begin{pmatrix} \mathbf{0} & \mathbf{0} & D\mathbf{g}_E(\mathbf{x}^*) \\ \mathbf{0} & \mathbf{0} & D\mathbf{h}(\mathbf{x}^*) \\ [D\mathbf{g}_E(\mathbf{x}^*)]^T & [D\mathbf{h}(\mathbf{x}^*)]^T & D_{\mathbf{x}}^2 L(\mathbf{x}^*, \boldsymbol{\lambda}^*, \boldsymbol{\mu}^*) \end{pmatrix}$$

若 $H_{n+(e+m)}$ 的后 $n-(e+m)$ 个顺序主子式[其阶数分别为 $2(e+m)+1, 2(e+m)+2, \cdots, n+(e+m)$]的符号交替出现,且 $|H_{n+(e+m)}|$ 的符号为 $(-1)^n$,则定理 10.3.7(2)成立.

考虑约束极小化问题,在写出该问题的二阶充分条件时,需对定理 10.3.7 中的条件做一些小心的修改即可.

定理 10.3.8　考虑下面的混合约束极小化问题

$$\min f(\mathbf{x})$$
$$s.t.\ \mathbf{x} \in C_{\mathbf{g},\mathbf{h}} = \{\mathbf{x} \mid g_j(\mathbf{x}) \geqslant b_j, 1 \leqslant j \leqslant k, h_i(\mathbf{x}) = a_i, 1 \leqslant i \leqslant m\} \tag{10-3-12}$$

或简要表示为

$$\begin{aligned} &\min f(\mathbf{x}) \\ &s.t.\ \mathbf{x} \in C_{\mathbf{g},\mathbf{h}} = \{\mathbf{x} \mid \mathbf{g}(\mathbf{x}) \geqslant \mathbf{b}, \mathbf{h}(\mathbf{x}) = \mathbf{a}\} \end{aligned} \tag{10-3-12$'$}$$

(1) 将定理 10.3.7(1)中的约束"$g_j(x) \leqslant b_j$"改为"$g_j(x) \geqslant b_j$";

(2) 将定理 10.3.7(2)中的"负定"改为"正定".

(3) 其他条件均保持不变.

则 $\mathbf{x}^*$ 是 f 在约束集 $C_{\mathbf{g},\mathbf{h}}$ 上的严格极小值点.

例 10.3.7　再考虑例 10.2.7,求极大值点.

解　在例 10.2.7 得到三个候选解：$(x^*, y^*, \lambda_1^*, \lambda_2^*, \mu^*) = (1/2, 2, 0, 0, 2/3)$，$(0, 7/2, 5/2, 0, 1)$，或 $(7/2, 0, 0, 8, 2)$，所使用的 Lagrange 函数为 $L = 2x + y + \lambda_1 x + \lambda_2 y - \mu[(x+1)(y+1) - 9/2]$. 下面对各个候选解验证二阶充分条件.

(1) 对于第一个候选解 $(1/2, 2, 0, 0, 2/3)$，约束条件 $x \geqslant 0, y \geqslant 0$ 不是紧的，所以 $e=0$；注意到 $n=2, m=1, e+m=1$，由定理 10.3.7 和注记 10.3.4，在这个候选解处加边矩阵的行列式为

$$|H_3| = \begin{vmatrix} 0 & -(y+1) & -(x+1) \\ -(y+1) & 0 & -\mu \\ -(x+1) & -\mu & 0 \end{vmatrix} = \begin{vmatrix} 0 & -3 & -3/2 \\ -3 & 0 & -2/3 \\ -3/2 & -2/3 & 0 \end{vmatrix} = -6 < 0$$

且需验证 H 的后一个 $[n-(e+m)=1]$ 顺序主子式 $|H_3|$ 的符号. 由于 $(-1)^2 |H_3| = -6 < 0$，所以二阶充分条件不成立，此时无法判断.

(2) 对于第二个候选解 $(0, 7/2, 5/2, 0, 1)$，由于约束条件 $x \geqslant 0$ 是紧的而 $y \geqslant 0$ 不是紧的，所以 $e=1$；注意到 $n=2, m=1, e+m=2, n-(e+m)=0$，因此没有二阶条件可检验. 因此 $(0, 7/2)$ 是一个极大值点①，并且 $f(0, 7/2) = 7/2$.

(3) 对于第三个候选解的检验与(2)相同，$(7/2, 0)$ 是一个最大值点，并且 $f(7/2, 0) = 7$.

由于约束集是紧集和 $f(0, 7/2) < f(7/2, 0)$，所以 $(7/2, 0)$ 是最大值点，而 7 是最大值.

10.4　最优解的比较静态分析

考虑下面一个一般的带参数或外生变量(向量)$\mathbf{a}$ 的等式约束优化问题

$$\begin{aligned} &\max f(\mathbf{x}; \mathbf{a}) \\ &s.t.\ h_j(\mathbf{x}; \mathbf{a}) = 0, \quad (1 \leqslant j \leqslant m) \end{aligned} \tag{10-4-1}$$

这里设 $f(\mathbf{x}; \mathbf{a})$ 和 $h_j(\mathbf{x}; \mathbf{a})$ 是 $\mathbf{R}^{n+r} \to R$ 的 C^1 函数，$\mathbf{a} = (a_1, \cdots, a_r) \in \mathbf{R}^r$ 是一个 r 维向量. 设 $\mathbf{x}^* = (x_1^*, \cdots, x_n^*)$ 是问题(10-4-1)的解，则易知 $\mathbf{x}^*$ 依赖于参数 $\mathbf{a}$，记作 $\mathbf{x}^*(\mathbf{a})$②. 等式约束优化问题的比较静态分析就是要分析最优解 $\mathbf{x}^*$ 的各个分量 $x_1^*, \cdots, x_n^*$ 是如何随着某个参数 $a_i (1 \leqslant i \leqslant r)$ 的变化而变化的.

下面分一个等式约束和多个等式约束两种情形介绍比较静态分析；将会看到

① 见 Novshekp(1993, p. 242).

② 注意这是一个 r 元的向量值函数.

隐函数定理和约束优化问题的二阶充分条件在进行比较静态分析时起着重要作用.

10.4.1 多个等式约束

考虑一个带参数或外生变量的多个等式约束优化问题(10-4-1). 设 $\mathbf{x}^*$ 是问题(10-4-1)的解,NDCQ 在 $\mathbf{x}^*$ 处成立[即 $R(D\mathbf{h}(\mathbf{x}^*;\mathbf{a}))=m$],其中 $\mathbf{h}(\mathbf{x};\mathbf{a})=(h_1(\mathbf{x};\mathbf{a}),\cdots,h_m(\mathbf{x};\mathbf{a}))^T$. 则由定理 10.2.3,存在 $\boldsymbol{\mu}^*=(\mu_1^*,\cdots,\mu_m^*)$,使 $(\mathbf{x}^*,\boldsymbol{\mu}^*)$ 是 Lagrange 函数

$$L(\mathbf{x},\boldsymbol{\mu};\mathbf{a})=f(\mathbf{x};\mathbf{a})-\sum_{j=1}^{m}\mu_j h_j(\mathbf{x};\mathbf{a})$$

的驻点,即 $(\mathbf{x}^*,\boldsymbol{\mu}^*)$ 满足

$$\begin{aligned}&\frac{\partial L}{\partial \mu_j}(\mathbf{x},\boldsymbol{\mu};\mathbf{a})=-h_j(\mathbf{x};\mathbf{a})=0,\quad 1\leqslant j\leqslant m\\&\frac{\partial L}{\partial x_i}(\mathbf{x},\boldsymbol{\mu};\mathbf{a})=\frac{\partial f}{\partial x_i}(\mathbf{x};\mathbf{a})-\sum_{j=1}^{m}\mu_j\frac{\partial h_j}{\partial x_i}(\mathbf{x};\mathbf{a})=0,\quad 1\leqslant i\leqslant n\end{aligned}\tag{10-4-2}$$

定义如下 $m+n$ 个函数

$$\begin{aligned}&F_j(\mathbf{x},\boldsymbol{\mu};\mathbf{a})\equiv-h_j(\mathbf{x};\mathbf{a}),\quad 1\leqslant j\leqslant m\\&F_{m+i}(\mathbf{x},\boldsymbol{\mu};\mathbf{a})\equiv\frac{\partial L}{\partial x_i}(\mathbf{x},\boldsymbol{\mu};\mathbf{a})\quad(1\leqslant i\leqslant n)\end{aligned}\tag{10-4-3}$$

则 $(\mathbf{x}^*,\boldsymbol{\mu}^*)$ 满足方程组(10-4-2)等价于满足如下含有 $n+m$ 个方程和 $n+m+r$ 个未知量 $(\mathbf{x},\boldsymbol{\mu};\mathbf{a})$ 的方程组

$$\begin{aligned}&F_j(\mathbf{x},\boldsymbol{\mu};\mathbf{a})=0,\quad 1\leqslant j\leqslant m\\&F_{m+i}(\mathbf{x},\boldsymbol{\mu};\mathbf{a})=0,\quad 1\leqslant i\leqslant n\end{aligned}\tag{10-4-4}$$

因此问题(10-4-1)的最优解满足一阶必要条件等价于其最优解满足方程组(10-4-4).

我们希望由 $n+m$ 个方程和 $n+m+r$ 个未知量构成的方程组(10-4-4)能确定 $n+m$①个 r②元实值函数,具体来说是确定 $\mathbf{x}^*=(x_1^*,\cdots,x_n^*)$ 和 $\boldsymbol{\mu}^*=(\mu_1^*,\cdots,\mu_m^*)$ 都是 $\mathbf{a}$ 的 r 元向量值函数. 由隐函数定理 6.8.3,需要向量值函数 $\mathbf{F}(\mathbf{x},\boldsymbol{\mu};\mathbf{a})=(F_1,F_2,\cdots,F_{m+n})^T$ 关于 $(\boldsymbol{\mu},\mathbf{x})$ 的 Jacobi 导数 H_0 的行列式不等于零. 由式(10-4-4)可知

① $n+m$=控制变量 $\mathbf{x}$ 分量的个数 n 加约束条件的个数 m.

② r=外生变量和参数的总数.

$$H_0=\left(\frac{\partial(F_1,\cdots,F_m,F_{m+1},\cdots,F_{m+n})}{\partial(\mu_1,\cdots,\mu_m,x_1,\cdots,x_n)}\right)=\begin{pmatrix}O & -\mathrm{D}h(\mathbf{x};\mathbf{a})\\ -(\mathrm{D}h(\mathbf{x};\mathbf{a}))^T & \mathrm{D}_{\mathbf{x}}^2L(\mathbf{x},\boldsymbol{\mu};\mathbf{a})\end{pmatrix} \tag{10-4-5}$$

上面矩阵中的偏导数均在点$(\mathbf{x}^*,\boldsymbol{\mu}^*)$处计算. 若问题(10-4-1)的二阶充分条件成立,则在点$(\mathbf{x}^*,\boldsymbol{\mu}^*)$处加边矩阵 H

$$H=\begin{pmatrix}O & \mathrm{D}h(\mathbf{x};\mathbf{a})\\ (\mathrm{D}h(\mathbf{x};\mathbf{a}))^T & \mathrm{D}_{\mathbf{x}}^2L(\mathbf{x},\boldsymbol{\mu};\mathbf{a})\end{pmatrix}$$

的行列式的符号为$(-1)^n$. 注意到$|H_0|=|H|$,所以只要二阶充分条件成立,则$|H_0|=|H|\neq 0$ 成立,从而根据隐函数定理 6.8.3,由方程组(10-4-4)能确定 $\mathbf{x}^*=(x_1,\cdots,x_n)$和 $\boldsymbol{\mu}^*=(\mu_1^*,\cdots,\mu_m^*)$的各个分量都是 $\mathbf{a}$ 的 r 元 C^1 的实值函数. 进而可直接利用隐函数定理 6.8.3、全微分法、复合函数求导法或推论 6.8.4 求出下面的偏导数. 如直接利用隐函数定理 6.8.3,对 $1\leqslant i\leqslant n,1\leqslant j\leqslant m$ 有

$$\frac{\partial x_i^*}{\partial a_j}=-\frac{1}{|H_0|}\frac{\partial(F_1,\cdots,F_m,F_{m+1},\cdots,F_{m+i-1},F_{m+i},F_{m+i+1},\cdots,F_{m+n})}{\partial(\mu_1,\cdots,\mu_m,x_1,\cdots,x_{i-1},a_j,x_{i+1},\cdots,x_n)} \tag{10-4-6}$$

对 $1\leqslant i\leqslant m,1\leqslant j\leqslant m$ 有

$$\frac{\partial \mu_j^*}{\partial a_i}=-\frac{1}{|H_0|}\frac{\partial(F_1,\cdots,F_{j-1},F_j,F_{j+1},\cdots,F_m,F_{m+1},\cdots,F_{m+n})}{\partial(\mu_1,\cdots,\mu_{j-1},a_i,\mu_{j+1},\cdots,\mu_m,x_1,\cdots,x_n)}$$

10.4.2　多个不等式约束

考虑一个带参数或外生变量的多个不等式约束优化问题

$$\begin{aligned}&\max f(\mathbf{x};\mathbf{b})\\ &s.t.\ g_j(\mathbf{x};\mathbf{b})\leqslant 0,\quad j=1,2,\cdots,k\end{aligned} \tag{10-4-7}$$

这里 $f(\mathbf{x};\mathbf{b})$和 $g_j(\mathbf{x};\mathbf{b})(j=1,2,\cdots,k):\mathbf{R}^n\times\mathbf{R}^r\to R$ 是 C^1 函数,$\mathbf{x}=(x_1,x_2,\cdots,x_n)$,$\mathbf{b}=(b_1,b_2,\cdots,b_r)$. 设 $\mathbf{x}^*=(x_1^*,\cdots,x_n^*)$是问题(10-4-7)的解,则易知 $\mathbf{x}^*$ 依赖于参数 $\mathbf{b}$. 不等式约束优化问题的比较静态分析就是要分析最优解 $\mathbf{x}^*$ 的各个分量 $x_1^*,\cdots,x_n^*$ 是如何随着某个参数 $b_i(1\leqslant i\leqslant r)$的变化而变化的.

由于 $\mathbf{x}^*=(x_1^*,\cdots,x_n^*)$是问题(10-4-7)的解;又 NDCQ 在 $\mathbf{x}^*$ 处成立,即由所有紧约束函数构成的向量值函数 $\mathbf{g}^b(\mathbf{x};\mathbf{b})=(g_1(\mathbf{x};\mathbf{b}),\cdots,g_{k0}(\mathbf{x};\mathbf{b}))^T$在 $\mathbf{x}^*$ 处的 Jacobi 导数的秩为 k_0,或 $r(\mathrm{D}\mathbf{g}^b(\mathbf{x}^*;\mathbf{b}))=k_0$,这里前 k_0 个约束在 $\mathbf{x}^*$ 处是紧的[即 $g_j(\mathbf{x}^*;\mathbf{b})=0,1\leqslant j\leqslant k_0$],而后 $k-k_0$ 个约束是不紧的(即 $g_j(\mathbf{x}^*;\mathbf{b})<0,k_0+1\leqslant j\leqslant k$),则由定理 10.2.6,存在乘子 $\boldsymbol{\lambda}^*=(\lambda_1^*,\cdots,\lambda_k^*)$,使$(\mathbf{x}^*,\boldsymbol{\lambda}^*)$满足

$$\begin{aligned}&g_j(\mathbf{x};\mathbf{b})=0,\quad 1\leqslant j\leqslant k_0\\ &\frac{\partial L}{\partial x_i}(\mathbf{x},\boldsymbol{\lambda};\mathbf{b})=0,\quad 1\leqslant i\leqslant n\end{aligned} \tag{10-4-8}$$

这里 $L(\mathbf{x},\boldsymbol{\lambda};\mathbf{b}) = f(\mathbf{x};\mathbf{b}) - \sum_{i=1}^{k}\lambda_i g_i(\mathbf{x};\mathbf{b})$.

类似于等式约束的比较静态分析,定义下面的函数

$$F_j(\mathbf{x},\boldsymbol{\lambda};\mathbf{b}) \equiv - g_j(\mathbf{x};\mathbf{b}),\quad 1 \leqslant j \leqslant k_0$$

$$F_{k_0+i}(\mathbf{x},\boldsymbol{\lambda};\mathbf{b}) \equiv \frac{\partial L}{\partial x_i}(\mathbf{x},\boldsymbol{\lambda};\mathbf{b}),\quad 1 \leqslant i \leqslant n$$

则方程组(10-4-8)等价于含有 $n+k_0$ 个方程和 $n+k_0+r$ 个未知量$(\mathbf{x},\boldsymbol{\lambda};\mathbf{b})$的如下方程组

$$\begin{aligned} &F_j(\mathbf{x},\boldsymbol{\lambda};\mathbf{b}) = 0,\quad 1 \leqslant j \leqslant k_0 \\ &F_{k_0+i}(\mathbf{x},\boldsymbol{\lambda};\mathbf{b}) = 0,\quad 1 \leqslant i \leqslant n \end{aligned} \tag{10-4-9}$$

因此问题(10-4-7)的最优解满足一阶必要条件等价于满足方程组(10-4-9).

我们希望由方程组(10-4-9)能确定 $n+k_0$[①] 个 C^1 的 r[②] 元实值函数,具体来说确定 $\mathbf{x}^* = (x_1^*,\cdots,x_n^*)$和 $\boldsymbol{\lambda}^* = (\lambda_1^*,\cdots,\lambda_{k0}^*)$的各个分量都是 $\mathbf{b}$ 的 r 元C^1 实值函数. 余下的步骤完全类似于等式约束的比较静态分析那里的步骤,请读者完成[③].

注记 10.4.1 将仅含有等式约束和仅含有不等式约束的比较静态分析的步骤结合起来即可得到同时含有等式和不等式约束的比较静态分析的步骤,请读者完成.

10.5 Lagrange 乘子的数学含义

10.5.1 等式约束优化问题

定理 10.5.1 设 $f(\mathbf{x})$是 C^1 的实值函数,$\mathbf{x}^*(\mathbf{a}) = (x_1^*(\mathbf{a}),\cdots,x_n^*(\mathbf{a}))$是下面问题

$$\begin{aligned} &\max \text{ or } \min f(\mathbf{x}) \\ &s.t.\ h_i(\mathbf{x}) = a_i,\quad i = 1,2,\cdots,m \end{aligned} \tag{10-5-1}$$

的最优解,相应的 Lagrange 乘子为 $\boldsymbol{\mu}^*(\mathbf{a}) = (\mu_1^*(\mathbf{a}),\cdots,\mu_m^*(\mathbf{a}))^T$,这里 $\mathbf{a} = (a_1,\cdots,a_m)^T$看作外生变量或参数. 假设 $x_i^*(\mathbf{a})$和 $\mu_j^*(\mathbf{a})$是 $\mathbf{a} = (a_1,\cdots,a_m)$的 C^1 实值函数[④],$i=1,2,\cdots,n$,$j=1,2,\cdots,m$,且 NDCQ 成立,则目标函数的最优值 $f(\mathbf{x}^*(\mathbf{a}))$也是 C^1 的实值函数,且对 $j=1,2,\cdots,m$ 有

$$\mu_j^*(\mathbf{a}) = \frac{\partial f}{\partial a_j}(\mathbf{x}^*(\mathbf{a})) \tag{10-5-2}$$

---

① $n+k_0$=选择变量 $\mathbf{x}$ 分量的个数 n 加紧约束条件的个数 k_0.

② r=外生变量和参数的总数.

③ 与不紧的约束对应的 Lagrange 乘子满足 $\lambda_j^* = 0(j=k_0+1,k_0+2,\cdots,k)$,因而也是 $\mathbf{b}$ 的 r 元 C^1 实值函数.

④ 当最优解 $x_i^*(\mathbf{a})$是通过一阶必要条件和二阶充分条件得到时,则可用隐函数定理 6.8.3 证明 $x_i^*(\mathbf{a})$、$\mu_j^*(\mathbf{a})$及 $f(\mathbf{x}^*(\mathbf{a}))$是 C^1 的实值函数,$i=1,2,\cdots,n$,$j=1,2,\cdots,m$(参见 10.4.1 小节).

这里式(10-5-2)右侧表示函数 $f(\mathbf{x})$ 在点 $\mathbf{x}^*(\mathbf{a})$ 处关于 a_j 的偏导数.

注记 10.5.1

(1) 定理 10.5.1 说明了问题(10-5-1)的目标函数的最优值是 $\mathbf{a}$ 的 m 元函数，且关于第 j 个外生变量(或参数)a_j 的偏导数恰好是第 j 个等式约束对应的乘子 $\mu_j^*(\mathbf{a})$. 因此 $\mu_j^*(\mathbf{a})$ 的数学含义可解释为第 j 个变量(或参数)a_j 增加一个单位时问题(10-5-1)的目标函数的最优值所增加的量.

(2) 定理 10.5.1 可用来估计某个参数，如 a_j 增加 Δa_j 时，相应的目标函数的最优值的增量

$$\Delta f^* = f(\mathbf{x}^*(a_1,\cdots,a_{j-1},a_j+\Delta a_j,a_{j+1},\cdots,a_m)) - f(\mathbf{x}^*(a_1,\cdots,a_m))$$
$$\approx \mu_j^*(\mathbf{a})\Delta a_j$$

当然也可用来估计各个参数 $a_1,\cdots,a_m$ 均有增量时，相应的目标函数的最优值的增量. 事实上，假设 $\mathbf{a}=(a_1,\cdots,a_m)^T$ 的增量为 $\Delta\mathbf{a}$(列向量)，则

$$\Delta f^* = \boldsymbol{\mu}^*(\mathbf{a})\cdot\Delta\mathbf{a} \tag{10-5-3}$$

推论 10.5.2　设 $\mathbf{x}^*(a)=(x_1^*(a),x_2^*(a))$ 是下面问题

$$\max f(x_1,x_2)$$
$$s.t.\ h(x_1,x_2)=a$$

的最优解，$\mu^*(a)$ 是相应的 Lagrange 乘子. 设 $x_1^*(a)$、$x_2^*(a)$ 和 $\mu^*(a)$ 是 a 的可导函数且 NDCQ 成立，则

$$\mu^*(a) = \frac{\mathrm{d}}{\mathrm{d}a}f(x_1^*(a),x_2^*(a))$$

或

$$\mu^*(a) = \frac{\mathrm{d}}{\mathrm{d}a}f(\mathbf{x}^*(a)) \tag{10-5-4}$$

证明　见本章附录.

例 10.5.1　再考虑例 10.3.1，记 $\mathbf{w}^{1*}(a)=(x^{1*}(a),y^{1*}(a),z^{1*}(a))$ 和 $\mathbf{w}^{2*}(a)=(x^{2*}(a),y^{2*}(a),z^{2*}(a))$ 分别为极大和极小化问题

$$\max \text{ or } \min f(x,y,z) = x+y+z$$
$$s.t.\ x^2+y^2+z^2=a$$

的最优解，对应等式约束的乘子分别为 $\mu_1^*(a)$ 和 $\mu_2^*(a)$，对应的最优值分别记为 $f_1^*(a)$ 和 $f_2^*(a)$.

(1) 分别求 $f_1^*(a)$ 和 $f_2^*(a)$ 在 $a=3$ 处的导数；

(2) 当例 10.3.1 中的等式约束 $x^2+y^2+z^2=3$ 改为 $x^2+y^2+z^2=3.01$ 时，问极大和极小化问题目标函数的最优值的改变量分别为多少？新极大和极小化问题的目标函数最优值分别是多少？

解　(1) 由例 10.3.1 可知函数 $f(x,y,z)=x+y+z$ 在约束 $x^2+y^2+z^2=3$

下的极大值点和极小值点分别为 $\mathbf{x}^{1*}(3)=(1,1,1)$ 和 $\mathbf{x}^{2*}(3)=(-1,-1,-1)$，对应的乘子分别为 $\mu_1^*(3)=1/2$ 和 $\mu_2^*(3)=-1/2$. 因此由推论 10.5.2 可知 $f_1^*(a)$ 和 $f_2^*(a)$ 在 3 处的导数分别为

$$\frac{\mathrm{d}f}{\mathrm{d}a}(\mathbf{w}^{1*}(3))=\mu_1^*(3)=1/2$$

和

$$\frac{\mathrm{d}f}{\mathrm{d}a_2}(\mathbf{w}^{2*}(3))=\mu_2^*(3)=-1/2$$

(2) 由一元函数的近似计算公式(2-3-4)，极大和极小化问题目标函数的最优值的改变量分别为

$$\frac{\mathrm{d}f}{\mathrm{d}a}(\mathbf{w}^{1*}(3))(3.01-3)=(1/2)0.01=0.005$$

和

$$\frac{\mathrm{d}f}{\mathrm{d}a}(\mathbf{w}^{2*}(3))(3.01-3)=(-1/2)0.01=-0.005$$

从而新极大和极小化问题的目标函数最优值分别是 $(1+1+1)+0.005=3.005$ 和 $(-1-1-1)+(-0.005)=-3.005$.

例 10.5.2 再考虑例 10.3.2，记 $\mathbf{w}^*(\mathbf{a})=(x^*(\mathbf{a}),y^*(\mathbf{a}),z^*(\mathbf{a}))$ 为极小化问题

$$\min f(x,y,z)=x+y+z^2,$$
$$s.t.\ x^2+y^2+z^2=a_1,\quad y=a_2$$

的最优解，对应的乘子分别为 $\boldsymbol{\mu}^*(\mathbf{a})=(\mu_1^*(\mathbf{a}),\mu_2^*(\mathbf{a}))$，对应的目标函数的最优值记为 $f^*(\mathbf{a})$，其中 $\mathbf{a}=(a_1,a_2)$.

(1) 求 $f^*(\mathbf{a})$ 在(1,0)处分别关于 a_1 和 a_2 的偏导数.

(2) 当例 10.3.2 中的等式约束 $x^2+y^2+z^2=1$ 改为 $x^2+y^2+z^2=1.01$ 时，问极小化问题目标函数的最优值的改变量 Δf^* 为多少?

(3) 当例 10.3.2 中的等式约束 $x^2+y^2+z^2=1$ 和 $y=0$ 分别改为 $x^2+y^2+z^2=0.99$ 和 $y=0.02$ 时，问极小化问题目标函数的最优值的改变量分别为多少?

解 (1) 由例 10.3.2 可知，函数 $f(x,y,z)=x+y+z^2$ 在约束 $x^2+y^2+z^2=1$ 和 $y=0$ 下的极小值点有两个 $\mathbf{w}^{1*}(1,0)=(1,0,0)$ 和 $\mathbf{w}^{2*}(1,0)=(-1,0,0)$，对应的乘子分别为 $\boldsymbol{\mu}^{1*}(\mathbf{a})=(\mu_1^{1*}(1,0),\mu_2^{1*}(1,0))=(1/2,1)$ 和 $\boldsymbol{\mu}^{2*}(\mathbf{a})=(\mu_1^{2*}(1,0),\mu_2^{2*}(1,0))=(-1/2,1)$.

对极小值点 $\mathbf{w}^{1*}(1,0)=(1,0,0)$，根据定理 10.5.1 有

$$\frac{\partial f^*}{\partial a_1}(1,0)=\frac{\partial f}{\partial a_1}(\mathbf{w}^{1*}(1,0))=\mu_1^{1*}(1,0)=1/2$$

$$\frac{\partial f^*}{\partial a_2}(1,0) = \frac{\partial f}{\partial a_2}(\mathbf{w}^{1*}(1,0)) = \mu_2^{1*}(1,0) = 1$$

对极小值点 $\mathbf{w}^{2*}(1,0)=(1,0,0)$，根据定理 10.5.1 有

$$\frac{\partial f^*}{\partial a_1}(1,0) = \frac{\partial f}{\partial a_1}(\mathbf{w}^{2*}(1,0)) = \mu_1^{2*}(1,0) = -1/2$$

$$\frac{\partial f^*}{\partial a_2}(1,0) = \frac{\partial f}{\partial a_2}(\mathbf{w}^{2*}(1,0)) = \mu_2^{2*}(1,0) = 1$$

(2) 由题意 a_1 从 1 变为 1.01，即 $\Delta a_1=0.01$. 对极小值点 $\mathbf{w}^{1*}(1,0)$，有

$$\Delta f^* = \frac{\partial f^*}{\partial a_1}(1,0)\Delta a_1 = (1/2)(0.01) = 0.005$$

对极小值点 $\mathbf{w}^{2*}(1,0)$有

$$\Delta f^* = \frac{\partial f^*}{\partial a_1}(1,0)\Delta a_1 = (-1/2)(0.01) = -0.005$$

(3) 由题意，$\Delta a_1=-0.01$，$\Delta a_2=0.02$. 对极小值点 $\mathbf{w}^{1*}(1,0)$，有

$$\begin{aligned}\Delta f^* &= \frac{\partial f^*}{\partial a_1}(1,0)\Delta a_1 + \frac{\partial f^*}{\partial a_2}(1,0)\Delta a_2 \\ &= (1/2)(-0.01) + (1)(0.02) = 0.015\end{aligned}$$

对极小值点 $\mathbf{w}^{1*}(1,0)$，有

$$\begin{aligned}\Delta f^* &= \frac{\partial f^*}{\partial a_1}(1,0)\Delta a_1 + \frac{\partial f^*}{\partial a_2}(1,0)\Delta a_2 \\ &= (-1/2)(-0.01) + (1)(0.02) = 0.025\end{aligned}$$

10.5.2　不等式约束优化问题

定理 10.5.3　设 $f(\mathbf{x})$是 C^1 的实值函数，$\mathbf{x}^*(\mathbf{b})=(x_1^*(\mathbf{b}),\cdots,x_n^*(\mathbf{b}))$是下面问题

$$\begin{aligned}&\max f(\mathbf{x}) \\ &s.t.\ g_j(\mathbf{x}) \leqslant b_j,\quad j=1,2,\cdots,k\end{aligned} \tag{10-5-5}$$

的最优解，相应的 Lagrange 乘子为 $\boldsymbol{\lambda}^*(\mathbf{b})=(\lambda_1^*(\mathbf{b}),\cdots,\lambda_k^*(\mathbf{b}))$，这里 $\mathbf{b}=(b_1,\cdots,b_k)^T$是外生变量或参数. 假设 $x_i^*(\mathbf{b})$和 $\lambda_j^*(\mathbf{b})$是 $\mathbf{b}=(b_1,\cdots,b_k)$的 C^1 实值函数($i=1,2,\cdots,n$；$j=1,2,\cdots,k$)且 NDCQ 成立，则 $f(\mathbf{x}^*(\mathbf{b}))$也是 $\mathbf{b}$ 的 C^1 实值函数且①

$$\lambda_j(\mathbf{b}) = \frac{\partial f}{\partial b_j}(\mathbf{x}^*(\mathbf{b})) \tag{10-5-6}$$

① 当最优解 $x_i^*(\mathbf{a})$是通过一阶必要条件和二阶充分条件得到的，则可用隐函数定理 6.8.3 证明 $x_i^*(\mathbf{b})$、$\lambda_j^*(\mathbf{a})$及 $f(\mathbf{x}^*(\mathbf{b}))$均是 $\mathbf{b}$ 的 C^1 实值函数，$i=1,2,\cdots,n$，$j=1,2,\cdots,m$(参见 10.4.2 小节).

注记 10.5.2(Lagrange 乘子的数学含义)

(1) 类似于定理 10.5.1,定理 10.5.3 说明了问题(10-5-5)的目标函数的最优值 $f(\mathbf{x}^*(\mathbf{b}))$是 $\mathbf{b}$ 的 k 元函数,且关于第 j 个变量(或参数)b_j 的偏导数恰好是第 j 个不等式约束对应的乘子 $\lambda_j^*(\mathbf{b})$. 因此 $\lambda_j^*(\mathbf{b})$还可解释为第 j 个变量(或参数)b_j 增加一个单位时问题(10-5-5)的目标函数的最优值所增加的量(这条数学含义在经济学中有重要解释,参见 11.4 节).

(2) 类似于定理 10.5.1,定理 10.5.3 可用来估计某个参数,如 b_j 增加 Δb_j 时,相应的目标函数的最优值的增量. 当然也可用来估计各个参数 $b_1,\cdots,b_m$ 中若干个有增量时,相应的目标函数的最优值的增量.

例 10.5.3 再考虑例 10.3.3,记 $\mathbf{w}^*(b)=(x^*(b),y^*(b))$为极大化问题

$$\max f(x,y) = x + y$$
$$s.t.\ 2x^2 + y^2 \leqslant b$$

的最优解,对应的目标函数的最优值和乘子分别为 $f^*(b)$和 $\lambda^*(b)$.

(1) 求 $f^*(b)$在 54 处关于 b 的导数.

(2) 当例 10.3.3 中的不等式约束 $2x^2+y^2\leqslant 54$ 改为 $2x^2+y^2\leqslant 54.01$ 时,问极大化问题目标函数的最优值的改变量 Δf^* 为多少?

解 (1) 由例 10.3.3 可知,函数 $f(x,y)=x+y$ 在约束 $2x^2+y^2\leqslant 54$ 下的极大值点为 $\mathbf{w}^*(54)=(3,6)$,对应的乘子为 $\lambda^*(54)=1/12$. 根据定理 10.5.3 有

$$\left.\frac{\mathrm{d}f^*(b)}{\mathrm{d}b}\right|_{b=54} = \left.\frac{\mathrm{d}f}{\mathrm{d}b}(\mathbf{w}^*(b))\right|_{b=54} = \lambda^*(54) = 1/12$$

(2) 由题意 b 从 54 变为 54.01,即 $\Delta b=0.01$,因此

$$\Delta f^* = \left.\frac{\mathrm{d}f^*(b)}{\mathrm{d}b}\right|_{b=54}\Delta b = (1/12)(0.01) = 1/1\,200$$

这说明新问题目标函数的极大值在增加.

例 10.5.4 记 $\mathbf{w}^*(b)=(x^*(b),y^*(b))$为极小化问题

$$\min g(x,y) = -x - y$$
$$s.t.\ 2x^2 + y^2 \leqslant b$$

的最优解,对应的目标函数的最优值为 $g^*(b)$.

(1) 求 $g^*(b)$在 54 处关于 b 的导数.

(2) 当不等式约束 $2x^2+y^2\leqslant 54$ 改为 $2x^2+y^2\leqslant 54.01$ 时,问极小化问题目标函数的最优值的改变量 Δg^* 为多少?

解 (1) 由题意可知 $\mathbf{w}^*(b)=(x^*(b),y^*(b))$也是极大化问题

$$\max f(x,y) = -g(x,y) = x + y$$
$$s.t.\ 2x^2 + y^2 \leqslant b$$

的最优解，且对应的目标函数的最优值[记为 $f^*(b)$]满足 $f^*(b)=-g^*(b)$. 又记这个极大化问题中的不等式约束对应的乘子为 $\boldsymbol{\lambda}^*(b)$. 由例 10.3.6 可知，函数 $f(x,y)=x+y$ 在约束 $2x^2+y^2\leqslant 54$ 下的极大值点为 $\mathbf{w}^*(54)=(3,6)$，对应的乘子为 $\boldsymbol{\lambda}^*(54)=1/12$. 由定理 10.5.3 有

$$\left.\frac{\mathrm{d}g^*(b)}{\mathrm{d}b}\right|_{b=54}=-\left.\frac{\mathrm{d}f^*(b)}{\mathrm{d}b}\right|_{b=54}=-\lambda^*(54)=-1/12$$

(2) 由题意 b 从 54 变为 54.01，即 $\Delta b=0.01$，因此

$$\Delta g^*=-\Delta f^*=-\left.\frac{\mathrm{d}f^*(b)}{\mathrm{d}b}\right|_{b=54}\Delta b=-(1/12)(0.01)=-1/1\,200$$

这说明新问题目标函数的极小值在减少.

例 10.5.5　再考虑例 10.3.5，记 $\mathbf{w}^*(\mathbf{b})=(x^*(\mathbf{b}),y^*(\mathbf{b}),z^*(\mathbf{b}))$ 为极大化问题

$$\begin{aligned}&\max f(x,y,z)=xyz\\&s.t.\, x+y+z\leqslant b_1,\quad x\geqslant b_2,\quad y\geqslant b_3,\quad z\geqslant b_4\end{aligned}$$

的最优解，对应的乘子为 $\boldsymbol{\lambda}^*(\mathbf{b})=(\lambda_1(\mathbf{b}),\lambda_2(\mathbf{b}),\lambda_3(\mathbf{b}),\lambda_4(\mathbf{b}))$，对应的目标函数的最优值记为 $f^*(\mathbf{b})$，其中 $\mathbf{b}=(b_1,b_2,b_3,b_4)$.

(1) 求 $f^*(b)$ 在 $(1,0,0,0)$ 处分别关于 b_1、b_2、b_3 和 b_4 的偏导数.

(2) 若将例 10.3.5 中的约束 $x+y+z\leqslant 1$ 改为 $x+y+z\leqslant 0.9$，则目标函数的最优值增加多少？新问题目标函数的最优值是多少？

(3) 若将例 10.3.5 中的第二个约束改为 $x\geqslant 0.1$，则目标函数的最优值增加多少？新问题目标函数的最优值是多少？

(4) 若将例 10.3.5 中的第一和第二个约束分别改为 $x+y+z\leqslant 0.9$ 和 $x\geqslant 0.1$，则目标函数的最优值增加多少？

解　(1) 由例 10.3.5 可知，函数 $f(x,y,z)=xyz$ 在约束 $x+y+z\leqslant 1,x,y,z\geqslant 0$ 下的极大值点为 $\mathbf{w}^*(1,0,0,0)=(1/3,1/3,1/3)$，对应的乘子为 $\boldsymbol{\lambda}^*(1,0,0,0)=(1/9,0,0,0)$. 根据定理 10.5.3 有

$$\left.\frac{\partial f^*(\mathbf{b})}{\partial b_1}\right|_{\mathbf{b}=(1,0,0,0)}=\left.\frac{\partial f}{\partial b_1}(\mathbf{w}^*(\mathbf{b}))\right|_{\mathbf{b}=(1,0,0,0)}=\lambda_1^*(\mathbf{b})=1/9$$

$$\left.\frac{\partial f^*(\mathbf{b})}{\partial b_2}\right|_{\mathbf{b}=(1,0,0,0)}=\left.\frac{\partial f}{\partial b_2}(\mathbf{w}^*(\mathbf{b}))\right|_{\mathbf{b}=(1,0,0,0)}=\lambda_2^*(\mathbf{b})=0$$

$$\left.\frac{\partial f^*(\mathbf{b})}{\partial b_3}\right|_{\mathbf{b}=(1,0,0,0)}=\left.\frac{\partial f}{\partial b_3}(\mathbf{w}^*(\mathbf{b}))\right|_{\mathbf{b}=(1,0,0,0)}=\lambda_3^*(\mathbf{b})=0$$

$$\left.\frac{\partial f^*(\mathbf{b})}{\partial b_4}\right|_{\mathbf{b}=(1,0,0,0)}=\left.\frac{\partial f}{\partial b_4}(\mathbf{w}^*(\mathbf{b}))\right|_{\mathbf{b}=(1,0,0,0)}=\lambda_4^*(\mathbf{b})=0$$

(2) 由题意 b_1 从 1 变为 0.9,即 $\Delta b_1=-0.1$,因此

$$\Delta f^* = \left.\frac{\partial f^*(\mathbf{b})}{\partial b_1}\right|_{\mathbf{b}=(1,0,0,0)} \Delta b_1 = (1/9)(-0.1) = -1/90 \approx -0.0111$$

这说明新问题目标函数的最优值在减少且为 $1/27+(-1/90)\approx 0.0259$. 此外,若直接求解新问题,则得到最优解 $x^*=y^*=z^*=0.3$,因此目标函数的最优值将增加 $0.3^3-(1/3)^3\approx -0.0100$,新问题目标函数的最优值为 0.027. 由此可见,由定理 10.5.3 估计的结果非常接近于直接求解得到的结果.

(3) 类似于问题(2),目标函数的最优值的增加量为 $\lambda_2^*(1,0,0,0)\Delta b_2=0(-0.1-0)=0$,即此时新问题目标函数的最优值不变,仍为 1/27. 此外,若我们直接求解新问题,则易知最优解也不变,仍为 $x^*=y^*=z^*=1/3$,因此目标函数的最优值保持不变,仍为 1/27. 由此可见,由定理 10.5.3 估计的结果与直接求解的结果完全相同.

(4) 由题意 b_1 和 b_2 的增量分别为 $\Delta b_1=-0.1$ 和 $\Delta b_2=-0.1$,因此目标函数的最优值的增加量为 $\lambda_1^*(1,0,0,0)\Delta b_1+\lambda_2^*(1,0,0,0)\Delta b_2=(1/9)(-0.1)+0(-0.1)=-1/90$.

将定理 10.5.1 和定理 10.5.3 结合起来,可给出同时含有等式和不等式约束时相应的定理(留作习题).

10.6 目标函数最优值的比较静态分析

10.5 节的定理 10.5.1、推论 10.5.2 和定理 10.5.3 是一类定理的特殊情形. 这类定理描述了一种参数优化问题中的目标函数的最优值是如何随着其中的某一参数的变化而变化的. 这类定理叫做包络定理(envelope theorem). 无约束优化问题的包络定理已在 9.4 节做了介绍. 下面给出约束优化问题的包络定理,其中所考虑的约束优化问题具有特点:约束函数和目标函数中均可含有参数.

10.6.1 等式约束优化包络定理

定理 10.6.1(一个参数情形) 设 $f,h_1,h_2,\cdots,h_k:\mathbf{R}^n\times R\to R$ 是 C^1 的实值函数. 对任意选定的参数 $a\in R$,令 $x^*(a)=(x_1^*(a),x_2^*(a),\cdots,x_n^*(a))$ 表示下面问题

$$\begin{aligned}&\max f(x;a)\\&s.t.\ h_i(x;a)=0,\quad i=1,2,\cdots,m\end{aligned} \tag{10-6-1}$$

的最优解,$\boldsymbol{\mu}^*(a)=(\mu_1^*(a),\mu_2^*(a),\cdots,\mu_m^*(a))$ 是相应于 m 个等式约束的 Lagrange 乘子. 设 $x^*(a)$ 和 $\boldsymbol{\mu}^*(a)$ 是 a 的可导函数且 NDCQ 成立,则目标函数的最

优值 $f(x^*(a);a)$ 也是 a 的可导函数①，且

$$\frac{\mathrm{d}}{\mathrm{d}a}f(\mathbf{x}^*(a);a)=\frac{\partial L}{\partial a}(\mathbf{x}^*(a),\boldsymbol{\mu}^*(a);a)^{②} \tag{10-6-2}$$

这里 L 是这个问题的 Lagrange 函数 $L(\mathbf{x},\boldsymbol{\mu};a)=f(\mathbf{x};a)-\sum_{i=1}^{m}\mu_i h_i(\mathbf{x};a)$③.

例 10.6.1　再考虑例 10.3.1，记 $\mathbf{w}^{1*}(a)=(x^{1*}(a),y^{1*}(a),z^{1*}(a))$ 和 $\mathbf{w}^{2*}(a)=(x^{2*}(a),y^{2*}(a),z^{2*}(a))$ 分别为极大和极小化问题

$$\max \text{ or } \min f(x,y,z)=x+y+az$$
$$s.t.\ x^2+ay^2+z^2=3$$

的最优解，对应的乘子分别为 $\mu_1^*(a)$ 和 $\mu_2^*(a)$，对应的最优值分别记为 $f_1^*(a)$ 和 $f_2^*(a)$.

(1) 分别求 $f_1^*(a)$ 和 $f_2^*(a)$ 在 1 处关于 a 的导数.

(2) 当例 10.3.1 中的目标函数改为 $f(x,y,z)=x+y+1.02z$，等式约束变为 $x^2+1.02y^2+z^2=3$ 时，问极大和极小化问题目标函数的最优值的改变量分别为多少？新极大和极小化问题的目标函数最优值分别是多少？

解　(1) 构造 Lagrange 函数 $L(x,y,z,\mu;a)=x+y+az-\mu(x^2+ay^2+z^2-3)$. 由例 10.3.1 可知，在约束 $x^2+y^2+z^2=3$ 下函数 $f(x,y,z)=x+y+z$ 的极大值点和极小值点分别为 $(1,1,1)$ 和 $(-1,-1,-1)$，对应的乘子分别为 $1/2$ 和 $-1/2$. 从而有 $\mathbf{w}^{1*}(1)=(1,1,1)$，$\mu_1^*(1)=1/2$；$\mathbf{w}^{2*}(1)=(-1,-1,-1)$，$\mu_2^*(1)=-1/2$. 由定理 10.6.1 有

$$\frac{\mathrm{d}}{\mathrm{d}a}f_1^*(1)=\frac{\mathrm{d}}{\mathrm{d}a}f(\mathbf{w}^{1*}(1);1)=\frac{\partial L}{\partial a}(\mathbf{w}^{1*}(1),\mu_1^*(1);1)$$

由于 $\frac{\partial L}{\partial a}(x,y,z\mu;a)=z-\mu y^2$，从而

$$\frac{\mathrm{d}}{\mathrm{d}a}f_1^*(1)=\frac{\partial L}{\partial a}(\mathbf{w}^{1*}(1),\mu_1^*(1);1)=1-(1/2)(1)^2=1/2$$

类似地

$$\frac{\mathrm{d}}{\mathrm{d}a}f_2^*(1)=\frac{\partial L}{\partial a}(\mathbf{w}^{2*}(1),\mu_2^*(1);1)=-1-(-1/2)(-1)^2=-1/2$$

---

① (1)约束优化问题的目标函数的最优值在经济学中称作价值函数(value function)，见 Mas-Colell 等(1995，p. 964)、Baldani 等(1996，p. 314)，以及 Jehle 和 Reny(2001，p. 504)等. (2)当最优解 $x_i^*(\mathbf{a})$ 是通过一阶必要条件和二阶充分条件得到的，则可用隐函数定理 6.8.3 证明 $x^*(a)$、$\boldsymbol{\mu}^*(a)$ 和 $f(x^*(a))$ 是 a 的可导函数(参见 10.4.1 小节)；鉴于此，利用包络定理 10.6.1 时，所使用的最优解必须是通过一阶必要条件和二阶充分条件获得的. (3)本脚注的内容对后面的定理 10.6.2～定理 10.6.4 全部适用.

② 式(10.6.2)的右侧表示 Lagrange 函数 $L(\mathbf{x},\boldsymbol{\mu};a)$ 在点 $(\mathbf{x}^*(a),\boldsymbol{\mu}^*(a),a)$ 处关于 a 的偏导数. 定理 10.6.1 的证明类似于定理 10.4.1 和定理 9.4.1 的证明.

③ 推论 10.5.2 是定理 10.6.1 的特殊形式，可由定理 10.6.1 得到证明.

(2) 由一元函数的近似计算公式(2-3-4),极大和极小化问题目标函数的最优值的改变量分别为

$$\frac{\partial L}{\partial a}(\mathbf{w}^{1*}(1),\mu_1^*(1);1)(1.02-1)=0.01$$

$$\frac{\partial L}{\partial a}(\mathbf{w}^{2*}(1),\mu_2^*(1);1)(1.02-1)=-0.01$$

从而新极大和极小化问题的目标函数最优值分别是$(1+1+1)+0.01=3.01$和$(-1-1-1)+(-0.01)=-3.01$.

定理 10.6.2(多个参数情形)　设 $f(\mathbf{x};\mathbf{c})$和 $h_j(\mathbf{x};\mathbf{c})(j=1,2,\cdots,m):\mathbf{R}^n\times\mathbf{R}^r\to R$ 是C^1 函数,$\mathbf{c}=(c_1,c_2,\cdots,c_r)$. 令 $\mathbf{x}^*(\mathbf{c})=(x_1^*(\mathbf{c}),\cdots,x_n^*(\mathbf{c}))$表示下面问题

$$\begin{aligned}&\max f(\mathbf{x};\mathbf{c})\\&s.t.\ h_i(\mathbf{x};\mathbf{c})=0,\quad i=1,2,\cdots,m\end{aligned}\tag{10-6-3}$$

的最优解,$\boldsymbol{\mu}^*(\mathbf{c})=(\mu_1^*(\mathbf{c}),\cdots,\mu_m^*(\mathbf{c}))$是相应的 Lagrange 乘子. 设 $\mathbf{x}^*(\mathbf{c})$和 $\boldsymbol{\mu}^*(\mathbf{c})$是 $\mathbf{c}$ 的 C^1 函数且 NDCQ 成立,则目标函数的最优值 $f(\mathbf{x}^*(\mathbf{c});\mathbf{c})$是 C^1 函数且

$$\frac{\partial}{\partial c_j}f(\mathbf{x}^*(\mathbf{c});\mathbf{c})=\frac{\partial L}{\partial c_j}(\mathbf{x}^*(\mathbf{c}),\boldsymbol{\mu}^*(\mathbf{c});\mathbf{c})\quad(1\leqslant j\leqslant r)\tag{10-6-4}$$

这里 L 是这个问题的 Lagrange 函数 $L(\mathbf{x},\boldsymbol{\mu};\mathbf{c})=f(\mathbf{x};\mathbf{c})-\sum_{i=1}^{m}\mu_i h_i(\mathbf{x};\mathbf{c})$①.

例 10.6.2　再考虑例 10.3.1,记 $\mathbf{w}^{1*}(\mathbf{a})=(x^{1*}(\mathbf{a}),y^{1*}(\mathbf{a}),z^{1*}(\mathbf{a}))$和 $\mathbf{w}^{2*}(\mathbf{a})=(x^{2*}(\mathbf{a}),y^{2*}(\mathbf{a}),z^{2*}(\mathbf{a}))$分别为极大和极小化问题

$$\begin{aligned}&\max \text{ or } \min f(x,y,z)=x+y+a_3z\\&s.t.\ x^2+a_2y^2+z^2=a_1\end{aligned}$$

的最优解,对应的乘子分别为 $\mu_1^*(\mathbf{a})$和 $\mu_2^*(\mathbf{a})$,对应的最优值分别记为 $f_1^*(\mathbf{a})$和 $f_2^*(\mathbf{a})$,其中 $\mathbf{a}=(a_1,a_2,a_3)$.

(1) 分别求 $f_1^*(\mathbf{a})$和 $f_2^*(\mathbf{a})$在(3,1,1)处关于 a_1、a_2 和 a_3 的偏导数.

(2) 当例 10.3.1 中的目标函数改为 $f(x,y,z)=x+y+1.03z$,将等式约束 $x^2+y^2+z^2=3$ 改为 $x^2+1.02y^2+z^2=3.01$ 时,问极大和极小化问题目标函数的最优值的改变量分别为多少? 新极大和极小化问题的目标函数最优值分别是多少?

解　(1) 构造 Lagrange 函数 $L(x,y,z,\mu;\mathbf{a})=x+y+a_3z-\mu(x^2+a_2y^2+z^2-a_1)$. 由例 10.3.1 可知,在约束 $x^2+y^2+z^2=3$ 下函数 $f(x,y,z)=x+y+z$ 的极大值点和极小值点分别为(1,1,1)和(−1,−1,−1),对应的乘子分别为 1/2 和 −1/2. 从而有 $\mathbf{w}^{1*}(1)=(1,1,1)$,$\mu_1^*(1)=1/2$;$\mathbf{w}^{2*}(1)=(-1,-1,-1)$,$\mu_2^*(1)=$

① 定理 10.5.1 是定理 10.6.2 的特殊形式,可由定理 10.6.2 得到证明.

$-1/2$. 由定理 10.6.2 有

$$\frac{\partial}{\partial a_1}f_1^*(3,1,1)=\frac{\partial L}{\partial a_1}(\mathbf{w}^{1*}(\mathbf{a}),\mu_1^*(\mathbf{a});\mathbf{a})\bigg|_{\mathbf{a}=(3,1,1)}$$

由于$\frac{\partial L}{\partial a_1}(x,y,z;\mu,a)=\mu$,从而$\frac{\partial}{\partial a_1}f_1^*(3,1,1)=1/2$. 类似地

$$\frac{\partial}{\partial a_2}f_1^*(3,1,1)=\frac{\partial L}{\partial a_2}(\mathbf{w}^{1*}(\mathbf{a}),\mu_1^*(\mathbf{a});\mathbf{a})\bigg|_{\mathbf{a}=(3,1,1)}=-1/2$$

$$\frac{\partial}{\partial a_3}f_1^*(3,1,1)=\frac{\partial L}{\partial a_3}(\mathbf{w}^{1*}(\mathbf{a}),\mu_1^*(\mathbf{a});\mathbf{a})\bigg|_{\mathbf{a}=(3,1,1)}=1$$

$$\frac{\partial}{\partial a_1}f_2^*(3,1,1)=\frac{\partial L}{\partial a_1}(\mathbf{w}^{2*}(\mathbf{a}),\mu_2^*(\mathbf{a});\mathbf{a})\bigg|_{\mathbf{a}=(3,1,1)}=-1/2$$

$$\frac{\partial}{\partial a_2}f_2^*(3,1,1)=\frac{\partial L}{\partial a_2}(\mathbf{w}^{2*}(\mathbf{a}),\mu_2^*(\mathbf{a});\mathbf{a})\bigg|_{\mathbf{a}=(3,1,1)}=1/2$$

$$\frac{\partial}{\partial a_3}f_2^*(3,1,1)=\frac{\partial L}{\partial a_3}(\mathbf{w}^{2*}(\mathbf{a}),\mu_2^*(\mathbf{a});\mathbf{a})\bigg|_{\mathbf{a}=(3,1,1)}=-1$$

(2) 由多元函数的近似计算公式(6.4.10),极大和极小化问题目标函数的最优值的改变量分别为

$$\frac{\partial}{\partial a_1}f_1^*(3,1,1)\Delta a_1+\frac{\partial}{\partial a_2}f_1^*(3,1,1)\Delta a_2+\frac{\partial}{\partial a_3}f_1^*(3,1,1)\Delta a_3$$
$$=(1/2)(0.01)+(-1/2)(0.02)+(1)(0.03)=0.025$$

和

$$\frac{\partial}{\partial a_1}f_2^*(3,1,1)\Delta a_1+\frac{\partial}{\partial a_2}f_2^*(3,1,1)\Delta a_2+\frac{\partial}{\partial a_3}f_2^*(3,1,1)\Delta a_3$$
$$=(-1/2)(0.01)+(1/2)(0.02)+(-1)(0.03)=-0.025$$

从而新极大和极小化问题的目标函数最优值分别是$(1+1+1)+0.025=3.025$和$(-1-1-1)+(-0.025)=-3.025$.

10.6.2 不等式约束优化包络定理

定理 10.6.3 设 $f(\mathbf{x};\mathbf{b})$和 $g_j(\mathbf{x};\mathbf{b})(j=1,2,\cdots,k):\mathbf{R}^n\times\mathbf{R}^r\to R$ 是 C^1 函数,$\mathbf{x}=(x_1,x_2,\cdots,x_n)$,$\mathbf{b}=(b_1,b_2,\cdots,b_r)$. 令 $\mathbf{x}^*(\mathbf{b})=(x_1^*(\mathbf{b}),\cdots,x_n^*(\mathbf{b}))$表示下面问题

$$\begin{aligned}&\max\ f(\mathbf{x};\mathbf{b})\\&s.t.\ g_j(\mathbf{x};\mathbf{b})\leqslant 0,\quad j=1,2,\cdots,k\end{aligned}\tag{10-6-5}$$

的最优解,$\boldsymbol{\lambda}^*(\mathbf{b})=(\lambda_1^*(\mathbf{b}),\cdots,\lambda_k^*(\mathbf{b}))$是相应的 Lagrange 乘子. 设 $\mathbf{x}^*(\mathbf{b})$和 $\boldsymbol{\lambda}^*(\mathbf{b})$是 $\mathbf{b}$ 的 C^1 函数且 NDCQ 成立. 则

$$\frac{\partial}{\partial b_i}f(\mathbf{x}^*(\mathbf{b});\mathbf{b})=\frac{\partial L}{\partial b_j}(\mathbf{x}^*(\mathbf{b}),\boldsymbol{\lambda}^*(\mathbf{b});\mathbf{b})\quad(1\leqslant i\leqslant r)\qquad(10\text{-}6\text{-}6)$$

这里 L 是这个问题的 Lagrange 函数 $L(\mathbf{x},\boldsymbol{\lambda};\mathbf{b})=f(\mathbf{x};\mathbf{b})-\sum_{i=1}^{k}\lambda_j g_j(\mathbf{x};\mathbf{b})$[①].

例 10.6.3　再考虑例 10.3.5. 将例 10.3.5 中的约束 $x+y+z\leqslant 1$ 改为 $x+1.02y+z\leqslant 1$，其他的约束保持不变，估计新问题的目标函数的最优值是多少？

解　考虑下面参数为 b 的优化问题

$$\begin{aligned}&\max\ f(x,y,z)=xyz\\&s.t.\ x+by+z\leqslant 1,\quad x,y,z\geqslant 0\end{aligned}$$

则需估计出当 b 由 1 变成 1.02 时，目标函数最优值的变化是多少. 记这个问题的目标函数的最优值为 $g(b)$. 由例 10.3.5 知当 $b=1$ 时，这个优化问题的最优解为 $\mathbf{w}^*=(x^*,y^*,z^*)=(1/3,1/3,1/3)$，对应的乘子为 $\lambda_1^*=1/9,\lambda_2^*=\lambda_3^*=\lambda_4^*=0$. 由定理 10.6.3 可知

$$g'(1)=\frac{\partial L}{\partial b}(1/3,1/3,1/3;1/9,0,0,0;1)$$

这里 $L(x,y,z;\lambda_1,\lambda_2,\lambda_3,\lambda_4;b)=xyz-\lambda_1(x+by+z-1)-\lambda_2(-x)-\lambda_3(-y)-\lambda_4(-z)$. 由于 $\partial L/\partial b=-\lambda_1 y$，因此 $g'(1)=-(1/9)(1/3)=-1/27$. 从而新问题的目标函数的最优值为 $f(\mathbf{w}^*)+g'(1)\Delta b=(1/3)^3+(-1/27)(1.02-1)\approx 0.0363$.

10.6.3　混合约束包络定理

定理 10.6.4　设 $f(\mathbf{x};\mathbf{c})$、$g_j(\mathbf{x};\mathbf{c})(j=1,2,\cdots,k)$ 和 $h_i(\mathbf{x};\mathbf{c})(i=1,2,\cdots,m)$：$\mathbf{R}^n\times\mathbf{R}^r\to R$ 是 C^1 函数，$\mathbf{x}=(x_1,x_2,\cdots,x_n)$，$\mathbf{c}=(c_1,c_2,\cdots,c_r)$. 令 $\mathbf{x}^*(\mathbf{c})=(x_1^*(\mathbf{c}),\cdots,x_n^*(\mathbf{c}))$表示下面问题

$$\begin{aligned}&\max\ f(\mathbf{x};\mathbf{c})\\&s.t.\ g_j(\mathbf{x};\mathbf{c})\leqslant 0\quad(1\leqslant j\leqslant k),\quad h_i(\mathbf{x};\mathbf{c})=0\quad(1\leqslant i\leqslant m)\end{aligned}\qquad(10\text{-}6\text{-}7)$$

的最优解，$\boldsymbol{\lambda}^*(\mathbf{c})=(\lambda_1^*(\mathbf{c}),\cdots,\lambda_k^*(\mathbf{c}))$和 $\boldsymbol{\mu}^*(\mathbf{c})=(\mu_1^*(\mathbf{c}),\cdots,\mu_m^*(\mathbf{c}))$分别是对应于不等式和等式约束的 Lagrange 乘子. 设 $\mathbf{x}^*(\mathbf{c})$、$\boldsymbol{\lambda}^*(\mathbf{c})$和 $\boldsymbol{\mu}^*(\mathbf{c})$是 $\mathbf{c}$ 的 C^1 函数且 NDCQ 成立. 则

$$\frac{\partial}{\partial c_q}f(\mathbf{x}^*(\mathbf{c});\mathbf{c})=\frac{\partial L}{\partial c_q}(\mathbf{x}^*(\mathbf{c}),\boldsymbol{\lambda}^*(\mathbf{c}),\boldsymbol{\mu}^*(\mathbf{c});\mathbf{c})\quad(1\leqslant q\leqslant r)\qquad(10\text{-}6\text{-}8)$$

这里 L 是这个问题的 Lagrange 函数

---

① 定理 10.5.3 是定理 10.6.3 的特殊形式，可由定理 10.6.3 得到证明.

$$L(\mathbf{x},\boldsymbol{\lambda},\boldsymbol{\mu};\mathbf{c})=f(\mathbf{x};\mathbf{c})-\sum_{j=1}^{k}\lambda_j g_j(\mathbf{x};\mathbf{c})-\sum_{i=1}^{m}\mu_i h_i(\mathbf{x};\mathbf{c})$$

最后,特别指出用约束优化问题的包络定理对含有参数的约束优化问题的目标函数的最优值进行比较静态分析时,原优化问题(即所有参数取特定值)的最优解必须是由二阶充分条件获得才能进行. 如考虑参数优化问题

$$\begin{aligned}&\max\ x^2+by^2\\&s.t.\ x\geqslant 0,\quad y\geqslant 0,\quad ax+y\leqslant 4\end{aligned}$$

当 $a=2,b=1$ 就是例 10.3.4 中的问题. 当参数 a 和 b 分别由 2 和 1 分别变为 2.03 和 0.99,估计目标函数的最优值的变化量时,则不能使用例 10.3.4 中的最优解和 Lagrange 乘子进行变化量的估计.

习　题

10.1 将定理 10.2.3 和定理 10.2.7 结合起来可写出既包含等式约束又包含不等式约束这种一般的混合约束极小化问题的(类似于定理 10.2.8)的一阶必要条件.

10.2 求下面等式约束优化问题可能的极值点,要求:写出一阶必要条件并求解由一阶必要条件构成的方程组.

(1) $\max\ x_1x_2$

$s.t.\ x_1+4x_2=16$

(2) $\max\text{ or }\min\ x_1{}^2x_2$

$s.t.\ 2x_1{}^2+x_2{}^2=3$

(3) $\max\text{ or }\min\ xyz$

$s.t.\ x^2+y^2=1$ 和 $x+z=1$

10.3 利用定理 6.3.5 求出问题 10.2 中的最大值点和最大值以及最小值点和最小值.

10.4 利用定理 10.3.1、推论 10.3.2 和定理 10.3.3 求出问题 10.2 中的极大值点和极大值以及极小值点和极小值.

10.5 利用定理 10.2.3 和定理 6.3.5 求函数 $f(x,y,z)=x^2y^2z^2$ 在约束 $x^2+y^2+z^2=c^2$ 下的最大值,这里 c 是一个固定的正常数,进而证明对所有的 x、y 和 z 有

$$x^2y^2z^2\leqslant[(x^2+y^2+z^2)/3]^3$$

或

$$(x^2y^2z^2)^{1/3}\leqslant(x^2+y^2+z^2)/3$$

这个不等式表明三个正数的几何平均值小于等于它们的算术平均值. 进一步,仅当三个数都相等时,这两个平均值才相等. 所有结论可推广到 n 个数的情形.

10.6 求原点(0,0)到椭圆 $x^2+xy+y^2=3$ 的最大和最小距离(提示:目标函数取为 x^2+y^2 可简化运算).

10.7 求下面不等式约束优化问题可能的极大值点,要求:写出一阶必要条件并求解由一阶必要条件构成的方程组.

(1) $\max xy$

$s.t.\ x^2+y^2\leqslant 1$

(2) $\max 2y^2-x$

$s.t.\ x^2+y^2\leqslant 1$ 和 $x,y\geqslant 0$

(3) $\max x^2+x+4y^2$

$s.t.\ 2x+2y\leqslant 1$ 和 $x,y\geqslant 0$

10.8 利用定理 6.3.5 求出问题 10.7 中的最大值点和最大值.

10.9 利用定理 10.3.5 求出问题 10.7 中的极大值点和极大值.

10.10 求约束极小化问题

$$\min 2y-x^2$$
$$s.t.\ x^2+y^2\leqslant 1 \quad 和 \quad x,y\geqslant 0$$

可能的极小值点,要求:

(1) 写出一阶必要条件;

(2) 求解由一阶必要条件构成的方程组.

10.11 考虑问题 10.10:

(1) 利用定理 6.3.5 求出问题 10.10 中的最小值点和最小值;

(2) 利用定理 10.3.6 求出问题 10.10 中的极小值点和极小值.

10.12 求混合约束优化问题

$$\max f(x,y,z)=x-y^2$$
$$s.t.\ x^2+y^2=4,\quad x,y\geqslant 0$$

可能的极值点.要求:

(1) 写出一阶必要条件;

(2) 求解由一阶必要条件构成的方程组.

10.13 考虑问题 10.12:

(1) 利用定理 6.3.5 求出问题 10.12 中的最大值点和最大值;

(2) 利用定理 10.3.7 求出问题 10.12 中的极大值点和极大值.

10.14 求混合约束极大化问题

$$\max x_1x_2$$
$$s.t.\ x_1+4x_2=16,\quad x_1\geqslant 0,\quad x_2\geqslant 0$$

可能的极值点.要求:

(1) 写出一阶必要条件;

(2) 求解由一阶必要条件构成的方程组.

10.15 考虑问题 10.14:

(1) 利用定理 6.3.5 求出问题 10.14 中的最大值点和最大值;

(2) 利用定理 10.3.7 求出问题 10.14 中的极大值点和极大值.

10.16 将定理 10.5.1 和定理 10.5.3 的内容结合起来,写出混合约束下关于 Lagrange 乘子的定理.

10.17 假设极小化问题(10-5-1)的最优解 $x_i^*(\mathbf{a})$ 是通过二阶充分条件得到的,用隐函数定理

6.8.3 证明 $x_i^*(\mathbf{a})$、$\mu_j^*(\mathbf{a})$及 $f(\mathbf{x}^*(\mathbf{a}))$具有连续偏导数，$i=1,2,\cdots,n$，$j=1,2,\cdots,m$(参见定理 10.5.1 的脚注).

10.18　考虑极大化问题

$$\max x_1 x_2$$
$$s.t.\ x_1 + 4x_2 = a$$

[注意当 $a=16$ 时，就是问题 10.2(1)]

(1) 求目标函数的最优值在 $a=16$ 处的导数.

(2) 据(1)求出当 a 由 16 变为 16.03 时，估计目标函数的最优值的改变量为多少？估计新问题目标函数的最优值？

10.19　考虑极大化问题

$$\max xyz$$
$$s.t.\ x^2 + y^2 = a_1 \quad 和 \quad x + z = a_2$$

[注意当 $a_1=a_2=1$ 时，就是问题 10.2(3)]

(1) 求目标函数的最优值在点$(a_1,a_2)=(1,1)$处分别关于 a_1 和 a_2 的偏导数.

(2) 据(1)，估计当 a_1 由 1 变为 1.01 时，目标函数的最优值的改变量为多少？

(3) 据(1)，估计当 a_2 由 1 变为 0.98 时，目标函数的最优值的改变量为多少？

(4) 据(1)，估计当 a_1 由 1 变为 1.01 且 a_2 由 1 变为 0.98 时，目标函数的最优值的改变量为多少？估计新问题目标函数的最优值是多少？

10.20　考虑极大化问题

$$\max xy$$
$$s.t.\ x^2 + y^2 \leqslant a$$

[注意当 $a=1$ 时，就是问题 10.7(1)]

(1) 求目标函数的最优值在 $a=1$ 处的导数.

(2) 据(1)，估计出当 a 由 1 变为 1.02 时，目标函数的最优值的改变量为多少？估计新问题目标函数的最优值？

10.21　由定理 10.6.1 证明定理 10.5.1.

10.22　由定理 10.6.3 证明定理 10.5.3.

10.23　考虑极大化问题

$$\max x_1 x_2$$
$$s.t.\ x_1 + bx_2 = a$$

[注意当 $a=16$ 和 $b=4$ 时，就是问题 10.2(1)]

利用包络定理 10.6.1 或定理 10.6.2 解决以下问题：

(1) 求目标函数的最优值在$(a,b)=(16,4)$处分别关于 a 和 b 偏导数.

(2) 据(1)，估计当 $b=4$、a 由 16 变为 16.03 时，目标函数的最优值的改变量为多少？估计新问题目标函数的最优值？

(3) 据(1)，估计当 $a=16$、b 由 4 变为 3.98 时，目标函数的最优值的改变量为多少？估计新问题目标函数的最优值？

(4) 据(1),估计 a 由 16 变为 16.03、b 由 4 变为 3.98 时,目标函数的最优值的改变量为多少?估计新问题目标函数的最优值?

10.24 考虑极大化问题

$$\max a_1 xyz$$
$$s.t.\ x^2 + a_2 y^2 = 1 \text{ 和 } x + z = 1$$

[注意当 $a_1 = a_2 = 1$ 时,就是问题 10.2(3)]

利用包络定理 10.6.2 解决以下问题:

(1) 求目标函数的最优值在点 $(a_1, a_2) = (1,1)$ 处分别关于 a_1 和 a_2 的偏导数.

(2) 据(1),估计当 $a_2 = 1$、a_1 由 1 变为 1.01 时,目标函数的最优值的改变量为多少?

(3) 据(1),估计当 $a_1 = 1$、a_2 由 1 变为 0.95 时,目标函数的最优值的改变量为多少?

(4) 据(1),估计求出当 a_1 由 1 变为 1.01 且 a_2 由 1 变为 0.98 时,目标函数的最优值的改变量为多少?估计新问题目标函数的最优值是多少?

10.25 考虑混合约束极大化问题

$$\max a_1 x_1 x_2$$
$$s.t.\ a_2 x_1 + 4x_2 = 16, \quad x_1 \geqslant 0, \quad x_2 \geqslant a_3$$

[注意当 $a_1 = a_2 = 1, a_3 = 0$ 时,就是问题 10.14]

利用包络定理 10.6.4 解决以下问题:

(1) 求目标函数的最优值在点 $(a_1, a_2, a_3) = (1,1,0)$ 处分别关于 a_1、a_2 和 a_3 的偏导数.

(2) 据(1),估计当 a_1 由 1 变为 1.01、a_2 由 1 变为 0.98、a_3 由 0 变为 0.02 时,目标函数的最优值的改变量为多少?估计新问题目标函数的最优值并与精确值进行比较?

10.26 已知极大化问题

$$\max f(x,y,z) = x + y + z$$
$$s.t.\ x^2 + y^2 + z^2 = 3$$

的最优解为 $(x^*, y^*, z^*, \mu^*) = (1,1,1,1/2)$. 试估计以下问题的目标函数的最优值,并说明理由:

(1) $\max f(x,y,z) = x + y + z$

$s.t.\ x^2 + y^2 + z^2 = 3.05$

(2) $\max f(x,y,z) = x + 1.02y + z$

$s.t.\ x^2 + y^2 + z^2 = 3.05$

(3) $\max f(x,y,z) = x + 1.02y + z$

$s.t.\ x^2 + 1.01y^2 + z^2 = 3.05$

附　　录

推论 10.5.2 的证明[①]

证明:由题意,$(x_1^*(a), x_2^*(a), \mu^*(a))$ 是 Lagrange 函数

---

① 证明过程可推广至多个等式约束的情形.

$$L(x_1,x_2,\mu)=f(x_1,x_2)-\mu[h(x_1,x_2)-a]$$

的驻点，即$(x_1^*(a),x_2^*(a),\mu^*(a))$满足下面三个式子

$$\frac{\partial L}{\partial x_1}(\mathbf{x}^*(a),\mu(a))=\frac{\partial f}{\partial x_1}(\mathbf{x}^*(a))-\mu(a)\frac{\partial h}{\partial x_1}(\mathbf{x}^*(a))=0 \tag{A10-5-1}$$

$$\frac{\partial L}{\partial x_2}(\mathbf{x}^*(a),\mu(a))=\frac{\partial f}{\partial x_2}(\mathbf{x}^*(a))-\mu(a)\frac{\partial h}{\partial x_2}(\mathbf{x}^*(a))=0 \tag{A10-5-2}$$

$$h(x_1^*(a),x_2^*(a))=a \tag{A10-5-3}$$

由复合函数求导法则

$$\frac{\mathrm{d}}{\mathrm{d}a}[f(\mathbf{x}^*(a)]=\frac{\partial}{\partial x_1}f(\mathbf{x}^*(a))\frac{\mathrm{d}x_1^*(a)}{\mathrm{d}a}+\frac{\partial}{\partial x_2}f(\mathbf{x}^*(a))\frac{\mathrm{d}x_2^*(a)}{\mathrm{d}a} \tag{A10-5-4}$$

由式(A10-5-1)和式(A10-5-2)解出 $\partial f(\mathbf{x}^*(a))/\partial x_1$ 和 $\partial f(\mathbf{x}^*(a))/\partial x_2$，再代入式(A10-5-4)并化简得到

$$\frac{\mathrm{d}}{\mathrm{d}a}[f(\mathbf{x}^*(a))]=\mu^*(a)\left[\frac{\partial h}{\partial x_1}(\mathbf{x}^*(a))\frac{\mathrm{d}x_1^*(a)}{\mathrm{d}a}+\frac{\partial h}{\partial x_2}f(\mathbf{x}^*(a))\frac{\mathrm{d}x_2^*(a)}{\mathrm{d}a}\right] \tag{A10-5-5}$$

又将式(A10-5-3)两端关于 a 求导得

$$\frac{\partial h}{\partial x_1}(\mathbf{x}^*(a))\frac{\mathrm{d}x_1^*(a)}{\mathrm{d}a}+\frac{\partial h}{\partial x_2}f(\mathbf{x}^*(a))\frac{\mathrm{d}x_2^*(a)}{\mathrm{d}a}=1 \tag{A10-5-6}$$

将式(A10-5-6)代入式(A10-5-5)即得式(10-5-4).

第 11 章　约束优化理论的经济应用

本章是本教材的重点内容，是对第 10 章的相关内容在微观经济理论中的具体应用.

首先，通过分别讨论经典的效用极大化、支出极小化、利润极大化和成本极小化问题的一阶必要条件，说明了最优化问题的一阶必要条件一般对应着经济学原理. 特别地，讨论了效用极大化问题与支出极小化问题之间的对偶性.

其次，主要讨论了这四类优化问题的最优解表示的经济函数[Walras(瓦尔拉斯)需求对应与 Marshall(马歇尔)需求函数、Hicks(希克斯)需求对应与函数、要素需求对应与函数和条件要素需求对应与函数]的性质(如存在性、可微性、单调性、齐次性、凹凸性等)，并对它们进行了比较静态分析.

再次，分别讨论了这四类优化问题的目标函数的最优值表示的经济函数(间接效用函数、支出函数、利润函数和成本函数)的性质(如可微性、单调性、齐次性、凹凸性等)，并对它们进行了比较静态分析. 特别以图形的形式给出了 Marshall 需求函数、Hicks 需求函数、间接效用与支出函数之间的关系.

最后讨论优化问题中的 Lagrange 乘子的经济含义.

11.1　经济学原理与极值的一阶必要条件

11.1.1　效用极大化问题

定理 11.1.1(一阶必要条件)　假设 x_i 表示消费者对第 i 种商品的消费量，$i=1,2,\cdots,n$；$U(\mathbf{x})\equiv U(x_1,\cdots,x_n)$是消费者的效用函数，$p_i>0$ 表示第 i 种商品的价格，$I>0$ 表示消费者可用于购买 n 种商品的收入. 消费者考虑下面的效用极大化问题

$$\begin{aligned}&\max_{\mathbf{x}} U(x_1,x_2,\cdots,x_n)\\&s.t.\ \sum_{i=1}^{n}p_ix_i\leqslant I,\quad x_i\geqslant 0,\quad i=1,2,\cdots,n\end{aligned}\tag{11-1-1}$$

或

$$\begin{aligned}&\max_{\mathbf{x}} U(\mathbf{x})\\&s.t.\ \mathbf{p}\cdot\mathbf{x}\leqslant I,\quad \mathbf{x}\geqslant 0\end{aligned}$$

这里 $\mathbf{p}=(p_1,\cdots,p_n)^T$，$\mathbf{x}=(x_1,\cdots,x_n)^T$. 假设 $U(\mathbf{x})$是一个 C^1 函数；满足单调性假设，即增加任一种商品的消费量可增加其效用，分析上可表示为：对任一满足问题

(11-1-1)的约束条件的 $\mathbf{x}$,都存在一个 i 使得

$$\frac{\partial U}{\partial x_i}(\mathbf{x}) > 0 \tag{11-1-2}$$

假设 $\mathbf{x}^* \neq 0$ 是问题(11-1-1)的最优解,则存在标量 $\lambda^* > 0$,使得

(1) $\dfrac{1}{p_i}\dfrac{\partial U}{\partial x_i}(\mathbf{x}^*) \leqslant \lambda^*, i=1,2,\cdots,n$ (11-1-3)

且等号对满足 $x_i^* > 0$ 的那些 i 成立.

(2) 若各个 $x_i^* > 0$,则对所有的 i,有

$$\begin{aligned} &\frac{\partial U}{\partial x_i}(\mathbf{x}^*) > 0 \\ &\frac{\partial U}{\partial x_i}(\mathbf{x}^*) = \lambda^* p_i \end{aligned} \tag{11-1-4}$$

且

$$\frac{1}{p_i}\frac{\partial U}{\partial x_i}(\mathbf{x}^*) = \frac{1}{p_j}\frac{\partial U}{\partial x_j}(\mathbf{x}^*)$$

或

$$\frac{\dfrac{\partial U}{\partial x_i}(\mathbf{x}^*)}{\dfrac{\partial U}{\partial x_j}(\mathbf{x}^*)} = \frac{p_i}{p_j} \tag{11-1-5}$$

(3) 此预算约束是紧的,即 $\mathbf{x}^*$ 满足

$$\mathbf{p} \cdot \mathbf{x}^* = I \tag{11-1-6}$$

证明　构造问题(11-1-1)的 Lagrange 函数

$$L(x_1,\cdots,x_n;\lambda,v_1,\cdots,v_n) = U(\mathbf{x}) - \lambda\Big(\sum_{i=1}^{n} p_i x_i - I\Big) + \sum_{i=1}^{n} v_i x_i$$

由于问题(11-1-1)中的约束是线性的,所以在任意 $\mathbf{x}$ 处定理 10.2.6 中的约束规格都满足.由于 $\mathbf{x}^*$ 是问题(11-1-1)的最优解,所以存在乘子 λ^*、$\mathbf{v}^* = (v_1^*,\cdots,v_n^*)$,使得$(\mathbf{x}^*,\lambda^*,\mathbf{v}^*)$满足下面的一阶必要条件

$$\frac{\partial L}{\partial x_i} = \frac{\partial U}{\partial x_i}(\mathbf{x}^*) - \lambda^* p_i + v_i^* = 0,\quad i = 1,2,\cdots,n \tag{11-1-7}$$

$$\lambda^*\Big(\sum_{i=1}^{n} p_i x_i^* - I\Big) = 0 \tag{11-1-8}$$

$$v_i^* x_i^* = 0,\quad i = 1,2,\cdots,n \tag{11-1-9}$$

$$\lambda^* \geqslant 0;\quad v_i^* \geqslant 0, i = 1,2,\cdots,n. \tag{11-1-10}$$

由式(11-1-7)和式(11-1-10)有

$$\frac{1}{p_i}\frac{\partial U}{\partial x_i}(\mathbf{x}^*) - \lambda^* = -\frac{v_i^*}{p_i} \leqslant 0,\quad i = 1,2,\cdots,n \tag{11-1-11}$$

从而结论(1)成立.

下面先证明单调性假设式(11-1-2)意味着 $\lambda^*>0$ 成立. 事实上,由单调性假设式(11-1-2)可知,存在一个 k 使得 $(\partial U/\partial x_k)(\mathbf{x}^*)>0$. 再由式(11-1-11)中的第 k 个式子可知 $\lambda^*>0$ 成立. 因此单调性假设(11-1-2)意味着 $\lambda^*>0$ 成立.

若各个 $x_i^*>0$,则由式(11-1-9)可知各个 $v_i^*=0$. 将 $v_i^*=0$ 代入式(11-1-7),结合 $\lambda^*>0$ 和 $p_i>0$,可知(11-1-4)式成立. 进一步有

$$\frac{1}{p_i}\frac{\partial U}{\partial x_i}(\mathbf{x}^*)=\frac{1}{p_j}\frac{\partial U}{\partial x_j}(\mathbf{x}^*)=\lambda^*,\quad i,j=1,2,\cdots,n$$

因此结论(2)成立.

结合式(11-1-8)和 $\lambda^*>0$,可知结论(3)成立①.

下面给出定理 11.1.1 的经济解释. 结论(1)意味着,如果某些商品的消费量为正,那么单位收入在这些商品上"购得"的边际效用都是相同的(都等于 Lagrange 乘子)②;如果某种商品的消费量为零,即消费者没有购买这种商品,原因一定是:单位收入在这种商品上"购得"的边际效用一定小于消费量为正的那些商品的边际效用.

由定理 10.5.3 可知目标函数的最优值关于收入 I 的导数(收入的边际效用)为 λ^*. 结合式(11-1-4)和式(11-1-5),可知结论(2)意味着,若所有商品的消费量均为正,则这些商品(在 $\mathbf{x}^*$ 处)的边际效用$[\partial U(\mathbf{x}^*)/\partial x_i]$一定严格大于零;花费在每一种商品上的单位收入所获得的边际效用($[\partial U(\mathbf{x}^*)/\partial x_i]/p_i$)都相等,并等于收入的边际效用($\lambda^*$).

结论(3)意味着,在单调性假设式(11-1-2)下,消费者要想获得极大效用,必须花完其全部收入.

例 11.1.1(边角解) 考虑问题(11-1-1)的特殊情形:$n=2$. 若消费者的无差异曲线如图 11.1.1 所示,则最优解为 $\mathbf{x}^*=(x_1^*,0)$,且是一个边角解. 由式(11-1-3)或定理 11.1.1(1)有 $\frac{\partial U}{\partial x_1}(\mathbf{x}^*)=\lambda^* p_1$ 和 $\frac{\partial U}{\partial x_2}(\mathbf{x}^*)\leqslant\lambda^* p_2$,从而

$$-\frac{\frac{\partial U}{\partial x_1}(\mathbf{x}^*)}{\frac{\partial U}{\partial x_2}(\mathbf{x}^*)}\leqslant-\frac{p_1}{p_2}\qquad(11\text{-}1\text{-}12)$$

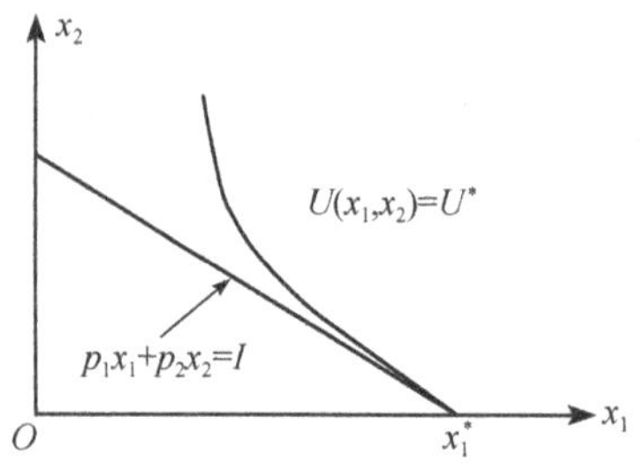

图 11.1.1 在边角解处无差异曲线总比预算线陡峭

① 单调性假设式(11-1-2)意味着在效用极大化的商品组合处预算约束是紧约束,或消费者要想获得极大效用,必须花完全部收入.

② 最优解处的这个性质称作等边际法则(平新乔,2001,p. 11).

所以在最优消费组合 $\mathbf{x}^*$ 处，无差异曲线比预算线陡峭.

例 11.1.2　写出下面优化问题

$$\max U(x_1,x_2)=x_1+a\ln x_2$$
$$s.t.\ p_1x_1+p_2x_2\leqslant I,\quad x_1\geqslant 0,\quad x_2\geqslant 0$$

的一阶必要条件并求解，这里 $a>0$.

解　构造 Kuhn-Tucker 型的 Lagrange 函数 $\widetilde{L}=x_1+a\ln x_2-\lambda(p_1x_1+p_2x_2-I)$，则由定理 10.2.9 可知这个问题的一阶必要条件为①

(1) $\dfrac{\partial\widetilde{L}}{\partial x_1}=1-\lambda p_1\leqslant 0,\quad x_1\dfrac{\partial\widetilde{L}}{\partial x_1}=0$

(2) $\dfrac{\partial\widetilde{L}}{\partial x_2}=\dfrac{a}{x_2}-\lambda p_2\leqslant 0,\quad x_2\dfrac{\partial\widetilde{L}}{\partial x_2}=0$

(3) $\dfrac{\partial\widetilde{L}}{\partial\lambda}=-p_1x_1-p_2x_2+I\geqslant 0,\quad \lambda\dfrac{\partial\widetilde{L}}{\partial\lambda}=0$

(4) $x_1\geqslant 0,\quad x_2\geqslant 0,\quad \lambda\geqslant 0$

由条件(4)，一般情形下需要讨论 x_1、x_2 和 λ 的八种组合情形. 对这个具体问题，可分析题目隐含的条件，来初步确定 x_1、x_2 和 λ 的范围：大于零还是等于零. 由效用函数的形式，$x_2>0$. 由条件(1)，$\lambda>0$. 因此只需讨论如下的两种情形.

情形一：$x_1>0,x_2>0,\lambda>0$. 此时解得 $x_1^*=(I-ap_1)/p_1,x_2^*=ap_1/p_2,\lambda^*=1/p_1,I>ap_1$.

情形二：$x_1=0,x_2>0,\lambda>0$. 此时解得 $x_1^*=0,x_2^*=I/p_2,\lambda^*=a/I,I\leqslant ap_1$.

这个例子告诉我们，对拟线性偏好的效用函数，收入较低时($I\leqslant ap_1$)，情形二发生，此时只消费商品 2. 当收入较高时($I>ap_1$)，情形一发生，此时两种商品都消费，但是第二种商品的消费量保持不变，而所有增加的收入都用来消费商品 1. 从这个角度看，可以将这个例子中的商品 2 看作是生活必需品，而将商品 1 看作高档消费品. 低收入时只消费生活必需品，而当收入上升到一定水平时($I>ap_1$)，必需品的消费量不再增加，转而消费高档品.

定理 11.1.2(效用最大化的一阶充分条件)　假定 $U(\mathbf{x})$ 是一个连续且拟凹的 C^1 函数，$\mathbf{x}^*$ 满足 $\mathbf{p}\cdot\mathbf{x}^*=I$，且 $\mathbf{x}^*\geqslant\mathbf{0}$ 满足式(11-1-4)中的第二个式子，又与预算约束对应的乘子 $\lambda^*>0$，则 $\mathbf{x}^*$ 是效用极大化问题(11-1-1)的一个最大值点.

证明　由于 $\mathbf{x}^*\geqslant\mathbf{0}$ 满足式(11-1-4)中的第二个式子，所以

$$DU(\mathbf{x}^*)=\lambda^*\mathbf{p}^T \tag{11-1-13}$$

如果 $\mathbf{x}^*$ 不是问题(11-1-1)的一个最大值点，则存在 $\mathbf{x}^0\geqslant\mathbf{0}$ 满足

$$\mathbf{p}\cdot\mathbf{x}^0\leqslant I\ \text{使得}\ U(\mathbf{x}^0)>U(\mathbf{x}^*) \tag{11-1-14}$$

① 也可使用本节定理 11.1.1 来求解(留作习题).

再由于$U(\mathbf{x})$是一个连续函数，所以当$t\in[0,1]$并充分接近于1时，有$\mathbf{p}\cdot t\mathbf{x}^0<\mathbf{p}\cdot\mathbf{x}^0\leqslant I$且$U(t\mathbf{x}^0)>U(\mathbf{x}^*)$. 令$\mathbf{x}^1=t\mathbf{x}^0$，则$\mathbf{x}^1\geqslant\mathbf{0}$满足

$$\mathbf{p}\cdot\mathbf{x}^1<I \text{ 使得 } U(\mathbf{x}^1)>U(\mathbf{x}^*) \tag{11-1-15}$$

从而

$$DU(\mathbf{x}^*)(\mathbf{x}^1-\mathbf{x}^*)=\lambda^*\mathbf{p}^T(\mathbf{x}^1-\mathbf{x}^*)=\lambda^*\mathbf{p}\cdot(\mathbf{x}^1-\mathbf{x}^*)<\lambda^*(I-I)=0 \tag{11-1-16}$$

式(11-1-16)中的第一个等号由式(11-1-13)推出，其中的不等式成立是由式(11-1-14)和式(11-1-15)两式中的第一个式子推出的. 另外，由于$U(\mathbf{x})$是拟凹的C^1函数以及$U(\mathbf{x}^1)>U(\mathbf{x}^*)$，从而由定理7.5.6(1)有$DU(\mathbf{x}^*)(\mathbf{x}^1-\mathbf{x}^*)\geqslant 0$成立，这与式(11-1-16)矛盾. 因此$\mathbf{x}^*$是问题(11-1-1)的一个最大值点.

例 11.1.3 利用定理11.1.2判断例11.1.2满足一阶必要条件的点是否是最大值点.

解 由习题7.36，$U(x_1,x_2)=x_1+a\ln x_2$是拟凹的C^1函数. 当$I>ap_1$时，解一阶必要条件获得$x_1^*=(I-ap_1)/p_1$，$x_2^*=ap_1/p_2$，$\lambda^*=1/p_1$. 容易验证定理11.1.2的其余条件都成立，因此$x_1^*=(I-ap_1)/p_1$，$x_2^*=ap_1/p_2$是最大值点. 同理当$I\leqslant ap_1$时，由一阶必要条件获得的$x_1^*=0$和$x_2^*=I/p_2$是最大值点.

定理 11.1.3(效用极大化的二阶充分条件) 假定$U(\mathbf{x})$是一个满足单调性假设式(11-1-2)的C^2函数. $\mathbf{x}^*\gg 0$满足$\sum_{i=1}^{n}p_ix_i^*=I$，且对所有的i和j满足一阶条件式(11-1-5)；又$\mathbf{x}^*$满足

$$(-1)^k\begin{vmatrix} 0 & \dfrac{\partial U}{\partial x_1}(\mathbf{x}^*) & \cdots & \dfrac{\partial U}{\partial x_k}(\mathbf{x}^*) \\ \dfrac{\partial U}{\partial x_1}(\mathbf{x}^*) & \dfrac{\partial^2 U}{\partial x_1^2}(\mathbf{x}^*) & \cdots & \dfrac{\partial^2 U}{\partial x_1\partial x_k}(\mathbf{x}^*) \\ \vdots & \vdots & \ddots & \vdots \\ \dfrac{\partial U}{\partial x_k}(\mathbf{x}^*) & \dfrac{\partial^2 U}{\partial x_k\partial x_1}(\mathbf{x}^*) & \cdots & \dfrac{\partial^2 U}{\partial x_k^2}(\mathbf{x}^*) \end{vmatrix}>0,\quad k=2,\cdots,n^{①} \tag{11-1-17}$$

则$\mathbf{x}^*$是效用极大化问题(11-1-1)的一个严格极大值点.

证明 由于对所有的i和j，$\mathbf{x}^*$满足式(11-1-5)，所以可令

$$\frac{1}{p_i}\frac{\partial U}{\partial x_i}(\mathbf{x}^*)=\frac{1}{p_j}\frac{\partial U}{\partial x_j}(\mathbf{x}^*)=\lambda^* \tag{11-1-18}$$

再由单调性假设式(11-1-2)可知$\lambda^*>0$. 记$\mathbf{v}^*=(v_1^*,\cdots,v_n^*)$，并令$v_i^*=0$，$i=1,2,\cdots,n$，则$(\mathbf{x}^*,\lambda^*,\mathbf{v}^*)$满足问题(11-1-1)的一阶必要条件式(11-1-7)～式

① 在Simon和Blume(1944，p. 555)中称作非退化假设(nondegeneracy assumption).

(11-1-10).

由于对所有的 i 有 $x_i^*>0$ 以及 $\sum_{i=1}^n p_i x_i^*=I$，所以只有约束 $\sum_{i=1}^n p_i x_i\leqslant I$ 是紧约束. 构造问题(11-1-1)的加边 Hessian 矩阵

$$H=\begin{pmatrix} 0 & p_1 & \cdots & p_n \\ p_1 & \dfrac{\partial^2 L}{\partial x_1^2} & \cdots & \dfrac{\partial^2 L}{\partial x_1 \partial x_n} \\ \vdots & \vdots & \ddots & \vdots \\ p_n & \dfrac{\partial^2 L}{\partial x_n \partial x_1} & \cdots & \dfrac{\partial^2 L}{\partial x_n^2} \end{pmatrix} \tag{11-1-19}$$

若我们能证明在点($\mathbf{x}^*,\lambda^*,\mathbf{v}^*$)处，这个加边矩阵的后 $n-1$ 个顺序主子式的符号交替出现，而且最大的那个(即 $|H|$)的符号为 $(-1)^n$，那么问题(11-1-1)的二阶充分条件成立，进而结论成立. 由式(11-1-18)，有

$$p_i=\frac{1}{\lambda^*}\frac{\partial U}{\partial x_i}(\mathbf{x}^*),\quad i=1,2,\cdots,n \tag{11-1-20}$$

又显然有

$$\frac{\partial^2 L}{\partial x_i \partial x_j}=\frac{\partial^2 U}{\partial x_i \partial x_j}\quad 和\quad \frac{\partial^2 L}{\partial x_i^2}=\frac{\partial^2 U}{\partial x_i^2} \tag{11-1-21}$$

将式(11-1-20)和式(11-1-21)代入式(11-1-19)得到

$$H=\begin{pmatrix} 0 & \dfrac{1}{\lambda^*}\dfrac{\partial U}{\partial x_1} & \cdots & \dfrac{1}{\lambda^*}\dfrac{\partial U}{\partial x_n} \\ \dfrac{1}{\lambda^*}\dfrac{\partial U}{\partial x_1} & \dfrac{\partial^2 U}{\partial x_1^2} & \cdots & \dfrac{\partial^2 U}{\partial x_1 \partial x_n} \\ \vdots & \vdots & \ddots & \vdots \\ \dfrac{1}{\lambda^*}\dfrac{\partial U}{\partial x_n} & \dfrac{\partial^2 U}{\partial x_n \partial x_1} & \cdots & \dfrac{\partial^2 U}{\partial x_n^2} \end{pmatrix}=\frac{1}{(\lambda^*)^2}\begin{pmatrix} 0 & \dfrac{\partial U}{\partial x_1} & \cdots & \dfrac{\partial U}{\partial x_n} \\ \dfrac{\partial U}{\partial x_1} & \dfrac{\partial^2 U}{\partial x_1^2} & \cdots & \dfrac{\partial^2 U}{\partial x_1 \partial x_n} \\ \vdots & \vdots & \ddots & \vdots \\ \dfrac{\partial U}{\partial x_n} & \dfrac{\partial^2 U}{\partial x_n \partial x_1} & \cdots & \dfrac{\partial^2 U}{\partial x_n^2} \end{pmatrix}$$

由式(11-1-17)可知加边矩阵 H 的后 $n-1$ 个顺序主子式的符号交替出现，而且最大的那个(即 $|H|$)的符号为 $(-1)^n$，因此 $\mathbf{x}^*$ 是问题(11-1-1)的一个严格极大值点.

例 11.1.4　利用定理 11.1.3 判断例 11.1.2 满足一阶必要条件的点是否是严格极大值点.

解　由于总有 $\partial U(x_1,x_2)/\partial x_1>0$ 成立，因此定理 11.1.3 中的单调性条件式(11-1-2)成立.

当 $I>ap_1$ 时，解一阶必要条件获得 $\mathbf{x}^*=((I-ap_1)/p_1,ap_1/p_2)$，$\lambda^*=1/p_1$. 因此 $x_1^*,x_2^*>0$，且 $p_1x_1^*+p_2x_2^*=I$. 又

$$|H|=\begin{vmatrix}0 & p_1 & p_2\\ p_1 & 0 & 0\\ p_2 & 0 & -a/x_2^2\end{vmatrix}=\frac{ap_1^2}{x_2^2}$$

进而在点 $\mathbf{x}^*$ 处 $|H|=p_2^2/a>0$. 因此定理 11.1.3 的所有条件都成立，进而 $\mathbf{x}^*$ 是一个严格极大值点. 又因为约束集是紧集，因此 $\mathbf{x}^*$ 也是一个最大值点.

当 $I\leqslant ap_1$ 时，解一阶必要条件获得 $\mathbf{x}^*=(0,I/p_2)$. 此时有两个约束是紧的，从而紧约束的个数等于选择变量的个数，无法用定理 11.1.3 判断. 但由于约束集是紧集，因此 $\mathbf{x}^*$ 是一个最大值点.

11.1.2 支出极小化问题

考虑如下的在满足既定效用水平的条件下选择商品组合以使得支出极小化的问题

$$\min_{\mathbf{x}}\sum_{i=1}^{n}p_i x_i$$
$$s.t.\ U(x_1,x_2,\cdots,x_n)\geqslant u,\quad x_i\geqslant 0,\quad i=1,2,\cdots,n \qquad (11\text{-}1\text{-}22)$$

或

$$\min_{\mathbf{x}}\mathbf{p}\cdot\mathbf{x}$$
$$s.t.\ U(\mathbf{x})\geqslant u,\quad \mathbf{x}\geqslant 0$$

这里 $\mathbf{x}=(x_1,\cdots,x_n)^T$，其中 x_i 表示消费者对第 i 种商品的消费量，$i=1,2,\cdots,n$；$U(\mathbf{x})\equiv U(x_1,\cdots,x_n)$是消费者的效用函数；$\mathbf{p}=(p_1,\cdots,p_n)^T$，其中 $p_i>0$ 表示第 i 种商品的价格；$\mathbf{p}\cdot\mathbf{x}=p_1x_1+\cdots+p_nx_n$；$u>0$ 表示消费者指定的消费效用水平.

由于效用极大化问题(11-1-1)的约束函数是支出极小化问题(11-1-22)的目标函数，而效用极大化问题(11-1-1)的目标函数又是支出极小化问题(11-1-22)的约束函数，我们说这两个问题是互为对偶的. 正如下面定理所述，这两个问题有相同的一阶条件，因而有相同的最优解①.

定理 11.1.4(一阶必要条件)　设 $U(\mathbf{x})$是满足下列形式的单调性条件的 C^1 函数

$$x_i\frac{\partial U}{\partial x_i}(\mathbf{x})>0^{②}\quad(\text{对各个 } x_i\neq 0) \qquad (11\text{-}1\text{-}23)$$

$p_i>0$ 表示第 i 种商品的价格，$u>0$ 表示消费者指定的消费效用水平且 $U(\mathbf{0})<u$. 若 $\mathbf{x}^*\neq\mathbf{0}$③ 是问题(11-1-22)的最优解，则

① 见 Simon 和 Blume(1994, p. 553).

② 这个单调性条件可确保问题(11-1-22)的 NDCQ 成立.

③ 只要 $U(\mathbf{0})<u$，从式(11-1-22)就可看出 $\mathbf{x}^*\neq\mathbf{0}$.

(1) 存在标量 $v^*>0$[①],使得[②]

$$\frac{1}{p_i}\frac{\partial U}{\partial x_i}(\mathbf{x}^*)\leqslant\frac{1}{v^*},\quad i=1,2,\cdots,n \tag{11-1-24}$$

且等号对满足 $x_i^*>0$ 的那些 i 成立.

若各个 $x_i^*>0$,则对所有的 i,有

$$\begin{aligned}&\frac{\partial U}{\partial x_i}(\mathbf{x}^*)>0\\&\frac{\partial U}{\partial x_i}(\mathbf{x}^*)=\left(\frac{1}{v^*}\right)p_i\end{aligned} \tag{11-1-25}$$

且

$$\frac{1}{p_i}\frac{\partial U}{\partial x_i}(\mathbf{x}^*)=\frac{1}{p_j}\frac{\partial U}{\partial x_j}(\mathbf{x}^*)$$

或

$$\frac{\dfrac{\partial U}{\partial x_i}(\mathbf{x}^*)}{\dfrac{\partial U}{\partial x_j}(\mathbf{x}^*)}=\frac{p_i}{p_j} \tag{11-1-26}$$

(2) $U(\mathbf{x}^*)=u$.

证明　类似于定理 11.1.1 的证明(留作习题).

定理 11.1.5(二阶充分条件)　假定 $U(\mathbf{x})$是一个满足单调性假设式(11-1-23)的C^2函数,$\mathbf{x}^*$ 满足 $U(\mathbf{x}^*)=u$,且对所有的 i 满足 $x_i^*>0$,对所有的 i 和 j 满足一阶条件(11-1-5)或式(11-1-26).若 $\mathbf{x}^*$ 满足式(11-1-17)[③],则 $\mathbf{x}^*$ 是支出极小化问题(11-1-22)的一个严格极小值点(解).

证明　类似于定理 11.1.3 的证明(留作习题).

11.1.3　效用极大化问题与支出极小化问题的对偶性

目前为止,分别讨论了消费者效用极大化问题(11-1-1)和支出极小化问题(11-1-22)的最优解及其性质.在 11.1.2 小节提到这两个问题互为对偶.下面给出严格证明.

定理 11.1.6(对偶原理)　假设效用函数 $U(\mathbf{x})$在 $\mathbf{R}_+^n$ 上连续且满足局部非饱

---

① 这里 v^* 是不等式约束 $U(\mathbf{x})\geqslant u$ 对应的乘子.

② 与效用极大化问题(11-1-1)的一阶必要条件式(11-1-3)～式(11-1-5)基本相同,其中两个问题的乘子满足 $v^*=1/\lambda^*$.

③ 支出极小化问题(11-1-22)的充分条件与效用极大化问题(11-1-1)的充分条件完全相同.

和性[①]，价格向量 $\mathbf{p}\gg\mathbf{0}$.

(1) 假设收入 $I>0$. 若 $\mathbf{x}^*$ 是问题(11-1-1)的最优解，则 $\mathbf{x}^*$ 也是下面成本极小化问题的最优解

$$\min_{\mathbf{x}} \mathbf{p}\cdot\mathbf{x}$$
$$s.t. U(\mathbf{x})\geqslant U(\mathbf{x}^*),\quad \mathbf{x}\geqslant 0$$

此外，$\mathbf{p}\cdot\mathbf{x}^*=I$.

(2) 假设 $u>U(\mathbf{0})$. 若 $\mathbf{x}^*$ 是问题(11-1-22)的最优解，则 $\mathbf{x}^*$ 也是下面效用极大化问题的最优解

$$\max_{\mathbf{x}} U(\mathbf{x})$$
$$s.t. \mathbf{p}\cdot\mathbf{x}\leqslant\mathbf{p}\cdot\mathbf{x}^*, \mathbf{x}\geqslant 0$$

此外，$U(\mathbf{x}^*)=u$.

证明　(1) 假设结论不真，则存在 $\mathbf{y}\geqslant 0$ 满足 $U(\mathbf{y})\geqslant U(\mathbf{x}^*)$，使得 $\mathbf{p}\cdot\mathbf{y}<\mathbf{p}\cdot\mathbf{x}^*\leqslant I$. 由于非饱和性，则对 $\mathbf{y}\geqslant 0$ 和 $\varepsilon(n)=1/n$，存在 $\mathbf{y}_n\in\mathbf{R}^n_+\cap N_{\varepsilon(n)}(\mathbf{y})$，使得 $U(\mathbf{y}_n)>U(\mathbf{y})$. 由 $U(\mathbf{x})$ 的连续性，当 n 充分大时，$\mathbf{y}_n$ 满足

$$\mathbf{p}\cdot\mathbf{y}_n<\mathbf{p}\cdot\mathbf{x}^*\leqslant I$$

且

$$U(\mathbf{y}_n)>U(\mathbf{x}^*)$$

这与 $\mathbf{x}^*$ 是(11-1-1)的最优解矛盾. 由习题 11.6(Walras 定律)有 $\mathbf{p}\cdot\mathbf{x}^*=I$.

(2) 由于 $u>U(\mathbf{0})$，所以一定有 $\mathbf{x}^*\neq\mathbf{0}$，从而 $\mathbf{p}\cdot\mathbf{x}^*>0$. 假设结论不真，则存在 $\mathbf{y}\geqslant 0$ 满足 $\mathbf{p}\cdot\mathbf{y}\leqslant\mathbf{p}\cdot\mathbf{x}^*$，使得 $U(\mathbf{y})>U(\mathbf{x}^*)$. 令 $\mathbf{y}'=\lambda\mathbf{y},\lambda\in(0,1)$. 由于 $U(\mathbf{x})$ 的连续性，当 λ 充分接近于 1 时，有 $U(\mathbf{y}')>U(\mathbf{x}^*)\geqslant u$ 且 $\mathbf{p}\cdot\mathbf{y}'=\lambda\mathbf{p}\cdot\mathbf{y}<\mathbf{p}\cdot\mathbf{y}\leqslant\mathbf{p}\cdot\mathbf{x}^*$. 这与 $\mathbf{x}^*$ 是(11-1-22)的最优解相矛盾.

$U(\mathbf{x}^*)=u$ 是由于 $U(\mathbf{x})$ 的连续性. 假设 $U(\mathbf{x}^*)=u$ 不成立，因而 $U(\mathbf{x}^*)>u$. 令 $\mathbf{x}'=\beta\mathbf{x}^*,\beta\in(0,1)$. 由于 $U(\mathbf{x})$ 的连续性，当 β 充分接近于 1 时，有 $U(\mathbf{x}')>u$ 且 $\mathbf{p}\cdot\mathbf{x}'=\beta\mathbf{p}\cdot\mathbf{x}^*<\mathbf{p}\cdot\mathbf{x}^*$，这与 $\mathbf{x}^*$ 是问题(11-1-22)的最优解相矛盾.

11.1.4　利润极大化问题

考虑需要 n 种投入而只生产一种商品的某一家厂商的利润极大化问题. 令 x_i 表示第 i 种投入的数量，$\mathbf{x}=(x_1,\cdots,x_n)$ 为投入向量，$y\in R$ 是产品的产量. 假定厂商的生产函数为 $f:\mathbf{R}^n_+\to R$，其中 $y=f(\mathbf{x})$ 表示由投入向量 $\mathbf{x}$ 可获得的最大产量.

最一般的情形是假设 $p(y)$ 和 $\mathbf{w}(\mathbf{x})$ 分别表示产出和投入的逆需求函数，即

---

① 称定义在集合 $X\subseteq\mathbf{R}^n_+$ 上的偏好关系 $\succeq$(或对应的效用函数 $U(\mathbf{x})$)满足局部非饱和性(locally non-satiation)，如果对任意 $\mathbf{x}\in X$ 和任意 $\varepsilon>0$，存在 $\mathbf{y}\in X\cap N\varepsilon(\mathbf{x})$，使得 $\mathbf{y}\succeq\mathbf{x}$[或 $U(\mathbf{y})>U(\mathbf{x})$]. 定义 7.7.4 定义的严格单调函数和单调性条件(11-1-2)都满足局部非饱和性.

$p(y)$是厂商在产量水平为 y 时对其产品可以索取的价格，而 $\mathbf{w}(\mathbf{x})\in\mathbf{R}_{+}^{n}$ 是购入投入向量(要素)$\mathbf{x}$ 时对各种投入支付的投入价格向量. 对于处在完全竞争情形的厂商，p 和 $\mathbf{w}$ 均为常数；对卖方垄断厂商(monopolist)而言，$\mathbf{w}$ 是常数，p 则不是(厂商通过变动产量来控制产品的价格)；对于买方垄断厂商(monopsonist)而言，p 为常数，$\mathbf{w}$ 则不是(厂商通过改变购入投入要素的数量来影响投入价格向量).

下面考虑最简单的情形，即考虑完全竞争市场中厂商的利润极大化问题. 设 p 为产品的单价，$\mathbf{w}$ 表示投入的不变的成本向量，则厂商的利润 π 等于其收益 $py=pf(\mathbf{x})$减去成本 $\mathbf{w}\cdot\mathbf{x}$，它的目标如下

$$\begin{aligned}&\max\ \pi(\mathbf{x})=pf(\mathbf{x})-\mathbf{w}\cdot\mathbf{x}\\&s.t.\ \mathbf{x}\geqslant\mathbf{0}\end{aligned}\tag{11-1-27}$$

假设问题(11-1-27)存在最优解 $\mathbf{x}^*$，则可以断定厂商的规模报酬不是递增的. 这是因为如果厂商的规模报酬是递增的，则对任意 $t>1$，有 $f(t\mathbf{x}^*)>tf(\mathbf{x}^*)$. 这个式子的两边同乘以 $p>0$，然后两边同时减去 $\mathbf{w}\cdot(t\mathbf{x}^*)$，利用最优利润的非负性，可知对任意$t>1$，有

$$pf(t\mathbf{x}^*)-\mathbf{w}\cdot(t\mathbf{x}^*)>t[pf(\mathbf{x}^*)-\mathbf{w}\cdot\mathbf{x}^*]\geqslant pf(\mathbf{x}^*)-\mathbf{w}\cdot\mathbf{x}^*$$

上式说明以 $t>1$ 的比例增加投入，可获得比 $pf(\mathbf{x}^*)-\mathbf{w}\cdot\mathbf{x}^*$ 更大的利润，这与 $\mathbf{x}^*$ 是利润极大化点相矛盾. 因此厂商的规模报酬不是递增的.

此外，若问题(11-1-27)存在最优解 $\mathbf{x}^*\gg 0$，厂商的规模报酬不变，则厂商的极大化利润为零(留作习题).

下面的定理 11.1.7 类似于效用极大化定理 11.1.1 和定理 11.1.3，给出了投入要素向量 $\mathbf{x}^*$ 使利润极大化的充分和必要条件.

定理 11.1.7(一阶必要条件)　设 f 是一个 C^2 的生产函数，$\mathbf{x}^*$ 是问题(11-1-27)的最优解，则

(1)
$$p\frac{\partial f}{\partial x_i}(\mathbf{x}^*)\leqslant w_i\tag{11-1-28}$$

且等号对满足 $x_i^*>0$ 的那些 i 成立.

(2) 若各个 $x_i^*>0$，则

$$\frac{\partial f}{\partial x_i}(\mathbf{x}^*)>0$$

和

$$p\frac{\partial f}{\partial x_i}(\mathbf{x}^*)=w_i\tag{11-1-29}$$

且

$$\frac{1}{w_i}\frac{\partial f}{\partial x_i}(\mathbf{x}^*)=\frac{1}{w_j}\frac{\partial f}{\partial x_j}(\mathbf{x}^*)$$

或

$$\frac{\dfrac{\partial f}{\partial x_i}(\mathbf{x}^*)}{\dfrac{\partial f}{\partial x_j}(\mathbf{x}^*)} = \frac{w_i}{w_j} \tag{11-1-30}$$

此外,f 在 $\mathbf{x}^*$ 处的 Hessian 矩阵 $D^2 f(\mathbf{x}^*)$是半负定的.

(二阶充分条件)反之,假设 $\mathbf{x}^*$ 为某一向量满足下列条件:

(1) 对所有的 i 有 $x_i^* > 0$;

(2) 式(11-1-29)成立;

(3) f 在 $\mathbf{x}^*$ 处的 Hessian 矩阵 $D^2 f(\mathbf{x}^*)$是负定的,即式(11-1-31)成立

$$(-1)^k \begin{vmatrix} \dfrac{\partial^2 f}{\partial x_1^2} & \cdots & \dfrac{\partial^2 f}{\partial x_1 \partial x_k} \\ \vdots & \ddots & \vdots \\ \dfrac{\partial^2 f}{\partial x_k \partial x_1} & \cdots & \dfrac{\partial^2 f}{\partial x_k^2} \end{vmatrix} > 0, \quad k = 1, 2, \cdots, n \tag{11-1-31}$$

则 $\mathbf{x}^*$ 为严格利润极大化点.此时,$\mathbf{x}^*$ 是 p 和 $\mathbf{w}$ 的 C^1 的函数.

定理 11.1.7 的证明基本上类似于定理 11.1.1 和定理 11.1.3 的证明(留作习题).

利润极大化问题(11-1-27)的一阶必要条件式(11-1-28)~式(11-1-30)与效用极大化问题(11-1-1)的一阶必要条件(定理 11.1.1 中的条件式(11-1-3)~式(11-1-5))相似.式(11-1-29)意味着,当厂商在最优投入要素水平下经营时,如果某种要素的投入量大于零,那么该要素的边际产量的价值一定等于这种要素的购买价格;如果某种要素的投入量为零,原因一定是该要素的边际产量的价值小于要素投入为正的那些要素的边际产品的价值.式(11-1-30)说明,如果所有要素的投入量均大于零,那么额外购买这些要素一个单位所带来的边际产量都相等或任两个要素的边际技术替代率等于这两个要素的价格之比.

11.1.5 成本极小化问题

厂商总是希望以最节省的可能方式生产既定的产量.这一事实在厂商不能把产品的价格看作是固定的情形下尤其重要(比如他是该产品唯一的供应商时).因此我们转到考虑寻找成本极小化的方式来生产一个给定的产出水平,即考虑如下成本极小化问题

$$\begin{aligned} &\min \ \mathbf{w} \cdot \mathbf{x} \\ &s.t.\ f(\mathbf{x}) \geqslant y, \quad \mathbf{x} \geqslant 0 \end{aligned} \tag{11-1-32}$$

这里 $\mathbf{x}$ 是要素投入向量，$\mathbf{w}$ 是要素投入价格向量，$f(\mathbf{x})$是生产函数，y 是既定的产出水平①.

定理 11.1.8(一阶必要条件)　设 $f(\mathbf{x})$是一个 C^1 的生产函数，满足 $f(\mathbf{0})<y$ 以及下列形式的单调性条件：

对各个 $x_i\neq 0$，存在 i 使得

$$x_i \frac{\partial f(\mathbf{x})}{\partial x_i} > 0 \text{②} \tag{11-1-33}$$

若 $\mathbf{z}(\mathbf{w},y)$[简记为 $\mathbf{z}=(z_1,\cdots,z_n)$]是成本极小化问题(11-1-32)的最优解，则

(1) 存在标量 $\lambda>0$ 使得 $\mathbf{z}$ 满足

$$\frac{1}{w_i}\frac{\partial f(\mathbf{z})}{\partial x_i} \leqslant \frac{1}{\lambda} \tag{11-1-34}$$

且等式对满足 $z_i>0$ 的那些 i 成立；

若 $z_i,z_j>0$，则

$$\frac{w_i}{w_j} = \frac{\dfrac{\partial f}{\partial x_i}(\mathbf{z})}{\dfrac{\partial f}{\partial x_j}(\mathbf{z})} \tag{11-1-35}$$

(2) $f(\mathbf{z})=y$.

定理 11.1.9(二阶充分条件)　设 $f(\mathbf{x})$是一个 C^2 的生产函数. $\mathbf{z}\gg\mathbf{0}$ 满足 $f(\mathbf{z})=y$ 且对所有 i 和 j 都满足式(11-1-35). 若 $\mathbf{z}$ 满足

$$(-1)^k\begin{pmatrix} 0 & \dfrac{\partial f}{\partial x_1}(\mathbf{z}) & \cdots & \dfrac{\partial f}{\partial x_k}(\mathbf{z}) \\ \dfrac{\partial f}{\partial x_1}(\mathbf{z}) & \dfrac{\partial^2 f}{\partial x_1^2}(\mathbf{z}) & \cdots & \dfrac{\partial^2 U}{\partial x_1\partial x_k}(\mathbf{z}) \\ \vdots & \vdots & \ddots & \vdots \\ \dfrac{\partial f}{\partial x_k}(\mathbf{z}) & \dfrac{\partial^2 f}{\partial x_k\partial x_1}(\mathbf{z}) & \cdots & \dfrac{\partial^2 f}{\partial x_k^2}(\mathbf{z}) \end{pmatrix} > 0,\quad k=2,\cdots,n \tag{11-1-36}$$

则 $\mathbf{z}$ 是问题(11-1-32)的最优解. 此时，极小值点 $\mathbf{z}$ 是 $\mathbf{w}$ 和 y 的 C^1 函数③.

---

① 从数学上看，成本极小化问题(11-1-32)和支出极小化问题(11-1-22)没有任何本质上的区别. 前者中的要素投入向量 $\mathbf{x}$、要素投入价格向量 $\mathbf{w}$、生产函数 $f(\mathbf{x})$、既定的产出水平 y 分别相当于后者的消费组合向量 $\mathbf{x}$、消费品价格向量 $\mathbf{p}$、效用函数 $U(\mathbf{x})$、既定的效用水平 u. 因此，关于问题(11-1-32)，也有完全类似于定理 11.1.4 和定理 11.1.5 的结论，即定理 11.1.8 和定理 11.1.9.

② 这个式子除了函数符号不一样，与式(11-1-23) 完全相同.

③ 详见定理 11.2.7.

定理 11.1.8 和定理 11.1.9 的证明分别与定理 11.1.4 和定理 11.1.5 的证明完全相同，因为从数学上看，问题(11-1-32)和问题(11-1-22)没什么区别.

一阶条件式(11-1-35)与定理 11.1.7 中利润极大化问题(11-1-27)的一阶条件式(11-1-30)相同[与效用极大化问题的一阶条件式(11-1-5)类似]. 因此我们把利润极大化问题(11-1-27)和成本极小化问题(11-1-32)看作互为对偶的问题①.

11.2　最优解表示的经济函数

本节内容是 11.1 节内容的继续，将介绍微观经济学中常见的几种经济函数，数学上它们分别由一些特定的约束优化问题的最优解表示. 这些函数包括 Walras 需求对应与 Marshall 需求函数、Hicks 需求对应与函数、要素需求对应与函数和条件要素需求对应与函数等. 讨论这些经济函数的性质，包括增减性和齐次性等，特别对这些函数进行比较静态分析.

11.2.1　Walras 需求对应与 Marshall 需求函数

再考虑效用极大化问题(11-1-1)，下面的定理 11.2.1 解决了它的最优解的存在性问题.

定理 11.2.1　若 $\mathbf{p}\gg 0$ 且 $U(\mathbf{x})$ 是连续函数，则效用极大化问题(11-1-1)一定有最优解.

证明　集合 $C_{\mathbf{p},I}=\left\{\mathbf{x}\,\middle|\,\sum_{i=1}^{n}p_ix_i\leqslant I, x_i\geqslant 0, 1\leqslant i\leqslant n\right\}$ 是紧集，这是因为对任意 $i=1,2,\cdots,n$ 有 $x_i\leqslant I/p_i$，再由定理 6.3.5 可知紧集 $C_{\mathbf{p},I}$ 上的连续函数 $U(\mathbf{x})$ 一定有最大值，因此问题(11-1-1)一定有最优解.

定义 11.2.1　效用极大化问题(11-1-1)的最优解记作 $\mathbf{x}(p_1,p_2,\cdots,p_n,I)$ 或 $\mathbf{x}(\mathbf{p},I)$，称作 Walras 需求对应或 Marshall 需求函数[如果 $\mathbf{x}(\mathbf{p},I)$ 是单值的]②.

$\mathbf{x}(\mathbf{p},I)$ 未必是连续或甚至是单值的(未必是数学函数)，所以 $\mathbf{x}(\mathbf{p},I)$ 一般是 $\mathbf{R}^n$ 中的一个子集. 关于这个集合，有下面的性质 11.2.1.

性质 11.2.1　Walras 需求对应 $\mathbf{x}(\mathbf{p},I)$ 具有下面的性质：

(1) 对任意的 $\mathbf{p}$、I，对任意 $t>0$，有 $\mathbf{x}(t\mathbf{p},tI)=\mathbf{x}(\mathbf{p},I)$，即 $\mathbf{x}(\mathbf{p},I)$ 的各个分量 $x_i(\mathbf{p},I)$ 关于 $(\mathbf{p},I)$ 是零次齐次的；

---

① 见 Simon and Blume(1994, p. 562).

② Marshall 需求函数 $\mathbf{x}=\mathbf{D}(p_1,p_2,\cdots,p_n,I)$ 表示给定商品的价格向量和收入时，消费者为了使得效用极大化而对各个商品的消费量所做出的选择. 在 Mas-Colell 等(1995, p. 51)的文献中，这个最优解称作 Walras(或普通或市场的)需求对应(demand correspondence).

(2) (Walras'定律)若单调性假设(11-1-2)成立,则对任意 $\mathbf{x}\in\mathbf{x}(\mathbf{p},I)$ 有 $\mathbf{x}\cdot\mathbf{p}=I$ 成立[①];

(3) 若 $U(\mathbf{x})$ 是拟凹的,则集合 $\mathbf{x}(\mathbf{p},I)$ 是凸集;若 $U(\mathbf{x})$ 是严格拟凹的,则集合 $\mathbf{x}(\mathbf{p},I)$ 由一个单一元素构成.

证明　(1) 对 $t>0$,由定义 11.2.1 可知下面优化问题

$$\begin{aligned}&\max U(\mathbf{x})\\&s.t.\ \sum_{i=1}^{n}(tp_i)x_i\leqslant(tI),\quad x_i\geqslant 0, i=1,2,\cdots,n\end{aligned}\tag{11-2-1}$$

的最优解为 $\mathbf{x}(tp_1,tp_2,\cdots,tp_n,tI)$. 显然问题(11-2-1)和问题(11-1-1)有相同的最优解,因此有 $\mathbf{x}(tp_1,tp_2,\cdots,tp_n,tI)=\mathbf{x}(p_1,p_2,\cdots,p_n,I)$,即 $x_i(tp_1,tp_2,\cdots,tp_n,tI)=x_i(p_1,p_2,\cdots,p_n,I)$,即 $\mathbf{x}(t\,\mathbf{p},tI)=\mathbf{x}(\mathbf{p},I)$. 因此 $\mathbf{x}(\mathbf{p},I)$ 的各个分量 $x_i(\mathbf{p},I)$ 都是零次齐次函数, $i=1,2,\cdots,n$.

(2) 见定理 11.1.1 的结论(3)的证明.

(3) 为证明上的方便,将约束 $\sum_{i=1}^{n}p_ix_i\leqslant I$ 写成 $\mathbf{p}\cdot\mathbf{x}\leqslant I$. 任取 $\mathbf{x}',\mathbf{x}''\in\mathbf{x}(\mathbf{p},I)$, $\mathbf{x}'\neq\mathbf{x}''$,需证明对任意 $\lambda\in[0,1]$ 有 $\mathbf{x}^\lambda=\lambda\mathbf{x}'+(1-\lambda)\mathbf{x}''\in\mathbf{x}(\mathbf{p},I)$. 由于 $\mathbf{x}',\mathbf{x}''\in\mathbf{x}(\mathbf{p},I)$,所以有 $\mathbf{p}\cdot\mathbf{x}'\leqslant I$ 和 $\mathbf{p}\cdot\mathbf{x}''\leqslant I$,进而有 $\mathbf{p}\cdot\mathbf{x}^\lambda=\lambda\mathbf{p}\cdot\mathbf{x}'+(1-\lambda)\mathbf{p}\cdot\mathbf{x}''\leqslant I$;此外可记 $U(\mathbf{x}')=U(\mathbf{x}'')=U^*$. 由于 $U(\mathbf{x})$ 是拟凹的,所以 $U(\mathbf{x}^\lambda)\geqslant\min\{U(\mathbf{x}'),U(\mathbf{x}'')\}=U^*$. 由于 $\mathbf{x}^\lambda$ 满足约束条件 $\mathbf{p}\cdot\mathbf{x}\leqslant I$,且 $U(\mathbf{x}^\lambda)\geqslant U^*$,因此 $\mathbf{x}^\lambda\in\mathbf{x}(\mathbf{p},I)$,从而 $\mathbf{x}(\mathbf{p},I)$ 是凸集.

假设 $U(\mathbf{x})$ 是严格拟凹的,需证明任取 $\mathbf{x}',\mathbf{x}''\in\mathbf{x}(\mathbf{p},I)$,有 $\mathbf{x}'=\mathbf{x}''$. 假设 $\mathbf{x}'\neq\mathbf{x}''$,则类似于上面,可证明对任意 $\lambda\in(0,1)$,有 $\mathbf{x}^\lambda$ 满足约束条件 $\mathbf{p}\cdot\mathbf{x}\leqslant I$ 且 $U(\mathbf{x}^\lambda)>U^*$. 这与 $\mathbf{x}',\mathbf{x}''\in\mathbf{x}(\mathbf{p},I)$ 相矛盾,因此 $\mathbf{x}'=\mathbf{x}''$.

例 11.2.1　假设消费者消费两种商品 x_1 和 x_2 的效用函数为 $U(x_1,x_2)=\alpha\ln x_1+(1-\alpha)\ln x_2\,(0<\alpha<1)$,两种商品的价格分别为 p_1 和 p_2,消费者的收入为 I. 求消费者的 Marshall 需求函数,并验证它是零次齐次函数.

解　构造 Lagrange 函数 $L(x_1,x_2,\lambda)=\alpha\ln x_1+(1-\alpha)\ln x_2-\lambda(p_1x_1+p_2x_2-I)$,则一阶必要条件为[②]

$$\begin{cases}\partial L/\partial x_1=\dfrac{\alpha}{x_1}-\lambda p_1=0\\[2ex]\partial L/\partial x_2=\dfrac{1-\alpha}{x_2}-\lambda p_2=0\\[2ex]\lambda(p_1x_1+p_2x_2-I)=0\\[1ex]\lambda\geqslant 0\end{cases}\tag{11-2-2}$$

① 若 $\mathbf{R}_+^n$ 上的偏好关系 $\succeq$ 满足局部非饱和性,则 Walras 定律也成立(见习题 11.7).

② 因为 $\ln 0=-\infty$,所以最优消费组合的各个分量均为正.

由第一个方程可知$\lambda>0$,从而由前两个方程可得$\frac{\alpha x_2}{(1-\alpha)x_1}=\frac{p_1}{p_2}$;由$\lambda>0$和第三个方程得$p_1x_1+p_2x_2=I$. 解方程组

$$\begin{cases}\dfrac{\alpha x_2}{(1-\alpha)x_1}=\dfrac{p_1}{p_2}\\ p_1x_1+p_2x_2=I\end{cases}$$

可得

$$\begin{cases}x_1(\mathbf{p},I)=\dfrac{\alpha I}{p_1}\\ x_2(\mathbf{p},I)=\dfrac{(1-\alpha)I}{p_2}\end{cases}\tag{11-2-3}$$

和

$$\lambda=1/I\tag{11-2-4}$$

式(11-2-3)是需求函数①,且是$(\mathbf{p},I)$的零次齐次函数. 这个问题有唯一解是因为效用函数是严格拟凹的和性质 11.2.1(3). 此外,从式(11-2-3)可看出,对任意价格$\mathbf{p}$,消费者在各种商品上的支出是收入的一个不变的分数倍(对两种商品的支出分别占收入的$100\alpha\%$和$100(1-\alpha)\%$.

为了确保$\mathbf{x}(\mathbf{p},I)$是局部[指某点$(\mathbf{p}^*,I^*)$的某个邻域内]C^1的单值函数,需要额外假设,即确定隐函数$\mathbf{x}^*=\mathbf{x}(\mathbf{p},I)$需要的方程组[问题(11-1-1)的一阶必要条件:式(11-1-3)~式(11-1-5)]满足隐函数定理 6.8.3 的第三个条件,这个条件可由问题(11-1-1)的二阶充分条件来确保(见下面的定理 11.2.2). 此外,下面的定理 11.2.2~定理 11.2.5 给出了需求函数的比较静态分析的一些结论.

定理 11.2.2(比较静态分析) 假设U是C^2效用函数,单调性假设式(11-1-2)成立. 令$\mathbf{p}^*\gg 0$,$I^*>0$分别是给定的正价格向量和收入,对应的问题(11-1-1)的最优解满足$\mathbf{x}^*(\mathbf{p}^*,I^*)\gg\mathbf{0}$. 假设式(11-1-17)在$\mathbf{x}^*(\mathbf{p}^*,I^*)$处对$k=n$成立. 则:

(1) 在$(\mathbf{p}^*,I^*)$的某个开邻域内,问题(11-1-1)的解$\mathbf{x}(\mathbf{p},I)$和 Lagrange 乘子$\lambda(\mathbf{p},I)$是$(\mathbf{p},I)$的单值连续的C^1函数,且$\mathbf{x}(\mathbf{p},I)\gg 0$和$\lambda(\mathbf{p},I)>0$成立. 进一步$\mathbf{x}(\mathbf{p},I)$和$\lambda(\mathbf{p},I)$满足

$$\begin{cases}\displaystyle\sum_{i=1}^{n}p_ix_i-I=0\\ \dfrac{\partial U}{\partial x_i}(\mathbf{x})-\lambda p_i=0,i=1,2,\cdots,n\end{cases}$$

① 这是因为式(11-2-3)满足一阶必要条件(11-2-2),且其中的两个函数都是单值函数,以及定理 11.1.3 叙述的充分条件成立.

(2) 需求函数的比较静态导数为

$$\frac{\partial x_i}{\partial p_j}=-\frac{|H(p_j)|}{|H|},\quad 1\leqslant i\leqslant n;1\leqslant j\leqslant n$$

$$\frac{\partial x_i}{\partial I}=-\frac{|H(I)|}{|H|},\quad 1\leqslant i\leqslant n$$

这里

$$H=\frac{\partial \mathbf{F}}{\partial(\lambda,\mathbf{x})}=\begin{pmatrix}O & \mathbf{p}\\ \mathbf{p}^T & D^2U(\mathbf{x}^*)\end{pmatrix}$$

而 $H(p_j)$和 $H(I)$分别是将矩阵 H 的表达式里的 $\mathbf{x}$ 的第 j 个分量 x_j 替换为 p_j 和 I 而得到的;$\mathbf{F}(\mathbf{x},\lambda;\mathbf{p},I)=(F_1,F_2,\cdots,F_{1+n})^T$,其中

$$F_1(\mathbf{x},\lambda;\mathbf{p},I)\equiv\sum_{i=1}^{n}p_ix_i-I=0$$

$$F_{1+i}(\mathbf{x},\lambda;\mathbf{p},I)\equiv\frac{\partial U}{\partial x_i}(\mathbf{x})-\lambda p_i,\quad 1\leqslant i\leqslant n$$

证明　由于 $\mathbf{x}^*=\mathbf{D}(\mathbf{p}^*,I^*)$是问题(11-1-1)的最优解,所以存在乘子 λ^*、$\mathbf{v}^*=(v_1^*,\cdots,v_n^*)$,使得$(\mathbf{x}^*,\lambda^*,\mathbf{v}^*)$满足

$$\frac{\partial L}{\partial x_i}=\frac{\partial U}{\partial x_i}(\mathbf{x}^*)-\lambda^*p_i^*+v_i^*=0,\quad i=1,2,\cdots,n \tag{11-2-5}$$

$$\lambda^*\left(\sum_{i=1}^{n}p_i^*x_i^*-I^*\right)=0 \tag{11-2-6}$$

$$v_i^*x_i^*=0,\quad i=1,2,\cdots,n \tag{11-2-7}$$

$$\lambda^*\geqslant 0;v_i^*\geqslant 0,\quad i=1,2,\cdots,n$$

这里 $L(x_1,\cdots,x_n;\lambda,v_1,\cdots,v_n)=U(\mathbf{x})-\lambda\left(\sum_{i=1}^{n}p_ix_i-I\right)+\sum_{i=1}^{n}v_ix_i$.

由于对所有的 i,$x_i^*>0$,据式(11-2-7)可知,对所有的 i 有 $v_i^*=0$.将其代入式(11-2-5)得到

$$\frac{\partial U}{\partial x_i}(\mathbf{x}^*)-\lambda^*p_i^*=0,\quad i=1,2,\cdots,n \tag{11-2-8}$$

再由单调性假设式(11-1-2),可知 $\lambda^*>0$.从而式(11-2-6)可写为

$$\sum_{i=1}^{n}p_ix_i^*-I^*=0 \tag{11-2-9}$$

据式(11-2-8)和式(11-2-9),$(\mathbf{x}^*,\lambda^*;\mathbf{p}^*,I^*)$是下面的方程组

$$\begin{cases}\displaystyle\sum_{i=1}^{n}p_ix_i-I=0\\ \displaystyle\frac{\partial U}{\partial x_i}(\mathbf{x})-\lambda p_i=0,\quad i=1,2,\cdots,n\end{cases} \tag{11-2-10}$$

的一个解.我们需要证明在$(\mathbf{p}^*,I^*)$的某个开邻域内,由方程组(11-2-10)可确定 $\mathbf{x}$ 和 λ 是$(\mathbf{p},I)$的单值连续的 C^1 函数.若记

$$F_1(\mathbf{x},\lambda;\mathbf{p},I)\equiv I-\sum_{i=1}^{n}p_ix_i$$

$$F_{1+i}(\mathbf{x},\lambda;\mathbf{p},I)\equiv\frac{\partial U}{\partial x_i}(\mathbf{x})-\lambda p_i\quad(1\leqslant i\leqslant n)$$

则需要向量值函数 $\mathbf{F}(\mathbf{x},\lambda;\mathbf{p},I)=(F_1,F_2,\cdots,F_{1+n})^T$ 在点$(\mathbf{x}^*,\lambda^*;\mathbf{p}^*,I^*)$处关于$(\lambda,\mathbf{x})$的 Jacobi 矩阵的行列式$|H|$非零，其中 $H=\partial\mathbf{F}/\partial(\lambda,\mathbf{x})$. 而式(11-1-17)在 $\mathbf{x}^*(\mathbf{p}^*,I^*)$处对 $k=n$ 成立可保证$|H|$非零①. 因此由隐函数定理 6.8.3 可知，在$(\mathbf{p}^*,I^*)$的某个开邻域内，由方程组(11-2-10)可确定 $\mathbf{x}$ 和 λ 是$(\mathbf{p},I)$的单值的 C^1 函数，且由单调性假设式(11-1-2)和方程组(11-2-10)可知 $\lambda(\mathbf{p},I)>0$ 成立；由于 $\mathbf{x}^*(\mathbf{p}^*,I^*)\gg 0$ 及 $\mathbf{x}(\mathbf{p},I)$是单值连续的 C^1 函数，所以在$(\mathbf{p}^*,I^*)$的某个开邻域内 $\mathbf{x}(\mathbf{p},I)\gg 0$. 由于问题(11-1-1)的解 $\mathbf{x}(\mathbf{p},I)$和 Lagrange 乘子 $\lambda(\mathbf{p},I)$均满足方程组(11-2-10)，从而 $\mathbf{x}(\mathbf{p},I)$和 $\lambda(\mathbf{p},I)$是$(\mathbf{p},I)$的单值连续的 C^1 函数，且 $\mathbf{x}(\mathbf{p},I)\gg 0$ 和 $\lambda(\mathbf{p},I)>0$ 成立. 因而结论(1)成立. 由隐函数定理 6.8.3 可知结论(2)成立.

定理 11.2.3 假设定理 11.2.2 的条件成立，则 $\mathbf{x}(\mathbf{p},I)$和 $\lambda(\mathbf{p},I)$的微分 $\mathrm{d}\mathbf{x}$ 和 $\mathrm{d}\mathbf{p}$ 满足

$$\begin{pmatrix}0 & \mathbf{p}^T\\ \mathbf{p} & D^2U(\mathbf{x}^*)\end{pmatrix}\begin{pmatrix}-\mathrm{d}\lambda\\ \mathrm{d}\mathbf{x}\end{pmatrix}=\begin{pmatrix}1 & -\mathbf{x}^T\\ \mathbf{0} & \lambda I_{n\times n}\end{pmatrix}\begin{pmatrix}\mathrm{d}I\\ \mathrm{d}\mathbf{p}\end{pmatrix}\text{②}$$

这里 $\mathrm{d}\mathbf{x}=(\mathrm{d}x_1,\mathrm{d}x_2,\cdots,\mathrm{d}x_n)^T$, $\mathrm{d}\mathbf{p}=(\mathrm{d}p_1,\mathrm{d}p_2,\cdots,\mathrm{d}p_n)^T$.

证明 对式(11-2-10)中的 $n+1$ 方程两端求全微分，将 $\mathrm{d}x_1,\mathrm{d}x_2,\cdots,\mathrm{d}x_n,\mathrm{d}\lambda$ 保持在等号的左侧，将 $\mathrm{d}p_1,\mathrm{d}p_2,\cdots,\mathrm{d}p_n,\mathrm{d}I$ 移到等号的右侧，再写成分块矩阵乘法的形式，即可得到要证明的结论.

定理 11.2.4 假设定理 11.2.2 的条件成立，则

$$x_j(\mathbf{p},I)+\sum_{i=1}^{n}p_i\frac{\partial x_i}{\partial p_j}(\mathbf{p},I)=0\tag{11-2-11}$$

$$\sum_{i=1}^{n}p_i\frac{\partial x_i}{\partial I}(\mathbf{p},I)=1\tag{11-2-12}$$

$$\sum_{i=1}^{n}p_i\frac{\partial x_j}{\partial p_i}(\mathbf{p},I)+I\frac{\partial x_j}{\partial I}(\mathbf{p},I)=0\tag{11-2-13}$$

证明 由已知条件和定理 11.2.2 可知 $\mathbf{x}(\mathbf{p},I)$是 C^1，由定理 11.2.2 的证明过程可知

$$\sum_{i=1}^{n}p_ix_i(\mathbf{p},I)-I=0\tag{11-2-14}$$

将式(11-2-14)两端关于 p_j 求偏导数可得(11-2-11)；关于 I 求偏导数可得式

① 见定理 11.1.3 的证明过程.

② 这个矩阵方程叫做需求的基本矩阵方程(潘吉勋，1989，p. 52).

(11-2-12);将 Euler 定理 7.6.6 用于零次齐次需求函数 $x_j(\mathbf{p},I)$,即可得到式(11-2-13).

若记

$$\varepsilon_{ii}=\frac{p_i}{x_i}\frac{\partial x_i}{\partial p_i}\quad(\text{价格弹性})\tag{11-2-15}$$

$$\varepsilon_{ij}=\frac{p_j}{x_i}\frac{\partial x_i}{\partial p_j}\quad(\text{交叉弹性})\tag{11-2-16}$$

$$\eta_j=\frac{I}{x_j}\frac{\partial x_j}{\partial I}\quad(\text{收入弹性})\tag{11-2-17}$$

令 s_i 表示花费在商品 i 上的收入占总收入的比例

$$s_i=p_ix_i/I\tag{11-2-18}$$

则定理 11.2.4 的结论可用这些弹性的形式来表示.

定理 11.2.5　假设定理 11.2.2 的条件成立.令 ε_{ii}、ε_{ij} 和 η_j 分别为式(11-2-15)、式(11-2-16)和式(11-2-17)三式中定义的弹性,令 s_i 为式(11-2-18)中定义的支出份额,则对每个 j 有

$$s_1\varepsilon_{1j}+\cdots+s_n\varepsilon_{nj}=-s_j\tag{11-2-19}$$

$$s_1\eta_1+\cdots+s_n\eta_n=1\tag{11-2-20}$$

$$\varepsilon_{j1}+\cdots+\varepsilon_{jn}+\eta_j=0\tag{11-2-21}$$

证明　只证明式(11-2-20),其余两个的证明留作习题.将式(11-2-12)写为

$$\sum_{i=1}^{n}\frac{p_ix_i}{I}\frac{I}{x_i}\frac{\partial x_i}{\partial I}=1$$

再结合式(11-2-17)和式(11-2-18),即得式(11-2-20).

定理 11.2.5 中的每个结论说明了需求对价格或收入变动的响应.式(11-2-19)指所有商品的需求对一种商品的价格的平均响应是反方向的,这里求平均的权重由相应的支出份额给出.式(11-2-20)指平均收入弹性为 1;若收入增加 5%,所有商品按权重的平均需求也要增长 5%.式(11-2-21)进一步提出了弹性的良好转变.例如,在两商品经济中,式(11-2-21)意味着,若一种商品的收入弹性为 1,那么,如果它的价格富有弹性,则另外一种商品必是它的替代品;如果它的价格缺乏弹性,则另外一种商品必为它的互补品.

11.2.2 Hicks 需求对应与函数

定义 11.2.2　支出极小化问题(11-1-22)的最优解 $\mathbf{h}(\mathbf{p},u)$ 称为 Hicks 或补偿性的需求对应,或 Hicks 或补偿性需求函数[如果 $\mathbf{h}(\mathbf{p},u)$ 是单值的]①.

---

① Hicks 需求函数表示给定价格,确保至少达到一定的效用水平,消费者为了支出最小而对各个商品的消费量所做出的选择.

下面的定理 11.2.6 给出了 $\mathbf{h}(\mathbf{p},u)$是单值 C^1 的条件.

定理 11.2.6 假设 U 是 C^2 效用函数. 令 $\mathbf{p}^* \gg \mathbf{0}, u^* > 0$ 分别是给定的正价格向量和指定的效用水平，对应的问题(11-1-22)的最优解满足 $\mathbf{h}(\mathbf{p}^*, u^*) \gg \mathbf{0}$. 假设式(11-1-17)在 $\mathbf{h}(\mathbf{p}^*, u^*)$处对 $k=n$ 成立，单调性假设式(11-1-23)成立. 则在$(\mathbf{p}^*, u^*)$的某个开邻域内，问题(11-1-22)的最优解 $\mathbf{h}(\mathbf{p},u)$和 Lagrange 乘子 $v(\mathbf{p},u)$是$(\mathbf{p},u)$的单值连续的 C^1 函数，且 $\mathbf{h}(\mathbf{p},I) \gg 0$ 和 $v(\mathbf{p},u) > 0$ 成立.

证明 类似于定理 11.2.2 的证明(留作习题).

性质 11.2.2 Hicks 需求对应 $\mathbf{h}(\mathbf{p},u)$具有下面的性质：

(1) (固定 u)对任意的 $\mathbf{p}$ 和 $t>0$，有 $\mathbf{h}(t\mathbf{p},u)=\mathbf{h}(\mathbf{p},u)$，即 $\mathbf{h}(\mathbf{p},u)$的各个分量 $h_i(\mathbf{p},u)$都是 $p_1, p_2, \cdots, p_n$ 的零次齐次函数.

(2) $U(\mathbf{z}^*)=u$(没有额外效用)，如果单调性条件式(11-1-23)成立.

(3) 若 $U(\mathbf{x})$是拟凹的，则集合 $\mathbf{h}(\mathbf{p},u)$是凸集；若 $U(\mathbf{x})$是严格拟凹的，则集合 $\mathbf{h}(\mathbf{p},u)$是由一个单一元素构成.

证明 结论(1)和(3)的证明类似于性质 11.2.1 的证明；结论(2)见定理 11.1.4(2)(留作习题).

性质 11.2.3 假设定理 11.2.6 的条件成立，则 Hicks 需求函数具有下面的性质：

(1) $\partial h_i(\mathbf{p},u)/\partial p_i \leqslant 0$，从而 $h_i(\mathbf{p},u)$是 p_i 的减函数，$i=1,2,\cdots,n$；

(2) $\partial h_i(\mathbf{p},u)/\partial p_j = \partial h_j(\mathbf{p},u)/\partial p_i, i,j=1,2,\cdots,n$.

证明 放在 11.3.2 小节由支出函数的性质 11.3.3 和性质 11.3.4 来证明.

例 11.2.2 已知两种商品的价格向量为 $\mathbf{p}=(p_1,p_2)^T$，消费者的效用函数为 $U(x_1,x_2)=\alpha\ln x_1+(1-\alpha)\ln x_2\ (x_1,x_2>0, 0<\alpha<1)$，给定一定的效用水平 u，求 Hicks 需求函数 $\mathbf{h}(\mathbf{p},u)$，并验证性质 11.2.2 和性质 11.2.3.

解 由定义 11.2.2，Hicks 需求函数是下面极小化问题

$$\min\ p_1x_1 + p_2x_2$$
$$s.t.\ \alpha\ln x_1 + (1-\alpha)\ln x_2 \geqslant u$$

的最优解. 构造 Lagrange 函数 $L(x_1,x_2,\lambda)=p_1x_1+p_2x_2-\lambda(\alpha\ln x_1+(1-\alpha)\ln x_2-u)$，则一阶必要条件为

$$\begin{cases}\partial L/\partial x_1 = p_1 - (\alpha\lambda)/x_1 = 0\\ \partial L/\partial x_2 = p_2 - [(1-\alpha)\lambda]/x_2 = 0\\ \lambda[\alpha\ln x_1 + (1-\alpha)\ln x_2 - u] = 0\\ \lambda \geqslant 0\\ \alpha\ln x_1 + (1-\alpha)\ln x_2 \geqslant u\end{cases}$$

由 $0<\alpha<1$ 和上面的第一个方程可知 $\lambda>0$，从而第三个方程变为 $\alpha\ln x_1 +$

$(1-\alpha)\ln x_2=u$. 把这个方程与一阶必要条件中的前两个方程结合起来求解，得到 Hicks 需求函数

$$\begin{cases} h_1(\mathbf{p},u)=\left[\dfrac{\alpha p_2}{(1-\alpha)p_1}\right]^{1-\alpha}e^u \\ h_2(\mathbf{p},u)=\left[\dfrac{\alpha p_2}{(1-\alpha)p_1}\right]^{-\alpha}e^u \end{cases} \tag{11-2-22}$$

容易验证性质 11.2.2 和性质 11.2.3 都成立.

11.2.3　要素需求对应与函数

定义 11.2.3　利润极大化问题(11-1-27)的最优解，记作 $\boldsymbol{\chi}(p,w_1,w_2,\cdots,w_n)$ 或 $\boldsymbol{\chi}(p,\mathbf{w})$，称作要素需求对应(the factor demand correspondence)或要素需求函数[如果 $\boldsymbol{\chi}(p,\mathbf{w})$ 是单值的]. 函数 $F(p,\mathbf{w})=f(\boldsymbol{\chi}(p,\mathbf{w}))$ 称作厂商的产出供给对应；或称作产出供给函数(the output supply function)[若 $\boldsymbol{\chi}(p,\mathbf{w})$ 是单值的][①].

要素需求对应未必是连续或甚至是单值的(未必是数学函数)，所以 $\boldsymbol{\chi}(p,\mathbf{w})$ 一般是 $\mathbf{R}^n$ 中的一个子集. 关于这个集合，有下面的性质.

性质 11.2.4　要素需求对应具有下面的性质：

(1) 对任意的 $p,\mathbf{w}$，对任意 $t>0$，有 $\boldsymbol{\chi}(tp,t\mathbf{w})=\boldsymbol{\chi}(p,\mathbf{w})$，即 $\boldsymbol{\chi}(p,\mathbf{w})$ 的各个分量 $\chi_i(p,\mathbf{w})$ 关于 $(p,\mathbf{w})$ 是零次齐次的.

(2) 若 $f(\mathbf{x})$ 是拟凹的，则集合 $\boldsymbol{\chi}(p,\mathbf{w})$ 是凸集；若 $f(\mathbf{x})$ 是严格拟凹的，则集合 $\boldsymbol{\chi}(p,\mathbf{w})$ 由一个单一元素构成.

证明　类似于性质 11.2.1 的证明(留作习题).

性质 11.2.5　假设定理 11.1.7 反之部分的条件成立，则要素需求函数具有下面的性质：

(1) $\partial\chi_i(p,\mathbf{w})/\partial w_i\leqslant 0,\ i=1,2,\cdots,n$；

(2) $\partial F(p,\mathbf{w})/\partial p\geqslant 0$；

(3)

$$\frac{\partial\chi_i}{\partial w_j}(p,\mathbf{w})=\frac{\partial\chi_j}{\partial w_i}(p,\mathbf{w}) \tag{11-2-23}$$

[②]

$$\frac{\partial\chi_i}{\partial p}(p,\mathbf{w})=-\frac{\partial F}{\partial w_i}(p,\mathbf{w}) \tag{11-2-24}$$

证明　放在 11.3.3 小节中，由利润函数的性质 11.3.5 和性质 11.3.6 来证明.

---

① 它给出了在产品价格为 p，投入要素价格为 $\mathbf{w}$ 时，追求利润极大化的厂商的产品供给量.

② 要素需求的交叉价格效应相等.

性质 11.2.5 中的结论(1)意味着,随着第 i 种要素的价格的增加,对第 i 种要素的需求 $\chi_i(p,\mathbf{w})$ 会下降;结论(2)说明随着产品价格的上升,厂商对产品的供给量也上升;对称条件(11-2-23)称作"互反条件"(the reciprocity condition);它表明第 j 种投入要素的价格变动对第 i 种投入要素的需求的影响与第 i 种投入要素的价格变动对第 j 种投入要素的需求的影响是相同的.式(11-2-24)表明,产品价格的增加会提高第 i 种投入要素的需求当且仅当第 i 种投入要素的价格的增加会减少最优产量.

例 11.2.3 假设某厂商用两种投入生产单一商品,生产函数为 $f(x_1,x_2)=\alpha\ln x_1+(1-\alpha)\ln x_2\,(0<\alpha<1)$,两种投入的价格分别为 w_1 和 w_2,产品的销售价格为 p.求厂商的要素需求对应或函数,并验证它满足性质 11.2.4 和性质 11.2.5①.

解 类似于例 11.2.1,容易求出厂商利润极大化问题有唯一的最优解 $x_1=(\alpha p)/w_1$,$x_2=(1-\alpha)p/w_2$,这与性质 11.2.4(2)是一致的.因此厂商的要素需求函数为 $\boldsymbol{\chi}(p,\mathbf{w})=((\alpha p)/w_1,(1-\alpha)p/w_2)^T$,且容易验证它满足性质 11.2.4 和性质 11.2.5(1)和(3).由于

$$F(p,\mathbf{w})=\alpha\ln\left(\frac{\alpha p}{w_1}\right)+(1-\alpha)\ln\frac{(1-\alpha)p}{w_2}>0 \qquad (11\text{-}2\text{-}25)$$

所以 $\partial F(p,\mathbf{w})/\partial p=1/p>0$,所以性质 11.2.5(2)成立.

11.2.4 条件要素需求对应与函数

定义 11.2.4 称成本极小化问题(11-1-32)的最优解 $\mathbf{z}(\mathbf{w},y)$②为条件要素需求对应(conditional factor demand correspondence)或条件要素需求函数(conditional factor demand function)[如果 $\mathbf{z}(\mathbf{w},y)$是单值的].

下面的定理 11.2.7 给出了 $\mathbf{z}(\mathbf{w},y)$是单值连续 C^1 的条件.

定理 11.2.7 假设 $f(\mathbf{x})$是 C^2 生产函数.令 $\mathbf{w}^*\gg 0$,$y^*>0$ 分别是给定的正投入价格向量和指定的产量水平,对应的问题(11-1-32)的最优解满足 $\mathbf{z}(\mathbf{w}^*,y^*)\gg\mathbf{0}$.假设式(11-1-36)在 $\mathbf{z}(\mathbf{w}^*,y^*)$处对 $k=n$ 成立,单调性假设式(11-1-33)成立.则在$(\mathbf{w}^*,y^*)$的某个开邻域内,问题(11-1-32)的最优解 $\mathbf{z}(\mathbf{w},y)$和 Lagrange 乘子 $\lambda(\mathbf{w},y)$是$(\mathbf{w},y)$的单值连续的 C^1 函数,且 $\mathbf{z}(\mathbf{w},y)\gg\mathbf{0}$ 和 $\lambda(\mathbf{w},y)>0$ 成立.

证明 类似于定理 11.2.2 的证明(留作习题).

---

① 这里需要增加条件 $F(p,\mathbf{w})=\alpha\ln\left(\frac{\alpha p}{w_1}\right)+(1-\alpha)\ln\frac{(1-\alpha)p}{w_2}>0$.

② 之所以称作是有条件的,是因为它不仅依赖于产出水平 y,而且依赖于投入要素的价格 $\mathbf{w}$.鉴于定义 11.2.4、定义 11.2.2 和 11.1.5 小节的脚注①,条件要素需求对应 $\mathbf{z}(\mathbf{w},y)$与 Hicks 需求对应 $\mathbf{h}(\mathbf{p},u)$数学上没有本质区别,因此对应于 $\mathbf{h}(\mathbf{p},u)$具有的结论(定理 11.2.6、性质 11.2.2 和性质 11.2.3),$\mathbf{z}(\mathbf{w},y)$具有类似的结论(即定理 11.2.7、性质 11.2.6 和性质 11.2.7)且这些结论的证明方法也完全类似.

性质 11.2.6　条件要素需求对应 $\mathbf{z}(\mathbf{w},y)$ 具有下面的性质：

(1)（固定 y）对任意 $\mathbf{w}$ 和 $t>0$，有 $\mathbf{z}(t\mathbf{w},y)=\mathbf{z}(\mathbf{w},y)$，即 $\mathbf{z}(\mathbf{w},y)$ 的各个分量 $\mathbf{z}_i(\mathbf{w},y)$ 关于 $\mathbf{w}$ 是零次齐次的.

(2) 若 $f(\mathbf{x})$ 是拟凹的，则集合 $\mathbf{z}(\mathbf{w},y)$ 是凸集；若 $f(\mathbf{x})$ 是严格拟凹的，则集合 $\mathbf{z}(\mathbf{w},y)$ 是由一个单一元素构成.

证明　类似于性质 11.2.1 的证明（留作习题）.

性质 11.2.7　假设定理 11.2.7 的条件成立，则条件要素需求函数 $\mathbf{z}(\mathbf{w},y)$ 的各个分量具有下面的性质：

(1) $\partial z_i(\mathbf{w},y)/\partial w_i\leqslant 0$，从而 $z_i(\mathbf{w},y)$ 是 w_i 的减函数，$i=1,2,\cdots,n$；

(2) $\partial z_i(\mathbf{w},y)/\partial w_j=\partial z_j(\mathbf{w},y)/\partial w_i$，$i,j=1,2,\cdots,n$.

证明　类似于性质 11.2.3 的证明，可由 11.3 节成本函数的性质 11.3.7 和性质 11.3.8 证明（留作习题）.

例 11.2.4　给定两种投入的生产函数 $f(x_1,x_2)=\alpha\ln x_1+(1-\alpha)\ln x_2$ $(0<\alpha<1)$，两种要素的投入价格为 $\mathbf{w}=(w_1,w_2)$，要求产量水平不少于 y，求条件要素需求函数，并验证性质 11.2.6 和性质 11.2.7 都成立.

解　由定义 11.2.4 中的脚注，与例 11.2.2 进行对比，可知这里的生产函数 $f(x_1,x_2)$、要素的价格向量 $\mathbf{w}$ 和要求的产量水平 y 分别相当于例 11.2.2 中的效用函数 $U(x_1,x_2)$、两种消费品的价格向量 $\mathbf{p}$ 和要求的效用 u. 从而由式(11-2-22)可知条件要素需求函数为

$$\begin{cases} z_1(\mathbf{w},u)=\left[\dfrac{\alpha w_2}{(1-\alpha)w_1}\right]^{1-\alpha}\mathrm{e}^y \\ z_2(\mathbf{w},u)=\left[\dfrac{\alpha w_2}{(1-\alpha)w_1}\right]^{-\alpha}\mathrm{e}^y \end{cases}\tag{11-2-26}$$

容易验证性质 11.2.6 和性质 11.2.7 都成立.

11.2.5　其他经济函数

本节介绍一个等式约束优化问题的最优解的比较静态分析，即 10.6 节的内容在经济学中的一个具体应用.

例 11.2.5　假设处于完全竞争的要素市场和产品市场的一家厂商追求产出 $Q(K,L)$ 极大化，投入的成本满足给定的预算约束条件 $rK+\omega L=C$，这里 r 和 ω 分别是资本的租用率和工资，C 是厂商拥有的资金. 假设二阶充分条件成立；对任意的 (K,L)，要么 $Q_K(K,L)>0$，要么 $Q_L(K,L)>0$. 分析各个外生变量 r、ω 和 C 分别对最优解 K^* 和 L^* 的影响.

解　构造 Lagrange 函数 $L(K,L;\mu,r,\omega,P)=Q(K,L)-\mu(rK+\omega L-C)$，由于 K^* 和 L^* 是最优解，则由定理 10.2.1，存在乘子 μ^* 使得 (K^*,L^*,μ^*) 满足

$$Q_K(K^*,L^*)-\mu^* r=0$$
$$Q_L(K^*,L^*)-\mu^* \omega=0$$
$$-(rK^*+\omega L^*-C)=0$$

令

$$F_1(K^*,L^*;\mu^*,r,\omega,C)\equiv-(rK^*+\omega L^*-C)$$
$$F_2(K^*,L^*;\mu^*,r,\omega,C)\equiv Q_K(K^*,L^*)-\mu^* r$$
$$F_3(K^*,L^*;\mu^*,r,\omega,C)\equiv Q_L(K^*,L^*)-\mu^* \omega$$

则(K^*,L^*,μ^*)应满足下面方程组表示的一阶必要条件

$$F_i(K^*,L^*;\mu^*,r,\omega,C)=0,\quad i=1,2,3 \tag{11-2-27}$$

为了分析外生变量C的变化分别对内生变量的最优值K^*和L^*的影响，需要求出$\partial K^*/\partial C$和$\partial L^*/\partial C$. 为此，需将方程组(11-2-27)左侧中另外两个外生变量r和ω均看作常数(即左侧都看作关于K^*、L^*、μ^*和C的四元函数)，然后求全微分，之后两端同时除以$\mathrm{d}C$得到

$$\begin{pmatrix} \dfrac{\partial F_1}{\partial \mu} & \dfrac{\partial F_1}{\partial K} & \dfrac{\partial F_1}{\partial L} \\ \dfrac{\partial F_2}{\partial \mu} & \dfrac{\partial F_2}{\partial K} & \dfrac{\partial F_2}{\partial L} \\ \dfrac{\partial F_3}{\partial \mu} & \dfrac{\partial F_3}{\partial K} & \dfrac{\partial F_3}{\partial L} \end{pmatrix}\begin{pmatrix} \dfrac{\partial \mu^*}{\partial C} \\ \dfrac{\partial K^*}{\partial C} \\ \dfrac{\partial L^*}{\partial C} \end{pmatrix}=\begin{pmatrix} -\dfrac{\partial F_1}{\partial C} \\ -\dfrac{\partial F_2}{\partial C} \\ -\dfrac{\partial F_3}{\partial C} \end{pmatrix}$$

或

$$\begin{pmatrix} 0 & -r & -\omega \\ -r & Q_{KK} & Q_{KL} \\ -\omega & Q_{KL} & Q_{LL} \end{pmatrix}\begin{pmatrix} \dfrac{\partial \mu^*}{\partial C} \\ \dfrac{\partial K^*}{\partial C} \\ \dfrac{\partial L^*}{\partial C} \end{pmatrix}=\begin{pmatrix} -1 \\ 0 \\ 0 \end{pmatrix} \tag{11-2-28}$$

这里把上面的三阶矩阵记作J，其中的二阶偏导数均在点(K^*,L^*)处计算. 为了求出$\partial K^*/\partial C$、$\partial L^*/\partial C$和$\partial \mu^*/\partial C$，需要$|J|\neq 0$. 这一点可从原问题的二阶充分条件获得保证. 事实上，若二阶充分条件成立，则在(K^*,L^*,μ^*)处，Lagrange 函数$L(K,L;\mu,r,\omega,P)$在点(K^*,L^*)处关于K和L的 Hessian 矩阵$\mathrm{D}^2L(K^*,L^*)=\mathrm{D}^2Q(K^*,L^*)$在约束集$\{(K,L)\mid rK+\omega L=0\}$上是负定的，从而加边矩阵

$$H=H_{2+1}=\begin{pmatrix} 0 & r & \omega \\ r & Q_{KK} & Q_{KL} \\ \omega & Q_{KL} & Q_{LL} \end{pmatrix}$$

的行列式的符号为$(-1)^2$，因而非零. 由于$|J|=|H|>0$，所以二阶充分条件确保$|J|\neq 0$成立. 因此方程组(11-2-28)有唯一一组解

$$\frac{\partial\mu^*}{\partial C} = \frac{(Q_{KL}^2 Q -_{KK} Q_{LL})}{|J|}$$

$$\frac{\partial K^*}{\partial C} = \frac{\omega Q_{KL} - rQ_{LL}}{|J|}$$

$$\frac{\partial L^*}{\partial C} = \frac{rQ_{KL} - \omega Q_{KK}}{|J|}$$

上面式中的二阶偏导数均在点(K^*, L^*)处计算. 若进一步假设$Q_{KL}(K^*, L^*) > 0$、$Q_{KK}(K^*, L^*) < 0$ 和 $Q_{LL}(K^*, L^*) < 0$，则 $\partial K^*/\partial C > 0$ 且 $\partial L^*/\partial C > 0$，但 $\partial\mu^*/\partial C$ 的符号不定；当 $Q_{KL}(K^*, L^*) < 0$ 时，$\partial K^*/\partial C$、$\partial L^*/\partial C$ 和 $\partial\mu^*/\partial C$ 的符号都不确定. 类似地可分别分析外生变量 r 和 ω 分别对最优解 K^* 和 L^* 的影响(留作习题).

11.3　最优值表示的经济函数

本节内容是 11.2 节内容的继续，将介绍微观经济学中常见的几种经济函数，数学上它们分别由一些特定的约束优化问题的目标函数的最优值来表示. 这些函数包括间接效用函数、支出函数、利润函数和成本函数. 厂商的最优利润函数所起的作用如同间接效用函数对消费者的作用. 厂商的成本函数在厂商的行为理论中所起的作用类似于支出函数在消费者的行为理论中所起的作用.

本节主要讨论这些经济函数的性质，包括增减性、齐次性和凹凸性等；对这些函数进行比较静态分析.

11.3.1　间接效用函数

定义 11.3.1　称效用极大化问题(11-1-1)的目标函数的最优值为间接效用函数. 具体来说，间接效用函数定义为

$$V(\mathbf{p}, I) \equiv \max_{\mathbf{x}}\{U(\mathbf{x}) \mid \mathbf{p}\cdot\mathbf{x} \leqslant I, x \geqslant 0\} \tag{11-3-1}$$

或 $V(\mathbf{p}, I) \equiv U(\mathbf{x}(\mathbf{p}, I))$，这里 $\mathbf{x}(\mathbf{p}, I)$ 为问题(11-1-1)的最优解(或 Marshall 需求函数).

性质 11.3.1　考虑效用极大化问题(11-1-1)，假设效用函数 $U(\mathbf{x})$ 是连续的，则间接效用函数 $V(\mathbf{p}, I)$ 有如下性质：

(1) $V(\mathbf{p}, I)$ 关于 $(\mathbf{p}, I)$ 是零次齐次的；

(2) $V(\mathbf{p}, I)$ 关于 $(\mathbf{p}, I)$ 是拟凸的；

(3) 固定收入 I，$V(\mathbf{p}, I)$ 关于 $\mathbf{p}$ 是递减的，即若 $\mathbf{p}^1 \leqslant \mathbf{p}^2$，则 $V(\mathbf{p}^1, I) \geqslant V(\mathbf{p}^2, I)$；

(4) 固定价格向量 $\mathbf{p}$，则 $V(\mathbf{p}, I)$ 是收入 I 的增函数，即若 $I_1 \leqslant I_2$，则 $V(\mathbf{p}, I_1) \leqslant V(\mathbf{p}, I_2)$.

证明　由性质 11.2.1，$\mathbf{x}(\mathbf{p},I)$关于$(\mathbf{p},I)$是零次齐次的，进而由 $V(\mathbf{p},I)\equiv U(\mathbf{x}(\mathbf{p},I))$可知 $V(\mathbf{p},I)$关于$(\mathbf{p},I)$也是零次齐次的. 结论(1)成立.

记 $C(\mathbf{p},I)=\{\mathbf{x}\mid\mathbf{p}\cdot\mathbf{x}\leqslant I\}$，下面先证明对任意 $t\in[0,1]$，若 $\mathbf{x}\in C(\mathbf{p}^t,I_t)$，则 $\mathbf{x}\in C(\mathbf{p}^1,I_1)\cup C(\mathbf{p}^2,I_2)$成立，这里 $\mathbf{p}^t\equiv t\mathbf{p}^1+(1-t)\mathbf{p}^2$，$I_t\equiv I_1+(1-t)I_2$. 显然这个结论当 $t=0$ 或 1 时成立. 下面证明对任意 $t\in(0,1)$，这个结论也成立. 假设存在一个 $\mathbf{x}^t\in C(\mathbf{p}^t,I_t)$，但 $\mathbf{x}^t\notin C(\mathbf{p}^1,I_1)\cup C(\mathbf{p}^2,I_2)$，从而 $\mathbf{p}^1\cdot\mathbf{x}^t>I_1$ 和 $\mathbf{p}^2\cdot\mathbf{x}^t>I_2$，进而有 $t\mathbf{p}^1\cdot\mathbf{x}^t>tI_1$ 和$(1-t)\mathbf{p}^2\cdot\mathbf{x}^t>(1-t)I_2$. 将这两个不等式相加可得 $\mathbf{p}^t\cdot\mathbf{x}^t>I_t$，从而 $\mathbf{x}^t\notin C(\mathbf{p}^t,I_t)$，出现矛盾. 因此对任意 $t\in[0,1]$，有 $V(\mathbf{p}^t,I_t)\leqslant V(\mathbf{p}^1,I_1)$或者$V(\mathbf{p}^t,I_t)\leqslant V(\mathbf{p}^2,I_2)$成立，从而 $V(\mathbf{p}^t,I)\leqslant\max\{V(\mathbf{p}^1,I_1),V(\mathbf{p}^2,I_2)\}$，即 $V(\mathbf{p},I)$关于$(\mathbf{p},I)$是拟凸的. 结论(2)成立.

假设 $\mathbf{p}^1\leqslant\mathbf{p}^2$，则对任意 $\mathbf{x}\geqslant\mathbf{0}$，有 $\mathbf{p}^1\cdot\mathbf{x}\leqslant\mathbf{p}^2\cdot\mathbf{x}$，从而 $C(\mathbf{p}^2,I)=\{\mathbf{x}\mid\mathbf{p}^2\cdot\mathbf{x}\leqslant I\}\subseteq C(\mathbf{p}^1,I)=\{\mathbf{x}\mid\mathbf{p}^1\cdot\mathbf{x}\leqslant I\}$. 因此 $U(\mathbf{x})$在约束集 $C(\mathbf{p}^1,I)$上的极大值不小于它在约束集 $C(\mathbf{p}^2,I)$上的极大值，即 $V(\mathbf{p}^1,I)\geqslant V(\mathbf{p}^2,I)$. 从而结论(3)成立. 结论(3)也可用下面的方法证明.

由 $\mathbf{p}^1\leqslant\mathbf{p}^2$ 及 Marshall 需求函数的定义 11.2.1，有 $\mathbf{p}^1\cdot\mathbf{x}(\mathbf{p}^2,I)\leqslant\mathbf{p}^2\cdot\mathbf{x}(\mathbf{p}^2,I)\leqslant I$，进而 $V(\mathbf{p}^1,I)\geqslant U(\mathbf{x}(\mathbf{p}^2,I))=V(\mathbf{p}^2,I)$.

类似地可证明结论(4)成立.

性质 11.3.2　考虑效用极大化问题(11-1-1)，假设定理 11.2.2 的条件成立，$\mathbf{x}(\mathbf{p},I)$为 Marshall 需求函数，$\lambda(\mathbf{p},I)$为相应的 Lagrange 乘子，$V(\mathbf{p},I)$是相应的间接效用函数，则 $V(\mathbf{p},I)$有如下性质：

(1) $\dfrac{\partial V(\mathbf{p},I)}{\partial I}=\lambda(\mathbf{p},I)$，进而 $V(\mathbf{p},I)$关于 I 是严格递增的；

(2) $\dfrac{\partial V(\mathbf{p},I)}{\partial p_j}=-\lambda x_j(\mathbf{p},I)$，进而 $V(\mathbf{p},I)$关于各个 p_j是严格递减的；

(3) 罗伊等式(Roy's identity) $x_i(\mathbf{p},I)=-\dfrac{\partial V(\mathbf{p},I)/\partial p_i}{\partial V(\mathbf{p},I)/\partial I}$，$i=1,2,\cdots,n$，或 $\mathbf{x}(\mathbf{p},I)=-\nabla_{\mathbf{p}}V(\mathbf{p},I)/(\partial V(\mathbf{p},I)/\partial I)$.

证明　由定理 11.2.2，$\mathbf{x}(\mathbf{p},I)>0$ 是 $\mathbf{p}$ 和 I 的 C^1 函数，从而 V 也是 $\mathbf{p}$ 和 I 的 C^1函数；此外 $\lambda(\mathbf{p},I)>0$. 构造 Lagrange 函数

$$L(\mathbf{x};\lambda,\mathbf{v};\mathbf{p},I)=U(\mathbf{x})-\lambda\Big(\sum_{i=1}^n p_ix_i-I\Big)+\sum_{i=1}^n v_ix_i(\mathbf{v}=(v_1,\cdots,v_n))$$

则 $\partial L/\partial I=\lambda$，再由包络定理 10.6.3

$$\frac{\partial V(\mathbf{p},I)}{\partial I}=\frac{\partial L(\mathbf{x},\lambda,\mathbf{v};\mathbf{p},I)}{\partial I}\bigg|_{(\mathbf{x},\lambda;\mathbf{v})=(\mathbf{x}(\mathbf{p},I),\lambda(\mathbf{p},I),\mathbf{v}(\mathbf{p},I))}=\lambda(\mathbf{p},I)>0$$

所以 $V(\mathbf{p},I)$关于 I 是严格递增的，结论(1)成立. 类似地，可证明结论(2).

由结论(1)和(2),可知结论(3)成立.

例 11.3.1　再考虑例 11.2.1,求相应的间接效用函数,并验证性质 11.3.1 和性质 11.3.2.

解　将例 11.2.1 得到的需求函数[即式(11-2-3)]代入效用函数 $U(x_1,x_2)=\alpha\ln x_1+(1-\alpha)\ln x_2$,化简后得到间接效用函数

$$V(\mathbf{p},I)=[\alpha\ln\alpha+(1-\alpha)\ln(1-\alpha)]+\ln I-\alpha\ln p_1-(1-\alpha)\ln p_2 \tag{11-3-2}$$

或

$$V(\mathbf{p},I)=U(x_1(\mathbf{p},I),x_2(\mathbf{p},I))=\ln I(\alpha/p_1)^{\alpha}[(1-\alpha)/p_2]^{1-\alpha}$$

容易验证性质 11.3.1(1)、(3)和(4)都成立.

下面验证性质 11.3.1(2)成立,即验证 $V(\mathbf{p},I)$ 关于 $(\mathbf{p},I)$ 是拟凸的;由定理 7.5.8(2),只需验证矩阵 $\mathrm{D}^2V(\mathbf{p},I)$ 在约束集 $B=\{z\in\mathbf{R}^3\,|\,\mathrm{D}V(\mathbf{p},I)z=0\}$ 上是半正定的,为此构造加边矩阵

$$H_{1+k}^{\pi}=\begin{pmatrix}0 & (\mathrm{D}V(\mathbf{p},I))_k^{\pi}\\ [(\mathrm{D}V(\mathbf{p},I))_k^{\pi}]^T & {}_k(\mathrm{D}^2V(\mathbf{p},I))_k^{\pi}\end{pmatrix},\quad k=2,3$$

并验证 $|H_{1+k}^{\pi}|\leqslant 0$,$k=2,3$ 成立即可(定理 7.5.8 和定理 4.9.17).

当 $k=2$ 时,$|H_{1+2}^{\pi}|$ 有 3 个,分别为

$$\begin{vmatrix}0 & -\dfrac{\alpha}{p_1} & -\dfrac{1-\alpha}{p_2}\\ -\dfrac{\alpha}{p_1} & \dfrac{\alpha}{p_1^2} & 0\\ -\dfrac{1-\alpha}{p_2} & 0 & \dfrac{1-\alpha}{p_2^2}\end{vmatrix}=-\frac{\alpha(1-\alpha)}{p_1^2p_2^2}<0$$

$$\begin{vmatrix}0 & -\dfrac{\alpha}{p_1} & \dfrac{1}{I}\\ -\dfrac{\alpha}{p_1} & \dfrac{\alpha}{p_1^2} & 0\\ \dfrac{1}{I} & 0 & -\dfrac{1}{I^2}\end{vmatrix}=-\frac{\alpha(1-\alpha)}{p_1^2I^2}<0$$

$$\begin{vmatrix}0 & -\dfrac{1-\alpha}{p_2} & \dfrac{1}{I}\\ -\dfrac{1-\alpha}{p_2} & \dfrac{1-\alpha}{p_2^2} & 0\\ \dfrac{1}{I} & 0 & -\dfrac{1}{I^2}\end{vmatrix}=-\frac{\alpha(1-\alpha)}{p_2^2I^2}<0$$

当 $k=3$ 时,$|H_{1+3}^{\pi}|$ 只有 1 个,即

$$|H_{1+3}^{\pi}| = \begin{vmatrix} 0 & -\frac{\alpha}{p_1} & -\frac{1-\alpha}{p_2} & \frac{1}{I} \\ -\frac{\alpha}{p_1} & \frac{\alpha}{p_1^2} & 0 & 0 \\ -\frac{1-\alpha}{p_2} & 0 & \frac{1-\alpha}{p_2^2} & 0 \\ \frac{1}{I} & 0 & 0 & -\frac{1}{I^2} \end{vmatrix} = 0$$

综上所述,$|H_{1+k}^{\pi}| \leqslant 0, k=2,3$. 从而由定理 4.9.17(2)和定理 7.5.8(2)可知 $V(\mathbf{p},I)$关于$(\mathbf{p},I)$是拟凸的. 因此性质 11.3.1(2)成立.

下面验证性质 11.3.2. 由式(11-3-2)和式(11-2-4)可知

$$\partial V(\mathbf{p},I)/\partial I = 1/I = \lambda > 0 \tag{11-3-3}$$

从而性质 11.3.2(1)成立. 由式(11-3-2)可知

$$\partial V(\mathbf{p},I)/\partial p_1 = -\alpha/p_1, \quad \partial V(\mathbf{p},I)/\partial p_2 = -(1-\alpha)/p_2 \tag{11-3-4}$$

结合式(11-2-3)和式(11-2-4),可知性质 11.3.2(2)成立. 结合式(11-3-3)、式(11-3-4)和式(11-2-3)三个式子,可知性质 11.3.2(3)成立.

11.3.2 支出函数

定义 11.3.2 称极小化问题(11-1-22)的目标函数的最优值为支出函数,具体来说,支出函数定义为

$$e(\mathbf{p},u) = \min_{\mathbf{x}}\{\mathbf{p}\cdot\mathbf{x} \mid u(\mathbf{x}) \geqslant u, \mathbf{x} \geqslant \mathbf{0}\} \tag{11-3-5}$$

或 $e(\mathbf{p},u)=\mathbf{p}\cdot\mathbf{h}(\mathbf{p},u)$,这里 $\mathbf{h}(\mathbf{p},u)$是问题(11-1-22)的最优解(Hicks 需求函数).

从式(11-3-5)可知,支出函数表示商品价格向量为 $\mathbf{p}$ 时达到效用 u 的最小支出. 根据支出函数的定义它有如下的性质.

性质 11.3.3 支出函数 $e(\mathbf{p},u)$具有下面的性质①:

(1) 固定 u,则 $e(\mathbf{p},u)$关于 $\mathbf{p}$ 是一次齐次的;

(2) 固定 u,则 $e(\mathbf{p},u)$关于 $\mathbf{p}$ 是凹的;

(3) 固定各个 $p_i(i\neq j)$,则 $e(\mathbf{p},u)$关于 p_j 是递增的,即若 $\mathbf{p}^1=(p_1^1,p_2^1,\cdots,p_n^1)$,$\mathbf{p}^2=(p_1^2,p_2^2,\cdots,p_n^2)$,且 $p_j{}^1\leqslant p_j^2$,$p_i^1=p_i^2(i\neq j)$,则 $e(\mathbf{p}^1,u)\leqslant e(\mathbf{p}^2,u)$②;

(4) 固定 u,若 $\mathbf{p}^1\leqslant\mathbf{p}^2$,则 $e(\mathbf{p}^1,u)\leqslant e(\mathbf{p}^2,u)$;

(5) 固定 $\mathbf{p}>0$,则 $e(\mathbf{p},u)$关于 u 是递增的,即若 $u_1\leqslant u_2$,则 $e(\mathbf{p},u_1)\leqslant e(\mathbf{p},u_2)$.

证明 这里仅证明结论(2)和(4),其他的证明类似于性质 11.3.1(留作习题).

---

① 结论(3)是结论(4)的特殊情形.

② 这个性质也用另一种记号简洁地表述. 令 $\mathbf{p}_{-j}$表示第 j 种商品以外其他所有商品的价格构成的 $n-1$ 维向量,则这个结论可表示为:若 $p_j^1\leqslant p_j^2$,则 $e(p_j^1,\mathbf{p}_{-j},u)\leqslant e(p_j^2,\mathbf{p}_{-j},u)$.

(2) 任取 $t\in[0,1]$，若能证明对固定的 u 和对任意两个价格向量 $\mathbf{p}$ 和 $\mathbf{p}'$ 有

$$e(t\mathbf{p}+(1-t)\mathbf{p}',u)\geqslant te(\mathbf{p},u)+(1-t)e(\mathbf{p}',u) \tag{11-3-6}$$

成立，则结论(2)成立. 设相应于价格向量 $\mathbf{p}$、$\mathbf{p}'$ 和 $\mathbf{p}''=t\mathbf{p}+(1-t)\mathbf{p}'$ 的支出极小化问题(11-1-22)的最优解分别为 $\mathbf{x}$、$\mathbf{x}'$ 和 $\mathbf{x}''$，则

$$e(\mathbf{p}'',u)=\mathbf{p}''\cdot\mathbf{x}''=t\mathbf{p}\cdot\mathbf{x}''+(1-t)\mathbf{p}'\cdot\mathbf{x}'' \tag{11-3-7}$$

注意到 $\mathbf{p}\cdot\mathbf{x}''\geqslant e(\mathbf{p},u)$ 和 $\mathbf{p}'\cdot\mathbf{x}''\geqslant e(\mathbf{p}',u)$[因为 $\mathbf{x}''$ 是 $\min_{\mathbf{x}}\{\mathbf{p}\cdot\mathbf{x}\mid u(\mathbf{x})\geqslant u,\mathbf{x}\geqslant\mathbf{0}\}$ 和 $\min_{\mathbf{x}}\{\mathbf{p}'\cdot\mathbf{x}\mid u(\mathbf{x})\geqslant u,\mathbf{x}\geqslant\mathbf{0}\}$ 的可行解]，再结合式(11-3-7)可知式(11-3-6)成立.

(4) 由于支出函数 $e(\mathbf{p},u)=\mathbf{p}\cdot h(\mathbf{p},u)$ 表示商品价格向量为 $\mathbf{p}$ 时达到效用 u 的最小支出，所以若 $\mathbf{p}^1\leqslant\mathbf{p}^2$，则 $e(\mathbf{p}^1,u)=\mathbf{p}^1\cdot h(\mathbf{p}^1,u)\leqslant\mathbf{p}^1\cdot h(\mathbf{p}^2,u)\leqslant\mathbf{p}^2\cdot h(\mathbf{p}^2,u)=e(\mathbf{p}^2,u)$. 因此结论(4)成立.

上面性质 11.3.3(2)的证明所要求的是在某个约束集上极小化一个线性目标函数. 许多其他经济函数也是这样定义的. 例如，相应于给定的生产函数 $g(\mathbf{x})$ 的成本函数 $c(\mathbf{w},y)$ 就是在保证产出为 y 的情况下的最小成本，即有 $c(\mathbf{w},y)=\min_{\mathbf{x}}\{\mathbf{w}\cdot\mathbf{x}\mid g(\mathbf{x})\geqslant y\}$. 类似于性质 11.3.3(2)的证明，可证明 $c(\mathbf{w},y)$ 是价格向量 $\mathbf{w}$ 的凹函数. 最后，考虑当产品的销售价格为 p、n 种投入的成本为向量 $\mathbf{w}$ 时的最优利润函数 $\pi(p,\mathbf{w})=\max_{\mathbf{x},y}\{py-\mathbf{w}\cdot\mathbf{x}\mid g(\mathbf{x})\geqslant y\}$，完全类似地可以证明 $\pi(p,\mathbf{w})$ 是 $(p,\mathbf{w})$ 的凸函数. 更一般的，有下面的定理 11.3.1 成立.

定理 11.3.1　考虑在一个给定的约束集 $C\subseteq\mathbf{R}^n$ 上关于 $\mathbf{x}$ 极大化一个线性目标函数 $\mathbf{a}\cdot\mathbf{x}$ 的问题 $f(\mathbf{a})=\max_{\mathbf{x}}\{\mathbf{a}\cdot\mathbf{x}\mid\mathbf{x}\in C\}$，则最优目标函数值是参数 $\mathbf{a}$ 的凸函数；对于具有线性目标函数的极小化问题 $f(\mathbf{a})=\min_{\mathbf{x}}\{\mathbf{a}\cdot\mathbf{x}\mid\mathbf{x}\in C\}$，目标函数的最优值是参数 $\mathbf{a}$ 的凹函数. 这里 $\mathbf{x}=(x_1,x_2,\cdots,x_n)$，$\mathbf{a}=(a_1,a_2,\cdots,a_n)$.

性质 11.3.4　若定理 11.2.6 的条件成立，则支出函数 $e(\mathbf{p},u)$ 具有性质：

(1) 固定 $\mathbf{p}>\mathbf{0}$，则 $e(\mathbf{p},u)$ 关于 u 是严格递增的；

(2) Shephard(谢泼德)引理

$$\frac{\partial e(\mathbf{p},u)}{\partial p_i}=h_i(\mathbf{p},u),\quad i=1,\cdots,n \tag{11-3-8}$$

或 $\mathbf{h}(\mathbf{p},u)=\nabla_{\mathbf{p}}e(\mathbf{p},u)$.

证明　类似于性质 11.3.2 的证明(留作习题).

下面利用支出函数的性质 11.3.3 和性质 11.3.4 证明 Hicks 需求函数满足的性质 11.2.3. 由于 $h_i(\mathbf{p},u)$ 是 C^1 的，所以 $e(\mathbf{p},u)=\mathbf{p}\cdot\mathbf{h}(\mathbf{p},u)$ 是 C^2 的. 由性质 11.3.4(2)，对 $i,j=1,\cdots,n$

$$\partial h_i(\mathbf{p},u)/\partial p_i=\partial^2 e(\mathbf{p},u)/\partial p_i^2 \tag{11-3-9}$$

$$\partial h_i(\mathbf{p},u)/\partial p_j=\partial^2 e_i(\mathbf{p},u)/\partial p_i\partial p_j,\quad \partial h_j(\mathbf{p},u)/\partial p_i=\partial^2 e(\mathbf{p},u)/\partial p_j\partial p_i \tag{11-3-10}$$

由性质 11.3.3(2)，$e(\mathbf{p},u)$ 关于 $\mathbf{p}$ 是凹的，因此 $\partial^2 e(\mathbf{p},u)/\partial p_i^2\leqslant 0$[定理 7.4.5

(1)],$i=1,\cdots,n$;再由式(11-3-9),可知性质 11.2.3(1)成立.由式(11-3-10)以及 $e(\mathbf{p},u)$是 C^2 的函数,可知性质 11.2.3(2)成立.

例 11.3.2 再考虑例 11.2.2,求支出函数 $e(\mathbf{p},u)$,并验证它满足性质 11.3.3 和性质 11.3.4.

解 将例 11.2.2 得到的 Hicks 需求函数 $\mathbf{x}=\mathbf{h}(\mathbf{p},u)$[即式(11-2-22)]代入效用函数 $U(x_1,x_2)$的表达式并化简,得到支出函数

$$e(\mathbf{p},u)=p_1h_1(\mathbf{p},u)+p_2h_2(\mathbf{p},u)=e^u\left(\frac{p_1}{\alpha}\right)^{\alpha}\left(\frac{p_2}{1-\alpha}\right)^{1-\alpha}$$

容易验证性质 11.3.3(1)、(3)～(5)都成立;而性质 11.3.3(2)可由例 7.4.3(1)推出.容易验证 $\partial e(\mathbf{p},u)/\partial u>0$,从而 $e(\mathbf{p},u)$关于 u 是严格递增的,即性质 11.3.4(1)成立;此外

$$\frac{\partial e(\mathbf{p},u)}{\partial p_1}=e^u\left(\frac{p_2}{1-\alpha}\right)^{1-\alpha}\left(\frac{1}{\alpha}\right)^{\alpha}\alpha p_1^{\alpha-1}=\left(\frac{\alpha p_2}{(1-\alpha)p_1}\right)^{1-\alpha}e^u$$

结合式(11-2-22),可知 $\partial e(\mathbf{p},u)/\partial p_1=h_1(\mathbf{p},u)$.类似地,可证明 $\partial e(\mathbf{p},u)/\partial p_2=h_2(\mathbf{p},u)$,从而性质 11.3.4(2)成立.

11.3.3 Marshall 需求函数、Hicks 需求函数、间接效用与支出函数间的关系

利用定理 11.1.6 可把 Marshall 需求函数与 Hicks 需求函数联系起来,也可把间接效用函数与支出函数联系起来(见下面的定理 11.3.2).

定理 11.3.2 假设定理 11.1.6 的条件成立,则:

(1) $\mathbf{h}(\mathbf{p},V(\mathbf{p},I))=\mathbf{x}(\mathbf{p},I)$;

(2) $e(\mathbf{p},V(\mathbf{p},I))=I$;

(3) $\mathbf{x}(\mathbf{p},e(\mathbf{p},u))=\mathbf{h}(\mathbf{p},u)$;

(4) $V(\mathbf{p},e(\mathbf{p},u))=u$.

证明 下面仅证明结论(1)和(2).类似地可证明结论(3)和(4).由定理 11.1.6(1)、Marshall 需求函数的定义 11.2.1、Hicks 需求函数的定义 11.2.2 和间接效用函数的定义 11.3.1,并用 $\mathbf{x}(\mathbf{p},I)$替换定理 11.1.6(1)中的 $\mathbf{x}^*$

$$\mathbf{x}(\mathbf{p},I)=\mathbf{h}(\mathbf{p},U(\mathbf{x}(\mathbf{p},I)))=\mathbf{h}(\mathbf{p},V(\mathbf{p},I))$$

因此结论(1)成立.

由定理 11.1.6(1)、定义 11.3.1、支出函数的定义 11.3.2、定义 11.2.1 和定义 11.2.2,并用 $\mathbf{x}(\mathbf{p},I)$替换定理 11.1.6(1)中的 $\mathbf{x}^*$

$$e(\mathbf{p},V(\mathbf{p},I))=e(\mathbf{p},U(\mathbf{x}(\mathbf{p},I)))=\mathbf{p}\cdot\mathbf{x}(\mathbf{p},I)=I$$

因此结论(3)成立.

将前面的有关结论总结为下面的图 11.3.1 所示的 Marshall 需求函数、Hicks 需求函数、间接效用函数与支出函数之间的关系.

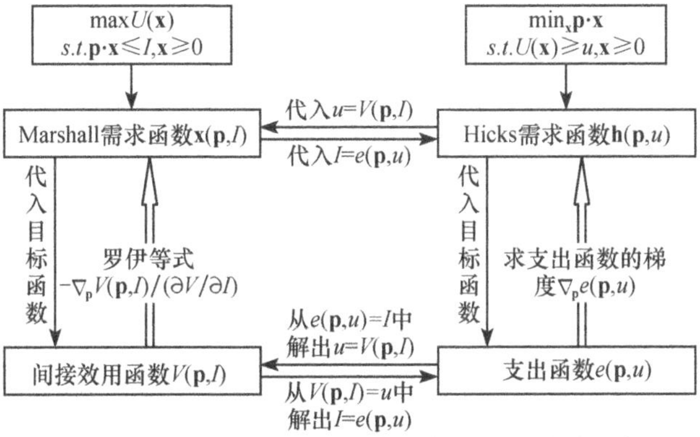

图 11.3.1　Marshall 需求函数、Hicks 需求函数、间接效用函数与支出函数之间的关系

由图 11.3.1，可获得以下结论. 首先，若已知间接效用函数（或支出函数），则可求出 Marshall 需求函数、Hicks 需求函数和支出函数（或间接效用函数）. 其次，若已知 Hicks 需求函数，则可求出支出函数、间接效用函数和 Marshall 需求函数. 最后，若已知效用函数，则可求出 Marshall 需求函数、间接效用函数、支出函数和 Hicks 需求函数.

例 11.3.3　假设某消费者的间接效用函数为 $V(p_1,p_2,I)=I/(p_1^\alpha p_2^{1-\alpha})$ $(0<\alpha<1)$，求这个消费者的 Marshall 需求函数 $\mathbf{x}(\mathbf{p},I)$、支出函数 $e(\mathbf{p},u)$ 和 Hicks 需求函数 $\mathbf{h}(\mathbf{p},u)$.

解　由图 11.3.1 或性质 11.3.2(3)，$\mathbf{x}(\mathbf{p},I)=-\nabla_{\mathbf{p}}V(\mathbf{p},I)/(\partial V(\mathbf{p},I)/\partial I)$. 而 $\nabla_{\mathbf{p}}V(\mathbf{p},I)=(\partial V/\partial p_1,\partial V/\partial p_2)^T=(-\alpha Ip_1^{-\alpha-1}p_2^{\alpha-1},(\alpha-1)Ip_1^{-\alpha}p_2^{\alpha-2})^T$，$\partial V/\partial I=p_1^{-\alpha}p_2^{\alpha-1}$. 因此 $\mathbf{x}(\mathbf{p},I)=(\alpha I/p_1,(1-\alpha)I/p_2)^T$.

令 $V(p_1,p_2,I)=u$，即 $I/(p_1^\alpha p_2^{1-\alpha})=u$[定理 11.3.2(4)]. 由此解出 I，得到支出函数 $I=e(\mathbf{p},u)=up_1^\alpha p_2^{1-\alpha}$. 从而 Hicks 需求函数为 $\mathbf{h}(\mathbf{p},u)=\nabla_{\mathbf{p}}e(\mathbf{p},u)=(\alpha up_1^{\alpha-1}p_2^{1-\alpha},(1-\alpha)up_1^\alpha p_2^{-\alpha})^T$[性质 11.3.4(2)].

定理 11.3.3[斯拉茨基方程(Slutsky equation)]　假设效用函数 $U(\mathbf{x})$ 为满足单调性条件(11-1-2)和非退化假设(11-1-17)的 C^2 效用函数，并且 $\mathbf{x}(\mathbf{p},I)\gg\mathbf{0}$，$\mathbf{p}\gg\mathbf{0}$，$I>0$. 则对所有的 $(\mathbf{p},I)$，有

$$\frac{\partial x_i(\mathbf{p},I)}{\partial p_j}=\frac{\partial h_i(\mathbf{p},V(\mathbf{p},I))}{\partial p_j}-\frac{\partial x_i(\mathbf{p},I)}{\partial I}x_j(\mathbf{p},I),\quad i,j=1,\cdots,n \tag{11-3-11}$$

证明　定理中的假设、定理 11.2.2 和定理 11.2.6 可确保 $\mathbf{x}(\mathbf{p},I)$ 和 $\mathbf{h}(\mathbf{p},u)$ 是可微函数. 由定理 11.3.2 中的结论(3)可知 $x_i(\mathbf{p},e(\mathbf{p},u))=h_i(\mathbf{p},u)$. 对这个式子的两边关于 p_j 求偏导数

$$\frac{\partial x_i(\mathbf{p},e(\mathbf{p},u))}{\partial p_j}+\frac{\partial x_i(\mathbf{p},e(\mathbf{p},u))}{\partial I}\frac{\partial e(\mathbf{p},u)}{\partial p_j}=\frac{\partial h_i(\mathbf{p},u)}{\partial p_j}$$

由性质 11.3.4(2)，$\dfrac{\partial e(\mathbf{p},u)}{\partial p_j}=h_j(\mathbf{p},u)$. 从而有

$$\frac{\partial x_i(\mathbf{p},e(\mathbf{p},u))}{\partial p_j}+\frac{\partial x_i(\mathbf{p},e(\mathbf{p},u))}{\partial I}h_j(\mathbf{p},u)=\frac{\partial h_i(\mathbf{p},u)}{\partial p_j}$$

将 $u=V(\mathbf{p},I)$代入上式

$$\frac{\partial x_i(\mathbf{p},e(\mathbf{p},V(\mathbf{p},I)))}{\partial p_j}+\frac{\partial x_i(\mathbf{p},e(\mathbf{p},V(\mathbf{p},I)))}{\partial I}h_j(\mathbf{p},V(\mathbf{p},I))=\frac{\partial h_i(\mathbf{p},V(\mathbf{p},I))}{\partial p_j}$$

由定理 11.3.2(1)和(2)，即由 $\mathbf{h}(\mathbf{p},V(\mathbf{p},I))=\mathbf{x}(\mathbf{p},I)$和 $e(\mathbf{p},V(\mathbf{p},I))=I$ 可得

$$\frac{\partial x_i(\mathbf{p},I)}{\partial p_j}+\frac{\partial x_i(\mathbf{p},I)}{\partial I}x_j(\mathbf{p},I)=\frac{\partial h_i(\mathbf{p},V(\mathbf{p},I))}{\partial p_j}$$

最后重新安排上式中的各项可得到式(11-3-11).

下面给出 Slutsky 方程的简单应用. 在式(11-3-11)中令 $i=j$，则

$$\frac{\partial x_i(\mathbf{p},I)}{\partial p_i}=\frac{\partial h_i(\mathbf{p},V(\mathbf{p},I))}{\partial p_i}-\frac{\partial x_i(\mathbf{p},I)}{\partial I}x_i(\mathbf{p},I)\tag{11-3-12}$$

假设商品 i 是正常品，则 $\partial x_i/\partial I>0$. 由性质 11.2.3(1)，有 $\partial h_i(\mathbf{p},u)/\partial p_i\leqslant 0$，从而 $\partial h_i(\mathbf{p},V(\mathbf{p},I))/\partial p_i\leqslant 0$. 进一步根据式(11-3-12)，$\partial x_i/\partial p_i<0$. 这说明，对于正常品来说，价格下跌必然会造成需求量的上升；反之，若价格上升，需求必下降. 这就是需求规律.

不满足需求规律的商品是吉芬品(Giffen goods)，这种商品的需求量与价格同方向变化(即 $\partial x_i/\partial p_i>0$). 满足 $\partial x_i/\partial I<0$ 的商品 i 称作劣等品. 下面证明吉芬品一定是劣等品，反之不然. 假设商品 i 是吉芬品，则 $\partial x_i/\partial p_i>0$. 再根据 $\partial h_i(\mathbf{p},V(\mathbf{p},I))/\partial p_i\leqslant 0$ 和式(11-3-12)，必有 $\partial x_i/\partial I<0$，从而商品 i 是劣等品. 反之，对劣等品($\partial x_i/\partial I<0$)来说，不能确保(11-3-12)式中项 $\partial x_i/\partial p_i$ 大于零. 例如，若 $|\partial h_i(\mathbf{p},V(\mathbf{p},I))/\partial p_i|>|x_i(\partial x_i/\partial I)|$，则 $\partial x_i/\partial p_i<0$.

11.3.4 利润函数

定义 11.3.3 利润极大化问题(11-1-27)的目标函数的最优值称作利润函数. 具体来说，利润函数定义为

$$\pi(p,\mathbf{w})\equiv pf(\boldsymbol{\chi}(p,\mathbf{w}))-\mathbf{w}\cdot\boldsymbol{\chi}(p,\mathbf{w})\tag{11-3-13}$$

其中 $\boldsymbol{\chi}(p,\mathbf{w})$为问题(11-1-27)的最优解.

由定理 11.1.7 的反之部分，在式(11-1-31)成立的条件下，$\boldsymbol{\chi}$是 p 和 $\mathbf{w}$ 的局部单值的 C^1 函数，进而 $F(p,\mathbf{w})$和 $\pi(p,\mathbf{w})$也都是 p 和 $\mathbf{w}$ 的 C^1 函数.

性质 11.3.5 利润函数 $\pi(p,\mathbf{w})$满足：

(1) $\pi(p,\mathbf{w})$关于$(p,\mathbf{w})$是一次齐次的；

(2) $\pi(p,\mathbf{w})$关于$(p,\mathbf{w})$是凸的；

(3) 固定 $\mathbf{w}$,$\pi(p,\mathbf{w})$关于 p 是递增的,即若 $p_1\leqslant p_2$,则 $\pi(p_1,\mathbf{w})\leqslant\pi(p_2,\mathbf{w})$；

(4) 固定 p,$\pi(p,\mathbf{w})$关于 $\mathbf{w}$ 是递减的,即若 $\mathbf{w}_1\leqslant\mathbf{w}_2$,则 $\pi(p,\mathbf{w}_1)\geqslant\pi(p,\mathbf{w}_2)$.

证明　类似于性质 11.3.1 和性质 11.3.3 的证明(留作习题).

性质 11.3.6[霍特林引理(Hotelling lemma)]　若定理 11.1.7 的反之部分的条件成立,则利润函数 $\pi(p,\mathbf{w})$关于$(p,\mathbf{w})$是可微的,且

$$\frac{\partial\pi(p,\mathbf{w})}{\partial p}=F(p,\mathbf{w})=f(\boldsymbol{\chi}(p,\mathbf{w}))\tag{11-3-14}$$

$$\frac{\partial\pi(p,\mathbf{w})}{\partial w_i}=-\chi_i(p,\mathbf{w})^{①},\quad i=1,2,\cdots,n\tag{11-3-15}$$

证明　类似于性质 11.3.2 和性质 11.3.4 的证明(留作习题).

下面利用性质 11.3.5 和性质 11.3.6 证明要素需求函数和产出供给函数所具有的性质 11.2.5. 性质 11.2.5(1)和(3)中的式(11-2-23)的证明类似于性质 11.2.3 的证明(留作习题). 下面证明性质 11.2.5(2)和(3)中的式(11-2-24)成立.

由性质 11.3.5(2),$\pi(p,\mathbf{w})$关于$(p,\mathbf{w})$是凸的,因此矩阵 $\mathrm{D}^2\pi(p,\mathbf{w})$是半正定的,从而 $\partial^2\pi(p,\mathbf{w})/\partial p^2\geqslant 0$. 进而把式(11-3-14)两端关于 p 求偏导数后,得到 $\partial F(p,\mathbf{w})/\partial p=\partial^2\pi(p,\mathbf{w})/\partial p^2\geqslant 0$,即性质 11.2.5(2)成立.

式(11-3-15)两端关于 p 求偏导数,然后利用 Yong 定理和式(11-3-14)可得

$$\frac{\partial\chi_i(p,\mathbf{w})}{\partial p}=-\frac{\partial^2\pi(p,\mathbf{w})}{\partial w_i\partial p}=-\frac{\partial^2\pi(p,\mathbf{w})}{\partial p\partial w_i}=-\frac{\partial F(p,\mathbf{w})}{\partial w_i}$$

即性质 11.2.5(3)中的式(11-2-24)成立.

例 11.3.4　再考虑例 11.2.3,求利润函数并验证它满足性质 11.3.5 和性质 11.3.6.

解　将例 11.2.3 得到的最优解 $x_1=(\alpha p)/w_1$、$x_2=(1-\alpha)p/w_2$ 代入生产函数 $f(x_1,x_2)$的表达式并化简,得到利润函数

$$\pi(p,\mathbf{w})=p\left[\alpha\ln\frac{\alpha p}{w_1}+(1-\alpha)\ln\frac{(1-\alpha)p}{w_2}-1\right]\tag{11-3-16}$$

下面验证性质 11.3.5 和性质 11.3.6. 由式(11-3-16),性质 11.3.5(1)和(4)是显然的. 式(11-3-16)两端分别关于 p、w_1 和 w_2 求偏导数,并注意到式(11-2-25),可得

$$\frac{\partial\pi(p,\mathbf{w})}{\partial p}=\alpha\ln\frac{\alpha p}{w_1}+(1-\alpha)\ln\frac{(1-\alpha)p}{w_2}=F(p,\mathbf{w})\tag{11-3-17}$$

① 式(11-3-15)说明厂商第 i 种投入的单价增加 1%,厂商使用 x_i 单位的这种投入,其利润亦会减少 x_i%.

$$\frac{\partial \pi(p,\mathbf{w})}{\partial w_1}=-\frac{\alpha p}{w_1}=-\chi_1(p,\mathbf{w})$$

和

$$\frac{\partial \pi(p,\mathbf{w})}{\partial w_2}=-\frac{(1-\alpha)p}{w_2}=-\chi_2(p,\mathbf{w})$$

从而性质 11.3.6 成立. 由例 11.2.3 中的脚注和式(11-3-17),有 $\partial\pi(p,\mathbf{w})/\partial p>0$,从而性质 11.3.5(3)成立.

最后验证性质 11.3.5(2)成立. 为验证 $\pi(p,\mathbf{w})$关于$(p,\mathbf{w})$是凸的,只需证明$D^2\pi(p,\mathbf{w})$半正定即可,即验证$|_k(D^2\pi)_k^\pi|\geqslant 0(k=1,2,3)$. 由式(11-3-16)

$$D^2\pi(p,\mathbf{w})=\begin{pmatrix}\frac{1}{p} & -\frac{\alpha}{w_1} & -\frac{1-\alpha}{w_2}\\ -\frac{\alpha}{w_1} & \frac{\alpha p}{w_1^2} & 0\\ -\frac{1-\alpha}{w_2} & 0 & \frac{(1-\alpha)p}{w_2^2}\end{pmatrix}$$

当 $k=1$ 时,主子式$|_1(D^2\pi)_1^\pi|$有三个,满足$|1/p|>0$,$|(\alpha p)/w_1^2|>0$,$|(1-\alpha)p/w_2^2|>0$;

当 $k=2$ 时,主子式$|_2(D^2\pi)_2^\pi|$有三个,满足

$$\begin{vmatrix}\frac{1}{p} & -\frac{\alpha}{w_1}\\ -\frac{\alpha}{w_1} & \frac{\alpha p}{w_1^2}\end{vmatrix}=\frac{\alpha(1-\alpha)}{w_1^2}>0$$

$$\begin{vmatrix}\frac{1}{p} & -\frac{1-\alpha}{w_2}\\ -\frac{1-\alpha}{w_2} & \frac{(1-\alpha)p}{w_2^2}\end{vmatrix}=\frac{\alpha(1-\alpha)}{w_2^2}>0$$

$$\begin{vmatrix}\frac{\alpha p}{w_1^2} & 0\\ 0 & \frac{(1-\alpha)p}{w_2^2}\end{vmatrix}=\frac{\alpha(1-\alpha)p^2}{w_1^2w_2^2}>0$$

当 $k=3$ 时,主子式$|_3(D^2\pi)_3^\pi|$有一个,满足$|_3(D^2\pi)_3^\pi|=|D^2\pi(p,\mathbf{w})|=0$.

综上所述,$|_k(D^2\pi)_k^\pi|\geqslant 0(k=1,2,3)$. 由定理 4.9.1(2)和定理 7.4.5(3)可知$\pi(p,\mathbf{w})$关于$(p,\mathbf{w})$是凸的.

11.3.5 成本函数

定义 11.3.4 相应于给定的生产函数 $f(\mathbf{x})$的成本函数 $c(\mathbf{w},y)$是在保证产出

为 y 的情况下的最小成本,即

$$c(\mathbf{w},y)=\min_{\mathbf{x}}\{\ \mathbf{w}\cdot\mathbf{x}\mid f(\mathbf{x})\geqslant y,\mathbf{x}\geqslant\mathbf{0}\}\tag{11-3-18}$$

根据成本函数的定义,它有如下的性质.

性质 11.3.7　成本函数 $c(\mathbf{w},y)$满足:

(1) (固定 y)$c(\mathbf{w},y)$关于 $\mathbf{w}$ 是一次齐次的;

(2) (固定 y)$c(\mathbf{w},y)$关于 $\mathbf{w}$ 是凹的;

(3) [固定各个 $w_i(i\neq j)$]$c(\mathbf{w},y)$关于 w_j 是递增的,即若 $\mathbf{w}^1=(w_1^1,w_2^1,\cdots,w_n^1)$,$\mathbf{w}^2=(w_1^2,w_2^2,\cdots,w_n^2)$,且 $w_j^1\leqslant w_j^2$,$w_i^1=w_i^2(i\neq j)$,则 $c(\mathbf{w}^1,y)\leqslant c(\mathbf{w}^2,y)$①;

(4) (固定 y)$c(\mathbf{w},y)$关于 $\mathbf{w}$ 是递增的,即若 $\mathbf{w}^1\leqslant\mathbf{w}^2$,则 $c(\mathbf{w}^1,y)\leqslant c(\mathbf{w}^2,y)$;

(5) (固定 $\mathbf{w}>\mathbf{0}$)$c(\mathbf{w},y)$关于 y 是递增的,即若 $y_1\leqslant y_2$,则 $c(\mathbf{w},y_1)\leqslant c(\mathbf{w},y_2)$.

证明　类似于性质 11.3.1 和性质 11.3.3 的证明(留作习题).

性质 11.3.8　若定理 11.2.7 的条件成立,则成本函数 $c(\mathbf{w},y)$具有性质:

(1) 固定 $\mathbf{w}>\mathbf{0}$,则 $c(\mathbf{w},y)$关于 y 是严格递增的;

(2) Shephard 引理

$$\frac{\partial c(\mathbf{w},y)}{\partial w_i}=x_i(\mathbf{w},y),\quad i=1,\cdots,n$$

证明　类似于性质 11.3.2 的证明(留作习题).

例 11.3.5　再考虑例 11.2.4,求成本函数 $c(\mathbf{w},y)$,并验证它满足性质 11.3.7 和性质 11.3.8.

解　将例 11.2.4 得到的最优解[即式(11-2-26)]中的 z_1和 z_2分别替代 $w_1x_1+w_2x_2$ 中的 x_1和 x_2,化简得

$$\begin{aligned}c(\mathbf{w},y)&=w_1\left[\frac{\alpha w_2}{(1-\alpha)w_1}\right]^{1-\alpha}e^y+w_2\left[\frac{\alpha w_2}{(1-\alpha)w_1}\right]^{-\alpha}e^y\\&=Kw_1^{\alpha}w_2^{1-\alpha}e^y\end{aligned}$$

这里 $K=\alpha^{-\alpha}(1-\alpha)^{\alpha-1}$.

容易验证性质 11.3.7 和性质 11.3.8 成立.

11.4　Lagrange 乘子的经济含义

本小节讨论定理 10.5.3 在经济理论中的应用,讨论 Lagrange 乘子的经济含义.

例 11.4.1　假设某厂商的生产过程包括 n 种产品的生产,x_i 表示第 i 种产品的产量($i=1,2,\cdots,n$).每种产品的生产需要投入 k 种资源,令 b_j 表示在厂商的生

① 这个结论性质也可用另一种记号简洁地表述.令 $\mathbf{w}_{-j}$表示第 j 种商品以外其他所有商品的价格构成的 $n-1$ 维向量,则这个结论可表示为:若 $w_j^1\leqslant w_j^2$,则 $c(w_j^1,\mathbf{w}_{-j},u)\leqslant c(w_j^2,\mathbf{w}_{-j},u)$.

产过程中具有的可获得的投入 j 的数量($j=1,2,\cdots,k$). 假设生产 n 种产品的数量分别为 $x_1,\cdots,x_n$ 时,对投入 j 所要求的数量由 n 元函数 $g_j(x_1,\cdots,x_n)(j=1,2,\cdots,k)$表示,给厂商带来的利润由 n 元函数 $f(x_1,\cdots,x_n)$表示. 则显然有不等式约束

$$g_j(x_1,\cdots,x_n)\leqslant b_j,\quad j=1,2,\cdots,k \tag{11-4-1}$$

假设 n 种产品的最优产量为 $\mathbf{x}^*(\mathbf{b})=(x_1^*(\mathbf{b}),\cdots,x_n^*(\mathbf{b}))$,其中 $\mathbf{b}=(b_1,\cdots,b_n)$,则由定理 10.5.3 有

$$\lambda_j(\mathbf{b})=\frac{\partial f}{\partial b_j}(\mathbf{x}^*(\mathbf{b})) \tag{11-4-2}$$

式(11-4-2)表明再增加一个单位的投入 j 所能带来的最优利润的变化$[\partial f(\mathbf{x}^*(\mathbf{b}))/\partial b_j]$正好是第 j 个约束对应的乘子$[\lambda_j^*(\mathbf{b})]$. 它告诉我们再增加一个单位的投入 j 对厂商利润的价值. 此外它也告诉我们,厂商为再多获得一个单位的投入 j 而愿意支付的最大金额. 由于这个原因,$\lambda_j^*(\mathbf{b})$称作投入 j 的影子价格(shadow price). 对厂商来说,它比投入 j 的外部市场价格更重要.

下面举一个具体生产活动的例子. 设某厂商用两种资源(如资本 K 和劳动 L)生产两种产品,并令 K_0 和 L_0 分别表示这两种资源的拥有量,x_1 和 x_2 分别表示两种产品的产量. 假设生产第 i 种产品一个单位将消耗 a_{1i}个单位的资本和 a_{2i}个单位的劳动,则向量$(a_{1i},a_{2i})^T$ 表示生产第 i 种产品一个单位所需要的资本和劳动的投入 $i=1,2$. 从而有下面与式(11-4-1)对应的对厂商的两个约束

$$\begin{pmatrix}a_{11}\\a_{21}\end{pmatrix}x_1+\begin{pmatrix}a_{12}\\a_{22}\end{pmatrix}x_2\leqslant\begin{pmatrix}K_0\\L_0\end{pmatrix}$$

例 11.4.2　考虑效用极大化问题式(11-1-1),由性质 11.3.2,$\partial V(\mathbf{p},I)/\partial I=\lambda(\mathbf{p},I)$. 它表示增加一个单位的收入导致最优效用所增加的量,经济学上称 Lagrange 乘子 $\lambda(\mathbf{p},I)$为货币的边际效用.

习　　题

11.1　利用定理 11.1.1 写出例 11.1.2 的一阶必要条件并进行求解.

11.2　解效用极大化问题

$$\max U(x_1,x_2)=x_2+a\ln x_1$$
$$s.t.\ p_1x_1+p_2x_2\leqslant I,\quad x_1\geqslant 0,x_2\geqslant 0$$

这里 $a>0$.

11.3　收入扩张线 $\mathbf{x}(I)=(x_1(I),\cdots,x_n(I))^T$ 表示固定价格向量 $\mathbf{p}$ 时不同收入水平下的最优需求组合,即它是固定价格向量 $\mathbf{p}$ 时效用极大化问题(11-1-1)的最优解. 假设 $U(x)$是 $\mathbf{R}_+^n$ 上的 k 次齐次的效用函数,证明:

(1) 收入扩张线 $\mathbf{x}(I)$是从原点出发的射线,即对任意 $t>0$,有 $\mathbf{x}(tI)=t\mathbf{x}(I)$成立;

(2) 各商品的需求是收入的线性函数,即存在 $a_i\geqslant 0$ 使得 $x_i(I)=a_iI,i=1,2,\cdots,n$;

(3) 各商品的需求的收入弹性均为 1.

11.4　假设效用函数 $U(x)$ 是 $\mathbf{R}_+^n$ 上的 r 次齐次效用函数，则固定价格向量 $\mathbf{p}$ 后，Marshall 需求函数关于收入 I 是一次齐次的，而间接效用函数关于收入 I 是 r 次齐次的.

11.5　证明定义 7.7.4 定义的严格单调函数和单调性条件(11-1-2)都使得 $\mathbf{R}_+^n$ 上的效用函数满足局部非饱和性.

11.6　证明若在效用极大化问题(11-1-1)的预算集上偏好关系 $\succeq$ 满足局部非饱和性，则对任意 $\mathbf{x}\in\mathbf{x}(\mathbf{p},I)$ 有 $\mathbf{x}\cdot\mathbf{p}=I$ 成立(Walras 定律).

11.7　考虑效用极大化问题(11-1-1)，假设效用函数 $U(\mathbf{x})$ 是连续的，证明对任意固定的收入 I，间接效用函数 $V(\mathbf{p},I)$ 关于 $\mathbf{p}$ 是拟凸的.

11.8　假设消费者消费两种商品 x_1 和 x_2 的效用函数为 $U(x_1,x_2)=x_1^a x_2^b\,(a,b>0,a+b=1)$，两种商品的价格向量为 $\mathbf{p}=(p_1,p_2)^T$，消费者的收入为 I.

(1) 求消费者的 Marshall 需求函数 $\mathbf{x}(\mathbf{p},I)$，并验证它是零次齐次函数，且满足 Walras 定律和定理 11.2.4；

(2) 求间接效用函数 $V(\mathbf{p},I)$，并验证它满足性质 11.3.1 和性质 11.3.2；

(3) 求货币的边际效用.

11.9　去掉习题 11.8 中的假设 $a+b=1$，重做其中的(1)～(3).

11.10　若效用函数为 $U(x_1,x_2)=(x_1^\rho+x_2^\rho)^{1/\rho}\,(0<\rho\neq1)$，重做习题 11.8.

11.11　一位退休老人有一份固定的收入，打算在甲、乙和丙三个城市选择居住地.假设他的选择决策仅依赖于他的效用函数 $U(x_1,x_2)=x_1x_2$.已知甲、乙和丙三地两种商品的价格分别为 (p_1^1,p_2^1)、(p_1^2,p_2^2) 和 (p_1^3,p_2^3)，且满足 $p_1^1p_2^1=p_1^2p_2^2$，$p_1^1\neq p_1^2$ 或 $p_2^1\neq p_2^2$，$p_1^3=(p_1^1+p_1^2)/2$，$p_2^3=(p_2^1+p_2^2)/2$.问这位老人会选择去哪个城市生活？

11.12　假设消费 n 种商品的某消费者的 Marshall 需求函数 $\mathbf{x}(\mathbf{p},I)$ 是收入 I 的一次齐次函数，且交叉价格效应为零，即 $\partial x_i(\mathbf{p},I)/\partial p_j=0\,(i\neq j)$.证明 $x_i(\mathbf{p},I)=(a_iI)/p_i$，这里 a_i 是正的常数，$i=1,2,\cdots,n$.

11.13　给定消费者消费商品 X 和 Y 的效用函数 $U(x,y)=(x+1)(y+1)$，x 和 y 为商品 X 和 Y 的消费量，p_1 和 p_2 为商品 X 和商品 Y 的价格，消费者的收入为 I.

(1) 求消费者的极大效用和相应的两种商品的最优消费量 (x^*,y^*).

(2) 收入增加一个单位时，对消费者的极大效用有何影响？

(3) 求出比较静态导数 $\partial x^*/\partial p_1$，$\partial x^*/\partial p_2$，$\partial x^*/\partial I$，$\partial y^*/\partial p_1$，$\partial y^*/\partial p_2$，$\partial y^*/\partial I$，判断其符号，并解释其经济含义.

11.14　给定消费者消费商品 X 和 Y 的 C^2 效用函数 $U(x,y)$，满足 $\partial U/\partial x>0$，$\partial U/\partial y>0$. x 和 y 为商品 X 和 Y 的消费量，p_1 和 p_2 为商品 X 和 Y 的价格，消费者的收入为 I.

(1) 写出消费者效用极大化的均衡条件(即两种商品的最优消费量应满足的关系式)，并化简.

(2) 假设 x^* 和 y^* 满足(1)中的均衡条件，$U_{xy}(x^*,y^*)>0$(即商品 X 和 Y 是互补品)，边际效用递减法则成立[即 $U_{xx}(x^*,y^*)<0$ 和 $U_{yy}(x^*,y^*)<0$]且 $H=\begin{pmatrix}0 & DU(x^*,y^*)\\ (DU(x^*,y^*))^T & D^2U(x^*,y^*)\end{pmatrix}$ 的行列式大于零.试用隐函数定理求点 (x^*,y^*) 处的比较静态导数 $\partial x/\partial p_1$、$\partial x/\partial p_2$、$\partial x/\partial I$、$\partial y/\partial p_1$、$\partial y/\partial p_2$、$\partial y/\partial I$，判断它们

的符号,并解释它们的经济含义.所给的条件能确定出 $\partial x/\partial p_2$ 和 $\partial y/\partial p_1$ 的符号吗?(这里内生变量是 x、y 和 Lagrange 乘子,外生变量是 p_1、p_2 和 I)

11.15 证明定理 11.2.5 中的式(11-2-19)和式(11-2-21).

11.16 证明定理 11.1.4.

11.17 证明定理 11.1.5.

11.18 证明定理 11.2.6.

11.19 证明性质 11.2.2.

11.20 证明性质 11.3.3(1)、(3)和(5).

11.21 证明性质 11.3.4.

11.22 已知两种商品的价格向量为 $\mathbf{p}=(p_1,p_2)^T$,效用函数为 $U(x_1,x_2)=x_1^a x_2^b(a,b>0,a+b=1)$,给定一定的效用水平 u.

(1) 求 Hicks 需求函数 $\mathbf{h}(\mathbf{p},u)$,并验证它满足性质 11.2.2 和性质 11.2.3;

(2) 求支出函数 $e(\mathbf{p},u)$,并验证它满足性质 11.3.3 和 11.3.4.

11.23 若效用函数为 $U(x_1,x_2)=(x_1^\rho+x_2^\rho)^{1/\rho}(0<\rho\neq1)$,重做习题 11.22.

11.24 证明(1)$D_{\mathbf{p}}\mathbf{h}(\mathbf{p},u)=D_{\mathbf{p}}^2 e(\mathbf{p},u)$;(2)$D_{\mathbf{p}}\mathbf{h}(\mathbf{p},u)$是半负定矩阵.

11.25 证明 $D_{\mathbf{p}}\mathbf{h}(\mathbf{p},u)\mathbf{p}=\mathbf{0}$.

11.26 证明定理 11.3.2(3)和(4).

11.27 给定一个间接效用函数 $V(\mathbf{p},I)=I/(p_1+p_2)$,求对应的 Marshall 需求函数、支出函数和 Hicks 需求函数.

11.28 已知某消费者的支出函数为 $e(\mathbf{p},u)=up_1^\alpha p_2^{1-\alpha}$,求这个消费者的 Hicks 需求函数、间接效用函数和 Marshall 需求函数.

11.29 已知某消费者的 Hicks 需求函数 $\mathbf{h}(\mathbf{p},u)=(\alpha up_1^{\alpha-1}p_2^{1-\alpha},(1-\alpha)up_1^\alpha p_2^{-\alpha})^T$,求这个消费者的支出函数、间接效用函数和 Marshall 需求函数.

11.30 证明定理 11.1.7.

11.31 证明性质 11.2.4.

11.32 证明性质 11.2.5(1)和(3)中的式(11-2-23).

11.33 证明性质 11.3.5.

11.34 证明性质 11.3.6.

11.35 (边角解)考虑问题(11-1-27)的特殊情形:$n=2$.

(1) 若最优要素投入为 $\mathbf{x}^*=(x_1^*,0)$(边角解),证明 $\dfrac{\partial f}{\partial x_1}(x^*)\Big/\dfrac{\partial f}{\partial x_2}(x^*)\geqslant w_1/w_2$,并给出其经济含义;

(2) 若最优要素投入为 $\mathbf{x}^*=(x_1^*,x_2^*)\gg\mathbf{0}$,证明 $\dfrac{\partial f}{\partial x_1}(\mathbf{x}^*)\Big/\dfrac{\partial f}{\partial x_2}(\mathbf{x}^*)=w_1/w_2$,并给出其经济含义.

11.36 考虑问题(11-1-27)

$$\max \pi(\mathbf{x}) = pf(\mathbf{x})-\mathbf{w}\cdot\mathbf{x}$$
$$s.t.\ \mathbf{x}\geqslant\mathbf{0}$$

$\mathbf{x}^*$ 是问题(11-1-27)的最优投入向量,其各个分量均为正.

(1) 写出这个利润极大化问题的一阶必要条件(即 $\mathbf{x}^*$ 满足的条件),并据已知条件简化这个一阶必要条件,然后解释其经济含义;

(2) 若 $f(\mathbf{x})$是一次齐次的生产函数,则厂商的极大化利润为零.

11.37 (收入极大化问题)设 x_i 是第 i 种投入要素的水平,$q=f(\mathbf{x})$是 $\mathbf{R}_+^n$ 上的生产函数,w_i 是第 i 种投入的单位成本,C 为投入的总成本,p 为产品的价格.假设使收入 $pf(\mathbf{x})$获极大的各种投入的水平为 $x_i(C)$,$i=1,2,\cdots,n$,即$(x_1(C),\cdots,x_n(C))$是最优化问题

$$\max\ pf(\mathbf{x})$$
$$s.t.\ \sum_{i=1}^{n} w_i x_i \leqslant C$$

的最优解.从而最优产量为 $q=f(x_1(C),\cdots,x_n(C))$,据此可解出的 C 的表达式称作成本函数,记作 $C(q)$.假设 $f(\mathbf{x})$是 $\mathbf{R}_+^n$ 上的 k 次齐次的生产函数,则相应的成本函数 $C(q)$ 是 $1/k$ 次齐次的,且 $C(q)=bq^{1/k}$[提示:利用习题 11.3(2)的结论].

11.38 给定两种投入要素的生产函数 $y=50x_1^{2/3}x_2^{1/3}$,这里 x_1 和 x_2 分别是两种要素的投入量.假设两种要素投入价格向量为 $\mathbf{w}=(6,4)$,每月费用支出不超过 1 000.为使每月的产出极大化,应如何安排每月的两种投入量(要求验证二阶充分条件).

11.39 给定两种要素投入的 Cobb-Douglas 生产函数 $y=kx_1^a x_2^b\ (k,a,b>0)$,这里 x_1 和 x_2 分别是两种要素的投入量;假设两种要素投入价格向量为 $\mathbf{w}=(w_1,w_2)$;产品的销售价格为 p.

(1) 求要素需求函数$\boldsymbol{\chi}(p,\mathbf{w})$和产出供给函数 $F(p,\mathbf{w})$,并验证它满足性质 11.2.4 和性质 11.2.5;

(2) 求利润函数 $\pi(p,\mathbf{w})$,并验证它满足性质 11.3.5 和 11.3.6.

11.40 假设生产函数为 $y=(x_1^\rho+x_2^\rho)^{\beta/\rho}\ (0<\rho\neq 1)$,重做习题 11.39.

11.41 厂商的利润函数定义为如下优化问题目标函数的最优值

$$\pi(p,\mathbf{w})=\max_{(\mathbf{x},y)\geqslant 0}(py-\mathbf{w}\cdot\mathbf{x})$$
$$s.t.\ f(\mathbf{x})\geqslant y$$

证明利润函数 $\pi(p,\mathbf{w})$满足:

(1) 关于 p 是递增的;

(2) 关于 $\mathbf{w}$ 是递减的;

(3) 关于$(p,\mathbf{w})$是一次齐次的;

(4) 关于$(p,\mathbf{w})$是凸的.

11.42 再考虑习题 11.41,假设利润极大化问题的最优解为 $y(p,\mathbf{w})$和$\boldsymbol{\chi}(p,\mathbf{w})$.

(1) 证明 $y(p,\mathbf{w})$和$\boldsymbol{\chi}(p,\mathbf{w})$是零次齐次函数,即对一切 $t>0$,有 $y(tp,t\mathbf{w})=y(p,\mathbf{w})$和 $\chi_i(tp,t\mathbf{w})=\chi_i(p,\mathbf{w})$,$i=1,\cdots,n$.

若包络定理所需的条件成立且 $\pi(p,\mathbf{w})$是 C^2 的,则有下面的结论(2)~(6)成立.

(2) (霍特林引理)$\partial\pi(p,\mathbf{w})/\partial p=y(p,\mathbf{w})$,并且$-\partial\pi(p,\mathbf{w})/\partial w_i=\chi_i(p,\mathbf{w})\ i=1,2,\cdots,n$.

(3) $\partial\chi_i(p,\mathbf{w})/\partial w_i\leqslant 0$,$i=1,2,\cdots,n$.

(4) $\partial y(p,\mathbf{w})/\partial p\geqslant 0$.

(5)

$$\frac{\partial \chi_i}{\partial w_j}(p,\mathbf{w}) = \frac{\partial \chi_j}{\partial w_i}(p,\mathbf{w})$$

$$\frac{\partial \chi_i}{\partial p}(p,\mathbf{w}) = -\frac{\partial y}{\partial w_i}(p,\mathbf{w})$$

(6) 替代矩阵

$$\begin{pmatrix} \frac{\partial y(p,\mathbf{w})}{\partial p} & \frac{\partial y(p,\mathbf{w})}{\partial w_1} & \cdots & \frac{\partial y(p,\mathbf{w})}{\partial w_n} \\ -\frac{\partial x_1(p,\mathbf{w})}{\partial p} & -\frac{\partial x_1(p,\mathbf{w})}{\partial w_1} & \cdots & -\frac{\partial x_1(p,\mathbf{w})}{\partial w_n} \\ \vdots & \vdots & \ddots & \vdots \\ -\frac{\partial x_n(p,\mathbf{w})}{\partial p} & -\frac{\partial x_n(p,\mathbf{w})}{\partial w_1} & \cdots & -\frac{\partial x_n(p,\mathbf{w})}{\partial w_n} \end{pmatrix}$$

是半负定的.

11.43 证明性质 11.2.6.

11.44 证明性质 11.2.7.

11.45 证明定理 11.2.7.

11.46 证明性质 11.3.7.

11.47 证明性质 11.3.8,附带解释成本极小化问题(11-1-32)的 Lagrange 乘子的经济含义.

11.48 给定两种投入的生产函数 $Q(x_1,x_2)=x_1^{1/4}x_2^{1/3}$,两种要素的投入价格为$(w_1,w_2)=(60,10)$,要求产量水平不少于 y. 求条件要素需求函数 $\mathbf{z}(y)$ 和成本函数 $c(y)$[要求验证二阶充分条件式(11-1-36)].

11.49 给定两种投入的生产函数 $Q(x_1,x_2)=kx_1^a x_2^b(k,a,b>0)$,两种要素的投入价格为 $\mathbf{w}=(w_1,w_2)$,要求产量水平不少于 y.

(1) 求条件要素需求函数 $\mathbf{z}(\mathbf{w},y)$,并验证它满足性质 11.2.6 和性质 11.2.7;

(2) 求成本函数 $c(\mathbf{w},y)$,并验证它满足性质 11.3.7 和性质 11.3.8.

11.50 给定两种投入的生产函数 $Q(x_1,x_2)=(x_1^\rho+x_2^\rho)^{1/\rho}(0<\rho\neq 1)$,重做习题 11.49.

11.51 再考虑例 11.2.5,假设生产函数是凹函数,且对任意的(K,L),$Q_{KL}(K,L)>0$;又要么 $Q_K(K,L)>0$,要么 $Q_L(K,L)>0$;假设二阶充分条件成立. 分析外生变量 r 和 ω 分别对最优解 K^* 和 L^* 的影响.

11.52 已知厂商的利润函数为 $\pi=25x-x^2-xy-2y^2+30y-28$,其中 x 和 y 分别为厂商生产的两种产品的产量.

(1) 试求下面情形①下厂商的最大利润和相应的两种产品的产量.

(2) 试求情形②和③下厂商的极大利润和相应的两种产品的产量.

(3) 分别针对情形②和③,估计生产限额增加 0.03 个单位时对利润的影响,为什么?

①x 和 y 不受限制;②$x+y\leqslant 11$;③$x+y\leqslant 19$

11.53 证明定理 11.3.1.

11.54 (目标函数的最优值的凸性)考虑下面的问题和相应的价值函数 $V(\boldsymbol{\alpha})$:

$$V(\boldsymbol{\alpha}) = \max_{\mathbf{x}} f(\mathbf{x};\boldsymbol{\alpha})$$
$$s.t.\ \mathbf{g}(\mathbf{x}) \geqslant 0$$

这里参数 $\boldsymbol{\alpha} \in \Omega \subset \mathbf{R}^m$，$\Omega$ 是凸集[注意参数 $\boldsymbol{\alpha}$ 在约束函数 $g(\mathbf{x})=(g_1(\mathbf{x}),g_2(\mathbf{x}),\cdots,g_k(\mathbf{x}))^T$ 中未出现]，$\mathbf{x}\in\mathbf{R}^n$. 假设对任意给定的 $\mathbf{x}$，目标函数 $f(\mathbf{x},\boldsymbol{\alpha})$ 是参数 $\boldsymbol{\alpha}\in\Omega$ 的凸函数，则价值函数 $V(\boldsymbol{\alpha})$ 是 $\boldsymbol{\alpha}$ 的凸函数.

11.55 （目标函数的最优值的凹性）考虑下面的问题和相应的价值函数 $V(\boldsymbol{\alpha})$：

$$V(\boldsymbol{\alpha}) = \max_{\mathbf{x}} f(\mathbf{x};\boldsymbol{\alpha})$$
$$s.t.\ \mathbf{g}(\mathbf{x};\boldsymbol{\alpha}) \geqslant 0$$

这里参数 $\boldsymbol{\alpha}\in\Omega\subset\mathbf{R}^m$，$\Omega$ 是凸集，$\mathbf{x}\in\mathbf{R}^n$. 假设对任意给定的 $\mathbf{x}$，目标函数 $f(\mathbf{x};\boldsymbol{\alpha})$ 是 $(\mathbf{x},\boldsymbol{\alpha})$ 的凹函数，约束函数 $\mathbf{g}(\mathbf{x};\boldsymbol{\alpha})=(g_1(\mathbf{x};\boldsymbol{\alpha}),g_2(\mathbf{x};\boldsymbol{\alpha}),\cdots,g_k(\mathbf{x};\boldsymbol{\alpha}))^T$ 的各个分量 $g_j(\mathbf{x};\boldsymbol{\alpha})$ 都是 $(\mathbf{x},\boldsymbol{\alpha})$ 的拟凹函数，则价值函数 $V(\boldsymbol{\alpha})$ 是 $\boldsymbol{\alpha}$ 的凹函数.

习 题 答 案

第 2 章

2.1 (1) 0.024 94,101 个劳动单位处的边际产量;(2) 0.025

2.2 −1/30;14.966 7

2.3 1.28 万人

2.4 增加 10.71 千克

2.5 24 个单位

2.6 (1) (7,0)是拐点;(2) 5 是极大值点;(3) −4 是极小值点

2.7 约 48 年

2.8 约 3.393 年

2.9 $t^*=1/(4r^2)$,最优卖酒的时间处的 V 的增长率 r_V 等于连续复利率 r

2.17 $(Ga+Sb)/(Xt)$

第 3 章

3.1 r

3.2 1,单位弹性

3.7 $q^*=a/[2(1+kb)]$,$p^*=a(1+2kb)/[b(2+2kb)]$

3.8 (1) 22;(2) 14;(3) 8.5

3.9 当 $P\geqslant 20$ 时,$69-28Q+3Q^2=P$;当 $P<20$ 时,$Q=0$

3.10 (1) $\mathrm{AP}=-2L^2/3+10L$;(2) 10,333.33

3.11 (1) $\mathrm{AVC}=Q^2-9Q+30$;(2) $\mathrm{ATC}=Q^2-9Q+30+25/Q$,$Q=5$ 时 MC=ATC=15;(3) AVC 的极小值总是小于 ATC 的极小值

3.12 TP(K)的拐点为(30,54 000),MP(K)在 $K_N=30$ 处获得极大值. AP(K)的增减区间分别为(0,45)和(45,+∞);在 $K_S=45$ 的左侧,AP(K)是递增的,MP(K)位于 AP(K)的上方;在该点右侧,情况恰好相反. 在 $K_S=45$ 处,AP(K)的斜率为零,MP(K)和 AP(K)的值相等,AP(K)获得极大值

3.13 $C(Q)$的拐点为(4,112),MC(Q)在 $Q_M=4$ 处获得极小值. AC(Q)的增减区间分别为(0,6)和(6,+∞);在 $Q_C=6$ 的左侧,AC(Q)是递减的,MC(Q)位于 AC(Q)的下方;在该点右侧,情况恰好相反. 在 $Q_C=6$ 处,AC(Q)的斜率为零,MC(Q)和 AC(Q)的值相等,AC(Q)获得极小值

3.15 (1) $k<0$;(2) $h<0$;(3) $h<0,j>0$

3.16 提示:证明 AR(Q)的最大值小于零,$Q^*=20.37$,$\mathrm{AR}_{\max}=-0.59$

3.17 (2) $PF'(L^*)=\omega_0$,即产品的边际价值等于工资率;(3) $F''(L^*)<0$,即在 L^* 附近边际产量是递减的;(4) $dL^*/dP=-[F'(L^*)]^2/[\omega_0 F''(L^*)]>0, d\pi(L^*)/dP=F(L^*)>0$;(5) 确保比较静态分析的进行

3.18 (1) $R=qf(q)$, $MR=f(q)+qf'(q)$;(2) $MRP_l=g'(l)[f(q)+qf'(q)]$;(4) $dV/dq=\omega/g'(l)$;(5) $d^2V/dq^2=-\omega g''(l)/[g'(l)]^3$

3.19 提示:假设市场的反需求函数为 $P=g(Q)$,则厂商的收益 TR=PQ 为 Q 的函数,然后再求 TR 关于 Q 的导数;(4) 价格的确定不应该使缺乏弹性出现

3.20 (1) $TE=PQ_d$;(2) $TE_{max}=a_0^2/(4a_1)$, $P^*=a_0/(2a_1)$, $Q_d^*=a_0/2$,单位弹性;(3) 当 $a_0/(2a_1)<P<a_0/a_1$ 时,富有弹性;当 $P<a_0/(2a_1)$时,缺乏弹性

3.22 $p^*=51/4, q^*=17/4$

3.23 没有

3.24 (1) $P^*=\varepsilon c/(\varepsilon-1), P^{**}=\varepsilon(c+t)/(\varepsilon-1)$;(3) $Q^*=g^{-1}(P^*), Q^{**}=g^{-1}(P^{**})$

3.25 (1) $rTC'(Q^*)=t$ 提示:分别把用厂商的供给价格表示的两种税收情形下厂商利润转化为用需求价格表示,再写出两种情形下的一阶必要条件,进而根据已知条件可得到 t、r 和 Q^* 的关系式

第 4 章

4.1 (1) 不定;(2) 不定;(3) 半正定

4.2 提示:证明二次型是正定的

4.3 (1) 半正定的;(2) 负定和半负定的

第 5 章

5.1 (1) $Q_d=Q_s, Q_d=a_0-a_1P(a_0,a_1>0), Q_s=-b_0+b_1P^T(b_0,b_1>0), P^T=P-t$;(2) $P^{**}=(a_0+b_0)/(a_1+b_1)+tb_1/(a_1+b_1), Q^{**}=(a_0b_1-a_1b_0)/(a_1+b_1)-ta_1b_1/(a_1+b_1)$;(4) $ta_1b_1/(a_1+b_1)$

5.2 $Y^*=(a+I_0+G_0)/[1-b(1-t)], C^*=[a+b(1-t)(I_0+G_0)]/[1-b(1-t)], T'^*=[t(a+I_0+G_0)]/[1-b(1-t)]$

5.3 $\mathbf{y}=(360,512)^T$

5.5 (1) $B=\begin{pmatrix} \frac{80}{600} & \frac{20}{600} & \frac{110}{400} & \frac{230}{1\,000} \\ \frac{200}{600} & \frac{50}{600} & \frac{90}{400} & \frac{120}{1\,000} \\ \frac{220}{600} & \frac{110}{600} & \frac{30}{400} & \frac{40}{1\,000} \\ \frac{60}{600} & \frac{140}{600} & \frac{160}{400} & \frac{240}{1\,000} \end{pmatrix}$;(3) $(589.282,574.337,398.182,923.713)^T$;(5) 700,659;(6) 原来的最终需求和总需求是不可行的,新的最终需求和总需求是可行的

第 6 章

6.1 $\sum_{i=1}^{n}[\partial f(\mathbf{x})/\partial x_i]$

6.13 $r_Q=\varepsilon_{Q,K}r_K+\varepsilon_{Q,L}r_L$

6.14 $r_Q=A(t)/A'(t)+\alpha a/K+\beta b/L$

6.15 $r_Q=\varepsilon_{Q,K}r_K+\varepsilon_{Q,L}r_L+(\partial Q/\partial t)/Q$

6.16 (1) 是;(2) 可以

6.17 -1

6.20 (1) $0<\varepsilon_{Q,Y}=0.68<1$,意味着需求将随着收入的增加而增加,但是小于收入的增长率;(2) 3.4%

6.21 (1) $\varepsilon_{12}=-0.81$,$\varepsilon_{13}=0.23$;由于 ε_{12} 为负,商品 1 和商品 2 是互补的,P_2 的上涨将会导致 Q_1 的下降;由于 ε_{13} 为正,商品 1 和商品 3 是可替代的,P_3 的增加将会使 Q_1 上升.(2) 对商品 2 来说,$\partial Q_1/Q_1=-0.081$,如果 P_2 增加 10%,Q_1 下降 8.1%;对商品 3 来说,$\partial Q_1/Q_1=0.023$,如果 P_3 上涨 100%,Q_1 将增加 2.3%

第 7 章

7.1 (1) $\partial Q^*/\partial a_0=b_1/(a_1+b_1)>0$,$\partial Q^*/\partial a_1=-b_1(a_0+b_0)/(a_1+b_1)^2<0$,$\partial Q^*/\partial b_0=-a_1/(a_1+b_1)<0$,$\partial Q^*/\partial b_1=a_1(a_0+b_0)/(a_1+b_1)^2>0$;(2) 能

7.2 (1) $P^*=(m-a+iP_i-cP_c+sP_s)/(n+b)$,$Q^*=(na+mb-niP_i-bcP_c+bsP_s)/(n+b)$;

(2) $\dfrac{\partial(P^*,Q^*)}{\partial(P_c,P_s,P_i)}=\begin{pmatrix}\dfrac{-c}{n+b} & \dfrac{s}{n+b} & \dfrac{i}{n+b}\\ \dfrac{-bc}{n+b} & \dfrac{bs}{n+b} & \dfrac{-ni}{n+b}\end{pmatrix}$,这个矩阵第一行元素的符号分别为负、正和正,第二行元素的符号分别为负、正和负

7.4 $\dfrac{\partial Y^*}{\partial M_{s_0}}=-\dfrac{1}{|J|}\left[I'(i^*)-\dfrac{\partial S}{\partial i}(Y^*,i^*)\right]>0$,$\dfrac{\partial i^*}{\partial M_{s_0}}=-\dfrac{1}{|J|}\left[\dfrac{\partial S}{\partial Y}(Y^*,i^*)+M'(Y^*)\right]<0$

7.6 (1) 储蓄、税收和投资分别随着国民收入的增加而增加;(2) 满足,均衡恒等式为 $S(f(G))+T(f(G))\equiv I(f(G))+G$,这里 $f(G)$ 是所确定的隐函数;(3) $\mathrm{d}Y(G_0)/\mathrm{d}G=1/[S'(G_0)+T'(G_0)-I'(G_0)]>0$

7.7 $\dfrac{\partial Y^*}{\partial G}=\dfrac{1}{D}\dfrac{\partial M}{\partial r}(Y^*,r^*)>0$,$\dfrac{\partial r^*}{\partial G}=-\dfrac{1}{D}\dfrac{\partial M}{\partial Y}(Y^*,r^*)>0$,

$\dfrac{\partial Y^*}{\partial M^S}=\dfrac{1}{D}I'(r^*)>0$,$\dfrac{\partial r^*}{\partial M^S}=\dfrac{1}{D}[1-C'(Y^*-T^*)]<0$,

$\dfrac{\partial Y^*}{\partial T}=-\dfrac{1}{D}\dfrac{\partial C}{\partial T}\dfrac{\partial M}{\partial r}(Y^*,r^*)<0$,$\dfrac{\partial r^*}{\partial T}=\dfrac{1}{D}\dfrac{\partial C}{\partial T}\dfrac{\partial M}{\partial Y}(Y^*,r^*)<0$

7.8 当商品 i 的消费量 x_i 发生微小变化 Δx_i 而引起的 MU_j 的变化可用 $\Delta\mathrm{MU}_j=[\partial^2U/(\partial x_j\partial x_i)]\Delta x_i$ 来度量;当商品 i 的消费量 x_i 增加一个单位时引起的 MU_j 的变化可用 $\Delta\mathrm{MU}_j=\partial^2U/(\partial x_j\partial x_i)$来度量

7.9 不一定,如定义在 $\mathbf{R}_{++}^n$ 上的函数 $U(x_1,x_2)=\ln x_1+\ln x_2$ 满足 $\partial^2U/\partial x_i^2<0$,$i=1,2$.但这

个函数的一个单调变换 $g[U(x_1,x_2)]=x_1x_2$ 不再具有这个性质，这里 $g(t)=e^t$

7.11 1

7.13 (1) $r_Q=\lambda+r_K\dfrac{\partial\ln F}{\partial\ln K}+r_L\dfrac{\partial\ln F}{\partial\ln L}$；(2) $\dfrac{r_K}{r_Q}\dfrac{\partial\ln F}{\partial\ln K},\dfrac{r_L}{r_Q}\dfrac{\partial\ln F}{\partial\ln L}$

7.14 $Q>0\Rightarrow K>0$ 且 $L>0$

7.17 $a\leqslant0,b\leqslant0,ab-c^2\geqslant0$

7.34 严格拟凸的、拟凸的

7.43 (1) 6 次；(2) 不是；(3) 零次；(4) 一次；(5) 不是；(6) 零次

7.47 (2) 应在满足 $MP_L\leqslant AP_L$ 的投入处进行

7.49 任意次的齐次函数

7.51 (1) 是；(2) 不是；(3) 是；(4) 是；(5) 是

第 8 章

8.1 (1) $g'(t)=Df(\mathbf{x}^*+t\mathbf{e}^i)\mathbf{e}^i,g'(0)=\partial f(\mathbf{x}^*)/\partial x_i$

8.2 (1) 驻点(1,2)是严格极小值点和严格最小值点；(2) 驻点(4,3)是严格极大值点和严格最大值点；(3) 驻点(−11/2,−5/2)是鞍点；(4) 驻点(2,5/2)是鞍点；(5) 驻点(0,0)是鞍点，驻点(1,1)是严格极小值点

8.3 (1) 驻点$(2/a,b/2)$是严格最大值点；(2) 驻点$((2a-b)/6,(2b-a)/6))$是严格最大值点；(3) 驻点$((2b+1)/(4ab-1),(2a+1)/(4ab-1))$是严格最小值点；(4) 驻点$(1/(32a^3b),1/(64a^2b^2))$是严格最大值点；(5) 驻点$(3+a,1/b)$严格最大值点

8.4 (1) 驻点$(1/(2a),1/(2b),1/(2c))$是严格最大值点；(2) 驻点$(1/b,1/b,c/2)$是严格最小值点；(3) 有四个驻点：(±1,0,0)和(0,±1,0)是鞍点，驻点(0,0,0)是极小值点，驻点(0,0,±1)是严格极大值点；(4) 驻点(0,0,0)是严格最小值点

第 9 章

9.1 (1) $P_1^*=80,Q_1^*=8,P_2^*=120,Q_2^*=4$，弹性大的市场的价格小于弹性小的市场的价格($\varepsilon_{d1}>\varepsilon_{d2}$,)；(2) $P_1^*=P_2^*=88,Q_1^*=6.4,Q_2^*=5.6$；(3) 两种情形下的总供给量均为 12，前者的最优利润(605)大于后者的最优利润(541)

9.2 (1) $Q_1^*=20/3,Q_2^*=20/3$；(2) $Q_1^*=525/47,Q_2^*=900/37$；(3) $Q_1^*=640/71,Q_2^*=470/37$

9.3 向商务和旅游乘客索取的价格分别为 37/3 和 26/3

9.4 (1/256,1/256)

9.5 (1) $AC_1=aq_1^{-1/2},MC_1=aq_1^{-1/2}/2$；(2) $q_1^*=4b^2/a^2$；(3) $q_1^*=q_2^*=8b^2/a^2$

9.7 (1) $K^*=\left[\dfrac{w}{ap}\left(\dfrac{ra}{wb}\right)^b\right]^{1/(a+b-1)},L^*=\left[\dfrac{r}{bp}\left(\dfrac{wb}{ra}\right)^a\right]^{1/(a+b-1)}$ 或 $K^*=aQ^*/w,L^*=bQ^*/r$，这里 $Q^*=(K^*)^a(L^*)^b$；(2) $0\leqslant a\leqslant1,0\leqslant b\leqslant1,0\leqslant a+b\leqslant1$

9.9 Stackleberg 产量领导模型：追随者和领导者的均衡产量分别为 3 和 6，均衡价格为 3；价格领导模型：追随者的均衡产量和均衡价格均为零，领导者的均衡产量和均衡价格均为 6. Cournot 联合定产模型：二者的均衡产量均为 4，均衡价格为 4. Bertrand 联合定价模型：二

者的均衡价格和均衡产量均为零. Cartel 均衡:二者的均衡产量均为 3,均衡价格为 6

9.11 (1) $\theta f'(L^*)=w$;(2) $\partial L^*/\partial w=1/[\theta f''(L^*)]<0$,$\partial L^*/\partial\theta=-f'(L^*)/[\theta f''(L^*)]>0$

9.12 $\dfrac{\partial(a^*,b^*)}{\partial(P_0,P_{a0},P_{b0})}=-\dfrac{P_0\mathrm{e}^{-2rt}}{|J|}\begin{pmatrix} Q_aQ_{bb}-Q_bQ_{ab} & -\mathrm{e}^{rt}Q_{bb} & \mathrm{e}^{rt}Q_{ab} \\ -Q_aQ_{ab}+Q_bQ_{aa} & \mathrm{e}^{rt}Q_{ab} & -\mathrm{e}^{rt}Q_{aa}\end{pmatrix}$,

$\dfrac{\partial(a^*,b^*)}{\partial(r,t)}=-\dfrac{P_0\mathrm{e}^{-2rt}}{|J|}\begin{pmatrix} -tP_0(Q_aQ_{bb}-Q_bQ_{ab}) & -rP_0(Q_aQ_{bb}-Q_bQ_{ab}) \\ -tP_0(-Q_aQ_{ab}+Q_bQ_{aa}) & -rP_0(-Q_aQ_{ab}+Q_bQ_{aa})\end{pmatrix}$

9.13 $\dfrac{\partial K^*}{\partial\omega}=\dfrac{-Q_{KL}}{P(Q_{KK}Q_{LL}-Q_{KL}^2)}<0$,$\dfrac{\partial L*}{\partial\omega}=\dfrac{Q_{KK}}{P(Q_{KK}Q_{LL}-Q_{KL}^2)}<0$

9.14 $\dfrac{\partial K^*}{\partial P}=\dfrac{Q_LQ_{KL}-Q_KQ_{LL}}{P(Q_{KK}Q_{LL}-Q_{KL}^2)}>0$,$\dfrac{\partial L^*}{\partial P}=\dfrac{Q_KQ_{LK}-Q_LQ_{KK}}{P(Q_{KK}Q_{LL}-Q_{KL}^2)}>0$

9.15 见习题 9.13、习题 9.14 和例 9.3.3

9.17 (1) $25a/2$;(2) 随着参数 a 的增加而增加

9.18 (1) $-3a^2[x^*(a)]^4-\mathrm{e}^a[x^*(a)]^2$;(2) 随着参数 a 的增加而减小

9.19 $\partial\pi^*/\partial\omega=-L^*<0$,$\partial\pi^*/\partial P=Q(K^*,L^*)>0$

9.20 (2) $py*$'这里 y^* 是最优产量;(3) $\mathrm{d}\pi^*(\alpha)/\mathrm{d}\alpha=py^*>0$,这里 $\pi^*(\alpha)$是最优利润

9.21 $c(q)=(\sqrt{2ad}+b)q$

第 10 章

10.2 (1) $(x_1,x_2,\mu)=(8,2,2)$;(2) $(x_1,x_2,\mu)=(0,\pm\sqrt{3},0)$,$(\pm1,1,0.5)$,$(\pm1,-1,-0.5)$;(3) $(x,y,z,\mu_1,\mu_2)=(1,0,0,0,0)$,$(0.434\ 3,\pm0.900\ 8,0.565\ 7,\pm0.136\ 4,\pm0.391\ 2)$,$(-0.767\ 6,\pm0.640\ 9,1.767\ 6,\mp1.058\ 4,\mp0.492\ 0)$

10.3 (1) 最大值点和最大值为(8,2)和 16;(2) 最大值点和最大值为($\pm$1,1)和 1,最小值点和最小值为($\pm$1,$-$1)和$-$1;(3) 最大值点和最大值为($-$0.767 6,$-$0.640 9,1.767 6)和 0.869 6;最小值点和最小值($-$0.767 6,0.640 9,1.767 6)和$-$0.869 6

10.4 同问题 10.3

10.6 原点到椭圆上的点$\pm(1,1)$的距离最小,到椭圆上的点$(\pm\sqrt{3},-\sqrt{3})$的距离最大

10.7 (1) $(x,y,\lambda)=(1/\sqrt{2},1/\sqrt{2},1/2)$,$(-1/\sqrt{2},-1/\sqrt{2},1/2)$,$(0,0,0)$;(2) $(x,y,\lambda_1,\lambda_2,\lambda_3)=(0,0,0,1,0)$,$(0,1,2,1,0)$;(3) $(x_1,x_2,\lambda_1,\lambda_2,\lambda_3)=(0.3,0.2,0.8,0,0)$,$(1/2,0,1,0,2)$,$(0,1/2,2,3,0)$

10.8 (1) 最大值点为$(1/\sqrt{2},1/\sqrt{2})$和$(-1/\sqrt{2},-1/\sqrt{2})$,最大值为 1/2;(2) 最大值点为(0,1),最大值 2;(3) 最大值点为(0,1/2),最大值 1

10.9 同问题 11.8

10.10 (1) 略;(2) $(x,y,\lambda_1,\lambda_2,\lambda_3)=(0,0,0,0,2)$,$(1,0,1,0,2)$

10.11 (1) (1,0)和$-$1;(2) 同(1)

10.12 (1) 略;(2) $(x,y,\mu,\lambda_1,\lambda_2)=(2,0,1/4,0,0)$

10.13 (1) (2,0)和 2;(2) 同(1)

10.14 (1) 略;(2) $(x_1,x_2,\mu,\lambda_1,\lambda_2)=(8,2,2,0,0)$

10.15 (1) (8,2)和 16;(2) 同(1)

10.18 (1) 2;(2) 0.06,16.06

10.19 (1) 1.058 4,0.492 0;(2) 0.010 6;(3) 0.009 8;(4) 0.020 4,0.890 0

10.20 (1) 1/2;(2) 0.01,0.51

10.23 (1) 2,−4;(2) 0.06,16.06;(3) 0.08,16.08;(4) 0.14,16.14

10.24 (1) 0.869 6,−0.434 7;(2) 0.008 7;(3) 0.021 7;(4) 0.978 3

10.25 (1) 16,−16,0;(2) 0.48,16.48,比精确值 16.49 小 0.01

10.26 (1) 3.025;(2) 3.045;(3) 3.04

第 11 章

11.2 当 $I\leqslant ap_1$ 时,$x_1^*=I/p_1,x_2^*=0,\lambda^*=a/I$;当 $I>ap_1$ 时,$x_1^*=ap_2/p_1,x_2^*=(I-ap_2)/p_2,\lambda^*=1/p_2$

11.8 (1) $\mathbf{x}(\mathbf{p},I)=((aI)/p_1,(bI)/p_2)$;(2) $V(\mathbf{p},I)=(a^ab^bI)/(p_1^ap_2^b)$;(3) $\lambda(\mathbf{p},I)=(a^ab^b)/(p_1^ap_2^b)$

11.9 (1) $\mathbf{x}(\mathbf{p},I)=((aI)/[p_1(a+b)],(bI)/[p_2(a+b)])$;(2) $V(\mathbf{p},I)=[a^ab^bI^{a+b}(a+b)^{-a-b}]/(p_1^ap_2^b)$;(3) $\lambda(\mathbf{p},I)=[a^ab^bI^{a+b-1}(a+b)^{1-a-b}]/(p_1^ap_2^b)$

11.10 (1) $\mathbf{x}(\mathbf{p},I)=((Ip_1^{r-1})/(p_1^r+p_2^r),(Ip_2^{r-1})/(p_1^r+p_2^r))$;(2) $V(\mathbf{p},I)=I(p_1^r+p_2^r)^{-1/r}$;(3) $\lambda(\mathbf{p},I)=(p_1^r+p_2^r)^{-1/r}$,其中 $r=\rho/(\rho-1)$

11.11 甲城市或乙城市

11.13 (1) $x^*=(p_2-p_1+I)/(2p_1),y^*=(p_1-p_2+I)/(2p_2)$;(2) 效用将增加 $\lambda^*=(p_1+p_2+I)/(2p_1p_2)$个单位

11.14 (1) 略;(2) $\partial x/\partial p_1=[-p_2U_y(x^*,y^*)-p_2x^*U_{xy}(x^*,y^*)+p_1x^*U_{yy}(x^*,y^*)]/|J|>0$,$\partial y/\partial p_1=[p_2U_x(x^*,y^*)-p_1x^*U_{xy}(x^*,y^*)+p_2x^*U_{xx}(x^*,y^*)]/|J|$,$\partial x/\partial p_2=[p_2U_x(x^*,y^*)-p_2y^*U_{xy}(x^*,y^*)+p_1y^*U_{yy}(x^*,y^*)]/|J|$,$\partial y/\partial p_2=[-p_1U_x(x^*,y^*)-p_1y^*U_{xy}(x^*,y^*)+p_2y^*U_{xx}(x^*,y^*)]/|J|>0$,$\partial x/\partial I=[p_2U_{xy}(x^*,y^*)-p_1U_{yy}(x^*,y^*)]/|J|>0$,$\partial y/\partial I=[p_1U_{xy}(x^*,y^*)-p_2U_{xx}(x^*,y^*)]/|J|>0$,$|J|=-p_2^2U_{xx}(x^*,y^*)+2p_1p_2U_{xy}(x^*,y^*)-p_1^2U_{yy}(x^*,y^*)>0$

11.22 (1) $\mathbf{h}(\mathbf{p},u)=(u[(ap_2)/(bp_1)]^b,u[(ap_2)/(bp_1)]^{-a})^T$;(2) $e(\mathbf{p},u)=a^{-a}b^{-b}p_1^ap_2^bu$

11.23 $\mathbf{h}(\mathbf{p},u)=(u(p_1^r+p_2^r)^{(1/r)-1}p_1^{r-1},u(p_1^r+p_2^r)^{(1/r)-1}p_2^{r-1})^T$;$e(\mathbf{p},u)=u(p_1^r+p_2^r)^{1/r}$,这里 $r=\rho/(\rho-1)$

11.27 $\mathbf{x}(\mathbf{p},I)=(I/(p_1+p_2),I/(p_1+p_2))^T$,$e(\mathbf{p},u)=u(p_1+p_2)$,$\mathbf{h}(\mathbf{p},u)=(u,u)^T$

11.28 $\mathbf{h}(\mathbf{p},u)=(\alpha up_1^{\alpha-1}p_2^{1-\alpha},(1-\alpha)up_1^{\alpha}p_2^{-\alpha})^T$,$V(\mathbf{p},I)=I/(p_1^{\alpha}p_2^{1-\alpha})$,$\mathbf{x}(\mathbf{p},I)=(\alpha I/p_1,(1-\alpha)I/p_2)^T$

11.29 $e(\mathbf{p},u)=up_1^{\alpha}p_2^{1-\alpha}$,$V(\mathbf{p},I)=I/(p_1^{\alpha}p_2^{1-\alpha})$,$\mathbf{x}(\mathbf{p},I)=(\alpha I/p_1,(1-\alpha)I/p_2)^T$

11.35 (1) 在最优要素投入 $\mathbf{x}^*$ 处,等产量线总比等成本线陡峭,二者不可能相切;(2) 在最优要素投入 $\mathbf{x}^*$ 处,等产量线与等成本线相切

11.38 $(x_1^*,x_2^*)=(1\,000/9,250/3)$

11.39 (1) $\chi_1(p,\mathbf{w})=k^{\frac{1}{1-a-b}}\left(\frac{ap}{w_1}\right)^{\frac{1-b}{1-a-b}}\left(\frac{bp}{w_2}\right)^{\frac{b}{1-a-b}}$,$\chi_2(p,\mathbf{w})=k^{\frac{1}{1-a-b}}\left(\frac{ap}{w_1}\right)^{\frac{a}{1-a-b}}\left(\frac{bp}{w_2}\right)^{\frac{1-a}{1-a-b}}$,

$F(p,\mathbf{w})=k^{\frac{1}{1-a-b}}\left(\frac{ap}{w_1}\right)^{\frac{a}{1-a-b}}\left(\frac{bp}{w_2}\right)^{\frac{b}{1-a-b}}$；(2) $\pi(p,\mathbf{w})=(1-a-b)pk^{\frac{1}{1-a-b}}\left(\frac{ap}{w_1}\right)^{\frac{a}{1-a-b}}\times\left(\frac{bp}{w_2}\right)^{\frac{b}{1-a-b}}$

11.40　$\chi_i(p,\mathbf{w})=w_i^{1/(\rho-1)}(p\beta)^{-1(\beta-1)}(w_1^{\rho/(\rho-1)}+w_2^{\rho/(\rho-1)})^{(\rho-\beta)/(\rho(\beta-1))}$，$i=1,2$；$F(p,\mathbf{w})=(p\beta)^{-\beta(\beta-1)}(w_1^{\rho/(\rho-1)}+w_2^{\rho/(\rho-1)})^{\beta(\rho-1)/\rho(\beta-1)}$；$\pi(p,\mathbf{w})=(1-\beta)\beta^{-\beta(\beta-1)}p^{-1(\beta-1)}(w_1^r+w_2^r)^{\beta/(r(\beta-1))}$，这里 $r=\rho/(\rho-1)$

11.48　$\mathbf{z}(y)=((y/2)^{12/7},8(y/2)^{12/7})^T$，$c(y)=140(y/2)^{12/7}$

11.49　(1) $z_1(\mathbf{w},y)=[aw_2/(bw_1k^{1/b})]^{b/(a+b)}y^{1/(a+b)}$，$z_2(\mathbf{w},y)=[aw_2k^{1/a}/(bw_1)]^{-a/(a+b)}\times y^{1/(a+b)}$；(2) $c(\mathbf{w},y)=Kw_1^{a/(a+b)}w_2^{b/(a+b)}y^{1/(a+b)}$，这里 $K=k^{-1/(a+b)}[(a/b)^{b/(a+b)}+(a/b)^{-a/(a+b)}]$

11.50　$\mathbf{z}_i(\mathbf{w},y)=yw_1^{1/(\rho-1)}(w_1^{\rho/(\rho-1)}+w_2^{\rho/(\rho-1)})^{-1/\rho}$，$i=1,2$；$c(\mathbf{w},y)=y(w_1^{\rho/(\rho-1)}+w_2^{\rho/(\rho-1)})^{(\rho-1)/\rho}$

11.51　$\partial K^*/\partial r=[\mu^*\omega^2+K^*(rQ_{LL}-\omega Q_{KL})]/|J|$（符号不确定），$\partial L^*/\partial r=[-\mu^*\omega r+K^*(\omega Q_{KK}-rQ_{KL})]/|J|<0$，$\partial K^*/\partial\omega=[-\mu^*\omega r+L^*(rQ_{LL}-\omega Q_{KL})]/|J|<0$，$\partial L^*/\partial\omega=[\mu^*r^2+L^*(\omega Q_{KK}-rQ_{KL})]/|J|$（符号不确定）

11.52　(1) 172，(10,5)；(2) ② 158，(7,4)；③ 172，(10,5)；(3) ② 0.21；③ 不变

参考文献

安吉尔·德·拉·弗恩特.2003.经济数学方法与模型.朱保华,钱晓明译.上海:上海财经大学出版社

蔡常丰.1992.数理经济学导论.北京:科学技术文献出版社

范里安.1994.微观经济学:现代观点.费方域等译.上海:上海人民出版社

高山晟.2001.经济学中的分析方法.刘振亚译.北京:中国人民大学出版社

蒋殿春.2006.高级微观经济学.北京:北京大学出版社

黎诣远,李志明.2003.微观经济分析(第二版).北京:清华大学出版社

黎诣远.1987.微观经济分析(上).北京:清华大学出版社

李成章,黄玉民.2001.数学分析.北京:科学出版社

潘吉勋.1989.数理经济学原理.长春:吉林大学出版社

潘介人.1989.数理经济.上海:上海交通大学出版社

平新乔.2001.微观经济学十八讲.北京:北京大学出版社

同济大学应用数学系.2002.高等数学(第五版).北京:高等教育出版社

王萼芳,石生明.2003.线性代数.北京:高等教育出版社

魏权龄,王日爽,徐兵.1991.数学规划引论.北京:北京航空航天大学出版社

魏权龄等.数量经济学.1998.北京:中国人民大学出版社

伍超标.2002.数理经济学导论.北京:中国统计出版社

肖柳青,周石鹏.1998.数理经济学.北京:高等教育出版社

谢胜智.2004.数理经济学.西南财经大学出版社

于俊年.2000.计量经济学.北京:对外经济贸易出版社

张禾瑞,郝钢新.1980.高等代数.北京:人民教育出版社

张金水.1998.数理经济学.北京:清华大学出版社

赵胜民,周爱民.2005.经济数学.北京:科学出版社

Anthony M, Biggs N. 1996. Mathematics for Economics and Finance: Methods and Modeling. Cambridge: Cambridge University Press

Arrow K J, Intriligator M D. 1981～1986. Handbook of Mathematical Economics (Vol. Ⅰ. Ⅱ. Ⅲ). Amsterdam: North-Holland

Baldani J, Bradfield J, Turner R W. 1996. Mathematical Economics. Fort Worth: The Dryden Press. Harcourt Brace College Publishers

Beck P, Sydsaeter K. 1993. Economists' Mathematical Manual (2nd Edition). Berlin: Springer-Verlag

Carter M. 2001. Foundations of Mathematical Economics. Cambridge: MIT Press

Chiang A C. 1984. Fundamental Methods of Mathematical Economics (3rd edition). Auckland:

McGraw-Hill Book Company

Fuente A. 2000. Mathematical Methods and Models for Economist. New York: Cambridge University Press

Glass J C. 1980. An Introduction to Mathematical Methods in Economics. New York: McGraw-Hill Book Co.

Hands D W. 2004. Introductory Mathematical Economics. New York: Oxford University Press

Jehle. G A, Reny P J. 2001. Advanced Microeconomic Theory. Boston: Addison-Wesley

Luenberger D G. 1997. Microeconomic Theory. New York: McGraw-Hill Inc.

Mas-Colell A M, Whinston D, Green J R. 1995. Microeconomic Theory. Oxford: Oxford University Press

Novshek W. 1993. Methematics for Economists. San Diego: Academic Press Inc.

Shephard R W. 1953. Cost and Production Functions. Princeton: Princeton University Press

Simon C P, Blume L. 1994. Mathematics for Economists. New York: W. W. Norton & Company. Inc.

Sundaram R K. 1996. A First Course in Optimization. Cambridge: Cambridge University Press

Takayama A. 1985. Mathematical Economics. Cambridge: Cambridge University Press

Takayama A. 1994. Analytical Methods in Economics. New York: Harvester Wheatsheaf

数 学 索 引

经济学索引